JN197236

日本史研究叢刊 46

『天正記』の復原的研究

第一種古活字版『天正記』翻刻・改訂文・注解を中心に

中村博司 編

和泉書院

目次

第二部　松永永種筆写『総見院殿追善記』

はじめに

中村博司

十六世紀後半の、いわゆる中近世移行期における織豊政権の動向を探る上での基本的史料と認められているものに、いずれも編纂物ではあるが、太田牛一によってまとめられた『信長記』（ないし『信長公記』）と大村由己によってまとめられた『天正記』とがある。

前者は、さまざまな伝本があるものの、基本的には永禄十一年（一五六八）から天正十年（一五八二）に至る十五年間の織田信長の動向や事績を一年一巻として編年的に書き上げたもので、「信長の伝記を正確に体系的にまとめた記録としては史料的にも最もすぐれたもの[1]」として、高い評価を与えられており、当該期信長政権の政治・軍事動向などを探るうえでの重要史料と位置づけられている。そして、その成立や普及の経過についても明治以来、さまざまな研究が不断に積み重ねられてきていることは周知に属するものと思われる[2]。

一方、後者は、天正六〜八年の播州三木城攻めにかかわる記録を嚆矢とする、天正年間に行なわれた羽柴／豊臣秀吉の戦勝、あるいは関白任官や鶴松誕生などの慶事にその都度取材する形で大村由己が著わし、遅くとも天正十四年九月には複数冊から成る『天正記』と呼称されるようになった記録群である[3]。こちらも、やはりその同時代性に鑑みて当該期の秀吉や豊臣政権の動向を知る上での重要史料として利用されてきたものの、『信長記』に比べれば相対的に低い評価しか与えられてきておらず[4]、一九四〇年（昭和十五）に刊行された桑田忠親の『豊太閤伝記物語の研究』に含まれる先駆的で詳細な仕事[5]を除けば、今日にいたるまで『天正記』の成立事情やその内容、あるいは構成についての検討はほとんどなされてこなかったというのが実情であろう[6]。

彼我の評価の違いが生じた理由についてはいろいろ考えられようが、その一つとして、太田牛一の執筆の姿勢が「かって私作私語にあらず。直に有ることを除かず、無きことを添えず」（池田家本『信長記』巻十三奥書）[7]というような禁欲的なものであったのに対し、大村由己の場合は、例えば『天正記』の一つ「関白任官之事」において、秀吉が正親町天皇の落胤であることを匂わせるなど、あからさまな史実の捏造を行なって恥じないというような姿勢があり、そこに両者に対する評価の違いの一斑が求められることは間違いないだろう。[8]さらに、その後の歴史的な背景、すなわち、『信長記』の方は織田信長の子孫が江戸時代以降も大名家として存続してきたために、太田牛一の自筆本をはじめとする多くの伝本が後世に伝わったのに対して、[9]『天正記』の方はといえば、豊臣秀吉の一族が根絶やしにされたためもあってか、原本の多くは失われてしまい、[10]いち早く慶長・元和頃の成立とされる第一種古活字版を皮切りに相次いで版本が刊行されたものの、承応三年（一六五四）整版を最後に途絶しまうという状況がある。[11]こうして、伝本研究もほとんど進まないまま、[12]今もなお歴史学研究の史料としては十八世紀末に編纂が開始された『群書類従』やそれを継いだ『続群書類従』[13]などに所収される流布本を利用せざるを得ないという事情もあるように思われる。

とは言うものの、天正年間の秀吉にかかわる事件をその終了直後に記すという、まさに同時代史料としての側面を濃厚に持つ第一種古活字本『天正記』は、秀吉の生涯は元より豊臣政権の実態を解明する上での、またとない不可欠の史料であることは間違いなく、[14]原本の多くが失われた現在、しかるべき手続きを経た良好なテキストを提供することは喫緊の課題であるように思われた。[15]

こうした状況のなか、第一種古活字本『天正記』（全九編）に含まれる六編の古記録[16]は、原本『天正記』の多くが失われた現在、もっとも成立年代の早いテキストとして尊重され、積極的に活用に供されるべき作品であるといえよう。しかし、これまで第一種古活字版を含む古版本『天正記』には総じて低い評価しか与えられてこなかったことから、ほとんど翻刻すらなされてきておらず、[17]上述したとおり、これまでこれら古版本が豊臣政権の実態を明らかにしうる歴史的史料として活用されることはほとんど無かったのである。

第一種古活字版を含む古版本『天正記』が低い評価しか与えられてこなかったのは、早くに前掲著書のなかで桑田が指摘しているように、その第一～六編が大村由己の著作であるのに対して、第七～九編がまったく来歴の異なる作品からなるといった構成上の大きな問題が存在すること、さらにその本文中に余りにも粗雑な誤りが多々見られ、なかには文意の通らない箇所すら見受けられることに起因するであろう[18]。

こうして、第一種古活字版『天正記』は、これまでの長きにわたって等閑に付されてきたのであるが近年、本記には群書類従本等には無い独自の文が含まれており、なかには原本『天正記』にまで遡るのではないかと思われる記述の存在することが分かってきた[19]。したがって、『天正記』の原本に直接遡りうるテキストが、後述する「惟任退治記」と「聚楽行幸記」を除いては失われている現在、第一種古活字版『天正記』を翻刻し、同時に、それを拠るべき諸本と対校した良質な改訂文を作成することは意味のある仕事であると思われた。それによって、『天正記』の研究史料としての価値が担保され、ひいては失われた原本に近いテキストによる読解と研究が可能になるのではないかと考えたためである。

そうした次第で、龍谷大学大学院文学研究科に学ぶ者が数人集まって、二〇〇八年五月からおよそ月二回のペースで、国立公文書館内閣文庫の所蔵にかかる古活字版第一種『天正記』の第一から輪読を始め、その後参加者人数を増やしながら二〇一六年十月に第九の輪読を終えた。その一方で、輪読の成果を二〇〇九年三月から二〇一七年三月まで毎年度、龍谷大学文学部の『国史学研究』（二〇一四年度から『龍谷日本史研究』と改題）に、翻刻と改訂文、およびそれに対する詳細な注解を付すという形で、順次発表してきたところである。翻刻文だけではなく、改訂文や注解を付したのは、上述したとおり、古活字版『天正記』には文意の通らない、あるいは内容上不審な箇所がまま見られるため、翻刻だけを提供しても読解・研究の史料としては不充分と判断したためである。

そして今回、その発表データを元に、より整理・充実した形での第一種古活字版『天正記』の翻刻文・改訂文・注解を提供することとしたのであるが、こうしたことも含め本書で新たに目指したところは以下の三つがある。

一つ目は、翻刻と改訂文との関係性についてである。『国史学研究』・『龍谷日本史研究』誌上では、できるだけ翻刻に沿った改訂文を目指したため、意味のとれない箇所も往々そのまま残したが、今回は、文意が通じ、前後の文とも脈絡が繋がるような改訂文を作成することを目指した。もちろん、それは対校史料による充分な検討を加え、それを注解にも反映させることで後の検証に備えるように配慮したうえでのことであるが、こうして従来、真名で書かれていたため普及し難いという側面のあった[20]『天正記』六編は、根拠のある漢字仮名交じり文を元とした、通読に耐えるテキストとして新たな意義を有することとなったものと考える。

二つ目は注解である。『国史学研究』・『龍谷日本史研究』誌上でも詳しい注解を加えたが、今回もそれを引き継ぎ、事細かな注解を掲げることとした。それは何よりも、上述したような事情で第一種古活字版『天正記』の史的位置付けが定まっていない現在、他本との異同箇所や記載内容の正否、あるいは本書独自の箇所などを逐一指摘することによって、今後の古活字版『天正記』の歴史的位置付けを明らかにするための礎とすることを期したために他ならない。

三つ目は『天正記』を構成する「惟任退治記」と「聚楽行幸記」についてである。秀吉の惟任光秀討伐をテーマとした「惟任退治記」（真名本）については、その普及版ともいうべき漢字仮名交じり文の一書が『総見院殿追善記』と題されて遅くとも翌年八月までに成立している。ただ、この書はこれまで、『群書類従』巻五百二十（続群書類従完成会本第二十九輯）に所収されるテキストでしか知られてこなかったのであるが、近年大阪城天守閣に所蔵されるにいたった一本はその原本と見なしうるもので、原本「惟任退治記」に近い時期の写本としてその史料的価値は極めて高い[21]。また、天正十六年四月に行なわれた後陽成天皇の聚楽第行幸については、その翌五月中には『聚楽行幸記』として著されているが、こちらも今日、その全容については『群書類従』巻四十一（続群書類従完成会本第三輯）所収本でしか見ることはできない。ところが近年、行幸にも供奉した阿野実政がこの完成したばかりの行幸記の稿本を借り出して、翌閏五月に筆写した『聚楽行幸記』の写本が紹介された[22]。

こうした史料的価値の高い『総見院殿追善記』と『聚楽行幸記』について、幸いどちらも所蔵者の了解を得ることができたので、この際全文を翻刻することとした。これによって、これまで群書類従本でしかその全容を知ることができなかったこれら二編の古記録について、読者は初めて原本完成後間もないころに成立した良好なテキストによって通読することができるようになったのである。

以上の見解にもとづいて、本書では、第一部において慶長・元和年間に成立した第一種古活字版『天正記』の六編、第二部において「惟任退治記」の普及版である『総見院殿追善記』の原本（天正十一年八月までに成立）、また第三部において『聚楽行幸記』原本成立後間もない天正十六年閏五月に写された写本、の三点をいずれも原文に近い形で翻刻することとした（第一種古活字版については、改訂文・注解をも掲出）。加えて、『聚楽行幸記』については、その影印をも収録することとしたほか、各部の冒頭には一章を割いて、それぞれの概説を付して通読の便を提供することとした。『天正記』原本の多くが失われている現在、これら十六世紀末から十七世紀初頭に成立した諸記録を翻刻し、改訂文や影印等を提示した本書の表題を「『天正記』の復原的研究」と名付けた所以である。

ところで、今回の古活字版『天正記』の翻刻および改訂文作成についてであるが、繰り返して述べてきたように、その真名文原本の多くが失われている状況下にある。したがって、そうした状況のもとで作業を進めるにあたり、拠るべき対校史料を何に求めるのかという難題があったのだが、それについては幸い、大村由己自筆本を透写した本を再写したとする、貞享二年（一六八五）成立の古写本[23]『豊臣記』が金沢市立玉川図書館近世史料館に所蔵されており、「聚楽行幸記」を除く五編（「惟任退治記」、「柴田退治記」、「紀州御発向之事」、「四国御発向并北国御動座事」、「関白任官之事」）の主たる対校史料とすることができた。本記は、第一種古活字版上梓後、七十年ほど後の写本ではあるが、書写年次の明らかな最古の写本であることを付記しておく。

なお、『天正記』の劈頭を飾る「播州征伐記」は古版本『天正記』に収録されなかったため、これまで塙保己一編『群書類従』巻三百九十三所収のテキストしか知られてこなかった[24]が、『豊臣記』には「播州御征伐之事」と題されて収録されているので今回、『天正記』の復原的研究という趣旨に照らして、新たにその読み下し文を作成し、付編として収録することとした。

今後、本書に収められた史料群が、羽柴／豊臣秀吉による天下統一過程の様相や天正期における豊臣政権の実態を明らかにするうえでの基礎史料として改めて評価を認められ、活用されることを期待したい。

注

（1）『国史大辞典』第十一巻「のぶながこうき　信長公記」〈小島広次執筆〉（吉川弘文館、一九九〇年）。

（2）金子拓著『織田信長という歴史　『信長記』の彼方へ』（勉誠出版、二〇〇九年）には、これまでの『信長記』研究史から始まって、『信長記』の諸伝本と系統、著者太田牛一の履歴、更にはその受益者層など、多面的な検討がなされている。

（3）『言経卿記』天正十四年九月十九日条に「一、梅庵へ可来之由有之、則罷向、（中略）又天正記一冊令借用了」とあるのが初出である。

（4）例えば、『国史大辞典』第九巻「てんしょうき　天正記」〈山本博文執筆〉（吉川弘文館、一九八八年）には、「その内容は秀吉の功業や事績を顕彰するものであった。しかし、事件の直後に書かれているという点では他に類例を見ず、非常に貴重な記録であるといえよう。ただし、美文をこととしたため文書を改変した箇所がある」とある。

（5）桑田忠親著『豊太閤伝記物語の研究』（中文館書店、一九四〇年）。本書はその後、一九六五年に『太閤記の研究』と改題のうえ、若干の補訂が加えられて徳間書店から再刊された。しかし、後者は、新たに付した「あとがき」に、「これ（『豊太閤伝記物語の研究』のこと―引用者）を徹底的に訂正増補し、」と書かれているにもかかわらず、第十四章第四節「絵本豊臣勲功記その他」を二つに分かって、新たに第五節「明治以後における太閤伝記物語」とし、大正以降の業績を列挙・概説したほかは、前者の構成をそのまま踏襲し、ただ皇国賛美の文言を削り、字体・表現を戦後風に改めたに過ぎない。従って、前者の誤りも訂正されずに残されたままであるから、後者には改訂版としてのオリジナル性をほとんど認め得ないのである。よって以下、本書のなかで同書を引用する場合には漢字を常用字体に改めたうえで、初刊本を利用することとし、必要に応じて再刊本をも参照することとした。

（6）戦後に行なわれた『天正記』に関する研究は、管見の限りではあるが、以下の二、三の事例にとどまるようである。

まず一九七〇年代に相次いで発表された思想史的観点からの研究を挙げたい。玉懸博之「『天正記』から『太閤記』へ―近世的歴史観の発生」（『日本思想史研究』四、東北大学日本思想史研究会、一九七〇年。後に同著『近世日本の歴史思想』

ぺりかん社、二〇〇七年に再録）は、『天正記』・『信長公記』・『太閤記』の三著を「一系列の史書」と捉え、それぞれの歴史観を明らかにすべく分析し、「歴史の形成力として人間を超えた力がなお優位にある歴史世界（『天正記』）から、人間が歴史の実質的担い手たりえている歴史世界（『太閤記』）への移行・展開をあとづけ」た。また、小沢栄一著『近世史学思想史研究』（吉川弘文館、一九七四年）は、その第一章「近世的史伝の出現―由己・牛一・甫庵―」のなかで、最初に『天正記』を取り上げ、現在まで伝えられた諸編について思想史的観点から検討し、その全般的性格が中世の語り物・読物の類型の中にあるもので、「近世的思想や情感の独創的表現に至っては、そういう方向への関心も方法も全く乏しい」と評した。

一方、文学史的観点からは笹川祥生の研究がある。笹川は、その『戦国軍記の研究』（和泉書院、一九九九年）において、近世軍記を①戦中文学（「信長の入京と元和偃武との間で、戦いと同時進行的に書かれた諸記録・作品」）、②戦後文学、③政道評論の文学、の三類型に分け、①戦中文学の一つとして取り上げた『天正記』について、「秀吉の御伽衆であった作者が、秀吉の意を受けて製作した宣伝文書の集積というべきもので、他の軍記類とは異質な作品である」と紹介している。

いずれも、『天正記』が、秀吉の意を体して、その事績を称揚するために作られたという事情に着目すると共に、中世から近世に至る史書（史伝）・文学書の過渡的位置を占めるものと評価し、玉懸はそれを、「歴史の形成力として、人間の力及ばぬものがなお優位にある」段階と評し、小沢はそれを「中世の語り物・読物の類型の中にある」と、また、笹川は「他の軍記類とは異質な作品」と評したのであろう。なお、小沢・笹川の著作において気になるのは、いずれも桑田が戦前の一九四〇年（昭和十五）に行なった先駆的研究を無視して、戦後の再刊本である『太閤記の研究』（一九六五年）としてしか紹介していない点であり、いささか不当な扱いのように感じられる。

それはさて、こうした僅かな論考を別にすれば、いずれも辞典の項目的紹介に留まっている。管見の限りでは、『日本古典文学大辞典』「天正記」〈笹川祥生執筆〉（岩波書店、一九八四年）、『国史大辞典』「天正記」注（4）前掲書、古典遺産の会編『戦国軍記辞典　天下統一篇』「天正記」〈阿部一彦執筆〉（和泉書院、二〇一一年）などがある。また、『天正記』を構成する諸編にかかわるものは、続群書類従完成会編『群書解題』（全十三巻）に収められるそれぞれの解題が挙げられる。

ところで、以上に見てきた論考・紹介において、記事の無いものを除けば、いずれも、『天正記』という書名の初出を桑田が『言経卿記』に拠って天正十七年七月二十八日とした誤り（注（5）前掲書）をそのままにしている。実際は、注（3）で記述したように、既に『言経卿記』天正十四年九月十九日条に見えているのだが、こうした基礎的事実すら八十年以上もの長きにわたって確認されてこなかったのである。

（7）　注（2）金子前掲書序章より引用。

（8）　吉田兼見は、天正十三年閏八月二十六日の日記のなかで、この日、由己が近衛信輔邸において読み上げた「関白任官記」

について、「太平記之類也」（『兼見卿記』同日条）と喝破している。それは端無くも、これを聴聞した兼見が同記を指して、史実に基づく「実録」というよりも、『太平記』に代表される「軍記」の類に過ぎないと見なしたことを示している。『天正記』の持つこうした軍記的・読物的側面は、本書でよく扱いうるテーマではないが、近年の業績として、近世に刊行された軍記の沿革を論じた井上泰至著『近世刊行軍書論』（笠間書院、二〇一五年）の第一章第一節「近世刊行軍書の沿革」を瞥見すると、『天正記』を近世軍書の一つに含めながら、その歴史的位置付けなどについてはまったく述べるところの無いのが気にかかる。大村由己が天正年間における秀吉の戦勝やその家族の慶事を題材として事件の起こるごとに書き継いでいくという執筆スタイルの原本『天正記』（真名本）を、慶長元和頃にそこから六編を選んで編者が漢字仮名交じり文に読み下して刊行するという版本『天正記』成立の経緯は、近世軍書の成立事情を探るうえで何らかの示唆を与えるものではないかと考えるが、考察の対象外になっているかの如くである。こうした事情は、同書第一章第二節「近世刊行軍書年表稿」に掲出された「3　天正記」において、その「②作者あるいは編者」欄を「太田牛一」としているところにも表れているようで、版本『天正記』の最終巻末尾に「大田(ママ)いつミの守　誌之」（第一種古活字版）とあることをもって、その全編を太田牛一の著作とすることの誤りは既に一九二七年（昭和二）、谷森淳子が「太田牛一とその著書　特に「たいかうさまくんきのうち」に就いて」のなかで、「要するに、天正記九巻は大村由己、太田牛一の著書を　取りあつめて一つの物語となし、由己の天正記てふ名を表題にとり、末巻の奥書はそのまゝに残して太田牛一著とあやまり伝わりしもので、実は後人の編纂に成れるものである」（『史学雑誌』第三十八編第六号、一九二七年）としていることから明らかになっている。そういう意味で言えば、近世軍記の濫觴としての『天正記』の研究は未だ始まっていないというべきかも知れない。

(9) 注（2）金子前掲書第一章の「表1『信長記』諸本一覧表」には、七十二点にのぼる伝本が掲げられている。

(10)『天正記』のうち、原本もしくは原本に近い著作が残されているのは天正十六年四月に行なわれた後陽成天皇の聚楽第行幸に取材した「聚楽行幸記」だけである。ただし、「惟任退治記」（天正十年十月成立）については、それを漢字仮名交じり文に改めた「総見院殿追善記」と題する書が翌年八月頃までに成立しており、これは原本に準じるものと言えよう。

なお、梶原正昭は、幕府の儒官林鵞峰が修史事業を推進するにあたって収集した古書のなかに「『天正記』・『加藤清正記』などの軍記の類」が含まれていること（『国史館日録』寛文四年十二月十四日条）に注目している（梶原「幕府・諸藩の修史事業と戦国軍記」（同著『室町・戦国軍記の展望』和泉書院、二〇〇〇年所収））が、残念ながら、この『天正記』の内容や写本・版本の別などは明らかではない。

(11) 川瀬一馬著『増訂　古活字版の研究』上（日本古書籍商協会、一九六七年）。

(12)『天正記』の伝本について、『国書総目録』（岩波書店、一九七六年）には『天正記』（著者を太田牛一とする）として写本三種・版本三十一種、『秀吉事記』（著者を大村由己とする）として写本八種・活字一種を掲げている。また、『古典籍総合目録』（岩波書店、一九九〇年）には『天正記』（著者を太田牛一とする）として写本一種・版本三種を掲げている。その後、これらを増補する形で公表された『日本古典籍総合目録データベース』は、新たに十七点を加えている。このうち版本については これまで、書誌学の立場からする系統研究（注（11）前掲書など）が行なわれているものの、写本についての系統研究などはいまだ緒に就いておらず、今後の研究に俟つところ大である。ちなみに、筆者は、『国書総目録』所載の神宮文庫所蔵にかかる『天正記』写本五冊、および『古典籍総合目録』所載の群馬大学中央図書館所蔵にかかる『天正記』写本三冊（新田文庫）は大村由己作の『天正記』ではないことを確認している。

（13）『群書類従』は、その正編が安永八年（一七七九）、塙保己一によって編纂着手され、文政二年（一八一九）に完成・刊行された。続編（『続群書類従』）は寛政七・八年（一七九五・九六）頃に編纂が開始され、未完のまま一八八三年（明治十六）、宮内省に納められた（『岩波日本史辞典』）。

（14）例えば、秀吉の生年月日については『絵本太閤記』などを根拠に天文五年（申年）（一五三六）元日説が通説の地位を占めていたが、そうではなく、翌天文六年（酉年）二月六日であることが「関白任官之事」から判明している（生年については同時代史料の裏付け（天正十八年十二月吉日付伊藤秀盛判物「白山御立願状之事」写『桜井文書』）もある）。

（15）なお近年の訳業として、桑田忠親が『群書類従』・『続群書類従』所収の『天正記』を漢字仮名交じり文にして読み下したものがある（桑田校注『太閤史料集』人物往来社、一九六五年）。これは、同書はしがきによれば「『天正記』の本文は真名文体であって、純粋の漢文より読みにくいし（中略）、ここではとくに一般の研究家、歴史趣味家の便宜をはかり、一様に、平仮名に漢字を適当にまじえた読み下し文に書き改め、文章を適当なところで区切り、細かな題目をつけ」たものである。すなわち、これは桑田が元の真名文を私として読み下したもので、その読み下し文そのものに典拠があるわけではない。しかも、これは『群書類従』や『続群書類従』に見られる本文の誤りをそのまま引き継いだ面もあるので、史料批判の面からいっても問題が残るものである。

（16）「播磨別所記」、「惟任退治記」、「柴田退治記」、「紀州御発向之事」、「四国御発向并北国御動座事」、「関白任官之事」、「聚楽行幸記」の六編である。なお、これらの表題については、第一部第一章解説および終章第一節をご覧いただきたい。

（17）そうしたなか、追手門学院大学アジア学科編『秀吉伝説序説と『天正軍記』（影印・翻字）』（和泉書院、二〇一二年）において『天正記』の翻刻が行なわれたのは注目に値する。本書は、刊行年次不明の整版『天正記』の影印・翻字（CD―ROM版）（以上第2部）とそれにかかわる論考編（第1部）から成るもので、その意義は決して小さくないが、同書「はしがき」（奥田尚執筆）には、『天正軍記』（これは『天正記』のこと）の影印を発行しようとした意図について「杜撰さゆえにそこにはさまざまな空想が広がり、「伝説」が誕生する余地があると思うからに他ならない。」とし、さらに「こうした杜撰なものが出版され、読まれたという点に、近世人の文芸意欲ひいては文化形成力が見てとれると思うからでもある」と述べるにとどまっており、『天正記』の豊臣時代史研究史料としての活用という側面からは極めて心許無いままであると言わざるを得ない。

(18) 注（5）桑田前掲書第五章では「この版本天正記の文章を見るに、由己作天正記の真名を仮名交じり文に書き直し、第七巻以下に収めた牛一作太閤軍記の文章と調和を保たしめた形跡を認め得るが、その書き直し方の乱暴さに至つては、全く唖然たらざるを得ない。それは版本となすべく由己の文を書き直した人が天正記の原本を一向訓み得てゐないからである。即ち、版本天正記は、由己原作の天正記を大衆的に和文仮名交じりに書き直したものであるが、編者が無学なりしが故に、その効果を奏せずして終つたものである。此等の版本天正記が、古活字版を出して以来、承応三年の一版で止つてゐるのも、その文章に救はれ難い欠陥があつたからである」と酷評している。

(19) 拙稿「豊臣秀吉と茨木城」（拙編『よみがえる茨木城』清文堂、二〇〇七年）。また、「羽柴秀吉の五畿内支配構想」と改題し、一部改訂のうえで、拙著『豊臣政権の形成過程と大坂城』（和泉書院、二〇一九年）に再録した。なお、本書の終章を参照されたい。

(20) 注（5）前掲書第五章において、桑田は次のように述べている。「（『天正記』の写本・刊本について述べた後で）この外、明治になっては史籍集覧にも収められて世に流布したのであるが、何様にも、聚楽行幸記一巻を除く外は、真名本であつて、その解読が相当に困難である為に、主として知識階級に愛読されたに過ぎなかつた様である。そして一般社会に対する読物といふ意味では、別に版本天正記といふものが流布したのであつた」。ここで、桑田のいう「版本天正記」こそ、第一種古活字版から始まる古版本のことである。

(21) 本記の詳細については、本書第二部第一章概説をご覧いただきたい。

(22) 本記の詳細については、本書第三部第一章概説をご覧いただきたい。

(23) 表紙の貼付け題簽に「豊臣記　由己日記」とある。本記の概要については、本書序章第三節を参照されたい。

(24) 「播州征伐記」は現在、続群書類従完成会編『群書類従』第二十一輯（表題は「播州御征伐之事」）およびそれを桑田忠親が読み下した「播磨別所記」（桑田校注『太閤史料集』人物往来社、一九六五年所収）で読むことができる。

序章　『天正記』の成立とその展開

中村博司

はじめに

『天正記』は、豊臣秀吉に近侍した僧侶・学者・歌人で大坂の天満天神社（現在の大阪天満宮）の社僧を勤めた大村由己[1]が、秀吉の意を受けて、天正年間におけるその戦勝や家族の慶事に取材して一編となし、折を見て貴顕・来客の面前で朗誦したテキストの総称である。

『天正記』の先駆的な研究としては、一九二七年（昭和二）、太田牛一の著書について検討を加えた谷森淳子が『天正記』についても言及した仕事[2]を嚆矢とし、これを受けて一九四〇年（昭和十五）、『豊太閤伝記物語の研究』[3]と題して、秀吉伝記の網羅的な研究を行なった桑田忠親の仕事が知られる。なかでも桑田は、そこに収録した諸論文において、『天正記』の成立・諸本・流布などについて詳細な検討を加えており[4]、それらは現在に至るまでもほとんど唯一の『天正記』にかかわる行き届いた研究であって、先駆的労作としてのみならず、その多面的な考察によって小稿も教えられることの多いものである。とはいえ、現時点から見れば誤り無きともしない点もあるのが実情であろう。そこで以下、谷森・桑田らの業績を振り返りながら、『天正記』の成立過程とその普及化について概観していきたい。

一、『天正記』の成立

『天正記』に収録されることとなる諸編の名が初出するのは、管見の限り天正十三年（一五八五）七月十日、当時大坂の天満にあった本願寺において、由己が十一世顕如の長男教如の要請に答えて「一番、別所小三郎兄弟腹切諸卒ヲタスクル事。二番、惟任日向守謀叛信長公御父子御最後其日体(為カ)事。三番、柴田修理亮ト江北ニテ合戦秀吉御本意事。」(『貝塚御座所日記』同日条)の三番を朗誦した時点である。そしてこれを皮切りに、由己によって貴顕の面前で朗誦されていくようで、それは、同年閏八月二十六日に近衛信輔(後の信尹)邸において「遊功(由己のこと—引用者)曰、今度関白官位参内次第記之、懸御目、遊功読之、文筆等聞事也、太平記之類也、同紀州雑賀へ御出陣之様悉書之、其又聴聞了、」(『兼見卿記』同日条)とあることからも窺われる。

こうして、この時点までに、「別所小三郎兄弟腹切諸卒ヲタスクル事」(以下、「**表1**:『天正記』一覧」によって「播州征伐記」と通称する。以下同じ(5))・「惟任日向守謀叛信長公御父子御最後其日体(為カ)事(「惟任退治記」)」・「柴田修理亮ト江北ニテ合戦秀吉御本意事(「柴田退治記」)」・「関白官位参内次第(「関白任官之事」)」・「紀州雑賀へ御出陣之様(「紀州御発向之事」)」の五編の存在が確認できる。

一方、いつ頃からこれら諸編の総称として『天正記』の名が与えられていたのかと言うと、これまで定説とされてきたのは天正十七年七月二十八日であるが(6)、実際はそれより三年近くも前の、天正十四年九月十九日の『言経卿記』に「一、梅庵へ可来之由有之、則罷向、(中略)又天正記一冊令借用了、」という形で初出している。従って、少なくともこの時点までに複数冊から成る『天正記』が出来上がっていたことは間違いない。しかも、言経が由己から『天正記』を借り、返す記事は、この後、二十二日(一冊目返却、二冊目借用)、二十四日(二冊目返却、三冊目借用)、二十七日(三冊目返却、四冊目借用)、二十九日(四冊目返却、五冊目借用)、十月二日(五冊目返却)、と集中的に現われる(**表2**・**表3**)が、この一連の借用・返却は『天正記』を書写するためであったことがわかる(九月二十七日条)。

ところで、『言経卿記』の記者、山科言経は、その前年、すなわち天正十三年六月に勅勘を被って京都を出奔、同年九月十三日に大坂天満の「中嶋小屋」(『言経卿記』同日条)に入ったのであったが、それ以来、当時天満天神社の社僧であった大村由己との日常的な、まさに家族ぐるみの交流が始まる。その交流の有り様が『言経卿記』に詳述され

表1：『天正記』一覧

番号	表　題	事件の起こった年月	『天正記』の成立時期（奥付など）	備考・版本『天正記』との関係
1	播州征伐記	天正六～八年	天正八年正月晦日	版本『天正記』には収録されず
2	惟任退治記	天正十年	天正十年十月廿五日	第一種古活字版『天正記』第一（上冊）
3	柴田退治記	天正十一年	天正十一年十一月吉日	第一種古活字版『天正記』第二（上冊）
4	紀州御発向之事	天正十三年三～四月	奥付なし	第一種古活字版『天正記』第三（上冊）
5	四国御発向并北国御動座事	天正十三年六～八月	天正十三年十月吉日	第一種古活字版『天正記』第四（中冊） ※国立公文書館蔵本は本文欠。
6	関白任官之事	天正十三年七月	天正十三年八月吉日	第一種古活字版『天正記』第五［前半］（中冊） ※冒頭に天正記第四の表題のみ掲げる
7	西国征伐之記	天正十五年三～五月	天正十五年中カ（初出は『言経卿記』天正十七年九月十三日）	本文散逸―内容は秀吉による島津攻めと推定
8	聚楽行幸記	天正十六年四月	天正十六年五月吉日	第一種古活字版『天正記』第五［後半］・第六（中冊）
9	大政所御煩平癒之記	天正十六年カ	天正十七年七月カ（『言経卿記』）	本文散逸
10	金賦之記	天正十七年五月	天正十七年七月カ（『言経卿記』）	本文散逸
11	若公御誕生之記	天正十七年五月	天正十七年八月カ（『言経卿記』）	本文散逸

※各記録の表題は、諸本によってずいぶん出入りがある。ここでは主として豊臣・江戸期の記録に見える表題に拠りながら、終章第一節における考察をも参考にして、独自に表題を付した。なお、「小田原御陣」を割愛したことについては本章第二節を参照されたい。

ているのであるが、そこには、言経が（必ずしも由己相手とは限らないが）、『平家物語』の不審に答えたり（天正十四年六月六日条）、『源氏物語』を読んだり（同六月二十日条）、古典籍の貸借（同五月二十五、二十六日条）や書写（同八月十六日条）、或は製本（同四月十日条）を行なったりする様子がたびたび記されている。[7]先の同年九月十九日から十月二日

表2：同時代史料に見える『天正記』関係記事一覧（『天正記』関係事件も収録）

年	月	日	記　事	出典
天正13	7	10	中嶋天満宮会所ノ由己ト云人、始而御礼ニ被参也。御対面。新門様御同前也。依御所望、新門様御前にて、由己作ノ軍記ヲヨマル丶也。**一番、別所小三郎兄弟腹切諸卒ヲタスクル事。二番、惟任日向守謀叛信長公御父子御最後其日（為カ）体事。三番、柴田修理亮ト江北ニテ合戦秀吉御本意事。**	『貝塚御座所日記』
		11	秀吉、関白に任官。	『兼見卿記』第3
	閏8	26	御方御所御出、御退出之間、御供申、御方御所へ祇候畢、雪庵召具遊功、此人殿下懸御目、天満宮之社僧ニ被仰付也、祇候也、即御対面、被下御盃了、遊功云、今度**関白官位参内次第**記之、懸御目、遊功読之、文筆等聞事也、太平記之類也、同**紀州雑賀へ御出陣之様**悉書之、其又聴聞了、次予退出、	『兼見卿記』第3
天正14	5	15～ 19	『播磨別所記』の末尾近く、山城女房・三宅肥前入道の辞世から「君有忠心、臣有賞罰」までを書き抜く（『言経卿記』紙背文書）	『豊太閤伝記物語の研究』第三章第一節所引
	9	19	一、梅庵へ可来之由有之、則罷向、…又**天正記一冊**令借用了、	『言経卿記』第2
		22	一、梅庵へ罷向、**天正記一**返之、又次巻令借用了、	〃
		24	一、梅庵へ罷向了、**天正記**返之、次巻借用了、	〃
		27	一、梅庵へ**天正記**返之、次巻借用之、後刻写之又返了、	〃
		29	一、梅庵へ罷向、**天正記**返之、又一冊借用了、	〃
	10	2	一、薄暮ニ冷同道、梅庵へ罷向了、…**天正記**返了、	〃
	12	2	一、京衆三人滞留了、**天正記五冊**読之、聞之、	〃
天正15	7	14	一、殿下御上洛、西国ヨリ也、悉被任御本意了、	〃
	9	4	一、梅庵朝粥ニ罷向了、**天正記一冊**被誂之間、心得取帰了、	〃
		5	一、梅庵ヨリ三源一覧九冊借給了、…**天正記**書之遣了、	〃
	10	27	一、梅庵へ朝食ニ罷向、次**天正記**（被）交合了、	〃
天正16	4	14	一、聚楽亭へ行幸有之、先殿下御迎ニ被参了、	『言経卿記』第3
		18	一、行幸御還御、先日如御供奉衆有之、	〃
		20	一、梅庵ヨリ再三使有之間、則罷向了、今度　**行幸之儀ニ付而記六**被書之、談合共有之、	〃
		21	一、早朝ニ梅庵可来之由有之、罷向了、昨日如ニ**記六**談合了、	〃
		23	一、梅庵へ朝飡可来之由有之間罷向、**記六**談合了、	〃
		24	一、梅庵へ朝飡罷向、**記六**談合了、後刻又罷向了、	〃
		25	一、梅庵へ可来之由有之、**記六**ニ付而也、少立寄了、	〃
		28	一、興門ヨリ可来之由使有之間、則罷向了、…種々雑談幷　**行幸**雑談共有之、不審共有之間反（返）答了、	〃
	閏5	14	一、梅庵へ善五郎同道罷向了、他行云〻、今度　**行幸記**一覧スヘキト有之間、令被閲了、	〃
		17	一、梅庵へ朝飡被呼罷向了、又今度　**行幸記**被誂之間取帰了、	〃
		26	一、夢梅・城俊等入来了、今度　**行幸記**由己作、読之、聞之、	〃

		27	一、冷泉へ北向朝湌被呼了、女中衆福照院逗留了、…後刻 **行幸之記**聞度之由有之間、罷向令読聞了、	〃
	6	7 15	一、少将ヨリ **行幸之記**借用之間遣了、 一、殿下大政所此中御所労云々、存命不定之由有之間、新門跡・興門、未刻ニ門跡・北御方・御児等上洛了、	〃 〃
	7	25	一、少将被来了、**行幸之記**被返、又不審共相トハルヽ、返答了、	〃
	8	19	一、城俊来、…晩ニ又来了、… **行幸之記**聴聞之望云〻、則読之、次借用之間遣了、	〃
天正17	5	17 20 24 27	一、幽庵晩ニ被来了、去年**行幸之記**随身被読了、不審少々有之、返答了、 関白殿為御遺物。金銀被遣諸大名。惣配分之金銀。金者六千枚。銀者貳万五千枚云々。 一、下間少進法印内冨長采女ヨリ**行幸記**返之、 一、殿下淀ノ御女房衆ニ若公御誕生也云〻、珍重〻〻、	〃 『鹿苑日録』第2 『言経卿記』第3 〃
	7	28 30	一、梅庵ニテ夕湌有之、楠入道長譜法印同相伴了、次**天正記二巻**清書之儀梅庵被申之間、取テ帰了、 一、梅庵ヨリ被桃（誂）**天正記之内、今度金銀之記・大政所殿御所労之一冊**等出来之間遣了、	〃 〃
	8	6 9 12	一、梅庵へ罷向、…又今度**金クハリ之記**令借用了、 一、梅庵ヨリ、**天正記御産之巻**被作、然者堂上衆次第不審談合有之、則書之遣了、 一、梅庵ヨリ入夜書状有之、…又**天正記内大政所御煩平癒之記**借給了、 一、梅庵へ冷泉ヨリ黄門筆可見之由有之間、則持罷向了、…又**天正記二巻**返之、	〃 〃 〃 〃
	9	1 5 7 13 14 15 20	一、興門へ罷向、梅庵被行了、**天正記三冊**被読了、 一、西御方へ罷向、**天正記大政所殿御煩平癒事**、次**金賦之事**、又平家十一之巻等読之、 一、城俊来了、**天正記内大政所御平癒之巻**聞度之由有之、則読了、 一、明勝双瓶持来了、…又職原抄・**天正記之内行幸記**等閉（綴）事ヲ頼入遣了、 一、梅庵ヨリ朝湌可来之由有之、則罷向了、**天正記之内西国征伐之巻**清書之儀被申之間同心了、本取帰了、 一、栄一来了、**天正記之内西国之記**聞度之由有之間、半分程読之、 一、西御方へ罷向了、**天正記之内播磨別所・西国征伐・金賦・大政所御煩平癒**等読之、 一、梅庵ヨリ再三使有之間、晩日罷向、**天正記之内今度若公御誕生之記**談合有之、 一、梅庵へ罷向、昨夕**天正記之内若公御誕生之一巻**談合共有之、令清書遣了、 一、梅庵へ白粥可振舞之由有之、則罷向了、…次**天正記之内若公御誕生之記**令借用了、	〃 〃 〃 〃 〃 〃 〃 〃 〃 〃

		21	一、梅庵ヨリ**天正記之内西国征伐之事**清書事頼入之由、折帋二帖到来了、又同之内**若公御誕生之記**返了、	〃
			一、城俊来、…又**天正記之内西国征伐事**聞度由、半分残読了、	〃
			一、西御方へ罷向、**天正記若公誕生事**聞度之由、則読了、	
		22	一、栄一来了、…又**天正記之内信長公生害幷惟任日向守成敗事**、読之令聞了、	〃
		23	一、西御方ヨリ可来之由有之、罷向、…**天正記之内二冊**読之、	〃
		28	一、興門ヨリ入夜**天正記之内西国之事・金賦之事**等借用之間進之、	〃
	10	9	一、幽庵ヨリ天正記借用之間、**行幸記・若公御誕生之記**等遣了、	〃
		16	一、興門ヨリ**天正記二冊**返給了、	〃
		20	一、梅庵へ罷向、留守了、イマタ京都云ミ、**天正記之内西国征伐之巻**令清書遣了、女中へ渡了、	〃
		22	一、幽庵ヨリ**天正記二冊**被返了、	〃
天正18	2	9	一、梅庵ヨリ可来之由有之罷向了、…**天正記之内西国之記**鳥子ニ可書之由同心了、到来了、	『言経卿記』第4
		15	一、梅庵ヨリ明日上洛之由使有之間、則罷向、イトマ乞了、	〃
		17	一、梅庵留守へ罷向、**天正記之内西国記**書之遣了、	〃
	3	1	一、殿下東国へ御出陣也云ミ、美麗前代未聞、言語道断也云ミ、	〃
	8	16	一、早朝ケヤノ少将被来了、**天正記六冊分**借用、遣了、	〃
		22	一、ケヤノ少将被来了、**天正記**被返了、	〃
	9	24	一、梅庵ヨリ下向之由、可来由、則罷向、種ミ雑談了、	〃
天正19	5	8	一、手塚彦二郎ヨリ**天正記之内行幸巻**借用之間遣了、	〃
		9	一、彦二郎**行幸之記**返之、**西国征伐之記**借用間遣了、	〃
		14	一、城俊来了、手塚彦二郎ヨリ**西国征伐之記**返了、	〃
	11	26	一、松波右衛門尉へ弘安礼節・**天正記行幸記**等借用之間遣了、	〃

慶長11	3	29	一、興正寺〈昭玄〉来談、徳利トナカサケ給了、**天正記**借用、**九冊分**、遣了、	『言経卿記』第13
慶長12	2	22	一、宝寿院殿へ罷向了、興門診脉了、**天正記**返給了、	『言経卿記』第14

※文中のゴシック体、〈　〉は引用者による。なお、『貝塚御座所日記』は北西弘編『真宗史料集成』第3巻（同朋舎1979年）、『兼見卿記』第3は橋本政宣編『史料纂集　兼見卿記第三』（八木書店2014年）、『言経卿記』第2・3・4・13・14は東京大学史料編纂所編『大日本古記録　言経卿記』（岩波書店1960～1991年）、『鹿苑日録』第2は辻善之助編『鹿苑日録　第二』（続群書類従完成会1934年）を使用した。

に至る一連の『天正記』借用・書写にかかわる記事は、そうした当時の言経・由己らを取り巻く知的交流の中での出来事であったのである。(8)

こうした経緯をたどってくると、『天正記』という総称は、天正十四年九月十九日、言経が秀吉軍記の原本を由己から借用するにあたり、それが複数冊あることに鑑みて、例えば『太平記』(9)などの軍記物語を念頭において使い始めたことに求められるようにも思われる。とは言え、初出条文からは、その頃既に『天正記』という名称について、言経と由己との間に了解のあったことが窺われるから、実際はそれを遡るあまり遠くない日時において、二人の間で『天正記』なる総称が使い始められたのだと見ることができよう。そして、『天正記』のその後の各編は、聚楽行幸記の編集作業もそうであったように、(10)由己の原案を言経・由己らが「談合」して最終案文に仕上げていくというような形で生み出されていくようになったのではないかと考えられる。

それはともかく、天正十四年九・十月時点でのその内容を**表1**によって確認すれば、上述した五編に「四国御発向并北国御動座事」を加えた六編の「天正記」が成立していることとなるのであるが、『言経卿記』同年十二月二日条に「一、京衆三人滞留了、天正記五冊読之、聞之」とあるのもそれを傍証する記事であると言ってよいだろう。

以上によって、複数冊から成る諸編を一括して『天正記』と称する言い方は、天正十四年九月頃に山科言経と大村由己との間で成立したもの（**表3**：『天正記』表題記事一覧）で、この段階では「播州征伐記」・「惟任退治記」・「柴田退治記」・「紀州御発向之事」・「四国御発向并北国御動座事」・「関白任官之事」の六編から構成されていたと想定しうることとなった。

そして、各編の奥書から「播州征伐記」が天正八年正月、「惟任退治記」が天正十年十月、「柴田退治記」が天正十一年十一月、「関白任官之事」が天正十三年八月、「四国御発向并北国御動座事」が同年十月の成立と知られる（「紀州御発向之事」は奥書無し）から、これらはいずれも、秀吉にとっての称揚すべき事件が起こるたびに、順次成立していったということが言えるだろう。

二、『天正記』の展開

さて、その後の経緯を簡単に見ていくと、天正十六年四月には後陽成天皇の聚楽第行幸が行なわれ、『言経卿記』にあるように(11)、その還幸直後から「聚楽行幸記」の編纂が始められているが、その成立事情については本書の第三部

表3：「天正記」表題記事一覧（表2を元に作成）

年次	月　　日	記事
天正13年	7／10 ⑧／26	別所、惟任、柴田、 関白官位、紀州雑賀
〃　14年	9／19・22・24・27・29 10／2 12／2	天正記 天正記 天正記
〃　15年	9／4・5 10／27	天正記 天正記
〃　16年	4／20・21・23・24・25・28 ⑤／14・17・26・27 6／7 7／25、 8／19	記六・行幸 行幸記・行幸之記 行幸之記 行幸之記 行幸之記
〃　17年	5／17・24 7／28・30 8／6・9・12 9／1・5・7・13・14・15・ 20・21・22・23・28 10／9・16・20・22	行幸記 天正記・ほか 天正記・ほか 天正記・ほか 天正記・ほか 天正記・ほか
〃　18年	2／9・17 8／16・22	天正記之内西国記 天正記
〃　19年	5／8・9・14 11／26	天正記・ほか 天正記行幸記
慶長11年	3／29	天正記
〃　12年	2／22	天正記

※⑤・⑧は、それぞれ閏5月、閏8月のこと。
※「天正記」以外は各編表題の一部を掲げた。それが複数ある場合は「ほか」とした。

第一章「『聚楽行幸記』概説」で詳しく述べる予定であるからここでは省略する。

さらに、その翌十七年になると、「天正記之内、今度金銀之記・大政所殿御所労之一冊等出来之間遣了、」（『言経卿記』天正十七年七月三十日条）、「天正記御産之巻被作、然者堂上衆次第不審談合有之、則書之遣了、」（同記天正十七年八月九日条）、「天正記之内西国征伐之巻清書之儀被申之間同心了、本取帰了、」（同記天正十七年九月十三日条）等が相次いで著わされるに至る。これらの内「西国征伐之巻」（以下「西国征伐之記」と記す）を除く三編はそれぞれ、**表1**の「金賦之記」[12]、「大政所御煩平癒之記」[13]、「若公御誕生之記」[14]に相当する作品だが、これらを含め、以上の四編の本文はいずれも散逸している。

なお、ここで「西国征伐之記」について一言しておくと、これまでは桑田の「これは天正八年より同十年に至る山陰山陽地方経略の顚末を記したものと思はれる。因みに当時の文書記録には今の中国地方のことを西国と総称してゐる。」との見解が定説の位置を占めてきた[15]。しかしながら、中国地方の軍記としては既に「播州征伐記」があること、その一方で天正十五年に行なわれた九州・島津攻めの記録が無いこと[16]、また「西国征伐之記」の史料上の初出が天正十七年九月十三日であること[17]、さらに「西国」という地域呼称はこの時期既に中国地方を含まず、九州を指すのが一般的になっていること（例えば『日葡辞書』「サイコク（西国）」の項[18]）などから、「西国征伐之記」は秀吉の島津攻めを記したものとみなすべきだと考えたい[19]。私見ではあるが、本記が後世まで伝わらなかったのは、別所・惟任（明智）・柴田、あるいは長宗我部・佐々らのいずれもが十七世紀初頭までに没落した大名であるのと異なって、島津氏が江戸時代を通じて存続したことが関係しているのではないだろうか。

ところで桑田は、秀吉の天下統一事業の総仕上げである天正十八年三〜七月の小田原北条氏攻めの顚末を記した「小田原御陣」が『天正記』の掉尾を飾る一編（第十二編）として書かれた、と主張した[20]。すなわち桑田は、本記は前田侯爵家に伝来してきたもので、当時の古写本と見て間違いないものとしているのであるが、にもかかわらず実は、「小田原御陣」が『天正記』の一編として作成されたかどうかについては、必ずしも明らかではなく、桑田が『豊太

閤伝記物語の研究』のなかで、前田育徳会所蔵の古写本の後記（後掲**写真1**・下。桑田は「奥書」とする）に

此小田原御陣之一巻、播州三木之住藻虫齋由己於聚楽御城　太閤様蒙　上意作之者也、

とあることなどを根拠にして、本書を「小田原御陣之巻といふ題で、同じく天正記の一部をなすものに違ひない」と主張したのが最初であったことは注意されてよい。つまり、「小田原御陣」を『天正記』中の一編と見なすのは、同時代の然るべき史料によってのことではなく、今から僅か八十年程前（一九四〇年）になされた桑田の主張以来のことなのであった。[21]

『言経卿記』には、上述した天正十四年九月十九日条から慶長十二年（一六〇七）二月二十二日条に至るまで、『天正記』の諸書に関する記事が散見される（**表2**）が、「四国御発向并北国御動座事」と「小田原御陣」の二編についてはまったくその名を見ることはできない。ただ、前者は慶長元和頃成立の第一種古活字版『天正記』に収録されているから、これが当初から『天正記』のひとつとして位置づけられていたと見ても問題ないものであるが、後者はどうかといえば、こうした同時代の記録やその後の文献史料にもまったくその名を見ることができないのである。[22][23]

この「小田原御陣」はその後、やはり桑田によって始めて翻刻され、公刊されたが、その解題にはその書誌的な記事はなかった。このたび、公益財団法人・前田育徳会のご厚意によって実物を拝見する機会が与えられたので以下、それにもとづき、そうした点も含め少し解説を加えておきたい（**写真1**）。[24]

本記は、本紙の縦幅約三十七センチ、長さ約三百七十センチを計る巻子本で、九枚の和紙（楮紙カ）を張り継いでいるが、筆跡と紙継ぎの様子から原装のままと判断しうる。内容は、「夫相国秀吉将軍者」から「腹ヲ切テソ失ニケル」まで七十四行（一行あたり十五字前後）に渉る本文が続いた後、一行空けて、上引の「此小田原御陣之一巻（中略）太閤様蒙　上意作之者也」という後記三行が入る。筆致は本文・後記とも同一で、本文を写した人物が、そのまま本書成立の事情を後記として記したと推定される。書写の時期は、後記に「太閤様」の文言があるから天正十九年の年末に関白職を秀次に譲り、秀吉が太閤を名乗った天正二十年以降の余り下らないある時期であろう。[25]

さてその本文は、秀吉と聚楽第の栄耀を序した後、小田原出兵に至る経緯に始まり、小田原落城後の七月十一日に行なわれた氏政切腹で終わっているから、小田原合戦の記事としては首尾完結しているといえるが、何故かそこにあるべき奥書を欠いている。また、文体については、「聚楽行幸記」が漢字平仮名交じり文、その他の『天正記』が漢文体であるのに対して、本記は一部を片仮名交じりとした漢文体である。更に、他の記録では内大臣時代の秀吉を「内府」(「紀州御発向記」)、関白任官以降の秀吉を「殿下」(「四国御発向并北国御動座事」・「関白任官之事」・「聚楽行幸記」)と、きちんと呼び分けているのに、天正十八年の今に及んで、急に秀吉のことを「将軍」と呼んでいるのが不審といえば不審であり、本記を他の諸編と同列に位置付けるのには一抹の不安を覚える。

とはいうものの、由己は秀吉に従って関東・東北へ下向しているから[26]、「小田原御陣」を書くことは出来たし、その内容も上記したいくつかの不審な点を除けば疑わしいところはない。さらに言えば、後記にあるように、秀吉に従って九月一日に帰洛した由己が聚楽第に留まって原本を執筆し、それがそのままそこに留め置かれたとすれば、天満で再会を果たした山科言経の日記(『言経卿記』九月二十四日条以下)に本記にかかわる記事が出てこないことにも特に異を唱える必要はないのかも知れない[27]。

こうした経緯を想定するなら、一つの考え得る事情として、天正十八年九月に成立した由己原本―これは、秀吉の内意を受けて小田原合戦の顚末を貴顕の前で読み上げて披露するための読本として執筆されたものと認められる―は、完成後もそのまま秀吉の許(聚楽第カ)に留め置かれ、同二十年以降のある時期に、前田利家の懇望によってその写本が作成されたものの、それも長らく加賀前田家の筐底に秘されてきたことで、本記は誰からも『天正記』の一編と認識されて来ず、あまつさえ、その存在すら全く知られることなく過ぎてきたのではなかったか。

こうした事情が認められるならば、「小田原御陣」は『天正記』の一編たる必要条件を満たしていることにはなるが、その十分条件を満たしてはいないと言わざるを得ないだろう。と言うのも、前節で述べたように、秀吉軍記の総称としての『天正記』の成立・展開を考えるにあたっては、その著者大村由己との親密な交流を元とした山科言経の

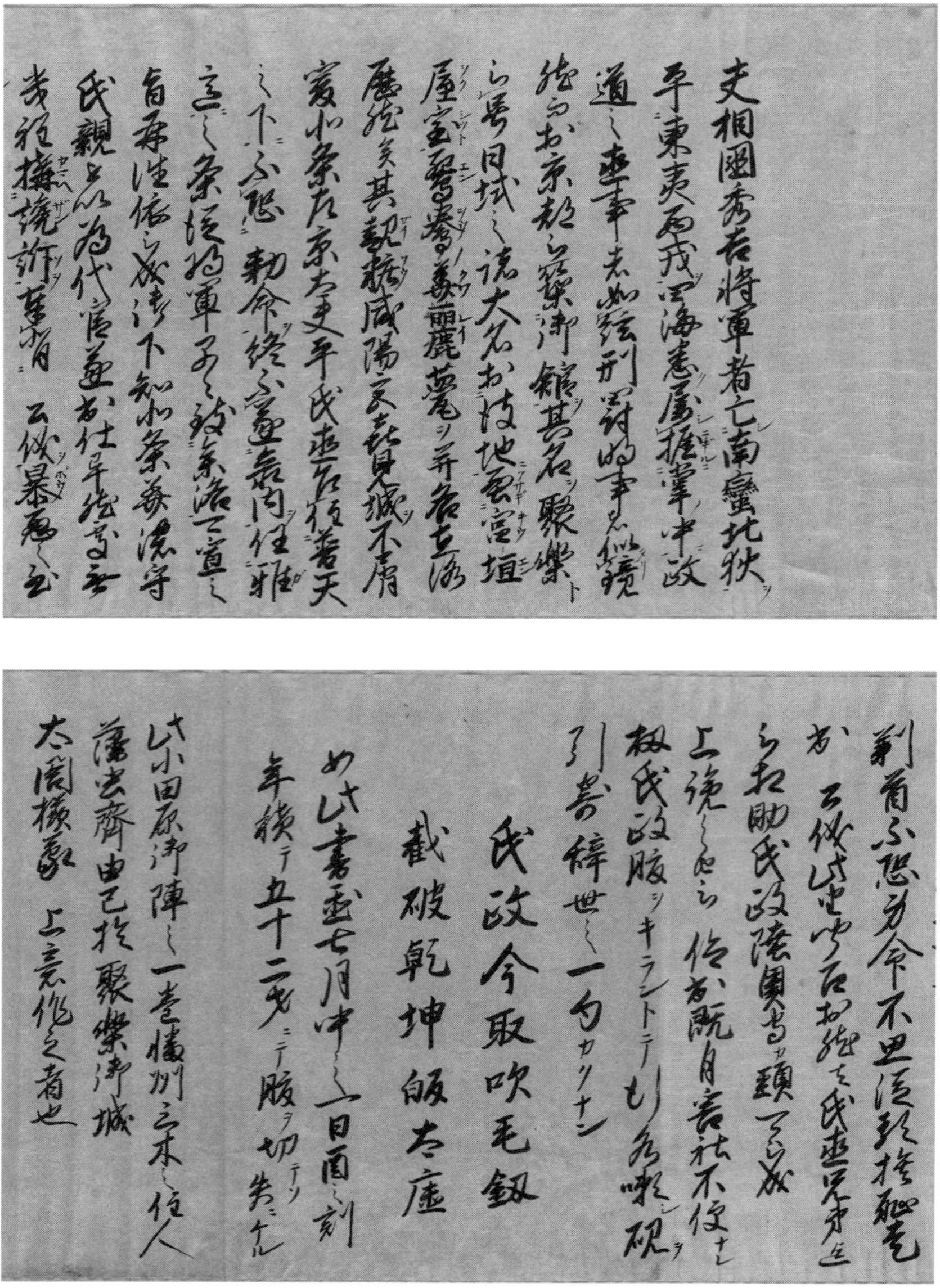

写真１　大村由己撰『小田原軍記』〔上：本文冒頭、下：本文末尾・後記〕
（公益財団法人前田育徳会所蔵。同会の許可無く、本画像を複製することを禁ずる）

関与を無視することはできないからである。従って、その成立事情に言経のかかわりが一切窺えない本記は、『天正記』の一編たるに十分な条件を満たしていないと判断せざるを得ない。

そこで、筆者としては桑田が第十二編と見なした「小田原御陣」を除外して、『天正記』は天正十四年九月までに全六編として登場し、その後に成立した記録を追加する形で最終的に天正十七年八月頃に成立した「若君御誕生之記」を掉尾とする全十一編と見なすべきであろうと考え、それを反映させて作成したのが「**表1**」である。[28] これは一九四〇年に桑田が提唱し、その後通説となった考えに転換を迫るものではあるが、天正年間における秀吉の事績に取材した由己の著作を、押しなべて『天正記』と呼ぶというその立場に疑義を呈した以上、止むを得ないものであった。

こうして、計十一編の『天正記』の存在が知られるのであるが、そのうち、8の「聚楽行幸記」のみ、第三部第一章で述べるように、原本に極めて近い一書が残されているものの、「播州征伐記」・「惟任退治記」・「柴田退治記」・「紀州御発向之事」・「四国御発向并北国御動事」・「関白任官之事」の六編は写本あるいは版本のかたちで今日まで残されているに過ぎない。

三、『天正記』の写本と版本

前節で述べてきたように、今日では『天正記』七編の内容を知ることができる一方、残り四編の本文はいまだ見出されていないというのが筆者の認識である。ここでは続いて、その七編の具体的な存在形態について述べる。

『国書総目録』には「天正記　九巻」あるいは「秀吉事記　一冊　別称：天正記」として、また『古典籍総合目録』には、「天正記　九巻」として多くの写本が挙げられている。そのほとんどは書写年次を明らかにしないが、そうしたなか、『国書総目録』の「秀吉事記　一冊　別称：天正記」のなかに「金沢市加越能（「豊臣記」、天正13、貞享2写）」として掲げられた一書に注目したい。

この書は、「はじめに」で述べたように、金沢市立玉川図書館近世史料館（加越能文庫）の所蔵にかかる一冊で、表紙の貼り題簽には「豊臣記　由己日記」とあるが、『天正記』全十一編のうち六編を収録する写本である。ここには、「播州御征伐之事」（播州征伐記・九丁）、「無題」（惟任退治記に相当・二十丁）、「無題」（柴田退治記に相当・十七丁）、「紀州御発向之事」（紀州御発向之事・七丁）、「四国御発向幷北国御動座事」（四国御発向幷北国御動座事・十二丁）、「無題」（関白任官之事に相当・十丁）の六編が真名（傍らに随時訓点、振り仮名を付す）で収められており、各頁の本文9行×20字前後の端正な楷書で認められている（文中の和歌のみ草書体）。その構成から、本書が『天正記』の写本として著名な水戸徳川家本の『秀吉事記』[29]（元禄八年（一六九五）成立）の各編に相当することが明らかである。

本書の成立事情を窺わせるのが二つある後記である。最初のものは末尾の奥付「天正十三年八月吉日」に一行あけて続く「由己法橋自毫之本透写之而高田種貞秘蔵令借用写之　素絹（花押）」とあるもので、由己自筆本を透写した一本を高田種貞が秘蔵していたが、それを素絹という人物が借りて写したという事情が分かる。二つ目はその次頁に別筆で認められたもので、「右素絹奥書恩賜者也　鼻吟子（朱印）　貞享二年　行草直真字落字者任正本之旨云云」とある。二つの後記から、本書は高田種貞所蔵の由己自筆とする『天正記』の透写本の更なる写本（素絹写）で、それを鼻吟子、すなわち今枝直方[30]が貞享二年（一六八五）にさらに校閲・書写したものであることを窺いうる[31]。したがって素絹透写本の成立は貞享二年をさらに遡るものと考えられるが、ここでは便宜、貞享二年成立としておきたい。

本書は、これまでほとんど注目されてこなかったが、以上のように『秀吉事記』の成立時期をも遡る『天正記』六編最古の写本であり、また書写事情の明らかな作品として注目すべきものであり、この度の古活字版『天正記』翻刻・改訂文作成にあたっては校合本として利用させていただいた[32]。

一方、版本としては、川瀬一馬が明らかにしたように、慶長・元和期の成立とされる第一種古活字版を皮切りとした古活字版六種、整版三種の古版本『天正記』が、江戸時代前期に相次いで刊行されるようになった[33]。ここには、「惟任退治記」・「柴田退治記」・「紀州御発向之事」・「四国御発向幷北国御動座事」・「関白任官之事」・「聚楽行幸記」の六編が収められる。これらは、「聚楽行幸記」を除く作品がいずれも真名で書かれていたものを、漢字平仮名交じり文にして読み下したもので、従来の真名本を物読み[34]が読み上げる「読み本」から、個人の読者を対象としてその普及を図ったものであった。こうして、古活字版・整版『天正記』に収める六編と、先の『豊臣記』などの写本に収める作品とを合わせることによって、私たちは江戸時代前期のテキストによって『天正記』七編の内容を知ることができるのである。

それはさて、これらの版本は承応三年（一六五四）版本を最後に跡を絶つこととなり[35]、改めてそれから一世紀以上を閲した安永八年（一七七九）、塙保己一が編纂を開始した『群書類従』（文政二年（一八一九）完成。正編という）に「聚楽第行幸記」、「柴田退治記」、「播州御征伐之事」（播州征伐記）の三編が、引き続いて編纂された『続群書類従』（文政五年（一八二二）完成。続編という）には「柴田合戦記 一名柴田退治記」・「惟任退治記」・「紀州御発向之事」・「四国御発向並北国御動座事」・「任官之事」（関白任官之事）が収録されることとなる[36]。

これらの木版本は、明治になると、正編が群書類従出版所（一八八三年＝明治十六）、経済雑誌社（一八九三年＝明治二十六）から、昭和になると続群書類従完成会、内外書籍株式会社、続群書類従刊行会などから出版された。一方、続編は経済雑誌社（一九〇二年＝明治三十五）、続群書類従完成会（一九二四年＝大正十三）などから出版されている[37]。

なお、これらとは別に近藤瓶城が編纂した『改定史籍集覧』（一九〇〇＝明治三十三～一九〇三年）には「惟任退治記」・「紀州御発向之事」・「四国御発向并北国御動座事」・「任官之事」（関白任官之事）が収録されている[38]。

さらに戦後になると、桑田忠親によって続群書類従本・秀吉事記・史籍集覧を読み下した「播磨別所記」（播州征伐記）以下「聚楽行幸記」、および「小田原御陣」まで八編の本文が提供されている[39]。

こうして今日、『天正記』本文の活用は、主として十八・十九世紀に成立した版本をもととした活字本を用いて行われているのである[40]。したがって、そこには史料批判にかかわる深刻な問題が内包されていると言わざるをえないのであって今回、十七世紀初頭の慶長・元和期に遡る第一種古活字版『天正記』の翻刻を試みたのには、そうした現状に一石を投じる意味がある。

注

（1）大村由己は、播磨国美嚢郡三木（現在の兵庫県三木市）出身の僧・漢学者で、やがて秀吉の知遇を得てその御伽衆となり、『天正記』の諸編や「大閤能」とも称される新作能の題本を著した。当時、その学才をうたわれ、「外典第一」（『川角太閤記』）とか、少しく後代の評価ではあるが、「信長公時代ニハ由己一人天下無双ノ儒学者」（『豊臣公報君讎記』）とまで称えられたという（桑田忠親著『豊太閤伝記物語の研究』中文館書店、一九四〇年）。なお、由己に関する伝記的研究には庵谷巖「梅庵由己伝補遺」（『山梨大学教育学部研究報告』第28号、一九七七年）、同「大村由己と藤原惺窩」（日本歴史学会編『日本歴史』365号、一九七八年）がある。そこでは里村紹巴・山科言経・木下勝俊（長嘯子）らとの交流が語られているが、儒学者藤原惺窩とは同郷ということもあってとりわけ親密な仲であった様子が窺われる。

（2）谷森淳子「太田牛一とその著書　特に「大かうさまくんきのうち」に就いて」（『史学雑誌』第三十八編第六号、史学会、一九二七年）。本論考は、太田牛一の著書との比較という形で『天正記』についても検討を加えているが、そのなかで従来、承応三年版『天正記』の最終編（第九）の奥書に「慶長十五年三月十三日　太田和泉守記之」とあることによって版本『天正記』九編すべてが太田牛一の著作と考えられていたものを、第一種古活字版『天正記』第二の奥書に「于時天正十一年十一月吉日　由己謹誌之」とあることなどを根拠に、「天正記九巻は大村由己、太田牛一の著書をとりあつめて一つの物語となし、由己の天正記てふ名を表題にとり、末巻の奥書はそのまゝに残して太田牛一著とあやまり伝はりしもので、実は後人の編纂に成れるものである」と見直したのは、版本『天正記』の性格を考えるうえで画期的な見解であった。

（3）注（1）桑田前掲書。

（4）特に第二章「大村由己の天正記叙述」、第三章「天正記の内容と伝本の種類」、第五章「天正記の流布と版本天正記」。なお同書は、一九六五年に『太閤記の研究』と改題のうえ、若干の補訂が加えられて徳間書店から再刊された。しかし、これは少なくとも「天正記」に関わる章では、初刊本の誤りをそのまま引き継いでいる。そこで、本稿では主として初刊本を参照することとし（ただし、引用は旧字体を新字体に改めた）、必要に応じて再刊本をも参照することとした。

（5）『天正記』各編の表題については、注（1）桑田前掲書第三章において付けられたものが、そのまま確定する形で今日に至っている（桑田忠親校注『太閤史料集』人物往来社、一九六五年、笹川祥生執筆「天正記」（『日本古典文学大辞典』第四巻、岩波書店）一九八四年、山本博文執筆「天正記」（『国史大辞典』第九巻、吉川弘文館）一九八八年など）。今回、『天正記』の復原的研究という観点から表題を再検討したところ、江戸時代に遡っては確認できないもののあることが判明した。そこで、本書ではこの結果を反映して、現行通用の表題を一部改めることとした（**表1**）。なお、検討の詳細については、終章第一節で述べたので参着していただきたい。

（6）『天正記』という書名の初出については、既に一九二七年、谷森淳子が注（2）前掲論文のなかで、『言経卿記』天正十七年七月二十八日条を引用して言及している。すなわち、谷森は、その「八　言経卿記所見の天正記」において同日の条文を掲げ、それ以前、すなわち「（天正―引用者）十六年頃には未だ天正記といふ書名がついてゐなかつたことが知られる」とするのである。そして、おそらくこの見解をそのまま引き写した桑田忠親（注（1）前掲書第二章第二節）の論考が媒介となって、今日になってもなお、注（5）笹川前掲解説や阿部一彦（古典遺産の会編『戦国軍記事典　天下統一篇』「天正記」解説、和泉書院、二〇一一年）らが、『天正記』呼称の初出を『言経卿記』天正十七年七月二十八日条としているのは残念なことである。なお、注（4）でも述べたように桑田再刊本でもこの誤りはそのままとなっている。

（7）奥田勲「常盤松文庫蔵『狭衣下紐』中臣祐範奥書本（付）大村由己年譜」（『実践女子大学文芸資料研究所年報』第十五号実践女子大学、一九九六年）。

（8）由己との親交を示す『言経卿記』記事は天正十四年正月三日条が初出であるが、言経の天満入居以後、十三年年末までの記事がほぼ空白であるのに加え、由己が天満宮の社僧になったのが十三年閏八月頃である（『兼見卿記』同年同月二十六日条）ことからすれば、両者の親交は言経の天満移住早々から始められたものと見なしても大過ないだろう。

（9）言経は、天正四年六月から十二月にかけて、竹内長治から『太平記』の諸編を借用しては返却する（おそらく書写のため）ことを繰り返したり、楠正辰のために『太平記』を読んだりしている（天正十年八月二日条）。ここからは、『太平記』が言経にとって座右において親しむべき軍記であったことが分かる。なお、蛇足ではあるが、上引した（本書「はじめに」注（8））ように、吉田兼見が由己の朗誦した「関白任官之事」を指して「太平記之類也」との感想を漏らした事実がある（『兼見卿記』天正十三年閏八月二十六日条）こともこの際、思い起こしておきたい。

（10）その他、天正十五年十月の「天正記校合」や、天正十七年八月の「天正記御産之巻」にあたっての談合が確認できる。

（11）『言経卿記』天正十六年四月二十日条に「今度　行幸之儀ニ付而記六被書之、」とあるのが、『聚楽行幸記』編纂にかかわる記事の初出である。なお、桑田はそれを一ヶ月後の五月二十日と誤っている（注（1）桑田前掲書第二、三章）。

（12）本記について、桑田は、天正十七年五月に秀吉が諸大名に金銀を分配した時の記録であろうとしている（注（1）桑田前掲書）。この事件は、西笑承兌の日録『日用集』天正十七年五月二十日条（辻善之助編『鹿苑日録』第二巻）に「関白殿為御遺物。金銀被遣諸大名。惣配分之金銀。金者六千枚。銀者貳万五千枚云々。」と見えるものである（**表2**）。

（13）本記は、天正十六年六月、秀吉の母大政所が霍乱を患ったが、上下懇祈の末に本復したという事件があり、桑田は、それに取材するものとしている（注（1）桑田前掲書第三章）。『言経卿記』の六月十五日条に「殿下大政所此中御所労云〻、存命不定之由」などとある事件である（**表2**）。

(14) 本記は、天正十七年五月二十七日に秀吉の長男鶴松が誕生したことに取材したものである。なお、松永貞徳著『戴恩記』には「由己法橋、大閤(ママ)御所の若君、生れさせ給ひし悦の記を書て、もてまいりよまれしに、」と由己が玖山公、すなわち前関白九条稙通邸で本記を朗唱した記事が見えている（小高敏郎・松村明校注『戴恩記　折りたく柴の記　蘭東事始』日本古典文学大系95、岩波書店、一九六四年）。

(15) 注（1）桑田前掲書第三章第八節。なお、注（6）笹川前掲解説は「三木落城後、中国地方を転戦した記録であろう」とするし、注（6）阿部前掲解説も「「西国」は中国地方をさすもの」としている。いずれも桑田の見解を引き写したものであろう。

(16) 桑田は、前田家に、従来大村由己作とされてきた「九州御動座記」という記録のあることを記している（注（1）桑田前掲書第三章第十二節）。ただし、桑田はこれを由己の著作とするのに批判的である。筆者も最近、前田育徳会のご厚意で実見する機会を得たが、『天正記』の一編とは認められないと思う。

(17) ただし、この日は言経が由己から委託された「西国征伐之記」の清書を承諾し、その原稿を預かって自宅に持ち帰った日である。

(18) 『日葡辞書』（岩波書店）の「Saicocu. サイコク（西国）」項には「西部の国々、すなわち下にある九か国。すなわち九州、または筑紫（一部略）」とある。

(19) なお、秀吉の京都凱旋から一ヶ月半ほど後の天正十五年十月二十七日に、言経と由己は『天正記』の校合（本文のすり合わせ）を行なっている（**表2**）。その作業の具体的な経緯は不明だが、この時期に校合すべき『天正記』は何かと考えた場合、やはり島津攻めをテーマとした「西国征伐之記」の可能性が最も高いように思われる。

(20) 本記は、尊経閣文庫編『尊経閣文庫国書分類目録』（一九三九年）の「第五門　歴史　国史（雑史）」に「小田原軍記　大村由己撰　写」として掲載されている一巻で、現在は公益財団法人前田育徳会の所蔵に係る。

(21) 注（1）桑田前掲書第二章・第三章。

(22) 秀吉に従って関東・東北を転戦した由己が大坂天満の屋敷に戻り、言経との再会を果たした天正十八年九月二十四日以降の『言経卿記』にも、言経と由己との間に頻繁な交流のあったことを窺わせる記事は散見するが、「小田原御陣」にかかわる記事はまったく見られない。

(23) なお、最近、小浜市立図書館所蔵史料（小浜藩主酒井家旧蔵酒井家文庫）に『天正記』の「小田原御陣」にかかわる写本があるとの情報を得た（日本古典籍総合目録DB）。そこでさっそく実物を拝見したところ、以下のことが明らかとなった。
　本書は、表紙に「天正記」の題簽を貼り付けた一冊の和本で、巻之一（六十一丁）、巻之二（十二丁）、巻之三（一丁）の合計七十四丁からなる写本である（各頁10行×14字前後）。その奥書には次のような記述があった（」は行替えを表す）。

右天正記三巻之内小田原北条家没落ノ条々ヲ抜萃原本」従福井安宅借之壬子二月吉令」

ここからは、三巻からなる『天正記』という書物があり、そのなかから小田原北条家の没落にかかわる記述を抜萃して一冊にまとめた、という事情が分かる。すなわち、本書が三巻から成るというのは、原本の体裁に倣っているからであった。

さて、一読して分かるのは、本書が小田原合戦の全行程（その前後も含む）にわたる詳細な経過報告であり、桑田が翻刻した「小田原御陣」（注（5）桑田校注本）の簡略な内容とはまったく異なることである。そして、討死にした徳川方士卒の子を取り立てる条文に「後ニ水戸頼房郷（ママ）へ付ラル」（巻之二）とあることから、本書の原本は、家康十一男が徳川頼房を名乗る慶長十六年（一六一一）以降のある時期に、随所に徳川家康の功績譚を交えながら小田原合戦の行程を詳説する著作であったことが分かる。よって、本書の奥書にいう『天正記』とは大村由己の著作ではないと判断されるに至った。

なお本書は、幕末の小浜藩士で、第十二代藩主酒井忠義の右筆であった山田吉令が嘉永五年（一八五二）二月に書写したものである由を小浜市教育委員会文化課主事（当時）川股寛享氏のご教示に預かった。この場を借りて御礼申しあげる。

ここで参考までに記せば、群馬大学中央図書館に架蔵される『天正記』三冊が、上記奥書にいう「右天正記三巻」の可能性がある。これは、寛文七年（一六六七）に成立した筆者不明の写本三冊で、上・中（誤って「天正記　下」の題簽を貼る）冊に天正十八年の小田原合戦関係記事、下冊（誤って「天正記　中」の題簽を貼る）に翌十九年の名護屋城造営関係記事ほかを収録したものである。小浜市立図書館本はこのうち上・中巻の一部を抜き出して写したものではないだろうか。

（24）「小田原御陣」は、その全文が桑田忠親によって活字化（ただし、片仮名交じりを平仮名交じり文に改めている）され、桑田校注『太閤史料集』（人物往来社、一九六五年）に収録される形で出版された（注（5）桑田校注本）。

（25）桑田は注（1）桑田前掲書のなかで、書写者について、「秀吉の朱印状に見られる筆風であつて、或は秀吉の祐筆などが書写したものであるかも知れぬ」とし、さらに後記については「作者（由己のこと―引用者）の奥書がなかつたので、後に書写した秀吉の祐筆が記して置いたものであらうと思ふ」としている（第三章）。なお、本記の本紙冒頭の裏面には「小田原軍記　藻虫斎由己撰」なる墨書が残されている。

（26）由己の東国出陣は、『言経卿記』天正十八年正月十三日条に「（前略）会以前ニ梅庵へ愛洲薬廿服遣了、出陣ニ可被随身之由申遣了、」とあって確認できる。その行程は、二月十五日条に「梅庵ヨリ明日上洛之由使有之間則罷向、イトマ乞了、」とあり、次いで両者面会の記事が現れるのは九月二十四日条の「梅庵ヨリ下向之由、可来由、則罷向了、種々雑談、」であるから、およそ七ヶ月余にわたる軍旅であった（**表2**）。

（27）由己の帰洛日（九月一日）と天満帰宅日（九月二十四日）とに見られる二十余日に及ぶタイムラグも、こうしたことに求められるのかも知れない。

(28) **表1**の各記録の配列について、桑田は注(1)前掲書において5と6との前後を入れ替えている。これは、奥付の年月日に従ったものであるが、**表1**では古活字版の順序に従ってこのように配列した。

(29) 『秀吉事記』は、水戸徳川家(水戸彰考館)所蔵にかかり、謄写本が東京大学史料編纂所に架蔵されるもので、「播劦御征伐之事(播州征伐記)」・「惟任退治(惟任退治記)」・「柴田退治(柴田退治記)」・「紀州御発向記(紀州御発向之事)」・「表題ナシ(関白任官之事)」・「四国御発向幷北国御動座事(四国御発向幷北国御動座事)」の『天正記』六編に「豊臣太閤御詠草」その他を付したものである。本記の成立時期については、注(5)笹川解説に、彰考館文庫蔵の『館本出所考』によれば、元禄八年(一六九五)大串元善(水戸彰考館史臣—引用者)書写」とある由である。なお、桑田は、これは後人による編纂物であり、「秀吉事記といふものを、簡単に大村由己の著と呼ぶのは間違い」としている(注(1)桑田前掲書第五章ほか)。

(30) 今枝直方は承応二年(一六五三)、備前岡山藩の老臣日置忠治の三男として生まれ、寛文二年(一六六二)に今枝近義の養子として金沢藩五代藩主前田綱紀に出仕、享保五年(一七二〇)家老となり、同十三年に没した。著述家としても著名で多くの著書を残している(日置謙編『改訂増補 加能郷土辞彙』北国新聞社、一九五六年)。なお、鼻吟子を今枝直方とするのは、金沢市立近世史料館所蔵加越能文庫DB「豊臣記」による。

(31) 例えば、「無題」(惟任退治記に相当)の七丁表最終行「敵之人数悉討果之」から八丁裏第一行「鎮洛中勝竜寺明智勝兵衛残置」に続く箇所には本文の脱落がある(古活字版「惟任退治記」12オ4行~13オ6行の25行分に相当)が、「鎮洛中」の右肩には鼻吟子(今枝直方)によるものと思われる「此間落帖歟」との注記がある。

(32) なお、本記は、続群書類従完成会編『続群書類従』(第二十輯上)に収録される「豊臣記」とはまったく別の書である。

(33) 川瀬一馬著『増訂 古活字版の研究』上(日本古書籍商協会、一九六七年)。

(34) 物読みとは、桑田忠親が「物読み大村由己」(注(1)桑田前掲書第二章第一節)というように使用した語で、「室町の頃よりわが社会に続出した記録読み・軍記読みのなした読み方で読む」者を指し、「之をなしたのは、主として物語僧と称する僧」であり、彼らのことを略して「物読み」というとした。大村由己もまた、天正十三年七月、天満本願寺の教如らの面前で「惟任退治記」など『天正記』のいくつかを朗誦したように、「この物語僧の流れを汲む記録読みであり、軍記読みであつた」とする。

(35) ただし、注(5)笹川解説によれば、寛文二年(一六六二)整版本もある由である。

(36) その成立にあたっては、『群書類従』「柴田退治記」の末尾に、「右柴田退治記以屋代弘賢蔵本校合了」とあって、保己一の国学の門人で大の蔵書家であった屋代弘賢(一七五八~一八四一)の蔵書と対校したとあるが、この事情は「播州征伐記」も同じである。

(37) この項は、『国史大辞典』第四巻「群書類従」〈山本武夫執筆〉(吉川弘文館、一九八四年)によった。なお、同項によれば、温故学会が一九一一年(明治四十四)以降、版木からの刷立を行なっており、今日までも継続中とのことである。

(38) この項は、『国史大辞典』第六巻「史籍集覧」〈益田宗執筆〉(吉川弘文館、一九八五年)によった。

(39) 注(5)桑田校注本。

(40) なお、『大日本史料』第十一編各冊には、綱文に従って『群書類従』・『続群書類従』から必要部分を抜き書きする形で掲載されている。

第一部　第一種古活字版『天正記』

第一章　第一種古活字版『天正記』概説

中村博司

はじめに

真名本『天正記』を改訂して読みやすいテキストを供給する試みは、既に天正十・十一年（一五八〇・八一）頃、「惟任退治記」を「諸人一覧」のために漢字仮名交じり文に改めたとされる『総見院殿追善記』に見られたところである（これについては、第二部第一章を参照のこと）が、その本格的な動きは、版本『天正記』の登場を待たねばならなかった。

序章で述べたように、版本『天正記』は古活字版『天正記』として慶長元和期にその第一種本（慶元古活字版）があらわれ、続いて元和期の成立とされる第二種本（元和古活字版）、元和寛永期の成立とされる第三種本（元寛古活字版）など六種にいたる古活字本が刊行されていったとされる(1)。

今回、翻刻の対象とした国立公文書館（内閣文庫）に架蔵される古活字版『天正記』はその第一種と目されるテキスト（各頁11行×約20字）で、すなわち初発の版本である。本書は現在、全九編が三編ずつ三冊に分冊される形で製本されており(2)、その構成は次のようなものである（なお、それぞれの表題については序章**表1**の注記を参照されたい）。

上冊＝第一「惟任退治記」、第二「柴田退治記」、第三「紀州御発向之事」。

中冊＝第四「四国御発向并北国御動座記」（ただし表題と目録のみ）、第五「関白任官之事」および「聚楽行幸記」の前半、第六「聚楽行幸記」の後半。

下冊＝第七「前関白秀吉公御検地帳之目録」および「朝鮮国御進発之人数帳」、第八・九『たいかうさまくんきのうち』・『太田牛一雑記』の一部。

すなわち、本書は、全十一編からなる『天正記』（序章表1）のうち大村由己作にかかる六編を上中二冊に配し、下冊には太田牛一の著作を取り混ぜるという非常に特異な構成を採っているのである。そして、この特異な構成は第二種以下の古活字版および整版『天正記』にもほぼそのまま踏襲されているようである(3)。

ともあれ以下、各冊の順序に従ってその概要を述べるとともに、翻刻・改訂文作成にあたっての対校史料についても確認しておきたい。

一、第一種古活字版『天正記』の概要

【上冊】

表紙の左端に貼題簽「天正記　上」を配し、右上端に「昌平坂学問所」印、右下端に「昌平坂」印を捺す。中央から下部に「内閣文庫」等三枚の貼紙がある（もう一枚分中央に貼紙の痕跡があるが、これは中・下冊中央にある「和書門」貼紙の痕跡である）。

i．第一（「惟任退治記」）＝（1オ）～（25オ）

冒頭に「天正記第一目録」と題する表題を掲げ、次行から十項の目録（目次）を掲げる。上部右端に「日本政府図書」朱印、下部右端に「浅草文庫」朱印を捺す。

本文は真名本「惟任退治記」に依拠し、それを漢字仮名交じり文に改めている。内容は、織田信長による武田勝頼征討、秀吉の備中高松城攻め、信長の京都滞在と本能寺の変、山崎の合戦などであるが、最後に大徳寺で営まれた信長葬儀を詳説している。

翻刻と改訂文作成にあたっては、主として大阪城天守閣蔵『総見院殿追善記』および『豊臣記』所収「無題（惟任

退治記）」を対校上の参考史料とし、適宜『続群書類従』所収「惟任退治記」を参照した。

本文末尾は、奥書の後一行空けて「天正記第一終」とある。

ii．第二（「柴田退治記」）＝**（26オ）**〜**（53ウ）**

冒頭に「天正記第二目録」と題する表題を掲げ、次行から十項の目録を掲げる。

本文は真名本「柴田退治記」に依拠し、それを漢字仮名交じり文に改めている。内容は、秀吉の山崎城経営、秀吉の近江・美濃攻略、北伊勢合戦、賤ヶ岳合戦と柴田勝家の滅亡、戦後の論功行賞であるが、最後に大坂築城と城下町経営に触れている。[4]

翻刻と改訂文作成にあたっては、主として『豊臣記』所収「無題（柴田退治記）」を対校上の参考史料とし、適宜『群書類従』所収「柴田退治記」および『続群書類従』所収「柴田合戦記」をも参照した。

本文末尾は次のようになっている。

にあらすやしゐつ万慶〱　　天正記第二終
尓時天正十一年十一月吉日　　由己謹誌之

iii．第三「紀州御発向記」＝**（54オ）**〜**（64オ）**

冒頭に「き州御発向之事　幷　水責乃事」の表題を掲げるが、目録はない。

本文は真名本「紀州御発向記」に依拠し、それを漢字仮名交じり文に改めている。[5] 内容は、泉南の紀州一揆方諸城の攻略、根来寺の焼亡、紀州太田城の水責め、和歌山城普請、太田籠城方の降伏などで、最後に金剛峯寺の修造を述べる。

翻刻と改訂文作成にあたっては、主として『豊臣記』所収「紀州御発向之事」を対校上の参考史料とし、適宜、『続群類本』所収「紀州御発向之事」を参照した。末尾には奥付を付さない。

以上、上冊に収める三編はいずれも、真名文の原本を漢字仮名交じり文に改めている。

【中冊】

上冊と同じく、表紙の左端に貼題簽「天正記　中」を配し、左上端に「昌平坂学問所」印、右下端に「昌平坂」印を捺す。中央から下部に「内閣文庫」等三枚の貼紙がある。

iv. 第四（「四国御発向并北国御動座記」）＝**【1オ】**〜**【16オ】**

冒頭の**（1オ）**には「天正記第四目録」との表記に続いて七項の目録、**（1ウ）**には「榲邨云本書四ノ巻コノ目録ノミニシテ本文ヲ闕ク」という朱書の注記がある。

ここで、「榲邨云」の榲邨とは幕末・明治時代の国学者小杉榲邨（一八三五〜一九一〇）のことで、この記事から、小杉が本書を目にした時点で既に第四の本文が失われていたという事情が明らかである。実際に第四の本文はなく、次の**（2オ）**からは第五の本文が始まっている。すなわち、本テキストは第四の本文を欠く落丁本だったのである。

そこで、『国書総目録』によって他の古活字版第一種本の所在を確認したところ、これまで使用してきた「内閣文庫（3冊）」のほかには「栗田（巻7・8欠、7冊）」があるばかりであった。「栗田」とは、大正・昭和期の日本史学者で古典籍の収集家としても知られる栗田元次（一八九〇〜一九五五）の収集にかかる古典籍群「栗田文庫」の略称である。ところがこの文庫については、一九八五年に東京大学史料編纂所が名古屋市内の栗田家に調査に赴いて以降、(6)その所在は不分明になっており、(7)現蔵者も明らかにはできなかった。こうした事情により、第四に限っては第一種本を使った翻刻を断念し、慶應義塾図書館の所蔵にかかる第二種古活字本(8)によって翻刻を行なうこととした（そのため、この編の丁付けのみ**【1オ】**、**【1ウ】**のように角括弧として、他の編と区別した）。

冒頭に「天正記第四目録」の表題を掲げ、次行から七項目の目録を掲げる。

本文は真名本「四国御発向并北国御動座事」に依拠し、漢字仮名交じり文に改めている。内容は、羽柴方諸隊の四国侵攻、秀吉の動座意向と秀長の諫止、長宗我部元親の降伏、秀吉の北陸動座、佐々成政攻めと越中平定、飛驒平定などに及ぶが、最後に諸国知行割り・検地のことを述べる。

翻刻と改訂文作成にあたっては、主として『豊臣記』所収「四国御発向幷北国御動座事」を対校上の参考史料とし適宜、『続群書類従』所収「四国御発向並北国御動座事」を参照した。

末尾には「天正十三年十月吉日　天正記第四終」とある。

v．第五（「関白任官之事」・「聚楽行幸記」の前半）＝（2オ）～（25オ）

（1オ）には「天正記第四目録」の表題と七項の目録を掲げ、（1ウ）には「楹郤云」に始まる注記があり、第五は（2オ）から始まっている。

冒頭には、「天正記第五巻　御官慶」の表題がある。「御官慶」の読みについては、承応三年版『天正記』巻五の表題に「御官慶（くはんけい）」とルビが振られていることから判明するが、意味は関白任官の慶びということであろう。

本文は真名本「関白任官之事」に依拠し、漢字仮名交じり文に改めている。内容は、秀吉の従五位下左近衛権少将叙爵から関白任官に至る経緯と参内の次第、次いで親王と准后の座次相論裁定などで、最後に秀吉の素性を虚実織り交ぜて語っている。

翻刻と改訂文作成にあたっては、主として『豊臣記』所収「無題（関白任官之事）」を対校上の参考史料とし適宜、『続群書類従』所収「任官之事」を参照した。

さて、「関白任官之事」は（14オ）の九行目（「天正十三年八月吉日」）で終わり、続く十行目から突如、「それ久かたの天ひらけ」に始まる「聚楽行幸記」が収録される。ここでは、まず輔弼の臣としての秀吉を称え、次いで聚楽第行幸に至る経緯と日程について述べ、行幸当日の行列の配列を語る途中で終わっている。

本文は、この「聚楽行幸記」のみ、元々漢字仮名交じり文であったと推定されるが、その理由については後述する。

末尾には「天正記第五巻終」とある。すなわち、第五は「関白任官之事」の全文と「聚楽行幸記」の前半（全体の三分の一程度）から成るもので、「聚楽行幸記」の始まり方が唐突ではあるが、[9]表題と奥付を有するから、第五巻としての首尾は整っている。

「聚楽行幸記」の翻刻と改訂文作成にあたっては、主として大阪城天守閣蔵『聚楽行幸記』（以下、大阪城本と略記）および阿野実政の筆写にかかる『聚楽行幸記』（以下、阿野本と略記）を対校上の参考史料[10]とした。

vi. 第六（「聚楽行幸記」の後半）＝（26オ）～（52ウ）

「条〻天道おそろしき次第」という『大かうさまくんきのうち』もしくは、『太田牛一雑記』中の一文から始まる（これについては、後掲ix. 解説を参照のこと）。これが一丁分続いた後、（27オ）一行目から第五「聚楽行幸記」の続きとして「つき〱の侍ハ数をしらす」が始まる。そして、五日間にわたる行幸の全行程を述べた後、還幸後の秀吉、天皇、上皇の和歌の贈答などを記し、最後に秀吉の徳を称えて終わる（対校史料については前項参照のこと）。

ところで、本記の末尾は、次のようになっている。

　　　御しゆいんあり
　天正十六年五月吉日
　同年八月十六日　　　　誌之
　　天正記第六終

さて、周知のように、天正十六年四月、後陽成天皇が聚楽第に行幸した際の五日間にわたる盛儀を事細かく記した『聚楽行幸記』は、別稿で詳しく述べる（第三部第一章）ように、後陽成の還幸直後から編纂が開始され、翌五月中旬には漢字仮名交じり文から成るその献上本が完成していたと認められる。従って、「天正十六年五月吉日」は、『聚楽行幸記』献上本の成立年月を示すと見なしてよいが、では「同年八月十六日」という日付は何を示すのであろうか。

確かな裏付けがあるわけではないが、この日付が大阪城本や阿野本に無く、第一種古活字版にのみあること[11]からすれば、『聚楽行幸記』を『天正記』の一書に組み入れた日ということを意味しているのではないかと考えたい。というのは、これまで『天正記』の一編としての「聚楽行幸記」は単純に、秀吉が朝廷に献上した『聚楽行幸記』そのものを収録したように見なされてきた面もあった[12]が、必ずしもそうではなく、まず朝廷に献上すべき『聚楽行幸記』

（巻子本）が単独に作成され、その三ヶ月後に再編集されて『天正記』に組み入れられたという可能性もあり得るからである。その『天正記』の一編としての「聚楽行幸記」[13]原本は発見されていないのであるが、元の行幸記の更なる仮名書き化が進められたもので、それは今に残る第一種古活字版行幸記に反映されていると考えることができるのではないだろうか。

こうした経緯を時系列に沿って表示すれば次のようになる。

天正十六年五月吉日　後陽成天皇への献上本（巻子本）成立
同年　八月十六日　献上本の仮名書き化を進めた「天正記之内行幸記」（冊子本）の成立
慶長元和年間　「天正記之内行幸記」の古活字版本成立

以上見てきたように「聚楽行幸記」だけは、他の『天正記』諸編とは異なって先行する献上本が存在していた。本記のみ当初から漢字仮名交じり文であったのはそのことに拠るものと考えられる。

以上本冊に収める三編のうち、「聚楽行幸記」を除く二編は、原本が真名文であったのを漢字仮名交じり文に改めている。

それにしても、これら中冊に収める諸編は、上冊の諸編と比較すると取り分け乱丁の著しいものである。今、俄かにはその事情を審らかにはできないが、古活字版『天正記』の初発作品とされる第一種本の成立には大きな謎があるように思われる（このこと次節で詳述）。

【下冊】

上・中冊と同じく、表紙の左端に貼題簽「天正記　下」を配し、右上に「昌平坂学問所」印、右下に「昌平坂」印を捺す。中央から下部に「内閣文庫」等三枚の貼紙がある。

本冊に収める三編は、上・中の二冊六編が大村由己の『天正記』各編から成るのに対して、『信長記』の作者として知られる太田牛一の著作に拠っている。

vii・第七＝（1オ）～（14ウ）

冒頭に「天正記第七巻」の表題と三項から成る目録がある。内容は、六十八ヶ国の国名とその石高一覧、文禄の役に際して名護屋に在陣あるいは朝鮮に出兵する部将名と軍勢の員数一覧、とからなる。

これらは、国立国会図書館所蔵の古活字版『秀吉公御検地帳　全』[14]に収録される「前関白秀吉公御検地帳之目録」および「朝鮮国御進発之人数帳」とほぼ同文であることから、対校上の参考資料とした。

末尾には「天正記第七終」とある。

viii・第八＝（15オ）～（36ウ）

冒頭に「天正記第八目録」の表題と六項から成る目録がある。本文は『大かうさまくんきのうち』ないし『太田牛一雑記』に拠っている（このこと後述）。内容は、関白秀次の悪行、秀次の失脚と切腹、秀次妻子らの成敗、松永弾正・斎藤道三の事跡、などから成る。

本文末尾行は、「（子に鼻を削が）るゝ事前代み門事也　　天正記第八終」となっており、年記はない。

ix・第九＝（37オ）～（56オ）

冒頭に「天正記第九目録」の表題と八項目の目録がある。内容は、明智光秀・柴田勝家・織田信孝らの成敗、小田原北条氏の征討、会津で行なった知行割り、土佐沖へ南蛮船漂着の次第、醍醐の花見、などから成る。

末尾は、

大田（ママ）いつミの守　　誌之

慶長十五年三月十三日

天正記第九終

となっているが、この年記は『太田牛一雑記』・『大かうさまくんきのうち』いずれにもなく、古活字版独自のものであるから、第一種古活字版『天正記』の成立年月日の上限を示しているものと考えられる。

さて、第八・九の翻刻にあたっては、太田牛一の著作である『大かうさまくんきのうち』[15]（慶應義塾図書館蔵、国指定重要文化財。以下、軍記という）と『太田牛一雑記』[16]（東京大学史料編纂所蔵。以下、雑記という）とを対校上の参考史料とした。この二書と『天正記』との関係性については、既に谷森淳子の本文比較にかかる考察がある。[17]詳しい内容紹介は省略せざるを得ないが、ここで私見をも加えて総括すれば、まず、三者それぞれ近似する箇所や独自の箇所があるものの、総じていえば軍記がもっとも網羅的で、しかも詳細な記事を有する条が多くあり、その場合他の二書では同じような省略をした箇所が見受けられる。また、古活字版と雑記には軍記には無い慶長元年の四国沖漂着船の条があること、また「大閤ゑ宝来る之事／日本国内金銀湧出、外国より珍宝名物寄りくる事」の本文中の配置が同じであること、さらに関白時代と大閤時代の秀吉を指して、軍記では「関白秀吉公」・「大閤秀吉公」などと区別するのに対して、他の二書ではすべて「大閤秀吉公」で通しているなどの親近性も指摘できる。従って、ここでは軍記にしかない箇所は当然ながらそれを対校史料とし、共有箇所は雑記を優先的に対校史料とし、必要に応じて軍記をも参考とすることとした。

ここで、三者の関係性を表示した「**表3**：古活字版『天正記』、『大かうさまくんきのうち』、『太田牛一雑記』の章節比較表」（次頁）によれば、『天正記』第八の「天子御果報の事」から「当関白殿御手懸の人々、辞世の事」までは軍記を参照し、以降は雑記を主たる対校史料としたということとなる。

以上のとおり、下冊に収める第七・八・九の三巻は、いずれも大村由己の著作ではなく、太田牛一の記録にもとづくものである。

二、第一種古活字版『天正記』の成立をめぐって

以上、内閣文庫所蔵にかかる古活字版第一種『天正記』の構成について、その改訂文作成にあたっての対校史料の概要とともに見てきたが、川瀬一馬によって慶長元和年間（具体的には慶長十五年以降）の成立に遡るものであるとさ

表3：古活字版『天正記』、『大かうさまくんきのうち』、『太田牛一雑記』の章節比較表

第一種古活字版『天正記』第六・八・九目録（第六が第八の中に入り込んでいることについては、第一部改訂文凡例を参照のこと）	『大かうさまくんきのうち』（番号は斯道文庫編『大かうさまくんきのうち　翻字篇』の目次による）	『太田牛一雑記』（表題は本章注（2）谷森論文による。ただし括弧内の表題は筆者による）
第八　天子御果報の事　幷諸学御器用の事	一	ナシ
〃　当関白殿御行儀の次第	三の1、2、4、5、6	ナシ
〃　遠流衆　幷落書の事	三の3	ナシ
〃　当関白殿御手懸の人々、辞世の事	三の7、8、9	ナシ
第六　条々天道恐ろしき次第（三好実休の事）	四の1（三好）・2（松永）	条々天道恐敷次第・三好実休生害の事
第八　松永弾正分別の事	四の2（松永続き）	松永久秀信貴城没落自殺の事
〃　山城道三身上の事	四の3（斎藤）	斎藤道三逆子の変に遭ふ事
第九　明智日向守、身上の事	四の4	明智光秀信長を弑する事、高松城水攻の事、山崎合戦
〃　柴田修理亮、武辺の事	四の5	柴田勝家志津ヶ嶽に敗北、北庄に一門滅亡の事
〃　神戸三七殿の事	四の6	神戸信孝、柴田に与して相果てし事
〃　北条左京大夫氏政の事	四の7	（北条氏政の事）
〃　小田原ゑ御進発の事	四の8	小田原征伐
〃　関東・武蔵・岩槻ゑ発向の事	五の1、3	（江戸・岩槻から会津黒川へ動座の事）
〃　太閤、諸侍衆へ知行割りの事	二	知行割の事
〃　太閤秀吉ゑ宝来るの事	五の2	日本国内金銀湧出、外国より珍宝名物寄りくる事
〃　慶長元年に四国へ高麗船寄するの事	ナシ	慶長元年九月土佐沖に漂流船の事
〃　同三年三月十五日、御花見の事	十二の1、2、3	慶長三年醍醐の花見の事
ナシ	六、天正十九年鷹狩の事	ナシ
ナシ	七、秀吉太閤と称する事	ナシ
ナシ	八、天正二十年聚楽行幸の事	ナシ
ナシ	九、朝鮮征伐の事	ナシ
ナシ	十、大政所様御遷化の事	ナシ
ナシ	十一、お拾い様御誕生の事	ナシ

れる古活字版は、それを第一種という以上、版本『天正記』の成立当初から、『天正記』という総称のもとに作成された六編と、それとは無関係の『秀吉公御検地帳』（第七）や『大かうさまくんきのうち』・『太田牛一雑記』（第八・九）とを取り混ぜたものとして成っていたものと見なさざるを得ない。とすれば、その構成は如何にも不可解であって、第七・八・九は、『天正記』たる最低条件である天正年間における秀吉事績ですら無い内容を多く含んでいる。[18]しかも、第七〜九のいずれもが、「天正記第七巻」・「天正記第七終」のように首尾を整えていることからすれば、第一種本の出版段階からこの取り混ぜは自明のことであったと見なさざるを得ないのである。

すなわち、『天正記』という表題を冠した九編の版本は、その成立当初から構成については破綻を来たしていることにもならざるを得ないのであって、このことは、版本『天正記』の成立・性格にかかわる根本的な矛盾に他ならない。にもかかわらず、谷森・桑田らをはじめとする先行諸研究がこの問題に関説した例は寡聞にして知らない。そこで、現存する第一種古活字版『天正記』が、本当に古活字版の初発作品だったと見なしてよいのかという問題意識のもと、甚だ実証性を欠く議論にはなるが、版本『天正記』の第一種本に先行する、より整った原・版本『天正記』があったのではないかとの想定のもとで、筆者の考えを披歴してみたい。

改めて、版本『天正記』諸本の構成を見てみると（序章**表1**）、上冊に収める三編は、天正十年、十一年、十三年の事件に取材している。それに続く中冊に収める三編は、天正十三年（二編）、十六年の事件に取材している。ここまでは確定しているとすれば、下冊（第七〜第九）には、いずれも『言経卿記』の記事によって天正十七年に成立したことの分かる「金賦之記」、「大政所御煩平癒之記」、「若君御誕生之記」の三編を収録していたのではないか、と考えてみたい。そうすると、全編が『天正記』の諸編から成る原・版本『天正記』、すなわち「第〇種」古活字版とでもいうべき版本ができあがるが、その構成は次のようになる。

上冊＝惟任退治記、柴田退治記、紀州御発向之事

中冊＝四国御発向并北国御発向事、関白任官之事、聚楽行幸記

下冊＝大政所御煩平癒之記、金賦之記、若君御誕生之記

今仮に、こうした構成を想定してみると、第一種成立当初から見られる古活字版『天正記』の不可解な構成は解消されることになる。すなわち、慶長十五年三月十三日（第九の奥付年月日）を遡るある時期に三冊九編から成る整然とした古活字版『天正記』ができあがっていたと推定できるのである。そして、その後、下冊に収めた三編が何らかの事情によって除外されることとなり、版元は止む無く既に何らかの形で成立していた『秀吉公御検地帳』と『大かうさまくんきのうち』[19]・『太田牛一雑記』[20]を巻七～九に入れるという処理を行なった、という事情を考えてみたい。この時、かかる強引な処理をしたことが、中冊の諸編にも影響を与え、第六の冒頭に『大かうさまくんきのうち』のごく一部が紛れ込むというような事態をも生じたのではないだろうかとも疑われる。

ところで、この原古活字版『天正記』を九冊と復元したことについては、一応次のような根拠がある。それは、『言経卿記』に見える『天正記』の冊数についての記事である（序章**表2**）。それを年次順に見ていくと、「五冊」（天正十四年）、「二冊」（天正十七年）、「三冊」（天正十七年）、「六冊」（天正十八年）などとあるのであるが、その後十数年を経た慶長十一年三月二十九日条には、それまでの最大冊数である「九冊」とする次の記事がある。

一、興正寺来談、徳利トナカサケ給了、天正記借用、九冊分、遣了、

この日、言経は興正寺昭玄の求めに応じて『天正記』九冊を貸し出したというのであるが、ここで考えてみたいのは、天正十八年段階までの『天正記』は写本であったに違いないが、それから十六年の空白期間を経て突如、慶長十一年の『言経卿記』にあらわれる『天正記』九冊も写本だったのかどうかという点である。これら「九冊」が版本の『天正記』だったとは考えられないであろうか。第一種版本が第九奥書によって慶長十五年三月以降のある時期に出版されたものとするなら、それに先立つ慶長十一年頃に先行する「第〇種」古活字版九冊が出現していたとしても、時期的には不審なものではないこととなる[21]。

以上、版本『天正記』の成立にかかわって卑見を披歴してきたが、こうした原・版本『天正記』の存在をめぐる筆

者の想定が相当牽強付会なものであることは、充分承知しているつもりである。ではあるが、大村由己の『天正記』諸編に太田牛一の『大かうさまくんきのうち』などを取り合わせるという、誠に不可解な第一種以来の版本『天正記』の構成を是正・復原しうる一案として、諸家のご高見を得るためにあえてここに提起することとした次第である。筆者としては今後、そうした原・版本『天正記』が発見されることを期待している。

ともあれ、慶長末年頃に第一種古活字版『天正記』が刊行されると、以後、第二種（元和古活字版）、第三種古活字版（元和寛永古活字版）が相次いで刊行され、さらにその後は整版の『天正記』が刊行されていくこととなる。これらはいずれも基本的には第一種古活字版の内容を踏襲しているのは上述したとおりである。すなわち、巻一から巻六までは大村由己の『天正記』の各編から取り、巻七から巻九までは太田牛一の著作から成るという「取り混ぜ」状態が、その後も続いていたのである。とはいうものの、その第一種古活字版から整版の『天正記』へと移り変わっていく様相についてもまだまだ未開拓の分野であり、考えるべき主題が多々あるようにも思われるが、ここではすべて割愛せざるを得ない。

三、第一種古活字版『天正記』における過誤の諸相について

版本『天正記』については、その初発作品とされる第一種古活字版『天正記』を検討した桑田忠親が「その書き直し方の乱暴さに至っては、全く啞然たらざるを得ない」とか、「その文章に救われ難い欠陥があった」[22]等の評を加えて以来、総じて低い評価が与えられて来たといっても過言ではない。近年でも、奥田尚によって「杜撰さゆえにそこにはさまざまな空想が広がり」とか、「こうした杜撰なものが出版され」[23]など、「杜撰」という評言でのマイナス評価がなされてきたのは、本書でも既に何度か指摘してきた通りである。しかし、一般論的にいえば、当該テキストの誤りをそうした杜撰の一言で片づけて、それ以上の分析を止めてしまうと、見えるものも見えなくなるという危険が生じることもまた事実であろう。

そこで、こうした問題意識のもと、以下では杜撰の分類というか、第一種古活字版『天正記』における過誤の類型について、追善記、豊臣記、大阪城本行幸記などとの本文比較によって検討した第一～第六における注解の成果（本書第一部第二～四章）を先取りする形で示すこととした。もちろん、紹介するのは注解の成果のごく一部に留まるが、こうすることによって、本記に見られる過誤にも諸相があり、一口に杜撰の一言で片づけられない課題を含んでいることを明らかにしたい。

1．原文の文字表記の一部を読み飛ばしたり、誤っている箇所

原文の一部を読み飛ばしている事例。第一**2オ**7行に「大相」とあるところは「贈大相国」（豊臣記）の贈と国とを飛ばしたもの。また、第三**54オ**6行の「きの国さが御せいはつ」以下で「雑賀」を指す「さいが」の「い」を飛ばして「さが」とするなど。

次に、原文の文字表記を誤っていると思われる事例では、人名の場合、第一では明智とすべきところを「明知」（第一**1オ**10行「明知弥平次」以下）、織田信孝を「織田三七信高」（**8オ**8行）とするほか、第四で織田信雄を「織田の大納言これを」（**11ウ**1行）、赤松則房を「赤松次郎のり家」（**5オ**3行）、第五でも**15オ**11行では「清和（天皇）」を「清水」などの事例がある。もう少し深刻な誤りとしては、惟住五郎左衛門尉とすべきところを「これとふ（惟任―引用者）五郎左衛門尉」（第一**8オ**10行以下第四**14ウ**2行に及ぶ）などとする誤りも見受けられる。

その他、第五**2オ**6行に「天正三年の春、せい州ついはつのために備州おたいらけ」とあるのは、その後に「とうしやうなかはに明知日向の守光秀、信長将軍を討奉り」の文が続くことから、「天正十年」（豊臣記は「天正壬午」（同十年に相当）とする）の誤りであり、「せい州ついはつ」も、「西戎追罰」（豊臣記）の当て字ということとなる。こうした不注意による、あるいは無頓着さから来る誤りは随所に見られる。

2．原文を誤って読み下した箇所

第一2ウ1行の「そのいけのしようせつ」は、追善記によって「その地の勝絶」と復元できる箇所で、地を池と読み誤り、「そのいけ」としたものである。また第二27ウ10行「やふらす彦三」のところ、正しくは「不破彦三」という人名であるが、名字の「不破」を、「不レ破」（破らず）と読み、仮名で「やふらす」と記したもの。同じく47オ7行に「しやうのうらに来」とあるのは豊臣記に「生捕来」（生け捕り来たる）とある箇所で、原文の捕を浦と読み誤り、「しやうのうら」としたものである。また、第五9ウ1行に「さいさうあきらかなり」とあるのは、豊臣記に「最聡明也」（最も聡明なり）とある箇所で、やはり原文を読み誤ったと判断しうる。同じく13オ8行に「あんふつのよし」とあるのは、豊臣記に「案二物之由一」（物の由を案ずるに）とあるところで、原文を「案物の由」と読み、それを仮名で「あんふつのよし」と記したため、意味不明となった箇所である。

これらの事例から、古活字版本文の作成にあたって、編者が漢文体の原文を読み下そうとしたものであることが改めて確認されるのであるが、このような誤りは随所にあって、桑田忠親が版本編者をして「版本となすべく由己の文を書き直した人が「天正記」の原本を、一向、訓み得ていない」というのはこういう箇所を指しての評言であったのかと、これも改めて確認できた思いがする。

3．前後にある同表現箇所の目移りによって数行読み飛ばした箇所

第五12ウ11行「今の天下のけんへいお取るといへ共」のところ、意味を取り難い。豊臣記には「今殿下是也、従孩子奇怪之事多之、如何様非王氏者争得此俊除乎、往時右大将源朝臣頼朝雖執天下権柄」（傍線引用者）とあるところで、秀吉が「王氏」（天皇の落胤）であることを暗示するところである。おそらく「天下／殿下」の目移りによって二、三行飛ばしてしまったために意味が取れなくなった箇所である。

同様の誤りは、第六にもある。31ウ5～6行の「其まつごに望ミて、りやう地さいほうをそなへまひらするこそ」も意味が今一つ取れないが、ここは大阪城本『聚楽行幸記』に「其末期にのぞミて、領知財宝を譲事のミなり、我世さかんなるおりに領知さいほうをそなへまいらするこそ」（傍線引用者）とあるところで、やはり「領知財宝／領知さ

いほう」の重なりによる目移りによって傍線部が脱落したのであろうと推測される。

4．古活字版特有の誤り

今回、第二種に拠った第四**7オ**1行（「ぬひけんをとけ」）と2行（「則、ひてなかいさむ処」）は意味を取れないが、それぞれの一文字目「ぬ」と「則」を入れ替えると意味が通じるようになる。その責めは組版の文選工に帰せられるべきものであろうが、この誤りは承応三年版でも訂正されておらず、そのままとなっていることには別の問題が含まれていると見るべきであろう（なお、この誤りが第一種にまで遡るものかどうかについては今のところ確かめられない）。

また、同じく第四**15ウ**10行の「からんきうをき」は、豊臣記に「伽藍旧規を」（からんきうきを）とあるところで、活字「を」と「き」を植え誤ったのであろうと推察される。

5．原著にまで遡りうる過誤

一方、大村由己の原著が残されていないため、確定はできないが、その原著にまでさかのぼる誤りもあるようである。それは、第一「惟任退治記」に見える秀吉の中国下向年次である。天正五年十月、秀吉は信長の命を受けて播州に発向した。これは『信長公記』巻十（天正五年）に「十月廿三日、羽柴筑前守秀吉、播州に至つて出陣」とある出来事である。本記では、これを「天正六年」（**4オ**7行）と誤っているのであるが、これは注解でも指摘するように、追善記、豊臣記、『群書類従』所収本、第二種以下の木活字版すべてが、そのようになっている。とりわけ、追善記は原著成立後、一、二年を出ない時期の著作であるから、そこにまで遡る誤りと考えても大過ないであろう。

6．古活字版編者によって、文章が故意に改められていると判断される箇所

第一**4オ**5行の「御ふし相供に御馬をおさめ給ふ。関東一へんにそくし、関西ハ羽柴筑前守秀吉、」（傍線引用者）のところ、追善記では「親子相共に御馬を納給ふ、扨も羽柴筑前頭秀吉ハ」、豊臣記では「御父子相伴納御馬給矣、扨羽柴筑前守秀吉者」となっていて、いずれも本記の傍線部分を欠いている。ここは、関東における信長の事績と関西における秀吉の事績を繋ぐ箇所で、追善記・豊臣記では「扨も／扨」の一言で場面転換を図っているが、本記のような叙述の方が丁寧と言えるだろう。まれにではあるが、こうした箇所も見受けられることには注意したいものである。

7．原著にまで遡る事実改変か、史実であるのか確定し難い箇所

本節の趣旨とは少し離れるかも知れないが、本記の立ち位置にもかかわる記事について、一言述べておきたい。

第一9オ11行～9ウ2行の「春の花、しよ秋の月かともてあそひたもふふ代（粉黛―傍点とも引用者）、ことくくさしころしたまい」は、当時本能寺にいて親しんでいた愛妾たちを信長が悉く刺殺したことを述べる箇所であるが、追善記にも「春花とも秋月とも翫給ふ紅紫粉黛を悉指殺」とあるから、由己の原著にまで遡る記述である可能性が高い。一方、『信長公記』によると、「是迄付きそひて居り申候を、女はくるしからず、急ぎ出よと仰せられ、追出させられ、」とあって、信長と共に本能寺に居た女性は信長によって脱出させられたことになっており、両者の記述はまったく異なっている。テキスト成立の時期からいえば、前者の方が真実に近い可能性が高いこととなるが、先行研究においては、「惟任退治記」の評価が低く、信長が愛妾を手に懸けたことを過剰な表現とするものも見受けられる。

例えば、鈴木眞哉・藤本正行はその共著(24)のなかで、「惟任退治記」は「（前略）字句や表現にオーバーなところがある」とし、「信長が美女を自ら手にかけるところなど、その最たるものである」と断じている。そして、その上に立って、本能寺に女性がいたことは明らかだが、それは「接待や雑用のため、京都所司代の村井貞勝あたりが京都で手配した人々であろう」と推測する。しかし、変の当時、信長の身辺に居た女性として、身の回りの世話をする侍女たちだけではなく、その愛妾たちを想定しても少しもおかしくないから、鈴木・藤本の説は一方的に過ぎると言わざるを得ない。むしろ、退治記は愛妾たちの行末を、『信長公記』は侍女たちの行末を記したのだと解するのが、現段階ではもっとも考えやすい実情ということになろう。その場合、太田牛一は信長をはばかって、愛妾刺殺の顛末を省略したとも推察されるが、このことも含め、後考を俟ちたい。

以上、第一種古活字版『天正記』に見受けられる杜撰の内容を明らかにするため、本書の注解に示した事例の幾つかを紹介してきた。もちろん、その他にも多様な過誤・不審箇所があり、その理由の判然としない場合もあるので、全容は注解そのものに拠っていただくほかないが、上に示した例によるだけでも、杜撰の内容が区々さまざまであることは示せたのではないかと思う。そして、編者の不注意、理解力不足による限界が多くあるのは当然であるにしても、原著に遡る誤り、また古活字版本の編者に拠る意図的な改変も僅かながら認められるなど、これまでまったく注意されなかった事象も明らかになってきた。今後、こうした箇所をも丁寧に点検することによって、本記の歴史的な位置付けがより明らかになることを期待したい。

注

（1）川瀬一馬著『増補　古活字版之研究』上（日本古書籍商協会、一九六七年）。

（2）第一種古活字版『天正記』の三冊九編（各三編宛て）というのが、刊行当初からのものであるかどうかという点については、栗田元次著『栗田文庫善本書目』（中文館書店、一九四〇年）が参考になる。これは、栗田が家蔵の善本を選び出し、それぞれに書誌学上の解説等を加えた著書であるが、そこに「六三、天正記　慶長元和中　七巻七冊」とあるのが第一種古活字版『天正記』である。ここで、七巻七冊と述べているのは九巻九冊の内、巻七・八が欠けていることを意味するが、このことは又、この『天正記』が一冊ごとに独立した書物であったことをも示すものと認められる。一方、谷森淳子は「浅草文庫の印のある天正記（国立公文書館所蔵の第一種本のこと―引用者）三冊本」（「太田牛一とその著書　特に「大かうさまくんきのうち」について」『史学雑誌』第三十八編第六号、一九二七年）とし、桑田忠親も「内閣文庫本天正記は三冊本で」（桑田著『豊太閤伝記物語の研究』中文館書店、一九四〇年。第五章）としているから、彼らは「三冊本」というあり方が当初からのものと考えているようである。いずれにしろ、栗田家蔵本が所在不明であり（このこと後述）、構成を確認できる第一種古活字版が国立公文書館蔵本のみである現在、これ以上の判断を控えざるを得ないが、以下に述べるように、上・中冊と下冊とで本書の性格が大きく変わるので、本稿では便宜上、三冊九編として取り扱っていくこととしたい。

（3）管見の限りではあるが、第二種古活字版『天正記』全九冊（慶應義塾図書館蔵）、承応三年整版『天正記』全九冊（東京大学史料編纂所蔵）が、第一種古活字版と同様の構成を採っている。

（4）なお、梶原正昭は、『室町・戦国軍記の展望』（和泉書院、二〇〇〇年）に収めた「中世後期の諸軍記」のなかで、本記について次のような評価を下している。「たとえば、豊臣秀吉が柴田勝家を賤ケ岳に破った天正十一年（一五八四―一五八三の誤り。引用者）の戦いを例にとると、これには、比較的公平な立場で客観的にその経緯を描こうとした大村由己の『柴田合戦記』があるほかに、（以下略）」。

（5）注（2）桑田前掲書では、本書（国立公文書館所蔵本）の本文が「闕逸してゐる」とし、「他本によつて（内容を―引用者）推定すれば、紀州発向・水責め等に当る記事があつたに違ひな」いと述べている（第五章）。この誤りは、桑田再刊本（『太閤記の研究』徳間書店、一九六五年）でもそのままとなっている。

（6）東京大学史料編纂所編『東京大学史料編纂所報』第二十一号、一九八七年。

（7）日本古典籍総合目録データベースの『国書目録』所蔵者略称等一覧を見ると、「栗田文庫」については「(不明)（栗田元次旧蔵書）」とある。

（8）本書は帙入の和本九編九冊（各頁12行×21字前後）からなり、帙の題簽には「天正記　慶長版」とある。各冊とも渋茶色表紙で、その左肩に「天正記　四」などと朱書している。

（9）古活字版の刊行事情について考える時、第五の構成はこの問題に一石を投ずるものである。すなわち、第五は「関白任官之事」と「聚楽行幸記」前半とからなるが、後者は**14オ**10行から始まっている。その前後二行を示せば、

　珍重々々。謹んでこれを記す。　　　　　　　　　　　　　　　　　　　←（**14オ**8行）

　　天正十三年八月吉日　　　　　　　　　　　　　　　　　　　　　　　←（**14オ**9行）

それ久方の天開け、粗金の地始まり　　　　　　　　　　　　　　　　←（**14オ**10行）

てより此の方、神代の年月をおよそ諳ん　　　　　　　　　　　　　　←（**14オ**11行）

となっているのである。このことを言いかえれば、それぞれ独立した書目として成立していた「関白任官之事」と「聚楽行幸記」を古活字版『天正記』に収録するにあたり、その分量配分から聚楽行幸記を二分して前半（三分の一程度）を「関白任官之事」の後に配して巻五とし、後半部を巻六として収めたという事情が窺える。そして、それは取りも直さず、少なくともこの二冊が独立して刊行されたのではなく、セットとして刊行されたことを物語っているものと推察される。

（10）いずれも、後陽成天皇の還幸後間も無い、五月、閏五月の成立である。なお、その成立事情については、第三部第一章を見ていただきたい。

（11）第二種以下の古活字版・整版『天正記』には「同年八月十六日　　誌之」は見えない。おそらく、その意味が不明となっ

たため削除されたのであろう。
(12) 例えば、桑田忠親は両者の関係について次のように述べている（同著『豊臣秀吉研究』（角川書店、一九七五年）第三部第十一章）。

『聚楽行幸記』は、由己作の『天正記』の一巻に相当し、天正十六年四月後陽成天皇聚楽第行幸の御盛儀を謹記し奉ったもの。

(13) 『言経卿記』によると、聚楽行幸記は編纂当初、「記六（記録）」（天正十六年四月段階）、次いで「行幸記」・「行幸之記」（同年五月以降）などと記されていたが、翌十七年九月七日条に「天正記之内行幸記」として初出する（序章表2）。そしてこの時、「閉（綴）事ヲ頼入之」とあることから、この行幸記が献上本のような巻子本ではなく、冊子本になっていたことが窺えるのである。
(14) 古活字版『秀吉公御検地帳　全』一冊（請求番号WA7-10）。これには、「前関白秀吉公御検地帳之目録」・「朝鮮国御進発之人数帳」、および小瀬甫庵編『政要抄』の三本が収められているが、国立国会図書館書誌情報ではその全体を小瀬甫庵の著作としている。これについて川瀬一馬は、「巻末に小瀬甫庵編集の政要抄が附載されてゐるから、この御検地帳等も甫庵の手に拠り他に資材を求めて編纂されたものであるかもしれない。」（注（1）川瀬前掲書）とし、その成立を「版式上慶長末頃の印行と認む可きもの」としている。一方、桑田は、その原形が『大かうさまくんきのうち』に見られるとし、太田牛一の記録の書き直しだと推測している（注（2）桑田前掲書第五章。ただし、「御検地帳之目録」に相当する部分は見られない）。ここでは、桑田の見解に従って、太田牛一の著作と見なしておく。
(15) 本記は、慶應義塾大学附属研究所斯道文庫編『重要文化財 大かうさまくんきのうち』（『斯道文庫古典叢刊之三』、一九七五年）として、影印・翻字が公刊されている。本稿では、主としてこの翻字篇を参着した。
(16) 東京大学史料編纂所には二点の『太田牛一雑記』が所蔵されている（同所所蔵目録データベース）。一つは徳川昭武旧蔵にかかる謄写本（31丁）、今一つは巻末に重野安繹の識語を有する写本（24丁）で一八九〇年（明治二十三）に副本が作成されたとある。後者は全文が公開されているので、これを対校史料とした。本記は、漢字片仮名交りの読み下し文で、内題は「太田牛一筆記」とあり、本文末尾には「以太田牛一真跡書写之可謂実録矣」とある。
(17) 注（2）谷森前掲論文。
(18) 例えば、文禄四年（一五九五）に起きた関白秀次とその妻子の虐殺事件、慶長三年（一五九八）の醍醐の花見などであるが、そのほかに永禄五年（一五六二）三月の三好実休討死や弘治二年（一五五六）四月の斎藤道三討死の記事までをも含んでいる。

(19) それは、これらの三編が、あまりに秀吉や家族にかかわる個人的な事柄であることに求められるのではないだろうか。いずれにしろ、この三編が版本『天正記』に収録されず、しかも散逸してしまったことの裏には、世間に迎えられないという事情のあったことが窺われる。

(20) ここで、『大かうさまくんきのうち』の成立時期が問題となる。この問題について、桑田は谷森淳子の説（注（2）前掲谷森論文）を紹介して「現存の大かうさまくんきのうちは、慶長三四年から同七八年の間の著作であると云ふが、慶長三四年は早過ぎる」とし、「少なくとも七八年頃までは太閤様軍記の一部分といふ意味に於いて未定稿であつたと見るべきではなからうか」（注（2）桑田前掲書、第七章）とする。そして、慶長十七年頃には『太閤軍記』として完成したと見ているのであるが、慶長七、八年（一六〇二、〇三）頃には未定稿としてではあるが、『大かうさまくんきのうち』は成立していたと見なしていることに注意したい。なお、大沼晴暉も注（15）前掲書の翻字編解題において本書の成立時期を慶長五～十年頃としている。

(21) ここで、序章第二節において天正十五年中の成立と推定した「西国征伐之記」を下冊に含めなかったことに不審を抱かれる向きもあるかも知れないが、それは本文で述べているように、「第〇種」古活字版『天正記』の成立を慶長十一年頃と推定しているためである。この時期、秀吉は既に亡く、島津氏は依然として有力大名としての地位を保っていたから、その征討をテーマとする本記は忌避されたものと考えたい。

(22) 注（2）桑田前掲書第五章。

(23) 追手門学院大学アジア学科編『秀吉伝説序説と『天正軍記』』（和泉書院、二〇一四年）。

(24) 鈴木眞哉・藤本正行著『信長は謀略で殺されたのか』（洋泉社、二〇〇六年）。

第二章　第一種古活字版『天正記』の翻刻

凡例

一、底本は、国立公文書館の所蔵にかかる第一種古活字版『天正記』九編三冊を使用した（本書は、国立公文書館のホームページで閲覧することができる）。ただし、第四編だけは目録（目次）以外の本文が失われているため、慶應義塾図書館所蔵の古活字版第二種を使用することとした（慶應義塾図書館の掲載許可は、二〇二三年四月五日付）。その間の事情については、第一部第一章「第一種古活字版『天正記』概説」を参照していただきたい。

二、漢字は、原則として現在通用の字体を用いることとした。ただし、そのまま残すべきと判断した場合はその限りでない。

三、誤字・脱字については、当該箇所に逐一「ママ」を付すと煩雑になるため、改訂文との異同によって確認していただくこととした。当て字についても、断らずに訂正したり、ひらがな表記に改めたりしたが、必要と判断した場合はそのままとした場合がある。これも改訂文との異同によって確認していただきたい。

四、本文中、まれに訓点を付して読むべき箇所があるが、それについては、改訂文で読み下し、訓点は付さないこととした。

五、踊り字（ゝ、ゞ、〱）は、そのままとした。また適宜、読点を補った。

六、欠字は、原則として二字分を空白とすることによって示すこととしたが、それに従わなかった箇所もある。なお、欠字とすべきではないのに、数行空けとしている箇所がある（特に第五・六に顕著）が、それについては対校史料を参照したうえで上詰めとした場合がある。

七、原本の丁替わりは」で示し、表裏を明示するため、当該頁の冒頭にその丁数と表裏を（1オ）、（2ウ）のように注記した。ただし、第四のみ【2オ】、【2ウ】のように角括弧を用いて区別した。これは改訂文の場合も同様である。

八、検索の便を図るため、1行目と6行目の行頭に1、6の番号を付した（改訂文も同じ）。

九、なお、翻刻・改訂文・注解の作成にあたっては、目次の第一部第二章に各編の担当者名を掲げたが、作業工程としては、各編担当者がまとめた原稿を、中村博司・渡邉慶一郎が検討し、訂正・追加・削除のほか、他の編との整合性などを勘案して成稿していった。その際、本来ならば、各編担当者に原稿の照合を逐一依頼するべきであったが、諸般の事情によってそれはかなわなかった。従って、最終稿の作成にかかる文責は中村・渡邉が負うものとする。

【天正記第一】

（1オ）

天正記第一目録

一　甲信御進発　并武田一そくめつほうの事
一　秀吉西国御はつかうの事
一　これとうむほんの事
付、信長父子御自がいの事
一　松田平介おひ腹きるの事
一　織田七兵衛しやうがいの事
一　備中高松洛城の事
一　秀吉しやうらく、山さき合戦の事
一　明知弥平次引のき、安土山にこもり、
坂本にて自がいの事」

（1ウ）

一　秀吉公尾州しんはつ、天下定めの事
一　信長御そう礼、つい善の事」

（2オ）

それ、つら〳〵せ間のゐいすいをくハんするに、
南山の春花ハけき風是をさんじ、東れいの秋
月ハきやう雲これをかくす、せんさいの松も、ふ
きんのあやうきにまぬかれす、万代の亀も、あに
くハせうのうれいなからんや、きん花、こてうの
夢、何にをかよろこひ、なにをかかなしまんや、
爰にそ大相平の朝臣信長公、天下にとうりうし、
国家にゐんはいし、年久し云〻、江州安土山
にをいて、しやうくハくおかまへ、大石を以て山
をつゝミ、とう西のいらか、南北のたひ、金てんし
かく、天上の雲につらなり、玉ろうけんしやう」

（2ウ）

ハこ水のなミおかゝやかし、そのいけのしよう
せつ、いふにかそへさるのミ、　忝奉始
上皇、日〻にちよくしを立、月けいうんかく
ゆかにたいし、百くハんしよこう座につら
なる事、きうちようのしやうけつといふへし、
今これによつて、三くハんれい其外、諸国のしゆ
人けいしゆせすといふものなし、或ハ百れいの
たかをあつめ、山野にてかりはのあそひをなし、
ある時ハ千万騎馬けいりやくにきおい、はハの
けふをなし、朝にハ行きえんをかさり、しよ
とふのせい道をもとむ、夕へにはじゆすいの」

（3オ）

こうけいに三千人のてうあひおまもり、夜のゆふゑん、日〻の徳行、たのしミあまりあり、彼り山きうのゑい花、しやうようてんのらくゆふ、むしろこれに過へきや、こゝに甲信西国のしゆ人武田四郎勝よりといふ者、年来のてう敵たるゆへに、秋田城介平のあつそんのふ忠、信州にいたり出馬ありて、高遠の城を取まき、勝より舎弟にしな五郎幷小山田備中守、相残の地おまもる也、手合に先、川しり与兵衛尉、調りやくを以てそつこくにせめくすす、こと〱くうちはたし、其きおひを以て、か州ひのふ中」

（3ウ）

に入る、かつより一戦に及す、はいぼくして天目山にかくれ、のぶた丶先勢、川しりよ兵衛尉、滝河左近大夫、入やまなかへおつつめ、数ケ度合戦に及、たけたかつより、同ちやくし太郎、同左馬助かつ定、しやうようけん幷一族、こと〱くくひをうちきたる、加州、しんしう、賀しう三が国、本意の旨にそくし、上聞にたつすに仍、将軍御くハん座あり、三が国御一身のきさミ、関東、かまくらの諸大名、のこりなく御み方にはせさんする事、ふく風に草のなひくかことし、此とき、将車ふじご見物是あり、此山、天ちく、しん」

（4オ）

だん三国ふさうの名山なり、これにをいて、こ山なし、是お見てたいほうをたつし、くハつきなのめならす、しかふして、遠州、三川にわたり、徳川三河守家康の御たちに来てたひりうし、御ふし相供に御馬をおさめ給ふ、関東一へんにそくし、関西ハ羽柴筑前頭秀吉、舎弟小一郎長秀相ともに、天正六年にはん州へはせ下り、へつ所お対治しよりこのかた、西国せいはつの軍しゆ、備前、ミまさか、宇喜多しゆこし手にしよくし、はりま、丹島、いなは五ケ国の人数おいんそつして、天正十年三月十五日、び前の国」

（4ウ）

にはつかうし、かふりの城に押よする、敵のそなへを見るに、はなはたかうかうにして、たやすく責おとしかたし、然りといへ共、此城におひてハ、たとひ人数そんするといふ共、むにゝさい国のひゝきをなすへきむね、かねて定む処に、杉原七郎左衛門尉、あら木平大夫、千石権兵衛をさきとして、かの地をかんようにふまへたる水手よりせめ入、これを取る、秀吉かんゑつしてこの衆へハ馬、太刀をつかハし、時の面目これにすきじ、しろよりとりゝにこんほうすといへとも、聞入すして、そくじにせめのほり」

(5オ)

こと〳〵くひをはねおわん、其きおひを以て、時日をうつさす河屋の城おとりまき、彼城ぬし、敵軍のいきをいお見て、毛利家のえん兵をまたす、かひたいををろし甲をぬき、かう参いたすの条、命をたすけしろお取る、其ときいよ〳〵勝に乗、高松の城へ人数を寄、これを見るに、三方ハさわぬまなり、かつて人馬のかよふ事なし、一方ハ重ゝに大堀をかまへ、もりけより数年相こしらへたるようがいけつこうの地なり、たとい日本国中の大車よするといふとも、たやすくちからせめに及へからす、然間、秀吉くふう」

(5ウ)

して水せめにすへきかうをなし、しろのまわり二三里の間、与山ひとしくつゝミをつき、今のうちにさいもくおかきにたておきて、大川、小川をたつねて水上の山をほり、石をきりちらし、谷の戸、田なへのたまり水にいたるまて、こと〳〵く是をせきかくる事、りうせうをひたし、かの地お一つのみすうミとなし、つゝミのうへにつけしろ、そこ〳〵にあひこしらへ、たい船をつくり、いかたおくミ、敵のたまり二の丸にせめ入、かつへき、やたく引はらひ、本丸はかりになし、てきのくんじ、ミすのみなきる」

(6オ)

にしたかつて、大木のこすへにすをかけ、いたをならへ、なみにたゝようしやうたくハ、たゝ舟のうかへるがごとし、誠にこのうちとり、あしろのうをのかなしみ也、以てたとふるにたらす、又別に人数をわけ、一万余騎、五町十町の間引へたてゝ、うしろつめのそなへをまもり、然所に、もり右馬頭くハんちや、こはい川左衛門佐高かけ、吉河するが守元春、かのたかまつの城すくふにをよハすんはあるへからす、び中おもてにをいてかはねをさらすへき旨儀定して、分国十ケ国の人数、八万余騎いんそつして、備中」

(6ウ)

たか山、しやかゝみねつゝき、ふとうたけに陣取、敵相十町にすくへからす、その間大が有る故、敵身かたそくじに相かゝる事をゑす、数日をおくる、しかるに秀吉、かのうしろつめの人数にきりかゝり、おひくつすへき事おかたつけす、西国一へんにしよくすへきのむね、御意を得奉の処に、　御下知をなしくたさるゝ、そつじの合戦しかるへからさるのむね、御ちやうあつて、堀久太郎、池田勝九郎、中川瀬兵衛、高山右近、都合其勢一万よきつけ下され、将軍は信忠をあひ具し、きやう都に置てごくハん」

(7オ)

座あり、かさねてこれたう日向守ミつ秀、軍しとしてさう〳〵ちやく陣せしめ、秀吉に力を合すへし、合戦のかうによつて、あるへき御ちよくさの旨けん進也、これ奉公義、二万よきの人数をそろへ、備中にハ下らしてひそかにむほんをたくむ事、じしやう更になかりけり、さて五月廿八に日あたこ山にのほり、一さのれんかに、ミつひて発句云、

　時ハ今雨かしたしる五月かな

今ハゆいのこゝ、まことにむほんのしんなり、たれ人かかねて是をさとらんや、然るに天正」

(7ウ)

十年六月朔日の夜半より、ミつ秀二万よきの人数をのへ、丹波の国亀山をうち立、四条西の東いん本のこし、あひふの御所に押寄す、将車此事ゆめにもしろしめされす、よひにハのふたゝをちかつけ、つねもしたしく語給ひ、村井入道、きん習の小性以下にいたるまて、御れんミんのことはをくハへ、しんかうに及の間、信忠いとまごひあり、ミやうかく寺の屋かたへ帰り入給ふ、しやうくんしんけつに入、きんじゆの衆をめしあつめ、えんおふのふすま、れむりのまくら、夜半のさゝめ事、誠によの中」

(8オ)

ハ夢の中にあらすや、此これとうハ、明知弥平次、同勝兵衛、同次衛門、同孫十郎、さい藤九郎の助、其外諸率四手に人数おわけ、とりまき御所の四方、夜のあけやみの時分に、かつへきを引こぼち、門こをきりやふり、一度にさつと乱入、将軍御うんのつくる処、此比天下せいひつの条、御用心もなく、国ゝの諸侍、或ハ西国の出張、或は東国のけいごとして、むねとの大しやうをおき、織田三七信高ハ、四国にいたりてとかい有るへしてう儀として、これとう五郎左衛門尉、はちやはうき守をそへ、いつミのさかいの津にいたり在陣し、」

(8ウ)

そのほか諸侍、西国御ちよく座御ともよういとしてさいこくせしむ、無にんのごさいきやう也、たま〳〵に御供の人ゝハ洛中処ゝに打ちらし、おもひ〳〵のゆふけふ、御番所にハやうやく小性衆百人に過きす、
将車夜うちの由をきこしめされ、森みたれを向給ふ、これとふむほんのよし申上る、あたを以ておんおほうするのいわれ、ためしなきにあらす、しやうあるものゝめつする事、定まれるみちなり、今さらなんそおとろくへきや、弓を取、ひろゑんにさしいて、むかふ兵五六人いふせて後に、」

(9オ)

十もんじのかまにて敵すはいかけたをし、つくハいまてをいちらし、数ケ所御きつをかうふり、御座をさして引入給ふ、ハしめもりのらん、高橋虎松、大つか一郎、角さう、与五郎、小八郎等、御そはをはなれす、面ゝ一番にとり合、名乗のことくに出、一そくもさらす、まくらおならへうち死す、つゝいてすゝむ人ゝは、中尾源太らう、又九らう、ゆあさ甚介、馬のり勝介、はり阿ミ、此外兵七八十人、おもひ〳〵にはたらき、一たんふせきたゝかふといへ共、多せいにせめたてられ、こと〳〵くうちじにす、将車とう春の花、しよ秋の」

(9ウ)

月かともてあそひたもふふ代、こと〳〵くさしころしたまい、御とのゝ手すから火をかけ、御腹めされをわん、村井入たうはる長、公門くハい

に家あり、御所のしんたうするを聞、はしめは
けんくハと心得、物具取あへすハしり出、相見す
してこれを見んとほつす、これとう人数二万余
騎、かこミおなし、かけ入るへきしゆつけいをつ
くすといへ共、かなわすして、信忠御陣処ミやう
かく寺へはせ参、此旨おごん上す、信忠ハ、せひ本
のふ寺へかけいり、もろともにはらをきるへき
由せんきとある、敵軍重〻けんごのかこミ、てん」
(10オ)
よくのかけりにあらすんハ、つうろをなしかた
し、誠にゑんしやく千里のなけきあまり有、
然るに、ミやうかく寺ハあさましき陣取りなり、
近へん何方にか、ハらきるへきたちある、と御た
つねあれハ、しゆんちやうけんかしこまつて承、
忝も、しんわふの御座、二条の御処しかるへき由
言上つかまつり、二条のこ所へ案内申、かたしけ
なくも、
とう宮をハ、手くるまにして大利へうつし
奉り、信忠わすかに五六百はかり、二条の御所
へ入給ふ、　将軍御馬まハり、これとふにへた」

(10ウ)
てられ、さんたう二てうの御しよへはせくハ〻
るもの一千余騎、御前にこれある人〻ハ、しや
ていご坊、織田又十郎、村井しゆんちやうふし三
人、と平八、すけ屋九衛門、福たう平左衛門、猪子兵
介、下石彦衛門、野〻村三十郎、赤さわ七らう衛門、
さいとふ新五、津田九郎次らう、森しん助、はんの
伝三、くハ原吉蔵、桜木てん七、小さわ与吉、山口小
へん、寺田善衛門、此ほかれき〳〵衆諸侍、おもひ
きり、これとふ寄来るをまちかける、これとうハ
将軍におん腹めせ、ごてんが火えんとなる見
て、あんせんとして、信忠ぢん処おたつぬるに、」
(11オ)
二てうの御所へたてごもり給ふよしを聞、いき
おもつかす、二条の御処へ押よせける、御前にハ
もちろんかくごのまへ、大手の門をひらきおき、
ゆミ、てつはうおたて、内にハ軍兵おもひ〳〵
の道具をもち、前後をしつめいたりけり、兵とも
面をふらすかけ入、前には弓、てつはうおたて、
さし取引とり、さん〳〵にいふせくところに、

つき出し、をつはらひ、をしこミ、すこくふせき
たゝかふ、敵は六く〻をしめかため、あら手を
入かへ〳〵せめきたる、身かたわすはたにかた
ひら一重て、しんかうにいさむといへ共、長やり、」
(11ウ)
長太刀やうちもの、やいはをそろへせめいり、爰
にて五十人、かしこにて八百余人、残すくなに
うちなされ、御腹まきをめされ、御そはにこれ
ある百人はかり具そくをき、信忠一番にきつ
て出、おもてにすゝむつハもの十七八人きりふ
せたまふ、御そはの人〻、われをとらじとひはな
おちらし相たゝかふ、四方へさつとをいちら
す、其時、明知孫十郎、杉生三衛門、かなりせい次、其
外究竟のつハもの百人はかり名乗、とり〳〵に
きつてかゝる、信忠御覧じてまん中にき
つて入、此比けいこうのひやうほう、当所ひてん」
(12オ)
のしゆつ、はくやか一たちのをくぎをつくし、
きつてまハり、孫十郎、三衛門首、ちやうとうちお
をとし給ふ、御近習の面〻、刀のかきりきり相、
うちへせめ入敵の人数、あまたうちはたし、最後
の合戦心よく、　将軍の御供申へきとて、御
てんの四方に火おかけ、信忠をまん中に
おき奉る所に、信忠一はんに御腹十もんじに
きりたまふ、其外せい兵、おもひ〳〵にはらきり、
一度にけふりとなる、　将軍御年四十
九、のふたゝ御年廿六、いたはるへしをしむ
へし、きせん万ミんにいたるまて、みなかなし」
(12ウ)
ミのなんたをなかしける、又しやう州の住人
松田平介かつたゝ、其夜へんとにあり、夜うちの
よしこれを聞、はせきたる処に、ご所のいくさ
相はて、しやうくん御はらめさるゝの間、ちから
及す妙見寺にはしり入、をいハらきるへきかく
ごを定め、一ちう、もとはいしやかけうして、しか
もぶんふをかぬるし也、つねにいたうに心
おかけ、又さんかくまなこをさらす故、じゅせい
として一しゆのうたをさくして、一かうのけ
に云

　　そのきわにきゑ残る身のうき雲もつ」

(13オ)

ゐにはおなしみちの山風

又志に云　くハつ人三しやくのけんお手に

にきる則いま見こんをさいじんす

如此書おき、腹きりさうふをくり出し死す、誠に当せいふさうのはたらき也、みな人これを聞てかんるい袖おうるをすのみ、これとうハ洛中しつめ、しようしにあけ知勝兵衛を残し置、其日の馬のときに坂もとの城にいたり、安土山にハ此よしをきゝ、とのいの番衆を始、前夫人、後夫人、北のかた、つぼね〳〵おもひ人、後たち、ぬびさうにんにいたる迄、かちはたしにて、ちり」

(13ウ)

〳〵ににけハしる、　将軍御さいせの時ハ、たゝけいしよのわふくハんらんよしよく車、千てう万騎のゆさんひゝしきよそおひ、今さら引かへてしうくしんとうのせうそく、たとへハたうのけんそう皇帝のやうきひ、ろく山が兵ぢんにしよく道のなんをしのき、そのかふう、かうそにせめふせられ、おこうの波をうるをすうれへ、いつれかこれにことならん、やかてこれとうハあすちにうつり、御てんに入、ろうかくに上り、　将軍のあつめをかるゝすきたう具、ちやうほう、金銀しゆ玉、きんしやうりやうらにいたる」

(14オ)

まて、こと〳〵くこれをとり、長浜、さを山へ乱入、江州一へんに相しつめ、六月十日、さか本の城へかい陣す、しかふして、これとうがふたいの侍、丹後の国しゆごす長岡兵ぶの太夫藤高、大和の国しゆご筒井じゆん慶、京都の趣中進せしめ、さう〳〵上洛あるへき由、さいさん使札をつかわすといへ共、これとう逆意の間、相くミせす、又さかいの津に在陣し給ふ織田の三七信高、これとう五郎左衛門長秀ハ、此よし聞とゝとけ、小田七兵衛、これとうゆかりとして、又　将軍にたひし、いしゆなきにあらさるゆへに、押」

(14ウ)

よせ、大坂にて是をうちはたす、　又、備中おもて秀吉のちんへハ、六月三日夜半はかりにちうしんあり、秀吉是をきゝ、心中にわしう

ちやうかきりなしといへ共、すこしも色に出
さす、いよ〳〵ちんおハりよせ、日はたのようか
い、ちうさくを以てけんきうせしめ、其外一とふ
の者ひきつくる、此時秀吉きやうかをよミ、しよ
ちんにふれらる、

　　両川のひとつになりてをちぬれハ
　　　もりたか松ももくつにそなる

りやう川ハ小はや河、吉かわをいふのミ、その後、」

(15オ)

高松の城、大しやう六五人腹をきり、さんたう相
たすけらるへき旨、かう参いたし、又毛利家より
こんほういろ〳〵あるなり、分国の中、備中、
備後、はうき、出雲、石見、以上五ケ国わたししん
じ、その上せいしをそへ、人じちを出し、御はた
したに付へきのよし、さい三中来るに、高松
の事、生有たくひ、けいけんにいたるまて、こと
〳〵くせめころし、もり家にをいてハ其ね
をきり、そのはおむすぶへき存念たりといへ共、
此おもての弓矢はやくはたして、京都の本意を
たつすへきしゆいお以て、たかまつの城ぬし」

(15ウ)

のしミすきやうたい、けいしうかせいのしゆ人
三人、はらをきり、さうひやうこれをたすく、杉原
七郎衛門尉、けんしとしてうけとり、城のうちへ
ちやうふに人数を入れおき、もりけよりこん
はう条〻にまかせ、五か国幷に人しち、せい
しうけとり、先もりけのちんをはらハせ、秀吉
ハ心しつかにもてなし、六月六日のミのこくに
び中おもてを引て、ひ前の国ぬまのしろに
いたる迄、大雨大風、数か所の大川こう水をしの
ぎ、ひめちにいたり、二十里はかりその日ちやく
陣す、諸率あひそろハすといへ共、九日にひめち」

(16オ)

お立、よるひるのさかひもなく、人馬のいきおも
つかす、あまがさきにいたり、秀吉ちやく陣すの
条、池田紀伊守、これとう五郎左衛門尉、各相だん
して、しやういんし、はた田に陣をすゆる、先
人数天神の場、山さきにとりつく、これとふ
行を見合、秀吉ちやくしんの事、これとふハ少
もしらす、しようりうじの西、山さきの東口迄

しんを取、各ミつ秀に向て諸率の云、秀よしハ西
国へはつかうの間、きつ度摂州に入はたらきお
なし、はん州におひてらん入すへし、然ハひて吉
はい軍すへきの条、国さかへにいたり、こと〳〵」

(16ウ)

く討はたすへきのひやうぎなかハに、ひてよし
人数一両日の間、はたゝ、山さきにちやくぢんす
の由中進あり、これとうハあんにさおひして
俄に行をあらため、人じゆをたて置、一せん
に及へきかくごに定、秀吉人じゆ、備中備前
に相をくるゝ者おほけれは、わすかに一万余
騎に過す、然といへ共、みな究竟の兵なり、此外、
織田三七信たか、是等五郎左衛門尉、堀久太らう、
せつ州の人数にあひくハゝるものなり、ひて
吉、とふらい合戦念の太刀をうたれ、誠に天まハ
じゆんおもあさむくへきいさミあり、軍せいミ」

(17オ)

すちにわけてやりおつくりかゝる、これとふ
人数もだん〳〵にたておき、すこくふせきたゝ
かふの処に、中すち、川の手、山手、一度にミの
手をまハし、やたてもたまらす、押入、をつくすし、
こと〳〵くはいぼくせしむ、これとふ身ちかき
侍三千はかり、一てまくつてせうりう寺にたて
籠るもの、方ゝへにけはしる輩、あるいはくがな
わて、にしの岡、かつら川、よと、とハへんにておつ
め〳〵くひを取、丹波のみちすちをきつて、おち
むしやにをいてわ、一人ものがさす是をうち、
せうりう寺へよせ、人数四方八めんにかこむ事、」

(17ウ)

たゝあじろのことし、こと〳〵くとりひし
くへきのかうをなし、これとう、みのせんひをふ
るといへ共かなハす、今夜をちすんハ、とりこと
となるへき事かんせん也、先一たん、坂本の城
にたてごもり、じこくをまつへししゆいをなし、
夜半ハかりに、ひそかに五六人につけしらせ、
大道ハすかす、田のあせをつたひ、やぶハらの中
を行、よせてハひるの合戦につかれ、鎧の袖
をしき、ほこおまくらとす、其ひまをまもり、しう
りうじのかこミをハ、虎のをゝふむこゝちを
してにけ出る、城の内にハこれとふ洛るお」

(18オ)

聞ひて、我さきにとくつれ出、或ハそとぎきに寄合、或わまちふせに行当て、くハはんうちと討死す、爰に堀久郎、いくさ相はてゝの後、江州をさしうちいたす処に、又安土山にて明知弥平次、これとうはい軍のおもむきをきゝとゝけ、彼金銀をちりハめくうてんろうかく、一度にやきはらい、しんくハうつくる所の阿ばうてん、かんやう宮、そ人の一こせうしをなす、今以て是同し、弥平次、一万余騎おのへ、これとうにはせくハゝらんとしてうちのほり、大津の浜におひて、ほりきう太郎に行あひ、一せんに」

(18ウ)

及所に、やへいじそくしにおひたてられ、三百ハかりうちしにす、かさねてたゝかふにかなハすして、小船に取りのり、さか本の城にたて籠る、その夜、大雨しきりにふり、敵みかたそのしやへつをしらす、山しな、たいご、あふさか、又よし田、しら河、山中、そのへんほう〳〵にをいてうちとり来くひ、数をしらす、秀吉そのよく日、三井寺にいたりちやく陣す、一日たいりうをなし、さかもと行に及び、またもろくちよりうちとり来るくひ、こと〳〵く天けんするのところに、その中にこれとふのくひあり、」

(19オ)

秀吉日比の本望にたゑすせんゑつ、誠にてんかな命かな、明知弥平次ハ此よしをきゝとゝけ、これとふ一るい其身けんそく、こと〳〵くさしころし、天しゆにひをかけ、じがひおなし、敵みかたともに相かんする処なり、秀吉、大津よりむかひの地にわたり、安土にいたりこれを見、こと〳〵くせうしをなし、まことにけふ風さん月くわふりやうしやくまくのせうそく、わう日かふゆうえんの時、なに人か是をおもひ、たれかこれをはからんや、然に、江北長浜あへい孫五郎、これとう一ミとしてさいしやうす、秀吉しゆ」

(19ウ)

いんあるゆへにかう参にたへす、長はまをあけしりそき、わかもとのたちにたてごもり、秀吉もとよりにくき処なれは、なんそや是をゆるふ

せんや、則、宮へ次郎左衛門尉をつかハし、中村
孫平じ、あへ一るいこと〳〵くはた物にかけ、又
さを山にたてこもる、これとふ五郎左衛門尉
にたいし、こんほうして城を渡し、夫れより
各〳〵、ひ州やしやう州にいたり、はたらきな
す、此時、織田三介信お、しは田しゆりのしん勝家、
をい〳〵に出ハりあり、きよすの城をいて、さん
くハいおなし、このぎらつきよのめん〳〵、こと」
(20オ)
〳〵くこれをあらため、秋田しやうの介たいら
の朝臣信忠ちやく男、天下のしゆくんと定め、織
田三介信おひ州のやかたと定め、同三七信高を
しやう州のやかたとさため、又羽柴、しはた、こ
れとう、池田、此四人として天下のせいたうお
をこなひ、今度ちうせつの輩に知行をわり、
分国をさため、たかひにじゆつこむし、かためお
なし、せいしをとりかハし、各帰国しをわん、
むほんの長本さい藤九らうの助利三、これとふ
うたるゝ事をしらすして、かたゝのへんに
ちいんを頼、かくれぬるの所に、人数をつかわ」

(20ウ)
し、からめとり来る、車にのせ、洛中をわた
し、これとうくひおもたひにすへ、あはた口に
おひて両人ともにさらす所に、京わらんへの
きやうかの札を立そふ、
　しうのくひきるよりはやくうたるゝハ
　これたうはちおあたるなりけり
　合せんにそまけすご六のさいとうわ
　なゝめくゝられはちをこそかけ
これたうハ数年、　将軍の御かうおんを以て
其身をたて、しは〳〵ゑいくハにほこり、ほし
まゝにらくゆふをきハむるの条、いよ〳〵長」
(21オ)
天のねかふへき処に、何れかゆへなく、あひ公
をうち奉る事、あにてんはちなからんや、六月
二日にがいしたてまつれハ、同十三日、なんちが
くひをハねらるゝ、いんくハれきせんなり、長岡
兵ぶ太夫藤高、年来将軍の御おんのかうふる
事あさからす、これによりてこれたうに一
身せす、秀吉と心を合、備中おもてへひきやく

をつかハし、もとより、江州、しやう州、備州よりは
せ来る、各さうだんし、き国のきさミ在りやく
せしむ、　将軍御つい前のために、れん
がをもよほす、」

(21ウ)

　すみそめの夕へや名残袖のつゆ　　ふじ高
　玉まつる野の月の秋風　　正権いんとの
　わけ帰るかけの松むしねになきて　　しうは

発句ハ、誠に天下りやうあんのいわれにあら
さらんや、しうるいそてにあまるへき事もつ
ともならんや、　さて秀吉、御次丸おめしくくし、
かさねてしやうらくし、ほんのうじにて
相くう御腹めされし処にたち入、らくるいを
おさへ、しうたんかきりなし、秀吉所生元いしう
にあらす、しやうくん数年御おんけいをかう
ふる事かつてそのひるいなし、あまつさへ、相」

(22オ)

くう第五男御次丸、ゆふしとして下さるゝ所
なり、然ハ秀吉もとうはう勝たい侍なり、御そう
れいなくんハあるへからすおもひなから、れき
〳〵の年寄衆、ことに御れんしおほし、一
たん其ははかりおはふき、十月にいたるまて
ほうしをおこなハす、なをこれをおもひ、今日
をんしうさつ花今日ぢんけい、是か有来日をご
せんや、誠に下せんけれつのひんしひん女
にいたる迄、其とふらひの心さしなきにあら
す、いわんや人間におひておや、こん日これを
あひつとめさらん、千へんはんけはかるにたら」

(22ウ)

す、よつて十月はしめより、むらさき野にをいて、
りやうほう山大徳寺にて、一七日ほうし御仏
じをもようし、金おほとこさんために、そ用
一万くハん并ふとうくに行の御けん、その外
そくはくのせ行、るいちつたるもの也、
御くらいせき所として、一宇のしやうちやを
こんりうし、惣見いんとかうし、同らんとふ
をつくりくハ礼をなし、銀子千百数是をわたし、
又寺りやう五十石ハ、こう代まてさういなき者
なり、又ゑんりよをくハへ、八木五十石をもつて
はいとんせしめ、きしんするところ也、」

(23オ)

仏事の次第

十一日より色〱さま〱の御とふらひなり、なかんすく、十五御さうれいのさほう、目おをとろかす処なり、先、くハんぢやくわきんしや、きんだんを以てこれをつゝミ、のきのやうらく、らんかんぎほうしゆ、みな金銀をちりはめ、八角のはしらたんせいをつくし、八けんの間をさいしきご門きり扞に引りやうすち、ちんかうお以ててうこくし、ぶつさうほうなふ、くハんくハくの中に、彼れんたひ野、せうくハうくわふにして洛中につゝき、四門のまくハしらあや、」

(23ウ)

しろとんす、方百二間火やあり、ほうきやうつくりのたう、惣まわりにらちゆひ、羽柴小一郎長秀けいごの大将として、大徳寺より千五百間のあひた、けいこの侍三万ハかり、みちのさゆふをしゆこし、弓、ゑひら、やり、てつほうをたてつゝく、そうれいの場に、秀吉分国のとたうハいふに及す、勝たいさうらひこと〱くはせあつまり、其外見物の者ハ、きせん雲かのことし、御こしの前のなかゑ、池田古新これをかく、後の長えハ羽柴御次丸これかき給ふ、御くらい相公をひし第八男御長まる、御太刀ハ秀吉これお」

(24オ)

もち給ふ、かのふとう国行なり、両行に相つらなるもの三千余人、ミなゑほし、藤衣をちゃくし、五かくをはしめ洛中らく外のせんりつ八しう九しうの僧そく、いくせん万といふ数をしらす、その宗のい儀を調、もんしん、しうくハい、行道、五しきの天がい、日にかゝやき、一やうのはた風にひるがへし、ぢん水のけふりハ雲のことく、ともしびあきらかなり、ひかりハ星ににたり、くこもりもの、きそくやむすひ花、七ほうしやうごんをつくり、誠に九ほんのしやうとに五百らかん、三せん仏のてしも目前に」

(24ウ)

あるがことし、ふつじのやくしやハ何れも
〱　和尚や　又ハ長老たち也、
其時秀吉、御次丸相ともないしやうかう也、十月

十五日ミのこくに、無しやうのけふりとなし
奉る、まことにこれ一しやうへつりのかなし
ミあり、たれかこれをなけかさらんもの也、さて
なかんすく、爰になんたおほき事わ秀吉の
さうかんなり、こゝに　将軍のいきおひ
天下のとくふ古今、かミは上くハうをやすんじ
たてまつる、下ハかミをあわれみん、よつて忝も
ちよくしおたて、さうくハんし給ふ、かうし」

（25オ）

たてまつる、
惣見いんとのさう大しやうこく一ほんたい権
大居士　秀吉、備中おもてに
をいてぶようをまもり、ちうさくをはこハさる
は、いかてかすミやかにこれとふをたいじ
し、本意をたつし、此けうやうをおこなわんや、
まことに、秀吉一せのミやうが、まつたいのき慶
なり、仍しるし置、万代ちん重〱、
于時天正十年十月十五日

天正記第一終」

（25ウ）

」

【天正記第二】

（26オ）

天正記第二目録
一　信高逆意、濃州進発の事
一　勢州御しんはつの事
一　江北御しんはつの事
一　重て美州御しんはつの事
一　佐久間玄番、はたをすゝめるの事
付　中川瀬兵衛尉討死の事
一　秀吉はせ向、柴田はい軍の事幷自がい
一　秀吉、加州御はつかうの事
一　柴田権六佐久間玄番生とり、洛中渡事
一　三七殿自がいの事」

（26ウ）

一　諸国城ぬし定め事」

（27オ）

抑、はしハ筑前のかミ秀吉ハ、天正十年十月十五

日に将軍の御そうれいをあひつとめしより
このかた、ていとのひつしさるのすミ、山さき
の上に、一つのしやうをこしらへ、ごき内を見
をろし、わうミんをあひしつめ、しかふして
さきの秋田のぢやうの介平のあつそん信忠の
御若君をむかへとり、あすちに案じ奉り、しゆ
こせしめんとほむする所に、おたの三七信高、柴
田ハ滝川とさうだんして、いかゝ秀吉に若君
お相わたすにをいてハ、彼一人天下を相はから
らい、ほしひまゝにけんいおふるうへき事」

(27ウ)

かんせんなり、むしろしんのてうかうのあたと
なり、国中のわさわひをまねくにあらさらん
や、各一ミ同心して是をかい坊す、爰においてて
秀吉、一たん将軍の御子弟の礼をおもんじ、か
つふは又せいしのおそれおおもひ、てうちやう
の懇札いへ共、信高心きよやうせす、あまつさへ
敵たひのちうさくおくハたてたまふ、此時柴た
しゆりのかミ勝家、同名いがの守かつとよ、これ
らはかり、くハゐけいのあつかひとして、まへた
又左衛門としいえ、やふらす彦三、金森五郎八、
各〳〵京とにのほり、其ゆへハ、越前の国、ハしめ」

(28オ)

のとうじ、山春のゆきふかうして、かてをは
こひかたし、只今かんくハをおこすにおひて
は、人馬のつかれ、百性のいたわり、まことに国の
むなしきなりと相はからふ、秀吉此むねをしり、
あつかひをやめ、らう月のはしめ、長浜にいたり、
彼地にてはり、秀吉ひさしくあひかまへたる
ようがいなれハ、案内おしり、敵のいたはる所を
すいし、つけじろをかまへ、うちはをくりや
ふるへきかうをなし、伊かの守かつとよ、越州の
ゑん兵をたのむといへ共、けういつの雪、れい年
にてうくハし、かんいよくにしきお打、風りよ」

(28ウ)

くまさに酒をこほりとす、むかしハとふさつ
す、人馬のかよひもたへ、爰にかつとよ、ちかきを
すてとをきおハかるわ、くるしんでこうなし
りようおなし、かう参いたす、然るにかつとよハ、
だん名おほんそうする故、勝家やうしんする処

なり、今秀吉と一ミの事、すこふる本意をうし
なふを以てす、さりなから、佐久間玄番の介、かの
分国においてけんいをとり、尤はなはた、これに
よつて、かつとよ内〻うらミをふくむ、ひてよし
其由をおもひ、礼いんなし、すなはち、しやう州
にとりむかふ間、相したかふのめん〳〵ハ、これ」

(29オ)

とう五郎左衛門、つゝ井じゅんけい、長岡越中
守、いけ田き伊守、はち屋はうきかミ、其外諸国の
軍兵、都合三万よきいんそつし、大風をしのき、
しん雪をわけ、きふにいたりをしよせ、国中
のけふと、あるひハついはつをくハへ、あるひハ
かう参にまかす、日をへすして一国一しやうと
なし、のふ高是をあわれミ、ひとへになけひて、は
よの儀をしとふて、信忠御若君、信高の老母、そく
女をそへ、人しちとしてこれお出す、秀吉これお
見ていにしゑをおもひ、なをれんミんのこゝ
ろさしをなし奉り、かミこおとき、十二月廿九日」

(29ウ)

に山さきの城にいたり、すなはち彼地にをいて
おつ年有り、元日よりはりまのひめじにおも
むき、二三日の間、諸国の大名小名、しうとくにつ
らなり、しや馬をふまへ、門前いちをなす、朝、礼に
むかひてハしんあひおつくし、夕にハ近しゅ
にたひしせいたうをとき、天下のくふうちう
夜いとまあきあらす、しかふして、若君ようち
の間、御はくふ織田三介信雄御名代とし、あつ
ちにうつしたてまつる、閏正月しよしゅん、
秀吉又あつちにいたり、国〻の諸侍れいきお調、
もつはらそんかうす、あたかも将軍ごさい世の」

(30オ)

時のことし、まことに君臣の礼、諸人のかんする
処なり、あつちに十余日とうりうし、其後又山
さきへうちかへり、諸国のちんふれをなし、軍兵
長浜によせきたる、かさねてけんごの人しち
を取、その比かつとよハ、ひやうきたいらかなら
す、おきふしかなハす、たん夕とこにある、此故に
自身出張あたハす、よりきのもの大今藤ハ、山路
しやうけんおつかい、越前のさかへめ、かた岡天
神山に出じろをこしらへ、しゅりの介勝家に

たひし、無二いろをきはめ、これをたつるゑん
てい、これとふ五郎左衛門尉相くミし、越前の」
(30ウ)
1おさへとして、それより勢州に入、滝川左近の
太夫をうちはたすへきかうをなし、たうて軍兵
をミすちにわけ、羽柴ミのゝかミ、つゝ井じゅん
けい、いとふかもんの助、いなはいよ守、うちいへ
さきようのしんハときたらこゑなり、三よし孫
6七郎、孫平次、江州中郡の衆ハ君はたこゑ也、秀吉
自身ハ七八ケ国の人数を引、あんらくこゑなり、彼
みすしの道いつれもせつ所、まへ陣みなをつ
度をとる地なり、きん年又、たきかわふしんをき
わめ、そこ〳〵のようがいおかるへをき、まこと
なりかな、まふせいせつしよなく、その城〳〵て」
(31オ)
1あてをおき、くわな、長しまにいたりをしよせ、
近へんのこる処なくはう火し、一夜陣をすゑ、
よく日さう〳〵彼地を引とり、若と中のふせ
きおなし、敵のたむろ数ケ所あり、ことさらミね
のしやう、かめ山に大勢たてこもり、大夫相こし
6らへたるの地なり、よつてまつ、滝川儀大夫こも
るところのミねしやうをとりまき、佐治新介相
のこるかめ山へ、秀吉自身馬をよせ、てきのはた
らきを見るに、たん兵お以てミたれくい、さか
も木おひきはらひ、山下をうちやふり、則、其ちに
かへりさゝおゆひ、竹たハをかさね、さいもくを」
(31ウ)
1以て是をふせく、敵のつふろをとゝめ、時ゝこゝ
〳〵にし寄おなし、あるいはてつほう、ひや、なけ
たひまつをもつて、やくらをやきやふり、あるひ
はすき、くハ、けんわふ、つるのはしを以て、いし
かきうがちつきくつす、又いわほのした、やくら、
6ろう門をおひやかす、きかうによせ、ほり百人
入これおほる、則、まことに大木の風にたをるゝ
がことし、ろう城のしそつひたんの事、すこ
ふるてつせきのうを、いんていの水おはくかご
とし、故にさじしん助、甲をぬき、たいしやうの
かう参いたす、然間、いのちをハたすけ、すなハち」
(32オ)
1長浜にをくりつけられ、則、かめ山に信雄むかへ

入奉る、ミねのしやう、せきの地さう、こうの城、此三ケ所に人数をわけ、しやう〳〵に取まき、すこしもをつとなきやうにしめしをき、秀吉ハしはたしゆりのすけ江州おもてへとり出の由、是をきゝ、あつちにきよ陣す、敵のそなへをかい見て、然る処にしは田、人じゆを五だんにたて、五万余き、やなかせに出ハりちんおとる、よく日さうたんに天神山のしろにかけよせ、近へんの村おをとし、こと〳〵くほう火し、又やなかせに引しりそく、秀吉これをきゝ、さうそく」

(32ウ)

江北にはつかうし、さきてのそなへをさたむ、だん〳〵、

一番　羽柴左衛門守　堀尾も助
二ゝ　柴田伊がの守　木下しやう玄
三ゝ　木村隼人佐　賀藤佐久間
四ゝ　前野将衛門対　一柳市介
　浅野弥兵衛　明石与四郎
五ゝ　生駒甚すけ　小寺官兵衛
　木下かけい左衛門尉　大塩金衛門
　山内猪衛門尉　黒田甚吉
六ゝ　羽柴孫七郎　中村孫平次」

(33オ)

七番　羽柴美濃守
八ゝ　つゝ井じゆんけい　伊藤賀もん助
九ゝ　赤松次郎　はちすか小六
十ゝ　同弥三郎　み田半左衛門尉
十一ゝ　長岡越中守　高山右近
十二ゝ　羽柴御次丸　千石権兵衛対
十三ゝ　中川瀬兵衛尉

此つきは秀吉馬廻なり、先手てつほうの衆、以上八かし、右手ハじきんのれき〳〵なり、めてハこしやうしゆ、くつきやうのようしや、惣手さき、軍の敵あひ、十町十五町にすきす、人数を立おき、」

(33ウ)

ふへんおまつといへとも、敵のそなへひしやく、さし行あるへからす、ふしんをなし、秀吉馬六七きはかりさう兵にうちまきれ、てき陣ちか〳〵にうち寄、てきのたむろ、森林けんそたるおか谷、人馬のていしやう、こと〳〵く見きわめ、

本のちん処にうち帰、しはらくくふうをなし、只
いまてき地へきつて入へきかうをなし、又此
地へつきかゝるへきおもむきも見へさる間、所
せん此おもてにようがひおかまへ、番勢ををき、
惣人しゆをさしをくへきかくごをなし、まつ、天
神山のてきをふせく合然にあらさるの間、」
(34オ)
七八町引のき、同木山かまへをなし、伊賀かミ
の人数をおき、左祢山をこしらへ、羽柴左衛門守
をいれ、しつがたけの尾さき中川瀬兵衛尉、其お
つゝき五六町引へたて高山右近陣取の、田上山
ハ羽柴美濃守長秀きよちん也、しすかたけの
ぢやうのうへにも又、長秀人じゆいれをき、よう
かいをなし、はち須賀、生駒、ミ田、赤松、小寺、明石
一柳等、諸口ゐん兵、木本にしんとる、又かいす
くちわこれとう五郎左衛門尉、人しゆをそなへ
をき、是おふせく、長岡越中頭ハたんこには
せ帰、国中の舟およせ、かいしやうより越前の」
(34ウ)
人数をつきとゝむへきかうをなす、然れ共、敵の
さくるやうを見きはむへきの間、此おもてへち
に用所なきの条、つゝいしゆんけい其外しよ
し、少の間き国せしむ、秀吉また長浜にいた
り、しは〳〵いかいの中にあつて、心をよも
にくハわるといへとも、夜半にいね、つとに
おき、そのつゝしミあさからす、はたまた伊か
守、ひやうきたへさるによつて上洛し、あまねく
さうしゆつおつくすといへともそのしるし
なし、すてにすのこをやすんするにおよひ、
わらつて云、我一代のうちにふたゝひ越州の地」
(35オ)
をふミ、又うらむ身を本くハをとくへきの処に、
さいはいならすかくのことし、秀吉、越前おた
いらけ、我かのそミをたつせんにをいてハ、草の
かけにててういたるへきのゆいこんなり、秀吉
涙をさへおしむといへ共、へつりむしやう
のならひにて、ついにはせいきよしぬ、金銀を
打くやうし、洛中らくくハいの僧れいのほう
ゐ、せうけいすへからす、こゝにおいて、勝とよ
人数を入おき同木山、てうりやくのふうせつ有、

これによつて、木村隼人佐をいれかへ、大金藤
八、木下半右衛門、山路しやうけんおそとがまへ」
(35ウ)
へこれを出し、よう心をまもり、山じしやう
けん、む本れん〳〵ろけんのところ、さいしをす
て、白中に敵陣へはしり入る、なかんすく、雄田三
七信高と秀吉とよからす、また三助信おにた
いし、けいしやうのうらミあり、ほうけなきの
こゝろあり、かるかゆへにむほんをなし、柴田、滝
川と一とふして、天下をくつかへすへき儀定、
秀吉これお聞て、四月十七日、長はまより濃州大
かきの城にいたり、信高ハ勢州、濃州の人数ハし
〳〵一千になり、はう〳〵をやきまはる条、秀吉
せひきふに責いり、うつふんをさんすへきの処」
(36オ)
に、其ころ、さミたれにかうとかわの水まさり、
さう兵馬の渡りなし、さる間、大かきに五六日
たいりうし、其内に勢州みねのちやう、信雄の御
人数その外、かもふひたの守、長谷川藤五郎、た賀、
山さき、池田等責つめ、をちさりのよし左右有、ふ
へんかつりのすいさうなり、然に柴田勝家ハ、
御むほんに力を得、天下おとるへき事もち
ろんなり、きうとうかついへご一ミの時、無念を
さんじ奉らす、今此きさミ、きつと一せんし
たまい、さいわひ只今、秀吉しやう州におもむく
の条、そのすきに先、此おもてうちやふるへし、彼」
(36ウ)
むほん人山路しやうけんを案内しやとして、敵
のかう、陣これお取やう、一〻こと〳〵くたつね
さくつて、天正十一年四月廿日、左久間玄番介
大将として、よていのかい馬手のかよひ、しす
かたけに手あておき、中河瀬兵衛の尉きよ
秀陣とる所の尾さきにをしよする、柴たふし
ハ同木山、左祢山のをさへとして、人数をちか
〳〵と立よする、きよ秀ハ度〻におよひ、ぶへん
におつとをとらす、ようち世間をのゝしる侍
なり、此たひのはれわさ、万一とんへいの名をう
るにをいてハ、しやうがいのふかくとおもひ定、」
(37オ)
うむにあふてしりそく事なかれ、諸そつ一千

余きにことはをかけ、るいをはなれつき出す、玄番助の兵これを見、あますなもらすな、をつとりこめ、すこくせめたゝかふ、きよ秀、我をとらじと兵もの五六十き、右手めてに相ならんてさん〳〵にきりあふ、わり入おいたて、一たんせうりをうるといへとも、敵たせいおもて、手おひし人をかへり見す、風のはつするがことくミたたれ入、ついにきよ秀うちしにす、其時けん番介かつにのり、たちはおとる、前ハけいは地をひゝかし、後ハらふえん天をひるかへし、風になひ」

(37ウ)

くせいきひかりおそへ、日にかゝやかし、かつちうかけをならへ、そのいくハうたれにある是をあらそわんや、此とき道引取るにをいてハ、一たんまつかつてたるへき処に、いきおいなり、これをやふるいにしゑことわさをもつて、其のまゝきよちんす、長秀陣とり、先手のちんとり、各けんこのそなへなり、一陣やふれてさんとふまつたからすといへ共、ししゆ一にして君心むすなり、これまことにりやうしやうのくハんをすこふるゆへ也、しかうして、江北のいくさあひはつる事みのこく、それよりうけいを以」

(38オ)

てくだんのちうしんあり、秀吉聞てきよ秀うたるゝの条、あいれん尤こんこにたへす、さりなから、此間、柴田一せんにをよはんとほつし、せつ所に引こもりかうをかゝすの条、ちからなく数日をおくる処に、敵かつにのり出はり、たむろをなささる以前にきつてかゝり、うちはたすへき事、たな心の中に有、天下のしゆふ此せつなりと、春めにむちをそへ、くんそつのめゝ、いつ馬、さうていつゝいてすゝミ、たる井、せきがハら、さうろいつそくして、いふきやまのふもとをすき、馬のりころし、かちの兵いきをきり、しす」

(38ウ)

ものおほし、すてに夕日にしにかたふき、則、ろやうかほこ手をそねむへきもの也、小谷のやとにて夜半にをよび、大かきおさるのこくにたち、いぬのこくに木本ちやく陣す、三十六町道十三里を二時はんじにかけつくること、いに

しゑいまのはたらきなり、これにより、あひ
しすめくんらうなし、人馬のうへつかれをさつ
し、みちすから村〻さと〱ひきやくを以て
ふれつかハし、秀吉今やのあけぼのゝ一せんに
をよぶへきの条、家一間に八木一しやうつゝ
かしてこれめしになし、木の本にもち来るへし、」
(39オ)
其をんしやうをわすれすして、あひはからふ
へき由、つけをくるの間、あるいわ二里三里五里
六里、是おはこぶ、長浜ハ秀吉きつきやうの地也、
これにより、陣中のともからに又これををくる
や人けいをいたく故なり、木本において、諸率
こと〱くつかれをなをし、秀吉ちはからひ
かくのことし、まことにぼんりよにをよはさる
所なり、勝家きのふのかせんにせうりを得、其
きおひおもて、いよ〱ゆるき事なく相よろ
こひ、さう兵山のみねさい北につゝき、越前、の
と、越中、かゝ賀、四ケ国の人数、六まん余きに立」
(39ウ)
ならへ、こうはつお天にきわめ、明廿一日、今日
のかせん、秀吉一世のてんうんこゝに有、しん命
おかろんじ名お万天にあくへし、敵ちん五
まんの中へ秀吉近じゆ、長秀相くハわつて、三
すしやりとそろえつきかゝる、然にみかた
ハ一かうふ人なり、そのゆへ、筒井、長岡ハさい国
なり、毛利てるもと、一たんわだんせしむといへ
とも、心ろかわるへきにあらす、これによつて、
ミやへてんちやう坊ハいなはにこれをゝく、又
千石権兵衛、四国のをさへとしてあわじゑこ
れをかへす、いけ田き伊守、ねころさ賀の手あて」
(40オ)
とする也、殊に当陣諸手そろハす、近しゆの諸率
又あひをくるゝものおほしといへとも、道を
かけはしるの間、長はた、さし物、馬めん、馬鎧、こと
〱く引ハらひ、つねのよせいにあらさるの
間、秀吉はせむ向ふといへ共、しん用せさるの処
に、彼一へうのむましるしあさむくを、これを
見て、敵陣にわかにきやうふす、然りといへとも
勝家ハ、将軍御よう年により朝夕ふようおつく
す、こう天下にかうふり、せしやうになをあらは

す、ことに御しやうはつけんちうなり、古人の云、かうハしきいゑのしたにわかならすけんきよ」

(40ウ)

有り、ちやうしやうの下にハかならすしふあり、これを以て、なんそたやすくはいはうおえんや、うのこくよりひつじさるのこくにをよひ、合せん目をおとろかす所なり、うしろハさうばう相つかれ、たちはしたしき、いきをやすめ、いまたせうぶをけつせさる所に、秀吉見合きんじゆの若侍二三百き、柴田がはたもとへ一文しにきりかゝり、むかふ兵一千余騎、きりあひつきあふ、秀吉馬の左右にして、いけ取分とり、手をくたくやから、ひねむすのいくさ相つかれ、いきをきる、敵みかたのし人をろんせす、ちおすゝり」

(41オ)

いきをつくものおほし、むかししんこうの合せんの時、もゝをきりちおすゝいきつく、本朝にハためしなき次第なり、これらのともから、一番やりとかうする物也、又にけくす諸率おひつき、是をころすもの五千なり、のこる惣人数ハ、木目たうけ東西のしけ木の中へをい入もの也、勝家ハ近しゆ百余騎、北のしやうのいしやうへはせ帰る処に、秀吉ハ同廿二日、越前のふ中にいたる、前田又左衛門尉、徳山五兵衛対、やぶられすかはちの守ふまゆる所の城、かう参いたし、一ゝにころさるへきといへとも、先勝家をうち」

(41ウ)

はたすへきために、これをしやめんす、同二十三日、つたへ聞大河を渡り、きたのしやうのしろに押する、彼しやうくハハ、かついへ年ゝ相こしらへ、しやう番として兵三千余人入をく処の、やなが瀬おも手にをいてうちのこる輩、をい〱懸いるにをいてわ、ちからを得へきの間、じこくをうつさすせめほろぼすへきとて、そうがまへをおしやふり、しやうへき十間十五間おへたてとりまき、夜つめをなす、しろの内これを見て、大勢こゝかしこにハけ、これをふせく、然に、しろの内より今ほうおつくし、秀」

(42オ)

吉しちきん、こらうの白ゆふひやうきして、勝家

命をたすけ、あひしつめらるへき旨、いさめたり
といへ共、池のほとりにとくしやおはなし、て
い前にとらをやしなふがことし云、千きうはん
れんの責をなし、勝家力及す、入日を尤とす、今夜
のあけほのにをよび、しゆゑんゆうけうをなし、
なごりをおしむへし、かついへさかすきを取、一
そく次第〳〵にしやくをなかし、ミたれ相入
ちかへ、中のミおもひさし、ちんこんちんくハい
山のことく前におき、うしろハ上らうひめ君、
つほね〳〵の女ばうたち、老母にこうにいたる」
(42ウ)
まて、かミハ中へ下をハはからす、わかき女に
しやくおとらせ、一きよくのうたい五だんのま
い、くりかへし〳〵、すてにゑひ、ひやうしはらく
たのしミのこゑおなすといへ共、内にはしゆい
の心やます、きやうへい〳〵地をうごかして来
る、そよやけいしやういのきよく、四めんそか
のこゑ、これを聞き、せん万里のうらミ、すかうく
しが涙、何れかこれにことならんや、せんかう
にをよぶの間、酒をやめたいさんす、かついへ
ふうふしんけつにいり、や半のさゝめき事、
年比あひなれしおもふところなく、たゝひ」
(43オ)
ぼくのまくらをならへ、万春のちきりをかそふ、
ひすいのふすまをかさね、千秋の慶ひをくハん
じ、風のまへのともし火、日のかけの雪なり、明
日のくるゝおまたすして、きゑはつへき也、小谷
の御かたハ勝家さい女たりとわいへ共、
　将軍御一るいにてゆかりおほし、
殊さら秀吉ハ、　相かうゝそんにいたるまて、
ミんかあひしたしからさる物なし、あすハ敵
陣へ案内し、おち給ハんになんのさまたけ
があらんや、其儀に同くしたまハは、たしかに
おくりとつくへきよしうちかたり、をたにの御」
(43ウ)
かた聞もあへすなきくとき、一じゆのかけ一が
のなかれもたしやうのえんによる、いわんや
我た年のちきりおや、めいとくハうせんまで
もちきりいまたゑさらんや、女人たりといふ
とも、心はをつとにをとるへから、もろともに

じかひし、おなしれん大いにあひむかハん事
こひねかふ処也とて、其後むかしかたりとなし、
かんせんとしてまとろむほとに、中そらに
ほと〻きすのおとつる〻を聞て　うた
　さらぬたにうちぬるほとも夏の夜の
　　ゆめちおさそふほと〻きすかな」
(44オ)
かへし　勝家
　夏の夜のゆめちはかなきあとのなを
　　くもゐにあけよ山ほと〻きす
如此よミかわす心のほと、おもひやるへし、秀吉
とらの一天より諸率お相そろへ城中へせめ
入、二の丸、や中の合戦におひて、きすをかう
ふるもの、いさごをうるをし、ちをなかし、やくら
をた〻よハし、秀吉をしむ所ゑひゆふ今此時
所用せさらんや、天下の弓矢今日相きわむへき
処也、陣をなし、いさみか〻る、ついにほん丸
に責つめ、まるのまわりハ大石以てつミあけ、」
(44ウ)
其かきをかさぬる事おほし、かんの武てい
つくる処たいてんしゆ、九ちやうの、いしのハし
ら、くろかねのとひらちう〳〵にかまへ、せい兵
三百余人たてこもり、これをふせく、しろの内五
ほに一らう、十ほに一かく、らうかなく〻めに
つらなる、てんしゆ高くそひゑ、たせいを以て是
をよじのぼらんとすれは、ゆミてつはうを以
てこれをうち、長道くおもつてこれおつらぬき
か〻れ共、くそくにきすをかうふるものおほし、
かるが故に、秀吉けちして、さう兵これをの
そき、六くさしかためたる侍数百人ゑらひ出、手」
(45オ)
やりうち物はかりて天しゆの内へ責入、勝家年
来のぶよう、今爰に相つくす処也、い国におい
てハ、こゑつ兵をわけ、本朝においてハ、よしつね
高たちの合戦ハもの数ならす、内のかう兵いき
をきるの条、敵中にも心ある侍ハ、前後をしすめ
けんふつし、名をきうい万天まてもあひつたう
へき由、かうしやうに名乗、中村文かさいす〻
ミ、夜前小谷の御かた一しゆのゑひか有、なにが
し又へんかかくのことし、門かを相かたらひ、

らくるいおをさへ、ふてすゝりとり出し、これ
をかきをく、　一しゆお　　ふんか」
(45ウ)
　思ふとしうちつれつゝも行みちの
　　しるへやしての山ほとゝきす
勝家たけき心にも是をかんじ、鎧の袖をうる
ほす、其外つわものみな、こ手のくさりをぬらす
のミ、其時お谷の御かたたいし、はかなきちきり
によつて、おつとの手にかゝる事いたハし
きかな、なけかしかな、これ又、せんせのごういん
にあらすや、討死じがいのものはなをふけのな
らひなり、しやうちやひつめつゑしやうしやう
り、たれかあるこれをまぬかれんや、おたにの
御かたを始十二人のおもひ人、三十余人の女坊」
(46オ)
たち、只今のさいごを心得て、念しゆせうミやう
のこゑのほと、又涙らんかんたりといへ共、み取
りのまゆすミこうかんハ、いと柳の風になひく
がごとし、たう花のつゆおふくむににたり、
いかなるちやけんの人がつるきを取り、これを
かいせんや、勝家おもひきり、とつて引よせ、一ゝ
にさしころし、勝家か腹のきりやうを見よと
て、左手のわきにさしたて、右手のせぼねへ引
まハし、かへすかたなにて、心もとよりほその下
またちきつて、五さう六分をかき出し、門か
および、くひをこう故、もんかうしろにまわり、」
(46ウ)
くひをちやうとうちをとし、その太刀にてはら
をきり死す、其外こうこうのもの八十余人、或ハ
さしちかへ、あるハじかいす、天正十一四月廿四
日、彼城にたて籠る柴田一るい、こと〱く相
ハてをわん、これお見聞て、こゝろある諸侍とも
いふにおよハす、野人山がつにいたるまて、ミ
なかんるいにむせぶのミ、同二十五日は秀吉賀
州に出馬あつて、そむくもの是をうち、したかふ
ものお近つけ、山川かんかくのなん所の地まて、
草はの風になひくかことし、一へん帰かん
するゆへに、越中のさかへめ、かなさわの城」
(47オ)
にたいりうをなし、北ろくあらめにこれにそ

くし、国〻のおきてをあらため、せい道をまもり、其時、越後のしゆご長尾喜平次、秀吉にかうおなしはた下にそくする条、人しちを取り、五月八日あつちにいたりかいしんす、又、勝家ちやくなん柴田権六、佐久間玄番助ハ、越前のふ中山林をかり、しやうのうらに来、後しようとし、りん国はう〳〵の城引はる、ごん六、江州左祢山にをいてこれをちうす、けん番の介、今度手たて条本人としてとがおほし、かるかゆへに、くるまにて洛中を渡す、けん番云、此以前せんこうを」

(47ウ)

つミ、あにいつわりあらんや、天下をほろぼすによつて只今かくのことし、むかしせい王ほうしかんしん、いさめにしはらる、くるまにのせらく中にわたる、せんしやうのしゆふなり、なにとしてはつる所あらんや、じせいとして

一しゆのうたをよむ　けんはの介

よの中おめくりはてぬるをくるまハ
おもひのいゑを出るなりけり

六条河原にをいて是をちうし、柴田がむくろ同こく門に懸くるもの也、　又織田三すけ信雄人数をいんそつし、きふに責入、三七信」

(48オ)

高、将軍の御そくなんとして、ちよう人にこゑ、じがにおいて、あにしすへきや、則、きうちの人にたいしおき文なし、もろ尾に一しゆのゑいかをつらね、　信高

たらちねの名おはくたさしあつさ弓
いなはの山のつゆときゆとも

彼山にてかミをあらい、身をきよめ、しやうかうし、将軍より下さる〻所の太刀を以て、ミすからくひをハねて死す、きやく心以てあひほろふる事、ほとんと天命にあらすや、秀吉ハ諸じいきおひおやめんがために、江州さか本の城に」

(48ウ)

帰り、しはらくあひとゝまる、今度、やなかせおもてにをいて、秀吉きりくつすへき一番やりハ、事〳〵く近じゆの輩なり、其めん〳〵ハ、

福島市松　わき坂甚内　賀藤孫六
同虎介　平野権へい　片桐介作

賀須屋助右衛門尉　　　　　桜井左吉
長秀きんじゅ也
石川兵介ハ一番に懸入、甲をつかれしす、是に
よりて、しやてい長しゆをめし出、か徳として、
右九人ハわさと関下のさかすきを給、りやう地
をつかハしそへわふごんを以て、かねてかん状」
(49オ)
あり、其文に云、
今度三七御むほんによつて、しやう州大かきに
陣かへせしむるきさミ、柴田しゆりの助やな
が瀬おもてにをいて取出の条、一戦に及へき
ため、秀吉一騎はせむかふ所、心懸あさからさる
故において、さうそくかけつけ、かん前において
一番やりを合せ、ひるいなきはたらきの条、ほう
ひとして或ハ五千石三千石あてをこ内おわん、
いよ〳〵きやうかう、軍りよのちうをぬきんす
るにおひてハ、なをくんこう相はからふへき
者なり、仍如件、」
(49ウ)
　天正十一年七月一日　　　　秀吉判

軍書にいわく、しやうこう時をこゑすとわ是
なり、しかふして、滝川左近大夫こんばうし、
身をまかせ、長浜の城に渡るの間、きようおなし、
此時東西にをいてハ徳河家やす、ほう条うち
まさ、北国にをいてハ長尾かけかつ、西国におい
てハ毛利てるもと、みな秀吉にふくさうすと
いふへし、天下しやうがいに帰す、かんのかうそ
天下を取る三けつ有り、せんせうハかんしん也、
かてをはこぶハせうりなり、はかり事をはこ
ふはちやうりやうなり、みなもとの頼朝、日本を」
(50オ)
おさむる事三けんあり、よしつねハせんこう
をつくし、かちはらかけときはせいふをまもり、
ほうてうときまさハせい道を行き、これミな
りやうしんいさめおなす処なり、今夜秀吉一心
にはかり事をめくらし、かてをたくはへ、たゝ
かひをまもり、まことに前代ミ門の大将也、此
数年らうをなし、こうをつむ諸侍これおほし、
仍、其ちうのせんしんをいさめ、国〻をあておこ
なふものなり、国〻の諸城、或ハこれをはきやく

し、或ハ是をそせんし、先軍くハはん地をやすんじ、ひとへにりやう地をつかハし、その」

(50ウ)

まゝふんりやうし、かそうの衆これ有り、各いしやうの次第、先おた三介信雄ハ伊賀、伊勢、尾張三ケ国の屋かたとし、あふせをたつとひ、勢州長島居しやうなり、織田上野守信よしハあなのつにしろあるなり、松しまつかわ玄番介しろなり、ほしさき岡田長門守、美濃〻国池田き伊守、ぎふわ同勝九郎、そねいなはい与の頭、金山わ森勝三、江州日野わかもふひたのかミ、瀬たあさの弥兵衛、坂本わ杉原七郎左衛門尉、ひたハ長谷川藤五らう、高しまかとう佐久間、さおや山羽柴左衛門対、越前一国か賀はんこくのしゆごこれ」

(51オ)

とう五郎左衛門尉、つる賀也はち屋はうきの守、のとはん国加賀はん国前田又左衛門尉、越中しゆご佐〻内善介、若さ佐野森隼人介、高浜堀尾もすけ、丹後のしゆご長岡越中頭ミやつ居城、たん波ハ羽柴御次丸かめやまい城なり、はりま、たじまハ羽柴美濃守ひめじい城なり、東こうり三木ハ前野明石右衛門対、西こうりたつのハはちすか小六、ひろ瀬のしろミた半左衛門也、たじま竹田くハ山しゆりのしん、こさき木下介兵衛なり、出石あおき助兵衛、いなはハ宮へせちやう坊とつとりしろ也、をにがちやうあら」

(51ウ)

木平太夫、ひろのハかめ井新十郎、はうきのくにはたなんてうかん兵ゑ、あわしすのもと千こく権兵衛、いわやハ間島兵衛尉、ひせんミま坂両こくう喜多なを家、先年はりまの別所むほんのきさミ、西国をそむき、秀吉一身の、くにあやうき事度〻に及ぶといへ共、無二のかくこなし、じゆこんおなす、是によつて、なを家ゑんかうの後ちやく男めし出、せいくんと名字わけ、ハしは八らうとかうす、分国の外処〻りやう地したもふ物なり、四国におひてわ十川、やすた等秀吉のはた下なり、とさのくに、ちやうすがミ今」

(52オ)

ほういたすといへ共きうようなさす、彼国を取、

たうちうの侍にあておこなうへきの由是を定、
秀吉ハ、かはちの国におひて城くハくをさため、
かの地五き内中ひろうして、東ハやまと、西ハ
摂津、南ハいすミ、北ハ山しろ、四方くハう大に
して中に山かく有り、ふもとに大がまはり、
よと川のすゑ、やまと河なかれ相、其水則うミに
入、大船、小舟ちやくかんする事、いく千万そう
といふ事をしらす、へいあんしやうへ十余里、
南ハへいろくにして天わう寺、住吉、さかいの津
三里余、町てんや、物つじこうじおたてつゝ」
(52ウ)
き、大坂の山下とする也、五き内においてそとが
まへとし、かの地の城ぬしを以てけいごとする
ものなり、かるか故にやまと筒井じゅんけい、
いすみ中村孫平次、つ州三吉孫七郎、いはらき
中川藤兵衛尉、山城の間島一柳市助、らく中洛外
のせいはいする所のものはんむさい玄いなり、
しやく年よりちゑもつハらふかふして、し
きよくなし、秀吉これおしるによりて、奉行を
さたむる者也、若又はつ度のほか、けちたんせす、
りひこれあるときんハ、秀吉是をきうめいし、
只今、おふさかのふしんをなす処のもの、天しゆ」
(53オ)
の地たい、其高さはくたひにし、四方八かくしら
かへ水へいのことし、りやうしやうなはすみを
以てふきんをはこぶといへ共、是に過じ、三十余
ケ国の人数、近国おんきやう、ろく地を打ちらし、
船洛より、大石小石おあつめ来ハ、ぐんきのてつに
入るにたり、誠に古今きせつの大こう也、みな
人、きもをおとろかすのミ、諸国城もち大名小名、
こと〳〵く大坂に有也、人ゝついちをかまへ、の
きおつらね、門こをならふる事、きれいしやう
ごんをつくす、これまつ、けんをあらそひためを
ねたむ輩、心のことくたいじせしめ、秀吉一」
(53ウ)
人の天下としてよろこハしきかな、是しかし
なから、ふようのちけいいたす所、まことに国家の
太平此時也、仍、忝　今上皇帝ゑいかんなのめな
らす、これによつてふへいなく朝日、せつけせい
くハの始、しよきやう幷に三くハん礼、四しよく、

其外所〻国しらいわふし、人風かのけうをなひかすといふ事なし、茶のゆゑの、日のらくゆふにいとまあきあらす、弥〻せい道をまぼるにをいて、たミをふくする者、千秋長久のらんしやうにあらすや、しゑつ万慶〳〵、　天正記第二終

于時天正十一年十一月吉日　由己謹誌之」

【天正記第三】

(54オ)

き州御発向の事　幷　水責の事

夫、右大しやうけ信長公、一天の風おさまり、四かいなミおたやかなり、ときに、内大臣平朝臣秀吉ハ、いくハうお万古にかゝやかし、めいよをはつくハうにつたう、日いきの外、また敵たふ者のなし、いわんや近国にをいておや、こゝに、きの国さが御せいはつ事、其ゆらいをたつぬるに、天正四年、前の将軍信長ハ、一きのけふとをにくミこれを討たんとす、そのみちせつ所にして、そ山のけん、しよく国のなんきたり、是によつて、いにしへより此かた、敵軍らんじゆする事なし、」

(54ウ)

然かるに信長ハ、五六万騎の人じゆをのへ、さ賀に押寄、数日ををくり、いつきのたて籠る処の大河小川にふねおまハし、たむろをなし、けんごの条、たやすくはきやくしかたし、かるがゆへに、てうりやくを以て一しやうをみかたと定め、御人数こと〳〵く引はらひ、又、国のあやふきに及ときんは、とうすれハほうきせしめ、国〻又へいきんにそくする時ハ、かうさんいたすといへ共これをゆるさす、せん州きしのわたの城に中村孫平次お入置、さかへせしめ、是おまほり、彼一きのとたう、せつ所を頼ミ、せん州」

(55オ)

おもてに取むかふ、東ハかうせつたる山そひへて、人馬のかよひかなハす、西に大なんのうミあらふして、兵せんのみちたやすからす、中すち五十町あまり、てんはく、在家、もり、林、川おへたて、つゝミをたよりにようかひおつくり、五六ケ所の城のあわひには堀をほり、といをかまへ、さくをゆい、殊に、もとよりさ賀の輩共、てつはうに

名得たるものとも、則、はなつあたらすといふ事
なし、たとひ大軍よせ来といふ共、上手のてきゝ、
そくはくいとるにをいてハ、なんのわつらい
かあらんやといつて、きしのわ田むかへ陣の」
(55ウ)
事数年、今年天正十三年三月廿一日に御
くハん座のよし、けん日陣ふれをなし、彼道すち、
山かいのけんなん、船のつきは、馬のたてと、案内
者を以てつぶさにゑつおきわめ、先手の大将
にこれをしらしめ、人数お二すちにわけ、
だん〳〵の書立、らちを定め、うら山両手のそな
へ二十二だん以上、十四万騎の人数、きしわ田
おもてにたてならふ、千石ほり、うらてさわ、な
らびにしやくせん、本木の島、はた中、くぼ田、此
外数か所取出の城、これあり、二十一日ひつじ
のこく、御とうさ、御はたさきを見合、もろ口一度」
(56オ)
に人数をよせ、一きのようかひにハ、敵のつき
とふ地によこやのかまへをなし、前にと手を
つき、さまをきり、大つゝ小つゝにくすりをコミ、
大兵小兵、やたハねおとき、まちかけたり、たいふ
の御下知を以て、先山の手の千石ほりにせめ
よせ、内よりはなつてつはうハ、へいさにごまを
まくがことし、中にてしぬる者をハふみつ
け、手をいたおるゝ者をはのりこゑ、我さきに
〳〵にと乱れ入、羽柴孫七郎を始め、両方のつけ
城のあわひおハりこミ、からめてへ人数をまわ
し、四方とうしに責入、一人もくひをとらす、」
(56ウ)
こと〳〵く討すて、きりすつる、うらのてハの城、
これ又てつはうの数をそろへ、敵お近〳〵と引
付、つゝけはなちにうつ所を、或ハくろかねのた
てをつき、或ハ鎧の袖おかたぶけ、死人をこたて
に取て、むミやうやミにせめのぼる、みな一き
のくひをはね、残りはし城、これを見て一度に
あけのき、にくるものおおひつけ〳〵なてきり、
こと〳〵くうちはたす、其きおひをもつて、同廿
三日ねころしにいたり、御くハん座をふせく
事ハ、たうらうが車にむかふよりもかるし、
是をせむる事ハ、たい山のかいごをけんする」

(57オ)
よりもやすかるへきと、方〻へおひちらし、僧坊
がらんに火おかけ、谷〳〵のいらかをほのう
となし、あまの山のこすゑにのほり、けふりとな
り、くもにつらなり、三日三夜、百里をてらし、只
天ほういん一う、きせんとしてろれいのくハう
てんのことし、かの一てうねころ寺ハ、かくはん
しやう人しゆつせして、天ほういんこむりう
しよりこのかた、もつはらりん国りんかうと
同心して、弓矢を取る事ハ、六百年より此
かた、寺家あんたいにしてとミにあき、をのれを
ほしいまゝにす、かう敵にむかひ、せう敵に」
(57ウ)
其趣おかんするに、あたかもせいあんのうミお
かたらふがことし、かるかゆへに、一こくに
はきやくの折ふし、しゆきやうしやあるか、一首
のきやうかに云、
　にあわさるねころほうしのうてたてに
　　あわれゆミやのはちおかくはん
伝ほういんハ、本朝にかくれなき大仏かく也、

これによつて都へ引のほせ、太平山のふつてん
と定め、よく日、さ賀谷にいたり、御くハん座有、
士橋平次をはしめ、所〻のようかひ、このはの風
にちるかことし、一度に落さる、則、士橋かま」
(58オ)
へお新さうして、御はた下とし給ふ、此時、たま
き、堀内、神ほう等ハこんはういたし、帰参す、し
かうして、こさ賀に大田といふざい所あり、士
ミん百性の住居の地也、国なひくついてに如此、
まつたくとがなきのよし、りをもつてわひ事
いたすのあいた、是おゆるす、然るに、所〻より
彼さい処へにけあつまるとう、わふくハんの
ぢんふの人物以下うはい取、らうせきする旨お
　上聞にたつす、　上、大にはかり尤はな
はたしく、諸陣俄にふれをまハし、こと〳〵く
うちハたすへき御おきてなり、さりから、かの在」
(58ウ)
家ようかひあさからす、てつほうをそろへ、きう
に責、則、人数そんすへし、とミんにたいし侍を
うしなわん事せんなし、たゝ水せめにして、

うろくすのゐしきとなすへし、四方につゝミ
をつき、惣まわりは四十八町の洛四りなり、つゝ
ミの高さ六間半、とたひを十八間にして、かミ
のみちすちのひろさ五けんあまり也、大田の家
のみねしたすミて、つゝミよりひきゝ事五しや
くハかりと定め、りやうちのぶけんないけんて
人数を立、なん間〳〵とハりふをおし、則、つゝみ
のそとに面ゝにちん屋をたてつゝけ、夜るひる」
(59オ)
をハす、大名小名ミすから手をくたき、ふしんお
なし日ををくる、その間に中村孫平次、千石権
兵衛尉、九き右馬介、大将として、小西、石井、かじ
原等奉行と定め、ゆらのと、なちのうミこし、坂
のなミハ天をちかつく、はやていさごをまく、此
なんをしのき、くまのうらに押よする、くが
地ハ山そびゐ、谷ふかふして、かうしの道に
あらす、いにしへの平家侍いゆの川一たう、其外
諸侍なひかす、国し、くもをふむこすゐお、はしり
石滝水上、古木かんくつの間にこ屋おかけ、谷ゝ
いわのはさま、田のそハふるはたをたよりとし」
(59ウ)
て居住する者なり、此みちすち、山さる、やしかに
あらされハかよひかたし、たひ人のことわさ
に云、おやしらす子しらす、いぬもとし、合し
なけ、是也、そのけハしきを不用、こと〳〵くはう
火し、ゆの川にたて籠るしやうをうちやふり、
彼の一るい跡をけつりさる、えん文四年、宮方
と将軍家と合戦の時、ゆの河しやうじ本意を
背、ミやかたにむかひあくきやくのむほんを
なし、ほとんと其むくひにあらすや、さて、紀州と
いつミハ、御舎弟美濃守長秀あたへてしゆごせ
しむ、かの両国ハ、うミちかふしてかいそくつき」
(60オ)
やすし、山けわしうしてさんそくふしやすし、
りやう城にあらさる者しすめかたし、秀吉
つねに軍ちうをまもり、しんのみたりがハし
きをしるしに、けんほうのさたをなす、これに
よつて、小さう岡山といふ所を居城と定め、人数
を分、ふしんおなす、彼岡山ハ国のふ中にて、平
地とく出するしやうくハくなり、南ハわかのう

ら、西ハふき上浜、東よりきの国川、北をなかれて
紀のみなとに入、ふもとハちやしふかふして、
諸木えたをましへ、誠に万けい一らんのけい
地也、四月ハしめ、大ふ御陣まわりなり、わかのう」

(60ウ)

ら、玉つしまに参けいあつて、一しゆの御ゑい
かにいはく、

　　うち出てたまつしまよりながむれは
　　　　みとりたちそふぬのびきの松

かのうらのぬの引のまつ、ゆらいあるにや、さい
しやうふうていのか作なり、各きんミして云、
君子一言以て国のしやしをしる、まことなり
かな、于時、太平山のいんじゆ古けい和尚、しお
以てりうゑひはつかにいたり、御ゑいのかさく
をかんじ、しうしをのふ、見ていんハつに
よる、其しいハく、　ゑきこうかけにをい」

(61オ)

てこきする事あたハす　うらはわかとごうす
たれかかしやうそ　神わか君をいわひ　玉津島
のミとりあらた也　ぬの引万年の松

しは〳〵在陣といへとも、風りうおいとなミか
くのごとし、其後、五かくの名僧これお伝へ聞、
みな以て和尚のいんを見て、一しのかけう也、
又あたらしく座しきを立、たんほえんかのかく、
茶のゆのくハい、ほうきよにいとまあきあらす、
然るに、彼大田つゝミへまい日御くハんさ有、
一日、こうかの輩のふし共、くらうをなし、殊に
はつ度を背の旨、各其とかすくなからす、りやう」

(61ウ)

地をめしはなされ、一るいこと〳〵くるさゐに
おこなわる、たう日又、あかし与四郎乗さねの
いたす所のふしん、ふけんにすきさうそく出
来す、かんゑつのあまり、前野将衛門尉長康たじ
まのしゆごに仰つけられす、のりさね一万石
りやう地をつかハすへきものなり、さいくハを
しやうこう、とんよくにして如此、ことし、いを
おもつせすんハあるへからす、ひそかにこれ
をかんかへ見るに、甲賀のしそつ、つねにあ
やめをいたし、長やすのりさねまつたくちう
こうおいたく、れん〳〵その心をしるによつて」

(62オ)
なり、只一たんの儀にあらすや、これによつて
人〻いさミをなし、ちからをつくし、たいくつ
する事なし、そうへつ、いくさのつかるゝ事、
かてをはこひかたきによつてなり、しかも、大
いふ国お取るハ、諸勢に兵らうをつかハす故也、
古今ためしなき次第、殊に今度、すま、明石、兵ご、
西宮、あまがさき、さかいの津、其外所〻の船にて
ひやうらふをはこび、まし田仁右衛門をひやう
らう奉行として、紀のみなとに是お置、一日
に八木千ひやう、まめ百たわら相渡す、然れは、
つゝミやう〻相きわまる処に、四月中じゅん、」

(62ウ)
俄に雨ふりて、しやらくこと〱くき州こう
すいして、そのみきハ〻ふちとなる、此きさミに
余のかうを以てうちはたすにをいてハ大せき
ににたり、たゝ水を以てせむへし、重てこれを
つき、其なかれふかふして、せきとめかたし、是
におひて、津みなとにふねをつかハし、たわら
二三十万かい寄、つちいさごをこミいれ、ふちの
そこゐしすめ、もとのつゝミよりひろく高く
そくじにつきたて、又、目くら舟といふものを
はしめてつくり、色〻のせめ道具おたくみこし
らへ、敵のとじおきりくすし、水やう〱城の」

(63オ)
内に入、一きもちろんうけしすめ、といの上に
こやを懸、へいのおほゐに弓おハり、さまをあけ、
人きやうをつくり、これをいさしめ、誠とのさま
をハへいの下にあけ、夫よりてつほうをうち、
又、たいまつとやきくさをこしらへ、中に
てつほうのくすりをつミ、彼ふねおやかんとす、
こち風のたよりをまち、しゅ〱のはかり事
をつくすといへ共、はたして一しおやすんす
へからす、これに仍、一そく天にあふき地に
ふし、しきりにわひ事をなし、はちす賀彦衛門
言上、然、とがなくしてとミんをたすけ、つみある」

(63ウ)
あくたうをゐらミいたし、ちうはつすへきの
よし　御定お得、あく人五十余人くひをきり、ご
くもんにかく、残りの百性おめしなをし、かう

さくをまもる者也、然るに、かうやこんかうふし、
此せん、じゆにしやうい背処なし、しうくハの
すかたおわすれす、しんこんの大しをもつハら
とするの条、尤しんへうなり、殊にかの山ハま
ことにれい地、こうほう大しのゆいせきして
諸人きゑする所也、いらいにもこれををもんす
へし、かるがゆへに、せい札を以て寺りやう等
まつたくさをいなし、中に一く、さんたうは」

（64オ）

ゑの年久し、たれ人かまつせにをいて、比
大とふをしゆさうせんや、大ふ、大万所とのきや
くしゆし、このたうをいとなまんとほつし、
八木一万石これおつかハし、又こんたうしゆり
りやうとして、りんかうにおひて三千石の
ちりやう、まつ代あらたにきしんする処なり、
一しう山あくつおもつてはきやくせさる、かう
や山しやうじきをもつてそんかうせうるの、人
ミこれを思ふ者也、仍、きせん万かう喜ゑつちん
重〳〵」

（64ウ）

」

【天正記第四】

【1オ】

天正記第四目録

一　北国御はつかうの事
一　北国御くハん座の事
一　長秀軍書の事
一　北国御しんはつの事
一　ひたのくにへいきんの事
一　長僧我部、秀長にそくするの事
一　諸国知行わりの事」

【1ウ】

」

【2オ】

抑、四国しゆこ長僧我部宮内少元ちかは、こんほん
一条大納言家の侍にして、其名をしるものなし、近
年もとちか、人となりさいちかうようして、こう
しやうしせつなり、かるかゆへに、四国一へんに
きりなひき、ほしいまゝにいせいをする、此時五き

6内七道の諸侍、はくりくこうにたいし無敵者、
もとちか又ちけいをもつて、せつ〳〵今たんをい
るゝといへ共、これをゆるさす、天正十三年六月
中しゆん御出世有、又、北国御くわん座あるへき
よし、是をさため、人数をわけ、のこしをかるゝ、四
国へハ、御しやてい羽柴美濃守長秀を大将として、
八万よきをあひそろへて、うミに舟渡しする者」
【2ウ】
1一所にあらす、和州、き州、せんしうの人数はすく
にあはちのすのもとにわたる、たんしうの人数は
はしは孫七郎秀次をいんそつして、はんしうより
あはちのいは屋にちやくかんす、備前、みまさか
しゆこはしは八郎秀家に、はんしうにしこうりの
6しゆこハちすか彦衛門慰父子、黒田官兵衛慰を相
くハへ、さぬきの八島に上る、敵の城五六か所を
いはらひ、むれ、たか松に陣をとる、西国よりもり
右馬のかミてるもと、小はや川左ゑもんのすけ高
かけ、吉川するかのかミもとはる、分八か国の人数
をいんそつし、伊よの新まにいたるに、敵これを
ふせくによつて、南こうにあかり、よは〳〵とハた」

【3オ】
1らかんとす、敵をいつわり、ひきいたし、うしろに人
数をかくしをき、てきのをいこみきたる処をまち
ふせし、をいたて、くひ三百あまりうちとり、ようか
いもまたおひおとし、かさねて新まにみたれ
入、大将秀長は、あはしのふくらにをひて舟をそろ
6へ、なるとをわたさんとす、彼せとは三こく一の大
なん、一日一夜、しほのさしひき十二度也、さししほ、
ひきしほ、あひさかふときんは、前に大山あらはれ、
後にえん、きよ人のことはに云、此とをこゆるう
をのせほねにハせつをしやうし、一度こゆると
きんは一せつをしやうす、二度こゆるときんは二
せつ有、其らうしんあるへき時は舟十に一つもの」
【3ウ】
1かれす、七つ花八れつす、殊に此ころ、大雨の日に
わたる、其夜は風となる、然りといへとも、日きりを
定むる間、大せん六百そう、小せん三百そう、天下よ
りふなふきやうをさため、うら〳〵のせんとう、り
きしや、ろかい、かちをたてならへ、しよせい一とに
6しほときを相はかり、なるとを押いたす、たとへは

せん行のこうかん、さうてんにかけり、ふくらより土佐とまりまては五里、ひやう〱して、なミふなはたをたゝく、或はうすにまきこめられ、或はしほ風にもみたてられ、けいかいをあさむくふしといへ共、くたひれて、ろちくをまくらにして、ふねのそこにひれふす、こゝにをひて、きつくハいの」

[4オ]

事あり、海中に一の島有てとうようす、其たかさ十七八町ほとに近ついてあり、これを見れはたいきよなり、けいけいにあらす、山てはなし、みな人したをまき、身のけたちて、あるひはきもをけし、玉しゐをうしなふ、かの時大てつほうをそろへ、これをいる、則ちんりんす、大しやう秀長同秀次、ふな子にちからをそへ、ろくをあたへ、そくしにあ州とさとまりにをし付、まつこの地にをいて一城をこしらへ、みかたのつう路として、敵の城木津はとうてう官兵衛をほろほす処也、とさとまりに城をこしらゆる、くわんくんしや行をなし、あひしろをつけ、やかて引のくへき、ゆるかせのすいりやう」

[4ウ]

をなす、然ところに、二三りかあひたふしんをきはめ、きつのしろにとりむかふ、そのあはひ五十町、いりうミ入河あり、つねにかち渡りなし、しかるに兵馬をよき、やり長刀をつえにつき、人馬一手にくる、互に手にてを取、ちから草として、しやていのむさおひくたし、あしハらをしのき、むかひのきしにつく、誠に宇治川のせんちんはことならす、其夜、近辺山とりして、敵のかうをうかかふ、木すよりおく、河ハたのさかひ、そのあかつきはいほくして木すにはせくハはるなり、千石権ひやう衛、人数を入、夜のうちにたけたはをこしらへ、ミめいにきすの山下にをしよする、寄ての大将は秀長」

[5オ]

同秀次、千石こんひやう衛慰、前野将ゑもん慰、中河藤兵衛、たか山右近なり、とさの手あては羽柴八郎秀家、あか松次郎のり家、ハちすか、黒田、あかし也、中の手は丹波衆、つゝ井四郎、伊藤かもんのすけ、あさの弥ひやうゑ、一柳市助、ひとふ甚衛門のせう、戸田の三郎四らうなり、彼山は四方かゝとして、敵のつきはたやすからす、しかれ共、山のいたゝきにひろみなるところを陣とる、水のてをもつて城のよりとし、此ゆへに、城の内のつはもの、みな山下におり立て是をふせく、一のきとに及ひ、をいくすし、二三のきとをうちやふり、くひうちとり、水のてのさゆふの坂にちんとり、ついに水の手をとむ、官」

【5ウ】

兵衛これを見、かれをみるに、とさのうしろつめをたのむ事、ふんきやくをもつて、天にかけはしするかことし、たゝしせんしやのいましめあり、是にをいて、てき方のえんしやまねきよせ、たいたんす、はしはひてつく、このよしうけつけて、かうさんしてにくるときんは、城をうけとり、そのいを以て一宮のようかい、四はう八めんにたむろなす、かのしやうくわくは、りやうしやうをあひこしらへ、久しくたもつ所なれは、人数さしゆふにしてくわんくんすみやかにつきかたし、かうをもつてこれをせめ、日ををくり、天下、これさきに馬出さすして、かうをやふる事、かるかゆへに、心程なく思ひ」

【6オ】

給ひ、北国の道としてのこし置人数、ことく〱く相ふれをなし、御くハん座有へきよし相さたまり、七月三日しよ夜、一はんかいにしてあひこしらへ、三かう二番かいはひやうらうすかい、三はんかいはかてのきさみ、はやく〱舟にて、尾藤使者として陣やくをかんし、一書さゝく、大らんにそなふ、其状に云、秀長　謹言上、抑、此四国御せいはつの事、仰つけらるゝによつて、とかいせしめ、あ州、さんしうに人数をくはり、時日をうつさす、敵の城、或は在〻所〻にいたり、存分にまかする条、天下の面目なに事かこれにすきんや、然れ共、さんとういまたちさるところに、きつと御くハん座あるへき」

【6ウ】

の由、承をハんぬ、おとろき奉るもの也、秀長ゆミ矢、力たらさるによつて、こゝにいたり、そとのはま御しんはつのき、しかしなから御いくはうすくなきに似たり、夫又、たうさのちしよくのもとい、たとひ日をかきりをくるといへ共、たゝし御本意をそくするものおや、こひねかふ処、御くわんさをやめられ、秀長ちうきんをはけまし、つゐにせんこうにをいて、一世の大けい、まつたく御れんみんたる

へき物をや、よつて此等の趣、よろしく御ひろう
にあつかるへし、謹言
七月二日　　　秀長判
ほそい中つかさの少輔殿」
【7オ】
ぬひけんをとけ、御くわん座をとゝめられをハん、
則、ひてなかいさむ処、然に一の宮には、大将ひて
なか、きよりんくハくよくにちんをはり、かうをつ
くす、一のミやより十里はかり南に、うしきといふ
しろ有、元ちかしやていかうかへに人数入をく、其
きさミ、かふ州衆をひ〱にとかひして相くハゝ
り、行かけにそのまゝ一しやうによせ、則、一夜ちん
をすへ、よく日、長僧かへかゐしやういよへ一とう
して、そとかまへまて押つめ、近辺こと〱くほう
火し、又□のミや□入る、爰に、長そかへ新右衛門
慰あひふせくわきしろこれあり、くハんくん共、この
城をとりまくにをいては、是ひすくいをなすへき」
【7ウ】
為に、あしう、土しうのさかひめ辺、もとちか父子
出はる、このよしくハん軍聞つたへしより、誠に
こひねかふ所なり、わきのしろとりまき、うしろつ
めをなすにをいては、一せんにをよひ、四国一へん
になすへし、七月十五日、秀次を大将として、はちす
かふし、千石こんひやう衛、羽柴左衛門慰、長谷川藤
五郎、ひね野きやうたい、あさの弥兵衛のせう、前の
将ゑもん、たか山右近、一柳市助、戸田三郎四郎等、は
きのしろにをしよせ、当日あしかろいくさに
及ふ、次の日、しよりをして、外しろ打やふり、ろしや
くせいかうのせめをなし、五三日の間、水の手を取、
しやう中これをいたみ、すてにつふれんとす、」
【8オ】
もとちか、かたくやくをなすといへ共、りやうけん
にをよハす、見ころすへき事無念の条、秀次ちん
とり人しちをなけいれ、かいをまぬかれん事お
こほてたいしやう□、則、其ついてをもつてかう
さんをなす、もとちかしんたいの事、ひてつくに
相まかせおくの条、しかるへき御はからい、ひとへ
にたのミ奉るものなり、このむね上聞に　たつす、
天下の御ちやうには、あは、さぬき、いよ三かこくを
請とり、とさ一国くわちやうせしむ、軍やく自身相

つとめ、子そくさい大さか、行にをよふにをいて
ハしやめんすへきよし、きゝとゝけられ、しつふを
もきゝきはめす、北国にいたり、御くわんさある」
【8ウ】
なり、然に、越中のしゆこさゝむつのかミ、信長将
軍のふしん、くん中人にこえ、ようめい世にあら
はし、こゝにをいて、きよ年の春、ことのしさい有、
国ゝのさくらんにをよひ、此むつの守、天下に
たいし、あやまつてふりよのほんきやくをなし、其
後、国は平にそくす、しかりといへとも、いましこれ
かためにしゆくきやます、あとをけつり、いきとを
りをさんせんかために、八月四日、さきせいをたて、
六日に御はたをむけられ、ほくろく道はかんこく
にて、秋より雪のつもる事おほし、かるかゆへに、
くわきうに御行なり、御上らくあり、勅命をうか
かひおんたくによくす、よく日かうかをいたされ、」
【9オ】
かん書に云　王者時ゆつり、まさにひざます
いてこゝをおさへて云とて、きミにより内をいて
くハん人是をせいすとて、君より外を以て、将軍是を
せいせよ、軍こうのしやくしやう、みな外にをいて
けつすと云ゝ、異朝なを如此、本朝また是をならふ、
参内をはしめ、けつけい雲かくみな白せんにいた
る、このほかにをくり出たまへり、こゝに出て、き尾
につくささる事なし、　天下はいかひの発句
をなし、をの〳〵にこれをしめさるゝ、
　いなくひをかりとる秋のも中かな
　　かまやりもちて敵を三か月
尤吉ちやうする者なり、それよりかう州しかの山」
【9ウ】
こえして、比ゑさかもとの城、のる物をとゝめ、やう
やうのあきのころになりぬ、日よりをうかゝひ、
こすいのなミに舟をひたし、かた田のうらを
こき、ひらの山風にほをあけ、あさつまのさとを右
にみて、大みそにつく、此地にはいこまうたのかミ
あり、ていねいをいたし、ミめいにかいつのわたり、
越前さかや七里半のなんしよをしのき、あらち山
のしくれ、やたのあさちの露ふかきを思ひやり、
つるかのこほりけいのうみ辺、ハちやかたちにい
れは、てはの守とりとゝめ、ちそふをつくし、あく

れは木のめたうけにこゝ、二や、いたとり、新つうのいましやう、帰る山、さはなミ、わきしたしをすき、」

[10オ]

府中につく、木村隼人佐、新さうをかまへ、上下をもてなす、早ゝ又ふ中をたち、あさうすのはしを渡り、玉江のあしをわけ、これとう五郎左衛門尉の居城北のしやうにちやく陣す、ちんみを調へ、使者をたてまつれは、次日、たか木、舟橋、長さき、せきもと、かなさは、上野、宗ろき、はすのうらをすき、か賀の国長ミねすたひ、大しやう寺にやとをとり、またしきしの天神、つきす、ゆふりはしをゆきすき、小松にとまり、あたかのはまをひたりに見、てとり河、みなと川の大河をこえ、まつたうにいたる、みなもとのよしつね、へんけいかはかりことにてこえ給ふとかしかたちをかへりみて、かなさはにつき、」

[10ウ]

前田又左衛門同孫四郎、大慶してあひむかへとり、たいりうのあひた、とり〳〵にこんほうをつくす、然に、越中の国さかいを以てそうかまへとし、山ゝのかけハしをひき、大木をきりたをし、さくをなし、くりからたうけさゆふをはしめ、とりこえ、竹のはし、小はら、松根、此外出城三十六なり、ねしろ、きふね、もりやま、まし田、とひた等十余か所、国中東西のかため、五十八か所こしらへ、これをふせく、てん下、このよしをきこしめされ、爰にをいて、まつ国の案内をしらむか為、山川をはからんとて、くつきやうの名馬二三百騎そろへ、廿日のみめいにくりからをこえ、となミ山をしのき、とりけた物も」

[11オ]

かよひかたきなんちよにて、古木枝をたれ、さらに人馬のかよふ事、いふにたらす、そのけはしきをよしのほり、そはをつたひ、こまのたつなをとり、かんせきをのほる、馬のあふみをふミ、山におつるくもを分、いハたのミねにのほれは、越中一国はみな、目のしたにあり、よもすから馬をたて、くふうをなし、新みちをつくり、その日さきせいをいれ、いにしへ、しよくの国のはかりことに、全使の手をなすやうハ、今又かたらんや、このみねをしやうをこしらへ、天下是に有、ゑちこのさかひ、たてやま、つるき山、うはかたうけにいたりて人数を廻し、はしたなくとりかけ、ちやくちんの人数、これをか」

【11ウ】

そふるに、織田の大納言これをのきやう、上野介、前田又左衛門の慰ふし、これとう五郎左衛門、長岡越中守、金森五郎八、はち屋出羽のかミ、ミや辺せんちやう坊、いけた三さゑもん、いなは彦六、もり千蔵、ひたのかミ、きむら隼人のすけ、中村式部少、堀尾茂すけ、山内伊右衛門、か藤作内、九き右馬頭等なり、このほかしきんの衆、前そなへうしろそなへ、てつはうのしゆ殊にせい兵なり、其人をゑらみ、方々せいをくハり、其夕へ、津波多へ陣かへして、八はたのみねにはふしんをなし、廿四日にまた彼みねにのほり、つこもりまて在陣し、一七日の間、長はまにしやちくしてやます、あんふちまたをさへ」

【12オ】

きり、くろ雲そらをとち、あく風地をはらひ、けい伝はしらをわる、よふけともし火きえ、まくらをそはたてゝいぬる事あたハす、諸率のちんやには、草木のかけにあを柴をかりしき、あるひはとまをおほひ、或はからかさをさし、これをしのくといへ共、風なのめに雨よこたへ、こう水もりしたゝりてかつちうをうるほす、かきねの水ふかうして、陣中のむま共、雨にうたるゝ事、ぬれねすみの城をわたるかことし、其くるしみしやうけいすへからす、此さゝむつの守におひて、　天下ほこをあらそふものなし、ことに今度むほんの事、人のとかにあらす、われとわさはひをなすところ」

【12ウ】

なり、あやまる時は、あらたむるにはゝかる事なかれ、せいけんにまかせ、命をかろんし、木船川、しやうの河、神つふ川、所々のこうすいをしのき、廿九日の夜半、　天下ゆふ〳〵に定め入物なり、織田信雄のきやう、これかためにことはをくハへ、謹きよめんか、てん下、しいてうらみあしゝといへ共、きうちのゆへを以て命をたすく、三りやくに云、かんする者をは是くハつし、かうなるものをは是とくと云々、然時は、所々の城々をうけとり、閏八月一日、ひ野ミやに陣かへし、御くハん座、ふしてんらんあつて、三日には前田御ちやを参らせ、四五日のあひたに、国中しつかにおきてをさため、」

【13オ】
越後より使札有、これより又使者をつかハし、はた
また、ひたの国にて、あねかこうち左京大夫よりつ
な父子、天下につゝき、ふしきのはたらきをなす、
これによつて、金もり五郎八をつかはし、一るいに
腹きらせらる、くひをとりしつけんにそなふ、西国
一へんにして、六日にくわんきよなり、十日坂本に
いたり、御馬をいれらるゝ、国わり知行を定め給ふ、
しかふして、四国は上意にて、三かこくの諸城あひ
渡し、もとちかしんたい、大将秀長同秀次に相
くハへ、すみやかにさんりやくせしめ、御礼申あく
へきかためをなし、ハちすか、千石在国す、各かい
ちんす、今度秀長、しよこくの大軍を引、せいほうを」

【13ウ】
さため、すこしも折ち度なく、存分にまかするの
条、ひるいなきの大将也、　天下御れんしとして
ちうしよく尤なり、是によつて、和州きしう両国の
ものぬしとす、また長僧我へ土佐一国ふしよせし
め、秀次、つゝ井四郎はひしやくなる条、い賀一こく
と寄きする物なり、ひてなかはやまとのこうり山
にしやうくハくをこしらへ、近国ふさうのかため
をなし、羽柴孫七郎ひてつく、江州のもの主として、
なかむら式部の少輔、堀尾もすけ、一柳市助、山内伊
衛門、天下こう〳〵の臣たりといへ共、ひてなか
家の年よりとしてこれにくミす、江州府中八
幡山に居城を定め、殊以て名地なり、いよのくに」

【14オ】
はも利家をたいしこれにくみす、たゝし小
早川藤四郎大坂にあるゆへなり、あしうはちすか
小六につかハす、これをしゆこせしむ、さぬきの
しゆこ千石権兵衛尉、十川やす田、せんちうある故
にりやう地ふしよせしめ、せんこくにあひくみ
する物なり、あはしはわきさか甚内、かとう孫六、
是をしゆこす、いつミには木本まこひやう衛これ
をしゆこす、たしまのしゆこは前野将衛門、又あか
松弥三郎、別所孫右衛門、あかしよ四郎、郡を分て是
をつかハす、はんしう過半きんしゆにくたされ、西
こうたちの福島左ゑもん大夫めしをかれ、東こう
り三木のしろには中河藤兵衛のせうつし、」

【14ウ】

あかしこうりには高山右近につかはさる、せつ
しうハしきんの衆下給ふ、わかさはこれとう五郎
左ゑもん是にくみす、其ゆへは、今度これとう長秀
遠行のきさみ、越前は大国なり、大事のさかへ目、
ちやくはいとして相たもちかたし、この地をしん
たい、へちの御はからいにあつかるへし、ゆいこん
にまかせ、かくのことし、しかるに越前上国ちよ
さい物これおほし、羽柴左衛門のせう三十万石、長
谷川十五万こく、きむら隼人介五万こく、はち屋五
まんこくなり、まへ田又さゑもん、佐〻乱のきさみ、
合戦にをよひ、軍中をぬきんするの条、能登一
国、加賀はん国いぎなく、ことにくんこうとして、」

【15オ】

越中、まへ田孫四郎にこれをつかハす、其内、神
つふ河をきつて一こうり、佐ゝむつの守にふよ
せしめ給ふ、ひたのくにをは、さとう六さゑもん
につかハす、以上十七かこくの知行をわたし、誠
に天さいにあらさる者、いかてかこれをせいし、玄
なるかな、めうなるかな、此さき、数か国けん地をと
くるに、しよむ一はいにちやうくハせり、当年
も又、田地をふミわけ、土民百性わたくしをとらす、
けんかんにをよはさる、これをかんへんすれは、五
き七道のさしす、一枚のかゝみとなり、忝　仁王
十三代せいむ天皇六年、はしめて国さかへをわ
け、其後人王四十五代せいむ朝、　きやうきほさつ」

【15ウ】

三十よ年のらふを以て、田地の方けいをさため、し
来そうけんありといへ共、多少これをあらたむる
ものなし、今や　てん下にこはんあらさる所、目
をもるかことし、したのしゆそ、なはうちかきりな
きのゆへ、国にさいめのそうろんなく、たみにかう
をつのそしようなし、諸国の寺しやのちきやうに
をいて、仏神のゆいしよをたつね、もちゆへきもの
をはこれをもちひ、すへきをはこれをすて、然に
五山、ゑ下さうりん、その外れいちめい山はしゆり
し、からんきうをき残すものなり、なかんつく、
内裏の事、し公しよしんをあはれみて、其位に
よつてりやうちをかさうし、ことに　天下、勅やう」

【16オ】

けんあくの法度を定むるの間、をん国ゑんたうに

いたるまて、さんそくのとたうなし、もしまた、むし
ちのやからこれあらは、きせんによらす、そのつミ
にをこなふへし、公家武家、百しやうあき人、しよ
やくをとゝむるにいたりて、おきてをやふる事
なし、是によつてよろこふものはおほく、かなしむ
ものはすくなし、いよ〳〵へいきんの時、いつれか
これをひせんや、万せい長久、是をあをくもの、ゑむ
ゑつの口ひるにあふらつくといへ共、これをつく
すへからす、仍、大海の一てきをしるすのミ、
天正十三年十月吉日
天正記第四終」

【16ウ】
」

【天正記第五】

（1オ）

天正記第四目録
一 西国御はつかうの事
一 北国御くハん座の事
一 長秀軍書の事
一 北国御しんはつの事
一 ひたの国平きんの事
一 長僧我郡、秀長にそくするの事
一 諸国知行わりの事」

（1ウ）

榲邨云、本書四ノ巻コノ目録
ノミニシテ本文ヲ闕ク」

（2オ）

天正記第五巻
御官慶
古きことわさに云、君、しんをゑらんてくハお
さすく、しん、をのれをはかつてしよくおほく、君
にきよしゆなく、しんきよしゆなし、然るに
羽柴筑前守秀吉、さんぬる天正三年の春、せい州
ついはつのために備州おたいらけ、とうしやう
なかはに、明知日向の守光秀、信長将軍を討奉り、
よのつねの大将におひてハ、秀吉はい軍せらる
へきに、しからすして、かへつてぶようのちけい
かねてそなへ、京都おしりそけ、そくじにしやう」

（2ウ）

らくし、こと〱くあけちがけきたうほろほし、
いそくせいひつにそくす、信長、しゆしやうの
徳をあふき、きう天をしゆさうし、臣下のすいひ
をたすけ、しやうゑんをあてをこなわるゝハ、尤
ちうしんなり、これを以て思ふに、ミつ秀あく
きやく第一の朝敵也、秀吉又、これをうつ事ハ
ひるいなきちうきんなり、かるがゆへに、りん
しをなしくたさるゝ、くハんゐにふせられる、
そのことハに云、ある六月二日、信長父子しやう
らくの所に、あけち日向守逆意おくハたて、是
をうちはたし、あまつさへ二条の御所に乱」

（3オ）

入らうせきの事、せん代ミ聞、せひなき次第也、
然処に、秀吉西国せいはいとして、備中国
敵城を処ゝ取まき、むかいちんすといへ共、存分
にまかせ、時日おうつさす、明知一るいこと〱
くちうはつし、天下の太平にしよくす、これ
誠に古こんきやうふよう、なに事か是に
しかんや、これによりてくハんいの儀、せんけ有
といへ共、しし申るゝの条、かさねてしようてん

幷しよしやく少しやうのぎ、かたく天気候
なり、仍、しつたつ如件、
天正十年十月三日　　左中将　在判」

（3ウ）

　羽柴筑前守殿

口せん案
上けい　　かんろ寺　　大納言
　天正十年十月三日　　　せん旨
五位ちう下　　平秀吉
　よろしく左近衛権少将ににんせしむ、
　蔵人頭左近衛ごん中将藤原のりちか
勅命に仍奉る、　重ねての五位ちうよろしく
しやう〱ににんす、はいこう
せいあん、其後、柴田しゆり介勝家はんらんして、
織田三七信高を引入、てん下をうハわんとする、」

（4オ）

秀吉、国境へにはせ向てこれをうち、両家の輩、
ふよう只ばう名おうるといへとも、あくきやく
せきとうにこゑたり、かれら若ぼうやにをいて
ハ、王位をかたふくへき事かんせんなり、たいら

かにこれをしつむ、秀吉ハあにちうこうの
臣にしやうせさらんや、
天正十一年五月廿二日　しゆ四位下
にしよし、さんきににんす　古伝に云、
大しやをくるしミ其禄のけん、こう多き者
其しやくをたつとミ、まことなるかな此ことハ、
外以て武事に天下おおさむ、内しやう〳〵を」
（4ウ）
以てにぎわす、
禁中けつあり、則これをほうす、誠に
いまたかつて是ある事也、
これ以、天正十二年十一月廿二日、従三位ごん
大納言ににんす、尤重しよたり、忝
しん王御方、御歳近まとわす、御そくいな
くんはあるへからす、しこうして、院の御所、中
こうより此かただんせつ、爰におひてあしやう、
院の御所をたて、御そくいとりをこなわれ、そふ
し奉り、先院の御所さうゐいを、はんむ斎玄以
ミんぶきやう法いんにじす、これお奉行」
（5オ）
としてりやうしんをゐらわれ、作事を始、然る
に平朝臣秀吉卿、そのしよをあしやうして
りやうしにとふ、諸官帝道をえんはいして、すて
に是に仍、又内たひじんに　勅書あり、
平あつそん秀吉
権大納言　藤原あつそん
けいけん　せちよくし奉、件人よろしく
内大しんにまかせしむるもの、
天正十三年三月十日
かもんのかミけん大けきミきの守介のり中原
もろかと」
（5ウ）
当日参たい有、銀子千両、御太よう、是すゝめに仍
殿はハいてんしやく五こむ、なかんすく
御けんおくたされ、一せのきほなり
又、　信長将軍二男織田三介信雄、きようふしん
なし、其しきしやうたいいふすいきよ、ごんたい
なこんににんす、大しんと右天下のまつり事
おせしむるものか、其後大坂へちよくしを立て、
さんたいを以て　北の万処ににんす、ほきを以

大万処ににんす、とく雲けん、たいふもつはら
やうおたもつ者なり、りやうかんお見たてまつ
るへきいしゆつなり、こゝをもつてせやくいん」
（6オ）
1ににんす、しゆ天しよう殿あり、しかふして、
ていはつのすかたこれをハはかり、せやくいん
す代子そく秀高、これをにんするものか、
抑、天下あんたい此時也　尤ゑいかんあまりあり、
又たいふを以て、左大臣ににんすへき勅命なり、
6それにつき、近衛殿、二条殿、関白御そふろんの
事が出き、せうして云、内大臣たゝいま天下お
あひはからふもの也、関白、万きのまつり事せし
むるにをいてハ、なんのさまたけあらんや、
関白ににんすへき旨　せん下あり、次第に
及びかたく、たうしよくににんじ給ふ、藤原」
（6ウ）
1のしやう、むかし、中しんお以て、かまこむらし
ハしめて大とす、　天地のてう、こない大しん
としてふじハらのてうしんのしやうを給、
其くらい右大しんの守にあり、なんそいわん

や、此公殿下ににんするおや、なゐらん、へいふく、
6ごしや、此四つくハんはくにしめし給ふ所
なり、くだんのはいゑつの条、儀しきを以てさん
たい有、諸たいぶなくんハあるへからす、侍の中
にその人をゑらひ、これをにんする十二人、中村
式部、生駒うたの守、小野木ぬいの守、あまこ宮内
の少輔、いなは兵ごの助、かしわき左きやうの助」
（7オ）
1津田大ゐ守、福島左衛門太夫、石田治ぶのしやう、
大谷きやうふのせう、古田兵ふのせう、はつとり
うねめのかミこれなり、七月三日、　南てんに
をいてさるかくをもよほし、いんきんになく
さめたてまつるもの也、御さしきの次第、中わふ
6しゆしやう、しん王御方、　二番わかミやの御方、
三番近衛のしゆこう、　四番九条のきさきの
関白、　五番一てうのさきの関白、　六はん二
てうの前関白、　七はんさいおん寺大納言
たい将、八はん花山院のさいしやう中将、
右ハくハんはく、二はん菊帝の右大臣」
（7ウ）

三はんくハんしゆじ入道前内たい臣、四はん徳たい寺前ないたいしん、五はん大ゐの御門の大なごん、六はん久我のたいなこん、御しやうはん也、けたし、　しん王しゆこう、座かんさうろんによつてれつ座なきこれおほし、此外、くきやうおはしめ諸しんにいたるまて、もゝしきにつらなり、地下、諸たいぶ、諸侍等、みな太夜にしかうし、殿中御せんびれいをつくし、只ほうくハうりんほ、これにしからさるのミ、すの浜をてう、花かたのたひもつ、大小のをりじきろう、金銀をちりハめ、はんくハをかさり、ミちミてり、」

（8オ）

そのふせい一ゝるれんしかたし、まけてこれをさしおき、さるかくミのこくにハしめ、一番に弓八幡、二番に田村、三番にミわ、四番にもみじかり、五はんにくれはなり、やくしやこと〳〵く、天下より時のいしやうおおくり給ひをわん、なかんすく、ひの口石見守大つゝミ名あり、尤其きよくをつくし、みな人かんして、忝ゑい覧あり、ゆるしみちのしらへをくたし給ふ、誠に末代のびぼく也、さるかくのなかはに村雨ふりて是おそふす、のきにをつるしたたり滝のことく、にわにハしる水ハうミにたり、上下し」

（8ウ）

こうの輩、あめのあしかうへおうつ、たもとをしほるにあたハす、水なかれこしをうるをし、ひさおなをす事お得す、謹て見物をなす、数こくあつて、又雲たてなをし、夕日せうかんにゑひす、りやう風こように入、みな人くハいきをゑる、酒えん時ハすき、さるがく事をわり、はい賀をとけたいしゆつし給、又よく日早ゝ、

　勅使、かたしけなくあり、

作日参内にて、ことに申さた一しほわすれかたくおもひ給ひ候、ひめむす御心をなくさまれ候、殊仰つけられ候事つくしかたく候、おり」

（9オ）

ふしハ、さい〳〵まちおほしめし候、猶くハんしゆ寺大納言申まいらせ候、　関白殿へ幷三ちやうたいゑつあさからさるのミ、扨〳〵、しん王しゆこうれつ座さうろんの事、　殿下

のひわんをとけらるへきよし儀ちやう、大徳寺
かいせき、たう上の衆にをいてハ、八十そんわふ、
七歳とうじにいたるまて、こと〳〵くじゆう
らい有り、じつりやう、しよくけん、諸家けいす幷
に、　禁中にをいて、しいか、わかんの
くハいし等、かん見の前後、さうひつのもの也、
ろんだん又けつしかたし、殿下物のりお分て」

（9ウ）

さいさうあきらかなり、此年におひてハ、けん
たいたるへし、所せん各さしてくじを取、今日
くたしたるへきよし、　ゑいりよをかろん
したてまつるなり、　勅書を以てか条の
目録相定られおわん、　しん王しゆこうさう
ろんの事、きこしめし候、然ハ座なミの事、
かくさたるへきのだん、おほせ定められ、あまね
く申ふれられそろへく候、

　　　関白殿へ

しん王とじゆごうさつきのぎ、かくさたるへし、
たゝし、りう山と伏見とのは自余にこんせさる」

（10オ）

の条、此両人わ何時ならはれ候て、各〻座別たる
へき事也
一　同法事の儀、そふきのじゆごのことく、各
　〳〵座事たるへし
一　前関白とほう中のじゆご、をの〳〵さ事
　たるへし、ほう中のしん王同前
しん王しゆごそうろんの事、古今一きなき者
か、然こんと、大徳寺きうめいをとけ、しよくけん、
官はんをもとめ、りやうしゆ或ハ宗方のきうき
をひらいて、こと〳〵くひはんせしめ、右三ケ条
定め置もの也、後代ききやうたるへき者か、仍、此」

（10ウ）

趣勅書なされ、なを治定たるの間、いま諸家諸門
につけふれせしめおわん、いよ〳〵このはつ
度をまぼられへきものなり

　　天正十三年七月十五日　　関白

　　　しん王

伏見殿　　仁和寺殿　　しやうれん院との

妙ほう院殿　　　　かじゐとの

　　　　しゆごう家

近衛殿　九条との　一ぢやうとの
二ちやう殿　たかすかさとの
くハんしゆうじ門せき」
(11オ)
しやう権院殿　大かく寺との
三ほういんとの
勅書
菊てい殿　くハんしゆう寺殿　中山殿
藤原中納言との
右の衆、一つふあてつかわさるゝか、古来対面に
けつせす、たゝいま治定の事、君臣合たいの時
じするゆへ也、今度関白のぎ、すこふるちよ命
に仍、かつふハせつ家のよたつに付て、当しよく
ににんす　云ゝ、抑、しん王御方、こうさいより
ひゝにして、徳行、まつり事、もるゝ事なし、」
(11ウ)
しん筆さん跡をとけ、御せいはく世にやふり、
殿下此比、くハう門定家卿のしゆせきおもとめ、
こきんわかんしゆ、これおひ在す、そんかふのあ
まりにこれおしんけんす、御かん尤不浅、じき
しよなされる、
こきんわかしゆ、ていかのふてを給候、むそふ
のてうほう、御心さしのほと、一しほなかめ
入候事、誠におもひよられそろ事、外聞じ
つ儀しゆうちやくさ、御ふミなとにてはかた
しも申つくしかたき間、必見参のおりふし
をまち入るはかりなり、猶　中山大なごん」
(12オ)
関白殿　御判
右の外、びよほうめい、くハんしんすへからす也、
つら〳〵天下のぎきやうを見て、たゝ大方善人
きやうのしくえんにあらす、天神地神けけん、
の出て、い名おふるう、たんぢやうをかそうるに、
年月ひのとのとり二月六日吉事也、しゆう
ゑきほんけ又りくしにあたり、其ことハに
云、又其天地の心を見る、ちうに云、大福万物有、
らいとう、風のゆくがごとし、又りとく其位、此
ことはに相かのふ者おや、そのそせいをたすぬ
るに、そ父母きんけつにもち、はぎ中納言」
(12ウ)

と申か、いまの大まん所殿二さいの秋、ある人の
しゆうけんによつて、おんるをしよせられ、尾
州ひぼ村雲といふ処にかきよせしめ、春秋を
おくり給ふ、また老が物かたりに、村雲のさい
処に都の人一しゆのうたあり、人しらさるなり
　　なかめやるミやこの月に村くもの
　　　かゝるすまいもうきよなりけり
彼中なごんのうたなるかな、大万所との、おさ
なきとししやうらくあり、　禁中のかた
ハらにミやつかへし給ふ事二三年にて
下国ありて、ほとなく一子たんしやうす、今の天」
(13オ)
下のけんへいお取るといへ共、其位大臣に及す、
又平家のあつそんきよもり公、大ちやう大しん
ににんす、これわふミんたるのいわれ、もつとも
ひりやうすへし、然に、てん下のそせいふせい、
文書おまなはさる事をくい、只今しゆしやお
まねき、数巻古伝、諸家のけいすとう、これおかく
もんす、あくおすてせんをもちいる事おほし、
こゝにをいて、あんふつのよし、藤原のしやう
を給、関白ににんす、ばうけい、ごせいありとハ
いへ共、こたうちんせきをミかくがことし、天
下おたもち末代に名あり、たゝあらたにへつ」
(13ウ)
のしやうお立、けんちやくたるへし、さりなから、
道りにかなハさるにをいてハ、人のきを請へし、
いにしへ源平たうきつのししやう、其人のき
りやうによりて、一しやう〳〵是をせいする
ものか、ふじはらのしやう、てんち朝、臣かまたり
ハしめてこれをたまわる、今にいたつて九百二
十一年、たちはなう　皇武の朝、そんもろゑ、
はしめてこれをたまわる八百五十年、
へいけ、くハんむてんわふ、かつら原のしん王始
めてこれをたまわる八百年、　　けんじ清
和天王のはつそん多田の満中の父つねもと」
(14オ)
の王、ハしめてこれを給ハる、七百五十年に及ぶ
か、むかしなをかくのことし、今又しやうをあら
ため五条なるへし、此時、爰におひて、菊ていの
右大臣、しよくあり、ここう中やう、其ぎりやう

をゑ、是によつてさうだんをとけ、謹てそふもんし奉、こいねかう処、天長地久のしやうお給ふ、万ミんくハいらくをうる、よろこハしきかな、ちん重〳〵、つしんてこれをしるす、

天正十三年八月吉日

それ、久かたの天ひらけ、あらかねの地ハしまりてより此かた、神代のとし月をよそへそらん」

（14ウ）

すといへ共、そのれき伝たしかならす、人王らんちやう神むてんわふのへいしんより、天正十六年いまにいたるまて、せいしゆ百九代、せいさう二千二百三十七年、てうていのまつり事ハまさきのかつらたへす、りやうしんのつとめハ松のはのちりうせす、中について、えんぎのてんりやくのしそん、もゝ世迄にかふふりたるがゆへに、いまに及つて、たミ其道をしたうといへ共、このあとをつける人なし、然るに関白大将大臣秀吉公、そのとしひしやくのいにしゑより、ようもう人にこゑ、ちけいよにす」

（15オ）

くれおハしまして、とういをたいらけ、せいしうをうつて、文武おかねてそなへ、かミをあふき、下をあハれむ、是に仍、一天のかせをおさまり、四海のなミおたやかなり、天正十年冬のはしめ、天気お得、次第のしよやうてんにして、忝もちうしよくきうくハんにいたる、時に、　今上皇帝、十六さいにして御くらいにつかせ給ふ、百くハんくハんしをかたふけ、万ミんたな心お合すといふものなし、誠に君臣がつたいときをゑたり、い朝にをいてハ、せい天のためにしうこうだん摂しやうし、本てうにてハ、清水の為」

（15ウ）

にちうしんこうしつせいし給ふハ、ぶおあわするがことし、えんぎてんりやくのまつり事も又おほくゆつらす、こゝにをいて、きやうごうあるへしとて、じゆらくとかうしてやかたをかまへ、四方三ちうの石のついかき、山のことし、ろう門のかため、くろかねのハしら、とびら、かいくハうをつんてたかく、けいあひかてんにそひへたり、いらかのかさり、瓦ミねにハ、

玉虎の風にうそふき、こんりやう雲にきんす、
まふけの御所ハひわた十数ふきなり、御ハしの
間にハ御車よせあり、ていしやうにハぶたい、」
(16オ)
さゆふのかくやをたてらる、こうきうのつほね
〳〵にいたる迄、心をくたき、たんせいてをつく
す、其ひれいあけていふへからす、 抑、其かミの
行幸、ゆくたひといふ事をしらす、此たひの
ハ北山とのをふゐい十五年、むろ町殿ていゐい
九年行かうの礼とそきこゑける、ほうれん、
其外の諸やく以下の事も、久しくすたれたる
事なれハ、おほつかなしとハいへとも、ミんふ
きやうけんい奉行として、諸家の古記ろく、
こしちなと相たつねさくり、これをあひつとめ、
かゝる大かうにたからをしむへきにあらす、」
(16ウ)
むかしのきやうかうにそうはいしてちそふ
すへしとて、しよやくのものにあふせて、そ
じにてうしんせしむ、大きハはんせいといへ
る事、なきににたり、さてりやうしんをゑらひ、

三月中じゆんの時分にこゑじか、当年ハ
五月うるふあるによつてや、三春けんとうの
ごとくにして、夜かん一しほはなはたしく、
されハ、卯月十四日までさしのへたる、その日に
なりぬれは、殿下とくさん給て、ふきやうのしき
しをめして、こくけんむまのときより以前の
よし、いそかせ給ふ、かねてより、まふけの御所の」
(17オ)
御けしきをうかかふにより、せいふのいくさ
きうせんをたいし、かんたち以下参つとふ、ご
てんの御るすの事なれと、たれ〳〵とおほせ
定められ、奉行くしたる由そうすれは、なん
天にじゆつきよあり、御そくたい、御衣ハ山とり
色也、御天よりなかハしの御こしじろまて、えん
たうけきをしく、殿下御もすそをとり給ひ、御
やうのかミ、くハんへいをつとむ、つかさハそふ
礼等もれいのことし、殿下、しやくをならして
ちよくとうのよしをつけ給ふ、ごけんもちとう
のへん定ふさあつそん、次ほうれんのミはしの」
(17ウ)

間によせて、左右の大将御つき以下、れいのことくつとめらる、さて、四あしの門を北へ、おほぎ町をにしへ、じゆらく次第扨十四五町、その間ハつじかため六千余人なり、先ゑほしの侍おわたして、国母のしゆごうと女ごのミこしおハしめ、たすけの侍、御つぼね、其外ちやうらふ達のハこし三十ちやうあまり、みなしもすたれなり、おんこしそへ百余人、おんとものわらハすかたなとハ、さすがにおほミへてはなやかなり、ぬりこし十四五ちやうあり、六宮のおんかた

伏見殿　九条殿　一条殿　二条との　菊帝殿」

(18オ)

右大臣あきすへ公　徳大寺の内大臣
あすかゐ前大納言　四つじ前大納言
大いの御門前大納言　くハんしゆ寺大納言
中山大納言　白三位まさ朝、此衆にて侍るとそ、

左　せんく
蔵人中すかさ高助　ふゑの侍人
馬そへ二人　雑色三人　侍五人かさもち
とびの小路右衛門助　松木侍従　礼せん侍従
あふき町の少将　柳原宮内権大輔介
かんろじ　くハんしう寺左少
土御門さまの介　ミん部卿侍従」

(18ウ)

せやく院の侍従　橋本の中将
西とういん左兵衛介

右
ひろ橋秀とし藤原　くらんとしきぶの尉
阿野侍従　吉田侍従　礼せんの侍従
大津の侍従　ひろさわの侍従　からす丸侍従
はむろのさ中へん　三条しやう〳〵
五つじさまの守　五条大内紀
次近衛次し

左
そのゝ少将もとつく　六条中しやう」

(19オ)

四つじ中将

右
四条少将　みなせの少将
あすかゐ中将　次第

万里小路むねふさ卿　　さうしき
中山中将　　馬そへ
次大しやう
左
高すかさ大納言信ふさの卿
ゑほしき　ふゑ侍　　すいしん
雑色　　馬そへ　からかさもち」
(19ウ)
右
西おん寺大納言さねますの卿　　同前
次れい人　四十人　案せいらくをそふす
ほうれん　　前後　　かようちやう
次りくい以下やく人
此次
左大臣信輔公　諸大夫　ふ衣侍　ゑぼしき
内大臣信雄公　同前　すい身　さうしき
からす丸大納言　　日のゝ大納言
久我の大納言　　じミやういん中納言
にわた源中納言　　あふぎ町の中納言」
(20オ)

ひろ橋中納言　　坊城中納言
近江中納言　諸大夫　すい身　菊亭三位中将
花山院さい相　　すい身　三条さい相
吉田左衛門介かね見卿　　藤衛門助長高卿
備前さい相中将秀家　諸大夫　　すいしん
関白殿　　せんく
ました右衛門尉　雑色　已下　福原右馬助
長谷川右兵衛尉　　古た兵部少輔
か藤さまのすけ　　賀須矢内善正
早川しゆめの守　　池田備中守
堀たすしよすけ　　中川武蔵守」
(20ウ)
伊藤丹後かミ　　小野木ぬいの介
高田豊ごの守　　ま木蔵人
まきたさがミの守　　あゐ摂津かミ
一柳越ごのかミ　　平野おくゐの守
やのしもつけの守　　ミそ口伯きの守
はつとりうねめの守　　赤松左兵衛尉
石河出羽かミ　　中川衛門大夫
ミやへひせん守　　木下備中頭

市橋下総かミ　くき大すミ守
生駒とのもの　せたのかもん
やの豊後かミ　あま子宮内少輔」
(21オ)
高谷大善太夫　柴山けんもつ
いなは兵ご守　とび田左近将けん
前野たじまの守
右
石田治ふ少輔　大谷きやう部の少
山さき右京進　片桐しゆせん正
わき坂中しよ　佐藤おきのかミ
かたきり東市　生駒しゆり介
はつとり土佐守　高はた石見かミ
小出ハりまの守　石川伊賀かミ
たに出羽かミ　石田いきの守」
(21ウ)
松らさぬきの守　すゝき若さのかミ
寺さわ越中守　村上すわふのかミ
あお山伊賀かミ　明石左近
別所もんとの守　山さきしま守

かきやをきの守　南ちやう伯きかミ
川しりひ後の頭　岡本下野かミ
まき村兵ぶの介　古た織部正
新条するがかミ　おく山さ度守
はちや大せん太夫　松岡うきやうしん
津た隼人正　木村ひたちのすけ
雑色左右　三十人」
(22オ)
すい身
左
左右　き禄しやう具これ
森ミん部大輔　野村ひ後守
木下左京助
左
まき田もんと正　中村さ兵衛尉
はやみかいの守
ふゑ
一柳右近大夫　小出信濃かミ
石田木くかミ」
(22ウ)

三行　　立ゑほし　　かりきぬ
ひきかへの　うし　　二ひき
しきもち　くつもち　　両人
うしわらふ両人、　かミをさけまゆをつくり、
あかしやうそくにすいかんなり、生車くれない
のきぬにぬいをしてきたる也、かしらにおもて
おかけ、りやうのつのお金にてこれをたミ、くつ
にハあさぎのいとを以てこれおおり、くれない
のをゝつけてはかせ、引がへのうしもしやう
そくハ同前、昔の礼にあらす、御とねり御くるま
そへゑぼしき数百人　　三行にれつす」

(23オ)

此次
加賀少将のり家朝臣
雑色　馬そへ　ふゑ
かさもち　此外　同前
津侍従信かねの朝臣
丹波少将秀勝のあつそん
三川少将秀康あつそん
三郎侍従ひてのぶ
金ごのじちう
御虎のじちう
左衛門侍従よしやす朝臣」

(23ウ)

東郷の侍従ひて勝あつそん
北しやう侍従ひて政朝臣
松か島侍従うじ郷の朝臣
たんごの侍従忠おき朝臣
三吉侍従信ひてあつそん
河内侍従秀よりあつそん
つる賀侍従よりたか朝臣
越中侍従ひてかつ同
源五侍従なかまさの同
まつたうの侍従長重同
ぎふの侍従てるまさ同」

(24オ)

そね侍従さたみちの朝臣
豊後侍従よしたかの朝臣
伊賀侍従定次あつそん
金山侍従忠政あつそん

ゐ侍従なをまさ朝臣
京ごくの侍従高次朝臣
たつ野侍従勝とも朝臣
土佐侍従もとちか朝臣」

(24ウ)

」

(25オ)

五千五百三十両余事、禁中のうちとして御りやう所進上し奉、次八木八百石なり、内三百石ハ院御所へこれ進上、残りハ関白りやうとして、六宮殿へこれをしんじ候、洛中地し相残らす是もしんけんす、次諸公家諸門跡、近江国にをいて高島郡八千石、別のしゆいんお以てはいふんせしむるもの也、しせんほうこうなき輩のあらハ、ゑひりよとしてあひはからわれ、ちうこうお仰つけらるへきもの也、仍状如件、

天正十六年四月十五日　秀吉判

天正記第五巻終」

(25ウ)

」

【天正記第六】

(26オ)

条々天道おそろしき次第

一三吉しつきう、四国のしうにて御座候、ほそ川さん州をむこにとり、なため申候、三月五日にさん州お無下にしやうがいし、其後、じんきう、いすミの国くめ田と云ふ所に、一年在国にて、ねころ、さ賀、紀伊国衆、三月五日に取つめ、すてにしやうがいに及ひ候、そのときしんきうちせいのかた也、

さうこんすしもも又今朝の日に
きゑてむくひハついにのかれさり

と、かやうに侍りそふらいし、月日もたかハす」

(26ウ)

はらをきらるハ、てんたうをそろしき事也、

一松なかだん正、一ほくの身上お、三よししゆりの太夫近作をとりたて、万たんの事まかせ置く処に、大きなる事を心中にふくミ、しゆりの太夫を天下のぬしとなすへきよし、なため

申、あるとき、さいきやう有て、清水参けいとかうして、人およせ、　二条公方の御かまへをとり巻、くハうけんいん殿御腹めさせ、同御舎弟ろをんいん殿、これ又奉討、　其後しゆり太夫弟に、安摂津頭と申仁候き、逆心をかまへらるのよし、あり〳〵と申かけ、しやうがいさせ、又」

（27オ）

つき〳〵の侍ハ数をしらす、馬上のしやう束ハもゝはれとて、五しきの地に四きの花てうを、からおり、うきおり、りうもんぬい白にして、ごじしよくこうのりやうらきんしう、めいもんあやなり、吉野山の春のけしき、たつ田川の秋のよそおひもいかゝとおほへ侍る、五き七道よりのほりつとめたるきせん老少、がまひすゝしき事もなく、うゑをしすめてほうれんをおかミ奉に、みちすからの供つゝミのひゝき、なにとなくしゆしやうにして、かんたんきもにめいじたり、そふ別、行幸のまふけの御所ハ、関白」

（27ウ）

殿くふのやくなれは、じゆらくの中門に入せ給ふとき、うし車ハいまた禁中を出給ハす、然ハ、すいれん御こしよせにかきつれ、又すへ公御すたれをあけ、下へ御ならせ給ふとき、までのこうじミつふさ御すそをとり、やかてうちへなし申なから、いまた御座へハつかせたまハす、かんたちへ、てん上人びんぎの処にやすらいたまふ、殿下、四あしの門に入せ給ひ、御くるまよせにておりたまふ、のほりたまいてより、御座につかせたまふ時、殿下もすそのうしろにたゝせ、御前にかしこまつて、御けしきを取」

（28オ）

しハしあつて、罷しりそき給ひて、御殿のしやうそくおもあらためらる、やゝありて、殿下又入り給ひて、各しゆうちやくなされ、きし次第あり、

　　御はい善の衆

　しゆしやう御前

　　三条さいしやう中将きんなか卿

六ミや御前

　　くハんしゆ寺少へんミつとよ

関白殿　伏見殿　竹その　摂家　清花等

御前
五条とも吉の朝臣　四つちすへ光あつ臣」
(28ウ)
あすかゐまさつねのあつそん
六条ありちかのあつそん
はしとものさねかつのあつそん
五つじもとながのあつそん
にしのとういんときのふのあつそん
しよこんの御かハらけより御気色有、さんこん
にハ天はい天しやく、五こんにハほん、かう
はこ御進上、七こんにハきよけん御進上、とりゝ
御さかな、くこもり物、金銀のつくりもの、おり代
にハほうらひの島につるのよわひ、松たけの
ミさおなり、行すゑ千年おいわひそなへたる」
(29オ)
物也、御しゆえんはてゝ、西おもての御きちやう
をあけさせ給へハ、にハのうへ木なとしけり
あふわかはの中に、をそ桜、つゝじ、山ふきな
とのさき残りたるに、てうやとりかとひ、夕日の
かけにたわふれて、けふありとそ、水殿雲ろう
別に春おほく、まことにせいふらうの此しび
あつむるものか、くれはつるまて御あそひとそ
きこゑける、　御人数十五六人、
一番に　五ぢやうらく　二番に　ていきよく
三番に　たいへいらく
一　さうのこと　御所作其外、」
(29ウ)
一条殿　四つし大納言　にわた中なごん
四つし中将　あすかゐ中将、　五人、
一　ひわ　ふしミ殿　菊てい殿
同三位中将、　三人、
一　しやう　大ゑの御門大な言
一　ふえ　はく三位　五つじ左馬守両人
一　万きよく　四つし前大なごん
じ明院中なごん　はつせいなり、
これハ三人、
徳　是　北　しん　ぢん　やう院二やく
そん　尚　南　面　松　花　色十めん」
(30オ)
此くをらうゑいし給ふなり、いろ〳〵のしら

への中に、しゆ上の御つまをと、殊更にうそきこゑけれハ、花にさへつるはるのうくいす、こすへにきんする秋のせミ、くれの松風、あかつきの水のなかれ、せきさつ〳〵と心もすみわたりて、あまつおとめのねもくたるへき折からとそ、きよくおくりて猶たんせいふかく、りやうかんやわらかなる御心にも、かやうのめつらしきすさひハむかしもよもあらしと、よろこひのまゆおひらき給ふ、さよふくるまゝに

殿下もはやしんてんに入たまふ、ぼやの」

(30ウ)

よる、御中のまふけ念ころなり、次の日にハくきやう人参て早朝し奉り、御所にハかねて三日の行幸と定められしがとも、あまりに御残多し、せめて五日とゝめ奉るへし、然ハ、目てたき御代にあひたてまつる事、天の道りに、此度の行かう、後代のためしにもおほしめし、てうていいよ〳〵さかゑへき御ねかいなり、それについて、きん中正ゑつのために、洛中の地し、こと〳〵くまつたい、しんけんし給ひて、その御状の文ごんに云、

今度じゆらく行ごうに付て、京中ノ銀地し」

(31オ)

菊てい殿

勧修寺殿

中山殿

殿下つら〳〵、行末の事なとおくふうましますに、たゝいまたう上になしをかるゝ人ゝハ、みな天下のおんゑあさからす、かけまくもかたじけなきてん上のましわりをゆるされ、此行幸にあひ奉るものかなと、かんゑつする輩也、子ゝそん〳〵にいたるまてハ、若此おんとくをわすれ、無道の事もやあらんとおほしめして、あらたにしやうてんありし人ゝ、」

(31ウ)

び州たいふ、するがの大納言をはしめ、禁中へたいし奉り、せいしをしてあけらるゝにおひてハ、すてにおほしめさるへきよしなり、そのかミ、みな人のゆいごんをなす事、其まつごに望ミて、りやう地さいほうをそなへまひ

らするこそ、誠の心さしにてハあらめとの給ふ
おきらうて、万さかんるいおもよほし侍りぬ、
各〳〵尤とて、則せいしをかゝせ給ふ、其ことは
に云、
うやまつて申　きしやう
一今度じゆらくていに付て　きやうかう」
(32オ)
仰つけらるるの趣、誠以てありかたく、かん涙の
事をもようす、
一禁裏御りやう所地子以下幷公家衆所〻の知
行等、若無道のやからこれあらは、各として
いけんをくハへ、当分のき不及申に、子〻そん
〳〵いぎなき様に申置へき事、
一関白殿おうせ出候おもむき、なにへんいはい
申へからさる事、
右の条〻、若一事たりといふとも、いほんせし
めは、ぼん天、たいしやく、四大天王、惣じて日本
六十余州の大小の神ぎ、殊更王城のちんじゆ、」
(32ウ)
別して春日大明神、八幡大ほさつ、天万大自在
てんぢん、うじのしん、ぶるいけんそく、しんはつ
ミやうはつ、をの〳〵罷かうむるへき者也、
仍きしやう、如件　天正十六年四月十五日
右近衛権少将豊臣のりいへ
さんき左近衛中将秀いへ
ごん中納言豊臣秀次
権大納言豊臣ひて長
大納言源家康
内大臣平信雄
金ごとの」
(33オ)
同時、別しのせいしこれあり、文言同前
土佐侍従はたのもとちか
たちのゝ侍従豊臣
京ごくの侍従豊臣
ゐ侍従藤原なを政
金山侍従たゝまさ
伊賀侍ちう定ま次
豊後侍従よしとう
そねの侍従定みち

ぎふの侍従てまさ
源五の侍従長まさ」
（33ウ）
まつたう侍従長重
越中侍従やす勝
河内の侍従秀より
つる賀の侍従よりたか
三吉侍ちう平信雄
丹後侍従忠をき
松が島じちううし郷
北しやうじちう秀まさ
東ごうのじちうひてかつ
三川のしちうひてやす
たんはの少将ひてかつ」
　　津侍従平信かな
（34オ）
　日付あて所同前、
扨、今日ハわかの御会と定められつれ共、御とうるうの間、よく日迄さしのへ給ふ、御てんもゆる〳〵として、なにとなきうちつゝきの御すさびなと也、天下もなにかの事とりませ、さたし給ふとて、さるのこくはかりに先のほり給ひぬ、こん〳〵の間に進上物、　御手本　則〻筆
千じ文　御〻三ぶく一つい　ぢんかふ百きん、
方五しやくあまりのたいに、くれないのいとを以てあミおかけ、六人してかきて参、　此外、摂家」
（34ウ）
を始申、諸門跡、せいくハ以下、こと〳〵くへ引て物これあり、
伏見殿　九条殿　一条殿　二条殿
近衛殿　菊亭殿　徳大寺前内大臣
尾張内ふ　此衆へ、　御〻二ふくにとゝの
かわ一数、ほん一こ　ついかう御小袖一重、太刀一よう、ちきやうの御おりかミ右に同し、各〳〵くハんぎし給ひ、あかす、猶ふけすくるまて、ごしゆえん也、天下たゝせたまいて後、いよ〳〵御かはらけかさなりて、みな〻ひをつくして、三日め十六日のあけほのより、天気かきくもり、雨に」
（35オ）
やならんといふより、はや一つ二つこぼれおち、

しめやかにふり出て、ひわたをつたう玉水のをと、きのふのきんちくのやミをこすかとおほめかれて、ものしつかなり、けふのわかの御会にあひて、尤しゆしやうとなん、くハいしハ下らうよりおかれ侍る、

一番　大和大納言　二　するが大納言
三　高すかさ大納言四　久我大納言
五　日のゝ大納言　六　からす丸大納言
七　中山大納言　八　おをいの御門
九　勧修寺との　十　さいおんとの」

(35ウ)

十一　四つつじ　十二　あすかゐ殿
十三　尾張内大臣　十四　徳大寺との
十五　菊亭右大臣　十六　近衛左大臣
十七　かじい殿　十八　妙法院ミや
十九　二条前関白殿　廿番　しやうれん院宮
廿一　一条じゆごう　廿二　九条じゆこう
廿三　しやうご院　廿四　仁わ寺のミや
廿五　伏見との　廿六　むろ町入道
廿七　六のミや　廿八　関白殿

しゆしやうの御くハいしは、かく別にこれあり、中納言さんぎ以下のくハいし取あつめて、」

(36オ)

前に重てをかれ侍る、多くの人かすの、筆かうなりかたき故、御座はいくハいしのかさねやう次第の事ハ、さる天正十三年七月に、しん王しゆこう角座たるへき由、是を仰定めらる、法中衆もきのふきやう、両日の御会也、御しやうはんの時ハ、近江の中納言、三位中将、花山の院、備前のさいしやう、せきまつにましわり給ふ、けたし、尾張の大ふ、するがの大納言、大和の大納言、此五人の事、せいくハたるへき旨、勅さいに仍、則御しやうはんなり、尤きほたる物か、勧修寺、中山、からす丸、ひのゝ大納言等ハさしきにつき給す、」

(36ウ)

けふハ九こんのよういたりしか共、あまり長さしきなれは、七こんにてそ侍りし、こん〳〵の御進物の事、　一　わふごん百両
一　金だん廿巻　一　ぢやかふのへそ廿きん
一　御小袖百　一　わふ金のけんさん同白銀

のたいにすゆる　一　御馬十ひき
右如此、　やかてひかうハしまる也
　奉行　　中山大納言
けんしや　あすかゐとの
とくじ　菊亭のこう殿
かうし　中山とうの中将」
(37オ)
　はつせい　あすいゐ前大納言
御せい　とくじ　関白殿
　　かうし　勧修寺大納言
かうしゆの人数　四つしのさき大納言
　大いのミかと　からす丸の大納言
　ひのゝ新大納言　久我の大なごん
　じ明院中納言　ひろはしの中納言
　伯のさんい　あすかゐの中しやう
　そのゝ少将　五つしの左馬のかミ
ゐいか松およろこふ
　　和か」
(37ウ)
わきてけふまちかひ

あれや松がゐの世ゝ
よく契りおかけて見
せつゝ
夏日し　行幸じゆらく第同ゐい
　　松をゆわひわか
　　関白豊臣秀吉
よろ代のきミかみ
ゆきになれなれん
みとり木たきのき
ゆくたままつ」
(38オ)
　　ゐいか松およろこぶ
契りあれやきミまちゐたるときつかせ千よお
　ならせるにわの松がえた　六宮古佐丸
おさまれる時とハしるしまつ風のこすへに
　よばう万せいのこゐ　伏見殿
なミかせもふきしすまりてまつたかき山と島
　ねの四方のうら〱　九条殿
相生のまつのみとりもけふさらにいくちよふ
　へきいろおミすらん　一条殿

日にそひてこ高きにハのまつかゐたいかにせん
千年の後ハさかえん　　てるさね」

(38ウ)

きミもしんも心あはせておさむてう代のこゐ
しるしにはのまつかせ　　近衛殿
あきつすの外までなつく国の風まつにうつ
して聞をよハらじ　　菊てい殿
ふかみとりちよにやちよの色そへてけふまち
ゐたるにハの玉まつ　　徳大寺との
亀のうへの山なりけりなにハひろミ池の島ねの
まつのこたかき　　尾張信雄
きミも人もけふをまち得ていはふなりかねて
千年をまつのこのは　　あすかゐ殿
やくましる君がよわひもさゝれ石のいはをの」

(39オ)

松の千よの行すへ　　四つじ殿
かきりなき君かやちよやこもるらんたちそふ
にハのまつのミとりに　　さいおん寺殿
よゝをへんきミがめくみのふかきいろを松の
ミとりに懸て見すらん　　くハんしう寺殿
ことさらのしらへにけふハまつ風もこたへに
けりな万せいのこゐ　　おほいの御門
けふよりハうてなのたけのよゝかけて君たち
なれん宿のまつかえ　　中山殿
うごきなきよゝのためしを引そふるいわねの
まつの色ハかハらし　　からす丸殿」

(39ウ)

天地もうごきなきよに相生のまつにをまつの
しけりそふらん　　ひのゝてる介
雨つちのめくミもそいてきミか代のときハの
いろやまつミすらん　　こが大納言
けふよりしきりのまつのかけにしもかそえん
きミかちよの行すへ　　たかすさとの
ミとり立松のはことに此きみの千年のかすお
契りてそ見る　　するがの大納言源家康
かけてけふ御幸をまつの藤なみのゆかりうれ
しき花のいろかな　　山との秀長
ふかミとり立そふかけハ雲井迄千年さかゐん」

(40オ)

にハのまつかゐ　　じミやうゐん

うへしより君か千年おちきりてやまつに
　かハらぬ色をみすらん　にわた殿
末遠くきミが見るへき時ハ今ちとせふかむる
　にハのまつかへ　あふぎ町高すへ
にハに先二はの松おうつしおきてきミか
　千年の行ゑかそえん　ひろはし殿
きミがへんちよのねさしとかねてよりうへし
　みとりのまつの木高さ　はうしやう式ぶ
おさまれる御代そとよばう松かせにたミの
　くさはも猶なびく也　豊臣秀次」
(40ウ)
けふよりのきミか千年にひかれてや松も
　ミさをのかけおならへん　菊てい殿
かきりなききミかよわひに引かれなハミきり
　のまつもときハなるへし　花山院殿
時にあひてさかふるまつのちとせをハきみか
　ためにと契りをかまし　三条あふ町殿
よるひるの神のまもりににハのまつときわ
　かきはのこすへ也けり　吉田左衛門
きミとしんとかけおならへて相生に行ちよ
　へんやとのまつがへ　白川との
君もなをあかつ見すらんうごきなきいハねの」
(41オ)
　まつをにハにうつして　高蔵殿
松かゑのしけあひたるにハの面につらなる袖
　もよろすよやへん　豊臣秀家
行千よもときハなるへきまつかへの色をみ
　きりに契り置かな　までのこうじ
ちよをへん君かよわひお松かけやちかき守り
　のかさしなるらん　中山との
君かためうへしミきりのひめこまつ木高き
　かけや猶も見てまし　西の東院
きミかへんよわひハしるしつるのすむ松も
　ねさしの万よのかけ　四つじ殿」
(41ウ)
天下めくみあまねき木ゝになをまつハちとせ
　のかけを見せけり　五てうとの
きミか代はつきせぬ事のちりふちの山とや
　ならん雪のまつかえ　あすかゐ殿
かけたかきミきりの松に立そいてきミが千年

の春秋やへん　　　　あり近殿
末遠きちきりおまつにかけまくもかしこき御
代のさかへなりけり　　ハしもと殿
千年へんまつにそちきるしき島のみちある
ミちのゆくすへしるしも　　五つし殿
きミがよのかきりはしらし今よりの千年の」

(42オ)

松のときハかきはに　　みなせとの
万代のたねお心にまかせてやまつに小松の
しけりそふらん　　やくいん殿
相生のまつに契りて行ちよも君かよわひハ
つきしとそ思ふ　　三条にし殿
たのしひをあつむることのはのさかふる色や
松にミゆらん　　そのゝ左近ゑ
うへおきしまつもかしこき我きミの千年
かわらぬいろをおもへは　　はむろ
けふより猶いろそへてまつのはのつきせぬた
めしおきミにちぎらん　　土御門」

(42ウ)

うつしをきて木高くなれやまつがゑに行万
代おかねてちきらん　　ひのゝ勝家
わか君のちとせおへてや松かへの四方にさ
かふるかけもなをみん　　くハんしゅ寺
かけふかきミきりのまつの風たにもえたお
ならさぬミよにも有かな　　からす丸殿
ときわなるまつにならひてきミかへん千世の
行へしるやけふかな　　かんろ寺殿
あひにあふミきりのまつハいろそふやきミか
千年のかさしならまし　　にわた殿
あふくてうきみが千年をことのねにしらへ」

(43オ)

そへたるにハの松風　　柳原との
君か代ハかきりもあらじかけ高きまつに
小松やうへもそふらん　　ひろハし殿
色かへぬまつおためしにわかきミの千世に
やちよをちぎるゆくゑ　　あふき町
君かためうへをくにハのまつかへはゆくちよ
までのねさしなるらん　　下れいせん
いろかへぬまつにそちきるいくちよもつたへ
たゝしきことのはのみち　　れいせん殿

うごきなきいハおになる〱松のはやこけむし
　にハのいろをそふらん　よし田殿」
（43ウ）
ちよをへきまつにちきりてけふよりやことの
　はかへすいろを行年かミん　むねすミ
にハの面にうへをくまつの若みとりきミか
　めくミにちよもへぬへし　四条との
久かたの雲いにハの松かせもえたをならさぬ
　けふにあふかな　あの
今日よりも千年へぬへき行末おきミに
　ちきらんにハのまつがへ　とミのかうじ
万代ハけふを始と契りおきてこうふるをまつ
　のすへそはるけき　けき式部殿
かミしもの心ひとしくゆくとしもきミを」
（44オ）
　みきりの松にちぎるらん　くハんむ
君かよわひいかてかそゑんも〱かへ有まつの
　はことにちよの代〱　からハし殿
　天正十六年四月十六日　和かん御会
夏日そふ　行幸じゆらく第同ゑい
　松お慶わか
うへをけるみきの松に君かへん千世のゆく〱ゑ
　かねてしらるゝ　かゝの利家
道しある時もいまた相生のまつの千年おいく
　よかさねん　津の侍従
百しきや四方にさかふるまつがえのかゝぬ」
（44ウ）
　かけお頼む諸人　丹波との
玉をミかくミきりのまつハゆくちとせきミか
　さかへんためしなるらん　三川秀康
きミがためうへ置にハのまつのはのつもる
　をちよの数に定めん　左衛門よしやす
よく〱をへハうふるこすへにしら雲もつねに
　かゝらんにハの山松　とうごうの侍従
しもの後なをあらはれんまつかへのちよの
　ミとりや今しけらん　北のしやう秀政
あふくよの人の心のうつるとてや千年おち
　るまつのことのは　まつか島殿」
（45オ）
君かよのなかきためしハ松にすむつるの千年

をそへてかそえん　　たんはの侍従
きミか代にうへてゆくたひちきらましミきり
のまつのけふの千年　　ミよし
ちよをふるまつハときはのかけなからわきて
けふこそ色もそふらめ　　川内秀より
君おいはふためしにうへし住吉のまつも久
しきよゝの行末　　つるかの侍従
かそへみん千年をちきるやとにしもまつに
小松のかけをならへて　　越中ひて勝
あさからぬミとりもしるしちよをへん国の」
(45ウ)
都に相生のまつ　　まつたう侍従
としへてもかハらぬにハの松のはに契り
かけをき行すへたかうな　源五侍従
きミが代のふかきめくミを松のはのかはらの
色にたくへてそ見る　　きうの侍従
かけ高きまつにひかれてきミか世の久しかる
へきゆくすゑしるも　　そねの侍従
かけ高きまつにたちよる袖迄もちとせへぬ
へき九重のうち　　豊後侍従

九ゑのまつのねさしのふかけれハ遠き国まて
ときハかきはに　　伊賀侍従」
(46オ)
みとりさへ年にまさりてやま川のふかきや
ちよのねさしなるらん　　かな山侍従
たちそふる千よのみとりのいろふかきまつの
よわひを君もへぬへし　　ゐの侍従
二はよりにハに小松おうつしうへてすゑの
千年そしるくミえにけり　　侍従高次
万世も玉のみきりのまつの色ときはかきハに
きミハさかゑん　　たちの侍従
豊かなる都の内の松風におきつしまねも
なミハしつか也　　とさ侍従
天正十六年四月十六日　　和かん御会」
(46ウ)
洛中ゑい賀　　松お慶てうた
しやうさんじゆごう　公方様　しや門道きう
としにまさきのかつらなきよを懸てそち
ぎるやとのまつがえ
としへんきミがよわひをけふハ猶いろにミせ

たるにハのまつかへ　しやうれんいん
うつしうゆるにわゝたかさごすミの江も同し
　ちとせの相生のまつ　しやうごんいん
おさまれるよになびきあふまつかせの聞にそ
　しるき君かちとせお　しや門しゆり
おさまれるきミがよなれハ桐にすむとりも」

(47オ)

　ミきりの松にうつすらん　しやう院
おさまれるよハ久かたのそらにふく風さへ松
　のえたをならさぬ　さいいん
　　天正十六年四月十六日　和か御会
　ひかうまんして、
しゆしやうしゆきよなされ侍り、各〳〵御せん
参り、とり〳〵御しゆえん、夜半せうにいたり御
たいしゆつとそ
　　まひ御らん
　一番はんせいらく　二番ゑんぎらく
　三ゝ太平らく　四ゝはつきよ」

(47ウ)

　五番りやうせい　六番たうそり
　七ゝさいさうらう　八ゝこてうそ
　九ゝふうせいらく　十ゝはんとう
かく奉行ハ四つじの大納言、惣のかく屋に
五間のまく　こやくあり、　かくやの前にたい
こあり、かつこ、しやうこ、ふゑ、ひちりき、てうし
をとり〳〵て、まつらんせいおふき、しんしよを
はしめてより、万せいらくにうつり、しやう束ハ
あか地のもんしやのはう、たうのにしきのはか
ま、あか地のきんらんのうちかけ、とりかぶとに
いしのおひ、いとくつ以下ひれいなり、さいさう」

(48オ)

らうハ、天しよりくたさるゝしろき御衣なり、
おもて幷にはとのつえ、ふゑハあまのたきさし、
これハちよくもの也、まひこ返上いたす、ちやう
けいしにてふきおさめ、たいさんして、
御座おあらためられて、御かハらけ参る、七こん
すきて、北の万所殿、大万所殿よりきんごのしう
御つかひとして進上ものあり、
一御小袖二十かさね　一王金五十両しやきん
同ふくろに入て　一かうろ一ケ　一ほん

かうはこついかう　一ぢやかうのへそ二十
一高だんし十状　右、北の万所殿よりしん」
（48ウ）
ちやうなり
一御小袖十重　一王金五十両しやきんふくろ
に入て　一かうろ一こ　ほんかうはこ
ついかふ　一ぢやかふのへそ十　一たか
だんし十てう
　右、大万処殿より進ちやうなり
さて、おほとなふらまいらせて、御心しすかなる
御すさひなかは、いんのご処より御たんしやく
おおくりまいらせらる　万代にやち世を
かさねても猶かきりなき時ハ此とき　てん下
よろこびにたへたまハす、やかて御へんし」
（49オ）
　　ことのはの浜のまさこハつくる共かきり
　　　あらしな君がよわひハ
しゆしやうをはしめ奉り、各〳〵御たうさあり、
五日め、十八日、くハんきよなり　天下まいり
給て、こん〳〵御しうし有て、やかて又行幸
御申定めあるへき御あらましなと、こまやかに
ちぎらせ給ひて、馬のこくはかりに、ほうれんを
よせさせたまわりて、きやうかうの、せんくより
したい〳〵にくつを引、馬上にハくつはつら
をとうし、御心すかなるくハんこう也、きやう
かうのときハ見さりし長ひつ三十えた、からう」
（49ウ）
と廿ケ、くろぬりのうへにまきゑして、いた
すりのかな物にいたるまて菊の御もんあり、お
をいハからをりなり、せんくのさきに奉行を
つかハさる是也、此程のしん上ものならん、かく
人またけんしやうらくをそふす、きん中へ入
給ひて、いやましの御事ふき、なのめならさる
御けしきなり、はれのごせんの儀しきあり、夫
よりもてん下もくハんきありて、くつまひに
たへたまハす、誠に天長く地久しく御代をた
もち給ふへきいわいなりと、みな人あふきたて
まつるもことハりなり、十九日にハミのこく」
（50オ）
より俄に風かわり、雨あら〳〵しくふりて、

廿日まてやます、行幸いせんもふりつゝきて、
日よりの事あんじ給ひしに、行かうと
くハんきよとの時わ、あまつ日のかけもさやか
なりしお、きのふけふのあめにて、天たうに
かなひたまひし事おほへ侍りなと、各〳〵申
あへり、　天下、かた〳〵御よろこびに
三しゆの御うたあり、

　時お得て玉のひかりあらわれてミゆきそ
　　けふの諸人の袖
　天まても君がミゆきをかけておもひあめ」

（50ウ）

　ふりすさむにハのおもかな
ミゆきなをおもひし事のあまりあれハ
　かへるさおしきくものうへ人

始めの一しゆハ、　きやうかうのつゝがなく
しやうじゆ、めてたき事、まことにちくハの
かへの世にあらハるゝかことしとなん、中
の一しゆハ、あめ風もときおしるもろこしのむ
かしをおもひ出給ふにや、後一しゆは、宗の大そ、
ちうかうていにミゆきせしくハんはいをし
給ふ心もや侍へらん、則、たんさくにかきつけ
られ、きんりん幷にいんの御所へをくり、進上し」

（51オ）

給ふ也、御そへ状あり　今度行幸忝次第、
則参内せしめ、申上へく候といへ共、先しうしの
ためにして、此三しゆこれを進上候、よろしく
御ひろうにあつかるへく候、　せんとうへも
御目に懸られ然るへき者、せん一なされ候也、
謹々　四月廿日　　御判
　　菊ていとの
　　　くハんしう寺殿
　　中山との

則、ゑいふんにそなへらる、　御きよかん
あさからすして、御返しあり、」

（51ウ）

　玉を猶みかくにつけて世にひろく
　　あふく光おうつすことのは
かきくらしふりぬる雨も心あれやはれて
　　つらなるくものうへ人
あかさりし心をとむるやとりゆへなを

かへるさのをしまるゝかな
うつもれしみちもたゝしきおりにあひて
たまのひかりのよにくもりなき
古人の云、わかにじよのこゑ、らんせいのこゑ
有りとなん、御せい幷にてん下御ゑひか等、へん
風のていをきらひ、正がのおもむきお得たまふ、」
(52オ)
の給ひし治よのこゑにあらさらんや、かん
たちへ、てん上人、みなちのていにならびて御
返しあり、廿一日にハ摂家、門跡、清花等、各〻
しつせいへ御礼あり、しん物なととり〳〵なり
しを、ミなちやうしそふらいて、御対面にて
かへさせ給ひぬ、此たひのきやうかうのことく
なる事、いにしへのためしおも聞侍らす、ミゆ
きハ万ミんりやうかんおはいし奉て、おんたく
をかうふり、わさわひおのそく故に、ゆきてミ
ゆきすといへるにや、国とあんせんのまつり事、
是にすくへからす、ふるきことわさに云、大徳ハ」
(52ウ)
かならすそのくらいをゑ、必其名おゑ、かならす
其命長き事をうるとなん、千秋万歳の御よハひ、
いさゝか此りにたかふへからさるもの也、
御しゆいんあり、
天正十六年五月吉日
同年八月十六日　誌之
天正記第六終」

【天正記第七】

(1オ)
天正記第七巻
一　前関白秀吉公、御けん地ちやうの目録
一　ちやうせん国御進はつの人数つもり
一　ひせん国なご屋在陣の衆
五き内中
廿二万五千二百五石　山城
四十四万八千九百五石　大和
廿四万二千百五石　河内
十四万千五百十石　いすミ
三十五万六千七十石　摂津国

東海道」

(1ウ)

十万石　伊賀
五十六万七千百五石　伊勢
一万七千八百五十四石　志ま
五十七万千七百三十七石　尾張
廿九万七千百十五石　三川
廿五万五千百六十石　遠江
十五万石　するが
六万九千八百三十二石　伊す
廿二万七千六百十六石　かい
十九万四千二百四石　さかミ
六十六万七千百五石　武蔵」

(2オ)

四万五千四十五石　あは
三十七万八千八百九十石　上総
三十九万三千二百五十石　しもふさ
五十三万石　ひたち

東せん道

七十七万五千三百九十石　近江
五十四万石　美濃
三万八千石　ひた
四十万八千四百五十七石　信濃
四十九万六千三百八十石　かうつけ
三十七万四千八十石　しもつけ」

(2ウ)

百六十七万二千四百六石　むつのく
三十一万八千九十五石　出羽

ほくろくたう

八万五千石　わかさ
四十九万千六百十石　ゑち前
三十五万五千五百七十石　加賀
廿一万石　の登
三十八万三百石　越中
三十九万七百七十石　越後
一万七千三十石　佐ど

さんいんたう」

(3オ)

廿六万三千八百八十七石　丹波
十二万三千石　たんご

十一万四千二百三十五石　たじま
八万八千五百石　いなは
十万九千四十七石　伯き
十八万六千六百五十石　出雲
十一万千七百七十石　石見
四千九万百八十石　おき

さんやうたう

三十五万八千五百四十石　はりま
十八万六千十七石　ミまさか」

（3ウ）

廿二万千七百六十二石　備前
十七万六千九百廿九石　備中
十八万六千百五十石　びんご
十九万四千百五十石　あき
十六万七千八百廿石　すわふ
十三万六百六十石　長門

南海たう

十四万三千五百五十石　紀伊
六万二千四百四十石　あわじ
十八三千五百石　あわ
十二万六千二百石　さぬき」

（4オ）

三十三万六千二百石　伊よ
九万八千廿石　土佐

西海道

三十三万五千六百九十石　筑前
廿六万六千石　ちくご
三十万九千九百三十五石　ひせん
三十四万千二百廿石　ひご
十四万石　豊前
四十一万八千三百十五石　豊後
十二万百八十七石　日向
十七万五千五十七石　大すミ」

（4ウ）

二十八万三千四百八十八石　さつま
いき
つしま」

（5オ）

ちやうせん国御進発の人数つもり
ひ前の国なご屋在陣のしゆ

一万五千人　武蔵大納言殿
一万人　大和大納言殿
八千人　加賀さい将殿
[6]三千人　あなの津中将殿
千五百人　ゆふき少将将殿
千五百人　前尾張守法名ぢやうせん
五千人　越後さいしやう
千人　相すの少しやう
三千人　ひたち侍従」
（5ウ）
[1]五百人　伊たて侍従
三百人　出羽侍従
二千人　金山侍従
八百人　まつたう侍従
八百人　八幡山京ごく侍従
[6]百五十人　あわの侍従
千人　羽柴河内侍従
千五百人　たちのゝ侍従
六千人　北のしやうの侍従
同舎弟美作守

二千人　村上すわふ守」
（6オ）
[1]千三百人　ミそ口伯きの守
五百人　木下宮内少ふ
千人　水野しもつけ守
千人　あをき紀伊かミ
三百人　宇都ミや弥三郎
[6]百二十人　秋田太郎
五十人　津がるの右京介
百人　南部大善大夫
五十人　本多伊勢守
百五十人　なすの大郎
五百人　さなた源五父子」
（6ウ）
[1]三百人　くつき河内守
五百人　石川玄番介
三百人　日祢野織正
二百人　北条美濃守
千人　千石越前守
[6]二百五十人　木下右衛門尉

千人　伊藤長門頭

合七万千六百七十人

御前そなへ

六百五十人　とび田左近

八百人　金森ひた守」

（7オ）

百七十人　はち屋大善大夫

三百人　戸田武蔵守

三百五十人　おく山佐ど守

四百人　池田備中守

四百人　小出信濃かミ

五百人　津田長門かミ

二百人　うへた左太郎

八百人　山さき左馬助

四百七十人　いなは兵ご守

二百人　市橋下総守

二同人　赤松かうつけ」

（7ウ）

三百人　羽柴しもうさ守

合五千七百三十人

御弓てつはうしゆ

二百人　大島雲八

二百五十人　の村ひ後守

同　木下与衛門尉

百七十五人　船越五郎衛門

二百五十人　伊藤孫吉

百三十人　宮木藤左衛門尉

百五十人　橋本伊賀守

百人　すゝき弥三郎」

（8オ）

二百五十人　生熊源介

合千七百五十五人

御馬廻しゆ

四千三百人　御そはしゆ　六かしら

三千五百人　小しやう衆　同

五百人　むろ町殿

八百人　御ときしゆ

千五人　木下半助与

七百五十人　御使番しゆ

千二百人　御つめしゆ

八百五十人　たかぢやう」

（8ウ）

[1]千五百人　中間の己下

合一万四千九百人

御うしろそなへ

三百人　羽柴三吉侍従

五百人　なつか大蔵

二百人　古田おりへ

[6]百三十人　山さき右京

二百人　まい田権介

百七十人　中江式部

百三十人　い駒しゆり

百人　同もんと」

（9オ）

[1]百人　ミそへおおひ介

二百人　川しりひせん守

五十人　池田弥右衛門尉

百二十人　大塩与一郎

百五十人　木下左京助

[6]百人　矢辺豊後守

二百人　ありま玄番

百六十人　寺さわ志ま

四百人　寺西筑後守

同次郎すけ

五百人　福原右馬介」

（9ウ）

[1]二百人　竹中たんご守

二百七十人　長谷川右兵衛尉

百人　松岡うきやう進

七十人　河藤う兵衛尉

二百五十人　うちいへ志ま守

[6]百五十人　同内善正

二百人　寺西藤兵衛尉

百人　はつとり土佐守

二百人　間島彦太郎

合五千三百人

ちやうせん国さきかけの御勢」

（10オ）

[1]七千人　小西摂津守

五千人　つし侍従

三千人　松らの法いん
二千人　ありましゆり太夫
千人　大村新八郎
七百人　五島わかさ守
合一万八千七百人
一万人　か藤かすへ頭
一万二千人　なへしま加賀守
八百人　さら宮内少輔
以上二万二千八百人」
(10ウ)
五千人　黒田かいの守
六千人　羽柴豊後侍従
以上一万千
一万人　羽柴さつま侍従
二千人　毛利いきのかミ
千人　高橋九らう
　　　秋月三らう
千人　伊藤ミん部
　　　しまつ又七郎
合一万四千人

五千人　福島左衛門大夫」
(11オ)
四千人　戸田ミん部少輔
七千二百人　はちすか阿波守
三千人　羽柴土佐の侍従
五千五百人　生駒うたのかミ
合二万四千七百人
三万人　羽柴あきさい将
一万人　同小早川侍従
千五百人　同くるへ侍従
二千五百人　同柳河の侍従
八百人　高橋しゆ善正
九百人　筑し上野介」
(11ウ)
合四万五千七百人
ちやうせん国都おもて出勢のしゆ
一万人　備前さいしやう
千人　まし田右衛門尉
二千人　石田治部しやう
千二百人　大谷きやうぶ少

二千人　前野たじま守
千人　加賀遠江のかミ
以上一万七千二百人
三千人　あさの左京太夫
千人　宮辺兵ぶの少輔」
(12オ)
千五百人　南条左衛門尉
八百五十人　木下備中守
四百人　かき屋新五郎
八百人　むら左兵衛尉
八百人　明石さ近
五百人　別所豊後守
三千人　中川右衛門大夫
千四百人　郡以侍従
八百人　はつ取うねめ守
四百人　一柳右近将けん
三百人　竹中源介」
(12ウ)
四百五十人　谷出羽守
三百五十人　石川備後守

八千人　ぎふ少将
合一万五千五百人
三千五百人　羽柴丹ご少将
五千人　同東かう侍従
三千五百人　木村ひたち助
千人　小野木ぬい守
七百人　この村兵部少
五百人　岡本下野守
二百人　かすや内善正」
(13オ)
二百人　片桐東市頭
二百人　同しゆせん
三百人　高田豊後守
二百人　藤懸三川守
百二十人　大田小源五
二百人　古田兵部少
三百人　新しやう新三郎
二百五十人　早河しゆめ守
三百人　毛利兵ぶ
千人　亀井武蔵かミ

合二万五千五百人」

（13ウ）

ちやうせん国船手の勢

千五百人　九き大すミ守
二千人　藤たう佐ど守
千五百人　わき坂中しよ
七百五十人　か藤左馬介
七百人　来島きやう弟
二百五十人　すけ平右衛門
千人　くハ山藤太
同小てん次
八百五十人　堀内あわかミ
六百五十人　杉若伝三郎」

（14オ）

以上九千二百人
なご屋在陣せい　合十万二千三百人
ちやうせん国へ度海の勢合廿万千二百人
以上三十万三千五百人也
ほくろくよりそとの浜から、ひ前の国なごやに
いたりゆくほとに六千里也、かるがゆへに、
すい国のゐんきん、うせいの多しやうお以て、
此目録に其身ぶけんいふ事なかれ、
本朝人王十五代
神くくわふごの御宇六十年かのへたつ」

（14ウ）

三かんにせいしより此かた、百王八代なり、
きんしやう皇帝　文禄元年
前摂政関白秀吉公
いせいにいたりちやうせん国にをいて、
凡一千三百三十三年にいたる、

天正記第七終」

【天正記第八】

（15オ）

天正記第八目録

一　天子御くハほうの事
幷諸がく御きやうの事
一　当関白殿御きやうぎの次第

一　おん流衆　　幷らく書の事
一　たう関白殿御手懸の人〻じせいの事
一　松長だんちやう分別の事
一　山しろ道三しんしやうの事」

（15ウ）

」

（16オ）

抑、当今様は百王百代以来のせい王なり、
第一に御くハほうの王位なり、
第二に御しん筆世に勝、わかのみちたつしや也、
第三に諸がく御きやうの故、ちう夜御さた候也、
摂家、せい、其外御きうじの若き輩に、家風お
がくもんあれと御ひまをくたされ、かつふハ御
じひ、又ハ天下の御ため、りんめいありといへ共、
しかしなから、せ方仏ほう、共に以てまし〳〵す
はんしやうたるへきもとひなり、
今度日ほん国、すてにやミの夜とならんとほつ
するのしさい、てんたう恐ろしき事なり、」

（16ウ）

たう関白殿、御若年の時ハ羽柴孫七郎秀次と
申候らいき、
古関白秀吉公のおひにておハしますゆへ、なん
〳〵のほうかうもそろハねとも、廿より内に
尾張一国さまたけなくまいらせられ、ほしい
まゝに御ち行そふらいし、すてにしん
そふのおんくらひより、権中納言とにんす、
あまつさへ、廿六の年、天下よたつなされ、くハん
はくのくらいにすゝめられ、福将軍をあつかり
申され、ゐいくハゐひゆふにほこり、び女百余人
あつめおき、ごてうあひなのめならす、此時より」

（17オ）

古関白秀吉公、　　たいかうと申奉りおわん、
　　当関白殿御きやうぎの次第
てつほう御けいこうとして、北野辺ゑ御出なさ
れ、てんはたにこれあるのふ人お目あてに
してうちころし、ある時ハ、御弓御けいかうと
して、いぬきをあそハし候とて、わふくハんの
ものをめしとり、いさせられ、又あるときハ、身力
御ちまんなされ、ためし物をさせられ候、各きる
者をあけそふらへと上意なり、進上候はねハ御

きけんあしう候間、させるとがにもあらさるを、急度とがに申つけて、其外、じゆん礼、わふらいの」

(17ウ)

者にきよだんお申かけ、からめしんじて、数百人ちうせられ、関白殿、千人きりなされるとゆいふらし、ハし〳〵にて若輩のやから、つじきりいたし、すこしのとかおも、くハんはくとの、はんたん、しやうろに御座なきゆへなり、爰に、木村ひたちの助というもの、たいかうのふたひ御家人なり、越前の国ふ中の城に一郡をあひそへ、くたたし置るゝの間、ちう夜たいかうへ御ほうこう仕るへき事をやめて、にあわさるいつてつをつくり、人にそくいもこれなし、知行しよむしてハ、八木をふ中」

(18オ)

の町へ家なミにあつけおき、いちはい五わりに金銀をめしをき候、然間、かなわぬもの共、ちくてんいたし候、其くハたくおこきやくさせ、金きんを取り、其上、かね見の町人、おとなしき者の下人おめしとり、はつつけにかけ、ミそやと申町人の門口にかけおく故、めいわくいたし、そしやう申せハ、処のをきてを取るか、そのとき山やしんしやさせ、死人をかねにうりかう事、いにしゑも今もまれなり、すこしのたくはへもとゝしける、みな出し、彼あく行にんが関白殿へとり入、御いけん申やう、あまたなミ」

(18ウ)

地のまきゑを仰つけられ、無道を御けいかうあそはせとて、一しやく四方にハ王ごんなにほと入るとも、上意にてハ、多ふん御利じゆんまひるへきとそしやうあり、尤と御同心なされ、御相伝にておほせつけらるゝ処に、諸しよく人めいわくいたし、せいたうおハ、かつて以てとりなさす、びさいしごくなる事のミ申あける也、又、くハんとうよりあわもくのかミといふ物参、きよいにいり相、又ひとも左様になし、御ことハをくハへ、両人御そハをはなれす、ほうかふいたすに付て、ひとの宗きやうなのめならすに」

(19オ)

てハ候らへとも、たいかうの御前いかんとえん

りよをくハへ、関白殿ハ猶しも、御ハはかりお
おほしめされ、さんじのあさましきハ、
公儀をかねそろハすわ、なん〳〵のハはかり有
へきかと、すてに御はたをさしハさんて、
御ひろいさまへ御代ゆすられる事、まつたく
以て御分別参る所、さいわい　若君さま御座
候間、これに御ゆすりなされ、日本国、から、なん
はん迄、御心一つにまかせらるへき旨、たくミ
おまハし、申上所、もつともごたうしんにて、これ
よりよかんをひかれ、又、しゝがりとかふして、」

(19ウ)

山の谷、ミねのしゝがりの中にて、むほんだん
かうとあひきこゑ、いかなるしさい候や、じゆ
らくより北野大仏まてハ三十町の所、御きせな
がをもたせ、兵くだん〳〵に事かましきやう
たひなり、たいかうごうんのつたなきにまかせ
てもれきこゑ、　文禄四年七月三日、上ふん
に達し、則、
　ミんぶきやうほういん
　とび田左近の将けん
　まし田右衛門尉
　石田治ふのしやう」

(20オ)

関白殿へつかハされ、色ゝ様ゝ、御むほんのしさい
せんさくこれあり、　たいかう御神妙に
なため申され、七月八日、関白秀次こう、伏見にて
木下大せん処にいつわつて御なり、則、奉行お
つけられ　もくじきこう山上人、羽田
長門守、木下大善頭、御供に仰つけられ、紀州高
屋山清かん寺にをいてごたう山なり、御とも
の衆、小性十人はかりに過さる也、せひをくハ
わるといへ共、かふくハいさきにたゝす、
たいかうの御おん、たかき事ハしミせんなり、
すこふる下ハ徳おかうふりて、ふかき事そふ」

(20ウ)

めいかゑつてあさし、ひとへにけん人をき
らい、祢ぬびの人近すけ、しやうじきおまつたう
せさるゆへ也、
たいかうは、若年のむかしより日本国をかけ
まわり、御しんらふなされ、こなたかなたにて、数

ケ度の合戦、其かすをしらす、ほん朝にけし、もう
とうと〻こおりなしおほせつけられ、ふんこつ
ぢんごなき次第、あけてかそふるへからす、その
上、三かん、から国までたな心のうちににきり
給ひ、御手からを以て、御代おおさめられるゆへ、
今日にいたるまで、御きう中のしんらう、すん」
(21オ)
び御座なき、せいたう、軍ほうまさしく仰つけ
られ、御じひくハう大にまし〳〵、よこし
まに人お御せいはいなされ候の事、いさゝ
か以てこれなし、かるが故に、御ミやうがつゝ
がなし、きせん上下、有かたく存知奉り、宗きやう
かぎりなし、しかしなから、道をまなひ、身を立て、
名あけんとほつせられるに、後代に名お取
のもといなり、　関白殿ハ御しんらう是なく、
若年のときより、　たいかうの御ゆすりを
うけさせられ、天下ぶそふのかひきうにあから
せられ、第一、御おんを御おんとしろしめされ」
(21ウ)
す、第二にじひ、かつて以これなし、第三、あく行
はかりごさたなり、すい、かいに御はたらきなり、
其みちたかふ時ハ、意ありといへ共、たもつ事
久しからす、天たうおそろしき事、
七月十三日、与仕候あく行人、ごせいはいの衆
　御念使
ミんふきやうほうゐん　まし田右衛門尉
石田治ふのしやう　白ゐ備後かミ
四条しやうとていあんにて腹をきり、同さいし
四条にてじかいいたすゆへ、
　一しゆうたをよミおき候、」
(22オ)
　つまゆへにすミにそめたる我すかた
　ついにハはちすのえんとならんや
扨〳〵、あわれなるありさま也、
熊谷大善守　さか二かくいんにて腹おきり、
木村ひたちの助　摂津国五ケしよ大門寺にて
しやうかいなり、日比たくわへ置候わふごん千
五百数、銀子二千数めしあけられ候也、
各〳〵のさいし、そつのほういんにあつけ、
同しそく出雲頭　同前なり、

おんるの衆
あらき安心　　船越五右衛門」
(22ウ)
池田備後守　　いけ田弥衛門
木下大せんの守
当座如此、何れも御せいはい、しな〳〵多き其
中に、木村ひたちの助さいし、三条河原
にかゝり、都にて諸人にハじをさらす事、
一年越前のふ中にて、ミそ屋か門につミ
なきものをはつつけにかけたるむくい、たち
まち目のまへなる事、てんたうをそろしき事、
七月十五日に　　福島左衛門介
ふくはら右馬の介
いけ田伊与の守」
(23オ)
御念使にて　　　関白殿
かうやさんせいかん寺にをいて
御腹めされ候次第
一番に山本もんと、御わきさしハ国吉おくた
され、しやうがいなり、
二番に山田三十郎、御わきさしあつ藤四郎を
くたされ、しやうがいなり、
三番にふわの万作、御わきさししのぎとう四
郎くたされ、しやうかいなり、
右三人、忝も関白殿御かいしやくなされ候なり、
四番に東福寺こん西道、れんゝ御目懸候に」
(23ウ)
よつて、此時いんたう仕へきとて、村くもといふ
きよけんを申うけ、ぢんしやうにハらをきられ、
めよの次第なり、
五はんめに関白秀次卿、御わきさしハ正宗にて、
御刀なミをよぎ、さくハかねみつ也、さゝへあわ
じのかミ、御かいしやくいたす、其後、わきさし
国つくをくたされ、はらおきり、若輩也といへ共、
惣の下知を申、前後神妙にはたらき、かうミやう
ひるいなき事、あハれなるしたい、中〳〵申
はかりなし、　さる程に、いんのご所ほう
きよといふ、しゝかりおごさたあり、ほうせいせい」
(24オ)
たうたゝしからす候間、天下のせいむおしる

事、ほとあるへからすと、京わらんへが申て
洛書に云、
いんの御所、手向のためのかりなれは、これをせつ
しやう関白といふ、とかやうにかきつけ、立置
侍るなり、さる七月八日、関白殿比ゑい山へ女共
をめしつれられ、御あかりなされ、こんほんちう
とういん内に馬をつなかせられ、しゝかりを
御張行なり、しゆと中より、当山ハ扨ゝせつ
しやうきんだんの所ハ、いかんと申上る処、我山
にてわかまゝなりと上意有て、しゝ、さる、たぬき、」

(24ウ)

かり出し、坊舎にてちやうびさせられ、あまつ
さへ、あく事申たるとて、ひん僧の少分にもと
めおき候ゑんその中へ、いぬ、しゝお入をかれ、
ほうらつの御はたらき、にあわさる事なり、
御かへりの後、わひたるきれむしろ、しさいや
さうく等、事ことくやまの谷へはうりすてゝ、
そう衆みなミたをなかして、よハきうきに
及といへ共、日月いまた地をちす、日こそ多けれ、
七月八日、かうやさんへ御とうさんにて、あわれ
なる目にあひ候かや、
又、六月十五日、北野の天神へ御参けいのをり」

(25オ)

ふし、座頭一人まいりあひ、あわれなるありさま
にて、なふりきりにちうせられ、其時、あつこう
をはき、き神のことくなり、関白殿も道りにせめ
られて、しお〳〵と御なり候、七月十五日、かう
や山せいかん寺にをいて、その刀にて御じ
がいなされるゝハ、いんくハれきせんのたうり
か、さててんたうをそろしき事、
白関秀次卿のわか万所殿、三州へをくり申され、
其ほかのび女たち、きん達三人これあり、御せい
はいの次第、洛中三条川原に、二十間四方に
堀おほり、しゝかきをゆいまハし、其中に東」

(25ウ)

へつけて、九しやく四方にたか〳〵□(と)つかを
つき、関白秀次きやうの御くひお西むきにすへ
をき、ひころゑらひ集をかせわれ候御てうあひ
のしゆ、三十六人御せいはい、川ハらのものが具
そくよろいをきて、太刀、なぎなたぬきもち、弓に

矢おさしはけて、さもすさましき者ともかけい
ご也、御しやうらうしゆのけつこうさ、何にす
くれて花やかなり、うつりかわるよの中や、き
のふに今日ハ引かへて、今を最後の出立ハ、これ
ハゆめかやうつゝかや、御わかれのかなしき
いま更に、たとへんかたもなかりけり、さもあら」

(26オ)

けなき山がつの、いわ木のことくおそろしく、
情もしらぬ河はらの者の手にわたり、うきもつ
らきも爰そかし、小かいなつかんて車一両に
三人四人つゝ引のせ、若君ひめ君これ等ハみな、
御をちやめのとにハをわせすして、その母
おやのひざにおき、洛中をひかせつゝ、三条川
原へひきつけて、くるまより引下、しくかきの内
にならへすへて、諸人に面をめんくに見せる也、
　大かた聞たる分のじせい
一いちのミたい　きくてい殿むすめ　三十四
　うきよをハ花のしゆまつをきミ故に」

(26ウ)

　伏見あらしにつれてこそゆけ

一お長　美濃国　竹長与衛門　むすめ
　十八わかきミ是ある
よの中ハ夢のうきよをしらすして
をとろくまゝに弥陀をたのまん
一おたつ　尾張国　山口松雲　むすめ
　十九わかきミこれある
さころもの重ねのつまのためなれは
のこらぬ身こそうれしからまて
一中納言　摂津国　小浜殿　むすめ　三十四
ちうそんの仏の御名をたすぬれは南無阿」

(27オ)

弥陀仏のこゑにひかれて
一おつまのをかた　四条殿　むすめ　十七
つまゆへにさらす我身ハ白川の
すゝぎなかせハつミもうかまん
一をいまのおかたわふ州もかミ殿むすめ十九
いま熊のほとけちかい頼もしや
みたにひかれて西へこそ行
一御あせち　あきはとの　むすめ　三十一
おあせちと神や仏をいのりまつ

今ハふしみに行そとゝまる
一おあ〻　ミのゝ国日比野下つけむすめ廿二」
(27ウ)
わかふせぬいんくハわ今のをくるまの
うしにひかれてみたをたのまん
一お国　をわりの国大島新左衛門むすめ廿二
国〻に何れのあわれわますかゝミ
くもれと月ハ西へこそ行
一およめ　同国堀田次郎左衛門むすめ二十六
よめはさてをきやうのこゑともろともに
いまにたへなる身とや生れん
一おさな　同くに　武藤長門　むすめ十六
をさなくもまよハし物を此車南無阿ミた
仏のこゑに引れてそゆく」
(28オ)
一お万　近江国　しからき多ら尾むすめ廿二
まん〻の弥陀ハあまたにましますと
南無阿弥た仏を一こゑに見る
一おきく摂津国伊たミひやうご　むすめ十六
まきあくるミすのおひ風身にしみて
ふけ行月のかけやたのまん
一おまさ　斎藤吉兵衛　むすめ十六
たのまつとたすけたまへやミたほとけ
あとさきしらぬわか身なりせは
一お相　京衆近衛殿内古川しゆ善むすめ廿四
あひそめてよを久かたの夢さめて」
(28ウ)
はやくかくるゝミたのしやう□(と)へ
一お宮一のミたいの御むすめ父ハ尾張　十三
ミやいして年をかそへて十三の
ほとけとなりてち〻ををがまん
一左衛門のこう河内岡本彦三郎母　三十八
さりとてハ見る目かなしき白川の
みたをたのみてにしへこそゆけ
一衛門のかうせん衛門いもうと　三十五
ゑもんこう今を最後の身の行すへ
さてこそ頼めみたしやうとを
一おミや　あふみ高橋　むすめ　四十二」
(29オ)
ミやしろの君ハほとなくすきのかと

身ハ小車にのりてあととふ
一ひかし殿　美濃国しゆ　ふんの女坊達
東より西に向へはごくらくの弥陀の
しやうとやすすしかるらん
一小少しやう備前国本郷しゆせんのめい廿四
ごくらくのミたを頼めは其まゝに
生うまるゝはちすはのうち
一おこぼ近江なますゑさい介　むすめ十九
こほるゝハつゆかなミたか白川の橋を
わたれはかのきしにつく」

(29ウ)

一しやう〳〵　越前しゆ　四十八
せう〳〵のよるの雨かや袖ぬれて
あしわけ船に乗てうかまん
一おこちや　もかミしゆ　御すゑ廿二
ことしこちや二十さいの春過ぎて
身ハあさがほのつゆとあらそふ
一おなあ　みのゝ国平右衛門　むすめ十九
をなさけハ有あけ月のまたありて
うれしき君と西へこそ行

一おきび　あふみの国　二十四
きひてたにきミのあわれを白川の」

(30オ)

月諸ともににしへこそ行
一お藤　京しゆ大原三川頭　むすめ廿一
ふじさきてなきそふ山ほとゝぎす
月諸ともに西へこそ行
一お徳　かみがも　岡本　むすめ廿四
とくのりてつミふかき身のためなれは
われもうかまん白川の水

此外れき〳〵これあり、かゝうき目を見る事、いかなるいんくハむくひそや、さりて、浅ましきあり様なり、きもゝ力もうせハてゝ、只ほうせんとある物を、せつがい人ハしりより、先若君を引」

(30ウ)

取て、さもうつくしき出立て、花おおりたるごとくなるを、たゝけたものをさくるかことし、扨二刀にさしころすハ、めもくれ、心もきへはてゝ、たんたくするそあわれなる、これを見るよりも、おや〳〵にいたきつきけるひめきミを、無り

6とりにひんはふて、のかれじものといふまゝ
に、情もしらぬ河ハらの者が、引下、ひつ立申、二
かたなこゝもとにさしたて、なけ出す、見る時ハ
心のき神より猶をそろしや、又、わかきミお
ひきとりて、あへなくくひを打をとす、うらめき
かな、をそろしきかな、爰にてあわれをとゝめ」

（31オ）

1たる、さりて其後ハび女たちの、やうはい、とうり、
色〳〵の、花をならへしごとくなるお、つき〳〵
ひきたて、関白秀次卿の御くひををかませて、た
けなるかミともろともに、さうなくくひを打
おとし、いやうへにそ重ける、ちやうらう達
6のこゝろにハ、なにとなけくかのふまじ、のかれ
し物とさとりつゝ、おもひ定むるけしきにて、
いろもたかへす、をこのけなく、みるもつれなき
よの中に、人よりさきにきられつゝ、うきよ
のひまお明ぼのゝ、あしたのつゆときゑなんと、
おもいけるこそあわれなれ、三十九人の人ゝの、」

（31ウ）

1よわいのほとのつたさよ、十七八九、はたちより
二十一二お一期として、つほむ花なる人ゝを
きりかさね〳〵、ちの川をなかしけれ、さんお
ミたすにことならす、ごくそくのかしやくの
せめもこれなれや、きせんくんじゆの見物も、暫
6時をしすめつゝ、あわれとかんじかなしミ
て、袖をしほらぬものもなし、かやうになに
も根おたつて、はをからしつゝ、御せいハいの
御いきとおりハ余儀なし、一陣やふれて、さんとう
まつたからすとハ此せつなり、天たうをそろし
しき事なり、」

（32オ）

1はるしろに候、新九郎奉頼候の処、別ぎなき御
かだんのゆへ以て、存分に達し、爰にて斎藤
山城道三と名乗、とき殿御こ次郎、八郎殿とて御
きやうたいこれあり、忝も、次郎とのをむこに
とりかんじ申が、とくがいいたし、ころし
6奉り、其後又、八らうとのおむこにとり、これも
御腹めさせ、各〳〵居城をのり取故、なにものか
いふやらん、洛書に云、　しうおきりむこ
をころすハみのおわり、むかしハおさ田今ハ山

しろ、とかいて、七まかりにたて置、山城或ハ、うしのこくにし、あるハきんぬにすへ」

（32ウ）

をき、おやこきやうたいにひをたかせ、あふりころす事、すすしきせいハい也、さるほとに、一なん新九郎、二なん孫四らう、三なん喜平次、三人これあり、そふへつ、人のそふりやうたる者ハ、すこし心がゆふ〳〵として、をんたうなるもの也、たうさんハちゑのかゝミもくもり、惣りやうハほれ物と心得、弟二人をこさかしく、利こうの物かなと宗きやうして、さん男き平二をいつしき右兵衛介になし、則、官おすゝめられ、これによつて弟共勝にのり、をごりて、そうりやうをないかしらにもてあつかい候間、外見無念に」

（33オ）

存知、十月十三日より、作病をかまへ引入、へい外に候ひし、父子四人なかされ、いなは山にきよ城なり、　十一月廿二日、　山城道三山下へくたられ、爰にておじの長井隼人の介と申合、じひやう時をまつ事なし、二人弟に対面し、一言申度事候、入来候らへかしと、長井を以て申おくりはいとし、たくミをめくらし、御きやうたひ此時なりとて、御見まい尤とて、則、同心に新九郎やとへ二人なから罷来るなり、長伊ハ次のまに刀をおく、きやう弟是お見て、熊さかつきおとつてふるまいを出し、其とき日根野備中」

（33ウ）

めいよのものきれかたなのさく、手ほうかねつねをぬきもち、上座にいる孫四郎をきりふせ、又、右兵衛介をきりころし、年来のかたきをちうし、たう三方へ右の趣申おくる所に、天にあをく事かきりなし、たうさんかいおたて、人数をよせ、四方、町のすへよりひお懸、こと〳〵くほうくハし、いなは山はたか城になし、大川をこし、やまかたと云さん中へ引のき、ふしとりあひなり、国中に両ちにこれある者共ハみな、新九郎かたへはせあつまるなり、然る間、たうさん人数、次第〳〵に手うすに也、これ仍」

（34オ）

しゅとのおんこうをくハんせす、情なく三よしにとくかいせられ、ころす条、天下のしゆう我なりと満足候、なかんすく、織田かうすけ信長公御入洛ありて、天下仰くたされるの間、天下の望相はたし、爰にて信長を奉頼所、大和国はん国くたされ候、しかうして、大坂と信長御敵対申のきさミ、また御こうおんをわすれ、大坂と松長と一ミのきやく意おさしはさミ、わ州しんぎ城へまつなかだん正、同衛門の佐父子たて籠、時日をうつさす、のぶなかちやく男秋田城助殿御取かけ、さる程に、先年まつなかわさわいを以て、」

(34ウ)

三国ふそふの大からん、ならの大仏てんおほうくハする、其むくいたちまちに来て、十月十日夜、月日をたかわさすじこくをまち、まつなかふしさいし、一門れき〳〵、てんしゆに火を懸、やき死す、誠にあしきむくいはたちまち也、

一美濃国斎藤山城道三ハ元来、山しろの国西の岡まつなミと申て、一身ものなり、濃州へ罷下、長井彦左衛門をたのミ、ほうこうするに、与力おもつけられ、身上なり立、ほとなくしうのくひおきり、なか井新九郎と名乗、同名しんるいの者とも敵となり、とり相申候、　此時土きより」

(35オ)

明年の四月十八日、いなは山の三里外たかい山これあり、道三、此山へとりあかり、四ほうを見おろし、居陣の、織田かすさの介信長も、たう三むこにて候間、手合として御出勢、木そ川、ひた河の大かわお越、大郎戸島東蔵坊がかまへにいたりて御陣をすへられ、爰にてやぶの内、堀、くねにて、せに亀めをほりいたし、せにをつなかせ御覧候、四月廿日卯のこくに、いぬいへ向て新九郎人数をいたし、たう三も山したへくたつてかけ向われ、一番合戦に竹こしたうちん、六百はかりかまん丸になりて、中のわたり」

(35ウ)

うちこゑ、はたもとへきつてかゝり、たうさん物のかすにせす、さうかゝりにかゝり相、暫戦、きりくすし、たけのこしたうちんをうちとり、しやうぎにこしをかけ、ほろをゆすり、満足の所に、又二番やり、新九郎多人数、とつと川を

こし、人数あり相、しん九らうまん中より武
者一きすゝミ出る、これハ長や甚衛門と申者也、
是を見て、やましろ人じゆの中より、柴田角内
と申もの、これかけあひたゝかふ、ながやおをし
ふせくひをとる、柴田はれがましき高名なり、か
やうに候処に、そふほうより、やりをうちあわ」

(36オ)

せ、さん〳〵に入乱、くろけふりをたてゝ、しの
ぎけすり、つはをわり、火花おちらし戦合、かし
こにて、おもひ〳〵のはたらき有、さる程に、長
井忠左衛門、山城道三に渡あひ、たうさん打太刀
を押上、いたきつき、山城おいけとりに仕らん
と云所へ、小まき源太ハしり来、山城かすねをな
ききり、をしふせ、くひをとる、忠左衛門ハ、後の
せうこのためにとて、はなおそいてのきに
けり、新九郎ハ合戦に勝て、くひのじつけんの処
へ、やましろかくひもち来るに付、身よりいた
せるつミなり、徳たうおこそしたりけり、是より」

(36ウ)

後、新九郎はんかと名乗、昔もろこしにはんかと
云者、おやのくひおきる、それは父のくひをきつ
てかうとなるなり、今のしん九郎ハ、おやのくひ
をきつてちしよくふかうとなる也、さいしハ
一条殿むすめ、御そふ子と申てこれあり、ある時、
手ぎわなるはたらきあり、きつねかりおなされ、
さま〳〵のふるまいとも候き、百座ごま、千座の
ごまおたき、きたう候といへ共、へいゆふなし、つ
いにちゝこ三人病死なり、たう三ハめいしんの
様に申候らへ共、諸てんのはちに、はなをそか
るゝ事、前代みもん事也　天正記第八終」

【天正記第九】

(37オ)

天正記第九目録

一　明知日向守身上の事
一　柴田しゆり介ぶへんの事
一　小田原ゑ御進発の事
一　関東武蔵いわつきゑはつかうの事
一　たいかう秀吉ゑたから来るの事
一　たいかう、諸侍衆へ地行わりの事

一　慶長元年に、四国へかうらい船寄の事
一　同　三年三月十五、御花見の事」

（37ウ）

」

（38オ）

[1]抑、明知日向守光秀、少身なるお、信長公一万人の
大将にせられ候所、ゆく程もなく、御かふおん
のわすれ、すてに天下の望をなさんとほつする
に、信長御父子御一族れき〳〵、いらかをなら
へ、下京本のふ寺にをいて、六月六日に情なく
[6]討奉り、其比大かう秀吉、中国にて備中高松
の城を水責に仰付られ候の処に、毛利吉川小
早川として十ケ国をもようし、罷出、御対陣
なかはに、此事ちうしんこれあり、おとろき
おほしめす事かきりなし、然りといへ共、此
まゝご陣ハらいは、破軍のやうにとりさた有」

（38ウ）

[1]へきの条、御けん意おくハへ、水せめいたし、舟
を入、せめさせられ、作日までのごしん廻、五十騎、
百騎すつ、びゝしく御供候なり、今日わいかに
もごひやうちやうなされ、明日のくれ、御からか
さ、御馬しるし、御馬取ハかり、無人にてごしん
[6]まわりなされ、爰にてきやうかおあそハし候、
毛り家のしんへつかわさるゝ、両河が一つにな
りてなかるれは　もり高松ハもくすにそなる
と御ゑいかなり、さるほとに、城ぬし清水長
左衛門申様、もりけまかり出そふらいても、せん
なく見ゑ申の間、腹を仕るへし、其外諸率をたす」

（39オ）

[1]け候やうにとなけき申、御同心候やうにと、
いかた舟とりのりまかり出る、

　　清水長左衛門じせいのうた、

　君がため名お高松に残しおき
　　さわりもなくてしミすなかるゝ

[6]とよミて、しミす長左衛門、あにときやうたい
はらを仕ゆへ、毛利右馬頭てるもとよりなにわ
伝兵衛、小早川馬かけより末近左衛門尉、城中
のけいことして、此比入をかれるのゆへ、これ
も両人はらおきり、此上、毛利家より御国五ケ国、
はちす賀彦衛門御使申、進上にて御手けんやく」

（39ウ）
にて御和だんなされ、御神妙のはたらき、よめ
いせひにおよハす、これよりすくに、とむら
い合戦のよしにて、一騎かけに夜に日おつき、六
月十三日、山さきにいたり御参陣、おりふし、明知
日向守光秀、摂津国おもてを心さし、人数をいた
し候、てんのあたへる所のよしとおもひ、きり
かゝり、おひくすし、あまたうたせられ、あけち
ハしやうりう寺のしろへ入、則、とりまかせら
れ、みちのつふ路をあけて、若懸おちあらハ、おひ
きりあれとしやういなり、道筋へハまかり出す、
雨夜のまぎれにわきミち、田の中をつたい」
（40オ）
坂本の居城お心がけ、罷のき候を、大ご、山しな
辺の百性共、洛人と見及、ほう打に討おとし候、
　天はち、相ぬはす、十二日目に無下あひは
て、又わき大将にとりもちなされ候斎藤内蔵
佐、いけとりにし、則、京都を車にてひかせられ、明
知日向かくひおつかにつかせ、両人一所にあわ
た口にはつつけにかけおかれ、其後、むらさき野
に一いん御こんりうありて、信長かう中将殿
御父子、御とむらいとおほしめすまゝの御手
からなり、名をよめいにしやうけつあるへから
す、あけちかありさま、天たうおそろしき事」
（40ウ）
一、柴田しゆりの介勝家、　信長の内にてハ武
へんのおほへ其かくれなく、越前へ信長度ゝに
御ミたれ入いへ共、御ふんこつつくされ、終に
一国平きんにおほせつけられ、柴田に大国お
あつけ置れるの間、忝奉存、此あけち御とむらい
合戦にたひするか、しからすハ、大かう秀吉、
朝敵なりごたいしんなされる間、かたじけなき
とたつとミ申事候、しやうぎにあらすんハ、
あまつさへ、神戸三七とのあひかたらい、天下へ
きつてのほり、江北しすかたけ、くハ山しゆりの
介城ぬしとしてをかれる処に、のと、加賀、越前」
（41オ）
これ三ケ国人数うち立て、せめられ、則、大かう秀
吉公、御うしろまきとして、しすがたけに懸
むかひて取相、一合戦をとけるに、人数あまた

うちとり、柴田はい軍にて、越前居城北のしやうにいたりてにけ入、おつかけなされ、御取まきの故、かないかたく見及ひ、一門しんるい三十余人、腹をきり、てんしゆに火をかけ、やけ死にて候、

　天道をそろしき事、

神戸三七殿、おやこの事候間、御上洛なされ、大かう秀吉こうへ、御本意忝と御礼おも仰られ候、其上かうくハんの御調おいとなミなされる」

(41ウ)

事、しはたにふよして、ぶたうしごくのはたらきあるに仍、ミやう利よを背、無下に相はてる事、天はちなり、

一　北条左京太夫うちまさ事、近年諸国わふりやうせしめ、ほしいまゝに相はたらき、ちやうおんのわすれ、りんめいおをうせつせす、あつかい申に、しかりといへ共、　大かふ秀吉御じひをおほしめして、しやうらくいたし、参内しかるへきと、度ゝにとび田左近しやうけん、津田隼人助を以て、をうせふくめられるといへ共、分別不申さるの条、けに〳〵のぼらすハ、御くハん」

(42オ)

座急度仰付らるへきの趣、御ちやうの所、北条居はからいの中様、関東一のき戸、はこ根山にようがいをかまへへきなり、きやう勢なん万騎、打向といふとも、ゆい、かん辺境として、在陣たるへきなり、昔も平家の軍兵はせ下、彼地に陣とり、戦の事ハさておきぬ、水とりのはおとにをとろいて、数万の軍せいにけのほり候の条、又もや其せんれつたるへきなとゝあさけりにて、日数おをくり、御無念におほしめされ、よく年三月朔日に、　大かう秀吉公御くハん座ならは、つくし、ちんせい、北国、南方の御人じゅ罷」

(42ウ)

立ハ、先陣ハこねにさいしん候らへハ、後しんハ伊勢やはん州むろ、高さご、すま、明石、ひやうご、西宮、京廻にさしつかへ、　三月廿九日に大かう秀吉、はこね山へ御人じゆうちあけられ、かけまわりて御覧候に、中村源兵衛、ほらがいおふきたてれハ、さきしんハ中納言秀次卿、御人じゅとつと山中の城堀へとひ入、跡さきを

あらそへハ、一柳伊豆守討死なり、此外、のりこへ
〳〵、へい、やくらお引くすし、一そくにせめ
られ、すてにのり入り、城ぬし松田右兵衛介、
高ミや豊前頭お始として、究竟の侍、す多うち取」
(43オ)
り、此きをいをやめす、　大納言家康卿、御先陣
なされ、　北条がたち小田原を押つめなされ、
海の手ハ九き大すミ、か藤左馬介大将として、
の島、くる島、いしま、伊勢うら、熊野うら、みな〳〵
の太船を以ておしつけ、うミくかともにとり
のかようごとくにして、しやう〳〵に取りつめ
させ、石とり山お御大しやうの御やうかい、太夫
にきらをしかき、くハうようけつかうに
仰つけられる、北条か城内、御目のしたに御覧
なされ、ほうちやう美濃守ハはし城らさんに、
これ又とりつめ置かれ、夜る〳〵にせめよせ、そ」
(43ウ)
くじにめいわくいたし、たいじやう仕の
旨言上、ねいしん然るといへ共、御せういんこれ
なきゆへ、爰にてほうしやう腹をつかまつるの
間、諸率御たすけ候ように申上、　七月十三日
ほうしやうむつのかミ、松田尾張かミ、かさはら
新郎、大道寺するかのかミをハしとして、臣下
のもの共ハらをきらせられ、おほしめすまゝ、
御たいじなされ候条、これみな、ちやうをんの
かうむるといへ共、その徳をおもハす、正りを背
くのゆへ、てんのミやうかつきはてゝ、無下に
相はつる儀、天たう恐き事、」
(44オ)
大かう秀吉公、これより江戸、いわつき、幷に
八王寺、数ケ処の城くハくをせめおとし、あまた
きりすて、あい津黒川迄御くハん座、　浅野正、
石田治ぶ少、　大谷きやうふ、　此衆大将三手に
分て、わふ州、つかる、日の本までつかわされ、其上、
国〻御けんし仰つけられ、めいよの次第申に
たらす候、　御知行わり　一　わふ州の
うち、あゐ津へついて十七郡、白川の城、亀山の関、
羽柴忠三郎下さるゝ、　長ぬまのしろ、　田丸、
一　尾張一国　中納言殿
一　三河国　岡さき五万石　た中兵ふ」

(44ウ)
同　吉た二十万石　池田三左衛門
一遠江国　浜松十万石　堀尾たてわき
同　懸川五万石　山内対馬守
同　よこすか三万石　渡瀬小四郎
一するか一国　中村しきふ
一信州　さゝいの郡六万石　千石権兵衛
同小がさ原郡　石かわ出雲守
同伊くハ郡七まん石　羽柴かわち
同木そハ　御蔵入なり
同すハ郡　ひねのをりへ
関東御けいごとして、むさしゑとハ」
(45オ)
大納言家康卿、じきに御申なされる、
さる程、武州いわつきにて、名にしおふはぎを御
覧ありて、　大かう秀吉公、たうさをあ
そハしける、　よわゐおはおきがゑたにや
残すらん花のさかりをすつる都路
と侍候ひしか、御急なさるゝほとに、
九月朔日、城都じゆらくにいたり、御かいしん
ハ、千しう万せい、ぢんちやう〳〵、
さるほとに、　大かふ秀吉こう御出世候て
より此かた、日本国ゝに金銀の出山いて来、其上、
かうらい、りうきう、南はんのりやうらきんしう、」
(45ウ)
きんらん、きかねのいさご、あるとあらゆるもの、
たうと、天ちくのめぶつ、我も〳〵ともち来る、其
数をしやうらんにそなゑ奉、誠にたからの
山をつむににたり、昔ハわふごんおまれに
もをかミ申事これなきに、今時ハいかなる田
夫や人にいたるまて、金きんたくさんにもち
あつかわさると云事なし、ほん朝ふにうに
しておさまる事ハ、　大かう秀吉こう、御
じひもつはらに御座候故、路とうのこつしき、
ひ人一人も是なき事、こゝおいて君の善あく
をしらす、御いくハうありかたき御代なり、」
(46オ)
慶長元年九月八日の事なり、四国とさの国
長宗我郡居城、長家の森、たねさきのふもとかつ
ら浜、うらとのミなとより、十八里ハまになる、

事もおひたゝしき太船より来る、しうせんの
もの、彼舟に乗うつり相たすぬるに、なんはん
からのふすはんといふ国へかようふねなり、風
にをとされ、かじをふきをり、へさきから塩水
入に仍、しを水におほれるなり、又水にかつへ
て、ふなこもはや半分すき、死たるよし申也、いき
残るくろほうす三百余人これ有、ふねの長さハ
三十五間、かしの入たるあなのひろさ八ちやう」

(46ウ)

しき、やほのはしらとミゑけるなり、ほんハし
らハ風にかまふによつてきりをり、ハしらの
ふとさ三かいにあまる也、右の趣、長そかミの
方へちうしん申所に、ときをうつさす、まし田
右衛門尉を以て言上あれは、なのめならすに御
よろこびなり、

一　いきたるしやかう一ひき　幷しやかうの
入たるはこ二人してもつが　数三つ也、いき
たるさる七つあり、つらハ白く、けハくろうして、
尾ハなかく、ねすみのをのごとし、あふむと云
とりあり、又ぶた、やきう等これあり、上〳〵しゆす、」

(47オ)

むりやう五万だん、たうもめん二十六万たん、金
だんとんす、白いとやしや金、巻物、色〳〵様〳〵
これあるもの、けつかうさ中〳〵、申にも及ひ
かたき次第、目おとろかすはかりなり、

　まし田衛門尉、御使として罷こされ、
相あらため、八ほの船百余そふ、つミたて、大坂へ
のほり、よりふねの御道具、およそ七十まん石の
つもりなり、今度の御ほうひとして、銀子五千数、
長宗我郡に下され、まし田右衛門尉しんらう仕
候なり上意にて、きん五百数くたされ、摂家、せい
花、諸たいぶ、御馬廻、京、境、南都の町人とふ迄、それ」

(47ウ)

〳〵にくたされる事、忝次第なり、山野に
たからわき出候と存候らへハ、こくふよりふり
来る事、たゝふくとく天にありとハ此ぎ也、
御名よ前代ミもんの事、

一　慶長三年三月十五日、御花見の事
一日きり仰出され、御たんしやうびんきやくの
やうたい也、此花見と申ハ、上のたいごより下の

たいごの間に、在〻村〱山のすへ廿三処、御
けいごをおき、申に及す、ゆミ、てつほうのふく、
其手〱のまくをうちまハし、ふしミより下の
たいこまて、御小性衆、御馬まわりのけいこなり、」

(48オ)

惣かまへにハ、道具もちいくゑもこれあり、路
しのかよいにハらちをいわせ、くんじゆの
事にて候間、そうかまへより町へ、御奉行人
として、ました右衛門尉を仰付られ、御かまへ
の門口にハ、山中山城守、中江式ぶ介、人を
とめ、是よりをくへハ一さい、御用の人より外ハ
出入これなし、かねて御なりあれ、

　大たうかう秀吉公　一しゆのゑいか有、

　あらためてなをかへて見ん行幸山
　　うつもれるはなもあらわれにけり

もくじきしやう人　　二しゆ」

(48ウ)

　ミゆきやまてる日のもとの花かけを
　　こまもろこしもあふかさゝめや

万代おふるやみつきの山桜松に
　小まつの色おそへつゝ　　と、かやう

　御こしの次第

一番　万所様　　小出ハりま
二番　にし丸さま　　田中兵ふ
三番　松まるさま　　木下すわふ
四番　三のまるさま　　石田木く守
五はん　御きやく人　　片桐市正
六はん　大納言殿御内　　吉田又左衛門」

(49オ)

各〱諸大名衆、御こしのけいごなり、
大かう秀吉公さきゑ御なりありて、三ほう院に
御座候おすゝめられ、御こしかき、こしそへの
侍しゆ、御門まて参り、こしをていせんにすへ
おき、これよりみな〱かへり申さるゝなり、三
ほういんにて、　御うへ〱様へ御せんお、徳
善院僧正あけ申され、こしかき、　中間
しゆ　已下、
中しやうさまのはんしゆ、又大蔵介、御奉行
として御まかないこれあり、三ほういんにて、
をの〱うへ〱さま御しやうそくめされ、爰」

(49ウ)
をせんと、あるとあらゆるおもひ〳〵のたくミ、
をびたゝしきけつかふさ、何れもはれならすと
いふ事なし、ろしのさゆふにハ桜をうへ
させ、らちおいわせられる、
大かう秀吉こう、　中しやうさまをさきと
して、各のうへ〳〵さまもおなくさミとありて、
乗ものにも及はれす、をんひろいなされ、まつふ
もとにハたう山のちんじゆ、しん〳〵と物さ
ひてあり、左にハかねつきたう、右ハ五じゆんの
たうあるなり、
　もくじき上人こんりうときこゑたり、」
(50オ)
一番に　ます田少将、　御茶屋かまへて、一ふく
進上申さるゝ也、
爰に山川みなきりをちてなかるゝ、これに
いた橋ちやうぶんに懸、らんかんおやり、そり橋
をかけ置るゝ、これより山上へ、次第〳〵あかり
申なり、御のほりあれは、谷おへたて候左の山に
わ、ちりもせすさきも残らす、今をさかりとかん
ハしく、風ふきをくり、天念うつくしき色しき、相
をあらわし、さき出たり、御うへ〳〵様、其手〳〵
の御たくミ也、あるとあらゆるしな〳〵の、手を
つくし、金銀おちりはめ、けつかうさ、申に中ゝ」
(50ウ)
をろかなり、び〳〵しきやうたい、たとへにも事
ハにも及ひかた次第也、山のうへ、やまのした、ひ
かりかゝやき、花と〳〵の色をあらそひ、そらに
いきやうくんじゆの目度御あそひ、いにし今
の代迄きゝおよハす、こゝにきたいふしぎ、き
とくの事あり、三月十五日と日きり御ぢやう
なさるゝ、此比ハ長雨にて、けん日まてあめふり
つゝき、はれる事なく候ひし、かやうに御
やういの所に、人ゝしうしときつかひいた
すに、其日ハあめふらす、風ふかす、天地をたや
かにして、花くもりに、ひめむすうすくもりを」
(51オ)
ハしまし候の条、人間のわさにあらす、各かん
じ奉るなり、又あくる日より、天気少しはれやら
て、あめつよくふりつゝき、其間に花おちらし、

あをはとなる、惣して、御あわれふかくおハしまし、ゆへなき人をうたせられたる事、これなし、かようの道りを以て、てんにいをふるい、天たうの御しやうがにかないまし〳〵て、御いくハうをたちまち天よりあらわし、見せ給なり、　されハ、心すなをにして、まつり事たゝしきゆへなり、りうちやの雲にしたかい、風の虎にしたかふいわれなり、せんとう、公」

(51ウ)

家、武家、城都、なら、境より、御をりものやかうらいのちんぶつ、国土の御くハし、あまの、ならさけ、か賀のきくさけ、関東の江川さけ、いろ〳〵さま〳〵、我も〳〵と一とてつゝ、きんゝおちりはめ、あるとあらゆる手をつくし、そのかすを不知、進上のものが門前いちおなし、みち〳〵てほう来の山をつむに事ならす、御よめい中ゝ申にたらす候故、うへよりかたじけなき事ハ、ちんふつお御ふしんの衆へ、それ〳〵にくたさるゝ事ハ、扨忝次第也、

二番の御茶屋　新しやうさう斎たてられ候、」

(52オ)

松杉、色〳〵の木、ならへうへてこれあり、爰にいわすに水をたゝゑ、こいふな、はなしおかれ、此外いふうのていさま〳〵是あり、一ふく上申るゝ、

三番めの御茶屋　小川　たてられ候、

風口にハたかのしるしをかゝせ、北破風口にハつなぎ馬のしるしかゝせ、ふうりう是有、此ちやゝにハ、長谷川宗仁法けんうつり居て、色〳〵相かまへ、これにてびゝしく相調、御ちや一ふく進上申るゝ、

四番めの御ちやや　まし田右衛門尉、これまてはる〳〵十五町、けハしきさかお御ひろい」

(52ウ)

なさるゝ程に、御くたひれなされ候、これにて御花見なさるゝの間、かりそめにごてん候らへ、金銀をちりはめ、けつこうにミかきたて、うへ〳〵様それ〳〵に、かすの御せんこしらへおき申さるゝ、

五番めにハ、徳善院　僧正、

うへのごてん、たい所の間にハ、御ちやうらう衆

の御つほね〳〵をたておかれる、
六番めにハ、　たい所お大蔵の介たてお
かれ、こゝにて　まし田右衛門尉、ちんきの
かす〳〵をとゝのゑ、御せんあけられ、又此たひ、」
(53オ)
爰にて出立おめしかへなされ、ひかりかゝやき
けつかうに、各様御ふりをかへて、びゝしく御
出たち、いきやうあたりをはらつて、四方へくん
じて、くハ礼なる御ありさま、申つくしかた
き次第なり、ひめむす御きうそくなされ、御うた
なとあそハし、面白おほしめされ、ごしゆえん
のゆふきやう、ぬひ〳〵なゝめならす、かやうに
手からを以て、くもりなく仰つけられ、かふらい
もろこしまて御手にしたがへられ、人ミんか
まとをさらす、国家ぶねうにおさまり、たのしミ
さかへ、ときめきけるよそおひ、三国にかくれ」
(53ウ)
なき御事とも、ミん山かんせんのつまにいた
迄、ご代ありかた事と、あがめ奉申也、
七番御茶屋　ご天勘兵衛立置、さま〳〵の風
りうおあひかまへ、一ふく上申るゝ、
八番　御ちやや　新しやうたてられ候、
風りうさま〳〵これあり、先入口にハくらま
の福をろしお仕り、其したにいわ清水をしやう
ぢやうに用いて、御ちやうす水に参いらせ
候ようにかまへて、をんていきんなとにゝおひ
ふん〳〵として、いろ〳〵をかけれ、こゝを少
いん過て、柴かきゆいわまし、竹のあミとあり、此」
(54オ)
内へ御入あれは、しほやともおたておき、うり
物にハひやうたん、わふごん、あふぎ、うちわなと
色〳〵おつくしをき、あき人のあり様なり、是
よりして、いわをつたい、御あかりあれは、いか
にもわひたる柴のいおりあり、山がつのすみか
と御覧すれは、ハふ口に　くハうしやう
あんと打たるかく有、扨ハせい人の居まします
かと、御ふしんにおほしめし、此かくハ江州
山かミの寺院、開山めいよのなりしゆぼう和尚
の御筆也、此外御物をき所、したゝ御番衆のおり
所、それ〳〵にあまたこしらへをかまへたり、是」

(54ウ)
より御あかりなされ、御覧すれは、一方にハ
みせたなをかまへて、うりものにハひなはこ、
くし、ハり、たとふかミ、きぬいと、あさのいと、あせ
のごい、あふぎ、うちわ、はりま杉原、美濃かミ、たか
だんし、引合、入るへきものなり、数〻おならへ
をき、又一方にハやきもち、せいらう、あふりもち、
これめせ〳〵と申あき人なり、それよりをくハ、
御茶屋かまへて一ふく進上、さま〳〵これあり、
いかにも、うつくしくしたゐ仕たるたんちやく
に、すゝり、をりかミをとりそろへ、そこ〳〵に、
かうろにたきもの四ほうへくんじ、これより東」

(55オ)
の山を御ゐい覧あれハ、くれないのいとにて
たくましくうたせて、桜木に谷こしを長〻と
引はゐ、十間つゝく間お置、なかごを金銀にたミ
てつけられたり、とりをいとみゐたり、これに
付てくハ礼の心をよめるなり、
　けんさいの御発句、
　とりハなしあらしにつけよ花のすゝ、と
これあり、　又水船をこしらへ、長ふくへ
いかたに用て人きやうおつくり、せんとふと
して、いわにゆきあたつてめいわくしたる
ようたい、又一つハ自然とのかたはらこれあり」

(55ウ)
程として、是も人きやうをのせをかれ、此外色〻
さま〳〵風てい、面白しつらい給ひつる有様也、
　中将さま御らんして、中〻御きけん
なのめならす、これにゆる〳〵と御きうそく
なされ、御うたなとあそはし、さりてきとくなる
作意ともなりと御かんなされ、いかた、とりをい、
めし上られ、御ほうびなり、
　新しやう　おもしろく忝なき次第也、
中将さまより、門せき三ほういんへ銀子
百数まいらせられる、そのほか御うへ〳〵さま
より、御小袖かす〳〵参らせられ、また徳善いん」

(56オ)
　僧正　此度御ちそふなりとて、
新知行として、　千六百石、　三ほう院ゐ
まいらせられる、　日野三ケ村、くハんしゆ寺

村、小野むら、　かさとり村、　以上、これハ
当秋、かうようを御覧じ候の間、御けんやく
6にてつかわされ候なり、天気のさおひもなく、
する〳〵とくハんきよ、ちんてう〳〵、
　大田いつミの守　誌之
慶長十五年三月十三日
　天正記第九終」
」
(56ウ)

第三章　第一種古活字版『天正記』の改訂文

凡　例

一、ここでは、第二章で翻刻した第一種古活字版『天正記』を、次項で述べる対校史料等を参照して、通読に耐えるべく作成した改訂文を示した。

二、改訂文および注解作成にあたっての、主たる対校史料と注解におけるその略称は次のとおりである。

第一＝大阪城天守閣所蔵『総見院殿追善記』（追善記と略す）・金沢市立玉川図書館近世史料館所蔵『豊臣記　由己日記』（豊臣記と略す）。

第二＝金沢市立玉川図書館近世史料館所蔵『豊臣記　由己日記』。

第三＝同右

第四＝同右

第五＝同右および大阪城天守閣所蔵『聚楽行幸記』（大阪城本と略す）・個人蔵阿野実政筆写『聚楽行幸記』（阿野本と略す）

第六＝大阪城天守閣所蔵『聚楽行幸記』・個人蔵阿野実政写『聚楽行幸記』

第七＝国立国会図書館所蔵『秀吉公御検地帳　全』（国会本と略す）

第八＝慶應義塾図書館所蔵『大かうさまくんきのうち』（太閤様軍記の内の意。軍記と略す）、および東京大学史料編纂所蔵の写本『太田牛一雑記』（雑記と略す）。

第九＝同右

なお、以上のほか全般にわたって、続群書類従完成会編『群書類従』・『続群書類従』に所収される『天正記』各巻（群類本、続群類本と略す）、桑田忠親校注『太閤史料集』（人物往来社、一九六五年。桑田本と略す）所収本などを参照したが、注解では原則として主たる対校史料のみ明記することとした。とくに第二「柴田退治記」については、『群書類従』第二十一輯（合戦部二）と『続群書類従』第二十輯下（合戦部。柴田合戦記と題されている）とに重撰されているので、主として前者を参照することとし適宜、後者をも参照した。

三、漢字は、原則として通用の字体を用いることとしたが、慣用字句については従わなかった場合もある。
四、片仮名は、原則として平仮名に変えた。
五、踊り字は、々、〳〵、ゞの三種とした。
六、送り仮名については、濁点・半濁点を加えたほか、適宜変更を加えたところもある。また、翻刻文の送り仮名が歴史的仮名遣いに準拠していないと判断される箇所についても適宜、改めることとした。
七、字句の追加・削除や入れ替え、あるいは新たに送り仮名を付すこと、また文末の終止の形の変更等によって、より正確で読みやすい本文になると判断した場合は改めることとした。その場合、事由を注解で説明した場合もあるが、断らずに行なった箇所もある。後者の場合も翻刻文と対比していただきたい。
八、欠字については、原則としてそのままとしたが、不要と判断して従わなかった場合もある。翻刻文と対比していただきたい。
九、適宜、句読点・並列点を補った。また、衍字・脱字等は指摘せずに改めた。いずれも翻刻と比較されたい。
十、和歌・狂歌・発句のたぐいは、片仮名を平仮名に変換し、句ごとに一字空けとしたほかは、原則として原文のままとした。但し、対校史料と比較して明らかな誤りと判断される場合は訂正した。
十一、公武の官職名表記については、いちいちの確認が煩雑であるため、古活字版での平仮名表記、漢字表記にかかわらず、対校史料に拠る漢字表記に変換することとした。ただし、既に周知されているものはそれに従った。
（例）佐久間玄蕃允の場合→「玄蕃すけ」、「玄蕃助」、「玄蕃介」などとあるが、いずれも「玄蕃允」とした。
十二、こうした変更に伴い、行数が増えたり減じたりした場合がある。その旨、各頁冒頭の丁付の下に〈一行増〉、〈二行減〉のように表記した。特に第五・六・八には深刻な錯簡の箇所が認められる。翻刻では、原文通りの位置に配したが、改訂文では巻をまたいで大胆に移動させることとした。具体的には、各巻の注解をみていただきたいが、その箇所は次の通りである。
第五（25オ）→第六（30ウ）と（31オ）の間に移した。
第六（26オ）・（26ウ）→第八（31ウ）と（34オ）の間に移した。

【天正記第一】

（1オ）

天正記第一目録

一　甲信御進発　幷武田一族滅亡の事
一　秀吉西国御発向の事
一　惟任謀反の事
　付、信長父子御自害の事
一　松田平介追ひ腹切るの事
一　織田七兵衛生害の事
一　備中高松落城の事
一　秀吉上洛、山崎合戦の事
一　明智弥平次引き退き、安土山に籠り、
　坂本にて自害の事」

（1ウ）

一　秀吉公尾州進発、天下定めの事
一　信長御葬礼、追善の事」

（2オ）

それ、つらつら世間の栄衰を観ずるに、
南山の春花は逆風是を散じ、東嶺の秋
月は狂雲これを隠す。千歳の松も、斧
斤の危ふきに免れず。万代の亀も、あに
刳焦の憂ひ無からんや。槿花の栄、胡蝶の
夢、何をか喜び、何をか悲しまんや。
爰にぞ贈大相国平朝臣信長公、天下に棟梁し、
国家に塩梅して年久しと云々。江州安土山
に於いて城郭を構へ、大石を以て山
を裹み、東西の甍、南北の台、金殿紫
閣、天上の雲に連なり、玉楼粉墻」

（2ウ）

は湖水の波を輝かす。その地の勝
絶、言ふに数へざるのみ。忝くも　上皇を
始め奉り、日々に勅使を立つ。月卿雲客
床に対し、百官諸侯座に列
なる事、九重の城闕、今ここに在りと言ふべし。
三管領其の外、諸国の主
人、稽首せずといふ者無し。或は百連の
鷹を集め、山野にて狩場の遊びをなし、
ある時は千万騎の馬を競へて、京洛に馬場の
興を為す。朝には直きを挙げて諸
枉に錯くの政道を求め、夕べには翠帳・」

（3オ）
紅閨に三千人の寵愛を専らとし、夜の
遊宴、日々の徳行、楽しみ余りあり。彼の
驪山宮の栄華、上陽殿の楽遊も
むしろこれに過ぐべけんや。こゝに甲信両国の
主人、武田四郎勝頼といふ者、年来の朝
敵たるゆへに、秋田城介平朝臣信忠、
信州に至り出馬ありて、高遠の城を取り巻く。
勝頼の舎弟仁科五郎幷小山田備中守、相践
むの地也。手合せに先づ、川尻与兵衛尉、調
略を以て即刻に責め崩す。悉
く討ち果たし、其の競ひを以て、甲州韮崎の府中」
（3ウ）
に入る。勝頼一戦に及ばず、敗北して
天目山に隠る。信忠先勢、川尻与兵衛尉・
滝川左近大夫、山中へ入り追つ詰め、数ヶ度合
戦に及び、武田勝頼・同嫡子太郎・同
左馬助勝定・逍遥軒幷一族、悉
く首を討ち来たる。甲州・信州・駿州三ヶ
国、本意に属するの旨、上聞に達すによつて、将
軍御動座あり。三ヶ国御一見の刻、関東・
鎌倉の諸大名残りなく御味方に馳せ
参ずる事、吹く風に草の靡くが如し。
此の時、将軍富士御見物是あり。此の山、天竺・震」
（4オ）
旦・扶桑三国無双の名山なり。然るを今、吾が
山と成し、是を見て大望を達し、快気
斜めならず。しかふして、遠州・三河に渡り、徳
川三河守家康の御館に来て滞留し、御
父子相共に御馬を納め給ふ。関東一遍に
属す。関西は羽柴筑前守秀吉、舎弟小一郎長
秀相ともに、天正五年に播州へ馳せ下り、
別所を退治しよりこの方、西国征伐
の軍主を奉じ、備前・美作の守護宇喜多を手に
属し、播磨・但馬・因幡五ヶ国の人数を
引率して、天正十年三月十五日、備中の国」
（4ウ）
に発向し、冠の城に押し寄する。敵の
備へを見るに、はなはだ剛強にして、たや
すく責め落し難し。然りといへ共、此の城に

於いては、たとひ人数損ずるといふ共、無二に攻め破り、
西国の響きを成すべき旨、兼て定む処
6に、杉原七郎左衛門尉・荒木平大夫・仙石権兵衛
を先として、彼の地を肝要に踏まへ
たる水手より責め入り、これを取る。秀吉感悦
してこの衆へは馬・太刀を遣はす。時の面目
これに過ぎじ。城よりとりどりに懇望す
といへども、聞き入れずして、即時に攻めのぼり、」
（5オ）
1悉く首を刎ね訖。其の競ひを以て、時
日を移さず河屋の城を取り巻く。彼の城主、
敵軍の勢いを見て、毛利家の援兵を待た
ず、搔楯を降ろし甲を脱ぎ、降参致す
の条、命を扶け城を取る。其の時いよいよ勝
6に乗り、高松の城へ人数を寄す。これを見るに、三
方は沢沼なり、かつて人馬の通ふ事なし。
一方は重々に大堀を構へ、毛利家より数年
相拵へたる要害結構の地なり。た
とひ日本国中の大軍寄するといふ共、たや
すく力攻めに及ぶべからず。然る間、秀吉工夫」

（5ウ）
1して水責めにすべき行てをなし、城のま
わり二三里の間、山と等しく堤を築き、
堤の内に材木を垣に建て置きて、
大川・小川の水上を尋ねて山を掘り、石を切り
散らし、谷の戸・田辺のたまり水に至る
6まで、悉く是を堰き懸くる事、梁上
を浸し、彼の地を一つの湖となす。堤
の上に付け城、そこそこにあひ拵
らへ、大船を作り、筏を組み、敵の溜り
二の丸に攻め入り、合壁・屋宅を引払ひ、本
丸ばかりに成す。敵の軍士、水の漲る」
（6オ）
1に従って、大木の梢に簀を懸け、板を
並べ、波に漂う舎宅は、ただ舟
の浮かべるが如し。誠に籠の内の鳥、網代
の魚の悲しみ也、以て喩ふるに足ら
ず。又別に人数を分け、一万余騎、五町十町の間
6引き隔てて、後詰めの備へを守る。然る
所に、毛利右馬頭輝元・小早川左衛門佐

隆景・吉川駿河守元春、彼の高松の城救
ふに及ばずんばあるべからず、備中表
に於いて屍を晒すべき旨儀定して、
分国十ヶ国の人数、八万余騎引率して、備中」
(6ウ)
高山の続き、釈迦ヵ峰・不動岳に陣取る。
敵相十町に過ぐべからず。その間大河有る故、
敵味方即時に相懸る事を得ず、数日
を送る。然るに秀吉、彼の後詰めの
人数に切り掛かり、追ひ崩すべき事をかへ
りみず。然らば西国一篇に属すべきの旨、御意
を得奉るの処に　御下知を成しくださるゝ。卒
爾の合戦然るべからざるの旨、
御諚あつて、堀久太郎・池田勝九郎・中川瀬
兵衛・高山右近、都合其の勢一万余騎付け下さる。将
軍は信忠を相具し、京都に於いて御動」
(7オ)〈一行増〉
座あり。重ねて惟任日向守光秀、軍使と
して早々着陣せしめ、秀吉に力を
合はすべし。合戦の行てによつて、御着座あるべき
の旨厳重也。惟任公儀を奉り、二万余騎の人数
を揃へ、備中には下らずしてひそかに謀叛
を巧む事、自性更に無かりけり。年来の逆意
識察する所なり。さて
五月廿八日に愛宕山に登り、一座の連歌
に、光秀発句に云ふ、
　時は今　天かしたしる　五月かな
今思惟するに、誠に謀反の心なり、
誰人か兼ねて是を悟らんや。然るに天正」
(7ウ)
十年六月朔日の夜半より、光秀二万余騎の
人数を延べ、丹波国亀山を打ち立ち、四条西洞
院本能寺、相府の御所に押寄す。将軍
此の事夢にも知ろし召さず、宵には
信忠を近づけ、常よりも親しく語り給ひ、
村井入道、近習の小姓以下に至る迄、御
憐憫の詞を加へ給ふ。深更に及ぶの
間、信忠暇乞ひあり、妙覚寺の屋形
へ帰り入り給ふ。将軍深閨に入り、近
習の衆を召し集め、鴛鴦の衾・連

理の枕・夜半のさゝめ事、誠に世の中」
(8オ)
は夢の中にあらずや。此の時惟任は、明智弥平次・
同勝兵衛・同次右衛門・同孫十郎・斉藤内蔵助、其の
外諸卒四手に人数を分け、御所の四方
を取り巻き、夜の明け闇の時分に、合壁を引き壊ち、
門戸を切り破り、一度にさつと乱れ入る。将軍御
運の尽くる処、此の比天下静謐の条、御用心
もなく、国々の諸侍、或は西国の出張、或は東国の
警固として、宗徒の大将を置く。織田三
七信孝は、四国に至りて渡海有るべき調
儀として、惟住五郎左衛門尉・蜂屋伯耆
守を添へ、和泉の堺の津に至り在陣す。」
(8ウ)
その外の諸侍、西国御着座御供用意と
して在国せしむ。無人の御在京
也。たまたまに御供の人々は洛中処々に打
ち散らし、思ひ々々の遊興す。御番所には
やうやく小姓衆百人に過ぎず。
将軍夜討ちの由を聞こし召され、森乱を
向はせ給ふ。惟任謀反の由申し上げる。仇を以て
恩を報ずるのいわれ、例無きにあらず。
生あるものの滅する事定まれる道
なり、今更なんぞ驚くべきや。弓を取り、広
縁に指し出で、向かふ兵五六人射伏せて後に、」
(9オ)
十文字の鎌にて敵数輩掛け倒し、
蹲まで追ひ散らし、数ヶ所御傷を被
り、御座を指して引き入り給ふ。森乱を始め、
高橋虎松・大塚一郎・角蔵・与五郎・小八郎等御
傍を離れず。面々一番に取り合ひ、名乗りの如
くに出で、一足も去らず、枕を並べ討ち
死にす。続いて進む人々は、中尾源太郎・又
九郎・湯浅甚介・馬乗り勝介・針阿弥、此の外兵
七八十人、思ひ々々に働き、一旦防ぎ
戦ふといへ共、多勢に攻めたてられ、悉
く討ち死にす。将軍早春の花、初秋の」
(9ウ)
月かと弄び給ふ粉黛、悉く刺し
殺し給ひ、御殿の手ずから火をかけ、御

腹召され訖。村井入道春長、公の門外
に家あり。御所の震動するを聞き、初めは
喧嘩と心得、物具取あへず走り出で、相鎮めんと
してこれを見るに、惟任人数二万余
騎、囲みを成す。駆け入るべき術計を尽
くすといへ共、敵わずして、信忠御陣所妙
覚寺へ馳せ参り、此の旨を言上す。信忠は、是非本
能寺へ駆け入り、諸共に腹を切るべき
由と詮議あるも、敵軍重々堅固の囲み、天」
(10オ)
翼の翔りにあらずんば、通路を成し難
し。誠に燕雀千里の嘆き余り有り。
然るに、妙覚寺はあさましき陣取りなり。
近辺何方にか腹切るべき館やある、と御尋
ねあれば、春長軒かしこまつて承り、
忝くも、親王の御座、二条の御所しかるべき由、
言上仕り、二条の御所へ案内申す。忝
くも、
東宮をば手車にして内裏へ移し
奉り、信忠僅かに五六百ばかり、二条の御所
へ入り給ふ。　将軍御馬廻り、惟任に隔」
(10ウ)
てられ、残党二条の御所へ馳せ加は
るもの一千余騎。御前にこれある人々は、舎
弟御坊・織田又十郎・村井春長父子三
人・団平八・菅屋九右衛門・福富平左衛門・猪子兵
介・下石彦右衛門・野々村三十郎・赤沢七郎右衛門・
斎藤新五・津田九郎次郎・毛利新助・塙
伝三・桑原吉蔵・桜木伝七・小沢与吉・山口小
弁・寺田善右衛門、此の外歴々衆諸侍、思ひ
切り、惟任寄せ来るを待ちかける。惟任は
将軍に御腹召させ、御殿が火炎となるを見
て、晏然として、信忠陣所を尋ぬるに、」
(11オ)
二条の御所へ立て籠もり給ふ由を聞き、息
をもつかず、二条の御所へ押し寄せける。御前には
もちろん覚悟の前なれば、大手の門を開き置き、
弓・鉄砲を立て、内には軍兵思ひ々々
の道具を持ち、前後を鎮め居たりけり。先駆けの兵共、
面も振らず駆け入る。前には弓・鉄砲を立て、

差し取り引き取り、散々に射防ぐ所に、突き出し、追つ払ひ押し込み、数刻防ぎ戦かふ。敵は六具を締め固め、新手を入れ替へ入れ替へ攻め来たる。味方は素肌に帷子一つ重ねて、心剛に勇むといへ共、敵は長鑓・」
（11ウ）
長太刀や打物、刃を揃へ攻め入る。爰にて五十人、彼の処にては百余人、残り少なに討ちなされ、既に御殿間近く詰め寄す。信忠御兄弟、御腹巻を召され、御側にこれある百人ばかり具足を着、信忠一番に切つて出で、面に進む強者十七、八人切り伏せ給ふ。御側の人々、我劣らじと火花を散らし相戦かふ。四方へさつと追い散らす。其の時、明智孫十郎・杉生三右衛門・加成清次、其の外究竟の強者百人ばかり名乗り、とりどりに切つてかゝる。信忠御覧じて真ん中に切つて入り、此の比稽古の兵法、古流当流秘伝」〈一行増〉
（12オ）
の術、莫耶が一太刀の奥義を尽くし、切つて廻り、孫十郎・三右衛門が首、丁と打ち落とし給ふ。御近習の面々、刀の限りに切り合ひ、内へ攻め入る敵の人数、数多討ち果たし、最後の合戦心よく、　将軍の御供申すべきとて、御殿の四方に火を掛け、信忠を真ん中に置き奉る所に、信忠一番に御腹十文字に切り給ふ。其の外精兵、思ひ々々に腹を切り、一度に煙となる。　将軍御年四十九、信忠御年廿六、悼むべし惜しむべし。貴賤万民に至るまで、皆悲し」
（12ウ）
みの涙を流しける。又、濃州の住人松田平介一忠、其の夜辺土にあり。夜討ちの由これを聞き、馳せ来たる処に、御所の戦相果て、将軍御腹召さるゝの間、力及ばず妙顕寺に走り入り、追い腹切るべき覚悟を定む。一忠、元は医者家業して、しかも文武を兼ぬる士也。常に和歌の道に心を懸け、又参学に眼をさらす故、辞世として一首の歌を作して、一行の偈

に云ふ、
　そのきわに　きゑ残る身の　うき雲も　つ」
(13オ)
ゐにはおなし　みちの山風
又志に云ふ、活人三尺の剣を手に
　握る則今乾坤を裁断す
此の如く書き置き、腹切り臓腑を抉り出し死す。誠に当世不双の働き也。皆人これを聞きて感涙袖を潤すのみ。惟任は洛中を鎮め、勝竜寺に明智勝兵衛を残し置き、其の日の午の刻に坂本の城に至る。安土山には此の由を聞き、宿直の番衆を始め、前夫人、後夫人、北の方、局々の思ひ人、古御達、奴婢雑人に至る迄、徒歩裸足にて、散り」
(13ウ)
散りに逃げ走る。　将軍御在世の時はただ仮初の往還にも鸞輿飾車、千乗万騎の遊山美々しき装ひ。今更引き替へて愁苦辛勤の装束、例へば唐の玄宗皇帝の楊貴妃、禄山が兵塵に蜀道の難を凌ぎ、楚の項羽の虞美人、高祖に攻め伏せられ、烏江の波を潤ほす愁へ、いづれかこれに異ならん。やがて惟任は安土に移り、御殿に入り、楼閣に上り　将軍の集め置かるゝ数奇道具、什宝、金銀珠玉、錦繍綾羅に至る」
(14オ)
まで、悉くこれを取り、長浜・佐和山へ乱入、江州一篇に相鎮め、六月十日、坂本の城へ帰陣す。而して、惟任合体の侍、丹後国を守護する長岡兵部大夫藤孝と大和国を守護する筒井順慶に京都の趣を注進せしめ、早々上洛あるべき由、再三使札を遣はすといへ共、惟任逆意の間、相与せず。又堺の津に在陣し給ふ織田三七信孝・惟住五郎左衛門長秀は、此の由聞き届け、織田七兵衛、惟任縁りとして、又　将軍に対し、意趣無きにあらざる故に、押し」
(14ウ)
寄せ、大坂にて是を討ち果たす。　又、備中

表秀吉の陣へは、六月三日夜半ばかりに
注進あり。秀吉是を聞き、心中には愁
傷限り無しといへ共、少しも色に出
さず、いよいよ陣を張り寄せ、日幡の要
害、籌策を以て現形せしめ、其の外一統
の者を引き付くる。此の時秀吉狂歌を詠み、諸
陣に触れらる。

両川の　ひとつになりて　をちぬれは
もりたか松も　もくつにそなる

両川は小早川・吉川をいふのみ。その後、」

(15オ)

高松の城、大将六五人腹を切り、残党相
助けらるべきの旨、降参致す。又毛利家より
懇望色々あるなり。分国の中、備中・
備後・伯耆・出雲・石見、以上五ヶ国渡し進
じ、その上誓紙を添へ、人質を出し、御旗
下に付くべきの由、再三申し来たるに、高松
の事、生有る類、鶏犬に至る迄、悉
く攻め殺し、毛利家に於いては其の根
を切り、その葉を枯らすべき存念たりといへ共、
此の表の弓矢早く果たして、京都の本意を
達すべき趣意を以て、高松の城主」

(15ウ)

の清水兄弟に、芸州加勢の主人
三人、腹を切らせ、雑兵これを助く。杉原
七郎右衛門尉を検使として請け取り、城の内へ
丈夫に人数を入れ置き、毛利家より懇
望の条々に任せ、五ヶ国幷に人質・誓
紙を請け取り、先づ毛利家の陣を払はせ、秀吉
は心静かに持て成し、六月六日の未の刻に
備中表を引きて、備前国沼の城に
迄至る。七日には大雨大風、数か所の大川洪水を凌
ぎ、姫路に至り、二十里ばかりその日着
陣す。諸卒相揃はずといへ共、九日に姫路」

(16オ)

を立ち、夜昼の境もなく、人馬の息をも
つかず、尼崎に至る。秀吉着陣すの
条、池田紀伊守・惟住五郎左衛門尉、各相談
して、正音寺・富田に陣を据ゆる。先づ
人数、天神の馬場・山崎に取り付き、惟任が

行てを見合はす。秀吉着陣の事、惟任は少しも知らず、勝竜寺の西、山崎の東口迄陣を取る。光秀に向ひて諸卒の云ふ、秀吉は西国へ発向の間、急度摂州に入り働きを成し、播州までも乱入すべし。然らば秀吉敗軍すべきの条、国境に至り、悉」

(16ウ)

く討ち果たすべきとの評議半ばに、秀吉人数一両日の間、富田・山崎に着陣すの由、注進あり。惟任は案に相違して俄に行てを改め、人数を立て置き、一戦に及ぶべき覚悟に定む。秀吉人数、備中・備前に相遅るゝ者多ければ、僅かに一万余騎に過ぎず。然りといへ共、皆究竟の兵なり。此の外、織田三七信孝・惟住五郎左衛門尉・堀久太郎、摂州の人数、相加はるものなり。秀吉、弔ひ合戦の念の太刀、誠に天魔破旬をも欺くべき勇みあり。軍勢三」

(17オ)

筋に分けて鑓を作りかゝる。惟任人数も段々に立て置き、数刻防ぎ戦かふの処に、中筋・川の手・山手、一度に箕の手を廻し、矢盾もたまらず、押し入れ、追つ崩し、悉く敗北せしむ。惟任、身近き侍三千ばかり、一手捲つて勝竜寺に立て籠る。方々へ逃け走る輩、或いは西岡・桂川・淀・鳥羽辺にて、追つ手、追つめ追つめ首を取る。丹波の道筋を切つて、落武者に於いては、一人も逃さず是を討つ。勝竜寺へ人数寄せ、四方八面に囲む事、」

(17ウ)

ただ網代の如し。悉くとりひしぐべきの行てを成す。惟任、身の先非を悔ゆといへ共叶はず、今夜落ちずんば、虜となるべき事眼前也。先づ一端、坂本の城に立て籠もり、時刻を待つべき趣意をなし、夜半ばかりに、密かに五六人に告げ知らせ、大道は透かず、田の畔を伝ひ、藪原の中を行く。寄手は昼の合戦に疲れ、鎧の袖を敷き、矛を枕とす。其の隙を守り、勝竜寺の囲みをば、虎の尾を踏む心地をして逃げ出づる。城の内には、惟任落つるを」

(18オ)

聞きて、我先にと崩れ出で、或は外聴きに寄せ合ひ、或は待ち伏せに行き当りて、過半討死す。爰に堀久太郎、戦さ相果てゝの後、江州を指して打ち出す処に、又安土山にて明智弥平次、惟任敗軍の趣を聞き届け、彼の金銀を鏤めし宮殿・楼閣、一度に焼き払ひ、秦皇造る所の阿房殿・咸陽宮、楚人の一炬焦土と成す。今以て是と同じ。弥平次、一万余騎を延べ、惟任に馳せ加はらんとして打ち上り、大津の浜に於いて堀久太郎に行き合ひ、一戦に」

(18ウ)

及ぶ所に、弥兵次即時に追ひ立てられ、三百ばかり討ち死にす。重ねて戦ふに敵はずして、小船に取り乗り、坂本の城に立て籠る。その夜、大雨頻りに降り、敵味方その差別を知らず。山科・醍醐・逢坂、又吉田・白河・山中、その辺方々に於いて討ち取り来たる首、数を知らず。秀吉その翌日、三井寺に至り着陣す。一日滞留を成し、坂本の行てに及び、また諸口より討ち取り来る首、悉く点検するのところに、その中に惟任の首あり。」

(19オ)

秀吉日比の本望、抃悦に堪へず。誠に天かな命かな。明智弥平次は此の由を聞き届け、惟任一類、其の身眷属、悉く刺し殺し、天守に火を掛け、自害を為す。敵味方ともに相感ずる処なり。秀吉、大津より向かひの地に渡り、安土に至りこれを見るに、悉く焦土と成る。誠に暁風残月荒涼寂寞の消息、往日歌舞遊宴の時、何人か是を思ひ、誰かこれを量らんや。然るに、江北長浜には阿閉孫五郎、惟任一味として在城す。秀吉宿」

(19ウ)

意ある故に降参に耐へず。長浜を明け

退き、吾が元の館に立て籠もる。秀吉元より憎き処なれば、なんぞや是を緩ふせんや。則ち、宮部次郎左衛門尉・中村孫平次を遣はし、阿閉一類悉く機物に懸く。又佐和山に立て籠もる逆徒、惟住五郎左衛門尉に対し懇望して城を渡す。夫れより各々、尾州や濃州に至り、働きを成す。此の時、織田三介信雄・柴田修理亮勝家、追々に出張りあり、清須の城に於いて参会をなし、この未落居の面々、悉」

(20オ)

くこれを改む。秋田城介平朝臣信忠嫡男を天下の主君と定め、織田三介信雄を尾州の屋形と定め、同三七信孝を濃州の屋形と定む。又羽柴・柴田・惟住・池田、此の四人として天下の政道を行なひ、今度忠節の輩に知行を割り、分国を定め、互ひに入魂し、固めを成し、誓紙を取り交はし、各帰国し訖。謀反の張本斎藤内蔵助利三、惟任討たるゝ事を知らずして、堅田の辺に知音を頼り隠れぬるの所に、人数を遣は」

(20ウ)

し、搦め捕り来たる。其の後車に乗せ、洛中を渡し、惟任首をも台に据へ、粟田口に於いて両人ともに晒す所に、京童の狂歌の札を立て添ふ。

　しうのくひ　きるよりはやく　うたるゝは
　　これたうはちを　あたるなりけり
　合せんにそ　まけすご六の　さいとうわ
　　なゝめくゝられ　はちをこそかけ

惟任は数年、　将軍の御厚恩を以て其の身を立て、しばしば栄華に誇り、恣に楽遊を極むるの条、いよいよ御長」

(21オ)

久を願ふべき処に、故なく、相公を討ち奉る事、あに天罰無からんや。六月二日に害し奉れば、同十三日、汝が首を刎ねらるゝ、因果歴然なり。長岡兵部大夫藤孝、年来将軍の御恩を被ぶる

事浅からず。これによりて惟任に一
味せず、秀吉と心を合はせ、備中表へ飛脚
を遣はし、其の後、江州・濃州・尾州まで馳
せ廻る。各と相談し、帰国の刻み在洛
せしむ。　将軍御追善のために、連
歌を催す。」
(21ウ)
すみそめの　夕へや名残　袖のつゆ　藤孝
玉まつる野の　月の秋風　聖護院殿
わけ帰る　かけの松むし　ねになきて　紹巴
発句は、誠に天下諒闇の謂れにあら
ざらんや。愁涙袖に余るべき事尤も
ならんや。　さて秀吉、御次丸を召し具し、
重ねて上洛し、本能寺にて
相公御腹召されし処に立ち入り、落涙を
押へ、愁嘆限り無し。秀吉所生、元貴種
にあらず。将軍数年の御恩恵を被
ぶる事、かつてその比類なし。剰へ、相」
(22オ)
公第五男御次丸、猶子として下さるゝ所
なり。然れば秀吉も同胞合体の侍なり。御葬
礼無くんばあるべからずと思ひながら、歴
々の年寄衆、ことに御連枝多し。一
端其の憚りを省み、十月に至るまで
法事を行なはず。なほこれを思ふに、昨友は今日の
怨讐、昨花は今日の塵埃なれば、誰か来日有るを期
せんや。誠に、下賤下劣の貧士貧女
に至る迄、其の弔ひの志無きにあら
ず。況や人君に於いてをや。今日これを
相勤めずんば、千変万化量るに足ら」
(22ウ)
ず。仍て十月初めより、紫野
竜宝山大徳寺にて、一七日の法事
を催す。御仏事嚫金雑用のために
一万貫幷不動国行の御剣、其の外
若干の施行、累日たるもの也。
御位牌所として、一宇の精舎を
建立し、惣見院と号す。同じく卵塔
を作るべき作事料として、銀子千百枚是を渡す。
又寺領五十石は後代まで相違なき様

に遠慮を加へ、八木五十石を以て買得せしめ、寄進するところ也。」
(23オ)

仏事の次第

十一日より色々様々の御弔ひなり。就中、十五日の御葬礼の作法、目を驚ろかす処なり。先づ、棺槨は金紗・金壇を以てこれを裹み、軒の瓔珞・欄干の擬宝珠、皆金銀を鏤む。八角の柱丹青を尽し、八面の間を御紋桐丼に引両筋にて彩色す。沈香を以て仏像を彫刻し、棺槨の中に奉納す。彼の蓮台野、縦横広大にして洛中に続き、四門の幕は白綾・」
(23ウ)
白緞子、方百二間の中に火屋あり。宝形造りの塔なり。惣廻りに埒を結ひ、羽柴小一郎長秀警固の大将として、大徳寺より千五百間の間、警固の侍三万ばかり、道の左右を守護し、弓・箙・鑓・鉄砲を立て続く。葬礼の場に、秀吉分国の徒党はいふに及ばず、合体の侍悉く馳せ集まる。其の外見物の者は、貴賤雲霞の如し。御輿の前の轅、池田古新これを舁く。後の轅は羽柴御次丸、これを舁き給ふ。相公の御位牌は第八男御長丸。御太刀は秀吉これを」
(24オ)
持ち給ふ。彼の不動国行なり。両紼に相連なる者三千余人、皆烏帽子・藤衣を着す。五岳をはじめ洛中洛外の禅律八宗九宗の僧侶、幾千万といふ数を知らず。その宗の威儀を調へ、叉手・問訊・集会・行道、五色の天蓋、日に輝き、一様の旗風に翻し、沈水の煙は雲の如く、灯火の光は星に似たり。供御盛物、亀足や結び花に至るまで、七宝荘厳を作り、誠に九品の浄土に五百羅漢、三千仏の弟子も目前に」
(24ウ)
有るが如し。仏事の役者は何れも

何れも　和尚や又は長老達也。
其の時秀吉、御次丸を相伴ひ焼香也。十月
十五日巳の刻に、無常の煙となし
奉る。誠にこれ一生別離の悲し
みあり、誰かこれを歎かざらん者有らんや。
就中、爰に涙多き事は秀吉の
双眼なり。こゝに　将軍の勢ひ
天下に衣被し、古今独歩す。上は上皇を安んじ
奉る。下は下民を憐む。仍て忝くも
勅使を立て、贈官し給ふ。」

(25オ)

惣見院殿贈大相国一品泰巌
大居士と号し奉る。

秀吉、備中表に
於いて武勇を専らとし、籌策を運ばざら
ば、如何でか速やかに惟任を退治
し、本意を達し、此の孝養を行なはんや。
誠に、秀吉一世の冥加、末代の亀鏡
なり。仍て記し置く。万代珍重珍重。
于時天正十年十月十五日

天正記第一終」

(25ウ)

」

【天正記第二】

(26オ)

天正記第二目録

一　信孝逆意、濃州御進発の事
一　勢州御進発の事
一　江北御進発の事
一　重ねて美州御進発の事
一　佐久間玄蕃、旗を進めるの事
付　中川瀬兵衛尉討死の事
一　秀吉馳せ向ひ、柴田敗軍の事幷自害
一　秀吉、加州御発向の事
一　柴田権六・佐久間玄蕃を生け捕り、洛中を渡す事
一　三七殿自害の事」

(26ウ)

一　諸国城主定めの事」

(27オ)

抑、羽柴筑前守秀吉は、天正十年十月十五日に将軍の御葬礼を相勤めしよりこの方、帝都の坤の隅、山崎の上に、一つの城を拵へ、五畿内を見下ろし、王民を相ひ鎮む。而して前の秋田城介平朝臣信忠の御若君を迎へ取り、安土に安んじ奉り、守護せしめんと欲する所に、織田三七信孝・柴田は滝川と相談して、いかが秀吉に若君を相渡すに於いては、彼一人天下を相計らい、恣に権威を振るふべき事」

(27ウ)

眼前なり。むしろ秦の趙高の仇となり、国中の禍ひを招くに有らざらんやと、各一味同心して是を介抱す。爰に於いて秀吉、一旦将軍の御子弟の礼を重んじ、かつふは又誓詞の畏れを思ひ、条々の懇札を呈すといへ共、信孝心許容せず。剰へ敵対の籌策を企て給ふ。此の時、柴田修理亮勝家・同名伊賀守勝豊、これらと謀り、廻計の扱ひとして、前田又左衛門利家・不破彦三・金森五郎八を京都に差し上す。其の故は、越前国、初」

(28オ)

冬より、残春に至るまで雪深うして、糧を運び難し。只今干戈を起こすに於ひては、人馬の疲れ、百姓の労わり、誠に国の虚しきなりと相計らふ。秀吉此の旨を知り、扱ひを止め、臘月の初め、長浜に至り、彼の地に出張る。秀吉久しく相構へたる要害なれば、案内を知り、敵の痛む所を推し、付城を構へ、内輪を繰り破るべき行てを成す。伊賀守勝豊、越州の援兵を頼むといへ共、頃日の雪、例年に超過し、寒威よく錦を打ち、風力」

(28ウ)

まさに酒を氷とす。往く者を蟄臥し、来る者を凍殺す。人馬の通ひも絶ゆ。爰に勝豊、近きを捨て遠きを謀るは、苦しんで功無しと慮りを成し、降参いたす。然るに勝豊は、

本素は他名なる故、勝家、養子とする処
なり。今秀吉と一味の事、すこぶる本意を失
なふを以てす。さりながら、佐久間玄蕃允、彼の
分国に於いて権威を取ること、尤も甚だし。これに
よつて、勝豊、内々恨みを含む。秀吉
其の由を思ひ、礼意を成す。すなはち、濃州
に取り向かふ間、相従ふの面々は、惟」
(29オ)
住五郎左衛門・筒井順慶・長岡越中
守・池田紀伊守・蜂屋伯耆守、其の外諸国の
軍兵都合三万余騎を引率し、大風を凌ぎ、
深雪を分け、岐阜に至り押し寄せ、国中
の凶徒に、或いは追罰を加へ、或いは
降参に任す。日を経ずして一国一城と
成す。信孝是を惨み、偏に歎ひて、和
与の儀を慕ふて、信忠の御若君に信孝の老母・息
女を添へ、人質としてこれを出す。秀吉これを
見て古を思ひ、なほ憐憫の志
を成し奉り、囲みを解き、十二月廿九日」
(29ウ)
に山崎の城に至る。則ち、彼の地に於いて
越年有り。元日より播磨の姫路に赴
き、二三日の間、諸国の大名小名、袂を連
ね、踵を踏まへ、車馬門前に市をなす。朝、礼者に
向かひては親愛を尽くし、夕には近習
に対し政道を説き、天下の工夫昼
夜遑明きあらず。而して、若君幼稚
の間、御叔父織田三介信雄御名代とし、安
土に移し奉る。閏正月初旬、
秀吉又安土に至る。国々の諸侍、礼儀を調へ、
専ら尊仰す。あたかも将軍御在世の」
(30オ)
時の如し。誠に君臣の礼、諸人の感ずる
処なり。安土に十余日逗留し、其の後又山
崎へ打ち帰り、諸国の陣触れを成し、軍兵
長浜に寄せ来たる。重ねて堅固の人質
を取る。その比勝豊は、病気平らかなら
ず、起き伏し叶はず、旦夕床にある。此の故に
自身出張能はず、与力の者大金藤八・山路
将監を遣はし、越前の境へ目、片岡天

神山に出城を拵へ、修理亮勝家に
対し、無二に色立の淵底を極む。
惟住五郎左衛門尉相与し、越前の」

（30ウ）

押さへと成す。それより勢州に入りて、滝川左近
大夫を討ち果たすべき行てを成す。当手の軍兵
を三筋に分け、羽柴美濃守・筒井順
慶・伊藤掃部助・稲葉伊予守・氏家
左京亮は土岐多羅越なり。三好孫
七郎・孫平次・江州中郡の衆は君畑越也。秀吉
自身は七八ヶ国の人数を引き、安楽越なり。彼の
三筋の道はいづれも節所、前陣みな落
度を取る地なり。近年又、滝川普請を究
め、そこそこに要害を構へ置くものなり。誠
なるかな、猛勢に節所無しと。その城々に手」

（31オ）

当てを置き、桑名・長島に至り押し寄せ、
近辺残る処なく放火し、一夜陣を据ゑ、
翌日早々彼の地を引き取る。差し当りて、途中の妨
げを成す敵の屯数ヶ所あり。殊更峯
の城・亀山に大勢立て籠もり、丈夫に相拵
へたるの地なり。仍て先づ、滝川儀大夫籠
るところの峯城を取り巻き、佐治新介相
践まゆる亀山へ、秀吉自身馬を寄せ、敵の働
きを見、短兵を以て乱れ杭・逆
茂木を引き払ひ、山下を打ち破る。則ち、其の地に
返り柵を結び、竹束を重ね、材木を」

（31ウ）

以て是を防ぐ。敵の通路を留め、時々刻
々に仕寄りを成し、或いは鉄砲・火矢・投げ
松明をもつて櫓を焼き破り、或い
は鋤・鍬・玄翁・鶴嘴を以て石
垣を穿ち突き崩す。又巌の上に聳えたる櫓・
楼門を脅やかし、亀甲に寄せ、金掘り百人
入れ、これを掘る。則ち、誠に大木の風に倒るゝ
が如し。籠城の士卒悲歎の事、すこ
ぶる轍跡の魚、淤泥の水を吐くが如
し。故に佐治新介、甲を脱ぎ、退城の
降参を致す。然る間、命をば助け、則ち、」

（32オ）

長島に送りつけられ、亀山には信雄を迎へ入れ奉る。峯の城・関の地蔵・国府の城、此の三ヶ所に人数を分け、重々に取り巻き、少しも落度無きやうに示し置く。秀吉は柴田修理亮江州表へ取り出すの由、是を聞き、安土に居陣し、敵の備へを垣間見る。然る処に柴田、人数を五段に立て、五万余騎、柳瀬に出張り陣を取る。翌日早旦に天神山の城に懸け寄せ、近辺の村を落とし、悉く放火し、又柳瀬に引き退く。秀吉これを聞き、早速」

(32ウ)〈一行減〉

江北に発向し、先手の備へを段々に定む。

一番　羽柴左衛門督　　堀尾茂助
二番　柴田伊賀守　　木下将監
三番　木村隼人佐　　加藤作内
四番　前野将右衛門尉　　一柳市介
　　　浅野弥兵衛　　明石与四郎
五番　生駒甚助　　小寺官兵衛
　　　木下勘解由左衛門尉　　大塩金右衛門
　　　山内猪右衛門尉　　黒田甚吉
六番　三好孫七郎　　中村孫平次」

(33オ)

七番　羽柴美濃守
八番　筒井順慶　　伊藤掃部助
九番　赤松次郎　　蜂須賀小六
十番　同弥三郎　　神子田半左衛門尉
十一番　長岡越中守　　高山右近
十二番　羽柴御次丸　　仙石権兵衛尉
十三番　中川瀬兵衛尉

此の次は秀吉馬廻なり。先手鉄砲の衆、以上八首。右手は昵近の歴々なり。左手は小姓衆、屈強の勇者なり。惣手先軍の敵相、十町十五町に過ぎず。人数を立て置き、」

(33ウ)

武篇を待つといへども、敵の備へ微弱にして、さしたる行て有るべからず。不審を成し、秀吉馬六七騎ばかり雑兵に打ち紛れ、敵陣近々に打ち寄せ、敵の屯、森林険阻たる岡谷、人馬の蹄場、悉く見究め、元の陣処に打ち帰る。暫く工夫をなし、只今敵地へ切つて入るべき行ても無く、又敵此の地へ突き掛かるべき趣きも見へざる間、所詮此の表に要害を構へ、番勢を置き、惣人数を差し置くべき覚悟をなす。先づ、天神山は敵を防ぐ勝地にあらざるの間、」

(34オ)

七八町引き退き、同木山に構へをなし、伊賀守の人数を置く。左祢山を拵へ、羽柴左衛門督を入れ、賤ヶ岳の尾先には中川瀬兵衛尉、其の尾続き五六町引き隔て、高山右近陣取る。田上山は羽柴美濃守長秀居陣也。賤ヶ岳の頂上にも又、長秀人数入れ置き、要害を成す。蜂須賀・生駒・神子田・赤松・小寺・明石・一柳等、諸口の援兵、木之本に陣取る。又海津口は惟住五郎左衛門尉、人数を備へ置き、是を防ぐ。長岡越中守は丹後に馳せ帰り、国中の舟を寄せ、海上より越前の」

(34ウ)

人数を突き留むべき行てを成す。然れ共、敵の探る様を見究むべきの間、此の表別に所用無きの条、筒井順慶其の外の諸士、少しの間帰国せしむ。秀吉また長浜に至り、しばしば帷幄の中にあつて、心を四方に配るといへども、夜半に寝ね、夙に起き、その慎み浅からず。はたまた伊賀守、病気耐へざるによつて上洛し、あまねく蒼術を尽くすといへ共その験し無し。既に簀を易んずるに及び、笑つて云ふ、我一代の内に再び越州の地」

(35オ)

を踏み、又怨む身の本懐を遂ぐべきの処に、幸ひならずかくの如し。秀吉、越前を平らげ、我が望みを達せんに於いては、草の陰にて吊慰たるべきの遺言なり。秀吉涙を押さへ惜しむといへ共、別離無常の習ひにて、遂には逝去しぬ。金銀を贈り供養し、洛中洛外の葬礼の法会、勝計すべからず。こゝに於いて、勝豊人数を入れ置く同木山に調略の風説有り。

これによつて、木村隼人佐を入れ替へ、大金藤八・木下半右衛門・山路将監を外構へ」

(35ウ)

へこれを出だし、用心を守る。山路将監、謀叛連々露見のところ、妻子を捨て、白昼に敵陣へ走り入る。就中、織田三七信孝、秀吉と良からず。また三介信雄に対し、鬩墻の恨みあつて、侮いを防ぐの心無し。かるが故に謀叛をなし、柴田・滝川と一党して、天下を覆すべき旨を儀定す。秀吉これを聞きて、四月十七日、長浜より濃州大垣の城に至る。信孝は勢州・濃州の人数端々と一手に成り、方々を焼き廻るの条、秀吉是非岐阜に責め入り、鬱憤を散すべきの処」

(36オ)

に、其の頃、五月雨に郷戸川の水増さり、左右に兵馬の渡り無し。去る間、大垣に五六日滞留す。其の内に勢州峯の城、信雄の御人数、その外蒲生飛騨守・長谷川藤五郎・多賀・山崎・池田等責め詰め、落去の由、吉左右有り。武篇勝利の瑞相なり。然るに柴田勝家は、信孝御謀叛に力を得、天下を取るべき事勿論なり。旧冬、勝家御一味の時、無念を散じ奉らず。今此の刻み、急度一戦に及ぶべし。幸ひ只今、秀吉濃州に赴くの条、其の隙に先づ此の表打ち破るべしと、彼の」

(36ウ)

謀反人山路将監を案内者として、敵の行て、陣取の様子、一々悉く尋ね探つて、天正十一年四月廿日、佐久間玄蕃允を大将として、余呉の海の馬手を通ひ、賤ヶ岳に手当てを置き、中川瀬兵衛尉清秀陣取る所の尾崎に押し寄する。柴田父子は同木山・左祢山の押さへとして人数を近々と立ち寄する。清秀は度々に及び、武篇に落度を取らず、勇力世間に知らるゝ侍なり。此の度の晴れ業、万一鈍兵の名を得るに於いては、生涯の不覚と思ひ定め、」

(37オ)

運は天に有り、進みて退く事なかれと、諸卒一千

余騎に言葉を懸け、塁を離れ突き出だす。玄
蕃允の兵これを見、余すな漏らすな、をつとり
こめと、数刻攻め戦ふ。清秀、我劣らじ
と兵五六十騎、弓手馬手に相並んで散
6 々に切り合ふ。割り入り追い立て、一旦勝利
を得るといへども、敵多勢をもつて、手負ひ死人
を顧り見ず、颪の発するが如く乱れ
入り、つひに清秀討ち死にす。其の時玄蕃允、勝
つに乗り、太刀場を取る。前は鯨波地を響
かし、後は狼煙天に翻へる。颪に靡」
(37ウ)
1 く旌旗は光を添へ、日に輝く甲
冑は影を並ぶ。その威光誰あつてか是
と争はんや。此の時速やかに引き取るに於いては、
一旦先づ勝手たるべき処に、勢に因つて
これを破るとの古の諺を以て、其
6 のまゝ居陣す。長秀陣取りを始め、先手の陣取り、
各堅固の備へなり。一陣敗れて残党
全からずといへ共、士衆一にして軍心
結ぶなり。これ誠に良将の軍
を統ぶる故也。而して、江北の戦
相果つる事巳の刻、それより羽檄を以」
(38オ)
1 て件の注進あり。秀吉聞て、清秀討た
るゝの条、哀憐尤も言語に耐へず。さりながら、
此の間、柴田と一戦に及ばんと欲すれども、節所
に引き籠り行てを蔵すの条、力無く数日
を送る処に、今や敵勝つに乗り出張る。屯を
6 成さざる以前に切つて懸かり、討ち果たすべき
事、掌の中に有り。天下の雌雄此の節
なりと、駿馬に鞭を添へ、軍卒の面々逸
馬、蹄を双べて続いて進み、樽井・関ヶ原、
早路逸足して、伊吹山の麓を
過ぎ、馬乗り殺し、徒歩の兵息を切り、死す」
(38ウ)
1 者多し。既に夕日西に傾き、則ち魯
陽が矛手を猜むべきもの也。小谷の宿
にては夜陰に及ぶ。大垣を申の刻に
立ち、戌の刻に木之本に着陣す。三十六町道
十三里を二時半時に駆け付くること、古

今稀有の働きなり。これにより、相
随ふて粮を運ぶ者無し。人馬の飢へ疲れを察
し、道すがら村々里々に飛脚を以て
触れ遣はし、秀吉今夜の曙の一戦に
及ぶべきの条、家一間に八木一升づゝ
炊してこれを飯に成し、木之本に持ち来るべし。」
(39オ)
其の恩賞を忘れずして相計らふ
べき由、告げ送るの間、あるいは二里・三里・五里・
六里、是を運ぶ。長浜は秀吉旧居の地也。
これにより、陣中の輩に又これを贈る。
野人敬を抱く故なり。木之本に於いて、諸卒
悉く疲れを直し、秀吉の智計らひ
かくの如し。誠に凡慮の及ばざる
所なり。勝家、昨日の合戦に勝利を得、其の
競ひをもて、いよいよ緩き事なく相栫
ぎ、余呉山の峯続き西北に、越前・能
登・越中・加賀四ヶ国の人数、六万余騎を立て」
(39ウ)
並べ、攻伐の行てを究む。明廿一日、今日
の合戦、秀吉一世の天運こゝに有り。身命
を軽んじ、名を万天に挙くべし。敵陣五
万の中へ秀吉近習、長秀相加わつて、三
筋鑓と揃え突き掛かる。然るに味方
は一向無人なり。そのゆへは、筒井・長岡は在国
なり。毛利輝元、一旦和談せしむといへ
ども、心許すべきにあらず。これによつて、
宮部善祥坊は因幡にこれを置く。又
仙石権兵衛、四国の押さへとして淡路ゑこ
れを帰す。池田紀伊守、根来・雑賀の手当て」
(40オ)
とする也。殊に当陣諸手揃はず、近習の諸卒
又相遅るゝ者多しといへ共、遠路を
駆け走るの間、長旗・指物・馬面・馬鎧、悉
く引払ひ、常の余情にあらざるの
間、秀吉馳せ向ふといへ共、信用せざるの処
に、彼の一瓢の馬印を怪しみ
見て、敵陣にわかに恐怖す。然りといへども
勝家は、将軍御幼年より朝夕武勇を尽く
す。功天下に被り、世上に名を顕は

す。ことに賞罰厳重なり。古人の云ふ、香ばしき餌の下には必ず死魚」有り、重賞の下には必ず死夫有り。

(40ウ)

これを以て、なんぞ容易く敗亡するを得んや。卯の刻より未申の刻に及び、合戦目を驚かす所なり。後には双方相疲れ、太刀場に下敷き、息を休め、いまだ勝負を決せざる所に、秀吉、見合ふ近習の若侍二三百騎、柴田が旗本へ一文字に切り懸り、向ふ兵一千余騎と、切り合ひ突き合ふ。秀吉馬の左右にして、生け取り分取り、手を砕く輩、終日の戦さに相疲れ、息を切る。敵味方の死人を論ぜす、血を啜り」

(41オ)

息を続く者多し。昔晋公の合戦の時、介子推の股を切り血を啜り息を続ぐ。本朝には例しなき次第なり。これらの輩、一番鑓と号する者也。又逃げ崩る諸卒に追ひ付き、是を殺す者五千なり。残る惣人数は、木目峠の東西の繁木の中へ追ひ入るゝもの也。勝家は近習百余騎と北庄の居城へ馳せ帰る処に、秀吉は同廿二日、越前の府中に至る。前田又左衛門尉・徳山五兵衛尉・不破河内守践まゆる所の城、降参いたし、一々に殺さるべきといへ共、先づ勝家を討ち」

(41ウ)

果たすべき為に、これを赦免す。同二十三日、伝へ聞く大河を渡り、北の庄の城に押し寄する。彼の城郭は、勝家年々相拵へ、城番として兵三千余人入れ置く処也。柳瀬表に於いて討ち残る輩、追ひ々々懸け入るに於いては、力を得べきの間、時刻を移さず攻め滅ぼすべきとて、惣構へを押し破り、城壁十間十五間を隔て取り巻き、夜詰めを成す。城の内よりこれを見て、大勢をこゝかしこに分け、これを防ぐ。然るに、城の内より懇望を尽くす。秀」

(42オ)

吉昵近、古老の英雄評議して、勝家の

命を助け、相鎮めらるべき旨、諌めたりといへ共、池のほとりに毒蛇を放し、庭前に虎を養うが如しと云ひて、千急万速の責めを成す。勝家力及ばず、入日を尤もとす。今夜の曙に及ぶまで、酒宴遊興を成し、名残りを惜しむべしと。勝家盃を取り、一族次第々々に酌を流し、乱れ相ひ入れ違へ、中飲み思ひ差し、珍肴珍果山の如く前に置き、後ろは上﨟・姫君、局々の女房達、老母尼公に至る」

(42ウ)

まで、上中下を憚らず、若き女に酌をとらせ、一曲の謡、五段の舞い、繰り返し繰り返し、既に酔ふ。表には暫く楽しみの声を成すといへ共、内には終悲の心止まず。漁陽の鼙鼓地を動かして来る。そよや霓裳羽衣の曲、四面楚歌の声。これを聞き、貴妃千万里の恨み、数行虞氏が涙、何れかこれに異ならんや。深更に及ぶの間、酒を止め退散す。勝家夫婦深閨に入り、夜半のさゝめき事には、年比相馴れて思ふところ無く、たゞ比」

(43オ)

目の枕を並ぶ。万春の契りを数へ、翡翠の衾を重ね、千秋の慶びを願ひし身の、風の前の灯火、日の影の雪となり、明日の来るゝを待たずして消え果つべき也。小谷の御方は勝家妻女たりとはいへ共、　将軍御一類にて縁り多し、殊更秀吉は　相公后孫に至るまで、憐愍し相親しからざる者無し。明日は敵陣へ案内し、落ち給はんに何の妨げがあらんや。其の儀に同じくし給はば、確かに送り届くべき由、打ち語る。小谷の御」

(43ウ)

方、聞も敢へず泣きくどき、一樹の影一河の流れも他生の縁に依る、況や我多年の契りをや。冥土・黄泉までも契りいまだ絶えざらんや。女人たりといふとも、心は夫に劣るべからず。諸共に

6自害し、同じ蓮台に相向はん事
乞ひ願ふ処也とて、其の後昔語りとなし、
閑然として微睡むほどに、中空に
ほとゝぎすの訪づるゝを聞きて、　方

さらぬたに　うちぬるほとも　夏の夜の
ゆめちをさそふ　ほとゝきすかな」

(44オ)

1　返し　勝家

夏の夜の　ゆめちはかなき　あとのなを
くもゐにあけよ　山ほとゝきす

此の如く詠み交わす心のほど、思ひやるべし。秀吉
寅の一天より諸卒を相揃へ、城中へ攻め
6入る。二の丸、夜中の合戦に於いて、疵を被
ぶる者、砂を潤をし、血を流し、櫓
を漂よはす。秀吉惜しむ所の英雄、今此の時
所用せざらんや。天下の弓矢今日相究むべき
処也と陣を成し、勇み懸ゝる。つひに本丸
に責め詰める。丸の廻りは大石を以て磊を積み上げ、」

(44ウ)

1其の墻を重ぬる事多し。漢の武帝
造る処の九層台に比し、天守を九重に上ぐ。石の柱、
鉄の扉重々に構へ、精兵
三百余人立て籠もり、これを防ぐ。城の内五
歩に一楼、十歩に一閣、廊下斜めに
6連なる。天守高く聳え、多勢を以て是
を攀じ登らんとすれば、弓・鉄砲を以
てこれを打ち、長道具を以てこれを貫き
懸れ共、具足に疵を被ぶる者多し。
かるが故に、秀吉下知して、雑兵はこれを除
き、六具指し固めたる侍数百人を選び出だし、手」

(45オ)〈二行増〉

1槍・打ち物ばかりで天守の内へ責め入る。勝家年
来の武勇、今爰に相尽くす処也。異国におい
ては、呉越兵を分け、本朝に於いては、義経
高館の合戦はものの数ならず。内の剛兵息
を切るの条、梯を引き、天守九重目に取り上り、
6詞戦に云ふ。勝家唯今切腹の条、
敵中にも心ある侍は、前後を鎮め
見物し、名を九夷万天までも相伝ふ
べき由、高声に名乗る。中村文荷斎を近

づけ、夜前小谷の御方一首の詠歌有り、それが
し又返歌かくの如しと相語らふ。文荷
落涙を押さへ、筆・硯を取り出だし、これ
を書き置く。　奥に一首を添ふ　　文荷」
(45ウ)
　思ふとち　うちつれつゝも　行みちの
　　しるへやしての　山ほとゝきす
勝家猛き心にも是を感じ、鎧の袖をうる
ほす。其の外の兵皆、籠手の鎖を濡らす
のみ。其の時小谷の御方に対し、はかなき契り
によつて、夫の手にかゝる事痛はし
きかな、歎かはしきかな。これ又、前世の業因
にあらずや。討死自害の者はなほ武家の習
ひなり。生者必滅会者定
離、誰かこれあるを免れんや。小谷の
御方を始め十二人の思ひ人、三十余人の女房」
(46オ)
達、只今の最期を心得て、念誦称名
の声のほど、又涙欄干たりといへ共、緑
の黛紅顔は、糸柳の風に靡く
が如し、桃花の露を含むに似たり。
いかなる邪見の人が剣を取り、これを
害せんや。勝家思ひ切り、取つて引よせ、一々
に刺し殺し、勝家が腹の切り様を見よと
て、左手の脇に差し立て、右手の背骨へ引き
廻し、返す刀にて心許より臍の下
まで断ち切つて、五臓六腑を掻き出す。文荷
を呼び、首を打たんことを乞う故、文荷後に廻り、」
(46ウ)
首を丁と打ち落とし、その太刀にて腹
を切り死す。其の外、股肱の者八十余人、或は
差し違へ、或は自害す。天正十一年四月廿四
日、彼の城に立て籠る柴田一類、悉く相
果て訖。これを見、これを聞きて、心ある諸侍共は
云ふに及ばず、野人・山賤に至るまで、皆
感涙に噎ぶのみ。同二十五日秀吉賀
州に出馬あつて、叛く者を討ち、従ふ
者を近づけ、山川澗岳の難所の地まで、
草葉の風に靡くが如し。一篇に帰服
する故に、越中の境目、金沢の城」

(47オ)

に滞留を成し、北陸新たにこれに属し、国々の掟を改め、政道を専らにす。其の時、越後の守護長尾喜平次、秀吉に降を成し、旗下に属するの条、人質を取り、五月八日安土に至り開陣す。又、勝家嫡男柴田権六と佐久間玄蕃允は、越前の府中山林を狩り、生け捕り来たる。後証として、隣国方々の城を引き廻し、権六、江州佐祢山に於いてこれを誅す。玄蕃允、今度手立ての張本人として咎多し。かるがゆへに、車にて洛中を渡す。玄蕃云ふ、此の以前戦功を」

(47ウ)

積む、あに偽り有らんや。天下を滅ぼすによつて只今かくの如し。昔斉王に封じられし韓信、戦に縛られ、車に乗せ洛中に渡る。戦場の雌雄なり、何として恥づる所有らんや。辞世として一首の歌を詠む。　玄蕃允

よの中を　めくりはてぬる　をくるまは
おもひのいゑを　出るなりけり

六条河原に於いて是を誅し、柴田が骸同獄門に懸くるもの也。又織田三介信雄人数を引率し、岐阜に責め入る。三七信」

(48オ)

孝、将軍の御息男として、智勇人に越ゆ。自害に於いて、あに辞すべきや。則ち旧知の人に対し、置き文を成し、楮尾に一首の詠歌を連ぬ。　信孝

たらちねの　名をはくたさし　あつさ弓
いなはの山の　つゆときゆとも

彼の山にて髪を洗い、身を清め、焼香し、将軍より下さるゝ所の太刀を以て、自ら首を刎ねて死す。逆心以て相滅ぶる事、殆ど天命にあらずや。秀吉は諸士の息を休めんがために、江州坂本の城に」

(48ウ)

帰り、暫く相留まる。今度、柳瀬表に於いて、秀吉切り崩すところの一番鑓は、悉く近習の輩なり。其の面々は、

福島市松　　脇坂甚内　　加藤孫六
同虎介　　平野権平　　片桐助作
賀須屋助右衛門尉　　桜井左吉
長秀近習也

石川兵介は一番に懸入り、甲を突かれ死す。是によりて、舎弟長松を召し出だし、家督とする。右九人は態と席を設け、盃を下し、領地を遣はし、添へるに黄金を以てす。兼て感状」

(49オ)

あり、其の文に云ふ。

今度三七御謀叛によつて、濃州大垣に陣替へせしむる刻み、柴田修理亮柳瀬表に於いて取出だすの条、一戦に及ぶべきため、秀吉一騎馳せ向かふ所、心懸け浅からざる故を以て、早速駆け付け、眼前に於いて一番鑓を合す。比類無き働きの条、褒美として或は五千石・三千石宛て行ない訖。いよいよ向後、軍旅の忠を抽んずるに於いては、なほ勲功相計らふべき者なり、仍如件。」

(49ウ)

天正十一年七月一日　　秀吉判

軍書に曰く、賞功時を踰えずとは是なり。而して、滝川左近大夫懇望し、身を任せ、長島の城に渡るの間、許容を成す。此の時東国に於いては徳川家康・北条氏政、北国に於いては長尾景勝、西国に於いては毛利輝元、皆秀吉に輻輳すと云ふべし。天下掌握に帰す。漢の高祖、天下を取るに三傑有り、戦勝は韓信也、糧を運ぶは蕭何なり、謀を運ぶは張良なり。源頼朝、日本を」

(50オ)

治むるに三賢あり。義経は戦功を尽くし、梶原景時は世務を守り、北条時政は政道を行なひき。これ皆良臣諫めを成す処なり。今や秀吉一身に謀を廻らし、糧を蓄へ、戦ひを専らにす。誠に前代未聞の大将也。此の数年労を成し、功を積む諸侍これ多し。

仍て其の忠の浅深に随ひ、国々を宛て行
なふものなり。国々の諸城、或はこれを破却
し、或は是を疎穿し、先の輩過半地を安
んじ、別に領地を遣はす。又その」
（50ウ）
まゝ分領し、加増の衆これ有り。各居
城の次第。先づ織田三介信雄は伊賀・伊勢・尾張
三ヶ国の屋形とし、仰せを尊ぶ。勢州
長島居城なり。織田上野介信包は安濃
津に城あるなり、松島は津川玄蕃介城
なり、星崎は岡田長門守。美濃の国池田紀伊守、
岐阜は同勝九郎、曽根は稲葉伊予守、金山は森
勝三。江州日野は蒲生飛騨守、瀬田は浅野
弥兵衛、坂本は杉原七郎左衛門尉、比田は長谷川
藤五郎、高島は加藤作内、佐和山は羽柴
左衛門督。越前一国・加賀半国の守護は惟」
（51オ）
住五郎左衛門尉。敦賀は蜂屋伯耆守。
能登半国・加賀半国は前田又左衛門尉。越中
守護は佐々内蔵介。若狭佐柿は木村隼人介、高浜は堀尾
茂助。丹後の守護は長岡越中守宮津居城。
丹波は羽柴御次丸亀山居城なり。播磨・
但馬は羽柴美濃守姫路居城なり、東郡
三木は前野将右衛門尉、西郡竜野は
蜂須賀小六、広瀬の城は神子田半左衛門也。
但馬の竹田は桑山修理進、木崎は木下
介兵衛なり、出石は青木助兵衛。因幡は宮部善
祥坊鳥取城也。鬼が城は荒」
（51ウ）
木平太夫、鹿野は亀井新十郎。伯耆の国
端は南条勘兵衛。淡路洲本は仙石
権兵衛、岩屋は間島兵衛尉。備前・美作両国
宇喜多直家は、先年播磨の別所謀叛の
刻み、西国を背き、秀吉に一味す。国危う
き事度ゝに及ぶといへ共、無二の覚悟を
成し、入魂を成す。是によつて、直家遠行
の後は嫡男を召し出だし、婿君として名字を分け、羽柴
八郎と号す。分国の外処々領地し
給ふ者なり。四国に於いては十河・安富等
秀吉の旗下なり。土佐の国は、長曽我部恕」

（52オ）
望致すといへ共許容なさず、彼の国を取り、
当忠の侍に宛て行なふべきの由、是を定む。
秀吉は、河内の国に於いて城郭を定む。
彼の地は五畿内中広うして、東は大和、西は
摂津、南は和泉、北は山城、四方広大に
して中に山嶽有り。麓に大河廻り、
淀川の末に大和川流れ合ひて、其の水則ち海に
入る。大船・小舟着岸する事、幾千万艘
といふ事を知らず。平安城へ十余里、
南は平陸にして天王寺・住吉・堺の津まで
三里余、町店屋・辻小路を立て続」

（52ウ）
け、大坂の山下とする也。五畿内を以て外構
へとし、彼の地の城主を以て警固とする
もの也。かるが故に、大和は筒井順慶、
和泉は中村孫平次、摂州は三好孫七郎、茨木は
中川藤兵衛尉、山城の槙島は一柳市助、洛中洛外
の成敗する所の者、半夢斎玄以なり。
玄以は若年より智恵専ら深ふして、私
曲無し。秀吉これを知るによりて、奉行と
定むる者也。若又法度の外、決断せざる、
理非これある時んば、秀吉是を糾明す。
只今、大坂の普請を成す処のもの、天守」

（53オ）
の地台。其の高さ莫大にして、四方八角白
壁翠屏の如し。良匠縄墨を
以て斧斤を運ぶといへ共、是に過ぎじ。三十余
ヶ国の人数、近国遠郷に打ち散り、陸地・
船路より、大石・小石を集め来たるは、群蟻の垤に
入るに似たり。誠に古今奇絶の大功也。皆
人、肝を驚かすのみ。諸国の城持ち大名小名、
悉く大坂に在る也。人々築地を構へ、軒
を連ね、門戸を並ぶる事、奇麗荘
厳を尽くす。此の先、権を争ひ威を
妬む輩、心の如く退治せしめ、秀吉一」

（53ウ）
人の天下たること悦ばしきかな。是併し
ながら、武勇の智計致す所、誠に国家の
太平此の時也。仍て、忝くも　今上皇帝叡感斜めな

らず。これによつて早朝し給はざる日無し。摂家・清
華を始め、諸卿幷に三管領・四職、
其の外所々の国司来往し、遂に靡かざる人無し。
風雅の興・茶の湯の会、日々の楽遊
に遑明きあらず。弥々政道を専らにし、
民を撫育する者、千秋長久の濫觴
にあらずや。至悦万慶々々。　天正記第二終
于時天正十一年十一月吉日　由己謹誌之」

【天正記第三】

(54オ)

紀州御発向の事　幷水責めの事

一天の風治まり、四海
波穏やかなり。時に、内大臣平朝臣秀吉
は、威光を万古に輝かし、名誉を八
荒に伝ふ。日域の外、また敵たふ者の
無し。況や近国に於いてをや。こゝに、紀の
国雑賀御征伐の事、其の由来を尋ぬるに、
天正五年、前の将軍信長は、一揆の凶徒を憎
みこれを討たんとす。その路節所にして、
楚山の険、蜀国の難を超えたり。是によつて、
古より此の方、敵軍乱入する事無し。」
(54ウ)〈一行増〉
然るに信長は、五六万騎の人数を延べ、雑
賀に押し寄せ、数日を送る。一揆の立て籠る処、
大河小川に船を廻して屯を成し、堅
固の条、容易く破却し難し。かるが故
に、調略を以て一城を味方と定め、
御人数悉く引き払ふ。其の後又、国の危ふきに
及ぶ時んば、やゝもすれば蜂起せしめ、
怨みを成す者也。国々又
平均に属する時には、降参致すと
いへ共これを許さず。泉州岸和田の
城に中村孫平次を入れ置き、是を差し守らしむ。
彼の一揆の徒党、節所を頼み、泉州」
(55オ)
表に取り向ふ。東は高絶たる山聳へ
て、人馬の通ひ叶はず。西に大灘の海荒
ふして、兵船の道容易からず。中筋
五十町余り、田畑・在家・森・林・川を隔て、

堤をたよりに要害を作る。五、六ヶ所の城の間には堀を掘り、土居を構へ、柵を結ふ。殊に、もとより雑賀の輩共、鉄砲に名得たる者共、放てば則ち当らずといふ事無し。たとひ大軍寄せ来るといふ共、上手の手利き、若干射取るに於いては、何の患いかあらんやと云ひて、岸和田に向へ陣の」

(55ウ)

事数年。今年天正十三年三月廿一日に御動座の由、兼日陣触れをなし、彼の道筋、山海の険難、船の着き場、馬の立て処、案内者を以て具に絵図を究め、先手の大将にこれを知らしむ。人数を二筋に分け、段々の書き立て、臘次を定め、浦・山両手の備へ二十二段以上、十四万騎の人数、岸和田表に立て並ぶ。千石堀・浦手の沢、ならびに積善寺・木の島・畠中・窪田、此の外数ヶ所取出の城、これあり。二十一日未の刻、御動座。御旗先を見合せ、諸口一度」

(56オ)

に人数を寄す。一揆の要害には、敵の付き安き地に横矢の構へを成し、前に土手を築き、挟間を切り、大筒小筒に薬を込み、大兵・小兵、矢束ねを解き、待ち掛けたり。内府の御下知を以て、先づ山の手の千石堀城に攻め寄す。内より放つ鉄砲は、平沙に胡麻を撒くが如し。当りて死ぬる者をば踏みつけ、手負ひ倒るゝ者をば乗り越え、我先に我先にと乱れ入る。羽柴孫七郎を始め、両方の付け城の間を割り込み、搦め手へ人数を廻し、四方同時に責め入り、一人も首を取らず、」

(56ウ)

悉く討ち捨て、切り捨つる。浦手の沢の城、これ又鉄砲の数を揃へ、敵を近々と引き付け、続け放ちに撃つ所を、或は鉄の楯を衝き、或は鎧の袖を傾け、死人を小楯に取つて、無明闇に攻め上り、皆一揆の首を刎ぬ。残りの端城、これを見て一度に明け退く。逃ぐる者を追付け追付け、撫で切り、悉く討ち果たす。其の競ひをもつて、同廿三日根来寺に至り、御動座なり。此れを防ぐ事は、螳螂が車に向かふよりも難く、是を攻むる事は、泰山の卵を圧する」

(57オ)

よりも易かるべきと、方々へ追ひ散らし、僧坊伽藍に火を懸け、谷々の甍は炎と成つて、天に上り、山々の梢は煙となつて、雲に連なり、三日三夜、百里を照らす。只伝法院一宇、巍然として魯の霊光殿の如し。彼の一乗山根来寺は、覚鑁上人出世して、伝法院建立しより此の方、専ら隣国隣郷と同心して、弓矢を取る事を寺法と為す。六百年より此の方、寺家安泰にして富に飽き、己を恣にす。強敵には向はず、小敵を蔑にす。」

(57ウ)

其の趣きを勘ふるに、恰も井蛙の海を語らふが如し。かるが故に、一刻に破却の折節、修行者有るが、一首の狂歌に云ふ、

にあわさる　ねころほうしの　うてたてに
　あわれゆみやの　はちをかくはん

伝法院は、本朝に隠れなき大仏閣也。これによつて都へ引き上せ、太平山の仏殿と定む。翌日、雑賀谷に至りて御動座有り。土橋平次を始め所々の要害、木の葉の風に散るが如く、一度に落とさる。則ち、土橋構」

(58オ)

へを新造して、御旗下とし給ふ。此の時、玉置・堀内・神保等は懇望致し、帰参す。而して、川向ひの小雑賀に太田といふ在所あり。土民百姓の住居の地也。国の靡く次でに此の如しと雖も、全く咎無きの由、理をもつて詫び事致すの間、是を赦す。然るに、所々より彼の在所へ逃げ集まる徒党、往還の陣夫の荷物以下を奪ひ取り、狼藉する旨　上聞に達す。　上、大いに怒ること尤も甚し。諸陣に俄かに触れを廻し、悉く打ち果たすべき御掟なり。さりながら、彼の在」

(58ウ)

家要害浅からず。鉄砲を揃へ、急
に責むれば、則ち人数損ずべし。土民に対し侍を
失なわん事詮無し。ただ水責めにして、
鱗の餌食と成すべしと、四方に堤
を築く。惣廻りは四十八町の路四里なり。堤
の高さ六間半、土台を十八間にして、上
の道筋の広さ五間余也。太田の家
の棟下墨て、堤より低き事五尺
許りと定め、領地の分限に随ひて
人数を書き立て、何間々々と割符を押す。則ち、堤
の外に面々に陣屋を建て続け、夜昼」
(59オ)
を云はず、大名・小名自ら手を砕き、普請を
成し日を送る。その間に中村孫平次・仙石権
兵衛尉・九鬼右馬允を大将として、小西・石井・梶
原等を舟奉行と定め、由良の門、那智の海を越すに、逆
波は天に近づき、疾風砂子を撒く。此の
難を凌ぎ、熊野浦に押し寄する。陸
地は山聳え、谷深ふして、行師の道に
非ず。古の平家侍湯川一党、其の外の
諸侍、国司に靡かず、雲を踏む梢、
石走る滝の水上、古木岩窟の間に小屋を架け、谷々の
岩の間、田の岨の古畑を便りとし」
(59ウ)
て居住する者なり。此の道筋、山猿・野鹿に
あらざれば通ひ難し。旅人の諺
に云ふ、親不知・子不知、犬戻し、合子
投げ、是也。その険しきを用ひず、悉く放
火し、湯川が楯籠る城を打ち破り、
彼の一類の跡を削り去る。延文四年、宮方
と将軍家と合戦の時、湯川庄司本意を
背き、宮方に向かひ悪逆の謀反を
成す、ほとんど其の報ひに非ずや。さて、紀州と
和泉は、御舎弟美濃守長秀に与へて守護せ
しむ。彼の両国は、海近ふして海賊付き」
(60オ)
易く、山険しうして山賊伏し易し。
良将に非ざる者鎮め難し。長秀
常に軍忠を守り、臣下の濫りがはし
きを糺し、憲法の沙汰を為す。これに

よつて、小雑賀の岡山といふ所を居城と定め、人数を分け、普請を成す。彼の岡山は国の府中にて、平地独出する城郭なり。南は和歌の浦、西は吹上浜、東より紀の国川、北を流れて紀の湊に入り、麓は林深ふして、諸木枝を交ふ。誠に万景一覧の景地也。四月の初め、内府御陣廻りなり。和歌の浦・」

(60ウ)

玉津島に参詣あつて、一首の御詠歌に曰く、

　　うち出て　たまつしまより　ながむれば
　　　みとりたちそふ　ぬのびきの松

彼の浦の布引の松、由来あるにや、最も正風体の佳作なり。各々吟味して云ふ、君子一言を以て国の邪正を知る、誠なるかな。時に、太平山の院主古渓和尚、事を以て柳営幕下に至り、御詠の佳作を感じ、祝辞を述ぶ。韻末によつて見るに、其の辞に曰く、

　　画工景に於い」

(61オ)

て濃きなる事能はず　浦は和歌と号す
誰か后蹤して　神我が君を祝ひ　玉津島
の緑新た也　布引万年の松

しばしば在陣といへ共、風流の営みかくの如し。其の後、五岳の名僧これを伝へ聞き、皆以て高韻に和するを見る、一時の雅興也。又新しく座敷を立て、旦暮雅客を延べ、茶の湯の会、枚挙に遑明きあらず。

然るに、彼の太田堤へ毎日御動座有り。一日、甲賀の輩の武士共、愚弄を成し、殊に法度を背くの旨、各々其の科少なからず。領」

(61ウ)〈一行減〉

地を召し放され、一類ことごとく流罪に行なわる。当日又、明石与四郎則実の致す所の普請、分限に過ぎ早速出来す。感悦の余り、則実に一万石の領地を遣はすべきものなり。罪科を罰し功を賞すること、頓にして此の如し。威を重ふせずんばあるべからず。密かにこれを考へ見るに、甲賀の士卒、常に不善

をいたし、明石則実全く忠孝を抱く。連々その心を知るによつて」
(62オ)
なり。只一日の儀にあらずや。これによつて人々勇みを成し、力を尽くし、退屈する事無し。惣別、師の疲るゝ事、糧を運び難きによつてなり。しかも、内府国を取るは、諸勢に兵糧を遣はす故也。古今例しなき次第。殊に今度、須磨・明石・兵庫・西宮・尼崎・堺の津、其の外所々の船にて兵糧を運び、増田仁右衛門を兵糧奉行として、紀の湊に是を置き、一日に八木千俵・豆百俵を相渡す。然れば、堤やうやう相極まる処に、四月中旬、」
(62ウ)〈一行増〉
俄に雨降りて、車軸の如く紀州洪水して、築く処の堤、川筋一文字に流れ来たりて百四五十間突き切り、その水際は淵となる。此の刻に余の行てを以て打ち果たすに於いては退屈に似たり。ただ水を以て攻むべしと、重ねてこれを築く。其の流れ深ふして堰き止め難し。是に於いて、津の港に船を遣はし、俵二三十万買い寄せ、土・砂子を込み入れ、淵の底へ沈め、元の堤より広く高く即時に築き立つ。又、盲舟といふものを始めて作り、色々の攻め道具を巧み拵へ、敵の土居を切り崩し、水やうやう城の」
(63オ)
内に入る。一揆は勿論浮沈し、土居の上に小屋を懸け、塀の掩に弓蔵しを張り、空狭間を明け、人形を作り、これを射さしめ、誠の狭間をば塀の下に明け、夫れより鉄砲を打つ。又、松明と焼草を拵へ、中に鉄砲の薬を包み、彼の舟を焼かんとして、東風の便りを待ち、種々の謀り事を尽くすといへ共、果してひとしほ安んずべからず。これに仍つて、一揆天に仰ぎ地に伏し、頻りに詫び事をなす旨、蜂須賀彦右衛門言上す。然れば、咎無き土民を助け、罪ある」
(63ウ)

悪党を選み出だし、誅罰すべきの
由　御諚を得、悪人五十余人首を切り、獄
門に懸く。残りの百姓を召し直し、耕
作を専らにする者也。然るに、高野金剛峯寺は
此の先、終に上意に背く処無し。柔和の
姿を忘れず、真言の大事を専ら
とするの条、尤も神妙なり。殊に彼の山は誠
に霊地、弘法大師の遺跡にして
諸人帰依する所也。異朝にもこれを重んず
べし。かるが故に、制札を以て寺領等
全く相違無し。就中、金堂破」

(64オ)

壊の年久し、誰人か末世に於いて、此の
大堂を修造せんや。内府、大政所殿逆
修の為に、この堂を営まんと欲し、
八木一万石これを遣はす。又金堂修理
料として、隣郷に於いて三千石の
寺領、末代まで新たに寄進する処なり。
一乗山は悪心をもつて破却せらる、高
野山は正直をもって尊仰せらると、人
々これを思ふべき者也。仍て、貴賤万幸喜悦、珍
重々々」

(64ウ)

」

【天正記第四】

[1オ]

天正記第四目録

一　四国御発向の事
一　北国御動座の事
一　長秀軍書の事
一　北国御進発の事
一　飛驒の国平均の事
一　長曽我部、秀長に属するの事
一　諸国知行割りの事」

[1ウ]

」

[2オ]

抑、四国守護長曽我部宮内少輔元親は、根本
一条大納言家の侍にして、其の名を知る者無し。近

年元親、人となり才智強勇にして、将帥の節を好む。かるが故に、四国一遍に切りなびき、恣に威勢を振るふ。此の時五畿内七道の諸侍、博陸侯に対し敵する者なし。元親又智計をもつて、切々懇歎を入るゝといへ共、これを許さず、天正十三年六月中旬御出勢有り。又、北国御動座あるべき由、是を定め、人数を分けて残し置かるゝ。四国へは、御舎弟羽柴美濃守長秀を大将として、八万余騎を相揃へて、海に舟渡しする者、」

[2ウ]

一所にあらず。和州・紀州・泉州の人数はすぐに淡路の洲本に渡る。摂州・丹州の人数は羽柴孫七郎秀次引率して、播州より淡路の岩屋に着岸す。備前・美作の守護羽柴八郎秀家に、播州西郡の守護蜂須賀彦右衛門尉父子、黒田官兵衛尉を相加へ、讃岐の屋島に上がる。敵の城五、六ヶ所追い払ひ、牟礼・高松に陣を取る。西国より毛利右馬頭輝元・小早川左衛門佐隆景・吉川駿河守元春、分国八ヶ国の人数を引率し、伊予の新麻に至る。敵これを防ぐによつて、南郷に上がり、弱々と働」

[3オ]

きを為して敵を偽り、引き出だし、後ろに人数を隠し置き、敵の追い込み来たる処を待ち伏せし、追ひ立て、首三百余り討ち取る。要害も又追ひ落とし、重ねて新麻に乱れ入る。大将秀長は、淡路の福良に於いて舟を揃へ、鳴門を渡らんとす。彼の瀬戸は三国一の大灘、一日一夜、潮の差し引き十二度也。差し潮、引き潮、相逆ふときんば、前に大山現はれ、後に淵を生ず。漁人の言葉に云ふ、此の門を越ゆる魚の背骨には節を生ず。一度越ゆるときんば一節を生じ、二度越ゆるときんば二節有り。其の労を知るべし。舟この潮に遭ふ時は十に一つも逃」

[3ウ]

がれず、七花八裂す。殊に此の頃、大雨の日に渉る。其の夜は風となる。然りといへども、日限を定むる間、大船六百艘・小船三百艘、殿下より船奉行を定め、浦々の船頭・力者、艪櫂・楫を立て並べ、諸勢一度に潮時を相測り、鳴門を押し出だす。例へば千行の鴻雁、蒼天に翔けるが如し。福良より土佐泊までは五里。漂々として波、船端を敲く。或は渦に巻き込められ、或は潮風に揉み立てられ、羿昦を欺く武士といへ共、草臥れて、艪軸を枕にして、船の底にひれ伏す。ここに於いて、奇怪の」

【4オ】

事あり。海中に一つの島有りて動揺す。其の長さ十七、八町程、近づいてこれを見れば大魚なり。鯨鯢にあらず、山では無し。皆人舌を巻き、身の毛立ちて、或いは肝を消し、魂を失なふ。かの時大鉄砲を揃へ、これを射る。則ち沈淪す。大将秀長同秀次、船子に力を添へ、禄を与へ、即時に阿州土佐泊に押し付け、先づこの地に於いて一城を拵へ、味方の通路となす。敵の城木津は東条関兵衛践ゆる処也。土佐泊に城を拵ゆるを見て、官軍差したる行て無し、相城を付け、やがて引き退くべきと、忽緒の推量」

【4ウ】

を成す。然る処に、二、三日が間普請を究め、木津の城に取り向かふ。その間五十町、入海入河あつて、常に徒歩渡り無し。然るに兵馬波を泳ぎ、槍・長刀を杖に突き、人馬一手に塊つて、互に手に手を取り力草として、砂泥の長きを探り、芦原を凌ぎ、向ひの岸に着く。誠に宇治川の先陣に異ならず。其の夜は近辺に山取りして、敵の行てを窺ふ。木津より奥、河端の城、其の暁に敗北して木津に馳せ加はるなり。仙石権兵衛、人数を入れ、夜の内に竹束を拵へ、未明に木津の山下に押し寄する。寄手の大将は秀長・」

【5オ】

同秀次、仙石権兵衛尉、前野将右衛門尉、中川藤兵衛、高山右近なり。土佐の手当は羽柴八郎秀家、赤松次郎則房、蜂須賀・黒田・明石也。中の手は丹波衆、筒井四郎、伊藤掃部助、

浅野弥兵衛、一柳市助、尾藤甚右衛門尉、戸田三郎四郎なり。彼の山は四方峨々として、敵の着き場容易からず。然れ共、山の頂に水無し。山懐を囲い、水の手を以て城の拠り所とす。此の故に城内の兵、みな山下に降り立つて是を防ぐ。一の木戸に於いて一戦に及び、追い崩し、二、三の木戸を打ち破り、首討ち取り、水の手の左右の坂に陣取り、ついに水の手を止む。関」

[5ウ]

兵衛これを見、彼を見るに、土佐の後詰を頼む事、蚊脚を以て天に梯するが如し。けだし前車の戒めあり。是に於いて、敵方の縁者を招き寄せ、対談す。羽柴秀次、この由受け付けて、降参して逃ぐる時んば、城を受け取る。その威を以て一宮の要害に押し寄せ、四方八面に屯なす。彼の城郭は、良将相拵へ、久しく保つ所なれば、人数些少にして官軍速やかに衝き難し。行てを以てこれを攻め、日を送る。殿下、これ先に馬出ださずしては、師の行て無し。かるが故に、心許なく思ひ」

[6オ]

給ひ、北国道の為に残し置く人数に悉く相触れ、御動座有るべき由相定む。七月三日初夜、一番螺にして相拵へ、三更二番貝は兵粮使、三番貝にして首途の刻み、秀長より早舟にて、尾藤使者として着岸し、一書を捧げ、台覧に備ふ。其の状に云ふ。秀長　謹んで言上す。抑、此の四国御征伐の事、御代官仰せ付けらるゝによつて渡海せしめ、阿州・讃州に人数を配り、時日を移さず、敵の城、或は在々所々に至り、存分に任する条、天下の面目何事かこれに過ぎんや。然れ共、残党未だ散らざる所に、急度御動座あるべき」

[6ウ]

の由、承り訖。驚き奉るもの也。秀長の弓矢、力足らざるによつて、ここに至り、率土の浜に御進発の儀、併しながら御威光少なきに似たり。某又、当座の恥辱を招くの基乎。たとひ日を限り送るといへ共、けだし御本意に属

6するものをや。希ふ処、御動座を止め
られ、秀長忠勤を励まし、戦功
を遂ぐるに於いては、一世の大慶、全く御憐憫たる
べき物をや。よつて此等の趣、よろしく御披露
に預かるべし。謹言
七月二日　　　　秀長判
細井中務少輔殿」
【7オ】〈一行増〉
1則ち披見を遂げ、御動座を止められ訖。
秀長諌む処、是誠に屠申が光武の馬の鞅を
断つ者歟。然るに一の宮には、大将秀
長、魚鱗鶴翼に陣を張り、行てを尽
くす。一の宮より十里ばかり南に、牛岐といふ
6城有り。元親舎弟香曽我部の人数を入れ置く。其の
刻み、江州衆追々に渡海して相加は
り、行きがけにそのまま一城に寄せ、則ち一夜陣
を据へ、翌日、香曽我部が居城海部へ一働き
して外構へまで押し詰め、近辺ことごとく放
火し、又一の宮に入る。爰に、長曽我部新右衛門
尉相防ぐ脇城これ有り。官軍共この
城を取り巻くに於いては、是非救いを成すべき」
【7ウ】
1為に、阿州・土州の境ひ目辺、大西城に元親父子
出張る。この由官軍聞き伝へしより、誠に
希ふ所なり。脇の城を取り巻き、後詰
を成すに於いては、一戦に及び、四国一遍
に成すべし。七月十五日、秀次を大将として、蜂須
6賀父子・仙石権兵衛・羽柴左衛門督・長谷川藤
五郎・日根野兄弟・浅野弥兵衛尉・前野
将右衛門・高山右近・一柳市助・戸田三郎四郎等、脇
の城に押し寄せ、当日足軽戦さに
及ぶ。次の日、仕寄りをして、外城を打ち破り、魯弱
斉強の攻めを成し、五三日の間、水の手を取る。
城中これを痛み、既に潰れんとす。」
【8オ】
1元親、堅く後詰の約を成すといへ共、料簡
に及ばず。見殺すべき事無念の条、秀次陣
所に人質を投げ入れ、害を免れん事を
乞ほて退城す。則ち、其の次いでをもつて降
参を成す。元親進退の事、秀次に

相任せ置くの条、然るべき御計らひ、偏へに頼み奉るものなり。この旨上聞に　達す。殿下の御諚には、阿波・讃岐・伊予、三ヶ国を請け取り、土佐一国扶助せしむ。軍役自身相勤め、子息在大坂、行てに及ぶに於いては赦免すべき由、聞き届けらる。実否をも聞き究めず、北国に至り、御動座ある」

[8ウ]

なり。然るに、越中の守護佐々陸奥守、信長将軍の武臣、軍忠人に超え、勇名世に顕はす。ここに於いて、去年の春、事の子細有つて、国々の錯乱に及ぶ。此の時陸奥守、殿下に対し、誤つて不慮の叛逆をなす。其の後、国和平に属す。然りといへ共、いまだこれがために宿意止まず。後を削り、憤りを散ぜんがために、八月四日、先勢を立て、六日に御旗を向けらる。北陸道は寒国にて、秋より雪の積もる事多し。かるが故に、火急に御行てなり。当日御上洛あり。勅命を伺がひ恩沢に浴す。翌日高駕を出ださる。」

[9オ]〈一行増〉

漢書に云ふ、王者将を遣る時に跪いて轂を推して云ふとて、閫より内に於いては寡人是を制し、閫より外を以ては将軍是を制せよ、軍功の爵賞、皆外に於いて決すと云々。異朝なを此の如し。本朝また是を倣ふ。三台をはじめ、月卿雲客みな白川に至り、送り出で給へり。此の外、驥尾に附かざる者無し。殿下俳諧の発句を成し、各々にこれを示さるゝ。

いなくひを　かりとる秋の　も中かな

　紹巴これに次ぐ

かまやりもちて　敵を三か月

尤も吉兆する者なり。それより江州志賀の山」

[9ウ]

越えして、比叡坂本の城に乗物を停む。やうやう野分の頃になりぬ。日和を窺ひ、湖水の波に舟を浸し、堅田の浦を漕ぎ、比良の山風に帆を揚げ、朝妻の里を右に見て、大溝に着く。此の地には生駒雅楽頭

6あり、丁寧を致す。未明に海津の渡り、
越前境ひ七里半の難所を凌ぎ、愛発山
の時雨、矢田の浅茅の露深きを思ひやり、
敦賀の郡気比の海辺、蜂屋が館に入
れば、出羽守取り留め、馳走を尽くす。明く
れば木の目峠を越へ、二屋・板取・新道・
今庄・帰る山・鯖波・脇本を過ぎ、」

【10オ】

1府中に着く。木村隼人佐、新造を構へ、上下を
持て成す。早々又府中を発ち、浅水の橋を
渡り、玉江の芦を分け、惟住五郎左衛門尉の
居城北の庄に着陣す。珍味を調へ、美
酒を奉る。次日、高木・舟橋・長崎・関本・
6金沢・上野・細呂宜・蓮の浦を行き過ぎ、加賀の
国長嶺伝ひ、大聖寺に宿を取り、又
敷地の天神・月津・動橋を行き過ぎ、小
松に留まり、安宅の浜を左に見、手取
河・湊川の大河を超え、松任に至る。源
義経、弁慶が謀にて越え
給ふ富樫が館を顧みて、金沢に着く。」

【10ウ】

1前田又左衛門・同孫四郎、大慶して相迎へ取り、
滞留の間、取々に懇切を尽くす。
然るに佐々は、越中の国境を以て惣構へとし、
山々の架け橋を引き、大木を切り倒し、柵と
成す。倶利伽羅峠の左右を始め、鳥越・竹
6の橋・小原・松根、此の外の出城三十六なり。根城は木
船・森山・益山・富山等十余か所、国中
東西の固め五十八か所拵へ、これを防ぐ。
殿下、この由を聞こし召され、爰に於いて、まづ
国の案内を知らむが為、山川を図らんとて、屈
強の名馬二三百騎を揃へ、廿日の未明に
倶利伽羅峠を越え、砺波山を凌ぐ。此処は鳥獣も」

【11オ】

1通ひ難き難所にて、古木枝を垂れ、更に
人馬の通ひ難き事言ふに足らず。その険しきを
攀じ登り、岨を伝ひ、駒の手綱を取り、
岩石を登る。馬の鐙を踏み、山に落つ
る雲を分け、八幡の峰に登れば、越中一国
6は皆、目の下に有り。よもすがら馬を立て、工

夫を成し、新道を作り、その日先勢を入
る。古、蜀の国の謀に、金便の牛
を作りし様は、今又語るに足らんや。この峰に城
を拵へ、殿下是に有り。越後の境ひ、立山・
剣山・姥が峠に至りて人数を廻し、
端無く取り掛かる。着陣の人数、これを数」
【11ウ】
ふるに、織田大納言信雄卿・同上野介・前
田又左衛門尉父子・惟住五郎左衛門・長岡越
中守・金森五郎八・蜂屋出羽守・宮部善
祥坊・池田三左衛門・稲葉彦六・森千蔵・
蒲生飛驒守・木村隼人佐・中村式部少輔・堀尾
茂助・山内伊右衛門・加藤作内・九鬼右馬頭等なり。
この他昵近の衆、前備へ後備へ、鉄
砲の衆殊に精兵なり。其の人を選み、方々に
勢を配り、其の夕べ、津幡へ陣替へして、八幡
の峰に普請を成し、廿四日にまた彼の峰
に登り、晦日まで在陣す。一七日の間、長
雨車軸に流れて止まず。暗霧衢を遮」
【12オ】〈1行増〉
り、黒雲空を閉ぢ、悪風地を払ひ、驚雷
柱を割る。夜更けて灯火消え、枕をそ
ばだてて寝ぬる事あたはず。諸卒の陣屋には、
草木の陰に青柴を刈り敷き、或いは苫
を覆ひ、或いは唐傘を差し、これを凌ぐと
云へ共、風斜めに雨横たへ、洪水漏り滴
りて甲冑を潤す。垣根の水深うして、
陣中の馬共、雨に打たるゝ事、濡れ鼠
の城を渉るが如し。其の苦しみ勝計す
べからず。ここに於いて佐々陸奥守、つらつら
これを案ずるに、本朝に於いて　殿下に
鉾を争ふ者無し。殊に今度謀反の事、
人の咎にあらず、我と災ひを為す所」
【12ウ】
なり。誤る時は、改むるに憚る事
勿れとの聖言に任せ、命を軽んじ、木船川・
庄河・神通川、所々の洪水を凌ぎ、廿
九日の夜半、　殿下の柳営に走り入る者なり。
織田信雄卿、これが為に言葉を加
へ、謹んで赦免を乞ふ。殿下、強く怨み悪むと

云へ共、旧知の故を以て命を助く。三略に云ふ、服する者は是を活かし、降る者は是を脱すと云々。然るに、所々の城々を請取り、閏八月一日、日宮に陣替へし、二日御服山に御動座、富山台覧有つて、三日には前田御茶を参らせ、四五日の間に、国中静かに掟を定む。」

【13オ】

越後より使札有り、是より又使者を遣はす。将又、飛騨の国にて、姉小路左京大夫自綱父子、殿下に対し不思議の働きを成す。これによつて、金森五郎八を遣はし、一類に腹切らせられ、首を取り実検に備ふ。両国一遍にして、六日に還御なり。十日坂本に至り、御馬を入れらるゝ。国割知行を定め給ふ。しかふして、四国は上意にて、三ヶ国の諸城相渡し、元親進退は大将秀長・同秀次に相任せ、速やかに参洛せしめ、御礼申あぐべき固めを成し、蜂須賀・仙石在国し、各開陣す。今度秀長、諸国の大軍を率ゐ、制法を」

【13ウ】

定め、少しも落ち度なく、存分に任するの条、比類無きの大将也。　殿下御連枝として重職尤もなり。是によつて和州・紀州両国の物主とす。また長曽我部へ土佐一国扶助せしめ、秀長の幕下に属す。筒井四郎は微弱なる条、伊賀一国を与へ、秀長の与力とする者なり。秀長は大和の郡山に城郭を拵へ、近国無双の固めをなす。羽柴孫七郎秀次、江州の物主として、中村式部少輔・堀尾茂助・一柳市助・山内伊右衛門、殿下股肱の臣たりといへ共、秀次家の年寄としてこれに与す。江州府中の八幡山に居城を定む。殊に以て名地なり。伊予国」

【14オ】

は毛利家に対しこれを与ふ。けだし、小早川藤四郎大坂にある故なり。阿州は蜂須賀小六に遣はし、これを守護せしむ。讃岐の守護は仙石権兵衛尉、十河・安富先忠ある故に領地を扶助せしめ、仙石に相与する者なり。淡路は脇坂甚内・加藤孫六、是を守護す。和泉には木下孫兵衛、これを召し置かる。但馬の守護は前野将右衛門、又赤松弥三郎・別所孫右衛門・明石与四郎、郡を分けて是を遣はす。播州は過半近習に下され、西郡竜野には福島左衛門大夫を召し置かれ、東郡三木城には中川藤兵衛尉を移し、」

【14ウ】

明石郡は高山右近に遣はさる。摂州は昵近の衆に下し給ふ。若狭は惟住五郎左衛門、是に与ふ。其の故は、今度惟住長秀遠行の刻み、越前は大国なり、大事の境目、若輩として相保ち難し。この地を辞退し、別の御計らひに預かるべきとの遺言に任せ、かくの如し。然るに越前は上国、諸済物これ多し。羽柴左衛門督三十万石、長谷川藤五郎十五万石、木村隼人介五万石、蜂屋五万石なり。前田又左衛門、佐々乱の刻み、合戦に及び、軍忠を抽るの条、能登一国加賀半国異儀無く、殊に勲功として、」

【15オ】〈二行増〉

越中、前田孫四郎にこれを遣はす。其の内、神通川を切つて一郡を佐々陸奥守に扶与せしめ給ふ。飛騨の国をば佐藤六左衛門に遣はす。以上十七か国の知行を渡し、大綱を弁じ、麁細に入る。三ヶ日の内に相究むる者也。誠に天才にあらざる者、いかでかこれを制せんや。玄なるかな。妙なるかな。此の先、数ヶ国の検地を遂ぐるに、昔の所務の一倍に超過せり。当年も又、田地を踏み分け、土民百姓と私を構えず、飢寒に及ばざるが如く、これを勘弁し、五畿七道の指図を以て一枚の鏡となし、これを照覧す。忝くも　人王十三代成務天皇五年、始めて国境を分け、其の後人王四十五代聖武の朝、　行基菩薩」

【15ウ】

三十余年の労を以て、田地の方境を定む。爾来増減ありといへ共、多年これを改むる者無し。今や　殿下のなす所、碁盤に目を盛るが如し。自他に入組み無く、縄を限りて之を打つ故、国に境目の争論無く、民に甲乙の訴訟無し。諸国の寺社の知行に於いては、仏神の由緒を尋ね、用ゆべきものをばこれを用ひ、捨つべきをばこれを捨つ。然るに五山十刹・会下叢林、其の外霊地名山は修理し、伽藍に旧規を残すものなり。なかんづく、内裏の事、公卿を仰ぎ諸臣を憐れみて、其の器量によつて領地を加増す。殊に　殿下、勧善」

【16オ】

懲悪の法度を定むるの間、遠国遠島に至るまで山賊の徒党無し。若し又、無実の族これあらば、貴賤によらずその罪に行なふべし。公家・武家、百姓・商人、諸役を止むるに至りて、掟を破る事無し。是によつて喜ぶ者は多く、悲しむ者は少なし。いよいよ平均の時、いづれの世にかこれを比せんや。万歳長久、是を仰ぐ者、演説の唇に膏つくといへ共、これを尽くすべからず。仍て、大海の一滴を記すのみ。

天正十三年十月吉日

　天正記第四終」

【16ウ】

」

【天正記第五】

（1オ）・（1ウ）は省略。

（2オ）

　天正記第五巻

　　御官慶

古き諺に云ふ。君、臣を選んで官を授く。臣、己を量つて職を受く。君に虚授無く、臣に虚受無し。然るに羽柴筑前守秀吉、去んぬる天正十年の春、西戎追伐のために備州を平らぐ。闘諍半ばに、明智日向守光秀、信長将軍を討ち奉る。世の常の大将に於いては、秀吉敗軍せらるべきに、然らずして、却つて武勇と智計兼ね備へ、凶徒を退け、即時に上」

（2ウ）

洛し、悉く明智が逆党を滅ぼし、夷洛静謐に属す。信長、主上の徳を仰ぎ、宮殿を修造し、臣下の衰微を助け、庄園を宛て行なはるゝは、尤も忠臣也。これを以て思ふに、光秀悪逆第一の朝敵也。秀吉又、これを討つ事は比類なき忠勤也。かるが故に、綸旨を為し下され、官位に補せられる。
その言葉に云ふ。去る六月二日、信長父子上洛の所に、明智日向守逆意を企て、是を討ち果たし、剰さへ二条の御所に乱」

（3オ）

入狼藉の事、前代未聞、是非無き次第也。
然る処に秀吉、西国成敗として、備中国敵城を処々取り巻き、向ひ陣すといへ共、存分に任せ、時日を移さず馳せ上り、明智一類ことごとく誅伐し、天下太平に属す。これ誠に古今希有の武勇、何事か是に如かん哉。これによりて官位の儀、宣下有るといへ共、辞し申さるゝの条、重ねて昇殿并叙爵少将の儀、堅く天気候也。仍、執達如件。

天正十年十月三日　　左中将　在判」

（3ウ）

羽柴筑前守殿

口宣案

上卿　甘露寺大納言

天正十年十月三日　　宣旨

従五位下平秀吉

宜しく左近衛権少将に任ぜしむ。

蔵人頭左近衛権中将藤原慶親奉

勅命の重ねに仍て、　五位少将に叙せしめ、口　宣を拝す。
其の後、柴田修理亮勝家叛乱して、織田三七信孝を引き入れ、天下を奪はんとする。」

（4オ）

秀吉、国境へに馳せ向ひてこれを討つ。両家の輩、武勇只韓彭が名を得るといへども、悪逆盗跖に越えたり。彼ら若し世を保つに於いては、王位を傾くべき事眼前なり。平らかにこれを鎮む。秀吉はあに忠功の臣と称せざらんや。

天正十一年五月廿二日　　従四位下

に叙し、参議に任ず。　古伝に云ふ、
労大なる者は其の禄厚く、功多き者
其の爵を尊む。誠なるかな此の言葉。
外は武事を以て天下を治め、内は正税を」
（4ウ）
以て禁中を賑わす。
　禁中欠あれば、則ちこれを補ふ、誠に
いまだかつて是非ざる事也。
これを以て、天正十二年十一月廿二日、従三位権
大納言に任ず。尤も重職たり。忝くも
　親王御方、御歳不惑に近く、御即位無
くんばあるべからず。而して、院の御所、中
古より此の方断絶す。爰に於いて亜相、
院の御所を立て、御即位取り行なわるべきと奏
し奉り、先づ院の御所造営を欲し、半夢斎玄以を
民部卿法印に任じ、これを奉行」
（5オ）〈一行滅〉
として、良辰を選ばれ、作事を始む。然る
に平朝臣秀吉卿、その職亜相にして
諸官に棟梁し、帝道を塩梅する。既
に是に仍て、又内大臣に任ず。　勅書あり。
　　平朝臣秀吉
権大納言　　藤原朝臣
　経元　勅を奉じて、件の人、宜しく
内大臣に任ぜしむる者。
　天正十三年三月十日
掃部頭兼大外記造酒正助教中原朝臣師廉奉」
（5ウ）
当日参内有り。銀子千両、御太刀一腰、是進上に仍て
　天杯天酌五献、なかんづく
御剣を下され、一世の規模なり。
又、　信長将軍の二男織田三介信雄、器用其の職掌に不審
無し。故に内府推挙して、権大
納言に任ず。大臣と天下の政
を参議せしむるものか。其の後大坂へ勅使を立て、
御台を以て　北政所に任ず。母儀を以て
大政所に任ず。徳雲軒、内府専ら
養を保つ者なり。竜顔を診奉
るべき医術なり。こゝを以て施薬院使」
（6オ）

に任ず。昇殿有り。而して、
剃髪の姿これを憚り、施薬院
使代として子息秀隆、これに任ずるものか。
抑、天下安泰此の時也。　尤も叡感余りあり。
又内府を以て、左大臣に任ずべき勅命なり。
それにつき、近衛殿、二条殿関白御相論の
事が出でき、称して云く。内大臣只今天下を
相計らふ者也、万機の政を関白せし
むるに於いては何の妨げあらんや、
関白に任ずべき旨　宣下あり。辞退に
及び難く、当職に任じ給ふ。藤原」

（6ウ）

の姓、昔、中臣鎌子連を以て
始めて内臣とす。　天智の朝、挙て内大臣
として藤原の朝臣の姓を給ふ。
其の位左右大臣の上にあり。なんぞいわん
や、此の公殿下に任ずるをや。内覧・氏の長者・兵杖・
牛車、此の四つ関白に示し給ふ所
なり。件の拝謁の条、儀式を以て参
内有り。諸大夫無くんばあるべからず。侍の中
に其の人を選び、これを任ずる者十二人。中村
式部・生駒雅楽頭・小野木縫殿頭・尼子宮内
少輔・稲葉兵庫助・柘植左京亮・」

（7オ）

津田大炊頭・福島左衛門大夫・石田治部少輔・
大谷刑部少輔・古田兵部少輔・服部
采女正これなり。七月十三日、　南殿に
於いて猿楽を催し、慇懃に叡慮を慰
め奉るもの也。御座敷の次第、中央
主上、左は親王御方、二番若宮御方、
三番近衛准后、四番九条前
関白、五番一条前関白、六番二
条前関白、七番西園寺大納言
大将、八番花山院宰相中将、
　右は関白、二番菊亭右大臣、」

（7ウ）

三番勧修寺入道前内大臣、四番徳
大寺前内大臣、五番大炊御門大
納言、六番久我大納言、御相伴
也。蓋し、親王と准后は、座間相論

によつて列座無き公多し。此の外、公卿を始め諸臣に至るまで、百敷に連なり、地下・諸大夫・諸侍等、みな対屋に伺候す。殿中の御膳美麗を尽くし、只鳳羹麟脯、これに加はらざるのみ。洲浜の蝶、花形の台物、大小諸折の食籠、金銀を鏤め、万花を飾り、小板敷に充ち満てり。」

（8オ）

その風情一々縷言しがたし。枉げてこれを差し置き、猿楽巳の刻に始む。一番に弓八幡、二番に田村、三番に三輪、四番に紅葉狩、五番に呉羽なり。役者悉く、殿下より時の衣裳を贈り給ひ訖。なかんづく、樋口石見守大鼓に名あり。尤も其の曲を尽くす。皆人感じて、忝くも叡覧あり。聴色の調べを下し給ふ。誠に末代の眉目也。猿楽の半ばに村雨降りて是を奏す。軒に落つる滴りは滝の如く、庭に走る水は海に似たり。上下伺」

（8ウ）

候の輩、雨の脚頭を打ち、袂を絞るに能はず。水の流れ腰を潤し、膝を直す事を得ず。謹みて見物を成す。数刻あつて、又雲立て直し、夕日松間に映ず。涼風梧葉に入り、皆人快気を得る。酒宴時は過ぎ、猿楽事終わり、拝賀を遂げ、退出し給ふ。又翌日早々、

　勅使を以て、忝く勅書有り。

昨日参内にて、殊に申沙汰一しほ忘れ難く思ひ給ひ候。終日御心を慰まれ候事、仰せられ尽し難く候。上洛の折」

（9オ）

節は、再々待ち思し召し候。猶勧修寺大納言申しまいらせ候、　関白殿へ。

再三頂戴、畏悦浅からざるのみ。扨々、親王准后列座相論の事、　殿下の批判を遂げらるべき由儀定し、大徳寺に席を開く。堂上の衆に於いては、八十の尊翁、七歳の童子に至るまで、悉く集来有り。律令、職原、諸家系図并

に　禁中に於ける詩歌、和漢の
懐紙等、勘見の前後、雑沓の物也。
論断又決し難し。殿下物の理を分けて、」

(9ウ)

最も聡明なり。此の争ひに於いては、兼
帯たるべし。所詮各座して籤を取り、今日
上たる者、明日下たるべき由、　叡慮を経
奉る。　勅書を成され、三箇条の
目録を以て相定められ訖。

親王准后相論の事、聞こし召し候。然れば座次の事、
各座たるべきの段、仰せ定められ、あまね
く申し触れられ候べく候、あなかしく。

　　関白殿へ

一　親王と准后座次の儀、各座たるべし。
　但し、竜山と伏見殿は自余に混ぜざる」

(10オ)

　の条、此の両人は何時も並ばれ候て、各座たる
　べき事也。

一　同法中の儀、総並の准后・親王の如く、各
　座たるべき事。

一　前関白と法中の准后、各座
　たるべき事、付法中の親王同前。

親王准后相論の事、古今一決無き者
か。然るに今度、大徳寺に於て糺明を遂げ、職原・
官班、両趣を求め、或は双方の旧記
を披いて、悉く批判せしめ、右三ヶ条
定め置くもの也。後代の亀鏡たるべき者か。仍て、此の」

(10ウ)

趣勅書なされ、なお治定たるの間、今諸家諸門
に告げ触れせしめ訖。いよいよこの法
度を守らるべきものなり。

　天正十三年七月十五日　　関白

　　親王家
伏見殿　仁和寺殿　青蓮院殿
妙法院殿　梶井殿
　　准后家
近衛殿　九条殿　一条殿
二条殿　鷹司殿
勧修寺門跡」

(11オ)

聖護院殿　大覚寺殿
三宝院殿
　　勅使
菊亭殿　勧修寺殿　中山殿
藤原中納言殿
右の衆に一通宛て遣はさるゝか。古来決せざる題目を只今治定の事、君臣合体の時至る哉、亦奇ならず哉。今度関白の儀、頗る勅命に仍り、且は摂家の与奪に就て、当職に任ずと云々。抑、親王御方、幼歳より敏にして、徳行・政、漏るゝ事なし。」

(11ウ)〈一行増〉

親筆三跡を遂げ、御製百世に冠たり。殿下此の比、黄門定家卿の手跡を求め、古今和歌集、これを秘在す。尊仰の余りにこれを進献す。御感尤も浅からず、直書なされる。

　古今和歌集、定家の筆を給ひ候。無双の重宝、御志の程、一しほ眺め入り候事、誠に思ひ寄られ候事、外聞実儀祝着さ、御文などにては片端も申し尽くし難き間、必ず見参の折節を待ち入るばかりなり。猶　中山大納言申すべく候、かしく。」

(12オ)〈一行増〉

　　関白殿　御判

右の外、美誉芳名、数へ尽くすべからざる也。つらつら、殿下の儀刑を見るに、ただ大方善人善業の宿縁にあらず。天神地祇化現し、世に出でて、威名を振るふにや。誕生の年月を数ふるに、丁酉二月六日吉辰也。周易本卦の復六四にあたる。其の辞に云ふ。復は其れ天地の心を見る。註に云はく、大いに富み、万物を有つ、雷の如くに動き、風の如くに行く。又履みて其の位を得る。此の辞に相叶ふ者をや。その素生を尋ぬるに、祖父母禁闕に侍し、萩中納言」

(12ウ)

と申すが、今の大政所殿二歳の秋、ある人の讒言によつて遠流に処せられ、尾

州飛保村雲といふ処に謫居せしめ、春秋を
送り給ふ。また老が物語りに、村雲の在
処に都の人一首の歌あり。詠み人知らざるなり。

なかめやる　みやこの月に　村くもの
　かゝるすまいも　うきよなりけり

彼の中納言の歌なるかな。大政所殿、幼
なき歳に上洛あり。　禁中の傍
らに宮仕へし給ふ事二三年にて
下国ありて、程なく一子誕生す。今の殿」

(13オ)〈三行増〉

下是也。孩子より奇怪の事多し。如何様、
王氏に非ざる者、争でか此の俊傑を得んや。
往時、右大将源朝臣頼朝、天
下の権柄を執るといへ共、其の位大臣に及ばず。
又平朝臣清盛公、太政大臣
に任ず。これ王氏たるの謂れ、最も
比量すべし。然るに、殿下の素生不肖にして、
文書を学ばざる事を悔い、只今儒者を
招き、数巻の古伝、諸家の系図等、これを学
問す。悪を捨て善を用ゐる事多し。

是に於いて、物の由を案じて藤原の姓
を給ひ、関白に任ず。古姓を継ぐは、故有ると
いへ共、鹿牛の陣跡を踏むが如し。吾れ、天
下を保ち末代に名あり。ただ新たに別」

(13ウ)

の姓を立て、濫觴たるべし。さりながら、
道理に叶はざるに於いては、人の譏を請くべし。
いにしへ源平藤橘の四姓、其の人の器
量によりて、一姓々々是を制する
ものか。藤原の姓は、天智の朝、臣鎌足
始めてこれを賜はる、今に至つて九百二
十一年。橘氏は、聖武の朝、臣諸兄、
始めてこれを賜はる八百五十年。
平家は、桓武天皇、葛原親王始
めてこれを賜はる八百年。源氏は、清
和天皇の末孫、多田満仲の父経基」

(14オ)

王、始めてこれを給はる七百五十年に及ぶ
か。昔なほ斯くの如し。今又、姓を改
め五姓と成すは此の時なり。爰に於いて、菊亭

右大臣は、賈生が有職、胡公が中庸、其の器量
を得。是によつて相談を遂げ、謹んで奏聞
し奉る。希う処、天長地久の姓を給ふ。
万民快楽を得る。悦ばしきかな。
珍重々々。謹んでこれを記す。
　　天正十三年八月吉日
それ、久方の天開け、粗金の地始まり
てより此の方、神代の年月およそ諳ん」

(14ウ)

ずといへ共、その暦数確かならず。人王の濫
觴神武天皇の丙辰より、天正十六
年の今に至るまで、聖主百九代、星
霜二千二百三十七年、朝廷の政は
正木の葛絶へず。良臣の務めは
松の葉の散り失せず。中に就て、延喜・
天暦の至尊、百世に冠り
たるが故に、今に及びて、民其の道を慕
ふといへ共、この跡を継げる人なし。然るに
関白太政大臣秀吉公、その年微若の古
より、勇猛人に越え、智計世に優」

(15オ)

れおはしまして、東夷を平らげ、西戎
を討つてより、文武を兼ね備へ、上を仰ぎ、下
を憐れむ。是に仍て、一天の風治まり、四海
の波穏やかなり。天正十年冬の初め、
天気を得、次第の昇進して、忝も重
職極官に至る。時に、　今上
皇帝十六歳にして、御位に即かせ給ふ。
百官巾子を傾け、万民掌
を合はせずといふ者無し。誠に君臣合体時
を得たり。異朝に於いては、成王の為に周
公旦摂政し、本朝にては、清和の為」

(15ウ)

に忠仁公執政し給ふは、符を合わ
するが如し。延喜天暦の政
も又多く譲らず。こゝに於いて、
行幸あるべしとて、聚楽と号して
屋形を構へ、四方三重の石の築垣、山
の如し。楼門の固めは、鉄の柱・
扉、瑶閣星を摘て高く、瓊殿

天に連て聳えたり。甍の飾り、瓦の棟には、
玉虎風に嘯き、金龍雲に吟ず。
儲けの御所は檜皮葺きなり。御階の
間には御車寄せあり。庭上には舞台・」
(16オ)
左右の楽屋を建てらる。後宮の局
々に至る迄、百工心を砕き、丹青手を尽く
す。其の美麗、挙げて云ふべからず。抑、其のかみの
行幸、幾度と云ふ事を知らず。此の度の
は北山殿応永十五年、室町殿永享
九年行幸の例とぞ聞えける。鳳輦又牛車、
其の外の諸役以下の事も、久しく廃れたる
事なれば、覚束無しとは云へ共、民部
卿法印玄以奉行として、諸家の古記録、
故実など相尋ね探り、これを相勤めらる。
かゝる大功に財惜しむべきにあらず。」
(16ウ)
昔の行幸に増倍して馳走
すべしとて、諸役の者に仰せて、即
時に調進せしむ。大器は晩成といへ
る事、故無きに似たり。さて良辰を選び、
三月中旬と聞えしが、当年は
五月に閏あるによつてや、三春厳冬の
如くにして、夜寒一しほ甚だし。
されば、卯月十四日まで差し延べらる。その日に
成りぬれば、殿下とく参り給ひて、奉行の職
事を召して、刻限午の刻より以前の
由、急がせ給ふ。兼ねてより、儲けの御所の」
(17オ)
御気色を窺ふにより、衛府の軍
弓箭を帯し、上達部以下参り集ふ。御
殿の御留守の事など、誰々と仰せ
定められ、奉行具したる由奏すれば、南
殿に出御あり。御束帯、御衣は山鳥
色也。御殿より長橋の御腰まで、筵
道に布毯を敷く。殿下御裳裾を執り給ひ、陰
陽頭、反閇を勤む。闡司の奏
鈴の奏も例の如し。殿下笏を鳴らして
勅答の由を告げ給ふ。御剣持は頭中将慶親朝臣、御草鞋は頭
弁充房朝臣。次に鳳輦を御階の」

(17ウ)

1間に寄せて、左右の大将御綱以下、例の如く勤めらる。さて、四足の門を北へ、正親町を西へ、聚楽第迄十四、五町。その間は辻固め六千余人なり。先づ烏帽子着の侍を渡して、国母の准后と女御の御輿を始

6め、大典侍御局、勾当御局、其の外上臈達の御輿三十丁余り、みな下簾なり。

御輿副へ百余人、御供の人々童姿等は、さすがに覚へて華やかなり。

塗輿十四、五丁あり。六宮御方

伏見殿　九条殿　一条殿　二条殿　菊亭」

(18オ)〈一行増〉

1右大臣晴季公　徳大寺前内大臣

飛鳥井前大納言　四辻前大納言

大炊御門前大納言　勧修寺大納言

中山大納言　伯三位雅朝王、此の衆にて侍るとぞ。

前駆

6左

蔵人中務孝亮　布衣の侍一人

馬副二人　雑色三人　侍五人　笠持

富小路右衛門佐　松木侍従　冷泉侍従

正親町少将　柳原宮内権大輔

甘露寺権弁　勧修寺右少

土御門左馬助　民部卿侍従」

(18ウ)

1施薬院侍従　橋本中将

西洞院左兵衛佐

右

唐橋秀才菅原　蔵人式部丞

阿野侍従　吉田侍従　冷泉侍従

6大沢侍従　広橋侍従　烏丸侍従

葉室左中弁　三条少将

五辻左馬頭　五条大内記

次近衛次将

左

園少将基継　六条中将」

(19オ)

1四辻中将

右

四条少将　　　水無瀬少将
飛鳥井中将
　　次貫主
万里小路充房卿　　中山中将
　　次大将
左
鷹司大納言信房卿
　　烏帽子着　布衣侍　随身
　　雑色　馬副へ　唐笠持」
(19ウ)〈一行増〉
右
西園寺大納言実益卿　　同前
　　次伶人　四十人　安城楽を奏す
鳳輦　前後駕輿丁
　　次六位史以下役人
　　此次
左大臣信輔公　諸大夫　布衣侍　烏帽子着
内大臣信雄公　同前　随身　雑色
烏丸大納言　　日野大納言
久我大納言　　駿河大納言

大和大納言　　持明院中納言
庭田源中納言　　正親町中納言」
(20オ)〈一行増〉
広橋中納言　　坊城中納言
近江中納言　諸大夫　随身　　菊亭三位中将
花山院宰相　随身　　三条宰相
吉田左衛門督兼見卿　　藤右衛門督永孝卿
備前宰相中将秀家　諸大夫　随身
　　関白殿前駆
左
増田右衛門尉　雑色　已下　　福原右馬助
長谷川右兵衛尉　　古田兵部少輔
加藤左馬助　　賀須屋内膳正
早川主馬頭　　池田備中守
堀田図書助　　中川武蔵守」
(20ウ)
伊藤丹後守　　小野木縫殿介
高田豊後守　　真野蔵人
蒔田相模守　　安威摂津守
一柳越後守　　平野大炊頭

矢野下野守　溝口伯耆守
服部采女正　赤松左兵衛尉
石川出雲守　中川右衛門大夫
宮部肥前守　木下備中守
市橋下総守　九鬼大隅守
生駒主殿頭　瀬田掃部頭
矢部豊後守　尼子宮内少輔」
（21オ）
多賀谷大膳大夫　芝山監物
稲葉兵庫頭　富田左近将監
前野但馬守
右
石田治部少輔　大谷刑部少
山崎右京進　片桐主膳正
脇坂中書　佐藤隠岐守
片桐東市正　生駒修理介
服部土佐守　高畠石見守
小出播磨守　石川伊賀守
谷出羽守　石田隠岐守」
（21ウ）

松浦讃岐守　薄田若狭守
寺沢越中守　村上周防守
青山伊賀守　明石左近
別所主水正　山崎志摩守
垣屋隠岐守　南条伯耆守
川尻肥前守　岡本下野守
牧村兵部大輔　古田織部正
新庄駿河守　奥山佐渡守
蜂屋大膳大夫　松岡右京進
津田隼人正　木村常陸介
雑色左右三十人」
（22オ）
随身
左
森民部大輔　野村肥後守
木下左京亮
右
蒔田主水正　中島左兵衛尉
速水甲斐守
胡簶緌之を具す

布衣
一柳右近大夫　　小出信濃守
石田木工頭」
(22ウ)
三行立烏帽子狩衣也。
牽替への牛　二匹。
敷持ち、沓持ち　両人。
牛童両人。　髪を下げ眉を作り、
赤装束に水干也。牛車紅
の絹に縫ひをして着たる也。頭に面
を懸け、両の角を金箔にてこれを濃み、沓
には浅黄の糸を以てこれを織り、紅
の緒を着けて履かせ、牽替への牛も装
束は同前。昔の例にあらず。御舎人御車
副へ烏帽子着数百人、三行に列す。」
(23オ)
此次
加賀少将利家朝臣
雑色　馬副へ　布衣
笠持ち　此の外同前

津侍従信包朝臣
丹波少将秀勝朝臣
三河少将秀康朝臣
三郎侍従秀信
金吾侍従
御虎侍従
左衛門侍従義康朝臣」
(23ウ)
東郷侍従秀一朝臣
北庄侍従秀政朝臣
松が島侍従氏郷朝臣
丹後侍従忠興朝臣
三吉侍従信秀朝臣
河内侍従秀頼朝臣
敦賀侍従頼隆朝臣
越中侍従利勝同
源五侍従長益同
松任侍従長重同
岐阜侍従照政同」
(24オ)

曽祢侍従貞通朝臣
豊後侍従義統朝臣
伊賀侍従定次朝臣
金山侍従忠政朝臣
井侍従直政朝臣
京極侍従高次朝臣
立野侍従勝俊朝臣
土佐侍従元親朝臣」

（24ウ）
」

（25オ）〈十行滅〉
天正記第五巻終」

（25ウ）
」

【天正記第六】

（27オ）
付きづきの侍は数を知らず。馬上の装束は
もゝはれとて、五色の地に四季の花鳥を、
唐織、浮織、龍文縫箔にして、
呉地蜀江の綾羅錦繡、目にも
綾なり。吉野山の春の景色、竜田川の秋の
装ひも如何と覚へ侍る。五畿七道より
上り集ひたる貴賤老少、喧すしき
事もなく、声を鎮めて鳳輦を拝み
奉るに、道すがらの供鼓の響き、何と
なく殊勝にして、感歎肝に銘
じたり。惣別、行幸の儲けの御所は、関白」

（27ウ）
殿供奉の役なれば、鳳輦聚楽の中門に入らせ
給ふ時、牛車はいまだ禁中を出で給はず。然れ
ば、翠輦御輿寄せに舁き着け、晴季公
御簾をあげ、下へ御成らせ給ふ時、万里
小路充房御裾を取り、やがて内へ
成し申しながら、いまだ御座へは着かせ給はず。
上達部、殿上人、便宜の処に安らひ
給ふ。殿下、四脚の門に入らせ給ひ、御車
寄せにて降り給ふ。まう上り給ひてより、御座
に着かせ給ふ時、殿下裳裾を後ろに
たゝみて、御前に畏まつて、御気色を取る。」

（28オ）
暫しあつて、罷り退き給ひて、御殿の装束をも改めらる。やゝありて、殿下又参り給ひて、各衆着座なされ、規式あり。

御配膳の衆

主上御前　三条宰相中将公仲卿

六宮御前　勧修寺右少弁光豊

関白殿　伏見殿　竹園　摂家　清華等
御前

五条為良朝臣　四辻季満朝臣」

（28ウ）
飛鳥井雅継朝臣
六条在親朝臣
橋本実勝朝臣
五辻元仲朝臣
西洞院時慶朝臣

初献の御土器より御気色有り。三献には天杯天酌、五献には盆・香箱御進上、七献には御剣御進上。とりどりの御肴、供御盛物、金銀の作り物、折台には蓬莱の島に鶴亀の齢、松竹のみさをなど、行末千年を祝ひ供へたる」

（29オ）
物也。御酒宴果てて、西面の御几帳を上げさせ給へば、庭の植木など茂りあふ若葉の中に、遅桜、躑躅、山吹などの咲き残りたるに、蝶や鳥が飛び、夕日の影に戯れて、興ありとぞ。水殿雲廊別に春を置く、誠に長生不老の楽しびを集むるものか。暮れ果つるまで御遊びとぞ聞えける。　御人数十五六人。

一番に　五常楽　　二番に　郢曲
三番に　太平楽

一、箏の琴　　御所作其の外。」

（29ウ）
一条殿　四辻大納言　庭田中納言
四辻中将　飛鳥井中将、　五人。

一、琵琶　　伏見殿　　菊亭殿

同三位中将　　三人。

一、笙　　大炊御門前大納言

一、笛　伯三位　五辻左馬頭両人

一、郢曲　四辻前大納言

持明院中納言　　発声也。

五辻左馬頭　三人。

徳是北辰椿葉陰二改

尊尚南面松花色十回」

(30オ)

此の句を朗詠し給ふなり。色々の調べの中に、主上の御爪音、殊更にこそ聞えければ、花に囀る春の鶯、梢に吟ずる秋の蟬、暮れの松風、暁の水の流れ、寂々颯々と、心も澄み渡りて、天津乙女子も降るべき折からとぞ。曲終りて、猶嘆声深く、竜顔柔らかなる御心にも、かやうの珍しきすさびは、昔もよもあらじと、喜びの眉を開き給ふ。小夜更くるまゝに、殿下もはや寝殿に入り給ふ。母屋の」

(30ウ)

夜の御座しの設け懇ろなり。次の日には、公卿人参りて早朝し奉り、御所にはかねて三日の行幸と定められしかども、あまりに御残り多し、せめて五日留め奉るべし。然らば、目出たき御代に逢ひ奉る事、天の道理にや。此の度の行幸、後代の例しにも思し召し、朝廷いよいよ栄ゆくべき御願いなり。それについて、禁中正税のために、洛中の地子、悉く末代まで進献し給ふ。その御状の文言に云はく、

今度聚楽行幸に就て、京中の銀地子」

第五　(25オ)〈二行減〉

五千五百三十両余事、禁中の内として御料所進上し奉る。次に八木八百石也。内三百石は院御所へこれ進上。残りは関白領として、六宮殿へこれを進じ候。洛中地子相残らず是も進献す。次に諸公家諸門跡、近江国高島郡に於いて八千石、別の朱印を以て配分せしむるもの也。自然奉公無き

輩のあらば、叡慮として相計らはれ、
忠孝の輩に仰せ付けらるべきもの也。仍状如件。
天正十六年四月十五日　　秀吉判」

（31オ）

菊亭殿

勧修寺殿

中山殿

殿下つらつら、行末の事などを工夫まし
ますに、只今堂上に成し置かるゝ人々は、
みな殿下の恩恵浅からず。かけまくもかた
じけなき殿上の交わりを許され、此の
行幸に逢ひ奉るものかなと、感悦する
輩也。子々孫々に至りては、若し此の恩
徳を忘れ、無道の事もやあらんと思し
召して、新たに昇殿ありし人々、」
（31ウ）〈一行増〉
尾州内府、駿河の大納言をはじめ、みな禁中へ
対し奉り、誓紙をして上げらるゝに
於いては、悦び思し召さるべき由なり。
そのかみ、皆人の遺言を成す事、其の末
期に臨みて、領知財宝を譲る事のみなり。
我が世盛んなる折に、領知財宝を備へ参
らするこそ、誠の志にてはあらめと宣ふ
を聞きて、満座感涙を催し侍りぬ。
各々尤もとて、則ち誓紙を書かせ給ふ。其の詞
に云はく、

敬つて申す　起請

一、今度聚楽第　行幸に就いて」
（32オ）
仰せ出ださるゝの趣、誠に以て有り難く、感涙を
催す事。
一、禁裏御料所地子以下并公家衆所々の知
行等、若し無道の輩これあらば、各々として
異見を加へ、当分の儀は申すに及ばず、子々孫
々異議無き様に申し置くべき事。
一、関白殿仰せ出され候趣、何辺違背
申すべからざる事。
右の条々、若し一事たりといふ共、違犯せし
めば、梵天、帝釈、四大天王、惣じて日本
六十余州の大小の神祇、殊更王城の鎮守、」

（32ウ）

別して春日大明神、八幡大菩薩、天満大自在天神、氏神、部類眷属、神罰冥罰、各々罷り蒙るべき者也。

仍て起請、如件　天正十六年四月十五日

右近衛権少将豊臣利家
参議左近衛中将豊臣秀家
権中納言豊臣秀次
権大納言豊臣秀長
大納言源家康
内大臣平信雄

金吾殿」

（33オ）

同時に別紙の誓詞これあり。文言同前。

土佐侍従秦元親
立野侍従豊臣
京極侍従豊臣
井侍従藤原直政
金山侍従忠政
伊賀侍従定次
豊後侍従義統
曽祢侍従貞通
岐阜侍従照政
源五侍従長益」

（33ウ）

松任侍従長重
越中侍従利勝
河内侍従秀頼
敦賀侍従頼隆
三吉侍従平信秀
丹後侍従忠興
松が島侍従氏郷
北庄侍従秀政
東郷侍従秀一
三河侍従秀康
丹波少将秀勝」
津侍従平信包

（34オ）

日付宛所同前。

扨、今日は和歌の御会と定められつれ共、御逗留の間、翌日迄差し延べ給ふ。御殿もゆるゆるとして、何となきうちうちの御すさび等也。殿下も何かの事取り混ぜ、沙汰し給ふとて、申の刻ばかりに、まう昇り給ひぬ。献々の間に進上物。一、御手本　即之が筆

千字文　一、御絵三幅一対　一、沈香百斤

方五尺余りの台に、紅の糸を以て網を掛け、六人して舁きて参る。此の外、摂家」

(34ウ)〈一行増〉

を始め申し、諸門跡、清華以下、悉くへ引出物これあり。

伏見殿　九条殿　一条殿　二条殿

近衛殿　菊亭殿　徳大寺前内大臣

尾張内府　此の衆へ、御絵二幅にとどの皮一枚、盆一個、堆紅、御小袖一重、太刀一腰。是に領知御折紙を副へてまいらせ給ふなり。この外の衆へは御小袖二重、太刀一腰、知行の御折紙右に同じ。各々歓喜し給ひ、飽かず、猶更け過ぐるまで御酒宴也。殿下立たせ給ひて後、いよいよ御土器重なりて、みな酔ひを尽くす。

三日目　十六日の曙より、天気掻き曇り、雨に」

(35オ)

やならんといふより、はや一つ二つ零れ落ち、しめやかに降り出でて、檜皮の軒を伝ふ玉水の音、昨日の琴筑の響きを残すかとおぼめかれて、物静かなり。今日の和歌の御会、折にあひて、尤も殊勝となん。懐紙は下﨟より置かれ侍る。

一番　大和大納言　二　駿河大納言

三　鷹司大納言　四　久我大納言

五　日野大納言　六　烏丸大納言

七　中山大納言　八　大炊御門

九　勧修寺殿　十　西園寺大将」

(35ウ)

十一　四辻殿　十二　飛鳥井殿

十三　尾張内大臣　十四　徳大寺殿

十五　菊亭右大臣　十六　近衛左大臣

十七　梶井殿　十八　妙法院宮

十九　二条前関白殿　廿番　青蓮院宮

廿一　一条准后　廿二　九条准后

廿三　聖護院　　　廿四　仁和寺宮
廿五　伏見殿　　　廿六　室町入道
廿七　六宮　　　　廿八　関白殿
主上の御懐紙は、各別にこれ
あり。中納言・参議以下の懐紙取り集めて、」
(36オ)
前に重ねて置かれ侍る。多くの人数のまゝ、披講成り難き故也。御座配以下、懐紙の重ねやう次第の事は、去る天正十三年七月に、親王准后各座たるべき由、是を仰せ定めらる。法中衆も昨日今日、両日の御会也。御相伴の時は近江中納言・三位中将・花山院・備前宰相、席末に交はり給ふ。けだし、
尾張内府・駿河大納言・大和大納言・近江中納言・備前宰相、此の五人の事、清華たるべき旨、勅裁に仍て、則ち御相伴なり。尤も規模たる者か。勧修寺・中山・烏丸・日野大納言等は座敷に着き給はず。」
(36ウ)
今日は九献の用意たりしか共、あまり長座敷なれば、七献にてぞ侍りし。献々の間、

御進物の事。　一、黄金百両
一、金襴廿巻　一、麝香の臍廿斤
一、御小袖百　一、黄金の建盞、同白銀
の台に据ゆる。　一、御馬十匹
右此の如し。やがて披講始まる也。
奉行　中山大納言
題者　飛鳥井殿
読師　菊亭右大臣
講師　中山頭中将」
(37オ)
発声　飛鳥井前大納言
御製　読師　関白殿
講師　勧修寺大納言
発声　飛鳥井前大納言
講誦の人数　四辻前大納言
大炊御門　烏丸大納言
日野新大納言　久我大納言
持明院中納言　広橋中納言
伯三位　飛鳥井中将
園少将　五辻左馬頭

詠歌松をよろこぶ　和歌」

(37ウ)〈一行増〉

御製

わきてけふ　まつかひ
あれや　松がゑの　世々
の契りを　かけて見
せつゝ

夏日侍　行幸聚楽第同詠
　松を祝ひ和歌
　関白豊臣秀吉

よろつ代の　きみがみ
ゆきに　なれなれん
みとり木たかき　のき
のたままつ」

(38オ)

詠歌松をよろこぶ

契りあれや　きみまちゑたる　ときつかせ　千世を
ならせる　にわの松がえ　六宮古佐丸

おさまれる　時とはしるし　まつ風の　こすへに
よばう　万せいのこゑ　伏見殿

なみかせも　ふきしすまりて　まつたかき　山と島
ねの　四方のうらうら　九条殿

相生の　まつのみとりも　けふさらに　いくちよふ
へき　いろをみすらん　一条殿

日にそひて　木高きにはの　まつかゑた　いかに
千年の　後はさかえん　昭実」

(38ウ)

きみもしんも　心あはせて　おさむてう　代のこゑ
しるし　にはのまつかせ　近衛殿

あきつすの　外までなつく　国の風　まつにうつ
して　聞をよはらじ　菊亭殿

ふかみとり　ちよにやちよの　色そへて　けふまち
ゑたる　にはの玉まつ　徳大寺殿

亀のうへの　山なりけりな　にはひろき　池の島ねの
まつのこたかき　尾張信雄

きみも人も　けふをまち得て　いはふなり　かねて
千年を　まつのことのは　飛鳥井殿

やすみしる　君がよわひも　さゝれ石の　いはをの」

(39オ)

松の　千よの行すへ　四辻殿

かきりなき　君かやちよや　こもるらん　たちそふ
にはの　まつのみとりに　西園寺殿
よゝをへん　きみがめくみの　ふかきいろを　松の
みとりに　懸て見すらん　勧修寺殿
ことさらの　しらへにけふは　まつ風も　こたへに
けりな　万せいのこゑ　大炊御門
けふよりは　うてなのたけの　よゝかけて　君たち
なれん　宿のまつかえ　中山殿
うごきなき　よゝのためしを　引そふる　いわねの
まつの　色はかはらし　烏丸殿」

（39ウ）

天地も　うごきなきよに　相生の　まつにをまつの
しけりそふらん　日野輝資
雨つちの　めくみもそいて　きみか代の　ときはの
いろや　まつにみゆらん　久我大納言
けふよりや　みきりのまつの　かけにしも　かそえん
きみか　ちよの行すへ　鷹司殿
みとり立　松のはことに　此きみの　千年のかすを
契りてそ見る　駿河大納言源家康
かけてけふ　御幸をまつの　藤なみの　ゆかりうれ
しき　花のいろかな　大和秀長
ふかみとり　立そふかけは　雲井迄　千年さかゑん」

（40オ）

にはのまつかゑ　持明院
うへしより　君か千年を　ちきりてや　まつに
かはらぬ　色をみすらん　庭田殿
末遠く　きみが見るへき　時は今　ちとせふかむる
にはのまつかへ　正親町季秀
にはに先　二はの松を　うつしおきて　きみか
千年の　行ゑかそえん　広橋殿
きみがへん　ちよのねさしと　かねてより　うへし
みとりの　まつの木高き　坊城式部
おさまれる　御代そとよばう　松かせに　たみの
くさはも　猶なびく也　豊臣秀次」

（40ウ）

けふよりの　きみか千年に　ひかれてや　松も
みさをの　かけおならへん　菊亭殿
かきりなき　きみかよわひに　引かれなは　みきり
のまつも　ときはなるへし　花山院殿
時にあひて　さかふるまつの　ちとせをは　きみか

ためにと　契りをかまし　三条正親町殿
よるひるの　神のまもりに　にはのまつ　ときわ
かきはの　こすへ也けり　吉田左衛門
きみとしんと　かけをならへて　相生に　いくちよ
へなん　やとのまつがへ　白川殿
君もなを　あかす見るらん　うごきなき　いはねの」

（41オ）

まつを　にはにうつして　高倉殿
松かゑの　しけりあひたる　にはの面に　つらなる袖
も　よろすよやへん　豊臣秀家
幾千よも　ときはなるへき　まつかへの　色をみ
きりに　契り置かな　万里小路
ちよをへん　君かよわひを　松かけや　ちかき守り
の　かさしなるらん　中山殿
君かため　うへしみきりの　ひめこまつ　木高き
かけや　猶も見てまし　西洞院
きみかへん　よわひはしるし　つるのすむ　松も
ねさしの　万よのかけ　四辻殿」

（41ウ）

天の下　めくみあまねき　木々になを　まつはちとせ
の　かけを見せけり　五条殿
きみか代は　つきぬこと葉の　ちりひちの　山とや
ならん　雪のまつかえ　飛鳥井殿
かけたかき　みきりの松に　立そいて　きみが千年
の　春秋やへん　在親殿
末遠き　ちきりをまつに　かけまくも　かしこき御
代の　さかへなりけり　橋本殿
千年へん　まつにそちきる　しき島の　みちある
みよの　ゆくすへしるしも　五辻殿
きみがよの　かきりはしらし　今よりの　千年を」

（42オ）

松の　ときはかきはに　水無瀬殿
万代の　たねを心に　まかせてや　まつに小松の
しけりそふらん　施薬院殿
相生の　まつに契りて　いくちよも　君かよわひは
つきしとそ思ふ　三条西殿
たのしひを　あつむるなかに　ことのはの　さかふる色や
松にみゆらん　園左近衛
うへおきし　まつもかしこき　我きみの　千年
かわらぬ　いろをおもへは　葉室

けふよりや　猶いろそへて　まつのはの　つきせぬた
めしを　きみにちぎらん　土御門」
(42ウ)
うつしをきて　木高くなれや　まつがゑに　いく万
代を　かねてちきらん　日野資勝
わか君の　ちとせをへてや　松かへの　四方にさ
かふる　かけもなをみん　勧修寺
かけふかき　みきりのまつの　風たにも　えたを
ならさぬ　みよにも有かな　烏丸殿
ときわなる　まつにならひて　きみかへん　千世の
行への　しるきけふかな　甘露寺殿
あひにあふ　みきりのまつは　いろそふや　きみか
千年の　かさしならまし　庭田殿
あふくてう　きみが千年を　ことのねに　しらへ」
(43オ)
そへたる　にはの松風　柳原殿
君か代は　かきりもあらじ　かけ高き　まつに
小松や　うへもそふらん　広橋殿
色かへぬ　まつをためしに　わかきみの　千世に
やちよを　ちぎるゆくすゑ　正親町

君かため　うへをくにはの　まつかへは　いくちよ
までの　ねさしなるらん　下冷泉
いろかへぬ　まつにそちきる　いくちよも　つたへ
たゝしき　ことのはのみち　冷泉殿
うごきなき　いはおになるゝ　松のはや　こけむす
にはの　いろをそふらん　吉田殿」
(43ウ)
ちよふへき　まつにちきりて　けふよりや
はかへぬいろを　いく年かみん　宗澄
にはの面に　うへをくまつの　若みとり　きみか
めくみに　ちよもへぬへし　四条殿
久かたの　雲いのにはの　松かせも　えたをならさぬ
けふにあふかな　阿野
今日よりも　千年へぬへき　行末を　きみに
ちきらん　にはのまつがへ　富小路
万代は　けふを始と　契りおきて　うふるをまつ
の　すへそはるけき　外記式部殿
かみしもの　心ひとしく　いくとしも　きみを」
(44オ)
みきりの　松にちぎるらん　官務

君かよわひ　いかてかそゑん　もゝへ有　まつの
はことに　ちよの代々　唐橋殿
天正十六年四月十六日　和歌御会
夏日侍　行幸聚楽第同詠
松を慶ぶ和歌
うへをける　みきりの松に　君かへん　千世のゆくゑそ
かねてしらるゝ　加賀利家
道しある　時もいまはた　相生の　まつの千年を　いく
よかさねん　津侍従
百しきや　四方にさかふる　まつがえの　かはらぬ」
(44ウ)
かけを　頼む諸人　丹波殿
玉をみかく　みきりのまつは　いくちとせ　きみか
さかへん　ためしなるらん　三河秀康
きみがため　うへ置くにはの　まつのはの　つもる
をちよの　数に定めん　左衛門義康
よゝをへは　うふるこすへに　しら雲も　つねに
かゝらん　にはの山松　東郷侍従
しもの後　なをあらはれん　まつかへの　ちよの
みとりや　今しけるらん　北庄秀政
あふくよの　人の心の　うつるとてや　千年をちぎ
る　まつのことのは　松が島殿」
(45オ)
君かよの　なかきためしは　松にすむ　つるの千年
を　そへてかそえん　丹後侍従
きみか代に　うへていくたひ　ちきらまし　みきり
のまつの　けふの千年を　三吉
ちよをふる　まつはときはの　かけなから　わきて
けふこそ　色もそふらめ　河内秀頼
君をいはふ　ためしにうへし　住吉の　まつも久
しき　よゝの行末　敦賀侍従
かそへみん　千年をちきる　やとにしも　まつに
小松の　かけをならへて　越中利勝
あさからぬ　みとりもしるし　ちよをへん　花の」
(45ウ)
都に　相生のまつ　松任侍従
としへても　かはらぬにはの　松のはに　契り
かけをく　行すへたかうな　源五侍従
きみが代の　ふかきめくみを　松のはの　かはらぬ
色に　たくへてそ見る　岐阜侍従

かけ高き　まつにひかれて　きみか世の　久しかる
　へき　ゆくすゑしるも　曽祢侍従
かけ高き　まつにたちよる　袖迄も　ちとせへぬ
　へき　九重のうち　豊後侍従
九ゑの　まつのねさしの　ふかけれは　遠き国まて
　ときはかきはに　伊賀侍従」
(46オ)
みとりさへ　年にまさりて　やま川の　ふかきや
　ちよの　ねさしなるらん　金山侍従
たちそふる　千よのみとりの　いろふかき　まつの
　よわひを　君もへぬへし　井侍従
二はより　にはに小松を　うつしうへて　すゑの
　千年そ　しるくみえける　侍従高次
万世も　玉のみきりの　まつの色　ときはかきはに
　きみやさかゑん　立野侍従
豊かなる　都の内の　松風に　おきつしまねも
　なみしつか也　土佐侍従
　天正十六年四月十六日　和歌御会」
(46ウ)
洛中詠歌　松を慶ぶ歌

昌山准后　公方様　沙門道休
としになほ　まさきのかつら　なかきよを　懸てそち
　ぎる　やとのまつがえ
ちとせへん　きみがよわひを　けふは猶　いろにみせ
　たる　にはのまつかへ　青蓮院
うつしうふる　にわはたかさご　すみの江も　同し
　ちとせの　相生のまつ　聖護院
おさまれる　よになびきあふ　まつかせの　こゑにそ
　しるき　君かちとせは　沙門守理
おさまれる　きみがよなれは　桐にすむ　とりも」
(47オ)
　みきりの　松にうつらん　常胤
おさまれる　よは久かたの　そらにふく　風さへ松
　の　えたをならさぬ　最胤
　天正十六年四月十六日　和歌御会
　披講満じて、
主上入御なされ侍り。各々御膳
参り、とりどり御酒宴、夜半鐘に至り御
退出とぞ。
四日目　十七日　舞御覧

一番　万歳楽　　二番　延喜楽
三々　太平楽　　四々　狛桙」
(47ウ)
五番　陵王　　六番　納蘇利
七々　採桑老　　八々　古鳥蘇
九々　還城楽　　十々　抜頭

楽奉行は四辻大納言。左右の楽屋に五間の幕　瓜紋あり。楽屋の前に大太鼓あり。鞨鼓・鉦鼓・笛・篳篥、調子を取りて、まづ乱声を吹き、振鉾を始めてより、万歳楽に移る。装束は赤地の紋紗の袍、唐錦の袴、赤地の金襴の打懸、鶏冠に石帯、糸沓以下美麗なり。採桑」
(48オ)
老は、天王寺の伶人舞之。天子より下さるゝ白き御衣なり。面扞に鳩の杖、笛はあまのたきさし、これは勅物也。舞後返上いたす。長慶子にて吹き納め、退散して、御座を改められて、御土器参る。七献過ぎて、北政所殿、大政所殿より、金吾侍従を御使ひとして進上物あり。

一、御小袖二十重ね　一、黄金五十両　砂金袋に入れて
一、香炉一ケ　一、盆　香箱堆紅
一、麝香の臍二十　一、高檀紙十帖

右、北政所殿より進」
(48ウ)
上なり。

一、御小袖十重　一、黄金五十両　砂金袋に入て
一、香炉一個　一、盆　香箱堆紅
一、麝香の臍十　一、高檀紙十帖

右、大政所殿より進上なり。

さて、大殿油参らせて、御心静かなる御すさび半ば、院の御所より御短冊を送りまいらせらる。

万代に　又八百万　かさねても　猶かきりなき　時は此のとき

殿下、喜びに堪へ給はず、やがて御返事。」
(49オ)
ことのはの　浜のまさこは　つくる共　かきり

あらしな　君がよわひは
主上を始め奉り、各々御当座の御歌あり。
五日目、十八日、還御なり。　殿下参り
給ひて、献々御祝事有て、やがて又行幸
御申し定めあるべき御有らましなど、細やかに
契らせ給ひて、午の刻ばかりに、鳳輦を
寄せさせ給ひて、行幸の日の如く、前駆より
次第々々に沓を引き、馬上には轡づら
を通し、御心静かなる還幸也。行
幸の時は見ざりし長櫃三十枝、唐櫃」
(49ウ)
廿ヶ。黒塗の上に蒔絵して、板
摺の金物に至るまで菊の御紋あり。覆
は唐織なり。前駆の先に奉行を付けて
遣はさる。是や此の程の進上物ならん。楽
人また還城楽を奏す。禁中へ入り
給ひて、弥増の御寿、斜めならざる
御気色なり。晴れの御膳の儀式あり。夫
より殿下も還御ありて、踏舞に
堪へ給はず。誠に天長く地久しく、御代を保
ち給ふべき祝ひなりと、皆人仰ぎたて
まつるも理りなり。十九日には、巳の刻」
(50オ)
より俄に風変わり、雨荒々しく降りて、
廿日まで止まず。行幸以前も降りつづきて、
日和の事のみ案じ給ひしに、行幸と
還御との時は、天津日のかげもさやか
なりしを、昨日今日の雨にて、天道に
叶ひ給ひし事覚へ侍りなど、各々申し
あへり。　殿下、旁々の御喜びに
三首の御歌あり。

　時を得て　玉のひかりの　あらわれて　みゆきそ
　　けふの　諸人の袖
　天まても　君がみゆきを　かけておもひ　あめ」
(50ウ)
　　ふりすさふ　にはのおもかな
　みゆきなを　おもひし事の　あまりあれは
　　かへるさおしき　くものうへ人

始めの一首は、　行幸のつゝがなく
成就し目出たき事、誠に卞和の

壁の世に現はるゝが如しとなん。中
の一首は、雨風も時を知る唐尭の昔
を思ひ出で給ふにや。後の一首は、宋の太祖、
趙普第に御幸せし勧盃をし
たふ心もや侍らん。則ち、短冊に書き付け
られ、禁裏幷に院の御所へ送り、進上し」

(51オ)

給ふ也。御添へ状あり。　今度行幸忝き次第。
則ち参内せしめ、申上ぐべく候といへ共、先づ祝詞と
して此の三首、これを進上候。宜しく
御披露に預かるべく候。　仙洞へも
御目に懸けられ然るべく候者。取成専一候也。
謹言　四月廿日　御判
　　菊亭殿
　　勧修寺殿
　　中山殿
則ち、叡聞に備へらる。　御感
浅からずして、御返しあり。」

(51ウ)〈一行増〉

　玉を猶　みかくにつけて　世にひろく
　　あふく光を　うつすことのは
　かきくらし　ふりぬる雨も　心あれや　はれて
　　つらなる　くものうへ人
　あかさりし　心をとむる　やとりゆへ　なを
　　かへるさの　をしまるゝかな

院御製
　うつもれし　みちもたゝしき　おりにあひて
　　たまのひかりの　よにくもりなき
古人の云ふ、和歌に治世の声、乱世の声
有りとなん。御製幷に殿下御詠歌等、変
風の体を嫌ひ、正雅の趣きを得給ふは、」

(52オ)

寧ろ治世の声に有らざらんや。上
達部、殿上人、皆その体にならひて御
返しあり。廿一日には摂家・門跡・清華等、各々
執政へ御礼あり。進物等とりどりなり
しを、皆停止候ひて、御対面にて
返させ給ひぬ。此の度の行幸の如く
なる事、古の例をも聞き侍らず。御幸
は万民竜顔を拝し奉りて、恩沢

を蒙り、災ひを除く故に、行きて御幸すといへるにや。国土安全の政、是に過ぐべからず。古き諺に云ふ、大徳は」

(52ウ)

必ずその位を得、必ず其の名を得、必ず其の命長き事を得るとなん。千秋万歳の御齢、いさゝか此の理に違ふべからざるもの也。

　　御朱印あり

天正十六年五月吉日

同年八月十六日　　誌之

　天正記第六終」

【天正記第七】

(1オ)〈二行滅〉

　天正記第七巻

一　前関白秀吉公、御検地帳の目録

　五畿内中

廿二万五千二百五石　山城
四十四万八千九百五石　大和
廿四万二千百五石　河内
十四万千五百十石　和泉
三十五万六千七十石　摂津国

　東海道」

(1ウ)

十万石　伊賀
五十六万七千百五石　伊勢
一万七千八百五十四石　志摩
五十七万千七百三十七石　尾張
廿九万七千百十五石　三河
廿五万五千百六十石　遠江
十五万石　駿河
六万九千八百三十二石　伊豆
廿二万七千六百十六石　甲斐
十九万四千二百四石　相模
六十六万七千百五石　武蔵」

(2オ)

四万五千四十五石　安房
三十七万八千八百九十石　上総
三十九万三千二百五十石　下総
五十三万石　常陸

東山道

七十七万五千三百九十石　近江
五十四万石　美濃
三万八千石　飛驒
四十万八千四百五十七石　信濃
四十九万六千三百八十石　上野
三十七万四千八十石　下野」

（2ウ）

百六十七万二千四百六石　陸奥
三十一万八千九十五石　出羽

北陸道

八万五千石　若狭
四十九万千六百十石　越前
三十五万五千五百七十石　加賀
廿一万石　能登
三十八万三百石　越中
三十九万七百七十石　越後
一万七千三十石　佐渡

山陰道」

（3オ）

廿六万三千八百八十七石　丹波
十二万三千石　丹後
十一万四千二百三十五石　但馬
八万八千五百石　因幡
十万九千四十七石　伯耆
十八万六千六百五十石　出雲
十一万千七百七十石　石見
四千九百八十石　隠岐

山陽道

三十五万八千五百四十石　播磨
十八万六千十七石　美作」

（3ウ）

廿二万千七百六十二石　備前
十七万六千九百廿九石　備中
十八万六千百五十石　備後
十九万四千百五十石　安芸
十六万七千八百廿石　周防
十三万六百六十石　長門

南海道

十四万三千五百五十石　紀伊

六万二千四百四十石　淡路
十八万三千五百石　阿波
十二万六千二百石　讃岐」
（4オ）
三十三万六千二百石　伊予
九万八千廿石　土佐

西海道

三十三万五千六百九十石　筑前
廿六万六千石　筑後
三十万九千九百三十五石　肥前
三十四万千二百廿石　肥後
十四万石　豊前
四十一万八千三百十五石　豊後
十二万百八十七石　日向
十七万五千五十七石　大隅」
（4ウ）
二十八万三千四百八十八石　薩摩
壱岐
対馬」
（5オ）

朝鮮国御進発の人数積り

肥前国名護屋在陣の衆

一万五千人　武蔵大納言殿
一万人　大和中納言殿
八千人　加賀宰相殿
三千人　穴津中将殿
千五百人　結城少将殿
千五百人　前尾張守法名常真
五千人　越後宰相
千人　会津少将
三千人　常陸侍従」
（5ウ）
五百人　伊達侍従
三百人　出羽侍従
二千人　金山侍従
八百人　松任侍従
八百人　八幡山京極侍従
百五十人　安房侍従
千人　羽柴河内侍従
千五百人　竜野侍従

六千人　北庄侍従
同舎弟美作守
二千人　村上周防守」
（6オ）
[1]千三百人　溝口伯耆守
五百人　木下宮内少輔
千人　水野下野守
千人　青木紀伊守
三百人　宇都宮弥三郎
[6]百二十人　秋田太郎
五十人　津軽右京介
百人　南部大膳大夫
五十人　本多伊勢守
百五十人　那須太郎
五百人　真田源五父子」
（6ウ）
[1]三百人　朽木河内守
五百人　石川玄蕃介
三百人　日祢野織部正
二百人　北条美濃守

千人　仙石越前守
[6]二百五十人　木下右衛門督
千人　伊藤長門守
合七万千六百七十人
御前備へ
六百五十人　富田左近
八百人　金森飛騨守」
（7オ）
[1]百七十人　蜂屋大膳大夫
三百人　戸田武蔵守
三百五十人　奥山佐渡守
四百人　池田備中守
四百人　小出信濃守
[6]五百人　津田長門守
二百人　上田左太郎
八百人　山崎左馬允
四百七十人　稲葉兵庫頭
二百人　市橋下総守
二百人　赤松上総介」
（7ウ）

1三百人　羽柴下総守
合五千七百三十人
御弓鉄砲衆
二百人　大島雲八
二百五十人　野村肥後守
6同　木下与右衛門尉
百七十五人　船越五郎右衛門
二百五十人　伊藤弥吉
百三十人　宮木藤左衛門尉
百五十人　橋本伊賀守
百人　鈴木孫三郎」
(8オ)
1二百五十人　生熊源介
合千七百五十五人
御馬廻衆
四千三百人　御傍衆　六頭
三千五百人　小姓衆　同
6五百人　室町殿
八百人　御伽衆
千五人　木下半助与

七百五十人　御使番衆
千二百人　御詰衆
八百五十人　鷹匠」
(8ウ)
1千五百人　中間已下
合一万四千九百人
御後備へ
三百人　羽柴三吉侍従
五百人　長束大蔵
6百三十人　古田織部
二百人　山崎右京
二百人　蒔田権佐
百七十人　中江式部
百三十人　生駒修理亮
百人　同主殿頭」
(9オ)
1百人　溝江大炊助
二百人　川尻肥前守
五十人　池田弥右衛門尉
百二十人　大塩与一郎

百五十人　木下左京助
百人　矢部豊後守
二百人　有馬玄蕃
百六十人　寺沢志摩
四百人　寺西筑後守
同次郎介
五百人　福原右馬助」
（9ウ）
二百人　竹中丹後守
二百七十人　長谷川右兵衛尉
百人　松岡右京進
七十人　河勝右兵衛尉
二百五十人　氏家志摩守
百五十人　同内膳正
二百人　寺西勝兵衛尉
百人　服部土佐守
二百人　間島彦太郎
合五千三百人
朝鮮国先懸の御勢」
（10オ）

七千人　小西摂津守
五千人　対馬侍従
三千人　松浦法印
二千人　有馬修理大夫
千人　大村新八郎
七百人　五島若狭守
合一万八千七百人
一万人　加藤主計頭
一万二千人　鍋島加賀守
八百人　相良宮内少輔
以上二万二千八百人」
（10ウ）
五千人　黒田甲斐守
六千人　羽柴豊後侍従
以上一万千
一万人　羽柴薩摩侍従
二千人　毛利壱岐守
千人　高橋九郎
秋月三郎
千人　伊東民部

島津又七郎
合一万四千人
五千人　福島左衛門大夫」
(11オ)
四千人　戸田民部少輔
七千二百人　蜂須賀阿波守
三千人　羽柴土佐侍従
五千五百人　生駒雅楽頭
合二万四千七百人
三万人　羽柴安芸宰相
一万人　同小早川侍従
千五百人　同久留米侍従
二千五百人　同柳河侍従
八百人　高橋主膳正
九百人　筑紫上野介」
(11ウ)
合四万五千七百人
朝鮮国都表出勢の衆
一万人　備前宰相
千人　増田右衛門尉

二千人　石田治部少
千二百人　大谷刑部少
二千人　前野但馬守
千人　加藤遠江守
以上一万七千二百人
三千人　浅野左京大夫
千人　宮部兵部少輔」
(12オ)
千五百人　南条左衛門督
八百五十人　木下備中守
四百人　垣屋新五郎
八百人　斎村左兵衛尉
八百人　明石左近
五百人　別所豊後守
三千人　中川右衛門大夫
千四百人　郡上侍従
八百人　服部采女正
四百人　一柳右近将監
三百人　竹中源介」
(12ウ)

四百五十人　谷出羽守
三百五十人　石川備後守
　　合一万五千五百人
八千人　岐阜少将
三千五百人　羽柴丹後少将
五千人　同東郷侍従
三千五百人　木村常陸介
千人　小野木縫殿頭
七百人　牧村兵部少
五百人　岡本下野守
二百人　加須屋内膳正」
（13オ）
二百人　片桐東市正
二百人　同主膳
三百人　高田豊後守
二百人　藤懸三河守
百二十人　大田小源五
二百人　古田兵部少
三百人　新庄新三郎
二百五十人　早川主馬頭

三百人　毛利兵橘
千人　亀井武蔵守
　　合二万五千五百人」
（13ウ）
　朝鮮国船手の勢
千五百人　九鬼大隅守
二千人　藤堂佐渡守
千五百人　脇坂中書
七百五十人　加藤左馬助
七百人　来島兄弟
二百五十人　菅平右衛門
千人　桑山藤太
　同小伝次
八百五十人　堀内安房守
六百五十人　杉若伝三郎」
（14オ）
　以上九千二百人
名護屋在陣の勢　合十万二千三百人
朝鮮国へ渡海の勢　合廿万千二百人
以上三十万三千五百人也

陸奥外の浜より、肥前の国名護屋に至り行くほどに六千里也。かるがゆへに、国の遠近に随ひ、勢の多少有り。

此の目録を以て、其の身の分限をいふ事なかれ。

本朝人王十五代

神功皇后の御宇六十年庚辰、」

(14ウ)

三韓に征せしより此の方、百有八代なり。

今上皇帝　文禄元年

前摂政関白秀吉公

勢を朝鮮国に遣はす、

凡そ一千三百三十三年に至る歟。

天正記第七終」

【天正記第八】

(15オ)

天正記第八目録

一、天子御果報の事
　幷諸学御器用の事
一、当関白殿御行儀の次第
一、遠流衆幷落書の事
一、当関白殿御手懸の人々辞世の事
一、条々天道恐しき次第　三好実休の事
一、松永弾正分別の事
一、山城道三身上の事」

(15ウ)

」

(16オ)

抑、当今様は、百王百代以来の聖王なり。

第一に御果報の王位なり。

第二に御宸筆世に勝れ、和歌の道達者也。

第三に諸学御器用の故、昼夜御沙汰候也。

摂家・清華、其外御宮仕への若き輩に、家風を学問あれと御暇を下され、且つふは御慈悲、又は天下の御為、有りがたき綸命なり。

併しながら、世法仏法、共に以て、ますます繁昌たるべき基なり。

今度、日本国、既に闇の夜とならんと欲

するの子細、天道恐ろしき事なり。」
(16ウ)
当関白殿、御若年の時は羽柴孫七郎秀次と
申し候らひき。
古関白秀吉公の甥にておはしますゆへ、何
の奉公も候はねども、廿より内に
尾張一国妨げなく進らせられ、恣
に御知行候ひし。既に宰
相の御位より、権中納言に任ず。
あまつさへ、廿六の年、天下御与奪なされ、関
白の位に進められ、副将軍を預かり
申され、栄華栄耀に誇り、美女百余人
集め置き、ご寵愛斜めならず。此の時より」
(17オ)
古関白秀吉公、　太閤と申し奉り訖。

当関白殿御行儀の次第

鉄砲御稽古として、北野辺へ御出でなさ
れ、田畑にこれある農人を目当てに
して撃ち殺し、ある時は、御弓の御稽古と
して、射貫きをあそばし候とて、往還の
者を召し取り、射させらる。又ある時は、身力
御自慢なされ、試し物をさせられ候。各斬る
者を上げ候へと上意なり。進上候はねば御
機嫌悪しう候間、させる咎にもあらざるを
急度咎に申し付くる。其の外、巡礼、往来の」
(17ウ)
者に虚談を申し懸け、搦め進じて、数
百人誅せらる。関白殿、千人切りなされると言
い触らし、端々にて若輩の輩、辻
切りいたし、少しの咎をも、関白殿、負はせらる。
万端、正路に御座なき故なり。
爰に、木村常陸介という者、太閤の
譜代御家人なり。越前の国府中の城に一
郡を相副へ、下し置るゝの間、昼夜
太閤へ御奉公仕るべき事をやめて、
似合わざる一徹を作り、人にそぐい
もこれなし。知行所務しては、八木を府中」
(18オ)
の町へ家並に預けおき、一倍五割
に金銀を召し置き候。然る間、かなわぬもの共、

逐電いたし候。其の家宅を沽却させ、金銀を取る。其の上、金見の町人、おとなしき者の下人を、いはれもなく召し取り、磔に懸け、味噌屋と申す町人の門口に懸け置く故、迷惑いたし、訴訟申せば、処の掟を取るか、そのとき山野に振り捨てさせる。死人を金に売り買う事、古も今も稀なり。少しの蓄へ元として、皆出だし、彼の悪行人が関白殿へ取り入り、御意見申すやう、数多の梨子」

(18ウ)

地の蒔絵を仰せ付けらる。此の道を御稽古遊ばせとて、一尺四方には黄金何ほど入るとも、上意候はば、過分に御利潤参るべきと訴訟あり。尤もと御同心なされ、御送伝にて仰せ付けらるゝ処に、諸職人迷惑いたす。政道をば、かつて以てとりなさず、微細至極なる事のみ申しあげる也。又、関東より粟野木工頭といふ者参り、御意に合ひ、又人も左様に成し、御言葉を加へ、両人御側を離れず、奉公致すに付て、人の崇敬斜めならずに」

(19オ)

ては候へども、太閤の御前如何と遠慮を加へ、関白殿は猶しも、御憚りを思し召さるゝ。浅智の浅ましきは、公儀を兼ね候はずは、何の憚り有るべきかと、既に隠謀を差し挟んで、御拾い様へ御代譲られる事、まつたく以て御分別参る所、幸ひ　若君様御座候間、これに御譲りなされ、日本国・唐・南蛮迄、御心一つに任せらるべき旨、巧みを廻し、申し上ぐる所、尤もと御同心にて候。これより横を引かれ、又、鹿狩りと号して、」

(19ウ)

山の谷、峰の茂りの中にて、謀叛談合と相聞え、如何なる子細に候や、聚楽より北野大仏までは三十町の所、御着背長を持たせ、兵具段々に事がましき様態なり。太閤御運の強きに任せて漏れ聞え、　文禄四年七月三日、上聞

に達す。則ち、
　民部卿法印
　富田左近将監
　増田右衛門尉
　石田治部少輔」
（20オ）
1関白殿へ遣はされ、色々様々、御謀叛の仔細
穿鑿これあり。　太閤御神妙に
宥め申され、七月八日、関白秀次公、伏見にて
木下大膳の処に至つて御成り。則ち、奉行を
付けられ、　木食興山上人・羽田
6長門守・木下大膳大夫、御供に仰せ付けられ、紀州高
野山青巌寺に於いて御登山なり。御供
の衆、小姓十人ばかりに過ぎざる也。前非を悔
ゆるといへ共、後悔先に立たず。
太閤の御恩、高き事は須弥山なり。
すこぶる下は徳を蒙りて、深き事は滄」
（20ウ）
1溟海かへつて浅し。ひとへに賢人を嫌
い、弥奴婢の人を近づけ、正直を全う
せざる故也。
太閤は、若年の昔より、日本国を駆け
回り、御辛労なされ、此方彼方にて数
6ケ度の合戦、其の数を知らず。本朝に下知、毛
頭滞りなく仰せ付けられ、粉骨
尽期なき次第、挙げて数ふるべからず。その
上、三韓・唐国まで掌の内に握り
給ひ、御手柄を以て、御代を治められる故、
今日に至るまで、御胸中の心労、寸」
（21オ）
1隙御座無し。政道、軍法正しく仰せ付け
られ、御慈悲宏大にましまし、邪
に人を御成敗なされ候の事、いさゝ
か以てこれ無し。かるが故に、御冥加恙
が無し。貴賤上下、有難く存じ奉り、崇敬
6限り無し。然しながら、道を学び、身を立つ
るも、後代に名を挙げんと欲せられるゝ
の基なり。　関白殿は御辛労是なく、
若年の時より、　太閤の御譲りを
受けさせられ、天下無双の階級に上がら

せらるゝといへども、第一に御恩を御恩と知ろしめされ」

(21ウ)

ず、第二に慈悲、かつて以てこれ無し。第三に悪行ばかり御沙汰なり。随・我意に御働きなり。其の道違ふ時は、意有りといへ共、保つ事久しからず。天道恐ろしき事。

七月十三日、与仕り候悪行人、御成敗の衆。

　御検使

民部卿法印　　増田右衛門尉

石田治部少輔

白井備後守　四条浄土貞安にて腹を切り、同妻子四条にて自害致す故、

　一首歌を詠み置き候。」

(22オ)

つまゆへに　すみにそめたる　我すかた

　ついにはちすの　えんとならんや

　扨々、哀れなる有り様也。

熊谷大膳大夫　　嵯峨二尊院にて腹を切る。

木村常陸介　摂津国五ヶ庄大門寺にて生害なり。日比貯へ置き候黄金千五百枚、銀子二千枚召し上げられ候也。各々の妻子、帥法印に御預け。

前野但馬子息出雲守　　同前なり。

　遠流の衆

荒木安心　　船越五郎右衛門」

(22ウ)

池田備後守　　池田弥右衛門

木下大膳大夫

当座此の如し、何れも御成敗、品々多き其の中に、　木村常陸介妻子、三条河原に懸かり、都にて諸人に恥をさらす事、一年越前の府中にて、味噌屋が門に罪無き者を磔に懸けたる報ひ、忽ち目の前なる事、天道恐ろしき事。

七月十五日に　福島左衛門大夫

　福原右馬助

　池田伊予守」

(23オ)

　御検使にて、

高野山青巌寺に於いて、　関白殿

御腹召され候次第。御小姓衆、御相伴衆。
一番に山本主殿、御脇差は国吉を下
され、生害なり。
二番に山田三十郎、御脇差厚藤四郎を
下され、生害なり。
三番に不破万作、御脇差鎬藤四
郎を下され、生害なり。
右三人、忝も関白殿御介錯なされ候なり。
四番に東福寺隆西堂、連々御目懸け候に」
(23ウ)
よつて、此の時引導仕るべきとて、村雲といふ
御剣を申し受け、尋常に腹を切られ、
名誉の次第なり。
五番目に関白秀次公。御脇差は正宗にて、
御刀はなみおよぎ、作は兼光也。雀部淡
路守、御介錯いたす。其の後、脇差
国次を下され、腹を切り、若輩也といへ共、
惣の下知を申し、前後神妙に働き、高名
比類なき事、哀れなる次第、中々申す
ばかりなし。　去る程に、院の御所崩

御といふ。鹿狩りを御沙汰あり。法義も政」
(24オ)
道も正しからず候間、天下の政務を知る
事、程あるべからずと、京童が申して
　落書に云はく、
院の御所　手向のための狩なれば　これを殺
生関白といふ　と、かやうに書き付け、立て置き
侍るなり。去る七月八日、関白殿、比叡山へ女共
を召し連れられ、御上りなされ、根本中
堂院内に馬を繋がせられ、鹿狩りを
御張行なり。衆徒中より、当山は扨々殺
生禁断の所に候、如何と申し上る処、我が山
にては我がまゝなりと上意有つて、鹿・猿・狸を」
(24ウ)
狩り出し、坊舎にて調味させられ、あまつ
さへ、悪事申したるとて、貧僧の少分づつ求
めおき候塩噌の中へ、犬・鹿を入れ置かれ、
放埒の御働き、似合はざる事なり。
御帰りの後、侘びたる切れ薦、資財や
雑具等、悉く山の谷へ放り棄てて、

僧衆皆涙を流され候。世は澆季に及ぶといへ共、日月未だ地に堕ちず。日こそ覚ゆれ、七月八日、高野山へ御登山にて、哀れなる目に逢ひ候かや。

又、六月十五日、北野の天神へ御参詣の折」

(25オ)

節、座頭一人参りあひ、哀れなる有様にて、嬲り切りに誅せらる。其の時、座頭、悪口を吐き、鬼神の如くなり。関白殿も道理に責められて、しおしおと御なり候。七月十五日、高野山青巌寺に於いて、その刀にて御自害なされるは、因果歴然の道理か、さて天道恐ろしき事。

関白秀次公の若政所殿、三州へ送り申さる。其の他の美女達、公達三人これあり、御成敗の次第。洛中三条河原に、二十間四方に堀を掘り、鹿垣を結ひ廻し、其の中に東」

(25ウ)

へ付けて、九尺四方に高々と塚を築き、関白秀次公の御首を西向きに据へ置き、日頃選び集め置かせられ候御寵愛の衆、三十六人御成敗。河原の者が具足鎧を着て、太刀・薙刀を抜き持ち、弓に矢を指し矧けて、さも凄まじき者共が警固也。御上﨟衆の結構さ、何に優れて花やかなり。移り変わる世の中や、昨日に今日は引きかへて、今を最後の出立は、これは夢かやうつゝかや、御別れの悲しき今更に、例へん方も無かりけり。さも荒」

(26オ)

気なき山賤の、岩木の如く恐ろしく、情も知らぬ河原の者の手に渡り、憂きも辛きも爰ぞかし。小腕つかんで車一両に三人四人づゝ引き乗せる。若君、姫君これ等は皆、御乳や乳母には負はせずして、その母親の膝に置き、洛中を曳かせつゝ、三条河原へ引き付けて、車より引き下し、鹿垣の内に並べ据へて、諸人に面を面々に見せる也。

　大方聞きたる分の辞世

一、一の御台　菊亭殿むすめ　三十四

うきよをは　花のしゆまつを　きみ故に」

(26ウ)

一、お長　美濃国　竹長与右衛門むすめ
伏見あらしに　つれてこそゆけ
十八　若君是ある
よの中は　夢のうきよを　しらすして
をとろくまゝに　弥陀をたのまん
一、おたつ　尾張国　山口松雲むすめ
十九　若君これある
さころもの　重ねのつまの　ためなれは
のこらぬ身こそ　うれしからまし
一、中納言　摂津国　小浜殿むすめ　三十四
ちうそんの　仏の御名を　たすぬれは　南無阿」

(27オ)

弥陀仏の　こゑにひかれて
一、おつまの御方　四条殿むすめ　十七
つまゆへに　さらす我身は　白川の
すゝぎなかせは　つミもうかまん
一、をいまの御方　奥州最上殿むすめ　十九
いま熊の　ほとけのちかい　頼もしや
みたにひかれて　西へこそ行
一、御あぜち　秋葉殿むすめ　三十一
おあせちと　神や仏を　いのりまつ
今はふしみに　行そとゝまる
一、おあこ　美濃国日比野下野むすめ　廿二」

(27ウ)

わかふせぬ　いんくはわ今の　をくるまの
うしにひかれて　みたをたのまん
一、お国　尾張の国大島新左衛門むすめ　廿三
国ゞに　何れのあわれわ　ますかゝみ
くもれと月は　西へこそ行
一、およめ　同国堀田次郎左衛門むすめ　二十六
よめはさて　をきやうのこゑと　もろともに
いまにたへなる　身とや生れん
一、おさな　同国　武藤長門むすめ　十六
をさなくも　まよはし物を　此の車　南無阿みた
仏のこゑに　引れてそゆく」

(28オ)

一、お万　近江国　信楽多羅尾むすめ　廿二
まんまんの　弥陀はあまたに　ましますと

南無阿弥た仏を　一こゑに見る

一、お菊　摂津国伊丹兵庫むすめ　十六

まきあくる　みすのおひ風　身にしみて
ふれ行月の　かけやたのまん

一、おまさ　斎藤吉兵衛むすめ　十六

たのまつと　たすけたまへや　みたほとけ
あとさきしらぬ　わか身なりせは

一、お相　京衆近衛殿内古川主膳むすめ　廿四

あひそめて　よを久かたの　夢さめて」

(28ウ)

はやくかくるゝ　みたのしやうとへ

一、お宮　一の御台の御むすめ　父は尾張　十三

みやいして　年をかそへて　十三の
ほとけとなりて　ちゝををがまん

一、左衛門の督　河内岡本彦三郎母　三十八

さりとては　見る目かなしき　白川の
みたをたのみて　にしへこそゆけ

一、右衛門の督　せん右衛門妹　三十五

ゑもんこう　今を最後の　身の行すへ
さてこそ頼め　みたのしやうとを

一、お宮　近江高橋むすめ　四十二」

(29オ)

みやしろの　君はほとなく　すきのかと
身は小車に　のりてあととふ

一、東殿　美濃国衆　ふんの女房達

東より　西へ向へは　ごくらくの　弥陀の
しやうとや　すすしかるらん

一、小少将　備前国本郷主膳のめい　廿四

ごくらくの　みたを頼めは　其のまゝに
生うまるゝ　はちすはのうち

一、おこぼ　近江鯰江さい介むすめ　十九

こほるゝは　つゆかなみたか　白川の　橋を
わたれは　かのきしにつく」

(29ウ)

一、少将　越前衆　四十八

せうせうの　よるの雨かや　袖ぬれて
あしわけ船に　乗てうかまん

一、おこちや　最上衆　御すゑ　廿二

ことしこちや　二十さいの　春過ぎて
身はあさがほの　つゆとあらそふ

一、おなあ　美濃の国平右衛門むすめ　十九
をなさけは　有あけ月の　またありて
うれしき君と　西へこそ行
一、おきび　近江の国　二十四
きひてたに　きみのあわれを　白川の」
(30オ)
1 月諸ともに　にしへこそ行
一、お藤　京衆大原三河守むすめ　廿一
ふじさきて　なきそふ山の　ほとゝぎす
月諸ともに　西へこそ行
一、お徳　上賀茂　岡本むすめ　廿四
6 とくのりて　つみふかき身の　ためなれは
われもうかまん　白川の水
此の外歴々これあり。かゝる憂き目を見る事、
いかなる因果報ひぞや。さりとて、浅ましき
有り様なり。肝も力も失せはてゝ、只茫然
とある者を、殺害人走り寄り、先づ若君を引き」
(30ウ)
1 取つて、さも美しき出立ちで、花を折りたるごと
くなるを、たゞ獣を割くるが如し。扨
二刀に刺し殺すは、目も暮れ、心も消へはてゝ、
拱くするぞ哀れなる。これを見るよりも、
親々に抱きつきける姫君を、無理
6 取りにひん奪ふて、逃れじものといふまゝ
に、情も知らぬ河原の者が引き下し、引つ立て申し、二
刀、心元に刺し立て、投げ出す体を見る時は、
鬼神より猶恐ろしや。又、若君を
引き取りて、あへなく首を打ち落とす。うらめしき
かな、恐ろしきかな。爰にて哀れを留め」
(31オ)
1 たり。さて其の後は美女たちの、楊梅、桃李、
色々の、花を並べし如くなるを、次々
引き立て、関白秀次公の御首を拝ませて、丈
なる髪と諸共に、左右なく首を打ち
落し、いやが上にぞ重ねける。上臈達
6 の心には、何と嘆くと叶ふまじ、逃れ
じ物と覚りつゝ、思ひ定むる気色にて、
色も違へず、をこのけなく、見るもつれなき
世の中に、人より先に切られつゝ、憂き世
のひまを曙の、朝の露と消えなんと、

思いけるこそ哀れなれ。三十九人の人々の、」（31ウ）齢の程の拙さよ。十七、八、九、二十より二十一、二を一期として、蕾む花なる人々を切り重ね々々、血の川を流しけれ。算を乱すに異ならず。獄卒の呵責の責めもこれなれや。貴賤群衆の見物も、暫く鳴りを静めつゝ、哀れと感じ、悲しみて、袖を絞らぬ者も無し。かやうに何れも根を断つて、葉を枯らしつゝ、御成敗の御憤りは余儀なし。一陣破れて、残党全からずとは此の節なり。天道恐ろしき事なり。」

第六（26オ）

　条々天道恐ろしき次第

一、三好実休、四国の衆にて御座候。細川讃州を婿に取り、宥め申し候に、三月五日に讃州を無下に生害し、其の後、実休、和泉の国久米田と云所に、一年在国にて、根来・雑賀・紀伊国衆、三月五日に取詰め、すでに生害に及び候。その時、実休辞世の歌也。

　草枯らす　しも又今朝の　日に
　　きゑて　むくひはついに　のかれさりけり

と、かやうに侍り候ひし。月日も違はず」

第六（26ウ）

腹を切られるは、天道恐ろしき事也。

一、松永弾正、一僕の身上を、三好修理大夫匠作取り立て、万端の事任せ置く処に、大きなる事を心中に含み、修理大夫を天下の主となすべき由、宥め申す。或る時、在京有りて、清水参詣と号して、人数を寄せ、　二条公方の御構へを取り巻き、光源院殿に御腹召させ、同御舎弟鹿苑院殿、これ又討ち奉る。　其の後修理大夫弟に安宅摂津守と申す仁候き。逆心を構へられるの由、ありありと讒訴を申し掛けて生害させ、又」**（34オ）**主従の恩顧を感ぜず、情なく三好を毒害せられ、殺す条、天下の主我れなりと満足候ところに、織田上総介信長御入洛ありて、天下仰せ付けられ候の間、天下の望み相果て、爰にて信長を頼み奉る所、大和国半国下され候。而して、大坂と信長、御敵対申すの刻み、また御厚恩を忘れ、大坂と松永と一味の逆意を差し挟み、和州信貴城へ松永弾正・同右衛門佐父子立て籠る。時日を移さず、信長嫡男秋田城介殿御取懸くる。去る程に、先年松永云為を以て、」

(34ウ)

三国無双の大伽藍、奈良の大仏殿を放火する。其の報ひ忽ちに来て、十月十日夜、月日を違わず時刻を待ち、松永父子・妻子・一門・歴々、天守に火を懸け、焼き死す。誠に悪しき報いは忽ち也。

一、美濃国の斎藤山城道三は元来、山城国西岡の松波と申して、一身者なり。濃州へ罷り下り、長井藤左衛門を頼み、奉公するに与力をも付けられ、身上成り立つ。程なく、主の首を斬り、長井新九郎と名乗る。同名親類の者共敵となり、取り相ひ申し候。此の時土岐頼芸公大桑に」

(32オ)

御在城候。新九郎を頼み奉り候の処、別儀なき御加担の故を以て、存分に達し、爰にて斎藤山城道三と名乗る。土岐殿御子次郎、八郎殿とて御兄弟これあり。忝くも、次郎殿を婿に取り宥め申すが、毒害いたし、殺し奉る。其の後又、八郎殿を婿に取り、これも御腹召させ、各々の居城を乗り取る故、何者か云ふやらん、落書に云ふ。　主を切り　婿を殺すは　みのおわり　昔は長田　今は山城　と書いて、七曲に立て置く。

山城は、少科の輩をも牛裂きにし、或は釜に据へ」

(32ウ)

置き、親子兄弟に火を焚かせ、炙り殺す事、凄まじき成敗也。さる程に、一男新九郎、二男孫四郎、三男喜平次、三人これあり。惣別、人の惣領たる者は、少し心が悠々として、穏当なるもの也。道三は知恵の鏡も曇り、惣領は惚れ者と心得、弟二人を小賢しく、利口の者かなと崇敬して、三男喜平次を一色右兵衛大夫に成し、則ち官を進める。これによつて弟共、勝に乗り、奢りて、惣領を蔑ろに持て扱ひ候間、新九郎外聞無念に」

（33オ）〈一行増〉

存じ、十月十三日より、詐病を構へ引き入り、平臥候ひき。父子四人ながら、稲葉山に居城なり。　十一月廿二日、　山城道三、山下の構へ下られ候。爰にて、叔父の長井隼人佐と申し合はせ、重病時を待つ事なし、二人の弟に対面し、一言申し度き事候、入来候らへかしと、長井を以て申し送り候。長井巧みを巡らし、御兄弟此の時なり、御見舞ひ尤もと申す処に、則ち同心にて新九郎宿へ二人ながら罷り来るなり。長井は次の間に刀を置く。兄弟是を見て、同じ如く次の間に刀を置く。さて、奥の座敷へ入る也。態と盃をとつて振舞いを出だし、其の時日根野備中」

（33ウ）

名誉の物切れ刀、作は手棒兼常を抜き持ち、上座にいる孫四郎を切り伏せ、又、右兵衛大夫を切り殺す。年来の敵を誅し、道三方へ右の趣申し送る所に、天を仰ぐ事限り無し。道三螺を立て、人数を寄せ、四方に町の末より火を懸け、悉く放火し、稲葉山を裸城に為す。長良川を越し、山県と云ふ山中へ引き退き、父子取り合ひなり。国中に領地これある者共は皆、新九郎方へ馳せ集まるなり。然る間、道三人数、次第々々に手薄になる也。これに仍て、」

（35オ）

明年の四月十八日、稲葉山の三里戌亥に鶴山とて高き山これあり。道三、此の山へ取り上がり、四方を見下ろし、居陣也。織田上総介信長も道三聟にて候間、手合せとして御出勢。木曽川・飛騨川の大河を越し、多羅の戸島東蔵坊が構へに至りて御陣を据へらる。爰にて、藪の内、堀、くねにて銭甕を掘り出だし、銭を繋がせ御覧候。四月廿日卯の刻に、戌亥へ向ひて新九郎人数を出だし、道三も山下へ

下つて懸け向はれ候。一番合戦に竹腰道
鎮、六百ばかりが真ん丸になりて、中の渡りを」
(35ウ)
打ち越え、旗本へ切つて懸かる。道三物
の数にせず、相懸りに懸り相ひ、暫く戦ひ、
切り崩し、竹腰道鎮を討ち取り、
床几に腰を掛け、母衣を揺すり、満足
の所に、又二番鎗、新九郎多人数にてどつと川を
越し、人数懸り合ふ。新九郎真ん中より、武
者一騎進み出る。これは長屋甚右衛門と申す者也。
是を見て、山城人数の中より、柴田角内
と申す者、これと懸けあひ戦ふ。長屋を押し
伏せ首を取る。柴田晴れがましき高名なり。か
やうに候処に、双方より鎗を打ち合は」
(36オ)
せ、散々に入り乱れ、黒煙りを立てて、鎬を
削り、鍔を割り、火花を散らし、戦い合ひ、かし
こにて、思ひ々々の働き有り。去る程に、長
井忠左衛門、山城道三に渡り合ひ、道三が打つ太刀
を押し上げ、抱きつき、山城を生け捕りに仕らん
と云ふ所へ、小牧源太走り来り、山城が脛を薙
ぎ切り、押し伏せ、首を取る。忠左衛門は、後の
証拠のためにとて、鼻を削いで退きに
けり。新九郎は、合戦に勝つて首の実検の処
へ、山城が首持ち来たるに付き、身より出だ
せる罪なりと、得道をこそしたりけり。是より」
(36ウ)
後、新九郎范可と名乗る。昔唐土に范可と
云ふ者、親の首を切る。それは父の首を切つ
て孝と成るなり。今の新九郎は、親の首
を切つて恥辱不孝と成る也。妻子は
一条殿女、御曹司と申してこれあり。ある時、
野狩付きて希異の働きあり。狐狩りをなされ、
様々の振舞ひども候き。百座の護摩、千座の
護摩を焚き、祈禱候といへ共、平癒無し。つ
ひに父子三人病死なり。道三は名人の
様に申し候へ共、諸天の罰に、子に鼻を削が
るゝ事、前代未聞の事也。
天正記第八終」

【天正記第九】

（37オ）

天正記第九目録

一、明智日向守身上の事
一、柴田修理亮武辺の事
一、小田原ゑ御進発の事
一、関東武蔵岩槻ゑ発向の事
一、太閤、諸侍衆へ知行割りの事
一、太閤秀吉ゑ宝来るの事
一、慶長元年に、四国へ高麗船寄するの事
一、同　三年三月十五日、御花見の事」

（37ウ）

」

（38オ）

抑、明智日向守光秀は、少身なるを、信長公一万人の大将にせられ候所、幾程も無く、御厚恩を忘れ、既に天下の望みを成さんと欲するに、信長御父子御一族歴々、甍を並べ、下京本能寺に於いて、六月二日に情なく討ち奉る。其の比太閤秀吉、中国にて備中高松の城を水責めに仰せ付られ候の処に、毛利・吉川・小早川として十ヶ国を催し、罷り出で、御対陣半ばに、此の事注進これあり。驚き思し召す事限り無し。然りといへ共、此のまゝ御陣払ひ候はば、敗軍のやうに取沙汰有る」

（38ウ）

べきの条、御賢意を加へられ、水責め致し、舟を入れ、攻めさせらる。昨日までの御陣廻り、五十騎、百騎ずつ、美々しく御供候なり。今日は如何にも御評定なされ、いつもの御唐笠、御馬印、御馬取ばかり、無人にて御陣廻りなさる。爰にて狂歌をあそばし、毛利家の陣へ遣わさるゝ。両河が　一つになりて　ながるれば　もり高松は　もくずにぞなると御詠歌なり。去る程に、城主清水長左衛門の申す様、毛利家罷り出で候ひても、詮なく見え申すの間、腹を仕るべし。其の外の諸卒を助」

（39オ）

け候やうにと歎き申し、御同心候やうにと、筏舟に取り乗り罷り出でる。

清水長左衛門辞世の歌、

君がため　名を高松に　残しおき
さわりもなくて　しみすなかるゝ

と詠みて、清水長左衛門、兄と兄弟腹を仕る故、毛利右馬頭輝元より難波伝兵衛、小早川隆景より末近左衛門尉、城中の警固として、此の比入れ置かれるの故、これも両人腹を切る。此の上、毛利家より御国五ヶ国、蜂須賀彦右衛門御使ひ申し、進上にて御手に属すべき堅約」

（39ウ）

にて御和談なさる。御神妙の働き、名誉是非に及ばず。これよりすぐに、弔ひ合戦の由にて、一騎駆けに夜に日を継ぎ、六月十三日、山崎に至り御参陣。折節、明智日向守光秀、摂津国表を心ざし、人数を出だし候。天の与へる所の由と思ひ、斬り掛かり、追ひ崩し、数多討たせらる。明智は勝竜寺の城へ逃げ入る。則ち、取り巻かせられ、道の通路を明けて、若し駆け落ちあらば、追ひ斬りあれと上意候ところ、道筋へは罷り出でず、雨夜の紛れに脇道、田の中を伝ひ、」

（40オ）

坂本の居城を心掛け、罷り退き候を、醍醐・山科辺の百姓共、落人と見及び、棒打に討ち落とし候。

天罰、相ぬからず、十二日目に無下に相果つ。又脇大将に取りもちなされ候斎藤内蔵助、生捕りにし、則ち、京都を車にて引かせられ、明智日向が頸を継がせ、両人一所に粟田口に磔に懸け置かる。其の後、紫野に一院御建立ありて、信長公・中将殿御父子、御弔ひと思し召すままの御手柄なり。御名誉、勝計すべからず。明智が有様、天道恐ろしき事。」

（40ウ）

一、柴田修理亮勝家、　信長の内にては、武辺の覚え、其の隠れなし。越前へ信長度々に御乱れ入り候て、御粉骨を尽くされ、終に一国平均に仰せ付けられ、柴田に大国を預け置かれるの間、忝く存じ奉る。此の時、明智に対し御弔い合戦致すか、然らずば、太閤秀吉、朝敵を御退治なされる間、忝きと尊み申すべき事候を、正儀にあらず。剰へ、神戸三七殿を相語らひ、天下へ斬つて上り、江北賤ヶ岳、桑山修理亮城主として置かれる処に、能登・加賀・越前、」

(41オ)

この三ヶ国の人数打ち立て、攻められ候。則ち、太閤秀吉公、御後巻として、賤ヶ岳に懸り向かひて取り相ひ、一合戦を遂げるに、人数数多討ち取り、柴田敗軍にて、越前の居城北の庄に至りて逃げ入るを、追つかけなされ、御取巻き候の故、敵ひ難く見及び、一門親類三十余人、腹を切り、天守に火を掛け、焼け死にて候。

　天道恐ろしき事。

神戸三七殿、親子の事に候間、御上洛なされ、太閤秀吉公へ、御本意忝きと御礼をも仰せられ、其の上交歓の御調ひを営みなされる」

(41ウ)

事に候を、柴田に付庸して、無道至極の働きあるに仍て、名利世を背き、無下に相果つる事、天罰なり。

一、北条左京大夫氏政事、近年諸国押領せしめ、恣に相働き、朝恩を忘れ、綸命に応ぜず、公儀を蔑ろに扱ひ申す。然りといへ共、　太閤秀吉御慈悲を思し召して、上洛致し、参内然るべきと、度々に富田左近将監・津田隼人佐を以て、仰せ含められるといへ共、分別申さざるの条、げにげに上らずば、御動」

(42オ)

座急度仰せ付らるべきの趣、御諚の所、北条居計らひの申し様、関東一の木戸、箱根山に要害を構ふべきなり。京勢何万騎、打ち向ふといふとも、由比・蒲原辺を境として、在陣たるべきなり。昔も平家の軍兵馳せ下り、彼の地に陣取り、戦の事はさておきぬ、水鳥の羽音に驚ろいて、数万の軍勢逃げ上り候の条、又もや其の先例たるべき等と嘲りにて、日数を送る。御無念に思し召され、翌年三月朔日に　太閤秀吉公御動座なされ、筑紫・鎮西・北国・南方の御人数罷り」
(42ウ)
立ち候。先陣は箱根に在陣候らへば、後陣
の勢衆は播州室・高砂・須磨・明石・兵庫・
西宮・京廻りに差し仕へる。　三月廿九日に
太閤秀吉、箱根山へ御人数打ち上げられ、
駆け回りて御覧候に、中村源兵衛、法螺貝
を吹き立てれば、先陣は中納言秀次卿。御
人数どつと山中の城堀へ飛び入り、後先を
争へば、一柳伊豆守討死なり。此の外、乗り越へ
乗り越へ、塀・櫓を引き崩し、一息に攻め
られ、既に乗り入れ、城主松田右兵衛大夫、
間宮豊前守を始めとして、究竟の侍、数多討ち取」
(43オ)
る。此の競ひを止めず、　大納言家康卿、御先陣
にて、北条が館小田原を押し詰めなされ、
海の手は九鬼大隅、加藤左馬助大将として、
能島・来島・因島、伊勢浦・熊野浦・熱田浦々
の大船を以て押し付け、海陸共に鳥
の通はぬ如くにして、重畳に取り詰め
させ、石取山を御大将の御要害として、丈夫
に綺羅を磨き、光耀結構に
仰せ付けられ、北条が城内を御目の下に御覧
なさる。北条美濃守は端城韮山に楯籠る。
これ又取り詰め置かれ、夜々に攻め寄す。即」
(43ウ)
時に迷惑致し、退城仕るの
旨言上するといへ共、佞臣こらしめのため、御承引これ
無き故、爰にて北条腹を仕るの
間、諸卒御助け候様にと申し上ぐ。七月十三日
北条陸奥守、松田尾張守、笠原
新六郎、大道寺駿河守を始めとして、臣下
の者共腹を切らせられ、思し召すまま
御退治なされ候条、これ皆、朝恩を
蒙るといへ共、その徳を思はず、正理を背
くの故、天の冥加尽き果てゝ、無下に
相果つる儀、天道恐しき事。」
(44オ)〈一行増〉
太閤秀吉公、これより江戸、岩槻、幷に
八王子、数ヶ処の城郭を攻め落とし、数多

斬り捨て、会津黒川迄御動座。浅野弾正、
石田治部少、大谷刑部、此の衆大将として三手に
分けて、奥州、津軽、日の本まで遣はされ、其の上、
6国々御検地仰せ付けらる。名誉の次第、申すに
足らず候。

御知行割

一、奥州の内、会津へ付て十七郡。白河の城、亀山の関、
羽柴忠三郎に下さるゝ。長沼の城、田丸中務。
一、尾張一国　中納言殿
一、三河国　岡崎五万石　田中兵部」
(44ウ)
1同　吉田二十万石　池田三左衛門
一、遠江国　浜松十万石　堀尾帯刀
同　掛川五万石　山内対馬守
同　横須賀三万石　渡瀬小次郎
一、駿河一国　中村式部
6一、信州　佐久郡六万石　仙石権兵衛
同小笠原郡　石川出雲守
同伊奈郡七万石　羽柴河内
同木曽郡　御蔵入也
同諏訪郡　日根野織部

関東御警固として、武蔵国江戸の城には」
(45オ)
1大納言家康卿、置き申しなさる。
去る程に、武州岩槻にて、名にし負ふ萩を御
覧ありて、太閤秀吉公、当座を遊
ばしける。よわゐをは　おきがゐたにや
残すらん　花のさかりを　すつる都路
6と侍り候ひしが、御急ぎなさるゝほどに、
九月朔日、城都聚楽に至り、御開陣
也。千秋万歳、珍重々々。
去る程に、　太閤秀吉公御出世候て
より此の方、日本国々に金銀の出づる山出で来たる。其の上、
高麗・琉球・南蛮の綾羅錦繡」
(45ウ)
1金襴、黄金の砂金、有るとあらゆるもの、
唐土・天竺の名物、我も我もと持ち来たる。其の
数を上覧に供へ奉る。誠に宝の
山を積むに似たり。昔は黄金を稀に
も拝み申す事これ無きに、今時は如何なる田

夫・野人に至るまで、金銀沢山に持ち扱わざると云ふ事無し。本朝豊饒にして治まる事也。　太閤秀吉公、御慈悲専らに御座候故、路頭の乞食・非人一人も是無き事、こゝに於いて君の善悪を知らる。御威光有難き御代なり。」

(46オ)

慶長元年九月八日の事なり。四国土佐の国長宗我部居城、長家の森、種崎の麓桂浜、浦戸の港より十八里沖に、事もおびたゞしき大船寄り来たる。猟船の者、彼の舟に乗り移り相尋ぬるに、南蛮からノビスパンといふ国へ通ふ船なり。風に落とされ、楫を吹き折り、舳から塩水入るに仍て、塩水に溺れるなり。又水に渇へて、舟子もはや半分過ぎ死にたる由、申す也。生き残る黒坊主三百余人これ有り。船の長さは三十五間、楫の入りたる穴の広さ八畳」

(46ウ)

敷、八帆の柱と見えけるなり。本柱は風に構ふによつて切り折らる。柱の太さ三廻に余る也。右の趣、長宗我部の方へ注進申す所に、時を移さず、増田右衛門尉を以て言上あれば、斜めならずに御喜びなり。船中にこれ在る道具は、

一、生きたる麝香一匹、幷に麝香の入りたる箱二人して持つが数三つ也。生きたる猿七つあり、面は白く、毛は黒うして尾は長く、鼠の尾の如し。鸚鵡と云ふ鳥あり。又豚、野牛等これあり。上々繻子」

(47オ)

六糸緞五万反、唐木綿二十六万反、金襴緞子、白糸や紗金、巻物、色々様々これあるもの、結構さ中々、申すにも及び難き次第、目を驚かすばかりなり。

増田右衛門尉、御使として罷り越され、相改め、八帆の船百余艘に積み立て、大坂へ上る。寄り船の御道具、凡そ七十万石の積もりなり。今度の御褒美として、銀子五千枚長宗我部に下され、増田右衛門尉心労仕り

候なりと上意にて、銀子五百枚下さる。摂家・清
華・諸大夫・御馬廻、京・堺・南都の町人等迄、それ」
(47ウ)
ぞれに下される事、忝き次第なり。山野に
宝湧き出で候と存じ候らへば、虚空より降り
来る事、只福徳天にありとは此の儀也。
御名誉前代未聞の事。

一、慶長三年三月十五日、御花見の事
一日切りと仰せ出だされ、おびただしき
様体也。此の花見と申すは、上の醍醐より下の
醍醐の間に、在々村々山の末廿三処に御
警固を置き、弓・鉄砲の武具は申すに及ばず、
其の手其の手の幕を打ち廻し、伏見より下の
醍醐まで、御小姓衆・御馬廻りの警固なり。」
(48オ)
惣構へには、柵もがり幾重もこれあり。路
次の通ひには埒を結はせ、群集の
事にて候間、惣構へより町へ、御奉行人
として増田右衛門尉を仰せ付けられ、御構へ
の門口には、山中山城守・中江式部大輔、人を
止め、是より奥へは一切、御用の人より外は
出入りこれ無し。兼日に御成りあつて、
　太閤秀吉公　一首の詠歌有り。
あらためて　なをかへて見ん　行幸山
うつもれるはなも　あらわれにけり
　木食上人　　二首」
(48ウ)〈一行増〉
　みゆきやま　てる日のもとの　花かけを
　　こまもろこしも　あふかさらめや
万代を　ふるやみゆきの　山桜　松に
　小まつの　色をそへつつ　と、かやう
に御詠吟候ひし。

御輿の次第

一番　政所様　小出播磨
二番　西の丸さま　田中兵部
三番　松の丸さま　木下周防
四番　三の丸さま　石田木工頭
五番　御客人　片桐市正
六番　大納言殿御内　吉田又左衛門」
(49オ)

各々諸大名衆、御輿の警固也。
太閤秀吉公、先へ御成りありて、三宝院に
御座を進められ、御輿舁・輿添の
侍衆、御門まで参り、輿を庭前に据へ
置き、これより皆々帰り申さるゝ也。三
宝院にて　御上々様へ御膳を、徳
善院僧正上げ申さる。御輿舁、中間
衆已下、
中将様の伴衆は、長束大蔵大輔、御奉行
として御賄ひこれあり。三宝院にて、
各々上々様御装束召され、爰」

(49ウ)

を先途と、あるとあらゆる思ひ々々の巧み、
夥しき結構さ、何れも晴れならずと
言ふ事無し。路次の左右には桜を植へ
させ、埒を結はせられる。
太閤秀吉公、　中将様御父子を先と
して、各々の上々様も御慰みとありて、
乗り物にも及ばれず、御拾ひなさる。先ず麓
には当山の鎮守、深々と物寂
びてあり。左には鐘撞堂、右は五重の
塔有るなり。
　木食上人建立と聞こえたり。」

(50オ)

一番に　益田少将、　御茶屋を構えて、一服
進上申さるゝ也。
爰に山川漲り落ちて流るゝ。これに
板橋丈夫に懸け、欄干を遣り、反り橋
を懸け置かるゝ。これより山上へ、次第々々に上がり
申すなり。御上りあれば、谷を隔て候左の山に
は、散りもせず咲きも残らず、今を盛りと芳
しく、風吹き送り、天然美しき色を敷き、相
を顕わし、咲き出でたり。御上々様、其の手其の手
の御巧み也。あるとあらゆる品々の、手を
尽くし、金銀を散りばめ、結構さ、申すも中々」

(50ウ)

愚かなり。美々しき様体、例へにも言
葉にも及び難き次第也。山の上、山の下、光り
輝き、花と花との色を争ひ、空に
異香四方に薫じ、目出度き御遊び、古今

の代迄聞き及ばず。ここに希代不思議、奇特の事あり。三月十五日と日限御定めなさるゝに、此の比は長雨にて、兼日まで雨降り続き、晴れる事なく候ひし。かやうに御用意の所に、人々笑止と気遣ひ致すに、其の日は雨降らず、風吹かず、天地穏やかにして、花曇りに、終日薄曇りお」

（51オ）

はしまし候の条、人間の業にあらずと各々感じ奉るなり。又明くる日より、天気少しも晴れやらで、雨強く降り続き、其の間に花を散らし、青葉となる。惣じて、御憐れみ深くおはしまし、故なく人を討たせられたる事、これなし。斯様の道理を以て、天に威を振るい、天道の御冥加に叶ひましまして、御威光を忽ち天より顕わし、見せ給ふなり。　されば、心素直にして、政正しき時は、竜蛇の雲に従ひ、風の虎に従ふ謂れなり。仙洞・公」

（51ウ）

家・武家、城都・奈良・堺より、御織物や高麗の珍物、国土の御菓子、天野・奈良酒・加賀の菊酒・関東の江川酒、色々様々、我も々々と一手づゝ、金銀をちりばめ、あるとあらゆる手を尽くし、その数を知らず。進上の者が門前市をなし、満ち満ちて、蓬莱の山を積むに異ならず。御名誉中々申すに足らず候故、上より忝き事は、珍物を御普請の衆へ、それぞれに下さるゝ事、扨も忝き次第也。

二番の御茶屋　新庄雑斎建てられ候。」

（52オ）

松杉色々の木、並べ植へて是あり。爰に岩簀に水を湛へ、鯉・鮒、放し置かれ、此の外異風の体様々是あり。一服上げ申さるゝ。

三番目の御茶屋　小川、　建てられ候。

南破風口には鷹の絵を描かせ、北破風口には繋ぎ馬の絵を描かせ、風流是有り。此の茶屋には、長谷川宗仁法眼移り居て、色々相構へ、是にて美々しく相調へ、御茶一服進上申さるゝ。
四番目の御茶屋　増田右衛門尉。是
迄遥々十五町、険しき坂を御拾ひ」
(52ウ)
1なさるゝ程に、御草臥れなされ候。これにて御
花見なさるゝの間、仮初の御殿に候へども、金
銀を鏤め、結構に磨きたて、御上々
様それぞれに、数々の御膳拵へ置き
申さるゝ。
6五番目には、徳善院僧正。
上の御殿の台所の間には、御上﨟衆
の御局々を建て置かれる。
六番目には、台所を長束大蔵大輔建て置
かれ、爰にて増田右衛門尉、珍貴の
数々を調へ、御膳に上げらる。又此の度、」
(53オ)
1爰にて出立ちを召し替へなされ、光輝き
結構に、各様御振りを替へて、美々しき御
出で立ち、異香辺りを払つて、四方へ薫
じて、華麗なる御有様申し尽し難
き次第なり。終日御休息なされ、御歌
6等遊ばし、面白く思し召され、御酒宴
の遊興、延々斜めならず。斯様に
手柄を以て、曇りなく仰せ付けられ、高麗・
唐土まで御手に従へられ、人民竈
を鎖さず、国家豊饒に治まり、楽しみ
栄へ、時めきける粧ひ、三国に隠れ」
(53ウ)
1なき御事ども、深山の賤の妻に至る
迄、御代有り難き事と、崇め申し奉る也。
七番御茶屋　御牧勘兵衛建て置く。様々の風
流を相構へ、一服上げ申さるゝ。
八番御茶屋　新庄東玉建てられ候。
6風流様々これあり、先づ入口には鞍馬
の畚降を仕り、其の下に岩清水を清
浄に用ひて、御手水に参らせ
候様に構へて、御手巾等に匂ひ
芬々として、色々懸け置かる。ここを少し
行き過ぎて、柴垣結回し、竹の網戸あり。此の」
(54オ)

内へ御入りあれば、塩屋どもを建て置き、売り物には瓢箪・金剛・扇・団扇など色々吊るし置き、商人の有様なり。是よりして、岩を伝ひて御上りあれば、如何にも侘びたる柴の庵あり。山賤の棲家と御覧ずれば、破風口に　光相

庵と打たる額有り。扨は聖人の居ましますかと御不審に思し召す。此の額は江州山上の寺院、開山名誉の寂室和尚の御筆也。此の外御物置き所、下々御番衆の居り所、それぞれに数多拵へを構へたり。是」

(54ウ)

より御上りなされ、御覧ずれば、一方には見世棚を構へて、売り物には雛箱・櫛・針・畳紙・絹糸・麻の糸・汗拭・扇・団扇・播磨杉原・美濃紙・高檀紙、引合せ、入るべき物を数々並べ置き、又一方には、焼餅・蒸籠・焙餅、これ召せこれ召せと申す商人なり。それより奥は、御茶屋構へて一服進上、様々これあり。いかにも美しく、下絵仕りたる短冊に、硯・折紙を取り揃へ、そこそこに、香炉に薫物四方に薫ず。これより東」

(55オ)

の山を御詠覧あれば、紅の糸にてたくましく打たせて、桜木に谷腰を長々と引き延へ、十間づつ間を置き、鳴子を金銀に濃みて付けられたり。鳥追ひと見えたり。これに付て護花鈴の心を詠めるなり。

　　兼載の御発句

　　とりはなし　あらしにつけよ　花のすゝ　と

これあり。又水船を拵へ、長瓢を筏に用ひて人形を作り、船頭として、岩に行きあたつて迷惑したる様体。又一つは、自然と傍らにこれある」

(55ウ)

木を筏として、是にも人形を乗せ置かる。此の外色々様々の風体、面白き設ひ給ひつる有様也。

　中将様御覧じて、中々御機嫌斜めならず。これにゆるゆると御休息

なされ、御歌等遊ばし、さりとては奇特なる作意どもなりと御感なされ、筏、鳥追ひ召し上げられ、御褒美なり。

新庄東玉　　面目忝なき次第也。

　中将様より、門跡三宝院へ銀子百枚参らせられる。そのほか御上々様より、御小袖数々参らせられ、また徳善院」

(56オ)

僧正、此の度御馳走なりとて、新知行として千六百石、三宝院へ参らせられる。日野三ヶ村、勧修寺村・小野村・笠取村、以上。これは当秋、紅葉を御覧じ候はんの由、御堅約にて遣はされ候なり。天気の相違もなく、するすると還御、珍重々々。

　　　　太田和泉守　　　　誌之

　　慶長十五年三月十三日

　天正記第九終」

(56ウ)

」

第四章　第一種古活字版『天正記』の注解

凡　例

一、注解は、丁ごとに行数を表記して見出しとした。
二、注解する文が複数行にかかる場合、見出しには最初の文字の行を立てた。
三、注解は、翻刻文に関わる分と改訂文に関わる分とから成る。各注解の最初に「翻刻」とあるのは翻刻文についての注解を指し、「翻刻」と無いものは改訂文についての注解である。なお、注解作成にあたっての主たる対校史料、およびその略称については、第三章改訂文の凡例二、を援用する。

（例）第一 **（9ウ）**

1行＝翻刻「ふ代」のところ、追善記などによって「粉黛」と改めた。

3行＝「村井入道春長」は村井貞勝のこと、春長軒と号した。

四、まれに原文を改訂することによって改訂文の行数が増減した頁がある。その場合、注解が翻刻文にかかわる場合は翻刻の行数を、改訂文にかかわる場合は改訂文の行数を示した。そのため、同じ事象の注解でありながら行数の異なる場合が出てくる。
五、文献史料を引用するにあたって、原案では、読み下すか、そのまま引用するかの対応が分かれていたが、各担当者の意向を尊重し、必ずしも統一しなかった。
六、注解の作成にあたって参考にした書目は、いちいち指摘すると煩雑になるので、多用したものは次ページに「主な参考書目」として一括して示すこととした。
七、改訂文における文字数の増減等によって、翻刻に比べて行数も増減する場合が生じたが、注解の各頁冒頭にも、**（45オ）**〈二行増〉のように、その旨を表記した。

主な参考書目（古記録類は省略した。辞書・年表類の発行年次も省略した）

『日本国語大辞典』小学館／『大漢和辞典』大修館書店／『広辞苑 第四版』岩波書店／『時代別国語大辞典 室町時代編』三省堂／『岩波古語辞典』岩波書店／『日本歴史地名大系』平凡社／『日本城郭大系』新人物往来社／『国史大辞典』吉川弘文館／『日本史総合年表』吉川弘文館／藤島達朗・野上俊静編『東方年表』平樂寺書店／『日本史人物事典』山川出版社／阿部猛・西村圭子編『戦国人名事典』新人物往来社／高柳光寿・松平年一著『増訂戦国人名辞典』吉川弘文館／戦国人名辞典編集委員会編『戦国人名辞典』吉川弘文館／高木昭作監修・谷口克広著『織田信長家臣人名辞典』吉川弘文館／橋本政宣編『公家事典』吉川弘文館／戦国合戦史研究会編『戦国合戦大事典』新人物往来社／土井忠生・森田武・長南実編『邦訳 日葡辞書』岩波書店／米田雄介編『歴代天皇年号事典』吉川弘文館／桑田忠親校注『太閤史料集 戦国史料叢書』人物往来社、一九六五年／松岡久人編『広島大学所蔵 猪熊文書（二）』福武書店、一九八三年／名古屋市博物館編『豊臣秀吉文書集』全九巻 吉川弘文館、二〇一五～二〇二四年／渡邊世祐著『豊太閤の私的生活』創元社、一九三九年／桑田忠親著『豊太閤伝記物語の研究』中文館書店、一九四〇年／桑田忠親著『大名と御伽衆』青磁社、一九四二年／桑田忠親著『戦国武将の生活』青磁社、一九四二年／高柳光寿著『戦国戦記 本能寺の変山崎の戦』春秋社、一九五八年／高柳光寿著『戦国戦記 賤ヶ岳之戦』春秋社、一九五八年／高柳光寿著『戦国の人々』春秋社、一九六二年／桑田忠親著『太閤記の研究』徳間書店、一九六五年／林屋辰三郎著『天下一統』中央公論社、一九六六年／桑田忠親著『豊臣秀吉研究』角川書店、一九七五年／山陽新聞社編刊『ねねと木下家文書』一九八二年／藤田達生著『本能寺の変の群像』雄山閣、二〇〇一年／藤田恒春著『豊臣秀次の研究』文献出版、二〇〇三年／福田千鶴著『淀殿』吉川弘文館、二〇〇七年／谷口克広著『信長の天下所司代』中央公論新社、二〇〇九年／藤田達生著『証言本能寺の変』八木書店、二〇一〇年／今谷明・天野忠幸監修『三好長慶』官帯出版社、二〇一三年／北堀光信著『豊臣政権下の行幸と朝廷の動向』清文堂、二〇一四年／中村博司著『豊臣政権の形成過程と大坂城』和泉書院、二〇一九年／織豊期研究会編刊『織豊期研究』一～既刊分、一九九九年～／貝塚寺内町研究会編刊『寺内町研究』一～九号、一九九五～二〇〇五年／龍谷大学国史学研究会編『国史学研究』第32～35号所収「国立公文書館所蔵 古活字版『天正記』第一～慶應義塾図書館所蔵『天正記』第四に至る〈史料紹介〉と〈研究ノート〉」（二〇〇九～二〇一二年）および龍谷大学日本史学研究会編『龍谷日本史研究』第36～40号所収「慶應義塾図書館所蔵 古活字版『天正記』第四～国立公文書館所蔵 古活字版『天正記』第九の〈史料紹介〉と〈研究ノート〉」（二〇一三～二〇一七年）

【天正記第一】

（1オ）

1行＝この目録は、追善記・豊臣記・続群類本いずれにもなく、版本独自のものである。

4行＝「惟任」は明智光秀のこと。光秀は、天正三年（一五七五）七月、信長の奏請によって朝廷から「惟任」の姓を受け、日向守に任じられた。

6行＝翻刻「松田平介」は、「松野平介」（諱は一忠）の名で知られる（追善記・続群類本の本文中でも松野平介）が、山鹿素行著『武家事紀』巻十三（織田家臣）「松野平介」の項には、後に松田雁助の養子となって松田と称したとあるので、松田のままとした。

7行＝「織田七兵衛」は織田信澄のこと。信長の弟信勝の子で、信長の信任を受け、このころ大坂城二之丸を守衛していた。**14オ**10行注を参照のこと。

10行＝翻刻「明知」のところ「明智」と改めた（以下、同様の箇所は断らずに改めた）。「明智弥平次」は明智秀満のこと。光秀第一の重臣で、左馬助とも通称した（『信長公記』巻十五）。丹波福知山城主。流布本では「明智光春あるいは光遠」とし、「左馬助湖水渡り」の伝説で知られる。

（2オ）

5行＝「槿花」の後、追善記によって「の栄」を補う。「槿花の栄、胡蝶の夢」の対句表現。

7行＝翻刻「大相」の前後、豊臣記によって「贈」、「国」を補った。大相国は太政大臣の唐名。信長は、死後従一位太政大臣を追贈された。追善記は「贈一品左相府平朝臣信長」とする。

8行＝「云々」の語は、追善記・豊臣記には無く、「此先」、続群類本では「自是已然」の語が入る。

11行＝翻刻「けんしやう」は、追善記によって「粉墻」（ふんしやう）と改めた。

（2ウ）

1行＝翻刻「いけ」は、「地」と改めた。地を池と誤り、それを平仮名の「いけ」としたか。

3行＝ただし、天正四・五年当時、該当する上皇はいない。

5行＝翻刻「きうちようのしやうけつといふへし、今これによつて」のところ、追善記によって「九重の城闕、今ここにありと言ふべし」と改めた。「九重城闕」は白楽天「長恨歌」の詩句に見られる。

6行＝「三管領」は、室町幕府の最高の役職である管領職を、斯波・細川・畠山の三氏が交替して就任したところからこう呼ばれた。ただし、この時期、管領制度は事実上崩壊していたので、ここでは将軍に継ぐ重要な大名の意か。

9行＝翻刻「千万騎馬けいりやくに」は、豊臣記によって「千万騎の馬を競へて、京洛に」と変換した。追善記には「千万騎の馬を揃へて都鄙にて」とある。

10行＝翻刻「行きえんをかさり、しよとふのせい道をもとむ」のところ、追善記には「挙直錯諸枉之政道を行ひ」とある。「挙直錯諸枉」は『論語』為政第二の人民を服従させる支配者の心構えについて述べた箇所に見える語で、「直きを挙げて諸枉に錯くの政道を求め、」と改めた。

11行＝翻刻「じゆすいの」は意味が取れない。追善記によって「翠帳・紅閨に」と改めた。翠帳・紅閨はいずれも高貴な女性の部屋の形容語。

（3オ）

1行＝翻刻「まもり」は、追善記によって「専らとし」と改めた。「専」の字を「守」と誤ったか（以下、同様の誤りは断らずに改める）。

3行＝「驪山宮」は現在の中国陝西省臨潼県の驪山（りざん）の麓にあった宮殿。「上陽殿」は洛陽にあった宮殿上陽宮のこと。いずれも楊貴妃が玄宗の寵愛を受けたところ。

4行＝翻刻「これに過へきや」のところ、追善記によって「これに過ぐべけんや」と改めた。

5行＝「武田四郎勝頼」は武田信玄の四男で武田家最後の当主。織田信忠軍に攻められ、天正十年三月十一日、甲斐国山梨郡田野郷で妻子とともに自害した。

6行＝「秋田城介平朝臣信忠」は信長の嫡男織田信忠のこと。天正三年十一月、秋田城介に任ぜられた。

8行＝「仁科五郎」は仁科盛信のこと。武田信玄の五男。天正九年、信濃国伊那郡高遠城主に任ぜられる。同十年三月二日に戦死、首は長良川原に晒された。

〃＝「小山田備中守」は小山田昌辰のこと。仁科盛信とともに高遠城に籠城、戦死した。

〃＝翻刻「相残の地おまもる也」のところ、意味を取りがたい。追善記によって「相践むの地也」と改めた。

9行＝「川尻与兵衛尉」は川尻秀隆のこと。織田信秀以来の家臣で、信長の馬廻りであったが、天正元年信忠付きとなって東美濃の守衛を担当、武田攻めにも従軍。武田氏滅亡後は、甲斐の国主に抜擢された。

11行＝翻刻「か州ひのふ中」のところ、追善記によって「甲州韮崎の府中」と改めた。ここは、武田勝頼が天正九年に営んだ新府城（山梨県韮崎市）の城下をいうところ。

（3ウ）

3行＝「滝川左近大夫」は滝川一益のこと。天正十年、武田氏討伐での戦功によって上野国と信濃国小県郡・佐久郡が宛がわれ、関東八州の警固を任された（『信長公記』巻十五）。なお、本記と豊臣記は左近大夫／太夫とするが、追善記は左近丞、続群類本は左近将監とする。

〃　＝翻刻「入やまなかへおつつめ」は、「山中へ入り追つ詰め」と改めた。

4行＝「同嫡子太郎」は勝頼の嫡男武田信勝のこと。織田氏侵攻の際には父と行動を共にし、甲斐国八代郡田野（山梨県甲州市）で父とともに自害した。母は織田信長の姪でその養女となった竜勝院殿。「同左馬助勝定」は不詳。一族の武田信豊か。

5行＝「逍遥軒」は、信虎三男で信玄の弟にあたる武田信廉のこと。信濃大島城主であったが、織田氏の武田領侵攻が始まると二月十七日夜半、城を捨てて甲斐に退去した。武田氏滅亡後も甲府に潜んでいたらしいが、間もなく見つかり処刑された。

7行＝翻刻「本意の旨にそくし」のところ、追善記によって「本意に属するの旨」と改めた。

〃　＝本記では信長のことを将軍、あるいは相公・相くうとするが、信長が征夷大将軍に任官した史実はない。また、相公は相国、すなわち太政大臣をいうが、信長が従一位太政大臣を贈られるのは死後のことである。ここでは、いずれも尊称として使われているのであろう。

8行＝翻刻「御くハん座」のところ、追善記などによって「御動座」と改めた（以下、同様の箇所は断らずに改めた）。

10行＝「吹く風に草の靡くが如し」は、追善記・豊臣記ともみられない。本記独自の箇所である。

（4オ）

1行＝翻刻「これにをいて、こ山なし」のところ、意味を取りにくい。追善記によって「然るを今、吾が山と成し」と改めた。甲斐・駿河等を平定したことにより、富士山をも我が山としたという信長の高揚した気持ちをあらわす。

4行＝家康館に付せられた「御」の字は追善記・豊臣記にはみられない。第二種古活字版以下では「家康卿の御たち」。

5行＝「関東一遍に属す。関西は」のところ、追善記・豊臣記ともになく、ここも本記独自の箇所である。ここで、話題の主が信長から秀吉に転換されるが、追善記では接続語として「扨も」が入る。

6行＝「舎弟小一郎長秀」は、秀吉の弟羽柴長秀のこと。この時、兄に従って中国地方に下り、但馬を中心に活躍、同八年には但馬一国を平定した。なお、実名を秀長と改めるのは、天正十二年六月十日以降のことである。

7行＝翻刻「天正六年」のところ、実際の播州下向の年次は天正五年十月（『信長公記』巻十）なので、「天正五年」と改めた。本記をはじめ、追善記・豊臣記のいずれも「天正六年」としており、当初にさかのぼる誤りとも考えられる。

9行＝翻刻「軍しゆ」は、追善記によって「軍主を奉じ」と改めた。

〃＝翻刻「備前、ミまさか、宇喜多しゆこし手にしよくし」のところ、追善記によって「備前・美作の守護宇喜多を手に属し」と改めた。「宇喜多」は備前岡山城主宇喜多直家のこと。直家が織田方に投降するのは天正六年七月以降のことである。

10行＝翻刻「丹島」は、追善記によって「但馬」と改めた。なお、第二種古活字版以下の版本は「丹波／たんバ」とする。

11行＝翻刻「び前の国」のところ、追善記によって「備中の国」と改めた。

（4ウ）

1行＝「冠の城」は岡山市下足守にあった毛利方の冠城のこと。備中境目七城の一つ。天正十年当時、清水宗治の与力林三郎左衛門尉・松田孫次郎らが在城していたが、羽柴方の猛攻によって、四月二十五日に落城した（（天正十年）五月十九日付羽柴秀吉書状『豊臣秀吉文書集』419号文書）。

4行＝「無二に」の後、追善記によって「攻め破り」を補った。

6行＝「杉原七郎左衛門」は杉原家次のこと。秀吉室の叔父で秀吉家人。「荒木平大夫」は荒木重堅のこと。元は荒木村重の家臣。この頃、秀吉に属していた。「仙石権兵衛」は仙石秀久のこと、秀吉家人。

9行＝「時の面目これに過ぎじ」のところ、追善記・豊臣記・続群類本ともになく、本記独自の箇所である。

（5オ）

1行＝「其の競ひを以て、」のところ、追善記・豊臣記・続群類本ともになく、本記独自の箇所である。

2行＝「河屋の城」は宮地山城（岡山市足守）のこと。毛利氏の備中境目七城の最北に位置する。冠城が落城した後、数日を経て落城した。前掲**4ウ**1行注の羽柴秀吉書状に「同取巻候河屋城事、四方より仕寄を申付、責詰、水之手を取、是又去三日ニ落去候事」とある。

4行＝翻刻「かひたい」は、追善記によって「掻楯」（かひたて）と改めた。

9行＝「たとひ日本国中の大軍寄するといふ共、たやすく力攻めに及ぶべからず」のところ、追善記は「縦日本国を寄て攻といふとも輙落居すへき城にあらす」、豊臣記は「縦雖寄日本国中之大軍輙力攻不可及」とある。本記は豊臣記に近い。

(5ウ)

3行＝翻刻「今のうちに」のところ、追善記によって「堤の内に」と改めた。

〃＝「堤の内に材木を垣に建て置きて、大川・小川の水上を尋ねて」のところ、豊臣記になし。

6行＝翻刻「是をせきかくる」のところ、豊臣記によって「是を堰き懸くる」と変換した。追善記には「悉これを流し然て忽ち」とあり、違いを見せる。

〃＝翻刻「りうせうをひたし」のところ、追善記・豊臣記・続群類本になし。「梁上を浸し」と変換した。本記独自の箇所。

8行＝「そこそこに」のところ、追善記・豊臣記とも「数ヶ所」とする。

10行＝「二の丸」、「本丸」は、追善記・豊臣記とも「乙丸」、「甲丸」と表記する。

(6オ)

2行＝「舟の浮かべるが如し」のところ、追善記・豊臣記では「舟の人たるかことし／如舟之人タルカ」とある。

7行＝翻刻「もり右馬頭くハんちや」のところ、小早川左衛門佐・吉川駿河守の両名には続いて実名を記すが、毛利右馬頭の次に実名ではなく「くハンちや」（冠者）とするのは不審。追善記・豊臣記とも「右馬頭輝元」と記すので「輝元」と改めた。

(6ウ)

5行＝翻刻「かたつけす」のところ、追善記によって「かへりみず」と改めた。ここは、敵の後詰の軍勢を追い崩すのは難しくないという秀吉の考えを述べた箇所である。よって、その後に追善記により「然らば」を補った。

9行＝追善記・豊臣記には堀久太郎の後に「差加」の語が

あって、堀に池田以下の部将を差し加えたの意とする。

〃＝「堀久太郎」は堀秀政のこと。

〃＝「池田勝九郎」は池田元助のこと。恒興の長男。

〃＝「中川瀬兵衛」は中川清秀のこと。当時、茨木城主。

10行＝「高山右近」は高山友祥のこと。当時、高槻城主。

〃＝「都合其の勢一万余騎付け下さる」のところ、追善記には「等を差加て仰遣ハす」とある。本記独自の箇所である。

（7オ）〈改訂文一行増〉

2行＝「秀吉に力を合はすべし」のところ、追善記には「秀吉と相談し」とある。

3行＝翻刻「御ちよくさ」のところ、豊臣記・追善記とも御動座とあるが、「御着座」と変換した。**8ウ**1行も同じ。

4行＝翻刻「これ奉公義」のところ、追善記によって「惟任公儀を奉り」と改めた。

6行＝「自性更に無かりけり」のところ、追善記では「併当座の存念にあらす、年来の逆意、識察する所なり」と、今回の企てが長年の逆意の発露だと解説している（豊臣記・続群類本も同じ）。

8行＝「愛宕山」は、京都市右京区にある山。丹波国との境界をなす。『太平記』巻二十七には、淡路廃帝（淳仁天皇）・後鳥羽院・後醍醐院などが怨霊・魔王となって愛宕山に会し、天下を評定することが記されており、光秀が愛宕山西之坊威徳院で詠んだ発句と考え合わせると興味深い。

10行＝翻刻「雨かした」のところ、追善記によって「天かした」と改めた。

11行＝翻刻「今ハゆいのこゝ」は解しがたい。追善記によって「今思惟するに」と改めた。

（7ウ）

3行＝翻刻「あひふ」は、追善記によって「相府」（しょうふ）と改めた。大臣の唐名であるから、ここでは太政大臣に擬した信長を指す。**3ウ**7行注を参照されたい。

6行＝「村井入道」は、村井貞勝のこと。信長奉行衆の筆頭格で、当時京都奉行の地位にあった。天正四年十月頃に入道して春長軒と号した。

7行＝翻刻「くハへ」のところ、追善記・豊臣記によって「加へ給ふ」と改めた。

8行＝「妙覚寺」は日蓮宗の寺院で、そのころ二条衣棚にあった。信忠が宿所として利用していたため、明智勢に攻められ焼亡した。

9行＝「将軍深閨に入り」のあと、「近習の衆を召し集め」と続いているので、信長の男色趣味をあらわすものと解しうる。一方、追善記・豊臣記いずれも「佳妃好賓を召し集め」となっているので、美女と同衾したこととなる。

（8オ）

1行＝翻刻「此これとうハ、」のところ、追善記には「惟任途中にひかへ、魁として」（豊臣記ほぼ同じ）とある。これによると、光秀自身が直ちに本能寺に向かったのではなく、明智秀満らを先鋒として派遣したこととなる。

2行＝「同勝兵衛」、すなわち明智勝兵衛は、三沢秀次のことか。**13オ**7行には勝竜寺城留守居として名が見える。

〃＝「同次右衛門」は、光秀の重臣。実名は光忠か。

〃＝「同孫十郎」は光秀の臣。経歴不詳。

〃＝翻刻「さい藤九郎の助」は「斉藤内蔵助」と改めた。斉藤利三のこと。美濃出身で、斎藤義竜、次いで稲葉良通、さらに信長に転仕。天正八年から光秀に属し、一万石を与えられ、丹波黒井城主となった。明智秀満と並ぶ明智家の筆頭家老。

8行＝「宗徒の大将を置く」のところ、追善記・豊臣記ともになし。本記独自の箇所。

〃＝翻刻「織田三七信高」は、織田信孝のこと。信長の三男。以下、「信高」は「信孝」に改めた。

10行＝翻刻「これとう」は「これすみ」（惟住）の誤り。「惟住五郎左衛門尉」は丹羽長秀のこと。天正三年以降、賜姓されて惟住を名乗る。追善記のみ「惟住」とし、本記をはじめ豊臣記・続群類本いずれも「惟任」と誤る（以下、同様の誤りは断らずに改めた）。

〃＝「蜂屋伯耆守」は蜂屋頼隆とするのが通説であるが、頼隆の受領名は出羽守であり、伯耆守ではない。しかし、第二**51オ**1行には敦賀城主として蜂屋伯耆守と出ているから、伯耆守を称した時期があったのかも知れない。なお、『貝塚御座所日記』によると、天正十年五月段階での頼隆は「蜂屋兵庫助」と呼ばれている。

11行＝「和泉の堺の津に至り在陣す。」の後、「その外の諸侍」（**8ウ**1行）との間に、追善記では、信長による徳川家康一行饗応の次第を記した文章が入る。第二部第二章を参照のこと。

（8ウ）

5行＝「百人に過ぎず」の後、追善記には「惟任此由を人を付置能〻見居如此企也、返〻　御運の極所とそ」の一文が入る。

6行＝翻刻「森みたれ」のところ、「森乱」と変換した。森乱こと森蘭丸は実名成利、森可成の三男。幼時より信長に仕え、客の饗応、諸大名の出仕した時の奏者を務める。なお、乱は蘭（丸）の当て字と思うが、追善記にも森乱とあるので、そのままとした。

7行＝翻刻「向給ふ」のところ、信長が森乱を様子見に向かわせたのであるから「向はせ給ふ」とした。
(9オ)
2行＝「蹲まで」のところ、追善記・豊臣記ともに「門外まて／マテ」とする。

4行＝「高橋虎松」は信長の小姓であろう。「大塚一郎」は大塚又一郎のこと。信長の馬廻か。「角蔵」は追善記に「菅屋角蔵」とある。信長の小姓。菅屋長頼の子。「与五郎」は追善記に「薄田与五郎」とある。信長の小々姓。続群類本では薄田金五郎とある。「小八郎」は追善記に「落合小八郎」とある。信長の小々姓。

〃＝「等御傍を離れず。面々一番に取り合ひ、名乗りの如くに出で、一足も去らず、枕を並べ討ち死にす。続いて進む人々は、」のところ、追善記にはなく、「森乱」以下の人名列記が続く。追善記は、枕を並べて討死した面々と続いて進んだ面々とを区別していないようである。豊臣記は本記と同じ。

7行＝「中尾源太郎」は信長の側近か。変の時、町屋にいたが、変報を聞いて本能寺へ駆け込み討死したという。「又九郎」は追善記に「狩野又九郎」とある。信長の小々姓。

8行＝「湯浅甚介」は湯浅直宗のこと。信長の馬廻。変の時、町中の宿に滞在していたが、変報を聞いて本能寺へ駆け入り討死した。「馬乗り勝介」は矢代勝介のこと。『信長公記』巻十四に「関東祗候の矢代勝介と申す馬乗りあり」とある。関東出身の馬術家か。「針阿弥」は一雲斎針阿弥のこと。もともとは信長の同朋衆であろうが、使者、副状発給などの側近の仕事に加えて、奉行衆のような役割をも務めていた。

11行＝翻刻「とう春の花」は意味を取り難い。続く「しよ秋の月」と対句になっているとして、「早春の花」と改めた。追善記では「頃日ハ春花とも秋月とも」、豊臣記では「頃春之花乎秋之月乎」となっている。
(9ウ)
1行＝翻刻「ふ代」のところ、追善記などによって「粉黛」

と改めた。粉黛（ふんたい）は寵愛者の意。信長が愛した女性たちを悉く刺し殺したとする場面（追善記・豊臣記も同じ）だが、『信長公記』巻十五には「是迄御そばに女共付きそひて居り申候を、女はくるしからず、急ぎ罷出でよと仰せられ、追出させられ、」とある。

3行＝「村井入道春長」は村井貞勝のこと、春長軒と号した。

〃＝翻刻「公門くハいに家あり」のところ、追善記に「御門外に私宅あり」とあるのに従って「公の門外に家あり」と改めた。

5行＝翻刻「相見すしてこれを見んとほつす」のところ、追善記によって、「相鎮めんとしてこれを見るに」と改めた。

(10オ)

6行＝「親王」は、正親町天皇の第一皇子誠仁（さねひと）親王のこと。永禄十一年（一五六八）親王宣下。天正元年（一五七三）以降、何度か即位の計画もあったが、果たさぬまま同十四年七月に急死した。そのため、同年十一月、親王の第一皇子周仁（かたひと）が即位した（後陽成天皇）。なお、9行の「東宮」も誠仁親王のこと。

〃＝「二条の御所」とは信長が天正四年に新造し（二条屋敷）、天正七年に誠仁親王に献上した御所（下御所）で妙覚寺とは室町通りを隔てた東隣の押小路室町にあった。

(10ウ)

2行＝「舎弟御坊」は織田勝長のこと。坊丸。信長の子で信忠の弟。以下、列挙される人名には、追善記・豊臣記などとの間に異同がある。

3行＝「織田又十郎」は織田長利のこと。信長の弟。

〃＝「村井春長父子三人」は、貞勝のほか、貞成・清次（いずれも貞勝の子）の三名か。

4行＝翻刻「と平八」のところ、追善記によって「団平八」と改めた。団平八郎忠正のこと。

〃＝「菅屋九右衛門」は菅屋長頼のこと。追善記には「菅屋九右衛門親子三人」とある。長頼とともに二条御所で死んだ菅屋勝次郎、本能寺で死んだ菅屋角蔵であろう。

〃＝「福富平左衛門」は福富（ふくずみ）秀勝のこと。豊臣記には福住平左衛門とある。

〃＝「猪子兵介」は、猪子高就のこと。信長近習でかなりの実力者であったらしい。

5行＝「下石彦右衛門」は下石（おろし）頼重のこと。信長馬廻で奉行人をも務めた。

〃＝「野々村三十郎」は野々村正成のこと。信長馬廻。黒母衣衆。

〃＝「赤沢七郎右衛門」は『信長公記』巻十五に「赤座七郎右衛門」とある人物であろう。赤座は、信長馬廻でのち信忠付き。天正十年武田攻めの際、恵林寺焼討ちの奉行を担当した。追善記・豊臣記・続群類本いずれも赤沢とする。

6行＝「斎藤新五」は斎藤新五郎利治。斎藤道三の子で義竜の弟という。永禄七年（一五六四）以降、信長に従った。

〃＝「津田九郎次郎」は津田元嘉のこと。信長奉行衆で、恵林寺焼討ちの奉行を務めた。追善記に名は見えない。

〃＝「毛利新助」は毛利良勝のこと。信長の馬廻。桶狭間の戦いで、今川義元の首を取った。追善記に名は見えない。

〃＝「塙伝三」は塙伝三郎のこと。天正三年、信忠の美濃岩村城攻めに参加。

7行＝「桑原吉蔵」は信忠馬廻。天正十年、美濃高遠城攻略に参加。

〃＝「桜木伝七」は信忠馬廻か。

〃＝「小沢与吉」は小沢六郎三郎のことか。六郎三郎は、安土築城時の石奉行の一人。

〃＝「山口小弁」は信忠の小姓。高遠攻略に参戦。追善記・豊臣記・続群類本のいずれにも名はみえない。

8行＝「寺田善右衛門」は信長近臣。追善記・豊臣記・続群類本とも名は見えない。

10行＝翻刻「おん腹めせ」は、豊臣記によって「御腹召させ」と改めた。

11行＝翻刻「あんせん」は、追善記・豊臣記とも「安堵」とする。ここでは落ち着いている様子を言う「晏然」を充てた。

(11オ)

5行＝「兵共」の前に、追善記によって「先駈けの」を補った。

7行＝「射防ぐ所に」のところ、追善記には「射退、排所を」とある。

9行＝「六具」は、武器の得手具足に小具足を加えたものを言う。ここは明智軍の武装が堅固であった様子を記す。

(11ウ)〈改訂文一行増〉

3行＝「討ちなされ」と「御腹巻を召され」の間、追善記によって「既に御殿間近く詰め寄す。信忠御兄弟」を補う。信忠御兄弟とは**10ウ**2行にあらわれる舎弟御坊、織田勝長のことであろう。

9行＝「杉生三右衛門・加成清次」は、いずれも『明智軍記』に明智方の部将として名が載るが、詳細は不明。

12行＝翻刻「当所」のところ、追善記によって「古流当流」と改めた。

（12オ）

1行＝莫耶は本来、中国春秋時代の呉の刀工干将の妻の名。干将が妻莫耶の髪を炉に入れて二振りの名剣を作ったという物語があり（『呉越春秋』）、それが後世、色々と脚色された。日本に伝わった後も、例えば『今昔物語』巻第九では莫邪を男性の刀工その人としてしまっている（「今昔、震旦ノ□代ニ莫耶ト云ふ人有ケリ。此レ、鉄ノ工也。」）。ここでは、それを踏まえて「莫耶が一太刀」で名工莫耶が造った刀剣を意味するのであろう。なおこの箇所、追善記・豊臣記ともに「英傑」とある。

2行＝「孫十郎」と「三右衛門」の間、追善記・豊臣記では、「清次」が入る。また、追善記には「孫十郎を薙伏、清次三右衛門首丁ゝと打落す」とある。

5行＝「心よく」のところ、追善記には「残所なし」とある。

10行＝翻刻「いたはるへし」のところ、追善記によって「悼むべし」と改めた。悼むは人の死を悲しむ意。

（12ウ）

2行＝「松田平介一忠」のところ、追善記には「松野平介一忠」とあるが、原文を尊重して松田のままとした。1オ6行注を参照されたい。

7行＝翻刻「いたう」のところ、追善記によって「和歌の道」と改めた。

8行＝翻刻「さんかく」は、追善記によって「参学に」と変換した。参学は、特に禅宗で師のもとに赴いて仏道修行・学問をする意で、「参学に眼をさらす」で学問を怠らず熱心であったことの意か。

（13オ）

3行＝翻刻「さいじんす」のところ、追善記によって「裁断す」と改めた。

7行＝翻刻「しようし」は、「勝竜寺」と改めた。勝竜寺は、勝竜寺城のこと。京都府長岡京市にあった城で、西国街道と久我縄手とを同時に押さえうる交通上の要衝に位置する。

8行＝「坂本の城」は、大津市下阪本町の琵琶湖畔にあった城。元亀二年（一五七二）九月に織田信長が明智光秀に命じて築かせ、その居城とさせた。

10行＝「局々の思ひ人」のところ、追善記には「西対東南之局ゝ妾」とある。

〃＝翻刻「後たち」のところ、追善記によって「古御達」（ふるごたち）と改めた。古参の女房衆の意。

（13ウ）

2行＝翻刻「けいしよのわふくハん」を、追善記によって「仮初の往還にも」と改めた。

〃＝「鸞輿飾車」は、天子の輿と天子に随従する臣下の乗る車を意味する。

3行＝「遊山」のところ、追善記・豊臣記ともに「駿」（豊臣記に「ソヘムマ」のルビ）とある。

4行＝翻刻「しんとう」のところ、追善記により「辛勤」と改めた。

6行＝翻刻「かふう」のところ、追善記によって「項羽の虞美人」と改めた。ここは、前行で楊貴妃が安禄山の乱を避けて玄宗とともに蜀を指して逃亡する苦難のことを述べたのを受けて、楚の項羽の愛妾虞美人（ぐびじん）が、漢の劉邦との戦い（垓下（がいか）の戦）に敗れた項羽とともに烏江のほとりへ逃げてきたことをいう箇所。

（14オ）

1行＝翻刻「さを山」のところ、普通「佐和山」（続群類本）と書かれるが、「棹山」（追善記・豊臣記）と書かれることもあった。後に石田三成の居城となったことで知られる佐和山城には、このころ丹羽長秀が在城していた。ここでは通用の表記「佐和山」に従った（以下同じ）。

3行＝翻刻「がふたい」は、追善記によって「合体」とした。『日葡辞書』に「Gattai. ガッタイ（合体）一緒になること，あるいは一体になること」とある。ここでは光秀に協力する、の意。

4行＝「長岡兵部大夫藤孝」は細川藤孝のこと。本能寺の変に際しては即座に剃髪、隠居して家督と居城を忠興に譲り、自身は田辺城に移った。

5行＝「筒井順慶」は大和の国人領主で、信長から大和の一職支配を認められ、郡山城主となった。本能寺の変ではなかなか去就を明らかにしなかったため、戦後、秀吉からその態度を叱責されている（『多聞院日記』天正十年六月十五日条）。

6行＝「使札」のところ、六月九日付で光秀が細川藤孝・忠興（光秀女婿）父子に差し出した自筆の「覚」が、公益財団法人永青文庫に残されている。そこでは、蜂起の主旨を忠興などを取り立てるためとし、藤孝らの上洛を要請している。

10行＝「織田七兵衛」は織田信澄のこと。『多聞院日記』ではその人となりについて「一段逸物也」と評している。彼は信長に誅殺された弟信勝の子（「意趣なきにあらざる」）で、光秀の女婿であった（「惟任ゆかり」）ため、変後間もなく、大坂城二ノ丸の千貫櫓に居た（『細川忠興軍功記』）ところを、信孝らに討たれた。『多聞院日記』六月二日条には「惟任幷七兵衛中合令生害云〻」とあって、光秀と連携して信長を討ったとの噂もあったようだが、この記事の傍におそらく英俊の自注で「コレハウソ」と書いてある。

（14ウ）

3行＝「心中には愁傷限りなしといへ共」のところ、続群類本では「心中愁嘆雖無。少色不出。」となっており、秀吉が信長の横死をどのように受け止めたのかという点で正反対の言い分である。秀吉の本心がどうであったのかは別問題として、少なくともここで続群類本のような表現をする必然性は全く無い。

5行＝「日幡の要害」は、高松城の南方約四キロ、足守川右岸の独立丘陵・日幡山にあった城（岡山県倉敷市日畑）。当時、毛利方の日幡景親が在城していた。

11行＝「両川は小早川・吉川をいふのみ」は、豊臣記にはあるが、追善記には無い。

（15オ）

9行＝翻刻「そのはおむすぶへき」は、毛利家を根絶やしにしたいという言葉（「其根を切り」）に続く箇所であるから、追善記によって「その葉を枯らすべき」と改めた。

（15ウ）

1行＝「清水兄弟」は備中高松城主清水宗治とその兄月清入道（俗名は清水宗知）をいう。

〃＝翻刻「しミすきやうたい、けいしうかせいのしゆ人三人、はらをきり」のところ、意味を取りにくい。豊臣記に「志水兄弟芸州加勢主人三人切セ腹」とあることから、「芸州加勢主人三人」を高松城加勢のために軍勢を遣わした毛利輝元・小早川隆景・吉川元春のこととし、この三人が清水兄弟に腹を切らせたという意味に解して、「清水兄弟に、芸州加勢の主人三人、腹を切らせ」と改めた。

7行＝翻刻「ミのこく」は、追善記によって「未の刻」と変換した。

8行＝「沼の城」は岡山市の東端にあった城郭で、亀山城ともいう。高松城からは約二十キロ東方に位置する。そのころ、宇喜多直家の弟春家の居城であった。

9行＝翻刻「いたる迄」のところ、追善記によって「迄至る」と改めた。

〃＝「大雨大風」の前、豊臣記によって「七日には」を補った。

(16オ)

3行＝「池田紀伊守」は池田恒興のこと。翻刻「これとう」は「これすみ」の誤り。「惟住五郎左衛門」は惟住（これずみ）（丹羽）長秀のこと。なお、追善記には「堀九（久）太郎」（堀秀政）の名も見える。

4行＝翻刻「しやういんし、はた田」のところ、豊臣記・続群類本とも「摂州富田」とある（追善記は「冨田」）。「はた田」は**16ウ**2行の例からも富田を誤ったと見なしうるので、ここは池田らが摂津富田（高槻市富田町）に陣を敷いたとすべきとも考えられる。しかし、「しやういんし」が摂州の誤記とは考えにくいのに加え、旧嶋下郡の味舌郷五ヵ村の一つに正音寺（しょうおんじ）村がある（摂津市正雀・三島辺り）のが注意される。この村は、文禄三年（一五九四）の検地帳に名がみえており、村の東端を茨木方面への道が、西端を吹田への道が通っていて、山崎と尼崎のちょうど中間地点にある。よって、ここでは「しやういんし」を「正音寺」と変換し、彼らが「正音寺・富田」に陣を敷いたと考えておきたい。本記独自の箇所。

5行＝「天神の馬場」は、大阪府高槻市にある上宮天満宮の参道およびその周辺を指す。西国街道に通じる交通の要衝である。

9行＝「発向」のところ、追善記・豊臣記とも「釣留」とする。

10行＝翻刻「はん州におひてらん入」のところ、追善記によって「播州までも乱入」と改めた。

(16ウ)

8行＝翻刻「是等」は「惟任」の当て字であるが、正しくは「惟住」で、惟住（丹羽）長秀のことをいう。

(17オ)

7行＝「久我縄手」は、京都の東寺口から山崎に至る通路には、東寺から鳥羽道を南下して久我（現・京都市伏見区）付近で桂川を渡航し、現伏見区久我森の宮町から直線で下植野（大山崎町）に出る道で、これを久我縄手と呼んだ。

8行＝「西岡」は、南北朝以後、乙訓地方は西岡とよばれることが多く、室町時代後期に勝竜寺城が築かれると、この地域が軍事的・政治的に乙訓郡の中心となった。

(17ウ)

2行＝翻刻「せんひをふる」のところ、追善記によって「先非を悔ゆ」と改めた。

(18オ)

7行＝「秦皇」は秦の始皇帝のこと。また「阿房殿」、「咸陽宮」はともに始皇帝が建てた壮大な宮殿。

8行＝「楚人の一炬焦土と成す」の出典は、杜牧の「阿房宮賦」の一節「楚人一炬、可ㇾ憐焦土」と思われる。大意は「豪勢を誇った阿房宮だが、あわれにも、楚の項羽が投じた一本のたいまつの火で、たちまち燃えて焦土になってしまった」（松浦友久・植木久行編訳『杜牧詩選』岩波書店、二〇〇四年）。

(18ウ)

4行＝「その夜」の次、追善記は「惟任を追懸ものおほし」が入る。

8行＝「三井寺」は滋賀県大津市園城寺町にある天台寺門宗総本山園城寺のこと。中世、武将がたびたび陣を布いた。

(19オ)

1行＝翻刻「たゐすせんゐつ」のところ、追善記によって「抃悦に堪へず」と改めた。

7行＝翻刻「せうしをなし」は、豊臣記によって「焦土と成る」と改めた。なお、追善記は「灰燼となる」。

10行＝「阿閉孫五郎」は阿閉貞大（あつじさだひろ）のこと。近江国伊香郡の山本山城（滋賀県長浜市高月町）主である阿閉貞征の子。浅井氏の重臣であったが、その滅亡後は、信長に山本山城と所領を安堵された。本能寺の変後、父とともに光秀に組した。

11行＝翻刻「しゆいんあるゆへに」のところ、豊臣記によって「宿意ある故に」と改めた。なお、追善記は「意趣なきに非ず」とする。

(19ウ)

2行＝「吾が元の館」とは、山本山城のこと。治承四年（一一八〇）、この城を平知盛・資盛が攻めている。その後、京極氏被官阿閉氏の本拠となった。

3行＝「緩ふせんや」のところ、追善記は「許さんや」とする。

4行＝「宮部次郎左衛門尉」は、近江浅井郡宮部を本貫とする宮部継潤（善祥坊と通称）の一族か。継潤は初め、浅井氏に仕えるが、元亀二年（一五七一）、秀吉の誘いを受け織田方に付いた。天正十年頃は在鳥取であろう。また、「中村孫平次」は、中村一氏のこと。

5行＝「を遣はし」のところ、翻刻文では、秀吉の命によって宮辺が中村一氏と阿閉一族を滅ぼしたようにも取れるが、事実は秀吉が宮部と中村一氏の両名を遣わして阿閉一族掃討を実行させたのであるから、そのように改めた。なお、追善記には宮部・中村の名はなく、単に「人数を差遣」とある。

6行＝この箇所、立籠もったのは明智方の軍勢であるから、追善記によって「逆徒」を補った。

9行＝「織田三介信雄」は織田信長の二男。豊臣記には「信雄（カツ）」とある。

10行＝「清須の城に於いて」以下、いわゆる清須会議のことを述べている。

11行＝翻刻「ぎらつきよ」のところ、追善記により「未落居」と改めた。

（20オ）

1行＝「秋田城介平朝臣信忠嫡男」は後の織田秀信のこと。幼名三法師。清洲会議によって、わずか三歳ながら織田家の家督に据えられた。

9行＝「謀叛の張本」のところ、追善記・豊臣記には「さて／扱」とある。本記独自の箇所。

（20ウ）

1行＝「車に乗せ」の前に、追善記によって「其の後」を補った。

〃＝「搦め捕り来る」と「其の後車に乗せ」の間に、追善記・続群類本には斎藤利三に対して次のような文人としての評価と同情的な感慨を漏らす描写がある（本記・豊臣記には無い）。

　寔天運の尽所也、惜哉利三、平性嗜ところ、啻武芸の業のミに非す、外にハ五常を専とし、朋友と会し、内にハ花月を翫ひ、詩歌を学、いま此難に逢事、先業の感する所、愁歎尤ふかし、或人述曰、異国の公冶長、縲紲の中にあれとも、其罪に非す、本朝曽我五郎時宗ハ縄をかゝり、会稽の恥を雪く、斯人これに同し、

2行＝「惟任首をも台に据へ」のところ、追善記・豊臣記では「惟任首をも体に継て」とする。後者では小栗栖で見つかった光秀の体と三井寺で発見したその首とを合わせ繋げた意となる。

4行＝「狂歌」のところ、追善記・豊臣記いずれも「落書」とする。

7行＝翻刻「合戦にそ」は字余り。追善記には「合戦に」とある。

11行＝翻刻「長天」は、信長の長久を願うところであるから、「御長久」と改めた。

(21オ)

8行＝翻刻「もとより、江州、しやう州、備州よりはせ来る」のところ、追善記によって「其の後、江州・濃州・尾州まで馳せ廻る」と改めた。

9行＝翻刻「在りやく」は、豊臣記によって「在洛」と改めた。なお、『太閤記』巻三は、藤孝の上洛を「七月廿日頃」とする。

(21ウ)

2行＝「聖護院殿」は、聖護院道澄のこと。追善記に「殿」なし。豊臣記には「聖護院殿白」とある。白は道澄の一字名。

3行＝「紹巴」は、連歌師の里村紹巴のこと。光秀の愛宕百韻にも出座した。

4行＝「発句は」のところ、追善記には「此等の趣向」とある。豊臣記は本記と同じ。

6行＝「御次丸」は、羽柴秀勝のこと。織田信長の五男で秀吉の養子となり、天正十年六月の清須会議の結果、丹波一国を得て、亀山城主となった。同十三年十二月病死。なお、四男とする説もある。

10行＝「将軍数年の御恩恵を被ぶる事、かつてその比類なし」のところ、追善記になし。豊臣記には「将軍推挙シテ蒙御恩恵事曽以無其比類」とある。

(22オ)

5行＝翻刻「ははかりおはふき」のところ、追善記によって「憚りを省み」と改めた。

6行＝「今日」の前、追善記によって「昨友は」を補った。

7行＝翻刻「是か有来日をごせんや」のところ、追善記によって「誰か来日有るを期せんや」と改めた。

10行＝翻刻「人間」のところ、追善記によって「人君」と改めた。

11行＝翻刻「つとめさらん」のところ、豊臣記によって「勤めずんば」と改めた。

〃＝「千変万化量るに足らず」のところ、追善記には「千変万化の世間の行末測かたし」とある。

(22ウ)

1行＝翻刻「むらさき野にをいて」は追善記になし。

2行＝翻刻「一七日ほうし御仏じをもようし、金おほとこさんために、そ用」のところ、追善記によって「一七日の法事を催す。御仏事嚫金雑用のために」と改めた。嚫金（しんきん）は金を施すこと。

4行＝「不動国行」は鎌倉時代中期の刀工来国行（らいくにゆき）によって作られた太刀。元亀四年（一五七三）、松永久秀から織田信長に献上され、それ以後信長の愛刀となった。

7行＝「惣見院」は、信長の菩提を弔うために秀吉によって創建された大徳寺の塔頭。信長の法名「惣見院殿泰巌大居士」に由来する。現在では「総見院」の表記が通用している。

8行＝翻刻「つくりくハ礼をなし」は、意味が取れない。追善記によって「作るべき作事料として」と改めた。

9行＝翻刻「さういなき者なり、又ゑんりよを」のところ、追善記によって「相違なき様に遠慮を」と改めた。

10行＝「八木五十石」のところ、追善記には「八木五百石／八木五百斛」とある。

(23オ)

1行＝ここで、「仏事の次第」という表題を立てるのは、追善記・豊臣記には見られない本記独自の箇所である。

2行＝「十一日より色々様々の御弔ひなり」のところ、追善記・豊臣記ともに「十一日転経、十二日頓写幷施餓鬼、十三日懺法、十四日入室、十五日闍維、十六日宿忌、十七日陸座拈香」と具体的に記す。

7行＝翻刻「八けんの間をさいしきご門きり幷に引りやうすち」のところ、追善記によって「八面の間を御紋桐幷に引両筋にて彩色す」と改めた。

9行＝翻刻「てうこくし、ぶつさうほうなふ、くハんくハくの中に」のところ、追善記によって「仏像を彫刻し、棺槨の中に奉納す」と改めた。

10行＝「蓮台野」は、京都市北区の船岡山の西から紙屋川に至る野をさす。平安期には、東山の鳥辺野、西の化野とともに葬送の地であった。中世を通じても葬送の地とされていたが、室町期になると人家が建ちはじめた。

〃＝翻刻「せうくハうくわふにして」のところ、追善記によって「縦横広大にして」と改めた。

11行＝「洛中に続き」は、追善記・豊臣記に見られない本記独自の箇所。

(23ウ)

1行＝翻刻「方百二間火やあり」のところ、「火や」（火屋）の大きさが方百二間というのは広すぎる。追善記によって

「方百二間の中に火屋あり」と改めた。方百二間は蓮台野の一角を幕で囲った区画の広さを意味するのであろう。

〃＝「宝形造りの塔なり」のところ、追善記・豊臣記には「如法経堂造也」とある。

6行＝「徒党」のところ、追善記は「人数」とある。

9行＝「池田古新」は池田恒興の次男で後の輝政のこと。この年十九歳。祖母の養徳院（恒興の母）が信長の乳母であった関係から、輿を担ぐことになったのだろうか。

10行＝翻刻「御くらい相公をひし第八男御長まる」のところ、追善記によって「相公の御位牌は第八男御長丸」と改めた。信長の八男御長丸については不明なところが多い。『新撰豊臣実録』には「木主（今按、今之位牌、）於長丸（今按、信長八男、後号武蔵守信吉是也、）捧之」とあり、長丸は信長の八男で後に武蔵守信吉となる人物であることを示す。『寛政重修諸家譜』には、この信吉について「童名酌、武蔵守。従五位下。剃髪号道卜。元和元年四月十八日、京師にをいて卒す。年四十三。雲厳省幸院と号す。」とある。逆算すれば天正元年の誕生となるから、当時十歳であった。

(24オ)

1行＝翻刻「両行」は、追善記によって「両紼」と改めた。紼は棺を引く綱。ここでは、信長の棺の両側に付けられた引き綱のこと。豊臣記には「両佛」とある。

5行＝翻刻「もんしん、しうくハい」のところ、豊臣記によって「叉手・問訊・集会」と改めた。

8行＝翻刻「ともしびあきらかなり、ひかりハ」のところ、追善記によって「灯火の光は」と改めた。

9行＝翻刻「むすひ花」の後、追善記によって「に至るまで」を補った。

(24ウ)

1行＝「仏事の役者は何れも何れも　和尚や又は長老達也」のところ、追善記では「鎖龕　怡雲大和尚」以下八名の導師の名を列記した後、「其偈曰　四十九年夢一場、威名説什磨存亡、請看火裡烏曇鉢、明作梅花遍界香（喝一喝）」の偈文となる（豊臣記も同じ）。

6行＝翻刻「なけかさらんもの也、さて」のところ、意味を取りにくい。豊臣記によって「歎かざらん者有らんや。」と改めた。

9行＝翻刻「天下のとくふ古今」のところ、追善記によって「天下に衣被し、古今独歩す」と改めた。衣被は、恵みを施すこと。

(25オ)

1行＝「惣見院殿贈大相国一品泰巌大居士」のところ、信長には天正十年十月九日、従一位太政大臣が贈位贈官された（『晴豊記』同日条）。一方、天童藩織田家の家譜は十月十五日に「是日勅贈従一位太政大臣、法名天徳院、後号総見院泰巌安公」とする。しかし、天徳院の追号は既に同年九月七日の記録に現れる（『言経卿記』同日条）から、このとき贈られたのは惣見院殿泰巌大居士の追号であった。なお、「惣」の字について、追善記では「捴」、豊臣記は「惣」、続群類本では「總」とする。

4行＝翻刻「ぶようをまもり」のところ、追善記により「武勇を専らとし」と改めた。

8行＝「仍て記し置く」のところ、追善記・豊臣記には「仍藻虫斎由己記置所也／仍紀(ママ)置所」とある。

9行＝本記の奥付は「天正十年十月十五日」となっているが、これは大徳寺での葬儀が行なわれた日であり、桑田忠親も指摘する（『群書解題』第四）ように、その日に本記が成立したというのはおかしい。追善記・豊臣記は「天正十年十月廿五日」とし、続群類本は「天正十年十月日」とする。

【天正記第二】

(26オ)

1行＝この目録は、追善記・豊臣記・群類本・続群類本いずれにもなく、版本独自のものである。

2行＝秀吉の進発には3行目以下すべて「御」を付けているのに従って、ここでも「御」を補った。

5行＝「美州」は2行目の「濃州」と同じく美濃国のこと。天正十一年（一五八三）四月に行なわれた美濃岐阜城攻めのことをいう。前年十二月の岐阜城攻めに次いで行なわれたので「重ねて」と言った。

6行＝「佐久間玄蕃」は佐久間盛政のこと。玄蕃允。柴田勝家の甥。勇猛なことから「鬼玄蕃」と恐れられた。翻刻では、「蕃」を「番」と誤っている（以下、断らずに改める）。

7行＝「中川瀬兵衛尉」は中川清秀のこと。摂津茨木城主。

8行＝「柴田」は柴田勝家のこと。

10行＝「柴田権六」は柴田勝家の嫡男。名を「おくに」（『賤嶽合戦記』）といい、このころ十二歳（『耶蘇会日本年報』）とも十四歳（『兼見卿記』）とも十六歳（『賤嶽合戦記』）ともいわれる。

(27オ)

5行＝「王民」のところ、豊臣記には「生民」とある。

9行＝「滝川」こと滝川一益は、武田氏滅亡後、信長から関東八州の警固と取次役を命じられ上州厩橋に在城していたが、本能寺の変後の混乱によって清須会議での遺領配分に預かれなかったことから秀吉を怨み、次第に信孝・勝家に近づいていった。

(27ウ)

1行＝「趙高」は古代中国秦の宦官。始皇帝の死後、丞相の李斯（りし）と謀って始皇帝の長子扶蘇（ふそ）を殺し、末子の胡亥（こがい）を二世皇帝とした。のち、李斯と胡亥をも殺して子嬰（しえい）を位につけ、権力をふるったが、子嬰に一族ともども殺された。なお、豊臣記・群類本ともに「秦趙高之怨、唐国忠之殃」とある。唐国忠は、唐の玄宗の臣である楊国忠のこと。玄宗の信頼を得、宰相となったが、安史の乱を招く主因となり、玄宗とともに蜀へ逃げる途中、馬嵬（ばかい）の駅で殺された。

3行＝翻刻「かい坊」のところ、豊臣記により「介抱」と改めた。「介抱」は「懐抱」の転か（『岩波古語辞典』）。

5行＝「条々の懇札」と「いへ共」の間に「を呈すと」を補った。ここでいう「条々の懇札」とは、『豊臣秀吉文書集』に「斎藤玄蕃允他宛書状写」（512号文書）として収められた、天正十年十月十八日付で秀吉が信孝の老臣斎藤利堯と岡本良勝に宛てて認めた書状であろう。これは二十数ヶ条に及ぶ長文の書状で、秀吉が信長に取り立てられた次第から本能寺の変、山崎合戦の経緯（このとき信孝を盛り立てたこと）、さらに清須会議を経て大徳寺での信長葬儀に至る秀吉の忠節振りを切々と訴える有名なものであるが、冒頭に「先度者預御書、謹而拝見仕候」、末尾に「此由信孝様へ御披露頼入候」とあるから、秀吉宛織田信孝書状への返書として認められたものである。

8行＝「同名伊賀守勝豊」こと柴田勝豊は、柴田勝家の養子。清須会議の後、近江長浜城主となった。

9行＝翻刻「くハゐけいのあつかひ」のところ、豊臣記には「和平之扱」とある。和平の計略をめぐらすの意味で「廻計の扱ひ」とした。

10行＝翻刻「やふらす」を「不破」と変換した。不破彦三は、不破直光のこと。また、「金森五郎八」は金森長近のこと。

11行＝翻刻「ハしめのとうじ、山春の雪ふかうして」のところ、豊臣記によって「初冬より、残春に至るまで雪深うして」と改めた。

〃　＝翻刻「各〳〵京とにのほり、」のところ、柴田勝豊が謀を巡らして前田らを京都へ派遣したのであるから、豊臣記によって「京都に差し上す。」と改めた。

(28オ)

5行＝「臘月」は陰暦十二月の異称。秀吉は十二月九日に近江に入り、十一日に佐和山入城を果たしている（『豊臣秀吉文書集』543号文書）。「長浜」は江北湖畔の要衝の地（滋賀県長浜市）。清須会議で勝家が新たに入手した江北三郡の支配を任せられ、柴田勝豊が長浜城に入っていた。

7行＝翻刻「敵のいたはる所」は、豊臣記によって「敵の痛む所」と変換した。

10行＝翻刻「けういつ」のところ、豊臣記によって「頃日」と改めた。

(28ウ)

1行＝翻刻「むかしハとふさつす」のところ、豊臣記によって「往く者を蟄臥し、来る者を凍殺す」と改めた。翻刻「むかしハ」は「往者」を誤ったか。

4行＝翻刻「りようおなし」のところ、豊臣記によって「慮りを成し」と改めた。

5行＝翻刻「だん名おほんそうする故」のところ、意味が取れない。豊臣記によって「本素は他名なる故」と改めた。

〃　＝翻刻「やうしんする」のところ、豊臣記によって「養子とする」と改めた。

8行＝翻刻「けんいをとり、尤はなはた」のところ、豊臣記によって「権威を取ること、尤も甚だし」と改めた。

10行＝翻刻「礼いんなし」のところ、「礼意を成す」と改めた。秀吉が礼を尽くして勝豊を誘降したというところである。なお、豊臣記・続群類本は「無疑引着／著之」とする。

(29オ)

1行＝「長岡越中守」は長岡忠興すなわち細川忠興のこと。

2行＝「池田紀伊守」は池田恒興のこと。

〃　＝「蜂屋伯耆守」は蜂屋頼隆とするのが通説だが不審（第一**8オ**10行注を参照されたい）。なお、本記**51オ**1行には「敦賀は蜂屋伯耆守」と出てくるから、蜂屋伯耆守が敦賀城主の蜂屋頼隆と認識されていたことは疑いない。

7行＝翻刻「是をあわれミ」のところ、豊臣記によって「是を惨み」と変換した。惨(いた)むは、心が痛むさま。またみじめなさま。

(29ウ)

2行＝この年元日以降の姫路在城は、本記のほかには同時代史料に見えない。

3行＝翻刻「しうとくにつらなり、しや馬をふまへ、門前いちをなす」のところ、豊臣記によって「袂を連ね、踵を踏まへ、車馬門前に市をなす」と改めた。

4行＝翻刻「礼に」のところ、「礼者に」と改めた。礼者は年賀の挨拶にまわる人（『岩波古語辞典』）。

8行＝翻刻「御はくふ」のところ、豊臣記に「御伯父」とあるが、信雄は三法師の父信忠の弟であるから、「御叔父」と変換した。三法師・信孝母らが岐阜から安土に移ったのは、天正十年十二月二十一日のこと（『豊臣秀吉文書集』67号文書）。

（30オ）

7行＝翻刻「大今藤八」のところ、豊臣記によって「大金藤八」と改めた。大金藤八は、柴田勝豊の重臣大金（大鐘）藤八郎のこと。勝豊の病死後は秀吉に直仕した。「山路将監」は、同じく勝豊の重臣山路正国のこと。

8行＝「片岡天神山」の出城は羽柴方最前線の砦で、**32オ**9行の「天神山の城」と同じ城。文室山から東に迫り出した尾根の突端に位置し、北国街道沿いの東野集落の西方に位置する要衝。

10行＝翻刻「無二いろをきはめ、これをたつるゑんてい」のところ、豊臣記によって「無二に色立の淵底を極む」と改めた。

（30ウ）

3行＝「羽柴美濃守」は秀吉の弟羽柴長秀のこと。

4行＝「伊藤掃部助」は伊藤義之のことか。天正十三年、長秀の大和拝領にともない、宇陀郡秋山城主となる。「稲葉伊予守」は稲葉良通（一鉄と号す）のこと。「氏家左京亮」は氏家直通のこと。稲葉良通、安藤守就とともに「美濃三人衆」（『信長公記』首巻）として著名な氏家直通（卜全）の長男。

5行＝「土岐多羅越」とは、美濃の関ヶ原方面から牧田川沿いに南下し、上石津を経て伊勢国員部郡方面へ通じる山間の街道で、後年関ヶ原合戦において島津義弘主従が敵中突破して逃げ延びた道である（近世の伊勢西街道）。

〃＝「三好孫七郎」は三好信吉のこと。続群類本は「三好孫七郎秀次」とする。

6行＝「孫平次」は、中村一氏のこと。

〃＝「江州中郡の衆」とは近江国蒲生・神崎・愛知郡等湖東地方に拠点を持つ武士のこと。具体的には蒲生氏郷、六角氏旧被官の建部氏・山崎氏（犬上郡）等を指す。

6行＝「君畑越」とは、神崎郡永源寺から伊勢国員部郡東禅寺へ通じる治田峠越えの山道、君ヶ畑越えのこと。一方、豊臣記には「大君畑越也」とある。大君ヶ畑越えは犬上郡高宮から川相・大君ヶ畑を通って焼尾越えで伊勢国員部郡山口村へ至る山道で、君ヶ畑越えとは別の街道。しばしば混同されたようで、秀吉主力の通ったのが君ヶ畑越えか大君ヶ畑越えなのかは検討の必要がある。

7行＝「安楽越」とは、甲賀郡土山村山女原から伊勢国鈴鹿郡亀山の安楽川谷に至る山道で、鈴鹿峠の間道であった。京道とも呼ばれていたらしい。

10行＝翻刻「ようがいおかるへをき」のところ、豊臣記によって「要害を構へ置くものなり」と改めた。

（31オ）

3行＝翻刻「若と中のふせきおなし」は意味不明。豊臣記によって「差し当りて、途中の妨げを成す」と改めた。

4行＝「峯の城」は伊勢国鈴鹿郡川崎村にあった城。城主の滝川儀大夫は一益の甥。

5行＝「亀山」は同郡若山にあった亀山城のこと。関氏代々の本城で、このころは関盛信が城主であったが、城を離れて秀吉の元に赴いた間に滝川方に内応した一族が占領し、佐治新介が入城した。今の亀山城（天正十八年築造）と区別するため、亀山古城ともいう。佐治新介の事績はよく分からないが、『細川家記』によると、実名を益氏と称したらしい。

8行＝翻刻「のこる」は、豊臣記によって「践まゆる」と改めた。

（31ウ）

5行＝翻刻「いわほのした」のところ、豊臣記によって「巌の上に聳えたる」と改めた。

6行＝翻刻「ほり」は、豊臣記によって「金掘り」と改めた。

9行＝「轍跡の魚、淤泥の水を吐くが如し」は、『荘子』外物篇第二十六の故事が出典か。

（32オ）

1行＝翻刻「長浜」は豊臣記によって「長島」と改めた。

2行＝「関の地蔵」は伊勢国鈴鹿郡にあった関地蔵城のこと。「国府の城」は同郡国府にあった国府城のこと。

6行＝秀吉の安土着陣は三月九日のこと（『豊臣秀吉文書集』605号文書）。

8行＝「柳瀬」は近江国伊香郡の村。勝家は越前との国境、柳瀬村西北の中尾山山頂に玄蕃尾城を築き、本陣を構えた。

〃＝「陣を取る。」の後、豊臣記には「其備之事」と題し、五行にわたって、「一番　二番　三番　四番　五番」の文字が入る。実際には書いていないが、柴田方布陣の部将名を書き入れるところであろう。

(32ウ)

2行＝「羽柴左衛門督」は堀秀政のこと。「堀尾茂助」は堀尾可晴のこと。

3行＝「柴田伊賀守」は柴田勝豊のことだが、このころ既に死の床に臥せっていた。「木下将監」は木下昌利のこと。

4行＝「木村隼人佐」は木村定重か。第四**10オ**1行注・第五**21ウ**10行注を見よ。「加藤作内」は加藤光泰のこと。

5行＝「前野将右衛門尉」は前野長康のこと。原文は「尉」を「對」（翻刻では「対」と表記）と誤っている（以下、同様の誤りは断らずに改める）。「一柳市介」は一柳直末のこと。

6行＝「浅野弥兵衛」は浅野長吉（後の浅野長政）のこと。「明石与四郎」は明石則実（元知とも）のこと。黒田孝高の従弟。

7行＝「生駒甚助」は生駒親正のこと。「小寺官兵衛」は小寺（黒田）孝高のこと。元々黒田姓であったが、父識隆が御着城主小寺政識の家老となって小寺の姓をもらったことから、孝高も一時期小寺氏を名乗った。

8行＝「木下勘解由左衛門尉」は木下利匡（としただ）のこと。「大塩金右衛門」は大塩正貞のこと。

9行＝「山内猪右衛門尉」は山内一豊のこと。「黒田甚吉」は黒田利則のこと。黒田孝高とは異母兄弟。

10行＝「三好孫七郎」は三好信吉（後の豊臣秀次）のこと。翻刻には「羽柴孫七郎」と出ているが、三好から羽柴への改姓時期については、天正十二年四月二十三日以降との見解があり（『豊臣秀次の研究』）、天正十一年段階では三好姓であったと思われる。なお、豊臣記では「三好」の右脇に「羽柴」と注を付している。「中村孫平次」は中村一氏のこと。

(33オ)

1行＝「羽柴美濃守」は羽柴長秀のこと。

2行＝「伊藤掃部助」は伊藤義之のこと。

3行＝「赤松次郎」は赤松義祐の子則房のこと。播磨守護赤松氏の後裔。「蜂須賀小六」は蜂須賀家政のこと。小六正勝は遊軍なので戦闘には加わらなかったらしい。

4行＝「同弥三郎」は、赤松広秀のこと。赤松政秀の男で、前行の則房とは同族。後に姓名を斎村政広と改める。翻刻「み田」は豊臣記によって「子」を補い、「神子田」とした。神子田半左衛門尉は、神子田正治のこと。秀吉古参の臣。三木城攻撃などで軍功をあげた。

5行＝「高山右近」は高山友祥（長房とも）のこと。右近允。当時、高槻城主。

6行＝「羽柴御次丸」は羽柴秀勝のこと。

〃＝「仙石権兵衛尉」は仙石秀久のこと。

7行＝「中川瀬兵衛尉」は中川清秀のこと。

9行＝翻刻「八かし」は豊臣記によって「八首」と変換した。

〃＝翻刻「右手ハ……めてハ……」とあるところ、豊臣記には、「右手ハ……左手……」とある。翻刻「めて」（右手を意味する）を「左手」と改めた。

（33ウ）

5行＝翻刻「ていしやう」のところ、「蹄場」と改めた。豊臣記には「足場」とある。

7行＝翻刻「入へきかうをなし」のところ、敵陣に攻め入る手立てがないことを言うところなので、豊臣記によって「入るべき行ても無く」と改めた。

10行＝翻刻「まつ、天神山のてきをふせく合然にあらさるの間」のところ、文意不明である。豊臣記では「先天神山防敵非勝手之間」、群類本では「先天神山非防敵勝地之間」とあるので、「合然」を「勝地」と改め、「先づ、天神山は敵を防ぐ勝地にあらざるの間」と改めた。

（34オ）

1行＝「同木山」は豊臣記でも「同木山」と表記するが、堂木山と書くことが多い。堂木山砦は、余呉湖の北に西から北国街道に向かって張り出した丘陵の先端部に据えられた羽柴方の砦。北国街道を扼する要衝。

2行＝「左祢山」は伊香郡余呉村にあった羽柴方の砦（東野山砦とも）。西側の堂木山砦とともに北国街道を扼する位置を占める。

3行＝「賤ヶ岳の尾先」は大岩山のこと。

4行＝高山右近の陣は岩崎山にあった。

6行＝翻刻「ぢやうのうへ」は、豊臣記によって、「頂上」と変換した。

8行＝「木之本」は伊香郡木之本（滋賀県長浜市）のこと。当時、木之本には羽柴長秀の本陣があり、羽柴方の重要な拠点であった。

11行＝「越前」のところ、豊臣記・群類本いずれも「越北」。

(34ウ)

3行＝この時、帰国したのは、筒井順慶をはじめとする畿内の武将であった。順慶はいったん四月初めに帰国したあと、秀吉の要請によって九日に再度江北表へ出陣している（『多聞院日記』同日条）。

5行＝翻刻「いかい」は、豊臣記によって「帷幄」と改めた。

〃＝翻刻「心をよもにくハわると」のところ、豊臣記によって「心を四方に配ると」と改めた。

10行＝「簀を易んずる」とは、病床にあった曽参（孔子の門人）が臨終のとき、人からもらった大夫用の簀（床に敷くすのこ）を身分不相応だとして易えさせた故事（『礼記』）にちなみ、賢人の死をいう。易簀（えきさく）。

11行＝「笑つて云ふ」のところ、豊臣記・群類本ともに「嘆而云」となっている。

(35オ)

6行＝翻刻「金銀を打」のところ、豊臣記によって「金銀を贈り」と改めた。

8行＝「こゝに於いて～風説有り」のところ、少し意味が取りにくいが、豊臣記には「是ニ於テ勝豊人数入置ク同木山ニ調略ノ風説有リ」とある。勝豊名代として羽柴方に組した部将に対し、柴田方からする調略のうわさが流れたようである。よって、翻刻「人数を入おき同木山」は、「人数を入れ置く同木山に」と改めた。

11行＝「木下半右衛門」は木下一元のこと。元々柴田勝豊の重臣であったが、その死去とともに秀吉の家臣になったという。

(35ウ)

1行＝「山路将監、謀叛連々露見」のところは、勝豊の羽柴与同に批判的であった山路正国が潜かに柴田方と通じて、本丸を守る木村隼人佐を討とうとした計画が、家臣の密告によって木村側に露見したことをいう。この間の経緯は、『大閤記』巻五の「柴田伊賀守家来山路将監謀叛露見之事」に詳しい。

5行＝翻刻「けいしやうのうらミ」は、豊臣記により、「鬩墻の恨み」と改めた。鬩墻（げきしょう）は同一墻内の者が争うことで、兄弟喧嘩をいう。また翻刻「ほうけなきのこゝろあり」のところ、豊臣記によって「侮いを防ぐの心無し」と改めた。いずれも信雄・信孝兄弟の仲が悪いことをいう。

(36オ)

1行＝翻刻「かうとかわ」は豊臣記によって「郷戸川」と変

換した。長良川の古名。

4行＝「蒲生飛騨守」は蒲生氏郷のこと。当時近江蒲生郡日野城主。「長谷川藤五郎」は長谷川秀一のこと。天正九年頃には野洲郡内の信長直轄領の代官をしていたがこの年八月に犬上郡比田城主となる。「多賀」は、多賀常則のことか。常則は犬上郡の土豪。「山崎」は山崎片家のこと。当時、犬上郡山崎城主。「池田」は池田景雄のこと。甲賀郡池田の出身だが、蒲生郡小井城に住したという。以上のように、これらの部将はいずれも近江中郡に拠点を持つ者ばかりである。

7行＝豊臣記によって「御謀反」の前に「信孝」を補った。

9行＝翻刻「一せんしたまい、」のところ、豊臣記には「可及一戦」とある。一戦するのが信孝なら「し給い」でよいが、ここは勝家が秀吉と戦うところなので、「一戦に及ぶべし」と改めた。

(36ウ)

2行＝翻刻「陣これお取やう」のところ、豊臣記によって「陣取の様子」と改めた。

4行＝翻刻「よていのかい」のところ、豊臣記によって「余呉の海」と改めた。余呉湖のこと。

9行＝翻刻「ようち世間をのゝしる侍」のところ、意味を取りがたい。豊臣記によって「勇力世間に知らるゝ侍」と改めた。

(37オ)

1行＝翻刻「うむにあふて」のところ、豊臣記によって「運は天に有り、進みて」と改めた。

5行＝翻刻「右手めてに」のところ、豊臣記によって「弓手馬手に」と改めた。

11行＝「天に翻へる」のところ、豊臣記・群類本ともに「瞖天」（天を瞖（かく）し）とする。

(37ウ)

3行＝翻刻「道引取る」のところ、群類本によって「速やかに引き取る」と改めた。速を道と誤ったか。豊臣記には「連引取ルニ於テ者」とある。

4行＝翻刻「いきおいなり、これをやふる」のところ、豊臣記によって「勢に因つてこれを破る」（『三略』上に見える言葉）と改めた。そして、続く「古の諺」との間に「との」を補った。

6行＝「長秀陣取り」の次、豊臣記によって「を始め」を補った。

8行＝翻刻「君心むすなり、」のところ、豊臣記によって「軍心結ぶなり。」と改めた。

9行＝翻刻「くハんをすこふるゆへ也」のところ、豊臣記によって「軍を統ぶる故也」と改めた。

11行＝翻刻「うけい」のところ、豊臣記によって「羽檄」と改めた。羽檄（うげき）は急用の檄文をいう。

（38オ）

4行＝翻刻「かゝす」は、豊臣記によって「蔵す」（かくす）と改めた。

5行＝翻刻「敵かつにのり」の前、豊臣記によって「今や」を補った。

9行＝翻刻「さうてい」のところ、豊臣記には「双蹄」とあり、「蹄ヲ双テ」と読んでいる。本記はこれを音読みしたものである。豊臣記によって改めた。

〃 ＝「関ヶ原」の後、豊臣記は「藤川」を入れる。藤川（滋賀県米原市）は伊吹山の麓、美濃国との国境にある村で、北国脇往還の宿場が置かれた。

（38ウ）

1行＝「魯陽が矛」は『淮南子』覧冥訓第六にある故事で、楚の魯陽公が韓と戦ったとき、矛で夕日を差し招くと太陽が少し戻ったため合戦に勝利したという。ここでも、日が暮れてきたので、太陽を招き返した魯陽をねたむ気持ち。

2行＝翻刻「小谷のやとにて夜半にをよび」は、日が沈んだことで小谷宿辺りには既に夜の暗闇が訪れていたのをいうところ。豊臣記によって「小谷の宿にては夜陰に及ぶ」と改めた。

5行＝「古今」の後、豊臣記によって「稀有の」を補った。

6行＝翻刻「あひしすめくんらうなし」は意味がとれない。ここは秀吉軍の移動のスピードが早くて糧食を運ぶ者が従えないことを言うところ。豊臣記によって「相随ふて粮を運ぶ者無し」と改めた。

（39オ）

3行＝翻刻「きつきやうの地」のところ、豊臣記によって「旧居の地」と改めた。

5行＝翻刻「諸率」は、豊臣記によって「諸卒」と改めた（以下、同様の箇所は断らずに改めた）。

9行＝翻刻「相よろこひ」のところ、文意不明。豊臣記に「相桛（カセ）キ」とあるのによって、「相桛ぎ」と改めた。

10行＝翻刻「さう兵山のみねさい北につゝき」のところ、「雑兵、山の峯西北に続き」とも解しうるが、豊臣記によって「余呉山の峯続き西北に」と改めた。

39ウ

1行＝翻刻「こうはつお天にきわめ」は勝家方の行動を言うところである。豊臣記によって「攻伐の行てを究む」と改めた。

8行＝翻刻「心ろかわるへきにあらす」のところ、秀吉が毛利輝元の変節を疑う場面であるから、豊臣記により「心許すべきにあらず」と改めた。

9行＝「宮部善祥坊」は、宮部継潤のこと。

10行＝「仙石権兵衛」は仙石秀久のこと。天正九年以来、淡路攻略を担当していた。

11行＝「池田紀伊守」は、池田恒興のこと。

40オ

2行＝翻刻「道を」のところ、豊臣記によって「遠路を」と改めた。

4行＝「常の余情」のところ、余情（よせい）は「勢いのよいこと」を意味する。羽柴軍が尋常の勢いでは無い事をいう。

6行＝翻刻「あさむくを、これを見て」のところ、豊臣記によって「馬印を怪しみ見て」と改めた。

11行＝「香ばしき餌の下には必ず死魚有り、重賞の下には必ず死夫有り」のところ、『三略』上に「香餌之下、必有死魚、重賞之下、必有勇夫」（香ばしき餌の下、必ず死魚有り、重賞の下、必ず勇夫有り）とあるのによる。

40ウ

4行＝「合戦目を驚かす所なり」の前に、豊臣記では「五度七度」が入る。

41オ

1行＝翻刻「合せんの時」の後、豊臣記によって「介子推の」を補った。ここは春秋時代、晋の文公に仕えた介子推が、自らの股肉を文公に与えた故事をいうところ。『荘子』雑篇「盗跖篇第二十九」が出典か。「晋公」は晋の文王のこと。

3行＝「一番鑓」の顔ぶれは、**48ウ**4〜8行に名が出てくる。

4行＝翻刻「にけくす諸率」のところ、豊臣記によって「逃げ崩る諸卒に」と改めた。

5行＝「木目峠」は、伊香郡余呉中河内の栃の木峠のこと。北国街道最大の難所。雪崩による遭難が多かった。

7行＝「北庄の居城」は越前国足羽郡北庄にあった柴田勝家の居城。慶長六年（一六〇一）、新たに入部した結城秀康が再築を開始し、政庁とした。後の福井城である。

9行＝「徳山五兵衛尉」は徳山則秀のこと。翻刻「やぶられすかはちの守」は不破河内守で、不破光治のこと。

(41ウ)

2行＝「伝へ聞く大河」は、九頭竜川のこと。

(42オ)

1行＝翻刻「白ゆふ」のところ、豊臣記によって「英雄」と改めた。

4行＝翻刻「千きうはんれんの責」のところ、豊臣記によって「千急万速の責め」と改めた。「速」を「連」と誤ったか。

5行＝「入日を尤もとす」は、合戦に敗れた勝家が自らの命が旦夕に迫っていることを認める意か。豊臣記には「入天守、年来所頼股肱臣八十人呼双ヘ、勝家運命明日ニ究リヌ」（続群類本同）とある。

9行＝「中飲み」は、酒席で目上の者の相手をすること、「思ひ差し」は同じく相手を決めて酒を注ぐこと。

(42ウ)

4行＝翻刻「しゆいの」のところ、豊臣記によって「終悲の」と改めた。

5行＝翻刻「きやうへい〱地をうごかして来る、そよやけいしやういのきよく」のところ、豊臣記によって「漁陽の鼙鼓地を動かして来る。そよや霓裳羽衣の曲」と改めた。白楽天「長恨歌」の一節「漁陽鼙鼓動地来、驚破霓裳羽衣曲」による。

7行＝「これを聞き」の後に、豊臣記によって「貴妃」を補った。霓裳羽衣曲（げいしょういのきょく）は、玄宗が楊貴妃のために作ったというめでたい曲であるが、安史の乱以降、不吉な曲として疎まれた。

〃＝「数行虞氏が涙」のところ、虞氏は楚の項羽の愛妃、虞美人のこと。先行例としては、『和漢朗詠集』巻下に「燈暗数行虞氏涙、夜深四面楚歌声」（橘広相）にあり、『源平盛衰記』遊巻第三十九にも「数行虞氏涙」とある。

11行＝「比目の枕」は雌雄の比目（ひらめ）のように二つの並んでいる枕の意で、夫婦が共寝することをたとえたもの。

(43オ)

2行＝翻刻「千秋の慶ひをくハんじ」は、身上の転変を嘆くところなので、豊臣記によって「千秋の慶びを願ひし身の」と改めた。

4行＝「小谷の御方」は織田信長の妹で、柴田勝家の室であった市（お市の方）のこと。

7行＝翻刻「相かうくそん」のところ、豊臣記によって「相公后孫」と改めた。信長の子孫という意味か。

8行＝翻刻「ミんか」のところ、群類本によって「憐愍し」と改めた。

(43ウ)

1行＝「一樹の影一河の流れも他生の縁に依る」は、『平家物語』や謡曲に用例がある。

9行＝翻刻「うた」は、豊臣記によって「方」と改めた。小谷の方のこと。

(44オ)

11行＝翻刻「大石以て」のところ、豊臣記によって「大石を以て磊を」と改めた。磊（らい）は、ここでは石垣のこと。

(44ウ)

1行＝「を重ぬる事多し」のところ、豊臣記には「数仞也」とある。「仞」は中国古代の深さや高さの単位で、八尺（周）、七尺（漢）などとする。

〃 ＝翻刻「かんの武ていつくる処たいてんしゆ、九ちやうの」のところ、豊臣記によって「の九層台に比し」を補い、「漢の武帝造る処の九層台に比し、天守を九重に上ぐ」と改めた。漢の武帝が築いた「九層台」（群類本には「晋平公所造九層台」とある）は不明であるが、『老子』巻六十四に「九層之台、起於累土」ともあって、高層建造物に対する象徴的表現なのかも知れない。ただし、北ノ庄城天守の階数については、天正十一年五月十九日付小早川隆景宛秀吉書状に「城中ニ石蔵を高築、天主を九重ニ上候」（『毛利家文書』980号文書）とあるのと合致する。

4行＝豊臣記には「城の内」と「五歩に一楼」の間に「無閑地」（閑地無く）の三字が入る。

(45オ)〈改訂文二行増〉

3行＝「呉越」は春秋・戦国時代の呉の国と越の国。また、呉人と越人。呉王と越王とがしばしば戦いあったところから、仲が悪く敵意を抱くことのたとえ。ここではその呉越が互いに激しく戦い合うという意味か。

4行＝「高館の合戦」とは文治五年（一一八九）閏四月三十日、源義経が藤原泰衡の軍勢に討ち取られた合戦のこと。先の「呉越兵を分け」と併せて、豊臣軍と柴田軍の合戦が壮絶であったことを示すものと考えられる。

5行＝「切るの条、」の後、豊臣記によって「梯を引き、天守九重目に取り上り、詞戦に云ふ。勝家唯今切腹の条」という一文を入れた。勝家らが天守最上階の階段を引き上げ、立て籠もって羽柴方と詞戦（ことばだたかい）を行なった様子が書かれている。行変り「の条」の連なりで脱落が生じたのだろう。二行増加した。

7行＝翻刻「中村文かさいす〻ミ」のところ、豊臣記によって「中村文荷斎を近づけ」と改めた。その方が以下の文章と繋がりやすい。なお、『太閤素性記』には「中村文荷ト云勝家咄ノ者、小谷ノ御方共ニ介錯シテ天守ニ火ヲカケ、文可モ炎中へ飛入テ死ス」とあり、文荷斎を咄ノ者、すなわち御伽衆であったと述べている。いずれにしろ詳しい来歴は不明であるが、勝家夫婦の最期に立ち会うなど、柴田家の重臣であったことは間違いない。

8行＝翻刻「なにがし」は、豊臣記によって「それがし」（勝家の自称）と改めた。

9行＝翻刻「へんかかくのことし、門かを相かたらひ」のところ、豊臣記によって「返歌かくの如しと相語らふ。文荷」と改めた。

11行＝翻刻「一しゆお」のところ、豊臣記によって「奥に一首を添ふ」と改めた。

(46オ)

11行＝「首を」の後、豊臣記によって「打たんことを」を補った。

(46ウ)

10行＝翻刻「帰かん」は、豊臣記によって「帰服」と改めた。

(47オ)

3行＝「長尾喜平次」は上杉景勝のこと。当時、越後春日山城主。

4行＝「五月八日安土に至り」のところ、豊臣記は「五月七日」、群類本は「五月十七日」とする。同年五月十五日付小早川隆景宛秀吉書状（『豊臣秀吉文書集』705号文書）には「去七日ニ安土まで打入」とある。

7行＝「狩り」のところ、豊臣記は「駆テ」とする。

〃＝翻刻「しやうのうらに来」のところ、豊臣記によって「生け捕り来たる」と改めた。「生捕」を「生の浦」と誤ったか。なお、『兼見卿記』によれば、佐久間が生け捕られたのは五月三日のことである。

8行＝翻刻「引はる」のところ、豊臣記によって「引き廻し」と改めた。

〃＝「江州左祢山」のところ、豊臣記は「江州棹山」とする（棹山は佐和山のこと）。なお、『兼見卿記』天正十一年五月六日条には「柴田息於佐和山辺生害云〻」とあるから、史実としては佐和山辺り（滋賀県彦根市）だったのだろう。

9行＝翻刻「今度手たて条本人として」のところ、豊臣記によって「今度手立ての張本人として」と改めた。

11行＝「玄蕃云ふ」から「なりけり」（47ウ8行）まで盛政の述懐と辞世にかかるところであるが、群類本・続群類本ともにこの箇所を欠く。

（47ウ）

2行＝「昔斉王に」から「洛中に渡る」（4行）までは、漢の天下統一に絶大な功績を挙げ、斉王に封じられた韓信が、劉邦にその野心を疑われて淮陰侯に格下げされ、その後謀反の疑いで斬刑となったという故事を語るところで、『太閤記』巻六では、勝家の下知に従って本陣に戻っていればこんなことにならなかったものを、との述懐を述べている。

3行＝翻刻「いさめにしはららる」は、意味を取りにくい。豊臣記に「縛于陳」とある「陳」を「陣」と解せば、戦場で縛られの意となる。「いくさ」を「いさめ」と誤ったとみて、「戦に縛られ」と改めた。

7行＝佐久間盛政の辞世。『太閤記』巻六には「世の中をめぐりもはてぬ小車は火宅のかどを出るなりけり」とある。

（48オ）

2行＝本記・豊臣記のいずれも信孝切腹の場所を美濃の稲葉山とするが、『多聞院日記』・『家忠日記』などは、尾張国知多郡野間の大御堂寺（愛知県知多郡美浜町）をあげる。また、その地で詠んだ信孝の辞世として、「むかしより 主をうつみの うらなれは むくいをまてや はしはちくせん」（『川角太閤記』ほか）が知られる。

3行＝翻刻「もろ尾」は、豊臣記によって「楮尾」と改めた。楮尾（ちょび）は書状の用紙の末尾の部分をいう。楮を諸と誤ったか。

10行＝翻刻「諸じいきおいおやめんがために」のところ、意味を取りにくい。豊臣記によって「諸士の息を休めんがために」と改めた。

（48ウ）

4行＝「福島市松」は福島正則のこと。六月五日付秀吉感状（『豊臣秀吉文書集』721号文書）によると五千石を宛行われており、脇坂以下の面々とは別格であった。「脇坂甚内」は脇坂安治のこと。六月五日付秀吉感状（『豊臣秀吉文書集』722号文書）によると三千石を宛行われた。「加藤孫六」は加藤嘉明のこと。六月五日付秀吉感状（『豊臣秀吉文書集』718号文書）によると三千石を宛行われた。

5行＝「同虎介」は加藤清正のこと。「平野権平」は平野長泰のこと。六月五日付秀吉感状（『豊臣秀吉文書集』720号文書）によると三千石を宛行われた。「片桐助作」は片桐且元のこと。六月五日付秀吉感状（『豊臣秀吉文書集』717号文書）によると三千石を宛行われた。

6行＝「賀須屋助右衛門尉」は賀須屋真雄のこと。六月五日付秀吉感状（『豊臣秀吉文書集』716号文書）によると三千石を宛行われた。「桜井左吉」は桜井家一のこと。六月五日付秀吉感状（『豊臣秀吉文書集』719号文書）によると、三千石を宛行われた。なお、『太閤記』は福島から賀須屋までを「七本槍」と号したとするが、福島は別格で、脇坂以下この桜井まで一律に三千石を拝領した七人を「七本鑓」とする説（『古士談話』）、あるいは加藤虎之助・福島市松・桜井左吉・賀須屋内膳・脇坂甚内・平野権平・加藤孫六郎・片桐彦右衛門の八名を挙げ、「右七人を七本鑓と申して」（『賤嶽合戦記』）とする説もある。

8行＝「石川兵介」は石川一光のこと。本記は「甲を突かれ死す」とするが、豊臣記では「突内甲討死」（内甲を突かせ討死す）とある。内甲は「兜の内側。額のあたり」をいう。

9行＝翻刻「しやてい長しゆ」のところ、豊臣記には「舎弟長寿」とあるが、六月五日付秀吉感状写（『豊臣秀吉文書集』715号文書）の宛名は「石川長松殿」となっているので「舎弟長松」と改めた。長松は戦死した兄に代わって家督とされ、千石を与えられた。なお、続群類本には「令弟長松一宗為家督者也」とあって、幼名長松、実名一宗とする。

10行＝翻刻「わさと関下のさかすきを給」のところ、豊臣記によって「態と席を設け、盃を下し」と改めた。

(49オ)

2行＝参考までに加藤嘉明宛の秀吉感状を『豊臣秀吉文書集』718号文書から引用する。

今度三七殿依謀反、濃州大柿令居陣処、柴田修理亮至柳瀬面罷出候条、為可及一戦一騎懸馳向候之処、心懸深付而早懸着、秀吉於眼前合一番鑓、其動無比類候、為其褒美三千石宛行訖、弥向後奉公之依忠勤、可遣領知者也、仍如件、

天正十一

六月五日　　　秀吉（花押）

加藤孫六殿

8行＝右に引用した秀吉感状と比較すれば明らかであるが、「或は五千石・三千石」とあるように、本記も含め『天正記』諸本では福島以下の八人に贈られた感状を一つにまとめて引用しているのである。

(49ウ)

1行＝感状の日付「天正十一年七月一日」(豊臣記も同じ)について、実際の感状ではすべて六月五日付である(加藤清正のみ未確認)。

8行＝翻刻「しやうがい」は、豊臣記によって「掌握」と改めた。

10行＝翻刻「せうり」は、豊臣記によって「蕭何」と改めた。蕭何(しょうか)は前漢の宰相。高祖劉邦に仕え、秦の法制をもとに九章律を作り漢王朝の基礎を固めた。

11行＝「張良」は、前漢創業の功臣。始皇帝暗殺に失敗後、劉邦の謀臣となり秦を滅ぼす。漢建国の後は留侯に封じられた。韓信、蕭何、張良を漢の三傑という。

(50オ)

1行＝「義経」は源義経のこと。兄の源頼朝を助けて壇ノ浦に平家を滅ぼすなど、著しい軍功を挙げるも、兄に疎まれて奥州高舘(岩手県西磐井郡平泉町)で討たれた。

2行＝「梶原景時」は頼朝の重臣で鎌倉幕府創業の功臣。侍所別当となるも、後に失脚。なお翻刻「せいふ」は、豊臣記によって「世務」と改めた。

3行＝「北条時政」は頼朝の室政子の父。頼朝に従って鎌倉幕府設立に尽力し、初代の執権となる。

4行＝翻刻「今夜秀吉一心」のところ、前漢あるいは鎌倉幕府創業時における三臣の役割を秀吉一人で果たしていることをいうところなので、心は身の当て字と解して「今や秀吉一身」と改めた。

8行＝翻刻「せんしんをいさめ」のところ、豊臣記によって「浅深に随ひ」と改めた。

〃 ＝「国々」のところ、豊臣記には「国郡」とある。

10行＝翻刻「そせん」のところ、前行の「破却」から類推すれば、間引く意であろう。よって、「疎穿」の語を当てた。ただし、こうした熟語があるのかどうかは不明。豊臣記は「疎鑿」(そさく)としている。穿も鑿も穴を開ける意。

〃 ＝翻刻「先軍」のところ、豊臣記によって「先の輩」と改めた。

11行＝翻刻「ひとへに」のところ、豊臣記によって「別に」と改めた。

(50ウ)

1行＝「各居城の次第」に始まる諸大名の居城と姓名については、新日本古典文学大系本『太閤記』巻八「○天正十一年城主定之事」の脚注も参考にした。

2行＝「織田三介信雄」は信長次男織田信雄のこと。前年の清須会議の結果、尾張国を手に入れ、それまでの伊賀・南伊勢五郡と合わせて百万石を領し新たに清須城主となった。

3行＝「勢州長島居城」のところ、『太閤記』には「清洲在城」とある。

4行＝翻刻「織田上野守信よし」は「織田上野介信包」と改めた。信長の弟織田信包（のぶかね）（信兼とも）のこと。伊勢国安濃（あの）津（つ）城主。

5行＝「津川玄蕃介」は津川義冬のこと。織田信雄の家老。伊勢国飯高郡松ヶ島城主。

6行＝「岡田長門守」は岡田重孝のこと。織田信雄の家老。尾張国愛知郡星崎城主。「池田紀伊守」は池田恒興のこと。天正十一年五月、長男元助とともに摂津国から移り、美濃国大垣城主。

7行＝「同勝九郎」は恒興長男池田元助のこと。美濃国岐阜城主となった。「稲葉伊予守」は稲葉良通のこと。美濃国安八郡曽根城主。「森勝三」は森長可のこと。美濃国可児郡金山城主。

8行＝「蒲生飛驒守」は蒲生氏郷のこと。近江国蒲生郡日野城主。「浅野弥兵衛」は浅野長吉のこと。近江国栗太郡瀬田城主。

9行＝「杉原七郎左衛門尉」は杉原家次のこと。近江国滋賀郡坂本城主。「長谷川藤五郎」は長谷川秀一のこと。近江国犬上郡比田城主。

10行＝「加藤作内」は加藤光泰のこと。近江国高島城（大溝城とも）主。「羽柴左衛門督」は堀秀政のこと。近江国犬上郡佐和山城主。

11行＝「惟住五郎左衛門尉」は惟住（丹羽）長秀のこと。このとき越前一国・加賀半国を拝領し、越前国府中城主。

（51オ）

1行＝「蜂屋伯耆守」は蜂屋頼隆のこと。越前国敦賀郡敦賀城主。十一年五月の同国西福寺宛の禁制には出羽守と署名している。

2行＝「前田又左衛門尉」は前田利家のこと。このとき、能登半国・加賀半国を賜り、加賀国金沢城主。

3行＝「佐々内蔵介」は佐々成政のこと。越中一国の領主として富山城主であった。『太閤記』巻八では、佐々成政の代わりに、前田利長としている。「木村隼人介」は木村重茲（定光とも）のこと。翻刻では木村を森と、居城佐柿を佐野と誤っている。若狭国佐柿城主。「堀尾茂助」は堀尾可晴のこと。若狭国大飯郡高浜城主。

4行＝「長岡越中守」は細川忠興のこと。天正十年七月十一日、秀吉より丹後一国を安堵され、丹後国宮津城主。

5行＝「羽柴御次丸」は羽柴秀勝のこと。

6行＝「羽柴美濃守」は秀吉の弟羽柴長秀のこと。この時新たに播磨を拝領し、但馬と合わせ二国の領主となった。また秀吉から姫路城も譲られ、同城主。

7行＝「前野将右衛門尉」は前野長康のこと。東播磨の三木城主。

8行＝「蜂須賀小六」は『太閤記』巻八に「同竜野之城　蜂須賀小六蜂菴父也」とあるのによって、蓬庵すなわち蜂須賀家政の父正勝と判断した。天正九年以来、西播磨の竜野城主。

〃＝「神子田半左衛門」は神子田正治のこと。播磨国宍粟郡広瀬城主。この広瀬城は、天正八年、秀吉軍に攻められ落城した長水山城のことであろう。

9行＝「桑山修理進」は桑山重晴のこと。但馬国朝来郡竹田城主。

〃＝「木下介兵衛」は木下秀定のこと。『太閤記』巻八脚注は丹波国船井郡木崎の黒田城（木崎山城）かとするが、むしろ但馬国豊岡郡にあった木崎城（豊岡城とも）とみなすべきであろう（『天正記』では城主の配列が国別になっていることに注意）。宮部が因幡へ国替えになったことに伴う処置と思われる。

10行＝「青木助兵衛」は青木一矩のこと。但馬国出石郡出石城主。

〃＝「宮部善祥坊」は宮部継潤のこと。因幡一国を賜り、鳥取城主。豊臣記では「宮部善浄坊」。

11行＝「荒木平太夫」は荒木重堅のこと。因幡国八頭郡鬼が城（若桜城とも）の城主。

(51ウ)

1行＝「亀井新十郎」は亀井茲矩のこと。天正九年から因幡鹿野城主。翻刻「ひろの」は「鹿野」の誤り。

2行＝「南条勘兵衛」は南条元続のこと。南条氏は伯耆の有力国人領主で、代々羽衣石（うえし）城主であったが、この時期伯耆は羽柴方と毛利方の勢力がせめぎあうところとなっており、南条氏も吉川軍によって羽衣石城を追われていた。そのため、国端という表現になったのであろう。元続が秀吉から伯耆の東三郡を与えられ、羽衣石城主に返り咲くのは天正十二年のことという。

〃　＝「仙石権兵衛」は仙石秀久のこと。淡路国洲本城主。

3行＝「間島兵衛尉」は間島氏勝のこと。淡路国津名郡岩屋城主。

4行＝「備前・美作両国宇喜多直家」は直家が天正七年、それまでの毛利氏との連合を破棄し、秀吉に味方したことによって所領を安堵されたことを指す。

〃　＝「別所謀叛」とは、天正五年から始まる羽柴秀吉の毛利攻めの際、播磨三木城主の別所長治が毛利方に寝返って秀吉と戦ったことを指す。

5行＝翻刻「秀吉一身の」の所、豊臣記によって「秀吉に一味す」と改めた。

8行＝「羽柴八郎」は直家の嗣子、宇喜多秀家のこと。

10行＝翻刻「十川、やすた等」は、豊臣記によって「十河・安富等」と改めた。十河は阿波勝瑞城主の十河存保、安富は讃岐雨滝城主の安富盛定を指す。いずれもこの時までに羽柴の軍門に降っていた。

11行＝「長曽我部」は土佐岡豊城主の長宗我部元親のこと。羽柴に味方した十河・安富氏らとは対立関係にあった。天正十年八月元親は十河氏を破って阿波を平定、さらに翌年五月安富氏らをも破って讃岐をも平定した。

(52オ)

3行＝ここでいう秀吉の「城郭」が大坂城を指すことは間違いないが、もとより大坂城は河内国ではなく摂津国にある。しかし、これは単純な誤りではなく、4行以下で大和・摂津・和泉・山城の四ヶ国が彼の地（大坂）を取巻いて警固する状況を述べており、そのためにその真ん中にある大坂をあえて河内国と設定したのだと考えられる。なお、豊臣記は河内国、群類本・続群類本は摂津国とする。

(52ウ)

1行＝翻刻「五き内において」のところ、豊臣記によって「五畿内を以て」と改めた。

5行＝「中川藤兵衛尉」は中川秀政のこと。父清秀が賤ヶ岳合戦で戦死したあと、家督を継いで摂津茨木城主となった。

〃　＝翻刻「間島」は、金沢本によって「槙島」と改めた。宇治の槙島城はかつて室町幕府奉公衆の真木島昭光の居城だった城。

6行＝「半夢斎玄以」は、前田玄以のこと。玄以は元々織田信忠の臣であったが、本能寺の変に際して信忠の嗣子三法師（後の織田秀信）を擁して清須に逃れ、変後、三法師の後見たる織田信雄によって京都奉行に任じられたが、間もなく秀吉に転じ、長らく京都所司代の職にあった。半夢斎、また徳善院と号し、民部卿法印に任じられた。

7行＝「若年より」以下は前田玄以のことにかかるので、その前に「玄以は」を補った。

8行＝玄以が京都奉行に任ぜられたのは天正十一年五月二十一日のこと。なお、ここでは秀吉が玄以を任命したように読み取れるが、実際は織田信雄である（同日付前田玄以宛織田信雄書状（『大日本史料』十一編之四所収「古簡雑纂」））。ただし、その書中において信雄が「以其方覚悟難落著仕儀有之者、相尋筑前守、何も彼申次第相極事」と述べているのは、9・10行の記載と符合する。

（53オ）

2行＝翻刻「水へい」は、豊臣記によって「翠屏」と改めた。

4行＝翻刻「近国おんきやう、ろく地を打ちらし、船洛より」のところ、豊臣記によって「近国遠郷に打ち散り、陸地・船路より」と改めた。

5行＝翻刻「ぐんき」は、群類本によって「群蟻」と改めた。

〃＝翻刻「てつ」は、豊臣記によって「垤」と改めた。蟻塚のこと。

10行＝翻刻「これまつ」のところ、豊臣記によって「此の先」と改めた。近い将来のことを暗示する箇所。

（53ウ）

3行＝「今上皇帝」は、正親町（おおぎまち）天皇のこと。

4行＝翻刻「ふへいなく朝日」のところ、意味不明。豊臣記によって「早朝し給はざる日無し」と改めた。「早朝する」は帝王が朝早くから政務を見ることをいうが、ここでは秀吉が早朝から政務を見ない日は無いの意か。なお群類本は「為之無不早朝日」。

6行＝翻刻「人風かのけうをなひかすといふ事なし」のところ、意味不明である。豊臣記によって「遂に靡かざる人無し。風雅の興」と改めた。

10行＝「至悦万慶」のところ、豊臣記は「至祝万幸」。

11行＝「吉日」のところ、豊臣記は「吉辰」。

【天正記第三】

（54オ）

1行＝この巻に目録は付されていない。豊臣記・続群類本も同じ。

2行＝翻刻「夫、右大しやうけ信長公」は、豊臣記・続群類本ともに無し。本記の冒頭としては不審なので省略した。

3行＝秀吉が従二位内大臣（内府と略称される）に任官したのは天正十三年（一五八五）三月十日のこと（『兼見卿記』）。

7行＝翻刻「さが」は、豊臣記によって「雑賀」と改めた（以下、同様の箇所は断らずに改める）。

8行＝翻刻「天正四年」は、「天正五年」と改めた。『信長公記』巻十によれば、天正五年二月十三日、雑賀一揆討伐のため、京都を発った信長は二十二日から軍勢を浜手・山方の二手に分けて攻撃を開始した。その後、三月になって雑賀方から降伏の申し出があり、それを受けて土橋平次・鈴木孫一ら七名の者に赦免の朱印状を与え、佐久間信盛・惟任光秀・羽柴秀吉・荒木村重らを現地に残したうえで、信長は二十五日に帰洛した。なお、豊臣記・続群類本いずれも年次を誤っている。

10行＝「楚山の険、蜀国の難」のところ、楚（紀元前三世紀に湖北省を中心に栄えた国）も、蜀（三世紀に四川省に栄えた国）も中原から見れば通行するに険難な辺境の地であったことから言うのであろう。また翻刻「しよく国のなんきたり」のところ、豊臣記によって「蜀国の難を超えたり」と改めた。

（54ウ）〈改訂文一行増〉
3行＝「小川」のところ、豊臣記には「巨海」とある。

5行＝「調略を以て一城を味方と定め」のところ、『信長公記』巻十に天正五年三月の和議のあと、信長が泉佐野に要害を築かせた（「佐野の村に御要害仕るべき」）とあることをいうか。

6行＝翻刻「又、国のあやふきに」のところ、豊臣記によって「其の後」を補い、「其の後又、国の危ふきに」と改めた。

7行＝「蜂起せしめ」の後に、豊臣記によって「怨みを成す者也」を補った。

10行＝「岸和田の城」は、岸和田城のこと。中村一氏の岸和田入部は、天正十一年五月頃と考えられるので、本記の記述はこのあたりから天正十三年に行なわれた秀吉と根来・雑賀一揆との戦闘に変わっていく。

11行＝翻刻「さかへせしめ、是おまほり、」のところ、豊臣記によって「是を差し守らしむ。」と改めた。

12行＝「彼の一揆の徒党」以下について、秀吉の大坂築城前後から、根来寺と雑賀衆は、たびたび南方から岸和田・大坂方面を脅かした。ここでは、そうした彼等の攻勢のことを述べているのであろう。

(55オ)

7行＝「もとより雑賀の輩共」のところ、豊臣記には「根来雑賀の足軽共」とある。

9行＝「上手の手利き、若干」のところ、豊臣記には「魁之精兵若干」とある。

11行＝「岸和田に向へ陣の事」のところ、豊臣記には「岸ノ和田ト対陣スルコト」とある。この頃、紀州勢は、岸和田城に対抗して、千石堀・沢・積善寺などに付け城を築いた。

(55ウ)

2行＝翻刻「くハん座」(還座)は、紀州に出発するところなので「動座」と改めた(以下、同様の箇所は断らずに改める)。

3行＝「案内者を以て具に絵図を究め」のところ、豊臣記は「以案内者見究。成画図。」とする。

6行＝翻刻「らち」のところ、続群類本によって「臘次」と改めた。順序を意味する臘次(らっし、ろうじ)の音に近い埒(らっち、らち)を誤ったものか。豊臣記は「埒次」。

8行＝「千石堀・浦手の沢」「積善寺・木の島・畠中・窪田」は、いずれも岸和田城に対する一揆側の付城(根来・雑賀城砦群と呼ばれる)で、現在の大阪府貝塚市内にあった砦である。

(56オ)

1行＝翻刻「敵のつきとふ地」のところ、豊臣記によって「敵の付き安き地」と改めた。

7行＝翻刻「中にて」は羽柴方がまだ城外にいる状況からすれば不審。豊臣記によって「当りて」と改めた。

(56ウ)

1行＝翻刻「うらのてハの城」のところ、豊臣記によって「浦手の沢の城」と改めた。55ウ8行注を見よ。

9行＝「根来寺」は、和歌山県岩出市根来にある新義真言宗の寺院。僧覚鑁(かくばん)が鳥羽上皇の援助を受け、長承元年(一一三二)御願寺大伝法院を高野山に建立したのが始め。金剛峰寺との対立により覚鑁は保延六年(一一四〇)根来豊福寺へ下山。正応元年(一二八八)に頼瑜(らいゆ)が大伝法院と覚鑁私房の密厳院を移したところから、後世根来寺伝法院と称された。

10行＝翻刻「かるし」のところ、豊臣記により「難く」と改めた。ここは、いわゆる「蟷螂の斧」の故事にちなむ箇所。

11行＝翻刻「たい山のかいごをけんする」は、豊臣記によって「泰山の卵を圧する」と改めた。事の甚だ容易であることのたとえ。なお、「かいご」は「蚕」かも知れない。

(57オ)

1行＝「僧坊伽藍に火を懸け、」以下、根来寺焼亡の様子については、顕如の『雑記（旧題顕如上人貝塚御座所雑記）』に、「廿三日夜所々ヨリ焼出、大伝法院ノ本堂バカリ残テ、悉焼果了。坊ハ八十バカリ残ト也。」・「大伝法院ノ本堂一宇残ル。不思議ト云々。其キワニ多宝塔残ル。一切経蔵残ル。但経ヲハ取散也。（中略）谷々ニ死タル法師モ少々アリ。馬多死。」などと見えている。

2行＝翻刻「谷〳〵のいらかをほのうとなし、あまの山のこすゑにのほり、けふりとなり、くもにつらなり」のところ、豊臣記の「谷々ノ甍ハ成焰上天、山々ノ梢ハ烟連ル雲ニ」（傍線引用者）を参考に「谷々の甍は炎と成つて、天に上り、山々の梢は煙となつて、雲に連なり」と改めた。「あまの山」は傍線箇所を誤ったもので、あまの山という特定の山を指しているのではない。

5行＝「伝法院」については、**56ウ**9行注を参照のこと。

〃＝翻刻「ろれいのくハうてん」は、豊臣記によって「魯の霊光殿」と改めた。『文選』巻十一に、王延寿（後漢時代）作「魯霊光殿賦序」が見える。魯の恭王が多くの宮殿を建設したが全て破壊され、唯一霊光殿だけが残ったという故事が記されている。

6行＝「一乗山」は根来寺の山号。なお、覚鑁については、**56ウ**9行注を参照されたい。

9行＝翻刻「弓矢を取る事ハ」のところ、豊臣記によって「弓矢を取ることを寺法と為す」と改めた。

11行＝翻刻「かう敵にむかひ、せう敵に」のところ、意味が取れない。豊臣記によって「強敵には向はず、小敵を蔑にす」と改めた。

(57ウ)

1行＝「井蛙の海を語らふが如し」は、『荘子』秋水篇第十七の一本に「井蛙は以て海を語るべからず」とあるのによるか（金谷治訳注『荘子』第二冊［外篇］、岩波書店、一九七五年）。

7行＝「伝法院は、本朝に隠れなき大仏閣也。これによつて都へ引き上せ、大平山の仏殿と定む。」のところ、伝法院を都の「大平山」という山号を持つ寺院の仏殿に移築することになったというのである。この寺院については、『大日本史料』十一編之十四所収『秀吉事記』の「大平山」の傍注に「天正寺」とあることから、秀吉が関白任官の御礼として正親町天皇に献上するために、船岡山（京都市北区）の東麓に創建が計画され、大徳寺総見院の院主であった古渓宗陳を開山として工事が進められた天正寺であった可能性が高い（永島福太郎「古渓宗陳」）。一方、顕如の『雑記』には、「同（四月）九日伝法院ノ本堂ヲクヅサルヘキ由アリテ、番匠七十人ハカリ来。（中略）又云彼本堂ヲバクヅサレテ、紫野ノ惣見院ヘ寄進云々。」とあって、伝法院は十三年四月に解体され、総見院に移築されることとなったともある。これはおそらく、四月段階では、総見院に移される計画であったものが、関白任官前後に天正寺造営の計画が起こるのに伴って移築先が変更されたことを反映しているものと思われる（このことから、「紀州御発向之事」の成立は同年四月ではなく、七月頃になる可能性もあるが、それはこれにのみ奥付の無いことと関連するかも知れない）。

それはともかく、この天正寺創建計画は、秀吉が翌十四年に東山大仏殿創建を発願するに伴って中止とされ、したがって移築も実現しなかった。

なお、解体された伝法院の部材については、『紀伊国名所図会　六下那賀郡根来山』に次のような記事がある。

「京師紫野の文蔵と云人豊太閤よりたまはりて寺を毀ち（中略）其後慶長の頃京兆板倉伊州是を聞て文蔵司を呵責し根来へ送りかへさしむるとき本尊三体は根来へおくり返し奉り材木等はみな大坂に棄ておきて朽敗するなり」。ここで、「板倉伊州」は慶長六年（一六〇一）～元和六年の間、京都所司代であった板倉伊賀守勝重のこと。また、大坂の地名「伝法」（大阪市此花区伝法）はこの伝法院の腐朽した木材置き場に由来するという説もある。

10行＝「土橋平次」は土橋守重のことだが、守重は天正十年一月に没しているので、「土橋平之丞」の誤りか（豊臣記は「平次」）。土橋平之丞（重治）は土橋平次（守重）の弟。雑賀衆として秀吉に対抗すべく和泉の岸和田へ進出したが、戦わずして、土佐に落ちていった。『貝塚御座所日記』に三月二十二日のこととして「土橋平之丞、舟にて土佐へノク由申候」とある。また、『東武実録』には「故土橋平次カ子二人ヲ始トシテ、秀吉ノ猛勢ニ恐レ悉ク降リケレハ、土橋カ城ヲ修補シテ秀吉ノ旅営トス」ともあって、秀吉が土橋の居城を修補した様子が窺われるが、四月四日には秀吉がこの「土橋平丞城内」で本願寺の教如（「新門様」）と興正寺佐超（「興門様」）の訪問を受けている（『貝塚御座所日記』）。なお、原文は「土橋」を「士橋」と誤っているが以下、同様の誤りは断らずに改めた。

(58オ)

1行＝「玉置」は玉置直和のこと。紀伊日高郡を拠点としていたが、後に秀長に仕え三千五百石を領した。「堀内」は堀内氏善のこと。新宮を拠点とする水軍を率い、新宮城主。信長から二万石、秀吉に降伏後は七千石を加増された。「神保」は神保春茂のこと。代々紀伊有田郡を拠点とし鳥屋城主。秀吉に降伏後、大和国高市郡で六千石を領して秀長に仕え、後秀吉に直仕。

3行＝翻刻「こさ賀に大田」のところ、豊臣記によって「川向ひの小雑賀に太田」と改めた。小雑賀（こさいが）は、現在の和歌山平野南部、和歌川下流の左岸辺りの地域名称。なお、「大田」は以下、断らずに「太田」と改めた。

8行＝翻刻「人物以下」のところ、豊臣記によって「荷物以下」と改めた。

9行＝翻刻「上、大にはかり」のところ、豊臣記によって「上、大いに怒ること」と改めた。「上」とは秀吉のこと。

(58ウ)

4行＝「四方に」以下、羽柴方の築いた堤の規模を記す。

8行＝翻刻「みね」は、豊臣記によって「棟」と改めた。

〃＝翻刻「したすミ」は「さげすみ」と読んで「下墨」と変換した。下墨は見積もること。おしはかること。堤の天端高さを太田郷の家の棟より、推測で五尺ほど高く設定したのである。

9行＝翻刻「ないけんて」は意味不明。豊臣記により「随ひて」と改めた。なお、この行から**59オ**2行まで、秀吉配下の諸将がその所領高に応じて堤を築く分担範囲（間数）を決められ、部将自らその現場に赴いて築堤を督励させた様を語る。いわゆる「割普請」のことを述べているところである。

10行＝翻刻「人数を立」のところ、豊臣記によって「人数を書き立て」と改めた。諸将が、その分限に応じて堤普請に動員させる人数と人名を書き連ねたのである。なお、翻刻「おし」は、豊臣記に「付く」とあるが便宜、「押す」と変換した。

(59オ)

3行＝「九鬼右馬允」は、九鬼嘉隆のこと。天正十三年に従五位下・大隅守。

〃＝「小西・石井・梶原」は、豊臣記・続群類本ともに苗字ばかりで個人を特定しにくいが、「小西」は弥九郎行長、

「石井」は与次兵衛、「梶原」は弥助か、と思われる。この三人は、天正十二年六月十六日、讃岐十河城に兵糧米を運び入れようとしていた仙石秀久らの要請があれば警固の船を準備するよう秀吉に命ぜられている（『豊臣秀吉文書集』1112号文書）。

4行＝翻刻「奉行」のところ、豊臣記によって「舟奉行」と改めた。

〃＝翻刻「坂のなミ」のところ、豊臣記によって「逆波」と改めた。

7行＝翻刻「かうしの道」のところ、豊臣記によって「行師の道」と改めた。行師（あんじ）（かうしと読むのは誤り）とは、水先案内人のこと。「行師の道に非ず」とは熊野の山中を知悉する者すら知らない道の意。

8行＝「湯川一党」とは湯川党のこと。湯川党は、南紀〜中紀にかけて播居した在地領主で、「湯河」と書くことも多い。同氏は、甲斐武田氏の庶流と称する一族で、南北朝の内乱期に熊野八荘司のひとりとして南朝方に属したが、延文五年（正平十五年＝一三六〇）に行なわれた竜門山合戦の頃、北朝方について幕府の信任を得たとされる（安藤精一編『図説　和歌山県の歴史』河出書房新社、一九八八年）。この頃の当主は湯川直春で、羽柴方に抗戦するも敗れて、熊野の近露（ちかつゆ）（和歌山県田辺市）に逃れ、七月に和睦したとする（『御坊市史』第一巻）。なお、湯川氏のことを「古の平家侍」というのは、平家の有力家人で有田川流域に勢威を振るった湯浅党との混同であろうか。

9行＝翻刻「諸侍なひかす、国し」のところ、豊臣記によって「諸侍、国司に靡かず」と改めた。なお、「諸侍」は豊臣記・続群類本ともに「怜侍」とある。

〃＝翻刻「はしり石滝水上」のところ、豊臣記によって「石走る滝の水上」と改めた。

10行＝翻刻「谷ゝいわのはさま、田のそハふるはた」のところ、豊臣記によって「谷々の岩の間、田の岨の古畑」と改めた。「岨」は山の急斜面の意。

(59ウ)

3行＝「親不知・子不知、犬戻し、合子投げ」は、いずれも交通上の難所をいう言葉。特に越後の親不知子不知の断崖絶壁は有名。なお、豊臣記では「合子投げ」の次に「左リウツホ」（「左靫」）が入る。

5行＝翻刻「ゆの川にたて籠るしやう」のところ、豊臣記によって「湯川が栖籠る城」と改めた。「湯川」は前出**59オ**

8行の湯川党のこと。

6行＝「延文四年」以下、実際は、延文五年四月に行われた第二次竜門山合戦に際して、それまで南朝方であった湯川庄司が北朝方に寝返った史実を指している（これについて、『太平記』第三十四巻「紀州二度目合戦の事」（岩波文庫『太平記』五）には、「(四条隆俊らが) 評定ありける処に、湯川庄司、心替はりして後ろに旗を挙げ、」とある)。が、これは前年十二月に北朝方の足利義詮が後村上天皇の拠る河内国に発向して以来、両軍の間で繰り広げられた合戦における一齣であるから、「延文四年」としたのかも知れない。豊臣記・続群類本とも「延文四年」。なお、**59オ**8行注を参照のこと。

10行＝「御舎弟美濃守長秀」は、秀吉の弟羽柴秀長のこと。長秀から秀長への改名は天正十二年九月頃（小竹文生「羽柴秀長文書の基礎的研究」駒沢大学大学院史学会編『駒沢大学史学論集』第27号、一九九七年）なので、それ以降も長秀の名で知られていたこととなる。

(60オ)

2行＝翻刻「りやう城」は、豊臣記によって「良将」と改めた。

〃＝翻刻「秀吉」は、豊臣記によって「長秀」と改めた。

3行＝翻刻「しんのみたりがハしきをしるしに」のところ、豊臣記によって「臣下の濫りがはしきを糺し」と改めた。

7行＝「和歌の浦」は、現在の和歌山市の南端、和歌川の河口付近をさす。『能因歌枕』等では紀伊国の歌枕とする。

(60ウ)

1行＝「玉津島」は、和歌山市和歌浦にある玉津島神社のこと。和歌の神「衣通姫」を祀る。紀伊国の歌枕として詠まれてきた。

5行＝「布引」は、江戸期には和歌八景の一つに数えられた地で、当地にあった古松が波をうけて布を懸けているように見えることから「布引の松」と称されるようになったという。

〃＝翻刻「さいしやうふうてい」のところ、豊臣記は「最正風体」とするが、意味上から「最も正風体」と改めた。正風体は「正しい典雅な風体。特に歌学上、伝統的な雅正な歌体。」（『広辞苑』）である。

7行＝翻刻「しやし」は、豊臣記によって「邪正」と改めた。

8行＝「太平山」については**57ウ**7行注を参照。「古渓和尚」は古渓宗陳のこと。臨済宗大徳寺派の僧で、天正十年十月の織田信長葬式法要を奉行し、総見院主に起用された。

10行＝翻刻「見ていんハつによる」は意味がとれない。豊臣記によって「韻末によつて見るに」と改めた。

11行＝「画工」に始まる**61オ**3行までの四行は、古渓宗陳の語録『蒲庵稿』に収載される一節（『大徳寺禅語録集成』第四巻、法蔵館、一九八九年）である。豊臣記には「画工於景未能濃　浦号和歌誰后蹤　神祝吾君玉津嶋　緑新布引萬年松」とある。

（61オ）

2行＝翻刻「かしやうそ」のところ、豊臣記によって「后蹤して」と改めた。

6行＝翻刻「和尚のいんを見て」のところ、豊臣記によって「高韻に和するを見る」と改めた。五岳の高僧が古渓和尚の韻に和したことをいう。

7行＝翻刻「たんほえんかのかく」は、豊臣記によって「旦暮雅客を延べ」と改めた。

10行＝「愚弄を成し」のところ、豊臣記には「普請を怱せに成し」とある。これについて、「真鍋真入斎書付」（『大日本史料』十七編之十五）には、「此時、江州かうか（甲賀―引用者）の者の奉行仕候ところ、水もり申候とて、廿人計御扶持御はなし被成候よし、」とあって、事件の内容が分かる（真鍋真入斎は、和泉国淡輪の土豪で信長・秀吉に属した真鍋貞成のこと）。この事件を地元では「甲賀ゆれ」といい、甲賀土豪没落の契機となった（藤田和敏著『〈甲賀忍者〉の実像』吉川弘文館、二〇一二年）。

（61ウ）（改訂文一行減）

2行＝「明石与四郎則実」は、黒田孝高の従弟。実名は則実のほか元知・則春・全豊などとある。

4行＝ここで、翻刻文に前野長康の名が出てきて但馬守護とされたとするのは不審。第四**14オ**8行には、同年閏八月のこととして「たしまのしゆこは前野将衛門、又あか松弥三郎、別所孫右衛門、あかしよ四郎、郡を分て是をつかハす」とあり、明石則実は赤松広秀・別所重棟とともに前野長康の与力的立場で但馬の一部（城崎郡）を領したことが窺われるが、いずれにしろこれは閏八月のことである。前野のことは豊臣記・続群類本いずれにも見えないので、削除した。

6行＝翻刻「さいくハをしやうこう、とんよくにして」のところ、意味が取れない。豊臣記によって「罪科を罰し功を賞すること、頓にして」と改めた。

9行＝翻刻「あやめ」は、豊臣記によって「不善」と改めた。

10行＝翻刻「長やすのりさね」のところ、豊臣記によって「明石則実」と改めた。

(62オ)

1行＝翻刻「一たん」は、豊臣記によって「一日」と改めた。

3行＝翻刻「いくさ」は、豊臣記によって「師」と改めた。中国周代の用語で、軍隊を意味する。

4行＝「内府国を取るは」に続いて、豊臣記では「人々懐クコト第一」が入る。

8行＝「増田仁右衛門」は、増田長盛のこと。仁右衛門は通称。増田は早くから豊臣政権の奉行として「知行雑務」や「検地・駅逓・建築」（『豊臣秀吉研究』）のことを管掌したとされるが、本記によってこの頃には兵糧調達などの実務にあたっていたことが知られる。天正十二年に小牧の役の戦功によって二万石を給され、翌年五月には従五位下右衛門尉に任じられた。

(62ウ)〈改訂文一行増〉

1行＝翻刻「しやらくこと〳〵く」は、豊臣記によって「車軸の如く」と改めた。

〃＝「洪水して」に続いて、豊臣記によって「築く所の堤、川筋一文字に流れ来たりて百四五十間突き切り」の一文を挿入した。

10行＝「盲舟」（めくらぶね）については、山鹿素行の『兵法神武雄備集』に「盲船と云は、四方にさまもなく、窓へ楯を以てかこひ、天井にも板か竹にて覆をいたしたる船也、」とあって、その概要を知ることができる。すなわち、船の四方や天井をことごとく楯や板・竹で装甲した軍船で、窓や天井に覆いをしたことをもってかく称したのであろう。

11行＝翻刻「とじ」は、豊臣記によって「土居」と改めた。

(63オ)

2行＝翻刻「弓おハり」のところ、豊臣記によって「弓蔵しを張り」と変換した。弓蔵し（ゆみかくし）は、筵などを張って弓の射手の隠れる場所の意。

〃＝翻刻「さまをあけ」のところ、豊臣記によって「空狭間を明け」と改めた。空狭間（からさま）は見せ掛けの挟間の意か。

6行＝翻刻「つミ」のところ、豊臣記によって「包み」と改めた。

8行＝「果してひとしほ安んずべからず」のところ、豊臣記には「果してこれを保つべき一事も無し」とある。

9行＝翻刻「一そく」は、豊臣記によって「一揆」と改めた。

10行＝翻刻「わひ事をなし、はちす賀彦衛門言上」のところ、豊臣記によって「詫び言をなす旨、蜂須賀彦右衛門言上す」と改めた。一揆が詫言を申している旨を蜂須賀が秀吉に言上したという事情が分かる。なお、「蜂須賀彦右衛門」については、続群類本に「蜂須賀彦右衛門正勝」とある。

(63ウ)

2行＝「獄門」のところ、豊臣記には「磔」とある。

5行＝翻刻「此せん、じゆに」のところ、豊臣記により「此の先、終に」と改めた。

〃＝翻刻「しうくハ」は、豊臣記によって「柔和」と改めた。

9行＝翻刻「いらい」は、豊臣記により「異朝」と改めた。

11行＝翻刻「中に一く」は、豊臣記によって「就中」と改めた。

(64オ)

2行＝翻刻「きやくしゆし」は、豊臣記によって「逆修の為に」と改めた。

7行＝翻刻「あくつ」は、豊臣記により「悪心」と改めた。

9行＝「仍て、」の前に豊臣記では「内府所能掌涓埃不唐捐」が入る。

〃＝「仍て、貴賤万幸喜悦、珍重々々」のところ、豊臣記には「仍記千幸万吉祝之云」とある。

10行＝本記と豊臣記に奥付はない。続群類本には

　　一本奥書于時天正十一年吉辰

　　　　播州三木住　大村由己撰

とあるが、これはありえない年次である。

なお、桑田忠親校注「紀州御発向之事」（『太閤史料集』所収）の末尾には、『秀吉事記』（東京大学史料編纂所蔵本）によって、本記、豊臣記、続群類本のいずれにもない次の一文を入れている。

　四月七日軍を熊野に進め、九日、大坂城に還御す。

ただし、四月七～九日頃は、未だ太田城水責めの最中であり、秀吉の大坂還御は二十六日のこと（『貝塚御座所日記』同日条）である。

【天正記第四】

※第四のみ、慶應義塾図書館蔵にかかる第二種古活字版『天正記』を用いたため、各丁が12行ある。

【1オ】

1行＝豊臣記・続群類本とも、この目録を欠く。

2行＝翻刻「北国」は豊臣記によって「四国」と改めた。

3行＝翻刻「御くハん座」は、秀吉の越中攻め進発をいうところであるから、「御動座」と改めた。以下、同様の箇所は断らずに改める。

4行＝「長秀」と7行の「秀長」は、いずれも秀吉の弟羽柴小一郎のことであるが、本文でも両者は入り混じっている。長秀から秀長への改名は天正十二年（一五八四）六月頃のこととされる（第三**59ウ**10行注）が、天正十三年の事件を扱う本記（第四）や第三ではなお、長秀を使っている例があるので、表記のままとした。なお、豊臣記・続群類本ではすべて「秀長」となっている。

7行＝翻刻「長僧我部」のところ、豊臣記では「長宗我部」と「長曽我部」を併用している。以下、第四の改訂文では「長曽我部」に統一した。

【2オ】

2行＝「一条大納言家」は、五摂家のひとつ「一条家」の分家のこと。室町中期の関白一条教房（一四二三〜八〇）が、応仁の乱を避けて土佐へ下向したのを契機として、子孫が土佐に土着し、戦国大名化した。なお、一条本家の家督は教房の弟冬良が継いだ。

3行＝翻刻「さいちかうようして、こうしやうしせつなり」のところ、豊臣記によって「才智強勇にして、将帥の節を好む」と改めた。将帥は将軍、大将のこと。

6行＝「博陸」は関白の唐名。秀吉の関白任官は天正十三年七月十一日のことだが、ここでは秀吉を指すか。

【2ウ】

2行＝「丹州」の前に、豊臣記によって「摂州・」を補った。

11行＝翻刻「新ま」は豊臣記によって「新麻」と変換した。新麻（にいま）には該当する地名が見当たらないが、『和名抄』記載の新居（にい）郡に由来する新居浜（にいはま）の訛伝かも知れない。

〃＝また、翻刻「新まにいたるに、敵これをふせくによつて」のところ、長宗我部勢が、新麻にやって来た毛利勢を防ぐという箇所であるから、「新麻に至る。敵これを防ぐによつて」と改めた。

12行＝翻刻「よは〳〵とハたらかんとす」のところ、豊臣記によって「弱々と働きを為して」と改めた。

【3オ】

5行＝「福良」は兵庫県南あわじ市の地名。淡路島の南西部にある。鳴門海峡から湾入する良港をもち、古くから四国への連絡港として賑わう。

6行＝「彼の瀬戸は」以下**3ウ**1行までは、いわゆる鳴門の渦潮のことをいう。

12行＝翻刻「其らうしんあるへき時は」のところ、意味を取りがたい。豊臣記によって「其の労を知るべし。舟この潮に遭ふ時は」と改めた。

【3ウ】

1行＝翻刻「七つ花八れつ」のところ、豊臣記により「七花八裂」と変換した。七花八裂（しちかはちれつ）は、四分五裂と同義で、花びらがちぎれるように、ばらばらになってしまうこと。まとまりがなくなり、乱れること。

7行＝翻刻「さうてんにかけり」のところ、豊臣記によって「蒼天に翔けるが如し」と改めた。

8行＝「土佐泊」は徳島県鳴門市の東北郊、大毛島の東部の地域名称。淡路島から四国本土の玄関口であった。

10行＝翻刻「けいかい」のところ、豊臣記によって「羿奡」と改めた。羿（げい）は中国の神話にでてくる弓の名手。武力で夏王朝を奪った。奡（ごう）は舟を一艘抱えるほどの力持ち。『論語』憲問第十四に「南宮适、孔子に問いて曰わく、羿は射を善くし、奡は舟を盪（うご）かす。倶に、その死を得ず。」とある。

【4オ】

1行＝翻刻「其たかさ十七八町ほとに近ついてあり」のところ、豊臣記によって「其の長さ十七、八町程、近づいてこれを見れば」と改めた。

3行＝翻刻「けいけい」のところ、豊臣記により「鯨鯢」と変換した。鯨（げい）は雄鯨、鯢（げい）は雌鯨を指す。

〃＝「山では無し」のところ、豊臣記には「鰐魚にあらず」とある。鰐魚（がくぎょ）は、わにのこと。

9行＝「敵の城木津」は、徳島県鳴門市撫養町木津にあった城。長宗我部元親が重臣東条関兵衛（関之兵衛とも）を入れて守らせていた。東条関兵衛は阿南の国人領主で、天正三年以来長宗我部氏に属した。

10行＝翻刻「とうてう官兵衛をほろほす処」は、豊臣記によって「東条関兵衛践ゆる処」と改めた。木津城に立て籠もっていた関兵衛は、秀吉の馬廻りで一族である東条行長の説得により降伏した。

11行＝翻刻「しや行をなし」のところ、豊臣記によって「差したる行て無し」と改めた。

【4ウ】

1行＝翻刻「一二三りかあひた」のところ、豊臣記によって「二、三日が間」と改めた。

3行＝翻刻「兵馬ををよき」のところ、続群類本によって

「兵馬波を泳ぎ」と改めた。

4行＝翻刻「人馬一手にくる」のところ、豊臣記によって「人馬一手に塊つて」と改めた。

5行＝翻刻「しやていのむさおひくたし」のところ、意味が取れない。豊臣記を参考に「砂泥の長きを探り」と改めた。

7行＝「宇治川の先陣」は、治承三年（一一八四）、宇治平等院近くの宇治川における先陣争いの故事。

9行＝翻刻「河ハたのさかひ」のところ、豊臣記によって「川端の城」と改めた。川端城は、徳島県板野郡板野町にあったとされる城。


【5オ】


1行＝「仙石権兵衛尉」は仙石秀久のこと。「前野将右衛門尉」は前野長康のこと。「中川藤兵衛」は中川秀政のこと。

3行＝翻刻「あか松次郎のり家」は、豊臣記によって「赤松次郎則房」と改めた。

4行＝「丹波衆」のところ、豊臣記は「羽柴御次人数」とする。羽柴御次は当時、丹波国亀山城主であった羽柴秀勝のこと。「筒井四郎」は筒井定次（順慶の養子）、「伊藤掃部助」は、伊藤義之か。

5行＝「尾藤甚右衛門尉」は、尾藤知宣のこと。

6行＝「戸田三郎四郎」は、戸田勝隆のこと。秀吉古参の部将。民部少輔。

7行＝翻刻「山のいたゝきにひろみなるところを陣とる」のところ、前後の文と繋がらない。豊臣記によって「山の頂に水無し。山懐を囲い」と改めた。

9行＝翻刻「より」のところ「拠り所」と改めた。豊臣記・続群類本ともに「要」とある。

10行＝「一の木戸に」の後に、豊臣記によって「於いて一戦に」を補った。


【5ウ】


3行＝「前車の戒め」は、『漢書』賈誼伝に見える「前車の覆るは後車の誡め」による。

4行＝「敵方の縁者」については、【4オ】10行注を参照されたい。

7行＝「一宮の要害」は、一宮城のこと（徳島市一宮町）。南北朝時代に築城された山城であるが、長曽我部元親の時に改造され、新たに南城を設けた。従来の北城に江村親俊、増築した南城に谷忠澄を入れて守らせた。

7行＝「要害」の後、豊臣記によって「に押し寄せ」を補った。

8行＝翻刻「りやうしやう」は、築城の意と解して「良匠」でもよいが、豊臣記によって「良将」と変換した。

9行＝「人数些少にして」のところ、豊臣記には「人数之翔リ自由ニシテ」とある。

11行＝翻刻「天下、これさきに馬出さすして、かうをやふる事」のところ、豊臣記によって「殿下、これ先に馬出ださずしては、師の行て無し」と改めた。師（戦）の先行きに不安を感じた秀吉が自らの出馬を決意したことを言う。

【6オ】

1行＝翻刻「北国の道として」のところ、豊臣記によって「北国道の為に」と改めた。

3行＝「初夜」は初更ともいい、一夜を五等分にした五更の第一で午後八〜十時頃。「三更」は五更の第三で午前〇〜二時頃を指す。

〃＝翻刻「一はんかい」は、豊臣記により「一番螺」を宛てた。なお、「二番かい」「三はんかい」は、これも豊臣記によって「二番貝」「三番貝」とした。

5行＝翻刻「かて」は、豊臣記によって「首途」と改めた。首途（しゅと）はかどで、出立の意。

〃＝「早舟にて」の前に「秀長より」を補った。使者の「尾藤」は尾藤知宣のこと。

〃＝翻刻「陣やくをかんし」のところ、豊臣記によって「着岸し」と改めた。

6行＝秀長から秀吉に出された「一書」については、七月三日付秀吉書状（『豊臣秀吉文書』1481号文書）に「仍今日三日出馬候処、美濃守外聞にて候条、迷惑之由申越候条、此暁加遠慮候、」とある（傍線部）のが該当しよう。

8行＝「仰せつけらるゝ」の前、豊臣記によって「御代官」を補った。

【6ウ】

2行＝翻刻「そとのはま」のところ、豊臣記によって「率土の浜」と変換した。率土（そっと）の浜（ひん）は陸地の果ての海浜、また領国の限り。

4行＝翻刻「夫」は、豊臣記によって「某」と改めた。

〃＝翻刻「ちしよくのもとい」のところ、豊臣記によって「恥辱を招くの基乎」と改めた。

5行＝翻刻「たゝし」は、豊臣記によって「けだし」と改めた。

7行＝翻刻「つゐにせんこうにをいて」のところ、豊臣記によって「戦功を遂ぐるに於いては」と改めた。

12行＝「細井中務少輔」は、秀吉側近でその祐筆でもあった細井政成のことである（岡田謙一「史料紹介　羽柴秀吉の右筆「細井政成書状」について」『織豊期研究』6号、二〇〇四年）。

【7オ】〈改訂文一行増〉

1行＝翻刻の1行目冒頭「ぬ」と2行目冒頭「則」とを入れ替えると、1行目は「則ひけんをとけ」、2行目は「（訖）ぬ」となって意味が採れる。古活字版に特有の誤りである。

2行＝「秀長諌む処」の後、豊臣記によって「是誠に屠申が光武の馬の鞅を断つ者歟」を入れた。

5行＝「牛岐といふ城」は、徳島県阿南市にある城郭。天正十年、新開実綱が長宗我部元親に殺され、元親の弟香宗我部親泰が入った。

〃＝翻刻「かうかへ」は、その前に「元親舎弟」とあるので「香曽我部」と改めた。香宗我部親泰のこと。

6行＝翻刻「かふ州衆」は、豊臣記によって「江州衆」と変換した。なお、【9オ】12行の「かう州」も同じ。

8行＝翻刻「長僧かへ」は、豊臣記によって「香曽我部」と改めた。

〃＝翻刻「いよ」は、豊臣記によって「海部」と改めた。海部城（徳島県海部郡海陽町）は永禄年間、海部友光が築城したが、天正五年に元親が攻略し、以後長宗我部氏の支配下に入ったとされる。

11行＝「長曽我部新右衛門尉」とは、脇・岩倉城の守将であった長宗我部親吉（通称は新左衛門尉）のことと思われる。親吉は元親の叔父もしくは甥。

【7ウ】

1行＝「境ひ目辺」の下に、豊臣記によって「大西城に」を補った。大西城は、徳島県の西端三好市池田町にあった城。土佐にも近く国境の要衝であった。

6行＝翻刻「羽柴左衛門慰」（慰は尉の誤り）は堀秀政のことであるが、秀政は天正十一年十二月以前に左衛門督に任官している（『多聞院日記』）ので、「左衛門督」と改めた。

7行＝「日根野兄弟」とは、日根野弘就・盛就兄弟のこと。

10行＝「魯弱斉強」について、魯・斉いずれも中国周代の諸侯国。製塩や製鉄で栄えた斉に比べ、魯は弱小国であった。『史記』巻八十六刺客列伝に「斉強魯弱」と出てくる。

【8オ】

1行＝「堅く」の後、豊臣記によって「後詰の」を補った。

2行＝翻刻「ちんとり」のところ、続群類本によって「陣所」と改めた。

5行＝「秀次」のところ、豊臣記は「秀長・秀次」とする。

9行＝翻刻「くわちやう」のところ、豊臣記によって「扶助」と改めた。

10行＝「子息」は元親の次男、香川親和のこと。このとき親和は、大和国郡山に送られた。

〃＝「行てに及ぶに於いては」のところ、豊臣記は「於不及異議者」〈異議に及ばざるに於いては〉とする。


【8ウ】


1行＝「佐々陸奥守」は佐々成政のこと。早くから信長のもとでたびたび軍功を著わす。天正三年、府中三人衆の一人として越前府中城に入る。同八年、越中平定にかかわり、翌九年に越中国を賜った。

2行＝「武臣」のところ、豊臣記は「旧臣」とする。

3行＝「去年の春～錯乱に及ぶ」は、天正十二年三月に始まった小牧長久手合戦のことをいう。ここで佐々成政は、信雄・家康寄りの立場を鮮明にし、秀吉と対立した。

8行＝「八月四日」のところ、豊臣記は「八月四日五日」とする。

11行＝「御上洛」の前に、豊臣記によって「当日」を補った。

【9オ】〈改訂文一行増〉

1行＝「漢書に云ふ～決すと云々」のところ、豊臣記を参考に字句を整えた。閫(しきい)は、城郭の門の敷居のこと。ここでは、転じて朝廷の内外を隔てる門の敷居をいう。寡人(かじん)〈翻刻は「くハん人」とする〉は、諸侯が自らをへりくだっていう謙称。この一節の出典は、『漢書』張馮伝第二十か。内裏家政の事以外は関白たる秀吉が、正親町天皇より全権委任されたという意であろう。

6行＝翻刻「参内」は、豊臣記によって「三台」と改めた。「三台」は、太政大臣・左大臣・右大臣の三公を天文の三台星に擬していう語。

〃＝翻刻「白せんにいたる、このほかにをくり出たまへり」のところ、豊臣記によって「白川に至り、送り出で給へり」と改めた。ここでいう白川は現在、北白川と呼ばれる京都市左京区東部の地域名称のこと。この地は、京都七口の一つの荒神口から近江南西部に出る山越えの街道〈志賀越、山中越〉の起点にあたる一帯で、公家たちはここから、近江の坂本へ出て北陸へと向かう秀吉の軍勢を見送ったのである。

7行＝翻刻「こゝに出て、き尾につくささる事なし」のところ、豊臣記によって「此の外、驥尾に附かざる者無し」と改めた。

10行＝8行に「殿下俳諧の発句」とあるから上の三句までが秀吉の作句であり、下の二句は豊臣記に「紹巴次之」とあるように、紹巴の付句とみなすべきである。よって、三句と四句との間に「紹巴これに次ぐ」を入れた。紹巴は、連歌師里村紹巴のこと。

【9ウ】

4行＝「朝妻の里」は、旧坂田郡（滋賀県米原市）の琵琶湖畔にあった港町。古来、朝妻と大津の間を往来する朝妻船が有名であった。

7行＝「七里半の難所」とは、俗に「七里半越え」と呼ばれた近江と若狭を繋ぐ西近江路の難所のことである。愛発(あらち)越えともいう。愛発山にはかつて愛発関が置かれていた。

9行＝「蜂屋が館」は、当時敦賀城主であった蜂屋頼隆の居館のこと。

10行＝翻刻「とりとゝめ」のところ、豊臣記には「取刷(はら)イ」とある。

11行＝「木の目峠」は、木の芽峠ともいい、古来、越前（福井県南条郡南越前町）と若狭（敦賀市）との国境の峠として知られてきた。

〃＝「二屋」以下、「脇本」までの地名は、現在の福井県南条郡南越前町域に含まれる街道沿いの村々の名である。

〃＝翻刻「新つうの」は、豊臣記によって「新道」と改めた。

【10オ】

1行＝「府中」は、かつての越前国府の所在地（福井県越前市）で、その頃は前田利家によって築城された府中城があった。

〃＝「木村隼人佐」は、実名不詳。後に常陸介と号した。秀吉直臣で、天正十一年、若狭三方郡を領して三方郡佐柿の国吉城に住し、ついでこの年、越前府中城を与えられた。越前国蠟燭司にかかわる天正十三年閏八月十四日付木村隼人佐宛秀吉朱印状がある（『豊臣秀吉文書集』1569号文書）。

2行＝「浅水の橋」は、北陸道の浅水(あそうず)川渡河点に架けられた橋。『枕草子』に「橋は、あさむづの橋」とみえ、古くより知られた名橋であった。

3行＝ここでの「惟住五郎左衛門尉」は丹羽長重のこと。長重は、この年四月に病死した父長秀の後を継ぎ、北ノ庄城主。

4行＝翻刻「使者」は、豊臣記によって「美酒」と改めた。

6行＝翻刻「宗ろき」は、豊臣記によって「細呂宜」と改めた。細呂宜（ほそろぎ）は北潟湖の東岸、細呂木川が流れ込む口にあり、北国街道の宿駅。

【10ウ】

1行＝「同孫四郎」は、前田利家の嫡男、利勝（後に利長）のこと。当時、加賀国松任城主であった。

3行＝「然るに」以下、佐々成政方の防衛状況を述べるところなので、「佐々は」を補った。

5行＝「倶利伽羅峠」は、加賀と越中の国境にある砺波山の峠で、古代より北陸道が通っていた。戦国期には加賀国河北郡に属した。

7行＝翻刻「まし田、とひた」は、豊臣記によって「益山・富山」と改めた。なお、森山城（守山とも。高岡市）・益山城（増山とも。砺波市）は、松倉城（高岡市）を加え、越中の三大山城といわれる。

12行＝「砺波山を凌ぐ。」と「鳥獣も」の間に、豊臣記によって「此処は」を補った。

【11オ】

5行＝翻刻「いハたのミね」は、豊臣記によって「八幡の峰」と変換した。

8行＝翻刻「全使の手」のところ、豊臣記によって「金使の牛」と改めた。ここは『貞観政要』巻六貧鄙第二十六などに見える故事（秦の恵文王が蜀を討たんとして石牛を作り、尾の下に黄金を置きその牛が金の便をすると偽って蜀に道を開かせたという）によっている。

9行＝翻刻「今又かたらんや」のところ、豊臣記によって「今又語るに足らんや」と改めた。

11行＝「姥が峠」のところ、豊臣記には「祖母堂」とある。

12行＝翻刻「はしたなくとりかけ」のところ、豊臣記によって「端無く取り掛かる」と改めた。完全包囲網を敷いたという意か。

【11ウ】

1行＝翻刻「これを」は、「信雄」と改めた。

〃＝翻刻「上野介」は織田信包のこと。「同上野介」と改めた。

4行＝「稲葉彦六」は稲葉典通のこと。「森千蔵」は森忠政のこと。可成（よしなり）の六男。豊臣記は「仙蔵」とする。

5行＝翻刻「ひたのかミ」は蒲生氏郷のこと。「蒲生飛驒守」と改めた。

11行＝翻刻「長はまにしやちくしてやます」のところ、長雨を押して行軍したという箇所であるから、続群類本によって「長雨車軸に流れて止まず」と改めた。豊臣記には「霖雨車軸而不止」とある。

12行＝翻刻「あんふ」は、豊臣記によって「暗霧」と改めた。

【12オ】〈改訂文一行増〉

1行＝「黒雲」のところ、豊臣記は「黒雪」とする。

〃＝翻刻「けい伝」のところ、豊臣記によって「驚雷」と改めた。

10行＝翻刻「此さゝむつの守におひて」のところ、豊臣記によって「ここに於いて佐々陸奥守、つらつらこれを案ずるに、本朝に於いて」と改めた。

【12ウ】

1行＝「誤る時は、改むるに憚る事勿れ」は、『論語』学而第一による。「聖言」は孔子のこの言葉を指す。

4行＝翻刻「天下ゆふくに定め入物なり」のところ、豊臣記によって「殿下の柳営に走り入る者なり」と改めた。本記は、成政が秀吉の陣所に走り入った日を八月二十九日とする（豊臣記・続群類本も同じ）が、八月二十六日付秀吉書状（『豊臣秀吉文書集』第1538号文書）に「内蔵助令降参、信雄を相頼、外山之居城を相渡、今日当陣取へ走入候条、命儀令赦免候事、」とあって、実際は二十六日であった。

6行＝翻刻「謹きよめんか」のところ、豊臣記によって「謹んで赦免を乞ふ」と改めた。

7行＝「三略」は、漢の張良が黄石公から授けられたと伝える古代中国の兵法七書の一。上略・中略・下略の三巻に分かれるので三略（さんりやく）という。六韜（りくとう）とならぶ代表的な兵書。

8行＝翻刻「かんする者をは是くハつし、かうなるものをは是とく」のところ、豊臣記によって「服する者は是を活かし、降る者は是を脱す」と改めた。

9行＝「これを脱す」の後に、豊臣記では「光武盆子ヲ活カシ、高暉ハ光弼ヲ脱ス、是以テノ儀也」が入る。

10行＝翻刻「ひ野ミや」は「日宮」と変換した。富山県射水市下条の太閤山丘陵には日宮城（ひのみや）（火宮城とも）という城郭があった。この城は、元亀三年（一五七二）、一向一揆によって落城した後、廃城とされたようだが、越中攻めの行程から考えて閏八月一日に秀吉が日宮古城に着陣したことは認めてもよいであろう。太閤山の名もそれにちなむものであると考えられる。なお、豊臣記は「日ノ宮野」、続群類本は「宮野」とするが、黒部市に「宮野村」（天保年間に立村）があるほかは、富山平野に然るべき該当地を見出せない。

〃＝「陣替へし」の後、豊臣記によって「二日御服山に」を補った。御服山は、富山市の西方に位置する丘陵。

〃＝翻刻「ふしてんらんあつて」のところ、豊臣記によって「富山台覧有つて」と改めた。


【13オ】


2行＝「国にて」のところ、豊臣記には「国司」とある。

〃＝「姉小路左京大夫自綱父子」は、姉小路自綱（よりつな）（頼綱とも）とその嗣子秀綱のこと。

3行＝翻刻「天下につゝき」のところ、意味を取りにくい。「殿下に対し」と改めた。豊臣記には「殿下に属すること無く」。

10行＝翻刻「くハへ」のところ、豊臣記によって「任せ」と改めた。


【13ウ】


5行＝翻刻「秀次」のところ、豊臣記によって「秀長の幕下に属す」と改めた。

〃＝翻刻「い賀一こくと寄きする物なり」のところ、豊臣記によって「伊賀一国を与へ、秀長の与力とする者なり」と改めた。

9行＝秀次の近江入部にあたって、ここに名の見える中村一氏・堀尾可晴・一柳直末・山内一豊に田中吉政を加えた五人がその家老に付けられたが、何故か『天正記』諸本は田中吉政の名を欠いている。

10行＝翻刻「ひてなか家」は、豊臣記によって「秀次家」と改めた。

11行＝「江州府中の八幡山」は近江八幡市の日牟礼八幡宮の背後に聳える八幡山に築かれた山城。この地を近江府中（国府の所在地）とするのは異例。


【14オ】


1行＝「小早川藤四郎」は、毛利元就の九男で兄小早川隆景の養子となった秀包のこと。秀包は吉川経言（後の広家）とともに天正十一年十一月一日、大坂城に出仕している（『豊臣秀吉文書集』835号文書）。

2行＝「蜂須賀小六」は、小六家政のこと。父の小六正勝の四国攻めにおける軍功に対して秀吉が阿波国をあたえようとしたが、正勝が辞退したため、嫡男の家政が拝領した。

4行＝「十河・安富先忠ある故」のところ、十河存保（そごう）と安富有忠は織田・羽柴の先兵として讃岐・阿波などでその平定合戦に従っていた（先忠とはこのことを指す）が、このころ長宗我部との争いに敗れ逼塞していた。十河存保は四国平定の後、讃岐十河城二万石を与えられた。

7行＝翻刻「木本まこひやう衛これをしゆこす」のところ、豊臣記によって「木下孫兵衛、これを召し置かる」と改めた。木下孫兵衛は秀吉室の兄木下家定のことであるが、秀吉はこの年五月、弟の羽柴秀長に和泉・紀伊二国を与えているから、この時又も家定に和泉を与えたとは考えにくい。むしろ家定は、秀長の後を襲って姫路城主になった可能性がある。

9行＝「別所孫右衛門」は別所重棟のこと。

【14ウ】

5行＝翻刻「しんたい」のところ、豊臣記によって「辞退し、」と改めた。

7行＝翻刻「ちよ」は、豊臣記によって「諸」と改めた。「済物」は、租税・年貢などの貢納物のこと。なりもの。

9行＝「木村隼人介五万石」の後に、豊臣記には「金森五万石」が入る。金森は、飛騨高山城主金森長近のこと。

【15オ】〈改訂文二行増〉

1行＝「前田孫四郎」は前田利家の長男利勝（後の利長）のこと。

3行＝「佐藤六左衛門」は、佐藤秀方のこと。

4行＝「知行を渡し」の後、豊臣記によって「大綱を弁じ、麁細に入る。三ヶ日の内に相究むる者也」を補った。

7行＝「数ヶ国の検地」のところ、豊臣記には「数十ヶ国検地」とある。ここは、天正十二年以前（「此の先」）における秀吉政権の検地の状況を天正十三年（「当年」）との比較のもとで語っている箇所である。本記独自の箇所であるが、こちらの方が原態を残しているといえよう。

〃＝翻刻「しよむ一はいに」のところ、豊臣記によって「昔の所務の一倍に」と改めた。なお、「所務」は、豊臣記には「所務帳」とある。

8行＝翻刻「土民百性わたくしをとらす、けんかんにをよはさる」のところ、豊臣記によって「土民百姓と私を構えず、飢寒に及ばざるが如く」と改めた。

10行＝「五畿七道の指図を以て一枚の鏡となし」の後に豊臣記によって「これを照覧す」を補った。

13行＝翻刻「六年」を「五年」に改めた。成務天皇の事績について、『日本書紀』成務天皇五年条に「則隔山河而分国県。阡陌以定邑里。」との記事が見えることに拠る。

14行＝翻刻「せいむ朝」は、「聖武朝」と改めた。「行基」

（六六八～七四九）は、奈良時代の僧で、八世紀初頭以来長きにわたって、布教の傍ら造寺・造仏などの造営事業、地溝開発などの土木事業を興したが、「田地の方境を定む」というような土地区画整理事業は行なっていないようである（井上薫著『行基』吉川弘文館、一九八七年新装版）。一方、行基撰と伝承される一連の日本図（いわゆる行基図）があり（例えば天正十七年写『拾芥抄』所収「大日本国図」には「大日本国図行基菩薩所図也（以下略）」の書入れがある）、本行の記事はこうした伝承からの類推ではないだろうか。

【15ウ】

3行＝翻刻「今や　てん下にこはんあらさる所、目をもるかことし」のところ、豊臣記によって「今や　殿下のなす所、碁盤に目を盛るが如し」と改めた。

4行＝翻刻「したのしゆそ、なはうちかきりなきの」のところ、意味を取り難い。豊臣記によって「自他に入組み無く、縄を限りて之を打つ」と改めた。

9行＝翻刻「五山」のところ、豊臣記によって「五山十刹」と改めた。

11行＝翻刻「し公しよしんをあはれみて」のところ、豊臣記によって「公卿を仰ぎ諸臣を憐れみて」と改めた。

〃＝翻刻「其位に」のところ、豊臣記によって「其の器量に」と改めた。

12行＝翻刻「勅やうけんあく」は、意味がとれない。豊臣記によって「勧善懲悪」と改めた。

【16オ】

2行＝ここでいう「無実の族」は、実が無い、すなわち虚言を構える輩の意である。「無実」について、『日葡辞書』には「Mujit. ムジッ（無実）Macotonaqu.（実無く）虚言，虚偽」とある。

4行＝「公家・武家、百姓・商人、諸役を止むるに至りて、掟を破る事無し」のところ、豊臣記には「公家・武家・地下・商人ニ至ルマデ諸役ヲ止メ、座ヲ破ラル」とある。

【天正記第五】

※**（1オ）**は第四の目録、**（1ウ）**は、小杉榲邨の識語であり、第五は**（2オ）**から始まる。よって改訂文ではこの一丁を省略する。

（1ウ）

1行＝翻刻「榲邨云」以下の二行は朱書されている。「榲邨」は阿波国（徳島県）出身の国学者で東京大学古典講習科准講師、帝室博物館評議員、東京美術学校教授などを歴任した小杉榲邨（一八三五～一九一〇）のこと。

（2オ）

1行＝この巻に目録は付されていない。豊臣記・続群類本も同じ。

3行＝「古き諺」とは、次の二つの中国の文章を指しているようである。一つは、唐の太宗（李世民）が六四八年に撰して太子（後の高宗）に与えた『帝範』上審官篇に見える「君擇臣而授官、臣量己而受職」で、今一つは、魏の太祖曹操の五男で詩人としても名高い曹植の『求自試表』と題する詩の「君無虚授、臣無虚受」という一節である。ただし、これらを踏まえた文言は『平治物語』の冒頭部分、あるいは『神皇正統記』にもあるので、由己が直接的にはこれらを前提としている可能性もある。

6行＝翻刻「天正三年」は「天正十年」と改めた。ここでいう「西戎追伐」とは、天正五年（一五七七）以来秀吉が信長に命ぜられて担当した毛利氏とそれに与同する勢力に対する攻略戦のことであり、具体的には十年春に始まる備中高松城水攻めのことなどを指す。なお、豊臣記・続群類本ともに「天正壬午」（後者の傍注に「天正十年也」とある）とする。

（2ウ）

2行＝翻刻「いそく」のところ、豊臣記によって「夷洛」と改めた。「夷洛」という熟語は確認できないが、田舎と都というほどの意味であろう。

9行＝「去る六月二日」以下、**3ウ**1行の「羽柴筑前守殿」まで、天正十年十月三日付羽柴秀吉宛の正親町天皇綸旨を指す。

（3オ）

4行＝「時日を移さず」の後、豊臣記によって「馳せ上り」を補った。

6行＝翻刻「きやうふよう」のところ、豊臣記によって「希有の武勇」と変換した。

11行＝「左中将」は、中山慶親のこと。

（3ウ）

2行＝この口宣案の原本は『足守木下家文書』に残されており、山陽新聞社編『ねねと木下家文書』には2号文書として収録されている。米田雄介は、同書所収の「豊臣秀吉および秀次の叙位・任官文書」という論文のなかで、『言経卿記』との不整合を指摘したうえで、この日の秀吉の叙位・任官に問題ないと結論付けた。

3行＝「甘露寺大納言」は、甘露寺経元のこと。このとき正二位権大納言。

5行＝翻刻「五位ちう下」は、「従五位下」と変換した。

7行＝翻刻「藤原のりちか」は豊臣記によって「藤原慶親」と変換した。藤原慶親は中山慶親のことで、このとき蔵人頭・左中将。

8行＝翻刻「勅命に仍奉る、　重ねての五位ちうよろしくしやう〳〵ににんす」のところ、豊臣記によって「勅命の重ねに仍て、　五位少将に叙せしめ」と改めた。これは、左近衛権少将に任じられたのと同じ日に従五位下に叙せられたことを言うところで、その口宣案も『足守木下家文書』に原本が残されており、『ねねと木下家文書』にも1号文書として収録されている。ここでは、その要点のみを記している。

9行＝翻刻「はいこうせいあん」は、豊臣記によって「口宣を拝す」と変換した。

（4オ）

2行＝翻刻「ばう名おうる」のところ、豊臣記によって「韓彭が名を得る」と改めた。韓彭（かんぽう）は、秦末漢初の武将韓信（かんしん）と彭越（ほうえつ）のこと。彼らは漢の高祖劉邦に従って垓下の戦に臨み、項羽を破った。ここでは、柴田・織田信孝の軍勢の武勇を褒めている。

3行＝翻刻「せきとう」のところ、豊臣記によって「盗跖」と改めた。盗跖（とうせき）は、中国春秋時代の魯国の大盗賊の名（『荘子』盗跖篇第二十九）。

〃　＝翻刻「ぼうや」は、豊臣記によって「世を保つ」と改めた。

7行＝この口宣案も「足守木下家文書」に原本があり、『ねねと木下家文書』に収録されている（3号・4号文書）。ここでは従四位下に叙する口宣案（3号）と参議に任ずる口宣案（4号）をひとつにまとめている。なお米田雄介は、この叙位任官自体が虚構であるとの見解があることに触れ、宇野主水の『貝塚御座所日記』や『秀吉事記』（この場合は『天正記』の「関白任官之事」を指す）の記事を根拠として、『言経卿記』が、秀吉が少将からいきなり権大納言になったとするのは何らかの誤解か別の意図があると指摘、この日付で秀吉の叙位任官があったとしてよいとする。

8行＝翻刻「古伝に云、」～「たつとミ、」まで『戦国策』第五秦（三）の「范子因王稽入秦、献書昭王曰『労大者其禄厚、功多者其爵尊』」（范睢が王稽に伴われて秦の昭襄王に閲した時の上奏文）に拠っている。ここでは、豊臣記をも参照しながら適宜、改めた。

11行＝翻刻「内しやうくを以てにぎわす、」のところ、豊臣記によって「内は正税を以て禁中を賑わす」と改めた。

（4ウ）

3行＝翻刻「是ある事也」のところ、豊臣記によって「是非ざる事也」と改めた。

4行＝この口宣案は「足守木下家文書」に原本が残され、『ねねと木下家文書』に5号・6号文書として収録されている。ここでは従三位に叙する口宣案（5号）と権大納言に任ずる口宣案（6号）をひとつにまとめている。なお、補任の月日について『天正記』や『公卿補任』は二十二日とするが、原本（5号・6号とも）の日付が二十一日であることについて、米田雄介は二十二日が正しいとする。

6行＝「親王御方」は、誠仁親王のこと。この年、三十四歳。

〃　＝翻刻「近まとわす」のところ、豊臣記によって「不惑に近く」とした。「不惑」は四十歳のこと。

7行＝「院の御所」は、仙洞御所のこと。当時、仙洞御所が無かった（文和二年（一三五三）に焼失）ので、譲位の前提として院の御所が必要であった。秀吉は、正親町天皇の譲位に先行して、内裏土御門殿の東隣に仙洞を新造した（『兼見卿記』天正十二年十月四日条「筑州至禁裏之辺被罷上也、今度院御所造立、其縄打、地形被相定云々」）。これが先例となって、その後の後陽成・後水尾・明正の各仙洞は譲位に先行して新造された。

8行＝「亜相」は大納言の唐名。

10行＝翻刻「御所さうゐいを」の後、豊臣記によって「欲し」を補った。なお、「半夢斎玄以」は、前田玄以のこと。玄以はこのとき、京都奉行の職にあった。

（5オ）〈改訂文一行減〉

3行＝翻刻「りやうしにとふ、諸官」のところ、豊臣記によって「諸官に棟梁し」と改めた。

5行＝この宣旨も「足守木下家文書」に原本が残され、『ねねと木下家文書』に8号文書として収録されている。なお、この日、秀吉は従三位から従二位に叙されている（同7号文書位記）。

7行＝翻刻「けいけん」は、豊臣記によって「経元」と変換した。藤原経元は、甘露寺経元のこと。「せちよくし奉、件人」は豊臣記によって「勅を奉じて、件の人」と改めた。

10行＝翻刻「ミきの守介のり中原もろかと」のところ、「もろかと」を前行末に追い込んだうえで、豊臣記によって「造酒正助教中原朝臣師廉」と改めた。〈一行減〉

（5ウ）

1行＝翻刻「御太よう、是すゝめに仍」のところ、豊臣記によって「御太刀一腰、是進上に仍て」と改めた。

4行＝翻刻「きようふしんなし、其しきしやうたいいふすいきよ」のところ、豊臣記によって、「器用其の職掌に不審無し。故に内府推挙して」と改めた。

5行＝織田信雄が、秀吉の推挙によって正三位内大臣に任官したのは三月一日のこと。

7行＝翻刻「おせしむる」のところ、豊臣記によって「を参議せしむる」と改めた。

8行＝翻刻「さんたい」は、豊臣記により「御台」と改めた。「北政所」は摂政・関白の正室の称号。ここでは秀吉室のこと。

9行＝「大政所」は摂政・関白の生母に送られる「大北政所」の略称。ここでは秀吉生母のこと。

〃　＝「徳雲軒」は医師の施薬院全宗のこと。全宗は、もと比叡山薬樹院住持であったが、織田信長による叡山焼き討ち後に還俗して曲直瀬道三に師事した。秀吉の信頼を得て施薬院を復興し、勅命によって施薬院使（施薬院の長官）、法印に任ぜられ昇殿した。徳雲軒はその号。

11行＝翻刻「せやくいんににんす、しゆ天しよう殿あり、」のところ、豊臣記に「施薬院主典に任ず。昇殿あり。」とあるのを元に、主典（さかん）を使（し）と改め「施薬院使に任ず。昇殿有り。」とした。主典は施薬院の最下位の役職であるが、全宗はこの時、その長官である使になったのではないだろうか。『寛永諸家系図伝』巻十五の「施薬院全宗」項に「天正年中、秀吉特に朝に達して、施薬院使に任ず」とある、この「天正年中」を天正十三年のことと理解したい。なお、**（6オ）**2行注を参照されたい。

（6オ）

2行＝翻刻「せやくいんす代子そく秀高」のところ、**（5ウ）**11行との関係から「施薬院使代として子息秀隆」と改めた。豊臣記には「為施薬院代秀隆子息秀隆」とある。施薬院秀隆は全宗の長男。父と共に秀吉に仕え従五位下侍従、さらに従四位下少将となるも、天正十八年、父に先立って死去した。

6行＝「近衛殿」は近衛信輔（後の信尹（のぶただ））のこと。近衛前久の嫡子。天正八年内大臣。十三年左大臣。「二条殿」は二条昭実のこと。二条晴良の次男。天正十二年十二月左大臣、翌年二月関白となるが、三月秀吉の内大臣就任に伴い左大臣を辞任し、さらに七月には関白も辞任した。

〃 =ここでいう「相論」とは、二条昭実と近衛信輔との間に起きた関白補任をめぐる次のような相論のことをいう。

天正十三年五月の段階では、関白二条昭実、左大臣近衛信輔、右大臣今出川晴季、内大臣羽柴秀吉であった。この後、今出川の右大臣辞任を前提に秀吉を右大臣に昇格させ、さらに二条は一年後を目途に関白を近衛に譲る予定であった。ところが、秀吉が右大臣への任官を嫌ったためこれを左大臣とし、それに伴って左大臣であった近衛が二条に関白を譲るよう迫ったのである。しかし、二条は関白就任がこの年二月であることを理由に申し出を断った。こうして近衛と二条の間で関白をめぐる相論が起こった。彼らは大坂城に秀吉を訪ね、これを裁定するよう願ったが、ここで菊亭は秀吉に関白就任を進言するという挙に出た。それを受けて、秀吉の名代として前田玄以が信輔の父、元関白近衛前久を訪ね、秀吉を猶子として関白に任官させることを迫り、前久はこれを受け入れざるを得なかったのである。

8行=翻刻「関白、万きのまつり事せしむる」のところ、豊臣記によって「万機の政を関白せしむる」と改めた。

(6ウ)

1行=翻刻「中しんお以て、かまこむらし」のところ、豊臣記によって「中臣鎌子連を以て」と改めた。中臣鎌子は藤原鎌足のこと。大化改新後にはじめて内臣(うちつおみ)に任じられた。天智八年(六六九)の臨終に際して、大織冠と藤原の姓を賜った。

2行=翻刻「ハしめて大とす」のところ、豊臣記に「始為内臣」とあるのによって、「始めて内臣とす」と改めた。「内」の漢音は「ダイ」で「大」に通ずる。

〃 =翻刻「天地のてう、こない大しん」のところ、豊臣記によって「天智の朝、挙て内大臣」と改めた。天智八年(六六九)、鎌足危篤に際し、内大臣に任ぜられたことをいうか。

4行=翻刻「右大しんの守にあり」のところ、豊臣記によって「左右大臣の上にあり」と改めた。

5行=翻刻「なゐらん、へいふく」の間、豊臣記によって「氏の長者」を補った。また、翻刻「へいふく」は「兵杖」

と改めた。

9行＝「中村式部」は中村一氏のこと。以下、生駒親正、小野木重次、尼子宗澄、稲葉重通のこと。なお、翻刻「かしわき左きやうの助」については、豊臣記によって「柘植左京亮」（柘植与一のこと）と改めた。

（7オ）

1行＝翻刻「大ゐ守」は、「大炊頭」と改めた。津田大炊頭は秀吉馬廻、実名不詳。以下、福島正則、石田三成、大谷吉継、古田重勝、服部一忠のこと。

3行＝翻刻「七月三日」のところ、豊臣記に「七月十三日」とある。『兼見卿記』七月十三日条にも関係記事があることから十三日に改めた。

6行＝「親王御方」の前、豊臣記によって「左は」を補った。「親王御方」は誠仁親王のこと。「若宮御方」は誠仁親王の第一皇子周仁、後の後陽成天皇のこと。なお続群類本は、その傍注において、親王を伏見宮邦房親王に、若宮を古佐丸（六宮）に比定している。

7行＝「近衛准后」は、元関白近衛前久のこと。天正六年一月、准三宮の宣下を受けた。後に出家して「竜山」と号す。「九条前関白」は九条兼孝のこと。天正六年十二月から九年四月の間、関白。

8行＝「一条前関白」は一条内基のこと。天正九年四月から十二年十二月の間、関白。「二条前関白」は二条昭実のこと。十三年二月から七月まで、関白。

9行＝「西園寺大納言大将」は西園寺実益のこと。

10行＝「花山院宰相中将」は花山院家雅（後に定煕）のこと。

11行＝「関白」のところ、豊臣記には「殿下」とある。「菊亭右大臣」は、今出川晴季のこと（菊亭はその別号）。左大臣今出川公彦の子。天正十三年三月、右大臣。秀吉の関白就任運動に奔走した。

（7ウ）

1行＝「勧修寺入道前内大臣」は勧修寺尹豊のこと。元亀三年（一五七二）閏一月、内大臣。同年二月出家。「徳大寺前内大臣」は徳大寺公維のこと。天正八年二月～七月の間、内大臣。

2行＝「大炊御門大納言」は大炊御門経頼のこと。経頼は天正九年四月～十三年一月の間、権大納言。十六年十二月に還任するが、十三年四月のことなので「前大納言」とすべきか。

3行＝「久我大納言」は久我敦通のこと。天正十年一月に権大納言。

4行＝「座間」のところ、豊臣記・群類本ともに「座牌」とある。

〃　＝「親王と准后は、座間相論」とは、親王方と准三后方との間に生じた席次にかかわる相論である。これについては、『大日本史料』十一編之十七所収「親王准后座次関係文書」等を参照されたい。

5行＝翻刻「れつ座なきこれ」のところ、豊臣記によって「列座無き公」と改めた。

7行＝翻刻「太夜」は、「対屋」と改めた。対屋（たいのや）は、母屋と離れた別棟の離れのこと。天皇以下諸侯は、座を別棟に移して饗宴を楽しんだのである。豊臣記・続群類本ともに「掖庭」とあるが採らない。

8行＝翻刻「只ほうくハうりんほ、これにしからさるのミ」のところ、豊臣記によって「只鳳羹麟脯、これに加はらざるのみ」と改めた。「羹」はあつもの、「脯」は蒸して平らに伸ばし、干した肉や果実の干したもので、いずれも御膳の料理を指す。なお、第二種古活字版以下の諸版では「只かんのくわうていもこれにはいかてまさらんや」〈只漢の皇帝もこれには如何で勝らんや〉と改変されている。第二種版刊行に際して、文章の吟味の行なわれたことが窺われる箇所である。

11行＝翻刻「ミちミてり」の前、豊臣記によって「小板敷に」を補った。

（8オ）

6行＝「樋口石見守」は当時の大鼓の名手。天正十六年八月二十五日曲直瀬道三邸で能が催された際、「定家」・「熊野」の大鼓に「樋口屋石見紫調緒」（『毛利天正記』）とあるのがこの人物であろう。なお『兼見卿記』には「山崎地下人也」とあり、『四座役者目録』には「山崎ノ革屋」で、高安与兵衛に師事し大鼓を学び、後に秀吉に出頭して知行七百石を下されたとある。一方、『猿楽伝記』によると、元々「江州杉の沢（滋賀県米原市）の郷士樋口石見守」と称する者が秀吉に仕え、大鼓の名手として重用され所領千石を受け、後に家康に仕えて本領を安堵されたとある。

8行＝翻刻「ゆるしみちのしらへ」のところ、豊臣記によって「聴色の調べ」と改めた。聴色（ゆるしいろ）は、禁裏より使用を認められた色である。「調」は鼓の両面の革と胴とを固定する麻ひもを意味する「調べの緒」のことであろう。6行注で引用した『毛利天正記』に樋口石見守所持の鼓が「紫調緒」とあるのが該当しよう。

（8ウ）

8行＝翻刻「勅使、かたしけなくあり」のところ、豊臣記によって「勅使を以て、忝く勅書有り」と改めた。

9行＝「昨日」から**9オ**2行「関白殿へ」まで、正親町天皇から秀吉に宛てた勅書。

10行＝翻刻「なくさまれ候、殊仰つけられ候事つくしかたく候」のところ、豊臣記によって「慰まれ候事、仰せられ尽し難く候」と改めた。

11行＝「折節は」の前、豊臣記によって「上洛の」を補った。

（9オ）

1行＝「勧修寺大納言」は勧修寺晴豊のこと。勧修寺晴右の子。天正十年十二月から権大納言。

2行＝「申しまいらせ候」のところ、豊臣記は「申し候べく候」。

4行＝「親王准后列座相論」について、秀吉は七月十五日、大徳寺内の総見院において聴聞のうえで裁決した。

6行＝翻刻「かいせき」のところ、豊臣記によって「席を開く」と変換した。大徳寺を会場にして、の意。

8行＝翻刻「じつりやう」は、豊臣記によって「律令」と、また、「しよくけん」は「職原」と変換した。「職原」は『職原抄』のこと。同書は、北畠親房によって著わされた有職書で、暦応三年／興国元年（一三四〇）の成立。官職の沿革・補任・昇進について記す。

10行＝翻刻「さうひつ」のところ、豊臣記によって「雑沓」と改めた。雑沓は雑踏に同じ。

（9ウ）

1行＝翻刻「さいさうあきらかなり」のところ、豊臣記によって「最も聡明なり」と改めた。原本の「最聡明也」を誤って読み下した箇所。また、翻刻「此年」も、豊臣記によって「此の争ひ」と改めた。

2行＝翻刻「各さ」は、豊臣記には「隔座」とあるが、『豊臣秀吉文書集』に収める「梶井宛親王准后座次定書」（1494号文書）等には、「各座」とあるので、ここでも「各座」と変換した（以下同じ）。

〃＝翻刻「今日くたしたるへきよし」のところ、豊臣記によって「今日上たる者、明日下たるべき由」と改めた。今日上座にある者が明日は下座にくる、すなわち座次の定まらないことを言うところである。

3行＝翻刻「ゑいりよをかろんしたてまつるなり」のところ、

豊臣記によって「叡慮を経奉る」と改めた。経を軽と誤ったか。

4行＝翻刻「勅書を以てか条の目録」のところ、豊臣記によって「勅書を成され、三箇条の目録を以て」と改めた。

6行＝「親王准后」から勅書となるので、行を改めた。

8行＝勅書末尾、豊臣記によって「あなかしく」を補った。

10行＝上掲の「勅書」を受けて、七月十五日、関白秀吉は「一　親王と准后」に始まり「関白」（10ウ4行）にいたる条書を発給した。その条文は『豊臣秀吉文書集』1494〜1503号に収めているが、古活字版はほぼ正確に引用している。

〃　＝本行から10オ2行までは三箇条の第一条にあたるので、豊臣記によって冒頭に「一」を入れた。それに伴って、11行から10オ2行までを行頭二字下げとした。

11行＝「竜山」は近衛前久のこと。また、「伏見殿」は伏見宮邦房親王のこと。伏見宮七代邦輔親王の第三皇子。正親町天皇猶子。伏見宮九代当主。天正三年親王宣下（『系図纂要』）。

(10オ)

1行＝翻刻「各〻座別たるへき事」のところ、9ウ2行注で触れた1494号文書によって、「各座たるべき事」と改めた。


3行＝翻刻「そふき」は、豊臣記によって「総並」と改めた。また、「准后」の後に「親王」を補った。

6行＝「法中の親王同前」の前に、豊臣記によって「付」を補った。

7行＝翻刻「一き」のところ、豊臣記によって「一決」と改めた。

9行＝翻刻「官はんをもとめ、りやうしゆ」のところ、豊臣記によって「官班、両趣を求め」と改めた。「官班」は、『釈家官班記』（しやっけかんぱんき）のこと。文和四年（一三五五）、尊円入道親王の編纂にかかる便覧の一種で、僧官・僧位・僧職の起源、定員や昇進の次第についての実例を集録する。

(10ウ)

5行＝翻刻「しん王」のところ、豊臣記によって「親王家」と改めた。

6行＝「伏見殿」は伏見宮邦房親王のこと。「仁和寺殿」は仁和寺宮守理法親王のこと。伏見宮邦輔親王第六皇子。永禄八年親王宣下（『系図纂要』）。「青蓮院殿」は青蓮院宮尊朝法親王のこと。伏見宮邦輔親王第五皇子。永禄六年親王宣下（『系図纂要』）。

7行＝「妙法院殿」は妙法院宮常胤法親王のこと。伏見宮邦

輔親王第四皇子。正親町天皇猶子。天正三年親王宣下（『系図纂要』）。「梶井殿」は、梶井宮最胤法親王のこと。伏見宮邦輔親王第七皇子。正親町天皇猶子。天正三年親王宣下（『系図纂要』）。

※以上の五名はいずれも、伏見宮家第七代当主邦輔親王の子である。伏見宮家は北朝崇光天皇の第一皇子、栄仁（よしひと）親王を家祖とする有力な親王家。

9行＝「近衛殿」は近衛信輔のこと。「九条殿」は、九条兼孝のこと。「一条殿」は一条内基のこと。

10行＝「二条殿」は二条昭実のこと。「鷹司殿」は鷹司信房のこと。昭実と信房はいずれも二条晴良の子。

11行＝「勧修寺門跡」は勧修寺門跡、聖信法親王のこと。関白一条房通の子。

（11オ）

1行＝「聖護院殿」は、聖護院門跡道澄のこと。関白近衛稙家の子。「大覚寺殿」は、大覚寺門跡、尊信法親王のこと。関白近衛稙家の子で道澄の弟。

2行＝「三宝院殿」は三宝院門跡義演のこと。関白二条晴良の子。

※以上の九名は、すべて摂関家の子弟。

3行＝翻刻「勅書」のところ、豊臣記によって「勅使」と改めた。

4行＝「菊亭殿」は右大臣今出川晴季のこと。「勧修寺殿」は、大納言勧修寺晴豊のこと。「中山殿」は大納言中山親綱のこと。

5行＝「藤原中納言殿」は高倉永相（ながすけ）のこと。豊臣記・続群類本ともに「藤中納言殿」。天正四年十二月〜七年十一月の間、権中納言。前中納言とすべきか。なお、嗣子の永孝は権中納言に任官せず。

6行＝翻刻「対面」のところ、豊臣記によって「題目」と改めた。

8行＝翻刻「じするゆへ也」のところ、意味を取り難い。豊臣記によって「至る哉、亦奇ならず哉」と改めた。

9行＝「摂家の与奪」とは、二条昭実と近衛信輔の関白補任をめぐる争いのことをいう。

10行＝翻刻「こうさいよりひゝにして」のところ、豊臣記によって「幼歳より敏にして」と改めた。

（11ウ）〈改訂文一行増〉

1行＝「三跡」（三蹟とも）は、平安時代中期に活躍した小野道風ら三人の能書家のこと。ここでは誠仁親王の手跡が三蹟に匹敵することをいう。

〃＝「遂げ」のところ、豊臣記には「追ひ」とある。

〃＝翻刻「やふり、」のところ、豊臣記によって「冠たり。」と改めた。

2行＝「黄門定家」は藤原定家のこと。黄門は中納言の唐名。

11行＝「中山大納言」は中山親綱のこと。この頃、従二位権大納言。なお、この後に豊臣記によって「申すべく候、かしく。」を補った。

(12オ) 〈改訂文一行増〉

2行＝翻刻「くハんしんすへからす」のところ、豊臣記により「数へ尽くすべからざる」と改めた。

3行＝翻刻「ぎきやう」のところ、豊臣記によって「儀刑」と変換した。「手本・模範」を意味する。

〃＝翻刻「善人きやう」のところ、豊臣記によって「善人善業」と改めた。

4行＝翻刻「けけん、の出て」のところ、豊臣記によって「化現し、世に出でて」と改めた。

6行＝「周易」は、三易（連山・帰蔵・周易）のひとつ。夏の占卜の連山・帰蔵に対し、周代の卜筮であるとされる。

7行＝「本卦」は、生まれた年の干支のこと。翻刻「又りくし」は、豊臣記によって「復六四」と改めた。ここは秀吉の本卦が「復六四」に当たることを言うところ。

8行＝「復は其れ天地の心を見る」は、「周易上経」（高田真治・後藤基巳訳『易経』上、岩波書店、一九七五年）に「復はそれ天地の心を見るか」とあるのに拠るか。

〃＝翻刻「大福万物有」は、豊臣記によって「大いに富み、万物を有つ」と改めた。

9行＝翻刻「らいとう」は、豊臣記によって「雷の如くに動き」と改めた。

〃＝翻刻「りとく其位」のところ、「履みて其の位を得る」と変換した。

(12ウ)

2行＝翻刻「しゆうけん」は、豊臣記によって「讒言」と改めた。

〃＝「尾州飛保村雲」については、尾張国葉栗郡内（愛知県江南市）に飛保郷の地名が確認できる。また、同愛知郡内（名古屋市昭和区）に御器所村という地名があり、村内の字名のひとつに村雲町という名が確認できる。大政所の出生地はこの御器所村内であるといわれ（『太閤素生記』）、御器所西城跡付近に誕生地とする場所がある。

5行＝翻刻「人しらさるなり」のところ、豊臣記によって「詠み人知らざるなり」と改めた。

11行＝翻刻「今の天下のけんへいお取るといへ共」のところ、豊臣記の「今殿下是也、従孩子奇怪之事多之、如何様非王氏者争得此俊除〈続群類本では俊傑〉乎、往時右大将源朝臣頼朝雖執天下権柄」〈傍線は引用者〉に相当する箇所で、秀吉が「王氏」〈天皇の落胤〉であることを暗示するところである〈おそらく、「てんか」〈殿下／天下〉の目移りによって二、三行分飛ばしたのであろう〉。そこで、豊臣記によって「是也」から「天下の」までの文を補った。なお、「争でか」は反語的用法で、「どうして～だろうか」の意。

(13オ)〈改訂文三行増〉

3行＝翻刻「わふミん」は、豊臣記によって「王氏」と改めた。

〃＝源頼朝は権大納言、右近衛大将、征夷大将軍には任じられたが、太政大臣にはなっていない。

8行＝翻刻「あんふつのよし」のところ、豊臣記によって「物の由を案じて」と改めた。

9行＝翻刻「ばうけい、ごせいありとハいへ共、こたうちんせきをミかくがことし」のところ、意味を取れない。豊臣記を元に「古姓を継ぐは、故有るといへ共、鹿牛の陣跡を踏むが如し」と改めた。

(13ウ)

1行＝翻刻「けんちやく」のところ、続群類本によって「濫觴」と改めた。豊臣記は「監觴」。

7行＝「臣諸兄」のところ、豊臣記は「諸兄公」とする。奈良時代の公卿。三野王の子で初名葛城王。天平八年〈七三六〉に橘宿祢を賜い、橘諸兄と改名した。同十七年従一位左大臣に上る。

9行＝「葛原親王」は平安初期の公卿。桓武天皇の皇子で、桓武平氏の祖とされる。

11行＝「多田満仲」は平安中期の武将で、清和源氏の祖とされる源経基の子、源満仲のこと。摂津国川辺郡の多田院を本拠とし、清和源氏の支流摂津源氏を興した。

(14オ)

3行＝翻刻「菊ていの右大臣、しよくあり、ここう中やう、其ぎりやうをゑ」のところ、豊臣記によって「菊亭右大臣は、賈生が有職、胡公が中庸、其の器量を得」と改めた〈続群類本同〉。「賈生」は漢代の学者賈誼のこと。年少にして秀才で二十歳の時に文帝に召されて博士となった。また、

「胡公」は、北宋の学者胡瑗（こえん）のこと。安定先生とよばれ、「論語説」・「周易口義」などを著した。『論語』・『孟子』・『大学』と併せて四書の一つである『中庸』を表彰した。この箇所は、「貫生有職」と「胡公中庸」が対となって、菊亭晴季が官職のことに明るくかつ中庸を得た人物で、新姓「豊臣」について秀吉側と相談のうえで、奏上したことを言うところである。

10行＝この行から「聚楽行幸記」が始まる。

〃 ＝翻刻「あらかねの」は大阪城本により「粗金の」と変換した。粗金は、鉱石・鉄の異称。鉱石や鉄が土中にあることから、また金属を打ちきたえる鎚の縁で同音の「つち」にかかる枕詞。

11行＝翻刻「をよそへそらんす」のところ、阿野本によって「およそ諳んず」と改めた。

（14ウ）

1行＝翻刻「れき伝」は、阿野本によって「暦数」と、また翻刻「人王」のところ、阿野本には「人皇」とある。

2行＝「神武天皇の丙辰」は神武五十六年にあたる（『東方年表』）が、『日本書紀』に神武五十六年条の記事はない。なぜこの年が起点とされたかは不明。

3行＝「聖主百九代」（大阪城本・阿野本とも同じ）は、天正十六年当時の後陽成天皇が神武天皇以来百九代を数えることをいうが、現行の天皇歴代数では百七代とするのが通例である（例えば『角川日本史辞典』付録「天皇表」）。この二代の差異については、由己が、慈円著『愚管抄』によって仲恭天皇の即位を認め（第八十五代）、後醍醐天皇を九十六代とし、それ以降に北朝の五天皇を参入したからであるとも考えられよう。なお、第七14ウ1行注をも参照されたい。

〃 ＝「星霜二千二百三十七年」のところ、神武天皇丙辰（五十六年）は紀元前六〇五年に当たる（『東方年表』）から、これと一五八八年（天正十六年）を足せば二一九三年となって、四十四年の減少となる。神武天皇十二年（壬申＝紀元前六四九年）とすれば、年数は合うが、やはりこの年の事績は不明である。

6行＝「延喜・天暦の至尊」のところ、「延喜」は醍醐天皇の、「天暦」は村上天皇の治世の年号である。この両天皇の時代は公家政治の最も盛んな時代として、後世「延喜・天暦の治」と称えられた。翻刻「しそん」は、この醍醐・村上両天皇を指すとして、「至尊」の字を宛てた。

（15オ）
4行＝「天正十年冬の初め、天気を得」とは、同年（一五八二）十月三日の従五位下左近衛権少将に叙任されたことをいう。本文3オ・3ウを参照されたい。

5行＝翻刻「しよやうてん」のところ、大阪城本によって「昇進」と変換した。

6行＝翻刻「きうくハん」は、大阪城本により「極官」と変換した。「今上皇帝」は後陽成天皇のこと。

8行＝翻刻「くハんし」は、大阪城本により「巾子」（こじ。冠の頂上の後部に高く突き出た部分）と変換した。

9行＝翻刻「合す」は、「合はせず」とした。

10行＝翻刻「せい天」のところ、大阪城本により「成王」と改めた。成王は西周二代目の王で、幼少で即位したため、叔父の周公旦（しゅうこうたん）らが補佐した。

11行＝翻刻「清水」は、大阪城本によって「清和」と改めた。清和天皇のこと。僅か九歳で即位したため、外祖父藤原良房が政務を執り行なった。人臣摂政の初めといわれる。
（15ウ）
1行＝「忠仁公」は藤原良房の尊称。15オ11行注を参照されたい。

5行＝「屋形」のところ、大阪城本・阿野本ともに「里第」とする。

〃＝「四方三重」のところ、大阪城本には「四方三千歩」とある。

7行＝翻刻「かいくハうをつんてたかく」のところ、大阪城本によって「瑶閣星を摘て高く」と改めた。

〃＝翻刻「けいあひかてんにそひへたり」のところ、大阪城本によって「瓊殿天に連て聳えたり」と改めた。瓊殿（けいでん）は、玉で飾った宮殿。

9行＝「玉虎」と「金龍」はいずれも屋根の棟飾りのことであろう。聚楽第の豪華なことの形容句。

10行＝翻刻「ひわた十数ふき」のところ、大阪城本によって「十数」を削除した。
（16オ）
2行＝「至る迄」と「心を砕き」の間に、大阪城本によって「百工」を補った。

5行＝「北山殿」は足利義満が営んだ山荘のこと（後の鹿苑寺）。応永十五年（一四〇八）三月八日から二十八日まで、後小松天皇がこの北山第に行幸した。

〃＝「室町殿」は足利義教の邸宅で室町幕府の所在地。永享九年（一四三七）十月二十一日から二十六日まで後花園天皇は、方違えのため室町第に行幸した。したがって、翻刻「ていゐい」を「永享」と改めた。

6行＝「鳳輦」の後、大阪城本によって「又牛車」を補った。

8行＝「民部卿」の後に、大阪城本によって「法印」を補った。前田玄以のこと。

（16ウ）

4行＝翻刻「なきに」は大阪城本によって「故無きに」と改めた。

5行＝翻刻「中じゆんの時分にこゐじか」のところ、大阪城本によって「中旬と聞えしが」と改めた。

7行＝「夜寒」のところ、大阪城本・阿野本ともに「余寒」とある。

9行＝「職事」は、宮中で行事の際にその日の事務を執行する役。『北山殿行幸記』に「職事、日時の勘文を上卿左大将にくだして」とある。

（17オ）

1行＝翻刻「せいふのいくさ」のところ、大阪城本に「衛府の輩」とあるのを参考に「衛府の軍」と改めた。「いくさ（軍・戦）」には、「軍卒・軍勢」の語義がある。

6行＝翻刻「なかハしの御こしじろまて」のところ、大阪城本によって「長橋の御腰まで」と改めた。長橋は、清涼殿から紫宸殿に通じる廊下。

〃＝「筵道」は、貴人が車から降りて徒歩で歩くとき、裾が汚れるのを防ぐため、筵を敷いた通路。

7行＝翻刻「けき」は、意味が取れない。大阪城本に「ふたん」とあるのによって「布毯」と改めた。布毯（ふたん）は、行幸などの際、その道筋に敷く白布のこと。

〃＝翻刻「御やうのかミ、くハんへいをつとむ」のところ、大阪城本によって「陰陽頭、反閇を勤む」と改めた。陰陽頭（おんようのかみ）は陰陽寮の長官。また、反閇（へんばい）は陰陽道の呪法の一つで、天皇や貴人の出行のとき、邪気を払い鎮めるために陰陽師が行なった独特の足踏みのことをいう。

8行＝翻刻「つかさハそふ礼等もれいのことし」のところ、大阪城本によって、「闈司の奏鈴の奏も例の如し」と改めた。闈（い）は宮殿の両脇の小門。闈司（いし）は、宮中の鍵の管理・出納をつかさどった女官。なお、桑田本は「国司」と誤っている。

10行＝翻刻「ごけんもちとうのへん定ふさあつそん」のところ、大阪城本を参考に「御剣持は頭中将慶親朝臣、御草鞋は頭弁充房朝臣」と改めた。「充房朝臣」は、万里小路充房のこと。勧修寺晴豊の弟。従二位・権大納言に至る。この頃、蔵人頭弁。

(17ウ)

1行＝翻刻「御つき」のところ、大阪城本により「御綱」と改めた。「御綱」は御綱助のこと。平安時代以後、行幸の時に鳳輦の綱のもとに供奉する役。近衛の中将・少将が担当した。御綱の近衛とも。

4行＝翻刻「ゑほしの侍」のところ、大阪城本によって「烏帽子着の侍」と改めた。

5行＝「国母の准后」とは、正親町天皇の皇太子誠仁親王の女房で、後陽成天皇の母である勧修寺晴子のこと。父は勧修寺晴右。天正十四年、後陽成の即位にともなって国母となり、十一月に准三宮の称号が贈られた。慶長五年（一六〇〇）十二月、院号宣下により新上東門院となった。

6行＝翻刻「たすけの侍」のところ、大阪城本によって「大典侍」（おおすけ）と改めた。

〃＝「大典侍御局」の後、大阪城本によって「勾当御局」を補った。勾当は、勾当内侍の略。「上﨟達」のところ、大阪城本・群類本ともに「女中衆」とある。

7行＝「下簾」は牛車の簾内側に懸けた帳。多くは生絹を用い、長さ約九尺。簾の下から外へ長く垂らした。

8行＝「御供の」の後に、大阪城本によって「人々」を補った。

9行＝翻刻「おほミへて」のところ、大阪城本によって「覚へて」と改めた。また、「華やかなり」の後、大阪城本・阿野本では「其跡に少引さかりて」が入る。

10行＝「塗輿」は漆塗りの輿。公方・門跡・長老などの料で、略儀用。塗板輿。

〃＝「六宮御方」は、誠仁親王の第六皇子智仁親王のこと。幼名を古佐丸といった。天正十四年、秀吉の猶子となり、将来の関白に擬せられた。しかし、十七年に鶴松が生まれるに及んで解約となり、同年十二月秀吉の奏請によって八条宮家を起こし、十九年に親王宣下を受けた。

11行＝翻刻「菊帝殿」は、「菊亭」と改めた。今出川晴季のこと。

(18オ)〈改訂文一行増〉

1行＝翻刻「右大臣あきすへ公」のところ、大阪城本によって「右大臣晴季公」と改めた。

2行＝「飛鳥井前大納言」は飛鳥井雅春のこと。「四辻前大納言」は、四辻公遠のこと。

3行＝「大炊御門前大納言」は大炊御門経頼のこと。大阪城本・群類本ともに勧修寺大納言の次に位置し、「大炊御門前大納言経頼卿」とする。阿野本は古活字版と同じ順序に配する。

4行＝「伯三位雅朝王」は、神祇伯の白川雅朝のこと。

5行＝翻刻「左　せんく」のところ、大阪城本では、

　　前駆

　左

となっている。よって、テキスト復元の意味から「前駆」の次行に「左」を送った。

6行＝翻刻「ふゐ」は、大阪城本によって「布衣」と改めた。布衣（ほい）は、無紋の狩衣のことで、後にこれを着る六位以下の身分を指すようになった。

7行＝「蔵人中務孝亮」は小槻孝亮のこと。阿野本では「蔵人中務大丞小槻孝亮」とある。

9行＝「富小路右衛門佐」は富小路秀直のこと。「松木侍従」は、大阪城本によれば松木宗隆のこと。阿野本では「宗澄」とする。『公卿諸家系図―諸家知譜拙記―』（続群書類従完成会、一九六六年）によれば、宗隆／宗澄は松木宗則の前名で「元宗澄（隆イ）」とある。「冷泉侍従」は、冷泉為親のこと。大阪城本には「冷泉侍従為親」とある。中山親綱の二男で、天正十三年以降に冷泉為満の養子となったらしいが、慶長十年頃、新家「中山冷泉」（後に「今城」）を立てた。

10行＝「正親町少将」は、正親町季康のこと。「柳原宮内権大輔」は、柳原資淳のこと。

10行＝翻刻「くハんしう寺左少」のところ、光豊は天正十三年四月に右少弁、十七年三月に左少弁となっているから「勧修寺右少」と改めた。大阪城本は「勧修寺弁光豊」。

11行＝「甘露寺」の後に、大阪本によって「権弁」を補った。甘露寺経遠のこと。大納言経元の養子。

12行＝「土御門左馬助」は土御門久脩のこと。「民部卿侍従」は、大阪城本には「民部卿侍従秀以朝臣」とあって、京都所司代前田玄以の長男、前田秀以のことを指す。

(18ウ)

1行＝「施薬院侍従」は施薬院秀隆のこと。従五位下侍従に任じられ、聚楽行幸に際しては騎馬で供奉した。大阪城本には「施薬院侍従秀澄朝臣」とある。「橋本中将」は橋本実勝のこと。

2行＝「西洞院左兵衛佐」は西洞院時慶のこと。

4行＝翻刻「ひろ橋秀とし藤原」のところ、大阪城本によって「唐橋秀才菅原」と改めた。唐橋在通のこと。唐橋家は高辻家の支流で本姓菅原。「蔵人式部丞」のところ、大阪城本には「蔵人式部丞清原秀賢」とある。清原秀賢は、清原国賢の子で、舟橋を家名とした。

5行＝「阿野侍従」は阿野実政のこと。「吉田侍従」は、吉田兼治のこと。「冷泉侍従」は冷泉為将のこと。

6行＝翻刻「大津の侍従」は、大阪城本によって「大沢侍従」と改めた。大沢基久のことか。翻刻「ひろさわの侍従」のところ、大阪城本によって「広橋侍従」と改めた。広橋総光のこと。なお、広橋と次の烏丸の間に、大阪城本・阿野本ともに「庭田侍従重定」が入る。「烏丸侍従」は、烏丸光広のこと。なお、烏丸と次の葉室の間に、大阪城本には「日野左少弁資勝」が入る。

7行＝「葉室左中弁」は葉室頼宣のこと。「三条少将」は、三条西実条のこと。

8行＝「五辻左馬頭」は五辻元仲のこと。「五条大内記」は、五条為良のこと。

9行＝翻刻「次近衛次し」のところ、大阪城本によって「次近衛次将」と改め、**18オ**5行「前駆」と合わせるため、四字下げとした。

11行＝「園少将基継」は園元継のこと。

〃＝「六条中将」は六条有親のこと。

(19オ)

1行＝「四辻中将」は四辻季満のこと。

3行＝「四条少将」は四条隆憲のこと。「水無瀬少将」は水無瀬氏成のこと。

4行＝「飛鳥井中将」は飛鳥井雅継のこと。

〃＝翻刻「次第」のところ、大阪城本によって「次貫主」と改め改行、四字下げとした。貫主は、蔵人頭の別称。

5行＝翻刻「さうしき」と次行の「馬そへ」は大阪城本・阿野本、さらに群類本にも見えないので、削除した。

6行＝「中山中将」の位置を大阪城本により、「万里小路充房卿」の下に移した。

(19ウ) 〈改訂文一行増〉

3行＝「四十人」の所、大阪城本には「四十五人」とある。

4行＝翻刻「前後　かようちやう」は、大阪城本によって「前後駕輿丁」とした。

5行＝翻刻「次りくい以下やく人」のところ、大阪城本によって「次六位史以下役人」とした。

9行＝「烏丸大納言」は烏丸光宣のこと。大阪城本には「日野大納言光宣」とある。烏丸家は日野家支流。「日野大納言」は日野輝資（てるすけ）のこと。大阪城本には「日野新大納言」とある。

10行＝「久我大納言」と「持明院中納言」の間に、大阪城本によって「駿河大納言」と「大和大納言」を補った。「久我大納言」は、久我敦通のこと。

11行＝「持明院中納言」は持明院基孝のこと。

12行＝「庭田源中納言」は庭田重通のこと。「正親町中納言」は正親町季秀のこと。

(20オ)〈改訂文一行増〉

1行＝「広橋中納言」は広橋兼勝のこと。「坊城中納言」は東坊城（ひがしぼうじょう）盛長のこと。

2行＝「近江中納言」は豊臣秀次のこと。「菊亭三位中将」は菊亭晴季の嗣子季持のこと。

3行＝「三条宰相」は正親町三条公仲のこと。

4行＝「吉田左衛門督兼見卿」は吉田兼見のこと。翻刻の「左衛門介」は誤り。「藤右衛門督永孝卿」は、高倉永孝のこと。翻刻の「藤衛門助」は誤り。

6行＝「関白殿前駆」は前例にならい、四字下げとした。また、大阪城本では「関白殿前駆」の次行に「左」が入るので、一行増やし、次行に「左」を補った。

8行＝「増田右衛門尉」は増田（ました）長盛のこと。続く「雑色　巳下」の所、大阪城本には「雑色　馬副　此以下同然」とある。「福原右馬助」は福原長堯のこと。

9行＝「長谷川右兵衛尉」は長谷川守知のこと。「古田兵部少輔」は古田重勝のこと。

10行＝「加藤左馬助」は加藤嘉明のこと。「賀須屋内膳正」は加須屋真雄のこと。

11行＝「早川主馬頭」は早川長政のこと。「池田備中守」は池田長吉のこと。恒興三男。

12行＝「堀田図書助」は堀田盛重のこと。「中川武蔵守」は中川光重のことか。

(20ウ)

1行＝「伊藤丹後守」は伊藤長次のこと。「小野木縫殿介」は小野木重次のこと。

2行＝「高田豊後守」は高田治忠のこと。「真野蔵人」は真野助宗のこと。

3行＝「蒔田相模守」は蒔田広光のこと。「安威摂津守」は安威了佐のこと。

4行＝「一柳越後守」は、このころ美濃大垣城主であった一柳伊豆守直末の一族かと思われるが不詳。なお、『大かうさまくんきのうち』には、小田原出兵に際して秀吉の供奉衆のなかに「一やなきゐちごのかみ」の名が見える。

〃　＝「平野大炊頭」は平野長治のことか。

5行＝「矢野下野守」は実名不詳。秀吉馬廻。「溝口伯耆守」は溝口秀勝のこと。

6行＝「服部采女正」は服部一忠のこと。「赤松左兵衛尉」は赤松広秀（後に斎村政弘）のこと。

7行＝翻刻「石河出羽かミ」は「石川出雲守」と改めた。石川数正のこと。「中川右衛門大夫」は、中川秀政のこと。

8行＝「宮部肥前守」は継潤の義弟（諱は宗治）か。「木下備中守」は荒木重堅のこと。

9行＝「市橋下総守」は市橋長勝のこと。「九鬼大隅守」は九鬼嘉隆のこと。

10行＝翻刻「生駒とのもの」は大阪城本によって「生駒主殿頭」と改めた。生駒忠清のこと（ただし、主殿助か）。翻刻「せたのかもん」は大阪城本によって「瀬田掃部頭」と改めた。瀬田正忠のこと。

11行＝翻刻「やの豊後かミ」は大阪城本によって「矢部豊後守」と改めた。矢部定政のこと。「尼子宮内少輔」は尼子宗澄のこと。

(21オ)

1行＝「多賀谷大膳大夫」は、このころ常陸下妻城主であった多賀谷重経（修理大夫）の一族かと思われるが、未詳。翻刻「柴山けんもつ」は、大阪城本によって「芝山監物」と改めた。芝山宗綱のこと。

2行＝「稲葉兵庫頭」は稲葉重通のこと。「富田左近将監」は富田知信のこと。

3行＝「前野但馬守」は前野長康のこと。

5行＝「石田治部少輔」は石田三成のこと。「大谷刑部少」は大谷吉継のこと。

6行＝「山崎右京進」は山崎定勝のこと。「片桐主膳正」は片桐貞隆のこと。

7行＝「脇坂中書」は脇坂安治のこと。「佐藤隠岐守」は佐藤秀方のこと。

8行＝翻刻「かたきり東市」は大阪城本によって「片桐東市正」と改めた。片桐且元のこと。「生駒修理介」は生駒親正の弟。秀吉馬廻。

9行＝「服部土佐守」は服部正栄のこと。「高畠石見守」は高畠定吉のこと。なお、大阪城本では、この後、谷出羽守、田中石見守、石河備後守、石田隠岐守、小出播磨守、石河伊賀守の順序となる。田中石見守は諱不詳、石河備後守は石川貞通のこと。

10行＝「小出播磨守」は小出秀政のこと。「石川伊賀守」は石川光重のこと。

11行＝「谷出羽守」は谷衛友（もりとも）のこと。翻刻「石田いきの守」は、大阪城本によって「石田隠岐守」と改めた。石田正継のこと。

（21ウ）

1行＝「松浦讃岐守」は松浦重政のこと。翻刻「すゝき若さのかミ」は大阪城本によって「薄田若狭守」と変換した。実名不詳。秀吉馬廻。

2行＝「寺沢越中守」は寺沢広政のこと。「村上周防守」は村上義明のこと。

3行＝「青山伊賀守」は青山忠元のこと。「明石左近」は明石則実のこと。

4行＝「別所主水正」は別所重宗のこと。「山崎志摩守」は山崎片家のこと。

5行＝「垣屋隠岐守」は垣屋光成のことか、不詳。『戦国人名辞典増訂版』では、文禄元年の朝鮮渡海直後に隠岐守叙任とする。「南条伯耆守」は南条元続のこと。

6行＝翻刻「川しりひ後の頭」は大阪城本によって「川尻肥前守」と改めた。川尻秀長（秀隆の子）のこと。「岡本下野守」は岡本良勝のこと。

7行＝翻刻「まき村兵ぶの介」は大阪城本によって「牧村兵部大輔」と改めた。牧村利貞のこと。「古田織部正」は、古田重然のこと。

8行＝翻刻「新条するがかミ」は大阪城本によって「新庄駿河守」と変換した。新庄直頼のこと。「奥山佐渡守」は奥山重定のこと。

9行＝「蜂屋大膳大夫」は蜂屋謙入のこと。「松岡右京進」は秀吉馬廻、実名不詳。なお、大阪城本では蜂屋大膳大夫の次に「柘植左京亮」（柘植与一のこと）が入る。

10行＝「津田隼人正」は津田盛月のこと。「木村常陸介」は第四**10オ**1行に出ている「木村隼人佐」（越前府中城主）と同一人物。またこの人物は、第二**32ウ**4行に「木村隼人佐」と出ている木村定重の子で、実名不詳（重茲などとある）だが、父との関係で「小隼人」とも呼ばれたらしい。

(22オ)

3行＝翻刻「左右　　き禄しやう具これ」のところ、「左右」は大阪城本・阿野本に無いので削除した。また、「き禄しやう具これ」は、大阪城本における速水甲斐守の装具（速水の次行に記す）に「胡簶緌具之」とあるのが相当しよう。よって、該当行（8行）に移した。

〃＝「森民部大輔」は毛利高政のこと。初め森氏であったが、毛利輝元から「毛利」の氏を賜わった。「野村肥後守」は野村直隆のこと。

4行＝「木下左京亮」は木下秀規のこと。秀吉馬廻。

6行＝「蒔田主水正」は蒔田政勝のこと。翻刻「中村さ兵衛尉」は、大阪城本によって「中島左兵衛尉」（秀吉の馬廻組頭）と改めた。

7行＝「速水甲斐守」は速水守久のこと。

8行＝「胡簶」（ころく）は矢の収納具の一種、「緌」（おいかけ）は武官が冠の両耳に付けた飾り。

10行＝「一柳右近大夫」は、人物不明ながら、右近将監を名乗った一柳可遊の可能性がある。可遊は秀吉馬廻組頭。「小出信濃守」は小出吉政のこと。

11行＝「石田木工頭」は石田正澄のこと。『戦国人名辞典増訂版』では、文禄二年に従五位下木工頭に叙任とするが、天正十六年四月以前に遡ることが確実である。

(22ウ)

3行＝「敷持ち、沓持ち」のところ、大阪城本・阿野本には「しち持しき持／榻もちしき持」とある。敷持ちは敷物を持つ人。なお、榻（しじ）は牛車から牛をはずした時に轅（ながえ）の軛（くびき）を置く台のことで、榻持ちは榻を持って牛の傍を歩く人。

4行＝「牛童」は、牛を使って牛車を進ませる者。成人後も童形の姿をした。牛健児。

7行＝翻刻「金にてこれをたミ」のところ、大阪城本によって、「金箔にてこれを濃み」と改めた。

10行＝「御車副へ」と「烏帽子着」の間、大阪城本・阿野本ともに「左右にあり、御沓持」が入る。

(23オ)

5行＝「津侍従信包」は織田信包のこと。

6行＝「丹波少将秀勝」は豊臣秀勝のこと。秀吉の姉の子で、羽柴秀勝（通称御次丸・お次）の死後、秀吉の養子となって秀勝を名乗る。御次秀勝の遺領丹波を得て、亀山城主となった。通称は小吉秀勝。

7行＝「三河少将秀康」は結城秀康のこと。

8行＝「三郎侍従秀信」は織田秀信のこと。織田信長嫡孫。

9行＝「金吾侍従」は北政所の兄木下家定の子豊臣秀俊のこと。天正十三年に秀吉の養子となり、この頃、左衛門督（唐名は金吾）に任じられていた。後の小早川秀秋である。

10行＝「御虎侍従」は、不詳。北堀光信「『聚楽行幸記』の御虎侍従について」（『戦国史研究』41号、二〇〇一年）は、豊臣秀保としている。

11行＝翻刻「よしやす」は、大阪城本によって「義康」と変換した。この「左衛門侍従義康」の人物比定については、里見義康、六角義康、斯波義康など諸説がある。

（23ウ）

1行＝翻刻「ひて勝」は「秀一」と変換した。「東郷侍従秀一」は長谷川秀一のこと。

2行＝「北庄侍従秀政」は、堀秀政のこと。

3行＝「松が島侍従氏郷」は蒲生氏郷のこと。

4行＝「丹後侍従忠興」は細川忠興のこと。

5行＝「三吉侍従信秀」は織田信秀のこと。織田信長の六男。祖父と同名。

6行＝「河内侍従秀頼」は毛利秀頼のこと。

7行＝「敦賀侍従頼隆」は蜂屋頼隆のこと。

8行＝翻刻「ひてかつ」は大阪城本によって「利勝」と改めた。「越中侍従利勝」は前田利勝（後に利長）のこと。

9行＝翻刻「なかまさ」は大阪城本によって「長益」と改めた。「源五侍従長益」は織田長益のこと。

10行＝「松任侍従長重」は丹羽長重のこと。

11行＝翻刻「てるまさ」は大阪城本により「照政」と改めた。「岐阜侍従照政」は池田照政（後に輝政）のこと。

（24オ）

1行＝「曽祢侍従貞通」は稲葉貞通のこと。

2行＝翻刻「よしたか」は大阪城本によって「義統」と改めた。「豊後侍従義統」は大友義統（よしむね）のこと。

3行＝「伊賀侍従定次」は筒井定次のこと。

4行＝「金山侍従忠政」は森忠政のこと。

5行＝「井侍従直政」は井伊直政のこと。

6行＝「京極侍従高次」は京極高次のこと。

7行＝翻刻「たつ野侍従勝とも朝臣」のところ、大阪城本によって「立野侍従勝俊朝臣」と改めた。木下勝俊のこと。木下家定の長男。歌人としても著名で長嘯子と号した。なお、阿野本では「竜野侍従」。

8行＝「土佐侍従元親」は長宗我部元親のこと。

（25オ）〈改訂文十行減〉

※改訂文の1行～10行は、第六30ウの次に移した。それに伴って改訂文にかかわる注解も同じ箇所に移した。

9行＝翻刻「ちうこうお仰つけらる」のところ、大阪城本により「忠孝の輩に仰せ付けらる」と改めた。

【天正記第六】

（26オ）

※翻刻の26オ～26ウには、三好実休と松永久秀にかかわる記事が配置されている。「太田牛一雑記」によると、この箇所に続いて、斎藤道三、明智光秀、柴田勝家、織田信孝といった没落した面々の事跡が綴られている（第一章概説：表3）が、本テキスト（第一種古活字版）ではそれは第八から第九に配されている。これを受けて、改訂文ではこの一丁分を本来あるべき位置である第八31ウの後に移すこととした。大きな変更ではあるが、実は第二種古活字版以下では訂正が施されて正しい位置に置かれている。従って、これは復原的観点から見た措置であると了解されたい。いずれにしろ、第五が聚楽行幸記の途中で終わり、第六ではその続きから始まるべきところ、突如三好実休にかかわる記事が登場するのは極めて不審であり、第一種版本の持つ致命的な瑕疵と言わざるを得ない。なお、改訂文の移動に伴って、改訂文にかかわる26オ・26ウの注解も第八31ウの後に移した。

（26ウ）

3行＝翻刻「近作」は、雑記によって「匠作」と改めた。匠作は修理職・木工寮の唐名。「三好修理大夫匠作」は、三好長慶のこと。筑前守、修理大夫。三好元長の長男。天文十八年（一五四九）の江口の戦いで細川晴元を破り、同二十二年には将軍義輝を近江へ追放し、足利家を擁しない京都支配を実現する。

9行＝翻刻「ろをんいん殿」は、雑記によって「鹿苑院殿」と改めた。足利周暠のこと。足利義輝の弟で相国寺の塔頭・鹿苑院の院主。

10行＝翻刻「安摂津頭」のところ、雑記により「安宅摂津守」と改めた。安宅冬康のこと。摂津守。三好元長の三男。冬康が逆心を抱いたと、松永久秀が長慶へ讒訴したため殺害されたという。

（27オ）

1行＝ここから、聚楽第行幸記に戻る。内容的には第五24オ

8行の「土佐侍従元親朝臣」に続く箇所である。

2行＝「もゝはれ」のところ、大阪城本・阿野本ともに「一日晴」とする。一日晴（いちにちばれ）は、儀式の服装などを、その日に限り、格式をこえて立派に飾ること。

3行＝「縫箔」は、刺繍と摺箔を併用して布地に模様を表すこと。大阪城本では「縫箔絵」とすることから、縫箔で表した龍文を指すと考えられる。

4行＝「呉地」は、絹地のこと。中国からの貿易品である絹織物（呉服）は大変珍重され、大名から秀吉・北政所ら豊臣家へ献上された記録も見られる（『吉川家文書』七六三・『島津家文書』七七四・七八四など）。また、「蜀江」は、明代以降に織られた錦のことで、「名物裂」として大変珍重された。阿野本では「蜀紅」とする。

5行＝「竜田川」のところ、大阪城本では「竜田の嶺」とする。

7行＝翻刻「つとめたる」のところ、大阪城本によって「集ひたる」と改めた。

9行＝「供鼓」のところ、大阪城本では「管鼓」とする。

11行＝「惣別、行幸の儲けの御所は」のところ、大阪城本では「昔の行幸のまうけの御所ハ、惣門の外まで出むかへ給ふとそ、今の儲の御所ハ」とする。阿野本もほぼ同。

（27ウ）

1行＝「供奉の役なれば、」の後、大阪城本によって「鳳輦」を補った。

3行＝翻刻「又すへ公」のところ、大阪城本により「晴季公」と改めた。今出川晴季のこと。

8行＝「殿下」の後、阿野本では「御車」が入る。

9行＝翻刻「のほり」の前、大阪城本によって「まう」を補い、「まう上り」とした（阿野本同）。「まう上る」とは、貴人のもとへ参上すること。「まゐのぼる」とも。

10行＝翻刻「殿下もすそのうしろにたゝせ」のところ、後続文とつながりにくい。大阪城本によって「殿下裳裾を後ろにたゝみて」と改めた（阿野本ほぼ同）。

（28オ）

2行＝翻刻「又入り給ひて」のところ、大阪城本によって「又参り給ひて」と改めた。

3行＝翻刻「きし次第あり」のところ、大阪城本によって「規式あり」と改めた。

5行＝「主上」は後陽成天皇のこと。第五**15オ**6行には「今上皇帝」とある。

8行＝翻刻「くハんしゆ寺少へんミつとよ」のところ、大阪城本によって「勧修寺右少弁光豊」とした。

9行＝「伏見殿」は伏見宮邦房親王のこと。阿野本ではこれを欠く。「竹園」は、天子の子孫、皇室の血統、皇族をいう。「竹の園生」とも。「清華」は、清華家のこと。公家の家格の一つで、摂家の下、大臣家の上に位する。大臣・大将を兼ねて太政大臣になることのできる家柄で、久我・三条・西園寺・徳大寺・今出川（菊亭）・花山院・大炊御門の七家を指す。

11行＝翻刻「五条とも吉の朝臣」のところ、大阪城本によって「五条為良朝臣」と改めた。翻刻「四っちすへ光あつ臣」のところ、同様に「四辻季満朝臣」と改めた。

(28ウ)

1行＝翻刻「あすかゐまさつねのあつそん」のところ、大阪城本は「飛鳥井左近衛権中将雅継朝臣」とする。雅継(まさつぐ)は慶長二年六月に雅庸(まさつね)と改名する、その前名なので、「飛鳥井雅継朝臣」が正しく、そう改めた。

5行＝翻刻「にしのとういんときのふのあつそん」は、大阪城本によって「西洞院時慶朝臣」と改めた。ただし、同本における西洞院時慶の配置は五条為良の前に、置かれている。また、五辻元仲の後、大阪城本では「月卿御前　水無瀬左近衛権少将氏成朝臣　土御門左馬助久脩　四条左近衛権少将隆憲　冨小路右衛門佐秀直」が入る。

7行＝「香箱」は、大阪城本・阿野本ともに「香合」とする。

9行＝「供御盛物、金銀の作り物」のところ、大阪城本には「くだ物、あつ物（羹）、金銀の作花」とある。

(29オ)

4行＝「蝶や鳥が飛び」のところ、大阪城本・阿野本ともに「蝶鳥の声」とする。

5行＝翻刻「水殿雲ろう別に春おほく」は、晩唐の詩人陸亀蒙の七言絶句『鄴宮』の第二句「水殿雲廊別置春」による（禅文化研究所編刊『唐詩選　三體詩　総合索引』一九九一年）。よって「水殿雲廊別に春を置く」と改めた。

6行＝翻刻「せいふらうの此しび」のところ、大阪城本により「長生不老の楽しび」と改めた。

7行＝「暮れ果つるまで御遊びとぞ」のところ、大阪城本では「くれはつるまゝにおほとなぶらかゝけそへて御遊とそ」とする（阿野本同）。大殿油(おほとなぶら)は、大殿（御殿）で灯す油火の明かりをいう。

9行＝翻刻「ていきよく」のところ、大阪城本により「郢曲」と変換した。郢曲（えいきょく）は元来、古代中国の楚の歌で、卑俗な音楽・流行歌のことをいう。

(29ウ)

1行＝「一条殿」は一条内基のこと。「四辻大納言」のところ、阿野本では「四辻前大納言」とする。四辻公遠のこと。公遠は天正十五年八月八日、権大納言を辞している。「前」脱か。「庭田中納言」は庭田重通のこと。

5行＝翻刻「大ゐの御門大な言」のところ、阿野本によって「大炊御門前大納言」と改めた。

7行＝翻刻「万きよく」のところ、大阪城本により「郢曲」と改めた。

9行＝翻刻「これハ三人」のところ、大阪城本によって五辻左馬頭を補い、「五辻左馬頭　三人」とした。阿野本ではこの一行を欠く。

10行＝翻刻「院」、「やく」は、大阪城本により「陰」、「改」と改めた。

11行＝翻刻「めん」は、大阪城本によって「回」と改めた。

※この詩について、柳澤良一著『新撰朗詠集全注釈』四（新典社、二〇一一年）には、承平二年（九三二）正月二十二日の朱雀天皇の内裏の宴に際して、文章博士の大江朝綱が朗詠した詩序で、「天子の高い徳や尊い位を椿葉と松花の比喩で讃え、その幾久しい長寿を祈る祝賀の気持ちを詠んだもので、たいへんめでたい句として知られて」おり、「宴席などで朗詠されることが多く、また和歌や文学作品などにも大きな影響を与え、朗詠の代表曲の一つである」との解説がある。なお、同書の翻刻は「徳是北辰　椿葉之影再改　尊猶南面　松花之色十廻」とする。

(30オ)

6行＝翻刻「あまつおとめのねも」のところ、大阪城本によって「天津乙女子も」と改めた。

(30ウ)

1行＝翻刻「よる、御申の」のところ、大阪城本によって「夜の御座しの」と変換した。御座（おま）しは貴人のしとね。

2行＝「人」のところ、大阪城本は「とく」とする。「早朝し奉り」は、関白秀吉から派遣された公卿が天皇のもとに赴いて行幸の日数を伸ばすように願い出たことを言う。

〃　＝「御所」のところ、大阪城本・阿野本では「まうけの御所／儲の御所」とする。いずれも後陽成天皇のこと。

8行＝翻刻「きん中正ゐつ」のところ、大阪城本によって「禁中正税」と改めた。

11行＝以下、**31オ**3行まで禁裏への洛中銀地子献上等にかかわる秀吉判物を載せる。この判物は『豊臣秀吉文書集』2456～2459号文書に翻刻されているが、2459号文書（某宛判物写「篠舎漫筆」『日本随筆大成』）の文面が本記と酷似している。

※ここで翻刻の秀吉書状は中断してしまうので、改訂文では第五**25オ**1行～10行を移して書状の全体を復元した。

第五（25オ）〈改訂文一行減〉

3行＝「院御所」は正親町上皇のこと。

4行＝「六宮殿」は誠仁親王の第六皇子智仁（ともひと）親王のこと。

6行＝「八千石、別の朱印を以て配分せしむるもの也」のところ、大阪城本では「八千石令配分、朱印別紙有之」となっている。

（31オ）

1行＝「菊亭殿」・「勧修寺殿」・「中山殿」の三名は、天正十四年（一五八六）二月以来、秀吉の献上・上奏・奏請等を朝廷に取り次ぐ「豊臣伝奏」であった。

9行＝翻刻「いたるまてハ」のところ、大阪城本により「至りては」と改めた。

（31ウ）〈改訂文一行増〉

1行＝「大納言をはじめ」の後、阿野本によって「みな」を入れた。大阪城本には「ミな集来せしめ此由かたり給ひて同に」が入る。

2行＝この誓紙（二通）の文言および差出者は本記の**31ウ**11行から**34オ**2行までにわたって掲載されている。宛先については「禁中へ対し奉り、」とあるが、直接的には金吾殿（豊臣秀俊のこと）宛という形で出されている。

3行＝翻刻「すてに」のところ、大阪城本により「悦び」と改めた。

4行＝翻刻「其まつごに望ミて、りやう地さいほうをそなへまひらする」のところ、大阪城本によって「其の末期に臨みて、領知財宝を譲る事のみなり。我が世盛んなる折に、領知財宝を備へ参らする」と改めた。おそらく、原本の二ヶ所に現れる「領知財宝」の目移りによる脱落である。

6行＝翻刻「の給ふおきらうて」のところ、大阪城本によって「宣ふを聞きて」と改めた。

（32オ）

1行＝翻刻「仰つけらるの趣」のところ、大阪城本によって「仰せ出ださるゝの趣」と改めた。

（32ウ）

5行＝翻刻「のりいへ」は、大阪城本によって「利家」と改めた。前田利家のこと。以下、10行までの六名の肩書表記は阿野本と同じく、大阪城本とは異なっている。なお、6行翻刻「秀いへ」は「豊臣秀家」と改めた。

11行＝「金吾殿」のところ、翻刻では差出者と同高に置かれているが、これは差出先であるから、三文字上げとした。

(33オ)

1行＝翻刻「同時、別しのせいしこれあり、文言同前」のところ、大阪城本はこれを欠く。阿野本には「同時別紙誓詞有之、文言日付同前人衆」とある。

2行＝大阪城本では「土佐侍従秦元親」の上に、「天正十六年卯月十五日」が入る。

10行＝翻刻「てまさ」のところ、大阪城本により「照政」と改めた。

11行＝翻刻「長まさ」のところ、大阪城本により「長益」と改めた。

(33ウ)

2行＝翻刻「やす勝」のところ、大阪城本により「利勝」と改めた。

5行＝翻刻「信雄」のところ、大阪城本により「信秀」と改めた。

9行＝「東郷侍従秀一」の後、大阪城本では「左衛門侍従豊臣義康」が入る。

10行＝「三河侍従秀康」は結城秀康のこと。

(34オ)

1行＝翻刻「信かな」のところ、「信包」と変換した。大阪城本には「信兼」とある。

2行＝「日付宛所同前」のところ、大阪城本では「金吾殿」とし、阿野本は「あて所同上」とする。

5行＝翻刻「うちつゝき」のところ、大阪城本によって「うちうちの」と改めた。

7行＝翻刻「先のほり」のところ、大阪城本によって「まう昇り」と改めた。

8行＝この時、進上されたのは、御手本、御絵、沈香であった。大阪城本では、それぞれの前に「一、」を付けているので、ここでもそれに従った。

〃＝翻刻「御手本　則ゑ筆千じ文」のところ、大阪城本によって「一、御手本　即之が筆千字文」と改めた。「即之」は中国南宋の書家、張即之のこと。

9行＝「千字文」の後、大阪城本・阿野本いずれも「金の打枝につくる」が入る。

（34ウ）〈改訂文一行増〉

4行＝「近衛殿」は近衛信輔のこと。「菊亭殿　徳大寺前内大臣　尾張内府」のところ、大阪城本では「内府　右府　徳大寺」とし、順序が異なる。

5行＝「とどの皮」のところ、大阪城本・阿野本いずれも「虎皮」とする。

6行＝「堆紅」のところ、大阪城本・阿野本ともに「盆一個」の割注として記す。

〃　＝「太刀一腰」の後、大阪城本によって「是に領知御折紙を副へてまいらせ給ふなり。この外の衆へは御小袖二重、太刀一腰、」を挿入した。

10行＝翻刻「三日め」のところ、大阪城本によって改行し、以下を続けた。

12行＝「曙より、天気」のところ、大阪城本・阿野本では「朝けより日の色」とする。

（35オ）

2行＝翻刻「ひわたをつたう玉水の」のところ、大阪城本によって「檜皮の軒を伝ふ玉水の」と改めた。

3行＝翻刻「きんちくのやミをこすか」のところ、大阪城本によって「琴筑の響きを残すか」と改めた。

4行＝翻刻「わかの御会にあひて」のところ、大阪城本によって「和歌の御会、折にあひて」と改めた。

10行＝「大炊御門」のところ、大阪城本・阿野本ともに「大炊御門大納言」とする。

11行＝「勧修寺殿」のところ、大阪城本では「勧修寺大納言」とする。翻刻「さいおんとの」のところ、大阪城本によって「西園寺大将」と改めた。

（35ウ）

1行＝「四辻」は、大阪城本では「四辻前大納言」。「飛鳥井殿」は、大阪城本では「飛鳥井前大納言」。

2行＝「徳大寺殿」は、大阪城本では「徳大寺前内大臣」。

4行＝「梶井殿」は梶井宮最胤法親王のこと。大阪城本には「梶井宮」とある。

7行＝「聖護院」は聖護院道澄のこと。大阪城本では「聖護院准后」。

8行＝「室町入道」は前将軍足利義昭のこと。大阪城本には「室町准后」、阿野本には「室町入道准后」とある。天正十六年正月には帰京しており、同十三日参内して准三后となった。

(36オ)

1行＝翻刻「多くの人かすの、筆かうなりかたき故」のところ、大阪城本によって「多くの人数のまゝ、披講成り難き故也」と改めた。

2行＝「御座配以下、懐紙の重ねやう次第の事」のところ、大阪城本では「御座敷上下懐紙のかさねやうなとふ同事」とする。阿野本では「御座配以下懐帋のかさねやうなと不同事」としており、少しずつ異なっている。

6行＝「近江中納言」は豊臣秀次のこと。「三位中将」は今出川季持のこと。「花山院」は花山院家雅のこと。「備前宰相」は宇喜多秀家のこと。

8行＝「大和大納言」の後、大阪城本によって「近江中納言・備前宰相」を挿入した。この両人を加えた五人が、新たに清華家とされた。

10行＝大阪城本・阿野本では「勧修寺」の前に「飛鳥井前大納言、四辻前大納言」が入る。

(36ウ)

2行＝翻刻「こん〳〵の御進物の事」のところ、大阪城本によって「献々の間、御進物の事」と改めた。

4行＝「麝香の臍」は、麝香鹿(じゃこうじか)の雄の下腹部にある鶏卵大の包皮腺から得られる香料。紫褐色の顆粒で芳香がきわめて強く、強心剤、気つけ薬など種々の薬料としても用いられる。単に麝香ともいう。

5行＝「同白銀の台に据ゆる」のところ、大阪城本・阿野本いずれも「台同黄金、銀の盆にすふ」とする。

7行＝「披講」は、詩会などで詩歌を読み上げること。また、その式やその役の人。

9行＝翻刻「けんしや」のところ、大阪城本により「題者」と改めた。題者は、詩会の時、題を選定する人をいう。

「飛鳥井殿」は、大阪城本では「飛鳥井大納言」とし、阿野本では「飛鳥井前大納言」とする。

10行＝「読師」は、歌合わせや作文の会で、懐紙や短冊を整理して上下を定め、また番の次第に従って講師に渡す役。

翻刻「菊亭のこう殿」は、阿野本によって「菊亭右大臣」と改めた。大阪城本では「右大臣」。

11行＝「講師」は、漢詩、歌会、歌合わせの披講の席で、詩歌を朗詠して披露する人。

(37オ)

1行＝「発声」は、宮中の歌会で、講師の後を受けて、節をつけて歌をよみあげること。また、その役。飛鳥井雅春は、題者・発声の二役を担当か（4行を参照されたい）。

4行＝大阪城本によって、改行のうえ「発声　飛鳥井前大納言」を入れた（阿野本同）。

〃　＝翻刻「かうしゆ」のところ、大阪城本によって「講誦」と変換した。講誦（こうじゅ）は歌会に際し、講師の披講に続いて歌を吟詠する役。発声が初句を詠った後、第二句目から数名が発声と同音で合唱する。なお、この後、大阪城本・阿野本いずれも「西園寺大納言」が入る。

6行＝「大炊御門」のところ、大阪城本・阿野本では「大炊御門大納言」とする。

11行＝大阪城本ではここから**47オ**4行まで、第一種古活字版の二百十五行分に相当する文が脱落し、**51オ**5行の次、すなわち還幸後の記事中に配されている。この箇所は、「詠寄松祝　和歌」から「天正十六年卯月十六日　和歌御会」に至る部分で、即ち後陽成天皇以下九十九名にものぼる公家・武家衆による和歌が掲載されたところである。大阪城本ではこれが丸々後ろに廻されているのであって、誠に大きな錯簡というべきである。

〃　＝「詠歌松をよろこぶ　和歌」のところ、大阪城本・阿野本は「詠寄松祝　和歌」（松の祝ひに寄せて詠む　和歌）とする。この歌会は、松の長寿・節操にことよせて天皇の御代を寿ぐことを主題としたものであった。**37ウ**7行・**38オ**1行・**44オ**6行のどれもほぼ同義である。なお、翻刻「和か」を前行に追いこんだ。

（37ウ）〈改訂文一行増〉

1行＝翻刻「わきてけふ」の和歌は後陽成天皇の御製。改訂文では阿野本によって前行（1行）に「御製」を補った。

6行＝「聚楽第」のところ、阿野本では「第」の脇に「亭」字が添えられている。当時から聚楽第・聚楽亭の用字の区別が意識されていたこと、また両者が互いに変換可能であったことが分かる。

10行＝翻刻「みとり木たきのきゆくたままつ」のところ、大阪城本によって「みとり木たかき　のきのたままつ」と改めた。

（38オ）

3行＝「六宮古佐丸」の後に、大阪城本では「夏日侍　行幸聚楽亭詠寄松祝和歌」、阿野本では「夏日侍　行幸聚楽第詠寄松祝和歌」が入る。

5行＝「万せい」のところ、大阪城本では「万代」、阿野本では「よろつ世」とする。

〃＝「伏見殿」は伏見宮邦房親王のこと。

7行＝「九条殿」は九条兼孝のこと。

9行＝「一条殿」は一条内基のこと。

11行＝翻刻「てるさね」のところ、大阪城本に「二てうとの従一位藤原昭実」とあるのによって「昭実」と改めた。二条昭実のこと。

(38ウ)

2行＝「近衛殿」は近衛信輔のこと。

4行＝「聞をよはらじ」のところ、大阪城本・阿野本いずれも「声よハふらし／こゑよはふらし」とする。

〃＝「菊亭殿」は今出川晴季のこと。大阪城本には「右大臣藤原晴季」とある。

6行＝「玉まつ」のところ、大阪城本・阿野本いずれも「松かえ」とする。

〃＝「徳大寺殿」は、徳大寺公維のこと。

8行＝「こたかき」のところ、大阪城本・阿野本では「木深き／ふかき」とする。

〃＝「尾張信雄」は織田信雄のこと。

9行＝「人」のところ、大阪城本では「臣」とする。

10行＝「飛鳥井殿」は飛鳥井雅春のこと。大阪城本には「正二位藤原雅春」とある。

11行＝翻刻「やくま」のところ、大阪城本・阿野本ともに「八隅」。八隅（やすみ）は天皇の統治する国の四方八方の隅々の意であるのによって「やすみ」と改めた。

(39オ)

1行＝「四辻殿」は四辻公遠のこと。大阪城本には「正二位藤原公遠」とある。

3行＝「西園寺殿」は西園寺実益のこと。

5行＝「勧修寺殿」は勧修寺晴豊のこと。大阪城本には「権大納言藤原晴豊」とある。

7行＝「万せいのこゑ」のところ、大阪城本・阿野本ともに「万代／よろつ世のこゑ」とする。

〃＝「大炊御門」は大炊御門経頼のこと。

9行＝「中山殿」は中山親綱のこと。大阪城本には「権大納言藤原親綱」とある。

11行＝「烏丸殿」は烏丸光宣のこと。大阪城本には「権大納言藤原光宣」とある。

(39ウ)

2行＝翻刻「ひのゝてる介」は「日野輝資」と変換した。第五**19ウ**9行には「日野新大納言」と出ている。

4行＝「久我大納言」は久我敦通のこと。

6行＝「鷹司殿」は鷹司信房のこと。

10行＝「大和秀長」は豊臣秀長のこと。

(40オ)

1行＝「持明院」は持明院基孝のこと。

3行＝「庭田殿」は庭田重通のこと。大阪城本には「権中納言源重通」とある。

5行＝翻刻「あふぎ町高すへ」は、大阪城本によって「正親町季秀」と改めた。

7行＝「広橋殿」は広橋兼勝のこと。大阪城本には「権中納言藤原兼勝」とある。

9行＝「坊城式部」は東坊城盛長のこと。

(40ウ)

2行＝「菊亭殿」は今出川季持のこと。大阪城本には「三位中将藤原季持」とある。

4行＝「なるへし」は、大阪城本では「ならまし」とする。

「花山院殿」は花山院家雅のこと。

6行＝翻刻「三条あふ町殿」のところ、大阪城本によって「三条正親町殿」と改めた。正親町三条公仲のこと。

8行＝「吉田左衛門」は吉田兼見のこと。大阪城本には「左衛門督卜部兼見」とある。

10行＝「白川殿」は神祇伯雅朝王のこと。

(41オ)

1行＝「高倉殿」は高倉永孝のこと。

3行＝「豊臣秀家」は宇喜多秀家のこと。

5行＝「万里小路」は万里小路充房のこと。

7行＝「中山殿」は中山慶親のこと。大阪城本には「左近衛権中将藤原慶親」とある。

9行＝「西洞院」は西洞院時慶のこと。

11行＝「四辻殿」は四辻季満のこと。大阪城本には「左近衛権中将藤原季満」とある。

(41ウ)

2行＝「五条殿」は五条為良のこと。

3行＝翻刻「つきせぬ事の」は、大阪城本によって「つきぬこと葉の」と改めた。また、翻刻「ちりふちの」も「ちりひちの」と改めた。塵泥（ちりひち）はちりとどろ。阿野本では「ちりゐちの」。

4行＝「雪の」のところ、大阪城本・阿野本では「宿の／やとの」とする。

〃＝「飛鳥井殿」は、飛鳥井雅継のこと。大阪城本には

「左近衛権中将藤原雅継」とある。

6行＝翻刻「あり近殿」のところ、大阪城本によって「在親殿」と改めた。六条在親のこと。

8行＝「橋本殿」は、橋本実勝のこと。

10行＝「五辻殿」は五辻元仲のこと。

(42オ)

1行＝「水無瀬殿」は水無瀬氏成のこと。

3行＝「施薬院殿」は施薬院秀隆のこと。大阪城本には「侍従藤原秀隆」とある。

5行＝「三条西殿」は三条西実条のこと。

7行＝「園左近衛」は園基継のこと。

9行＝「葉室」は葉室頼宣のこと。

11行＝「土御門」は土御門久脩のこと。

(42ウ)

1行＝「うつしをきて」のところ、大阪城本・阿野本では「うつし植て」とする。

2行＝翻刻「ひのゝ勝家」のところ、大阪城本によって「日野資勝」と改めた。大納言日野輝資の子。

4行＝「勧修寺」は勧修寺光豊のこと。大阪城本には「右小弁藤原光豊」とある。

6行＝「烏丸殿」は烏丸光広のこと。大阪城本には「侍従藤原光広」とある。

8行＝「甘露寺殿」は甘露寺経遠のこと。

10行＝「庭田殿」は庭田重定のこと。大阪城本には「右近衛権少将源重定」とある。

(43オ)

1行＝「柳原殿」は柳原資淳のこと。

3行＝「広橋殿」は広橋総光のこと。大阪城本には「侍従藤原総光」とある。

5行＝「正親町」は正親町季康のこと。大阪城本には「右近衛権少将藤原季康」とある。

7行＝「下冷泉」は冷泉為将のこと。

9行＝「冷泉殿」は冷泉為親のこと。

11行＝「吉田殿」は吉田兼治のこと。大阪城本には「侍従卜部兼治」とある。

(43ウ)

2行＝「宗澄」は松木宗澄のこと。

4行＝「四条殿」は四条隆憲のこと。

6行＝「阿野」は阿野実政のこと。

8行＝「富小路」は富小路秀直のこと。

10行＝「外記式部殿」は清原秀賢のこと。大阪城本には「蔵人式部大丞清原秀賢」とある。

(44オ)

1行＝「官務」は小槻孝亮のこと。

3行＝「ちよの代々」のところ、大阪城本・阿野本ともに「千代／千世のこもれは」とする。

〃＝「唐橋殿」は唐橋在通のこと。

5行＝翻刻「夏日そふ」のところ、大阪城本によって「夏日侍」と改めた。

8行＝「加賀利家」は前田利家のこと。

10行＝「津侍従」は織田信包のこと。阿野本では、「津侍従」と次の「丹波殿」の前後が入れ替わっている。

(44ウ)

1行＝「丹波殿」は豊臣小吉秀勝のこと。

3行＝「三河秀康」は結城秀康のこと。

5行＝「左衛門義康」は不詳。第五**23オ**11行注を参照されたい。大阪城本・阿野本ともに「左衛門／さへもん侍従豊臣義康」とする。

7行＝「東郷侍従」は長谷川秀一のこと。

9行＝「北庄秀政」は堀秀政のこと。

10行＝「うつるとてや」のところ、大阪城本・阿野本ともに「たねとてや」とする。

11行＝「松が島殿」は蒲生氏郷のこと。

(45オ)

2行＝翻刻「たんはの侍従」は、大阪城本により「丹後侍従」と改めた。細川忠興のこと。

4行＝翻刻「ミよし」のところ、大阪城本に「三きち侍従豊臣信秀」とあるのにより「三吉」と変換した。織田信秀（信長の六男）のこと。

6行＝「河内秀頼」は毛利秀頼のこと。

8行＝「敦賀侍従」は蜂屋頼隆のこと。

10行＝翻刻「ひて勝」は、「利勝」の誤り。前田利勝のこと。

11行＝「ちよをへん」は、大阪城本・阿野本ともに「年をへん」とある。また、翻刻「国の」は、大阪城本によって「花の」と改めた。

(45ウ)

1行＝「松任侍従」は丹羽長重のこと。

3行＝「源五侍従」は織田長益のこと。大阪城本では「源五侍従豊臣長宣」とする。

5行＝「岐阜侍従」は池田輝政のこと。

7行＝「ゆくすゑしるも」のところ、大阪城本では「ゆく末しるしも／行ゑしるしも」。「曽祢侍従」は稲葉貞通のこと。

9行＝「豊後侍従」は大友義統のこと。

11行＝「伊賀侍従」は筒井定次のこと。

(46オ)

1行＝「やま川の」のところ、大阪城本では「松かけの」とする。

2行＝「金山侍従」は森忠政のこと。

4行＝「井侍従」は井伊直政のこと。

〃＝「侍従高次」は京極高次のこと。

8行＝「立野侍従」は木下勝俊のこと。

9行＝「おきつしまねも」のところ、大阪城本では「とをつしまねも」。「土佐侍従」は長曽我部元親のこと。

(46ウ)

1行＝翻刻「洛中ゑい賀」は「洛中詠歌」と変換した。この文言は、大阪城本・阿野本・群類本いずれにも無く、古版本だけに見られるが、何故ここにかかる語が出てくるのか不明。

2行＝「昌山准后　公方様　沙門道休」は、足利義昭のこと。

6行＝「青蓮院」は青蓮院宮尊朝法親王のこと。

8行＝「聖護院」は聖護院宮道澄のこと。

9行＝翻刻「聞にそ」のところ、大阪城本は「こゑにそ」。

10行＝「沙門守理」は仁和寺宮守理法親王のこと。

(47オ)

1行＝「常胤」は、妙法院宮常胤法親王のこと。

3行＝「最胤」は、梶井宮最胤法親王のこと。

5行＝「披講満じて」のところ、大阪城本では「披講をはりて」とする。

6行＝翻刻「しゆきよ」のところ、大阪城本によって「入御」と改めた。

9行＝翻刻「まひ御らん」のところ、大阪城本によって「四日目　十七日　舞御覧」と改めた。

11行＝翻刻「はつきよ」は大阪城本によって「狛桙」（こまぼこ）と改めた。

(47ウ)

1行＝翻刻「りやうせい」は大阪城本によって「陵王」（りょうおう）と改めた。また、「たうそり」は「納蘇利」（なそり）と改めた。

2行＝翻刻「こてうそ」は大阪城本によって「古鳥蘇」（こ

とりそ）と改めた。

3行＝翻刻「ふうせいらく」は大阪城本によって「還城楽」（げんじょうらく）と改めた。また、翻刻「はんとう」は「抜頭」（ばとう）と改めた。

4行＝翻刻「惣のかく屋」のところ、大阪城本によって「左右の楽屋」と改めた。

5行＝翻刻「こやくあり」のところ、意味を採りがたい。大阪城本・阿野本ともに「五間の幕」の注として「紋に瓜あり／瓜紋あり」とする。よって「瓜紋あり」と改めた。

〃　＝翻刻「たいこあり」は大阪城本によって「大太鼓あり」と改めた。なお、大阪城本にはこの後に「かさりハ火焔也」の注が入る。大太鼓とは、雅楽に用いる、鼓面径約六尺三寸（約一九〇センチ）にもなる大型の太鼓。周囲に火焔などの彫刻をあしらい、左右の二基で一対をなす。

7行＝翻刻「しんしよ」は大阪城本によって「振鉾」と変換した。振桙（えんぶ）は、舞楽の上演に先立ち、舞台を清めるために行なう演目。乱声（らんじょう）を奏し、左右一対の舞人が鉾を手に舞う。

10行＝翻刻「とりかぶと」は大阪城本によって「鶏冠」と変換した。現在の舞楽では「鳥甲」と書くのが一般的。

（48オ）
1行＝「採桑老は」の後、意味を取りがたい。大阪城本によって「天王寺の伶人舞之」を挿入した。

2行＝「あまのたきさし」は、笛の名。海人が塩を炊いた残り灰の中から見つけた竹で作った笛と伝わり、「海人焼残」とも書く。謡曲「敦盛」に「これハ須磨の塩木の海人（あま）の焼（たき）残（さし）と思し召せ」とある。

3行＝「舞後返上いたす」は、大阪城本では下注「舞はてゝ返上之」とする。

6行＝翻刻「きんごのしう」のところ、大阪城本によって「金吾侍従」と改めた。

8行＝一つ書きのところ、**48ウ**6行まで大阪城本にならって体裁を整えた。

〃　＝翻刻「しやきん同ふくろに入て」のところ、大阪城本によって「砂金袋に入れて」と改めた。

（48ウ）
9行＝翻刻「やち世を」のところ、大阪城本によって「又八百万」と改めた。

（49オ）
3行＝翻刻「御たうさあり」のところ、大阪城本によって

「御当座の御歌あり」と改めた。

5行＝翻刻「御しうし」のところ、大阪城本によって「御祝事」と改めた。

8行＝翻刻「きやうかうの」の後、大阪城本により「日の如く」を補った。

(49ウ)

3行＝翻刻「奉行をつかハさる是也、此程の」のところ、大阪城本によって、「奉行を付けて遣はさる。是や此の程の」と改めた。

8行＝翻刻「くハんき」のところ、大阪城本によって「還御」と改めた。

〃　＝翻刻「くつまひ」のところ、大阪城本によって「踏舞」と改めた。「踏」を「沓」と誤ったか。踏舞（とうぶ）は、足拍子をとって舞い踊ること。

10行＝「祝ひなり」のところ、大阪城本・阿野本は「さいはいなり／幸ひなり」とする。

(50オ)

3行＝「日和の事」と「案じ」の間、大阪城本によって「のみ」を補った。

(50ウ)

5行＝翻刻「ちくハのかへ」のところ、大阪城本によって「卞和の璧」と改めた。卞和（べんか）は春秋時代の楚の人。山中で得た宝玉の原石を楚の励王に献じたが信じてもらえず左足を切られ、次の武王のときにも献じたが、ただの石だとして右足を切られた。文王が位に着きこれを磨かせると、果たして玉であったので、これを「和氏の璧（かしのへき）」と称したという故事（『韓非子』ほか）にもとづく。璧（へき）を壁（かべ）と誤ったのである。なお、桑田校注本では「上下和が璧（かみしもわがたま）」としている。

7行＝翻刻「もろこし」のところ、大阪城本によって「唐尭」と改めた。唐尭（とうぎょう）は中国古代の伝説上の聖王尭のこと。

8行＝翻刻「宗の大そ、ちうかうていにミゆきせし」のところ、大阪城本によって「宋の太祖、趙普第に御幸せし」と変換した。宋の太祖趙匡胤（ちょうきょういん）が、宰相趙普（ちょうふ）の第に臨んだことをいう。

9行＝翻刻「し給ふ心」のところ、大阪城本によって「したふ心」と改めた。

(51オ)

1行＝「今度行幸」から9行「中山との」までは、**50オ**9行〜**50ウ**3行に見える三首の秀吉和歌に添えられた秀吉の書状。『豊臣秀吉文書集』2487号文書に収められるが、少し異同がある。

2行＝翻刻「しうしのためにして」のところ、大阪城本によって「祝詞として」と改めた。

5行＝翻刻「然るへき者」のところ、大阪城本によって「然るべく候者」と改めた。

〃 ＝翻刻「せん一なされ候也」のところ、大阪城本によって「取成専一候也」と改めた。

6行＝大阪城本では、「謹言」から**51ウ**9行「よにくもりなき」までの十五行分（翻刻では十四行分）の本文を欠く。これも大阪城本の大きな瑕疵。

（51ウ）〈改訂文一行増〉

7行＝翻刻「うつもれし」の和歌は正親町上皇の作なので、改訂文では阿野本によって前行に「院御製」を補った。

（52オ）

1行＝翻刻「の給ひし治よのこゑに」のところ、意味が取れない。阿野本によって「寧ろ治世の声に」と改めた。

4行＝「執政」のところ、阿野本は同じだが、大阪城本・群類本は「殿下」とする。執政は、政務担当者の唐風の異称。ここでは関白秀吉のことをいう。

（52ウ）

5行＝朝廷に献上された「聚楽行幸記」としての奥付。大阪城本では「天正十六年五月吉日記之（秀吉朱印）」とし、阿野本では「天正十六年五月吉辰記之 御朱印」とする。

6行＝この日付の意味はよく分からないが、五月に朝廷に献上した行幸記を『天正記』の一編として再編集した日付の可能性を考えてみたい（本書第一部第一章「第一種古活字版『天正記』概説」を参照されたい）。

【天正記第七】

（1オ）

3行＝翻刻「一　ちやうせん国御進はつの人数つもり」「一　ひせん国なご屋在陣の衆」は、国会本になし。5行目からは全国の石高が記載されており、ここにあるのは不審なので削除した。なお、この二項は、**5オ**1・2行に再掲されており（国会本も同じ）、これが本来の位置と思われる。

〃 ＝「五畿内中」のところ、国会本では「〇五畿内」とする。

4行＝「廿二万五千二百五石」のところ、国会本では「二十二万五千二百六十石」とする。

5行＝「四十四万八千九百五石」のところ、国会本では「四十四万八千九百五十石」とする。

9行＝「東海道」のところ、国会本では「〇東海道十五箇国」とする。

（1ウ）

5行＝「廿九万七千百十五石」のところ、国会本では「二十九万七百十五石」とする。

11行＝「六十六万七千百五石」のところ、国会本では「六十六万七千百六石」とする。

（2オ）

5行＝「東山道」のところ、国会本では「〇東山道八箇国」とする。

6行＝「七十七万五千三百九十石」のところ、国会本では「七十七万五千三百八十石」とする。

9行＝「四十万八千四百五十七石」のところ、国会本では「四十万八千三百五十八石」とする。

（2ウ）

1行＝翻刻「むつのく」のところ、国会本により「陸奥」と改めた。

3行＝「北陸道」のところ、国会本では「〇北陸道七箇国」とする。

5行＝「四十九万千六百十石」のところ、国会本では「四十九万千四百十石」とする。

11行＝「山陰道」のところ、国会本では「〇山陰道八箇国」とする。

（3オ）

8行＝翻刻「四千九万百八十石」のところ、国会本により「四千九百八十石」と改めた。

9行＝「山陽道」のところ、国会本では「〇山陽道八箇国」とする。

（3ウ）

7行＝「南海道」のところ、国会本では「〇南海道六箇国」とする。

10行＝翻刻「十八三千五百石」のところ、国会本により「十八万三千五百石」と改めた。

（4オ）

3行＝「西海道」のところ、国会本では「〇西海道十一箇国」とする。

9行＝「四十一万八千三百十五石」のところ、国会本では「四十一万八千三百十三石」とする。

（4ウ）

2行＝壱岐・対馬には石高表示なし。国会本も同じ。

（5オ）

1行＝「朝鮮国御進発の人数積り」のところ、国会本では「朝鮮国御進発之人数帳」とする。

3行＝「武蔵大納言」は徳川家康のこと。

4行＝翻刻「大和大納言」は、国会本によって「大和中納言」と改めた。豊臣秀保のこと。

5行＝「加賀宰相」は前田利家のこと。

6行＝「穴津中将」は伊勢の安濃津城（津城とも）主織田信包のこと。

7行＝「結城少将」は結城秀康のこと。なお、ここまでの五名のみ、人名の後に「殿」を付しているが、その意味するところは不明である。

8行＝翻刻「ぢやうせん」のところ、国会本により「常真」と変換した。「前尾張守法名常真」は織田信雄のこと。

9行＝「越後宰相」は上杉景勝のこと。

10行＝「会津少将」は蒲生氏郷のこと。

11行＝「常陸侍従」は佐竹義宣のこと。

（5ウ）

1行＝「伊達侍従」は伊達政宗のこと。

2行＝「出羽侍従」は最上義光のこと。出羽山形城主。

3行＝「金山侍従」は森忠政のこと。天正十五年（一五八七）美濃金山城主。

4行＝「松任侍従」は丹羽長重のこと。天正十五年加賀松任城主。

5行＝「八幡山京極侍従」は京極高次のこと。天正十八年近江八幡山城主。

6行＝「安房侍従」は里見義康のこと。

7行＝「羽柴河内侍従」は毛利秀頼のこと。

8行＝「竜野侍従」は木下勝俊のこと。天正十五年、播磨竜野城主。

9行＝「北庄侍従」は堀秀治のこと。天正十八年越前北ノ庄城主。

10行＝「同舎弟美作守」は秀政次男の堀秀家のこと。天正十八年越前の内で二万石。

11行＝「村上周防守」は村上義明のこと。加賀能美郡六万千石。

（6オ）

1行＝「溝口伯耆守」は溝口秀勝のこと。加賀大聖寺城主。

2行＝「木下宮内少輔」は木下利房のこと。若狭高浜二万石。

3行＝「水野下野守」は不明。『太閤記』巻十三脚注が水野信元に比定するのは誤り。

4行＝「青木紀伊守」は青木一矩のこと。越前大野城主。

5行＝「宇都宮弥三郎」は宇都宮国綱のこと。天正十八年宇都宮の本領安堵。

6行＝「秋田太郎」は秋田実季のこと。天正十八年出羽秋田郡五万石安堵。

7行＝「津軽右京介」は津軽為信のこと。天正十九年津軽三郡安堵。

8行＝「南部大膳大夫」は南部信直のこと。

9行＝「本多伊勢守」は不詳。陸奥の大名では（天正十六年）八月五日付で、南部信直宛の書状を認めた本堂伊勢守道親がいる（『青森県史』資料編近世1）。また、天正十八年十二月秀吉から出羽本堂八九八三石を安堵された本堂伊勢守忠親という武将もいる。

10行＝「那須太郎」は那須資晴のこと。天正十八年下野那須郡五千石。

11行＝「真田源五父子」は真田昌幸・信之父子のこと。昌幸は信濃上田城主。

（6ウ）

1行＝「朽木河内守」は朽木元綱のこと。

2行＝「石川玄蕃介」は石川康長（三長とも）のこと。文禄元年、家を継ぐ。「国会本」では玄蕃允。

3行＝「日祢野織部正」は日根野高広のこと。天正十八年信濃高島城主。

4行＝「北条美濃守」は北条氏規のこと。天正十九年、下野国内で四千石。

5行＝「仙石越前守」は仙石秀久のこと。信濃小諸城主。

6行＝翻刻「木下右衛門尉」は「国会本」により「木下右衛門督」と改めた。木下延俊のこと。

7行＝「伊藤長門守」は伊藤盛景のこと。

10行＝「富田左近」は富田知信のこと。国会本では左近将監。

11行＝「金森飛騨守」は金森長近のこと。飛騨高山城主。

（7オ）

1行＝「蜂屋大膳大夫」は蜂屋謙入のこと。津川義冬の兄。

2行＝「戸田武蔵守」は戸田勝成のこと。

3行＝「奥山佐渡守」は奥山重定のこと。

4行＝「池田備中守」は池田長吉のこと。

5行＝「小出信濃守」は小出吉政のこと。

6行＝「津田長門守」は津田信成のこと。

7行＝「上田左太郎」は上田重安のこと。茶人、上田宗箇（そうこ）としても著名。

8行＝「山崎左馬允」は山崎家盛のこと。

9行＝「稲葉兵庫頭」は稲葉重通のこと。

10行＝「市橋下総守」は市橋長勝のこと。

11行＝翻刻「二同人」のところ、国会本により「二百人」と改めた。

〃　＝翻刻「かうつけ」は国会本により「上総介」と改めた。「赤松上総介」は赤松則房のこと。播磨置塩城主。

(7ウ)

1行＝「羽柴下総守」は滝川雄利のこと。滝川一益の養子。

4行＝「大島雲八」は大島光義のこと。丹羽長秀・長重の旧臣。

5行＝「野村肥後守」は野村直隆のこと。浅井長政の旧臣。

6行＝「木下与右衛門尉」は木下延重のこと。

7行＝「船越五郎右衛門」は船越景直のこと。

8行＝翻刻「孫吉」は国会本により「弥吉」と改めた。「伊藤弥吉」は伊藤長弘のこと。

9行＝「宮木藤左衛門尉」は鉄砲（弓）大将の一人。文禄三年、摂津西成郡を検地。

10行＝「橋本伊賀守」は橋本道一のこと。

11行＝翻刻「弥三郎」は国会本により「孫三郎」と改めた。「鈴木孫三郎」は鈴木重朝のこと。元雑賀衆の頭目で雑賀孫市と称した。天正十三年降伏し、秀吉の元で鉄砲頭。

(8オ)

1行＝「生熊源介」は生熊長勝のこと。

4行＝「六頭」のところ、国会本では「六与」とする。「与」は組のこと。

6行＝「室町殿」は足利義昭のこと。

8行＝「千五人」のところ、国会本では「千五百人」とする。「木下半助」は木下吉隆のこと。

(8ウ)

4行＝「羽柴三吉侍従」は織田信秀のこと。信長の六男。

5行＝「長束大蔵」は長束正家のこと。大蔵大輔。

6行＝「古田織部」は古田重然のこと。織部正。

7行＝「山崎右京」は山崎定勝のこと。秀吉馬廻。右京進。

8行＝翻刻「まいた権介」のところ、国会本によって「蒔田権佐」と改めた。蒔田広定のこと。

9行＝「中江式部」は中江直澄のこと。式部大輔。

10行＝「生駒修理」は生駒親正の弟。修理亮、修理大夫とも。

11行＝翻刻「同もんと」のところ、国会本によって「同主殿頭」と改めた。生駒主殿頭は生駒忠清のこと。

（9オ）

1行＝「溝江大炊助」は溝江長氏のこと。元朝倉家臣。

2行＝「川尻肥前守」は川尻秀長のこと。

3行＝「池田弥右衛門尉」は池田重信のこと。摂津池田城主だった知正の子。

4行＝「大塩与一郎」は諱不詳。

5行＝「木下左京助」は木下秀規のこと。木下家定の七男。

6行＝「矢部豊後守」は矢部定政のこと。

7行＝「有馬玄蕃」のところ、国会本では「有馬万介」とする。有馬豊氏のこと。『太閤記』の「朝鮮国御進発之人数帳　御後備衆」には「有馬万介後号玄蕃頭」。

8行＝「寺沢志摩」は寺沢広高のこと。

9行＝「寺西筑後守」は寺西正勝のこと。

10行＝「同次郎介」は寺西是成のこと。正勝の長男。

11行＝「福原右馬助」は福原長堯（直高とも）のこと。文禄慶長頃には「右馬助長成」と署名したという。石田三成の女婿。

（9ウ）

1行＝「竹中丹後守」は竹中重門のこと。半兵衛重治の子。

2行＝「長谷川右兵衛尉」は長谷川守知のこと。宗仁の子。

3行＝「松岡右京進」は実名不詳。『戦国人名辞典増訂版』には「松岡右京亮」と出ている。

4行＝翻刻「河藤」は、国会本により「河勝」と改めた。「河勝右兵衛尉」は川勝秀氏のことか。『戦国人名辞典増訂版』には右兵衛大夫。

5行＝「氏家志摩守」は氏家行継のこと。直元（卜全）の三男。

6行＝「同内膳正」は氏家行広のこと。直元の次男。前項氏家行継の兄。

7行＝翻刻「寺西藤兵衛尉」のところ、国会本により「寺西勝兵衛尉」と改めた。寺西直次のこと。

8行＝「服部土佐守」は服部正栄のこと。

9行＝「間島彦太郎」は間島氏勝のこと。天正八・九年頃から秀吉麾下。

（10オ）

1行＝「小西摂津守」は小西行長のこと。

2行＝翻刻「つし」のところ、国会本により、「対馬」と改めた。「対馬侍従」は宗義智のこと。天正十六年対馬府中城主。

3行＝「松浦法印」は松浦鎮信（しげのぶ）のこと。天正十五年肥前平戸城主。十七年二月式部卿法印。国会本では「松浦刑部郷（ママ）法印」とする。

4行＝「有馬修理大夫」は有馬晴信のこと。

5行＝「大村新八郎」は大村喜前のこと。

6行＝「五島若狭守」は五島純玄（すみはる）のこと。はじめ宇久氏を名乗る。天正十五年秀吉により肥前五島を安堵される。文禄元年（一五九二）四月、氏を宇久から五島に改めた。

8行＝「加藤主計頭」は加藤清正のこと。

9行＝「鍋島加賀守」は鍋島直茂のこと。はじめ龍造寺政家の臣。肥前国佐賀藩の祖。

10行＝翻刻「さら」のところ、国会本により「相良」と改めた。「相良宮内少輔」は相良頼房のこと。天正十三年、兄の遺領を継ぎ、肥後人吉城主。

11行＝「以上」のところ、国会本では「合」とする。以下、同様の箇所は断らずに改めた。

（10ウ）

1行＝「黒田甲斐守」は黒田長政のこと。天正十七年、家を継ぎ、豊後六郡で中津城主。

2行＝「羽柴豊後侍従」は大友吉統（よしむね）のこと。義鎮（よししげ）（宗麟）の子。初名は義統。天正十五年豊後八郡で三十七万石余を安堵される。府内城主。文禄二年軍規に違反した罪で改易。

4行＝「羽柴薩摩侍従」は島津義弘のこと。天正十五年、秀吉から大隅一国を与えられる。

5行＝「毛利壱岐守」は毛利吉成のこと。天正十五年豊前内二郡を与えられ、小倉城主。

6行＝「高橋九郎」は高橋元種のこと。秋月種実の次男。天正十五年六月、日向高鍋五万石を与えられる。

7行＝「秋月三郎」は秋月種長のこと。種実の長男。前項高橋元種の兄。天正十五年六月、日向財部城主。

8行＝翻刻「伊藤ミん部」のところ、伊東祐兵のことなので、「伊東民部」と改めた。日向飫肥城主、民部大夫。なお、国会本は「伊藤民部太夫」とする。

9行＝「島津又七郎」は島津豊久のこと。家久の子。天正十六年八月、日向高木城主。

11行＝「福島左衛門大夫」は福島正則のこと。

（11オ）

1行＝「戸田民部少輔」は戸田勝隆のこと。

2行＝「蜂須賀阿波守」は蜂須賀家政のこと。国会本は「蜂次賀阿波守」とする。

3行＝「羽柴土佐侍従」は長曽我部元親のこと。

4行＝「生駒雅楽頭」は生駒親正のこと。

6行＝「羽柴安芸宰相」は毛利輝元のこと。

7行＝「同小早川侍従」は小早川隆景のこと。

8行＝翻刻「くるへ」のところ、国会本により「久留米」と改めた。「久留米侍従」は小早川秀包のこと。

9行＝「同柳河侍従」は立花宗茂のこと。

10行＝「高橋主膳正」は高橋直次のこと。

11行＝「筑紫上野介」は筑紫広門のこと。

（11ウ）

2行＝国会本は「鮮朝国」と誤る。

3行＝「備前宰相」は宇喜多秀家のこと。

4行＝「増田右衛門尉」は増田長盛のこと。

5行＝「石田治部少」は石田三成のこと。治部少輔。

6行＝「大谷刑部少」は大谷吉継のこと。刑部少輔。

7行＝「前野但馬守」は前野長康のこと。

8行＝翻刻「加賀」のところ、国会本により「加藤」に改めた。加藤光泰のこと。

10行＝「浅野左京大夫」は浅野幸長（よしなが）のこと。

11行＝「宮部兵部少輔」は宮部長熙のこと。

（12オ）

1行＝翻刻「南条左衛門尉」は南条元続を指すが、天正十九年に没しており（羽衣石南条系図）、元続の弟の南条元清（左衛門督）が正しい。国会本も「南条左衛門督」とする。よって「南条左衛門督」と改めた。

2行＝「木下備中守」は木下重堅のこと。最初、荒木村重の小姓として荒木重堅と名乗ったが、その没落後の天正八年、播磨長水城攻めに羽柴方に属して戦功をあげ、木下姓を授けられた。

3行＝「垣屋新五郎」は垣屋恒総のこと。

4行＝翻刻「むら」のところ、国会本により「斎村」と改めた。斎村政広のこと。赤松政秀の子で、それまで赤松広秀・広道などと名乗っている。国会本は「左兵衛督」とする。

5行＝「明石左近」は明石則実のこと。左近将監。

6行＝「別所豊後守」は別所吉治のこと。

7行＝「中川右衛門大夫」は中川秀政のこと。文禄元年十月、朝鮮にて戦死。

8行＝翻刻「郡以」のところ、国会本により「郡上」に改めた。「郡上侍従」は稲葉貞通のこと。郡上八幡城主。

9行＝「服部采女正」は服部一忠のこと。

10行＝「一柳右近将監」は一柳可遊のこと。

11行＝「竹中源介」は竹中隆重のこと。

(12ウ)

1行＝「谷出羽守」は谷衛友のこと。

2行＝「石川備後守」は石川貞通のこと。

4行＝「岐阜少将」は豊臣秀勝のこと。秀勝は秀吉の姉の子で、天正十三年丹波亀山城主、同十八年甲斐甲府城主、同十九年美濃岐阜城主となるが、文禄元年九月九日、朝鮮唐島で病死。

5行＝「羽柴丹後少将」は細川忠興のこと。

6行＝「同東郷侍従」は長谷川秀一のこと。越前東郷城主。

7行＝「木村常陸介」は重茲、重高などともいうが実名不詳。

8行＝「小野木縫殿頭」は小野木重次のこと。

9行＝翻刻「この村」のところ、国会本により「牧村」と改めた。牧村利貞のこと。国会本は「兵部太輔」とする。

10行＝「岡本下野守」は岡本良勝のことか。『当代記』天正十五年条には「岡本下野守（太郎右衛門尉事）」とある。『戦国人名辞典増訂版』は、下野守任官を文禄四年とするが、天正十八年の小田原陣の時、既に「下野守」を名乗っていたらしい（『織田信長家臣人名辞典』）。なお、三鬼清一郎は岡本貞勝としている（「朝鮮出兵における軍役体系について」『史学雑誌』七十五巻二号、一九六六年。）。

11行＝「加須屋内膳正」は加須屋真雄（武則とも）のこと。国会本は「加次屋内膳正」とする。

(13オ)

1行＝「片桐東市正」は片桐且元のこと。

2行＝「同主膳」は片桐貞隆のこと。前項片桐且元の弟。

3行＝「高田豊後守」は高田治忠のこと。

4行＝「藤懸三河守」は藤懸永勝のこと。

5行＝「大田小源五」は太田一吉のこと。

6行＝「古田兵部少」は古田重勝のこと。

7行＝「新庄新三郎」は新庄直定のこと。

8行＝「早川主馬頭」は早川長政のこと。国会本では「早川主馬正」とする。

9行＝翻刻「毛利兵ぶ」は、国会本により「毛利兵橘」と改めた。毛利（森）重政のこと。秀吉馬廻。文禄二年豊後杵築城主。

10行＝「亀井武蔵守」は亀井玆矩のこと。因幡鹿野城主。

（13ウ）

2行＝「九鬼大隅守」は九鬼嘉隆のこと。

3行＝「藤堂佐渡守」は藤堂高虎のこと。

4行＝「脇坂中書」は脇坂安治のこと。中務少輔。

5行＝「加藤左馬助」は加藤嘉明のこと。伊予松前城主。

6行＝「来島兄弟」は来島（得居）通之、通総兄弟のこと。来島（くるしま）は中世、瀬戸内海賊衆の拠点となった島に由来する姓。

7行＝「菅平右衛門」は菅達長（かんみちなが）のこと。淡路岩屋城主。

8行＝「桑山藤太」は桑山一晴のこと。国会本では「桑山小藤太」。

9行＝「同小伝次」は桑山貞晴のこと。前項桑山一晴の叔父。

10行＝翻刻「あわかミ」のところ、国会本により「安房守」と改めた。堀内氏善のこと。紀伊新宮城主。

11行＝「杉若伝三郎」は杉若氏宗のこと。紀伊田辺城主。

（14オ）

5行＝翻刻「ほくろくよりそとの浜」のところ、外浜は率土浜ともいい、秋田県から青森県にかけての海岸地方、特に津軽半島東岸の北浜を指す呼称。最果ての地と認識される。したがって、国会本に「自陸奥外浜」とあるのに従い、「陸奥外の浜より」と改めた。

7行＝翻刻「すい国のゑんきん、うせいの多しやうお以て、此目録に其身ぶけんいふ事なかれ、」のところ、意味を取りにくい。国会本によって「国の遠近に随ひ、勢の多少有り。此の目録を以て、其の身の分限をいふ事なかれ。」と改めた。

10行＝神功は十四代仲哀天皇の皇后であったが、ここでは夫の死後即位したという立場（十五代天皇）をとっている。

11行＝「神功皇后の御宇六十年庚辰」は西暦二六〇年のこと（『東方年表』）。**14ウ**5行の文禄元年（一五九二）まで「凡そ一千三百三十三年」という記述もほぼ符合する。ただし、記紀によれば、三韓に出兵したのは仲哀天皇九年（西暦二〇〇年・庚辰）のこととされる。

（14ウ）

1行＝「征せし」のところ、国会本は「降し」とする。

〃＝翻刻「百王八代」は、国会本により「百有八代」と改めた。なお、現行の歴代天皇表（例えば『角川日本史辞典』）では後陽成天皇を百七代とするが、牛一が北畠親房著『神皇正統記』によって仲恭天皇の即位を認めず、後醍醐天皇を九十五代とし、それ以降に北朝の五天皇を参入して数えたとすれば、後陽成は百八代になる。なお、第五**14ウ**3行注をも参照されたい。

4行＝翻刻「いせいにいたりちやうせん国にをいて、凡一千三百三十三年にいたる」のところ、国会本によって「勢を朝鮮国に遣はす、凡そ一千三百三十三年に至る歟」と改めた。

5行＝国会本では末尾に「歟」が入る。

【天正記第八】

（15オ）

1行＝以下、**31ウ**まで、「大かうさまくんきのうち」（以下、軍記という）を主たる対校史料とする。なお、この目録は軍記に無く、版本独自のものである。

4行＝「当関白殿」は豊臣秀次のこと（以下同じ）。

7行＝内容に従って、「一、条々天道恐しき次第　三好実休の事」を追加した。

（16オ）

1行＝「当今様」は後陽成天皇のこと。

5行＝翻刻「せい」のところ、軍記により「清華」と改めた。

〃＝翻刻「御きうじの」のところ、軍記により「御宮仕への」と改めた。

7行＝翻刻「りんめいありといへ共」のところ、軍記によって「ありがたき綸命なり」と改めた。

8行＝「世法」のところ、軍記は「王法」とする。

〃＝翻刻「まし〳〵す」のところ、軍記により「ますます」と改めた。

※9行と10行の間、軍記では『天正記』第九の**45オ**9行～**45ウ**11行が入る。

10行＝翻刻「今度日ほん国、」の前に、軍記では「文禄四年（きのとのひつじ）七月三日、」が入る。

（16ウ）

3行＝秀吉のことを「古関白」というのは、秀次を「当関白」と呼ぶのに対するもの。

5行＝「尾張一国妨げなく」のところ、軍記では「おはりのくに一ゑん、たのさまたけなく」とする。

6行＝翻刻「しんそふ」のところ、軍記により「宰相」と改めた。秀次が宰相に進んだのは天正十四年（一五八六）四月、権中納言に任じられたのは同十六年十一月のこと。

8行＝秀次が関白に任ぜられたのは天正十九年十二月のこと。

(17オ)

8行＝「試し物」は、試し切りのこと。

(17ウ)

4行＝「少しの咎」のところ、軍記は「よそのとか」（他所の咎カ）とする。また、「関白殿、」の後、軍記により「負はせらる。」を補った。

6行＝木村常陸介については、第四**10オ**1行注を参照のこと。

7行＝「府中の城」は、越前府中城のこと。木村常陸介は、天正十三年から文禄二年（一五九三）まで在城。一郡とは府中城が所在した南仲条郡（後に南条郡）のことであろう。第四**10オ**1行には、「木村隼人佐、新造を構へ、」とある。

9行＝「仕るべき事をやめて」のところ、軍記では「申へき事に候を」とする。

(18オ)

4行＝「金見の町人」は、金銀の貨幣の良否、真贋を見分ける人、後に両替商のこともいう。ここでは、富裕な町人の意か。翻刻「かね見の」のところ、軍記は「見せしめのよし候て」とする。

5行＝「下人を」と「召し取り」の間、軍記によって「いはれもなく」を補った。

7行＝「訴訟申せば」のところ、軍記には「わひ事候へは」とある。また、「処の掟を取るか」のところ、軍記では「そくたくをとり」とする。属託（そくたく）は、報酬を払って頼むこと、またその報酬。

8行＝翻刻「しんしやさせ」は「振捨」を音読みしたと解し、「振り捨てさせ」とした。軍記は「すてさせ」。

9行＝「少しの」のところ、軍記では「きん〳〵」（金銀）とする。

10行＝「彼の悪行人」とは、越前からやってきて関白に取り入ったと軍記にあること（次行注）を参照すれば、**17ウ**・**18オ**で非道な蓄財を行なったことが述べられている木村常陸介（越前府中城主）を指すことが分かる。

11行＝「関白殿へ取り入り」のところ、軍記では「関白殿ゑくちのみちよりとり入」とする。「口の道」は、北陸道の入口の意で、越前国のこと。

〃＝翻刻「あまたなミ地のまきゑを」のところ、軍記に「あまたのなしちまきを」とあるのによって「数多の梨子地の蒔絵を」と改めた。このあたり、意味を取りにくい。

(18ウ)

1行＝翻刻「無道」のところ、軍記により「此の道」と改めた。無道としたのは、本記編者の主観か。

3行＝翻刻「上意にてハ」のところ、軍記によって「上意候はば」と改めた。

4行＝「訴訟あり」のところ、軍記には「申上候」とある。

〃 ＝翻刻「御相伝」（代々うけつぐこと）のところ、意味が通じないので、「御送伝」（送り伝えること）と改めた。

8行＝「粟野木工頭」は、粟野秀用（ひでもち）のこと。伊達政宗の家臣だったが、脱走して秀吉に仕え、天正十三年四国攻めに戦功をあげ伊予正木城主。その後、秀次に転属し、重用された。『太閤記』巻二十に「関白秀次公は粟野木工頭を甚寵し、諸臣恨出」とある。

9行＝翻刻「いり相」のところ、軍記によって「合ひ」と改めた。また、「人も左様に成し」のところ、軍記には「人もなきやうに」とある。

(19オ)

3行＝翻刻「さんじのあさましき」のところ、軍記によって、「浅智の浅ましき」と改めた。

4行＝「公儀を兼ね候はずは」は、既に秀吉が関白職（これを公儀と表現した）を秀次に譲っていることを意味するか。

5行＝翻刻「御はたをさしハさんて」のところ、軍記には「おんほうをさしはさみ」とある。ここは、秀次が秀吉に遠慮して御拾いに後継の地位を譲ろうとしているのに対し、二人の佞臣が、それには及ばず、秀次の若君を以て後継者とすべきと進言するところである。よって、陰謀・悪だくみを意味する「隠謀」〈おんぼう〉の語を充てた。

6行＝「御拾い様へ～御分別参る所」は、お拾い様へ次の関白職を譲ること（御代を譲ること）は、よくお考えになるべきです、と再考を促しているところで、4行の「公儀を兼ね候はずは」を踏まえた発言である。

7行＝「若君様」は、秀次の息男のこと。

11行＝翻刻「よかんをひかれ」のところ、軍記により「横を引かれ」と改めた。「横を引く」は、不正を行なうこと。

(19ウ)

1行＝翻刻「しゞがりの中にて」のところ、軍記により「茂りの中にて」と改めた。

3行＝「北野大仏」は不詳だが、聚楽第から北野大仏までの距離三十町（三・三キロ）は、聚楽第跡から方広寺までの距離（およそ三・五キロ）とほぼ同じなので、東山大仏のことを指している可能性が高い。また、「着背長」は主将の鎧の美称。中世以降は腹巻をさすこともある。

5行＝翻刻「ごうんのつたなきに」のところ、軍記により「御運の強きに」と改めた。

6行＝『言経卿記』文禄四年七月八日条に「関白殿ト　大閤ト去三日ヨリ御不和也、此間種々雑説有之、」とある。

(20オ)

2行＝「太閤御神妙に宥め申され」のところ、軍記にはなし。本記の独自箇所。

3行＝『言経卿記』文禄四年七月八日条には、**19ウ**6行注引用文に続いて、「今日殿下伏見へ御出也、則大閤ト御義絶、暮々関白殿御遁世、高野へ御発可有之由有之云々、」とある。

4行＝「木下大膳」は、木下吉隆のこと。文禄二年十月三日、従五位下大膳大夫。秀次事件に連座して失脚し、後に自刃。

5行＝「木食興山上人」は木食応其（深覚）のこと。近江佐々木氏の出身という。天正元年十一月、高野山に遁世。同十三年、根来寺を滅ぼした秀吉の許に高野山を代表して赦免を乞い、滅亡から救った。こののち秀吉の信頼を得て堂舎の建立に努め、高野山の再興に尽力した。文禄二年、高野山に青巌寺を開創して住した。

〃＝「羽田長門守」は羽田正親のこと。元豊臣秀長の家臣。天正十三年大和小泉城主四万八千石。従五位下長門守。文禄四年四月の主家（秀長の後嗣豊臣秀保）断絶の後、秀次に属したか。

7行＝「青巌寺」は、文禄二年、秀吉が亡母の菩提を弔うため、木食応其に命じて開創せしめた寺院。明治二年（一八六九）、隣立する青巌寺と興山寺を併せて、金剛峯寺と改称した。

11行＝翻刻「そふめい」のところ、軍記によって「滄溟海」と変換した。滄溟（そうめい）は、「広く青々とした海。あおうなばら。滄溟。滄溟海」とあり、ここでは「高き事＝須弥山」との対句的語法で「深き事＝滄溟海」と言ったのであろう。

(20ウ)

2行＝翻刻「祢」は軍記になし。「弥」（いよいよ）の誤りと判断して改めた。

〃＝翻刻「ぬびの人」は「奴婢の人」と変換した。賢人に対する奴婢の人の意であるから、奴婢身分の人ということではなく、単に劣った人という意味であろう。軍記では

「ねいじん」（佞人）とする。なお、奴婢は室町時代にはヌビと発音した（『岩波古語辞典』）。

11行＝翻刻「すんび」のところ、軍記によって「寸隙」と改めた。

（21オ）

1行＝翻刻「まさしく」のところ、軍記により「正しく」と改めた。

5行＝「崇敬限り無し」のところ、軍記では「あかめ、うやまひさふらいをはんぬ」とする。

6行＝翻刻「身を立て、名あけんとほつせらるるに、後代に名お取」のところ、意味を採れない。軍記によって「身を立つるも、後代に名を挙げんと欲せらるゝ」と改めた。

10行＝「天下無双の階級」は、関白の位を指す。

（21ウ）

2行＝翻刻「すい、かいに」のところ、「随・我意に」と変換した。『日葡辞書』に「Zvi/Zuiy. ズイまたはズイイ（随または随意）自由気ままであること，または，しつけの悪いこと」とある。我意は我儘なこと。

6行＝翻刻「御念使」のところ、軍記によって「御検使」と改めた。**23オ**1行（翻刻「御念使にて」）も同じ。

8行＝御検使として名の挙がる四名のうち、最後の「白井備後守」はこの時秀次と共に処罰を受けた人物で、白江（翻刻は「白ゐ」、白江とも）成定のこと。軍記では改行して区別しているので、改訂文では改行し、一字空けて次行の文を追い込んだ。

9行＝「四条浄土貞安」は、本能寺の変で討たれた織田信忠追善のために建立された浄土宗・大雲院のこと。当初は信忠が自刃した二条御所跡（京都市中京区烏丸御池）にあったが天正十八年、秀吉によって四条寺町南（京都市下京区四条河原町）に移された。なお、貞安は開山僧の名。

10行＝「四条にて」のところ、軍記では「四ちよう、たうちやうにて」とする。この道場は四条北京極通り（京都市中京区中之町）にあった金蓮寺のこと。

（22オ）

4行＝翻刻「さか二かくいん」のところ、軍記により「嵯峨二尊院」と改めた。二尊院は、京都市右京区嵯峨にある天台宗の寺院。

5行＝「大門寺」は、大阪府茨木市にある真言宗御室派の寺院。

8行＝「師法印」は、僧歓仲のこと。歓仲は秀吉側近で天正十二年頃から六人衆の一人（寺沢光世「秀吉の側近六人衆と石川光重」『日本歴史』586号）。天正十四年に法印、河内若江郡蔵入地の代官を務める。なお、軍記では以下、一柳右近と妻子・服部采女と妻子・渡瀬左衛門佐・明石左近・羽田長門守・前野但馬守の名が続くが、古活字版ではすべて省略されている。

9行＝翻刻「同しそく出雲頭」は、軍記の「まへのたちま、中むらしきぶのせうに、御あつけ。おなしく、さいし、どうぜん。おなしく、ぐそく、いつものかみ、どうぜん。」（傍線引用者）の傍線箇所であるから、前野長康の子息でやはり自刃した前野出雲守景定のことを指す。よって「前野但馬子息出雲守」と改めた。なお、「同前なり」とは、中村一氏に預けられたことをいう。

11行＝「荒木安心」は、荒木元清のこと。馬術荒木流始祖。『太閤記』巻十七には「荒木安志」とある。翻刻「船越五右衛門」は、軍記により「船越五郎右衛門」と改めた。船越景直のこと。

（22ウ）

1行＝「池田備後守」は池田重成（知正とも）のこと。元摂津池田城主。「池田弥右衛門」は重成の子、池田重信のこと。

9行＝翻刻「福島左衛門介」のところ、軍記によって「福島左衛門大夫」と改めた。福島正則のこと。

10行＝「福原右馬助」は福原長堯のこと。石田三成の女婿。

11行＝「池田伊予守」は池田秀雄のこと。初名景雄。以上の三名が検使である。

（23オ）

1・2行＝翻刻「御念使〜をいて」は、軍記になし。

3行＝「御腹召され候次第」のあと、軍記によって「御小姓衆、御相伴衆」を補った。

4行＝「山本主殿」は、『太閤記』巻十七によれば、当時十八歳。「国吉」は山城の刀工、国吉作の脇差。

6行＝「山田三十郎」は、『太閤記』巻十七によれば播州三木の出身で十八歳。「厚藤四郎」は山城の刀工、吉光作の脇差。

8行＝「不破万作」は、『太閤記』巻十七によれば尾張の出身で十八歳。「鎬藤四郎」は山城の刀工、吉光作の脇差。

11行＝翻刻「こん西道」のところ、軍記により「隆西堂」と改めた。隆西堂は東福寺の僧虎岩玄隆のこと。天正十七年、秀次が開いた東福寺山内法雲寺（後に南昌院）の第一世となった。

(23ウ)

5行＝「なみおよぎ」は刀の通称。『太閤記』巻十七には「浪游兼光」とある。備前の名工長船兼光の太刀。

〃＝「雀部淡路守」は雀部重政のこと。従五位下淡路守。秀次の馬廻組頭。

10行＝「去る程に、院の御所崩御」以下は、一転して正親町上皇の崩御（文禄二年正月五日）後、間もない頃の関白秀次の行状を述べる。

11行＝翻刻「ほうせいせいたう」のところ、軍記により「法義も政道も」と改めた。

(24オ)

6行＝「去る七月八日」のところ、軍記では「六月八日」とする。正親町院崩御との関係から文禄二年のことか。

7行＝「根本中堂」は延暦寺の総本堂。元亀二年（一五七一）に織田信長に攻められて焼亡した後、寛永十一年（一六三四）から八年の歳月を掛けて再建されるまで無かったが、この間、天正十三年には仮堂が設けられていたという。

10行＝翻刻「きんだんの所ハ」のところ、軍記によって「禁断の所に候」と改めた。

(24ウ)

1行＝「坊舎」のところ、軍記では「中とう」（中堂）とする。

2行＝「悪事申したるとて」のところ、軍記では「にくき事申あけたるよし候て」とする。

5行＝「御帰りの後」の前に軍記では「あめふり、一日、御とうりう」が入る。

7行＝翻刻「なかして」は、軍記によって「流され候」と改めた。

〃＝翻刻「きうき」は、軍記により「澆季」（ぎょうき）と変換した。道徳の薄れた人情軽薄な世。末世。

8行＝翻刻「日こそ多けれ」のところ、意味を取りがたい（軍記も同じ）。年こそ違え、同じ七月八日に高野山に追放されたことを言うのであるから、「日こそ覚ゆれ」が原態とみなして改めた。

9行＝「哀れなる目に逢ひ候かや」のところ、軍記では「うきめを御らんし」とする。

11行＝「御参詣の折節」のところ、軍記では「御なり」。

(25オ)

2行＝「其の時」と「悪口」の間、軍記によって「座頭」を補った。

3行＝「鬼神の如くなり」は軍記になし。本記の独自箇所。

8行＝「若政所殿」は池田恒興女。豊臣秀次の室であったが一命を助けられ、兄弟である池田輝政の居城のある三河国吉田（愛知県豊橋市）へ送られた。軍記には「わかまんところ殿、はしは三さへもんきやうたいに候あひた、三しうへ、をくりつかはされ」とある。

9行＝「公達三人」は、秀次と後述するお長、おたつ、おさことの間の男児三名と考えられる。

(25ウ)

4行＝「三十六人」のところ、軍記では「三十九人」。

5行＝「鎧」のところ、軍記では「かぶと」。

(26オ)

8行＝「面々に見せる也」のところ、軍記には「ま見えぬるよそのみるめも、かなしさよ」とある。

9行＝「大方聞きたる分の辞世」のところ、軍記では「ここに、あはれは、まさりくさ、（中略）これをきくより、そのほかも、思ひく〳〵、しな〳〵也。」の一文が入る。

10行＝「一の御台」は右大臣今出川（菊亭）晴季の娘。先夫の「尾張」との間に娘「お宮」がいる。以下の人物比定は、藤田恒春著『豊臣秀次の研究』「第七章　関白雙紙について」を参考にした。

11行＝本記の辞世と軍記のそれとは一致しない。例えば一の台の歌、軍記には「つまゆへに　くもらぬそらに、あめふりて　しらかわくさの　つゆときへけり」とある。藤田恒春は、本記と共通する辞世が多く収められる「豊臣秀次妻妾等辞世和歌」（松岡久人編『広島大学所蔵猪熊文書』（二））。以下、猪熊文書という）収載の和歌は、後人が妻妾等の名前を織り込んで詠んだものと指摘する。

(26ウ)

2行＝「お長」の父、翻刻「竹長与衛門」は不詳、「竹長与右衛門」と改めた。軍記は「竹なかよゑもん」とする。猪熊文書は「美国竹之内殿」。なお、『太閤記』巻十七は「お長御方十八才竹中貞右衛門尉息女」とし、貞右衛門については脚注に「竹中重定。半兵衛（重治）の従弟。」とする。

3行＝「若君」の名は仙千代丸。

6行＝「おたつ」の父「山口松雲」は山口重勝のこと。尾張寺部城主、のち星崎城主。秀次に仕え、出家後は少雲と名乗る。「おたつ」について、猪熊文書は「山口しゆう雲の息女おたけ」とする。

7行＝「若君」の名は百丸。

9行＝軍記では「おたつ」の次に「おさこ、きたのせうはいゐんそくぢよ、十九、わかぎみあり。」の項が入る。

10行＝「中納言」はお亀御前とも称される。父の小浜殿は、摂津国小浜御坊（毫摂寺）の第九世善助。

(27オ)

2行＝「おつまの御方」の父「四条殿」について、藤田は「四条隆昌」としている
5行＝「をいまの御方」は「奥州最上殿むすめ」、つまり出羽国山形城主最上義光（よしあき）の三女駒姫のこと。
8行＝「御あぜち」は「御按察使」で院に仕える女官の名か。猪熊文書は「京衆あきはの息女おあせち」とする。
11行＝翻刻「おあゝ」は軍記によって「おあこ」と改めた。美濃国の日比野下野守女。

(27ウ)

3行＝「お国」の父「大島新左衛門」は長島の属城大島城の守将。妻は秀次の叔母。猪熊文書は「尾張国大沢神左衛門尉」とする。

6行＝「およめ」の父「堀田次郎左衛門」について、猪熊文書は「尾張衆本田殿」とする。

9行＝「おさな」の父「武藤長門」は秀次事件に連座して黒田孝高に預けられ、入道して長入と号した。

(28オ)

1行＝「お万」の父「多羅尾」は多羅尾光太のこと。秀次事件で改易されるが、慶長元年（一五九六）から家康に仕え、近江国甲賀郡内で千五百石の地を与えられた。猪熊文書は「近江衆大（ママ）郎兵衛そく女」とする。なお、「お万」の項、軍記には無し。

4行＝「お菊」の父「伊丹兵庫」は伊丹正親のこと。軍記では「いたみひやうこのかみ」とする。猪熊文書は「摂津国板上兵庫息女」とする。

7行＝「おまさ」の父「斎藤吉兵衛」は秀吉馬廻。「おまさ」について『太閤記』には「お牧御方」とある。

10行＝軍記では「お相」の次に「お竹、すてこ。」の項があり、辞世を載せる。

(28ウ)

2行＝「お宮」は、秀次一の御台とその前夫「尾張」との間の子。母とともに誅された。猪熊文書では「おわり衆一のたいとの息女」とする。

5行＝翻刻「左衛門のこう」は、「左衛門の督」と変換した。

「こう（かう）」は、国守、衛門督、兵衛督などを敬っていう語。ここでは女性の通称か（8行も同じ）。軍記では「おかもとひこ三郎そく女」とする。猪熊文書では「岡本喜三郎殿之はゝ年卅八左衛門のこう」とする。

8行＝翻刻「衛門のかう」は、「右衛門の督」と改めた。「せん右衛門妹」のところ、軍記では「むらぜんゑもんいもと」、猪熊文書では「村井喜左衛門尉殿之いもうと卅五、名ハ右衛門のこう」とする。

11行＝「お宮」の父「近江高橋」については不詳。

(29オ)

3行＝「東殿」のところ、「美濃国衆　ふんの女房達」は不詳。軍記は「みのゝくに、ふしんにようはう」、猪熊文書は「美衆ふしん女房大炊多助丞そく女」、『太閤記』は「濃州丸毛不心斎女房」とする。

6行＝「小少将」の伯叔父「本郷主膳」は本郷国忠（秀吉馬廻）のことか。軍記には「ほんかうしゆぜん女はうのめい」（本郷主膳女房の姪）とある。

9行＝「おこぼ」の父「近江鯰江さい介」は、近江国蒲生郡鯰江の土豪。鯰江氏は元六角氏の家臣で、代々鯰江城の城主であったが、信長に敗れ没落。後、秀吉に仕える。猪熊文書は「近江衆なますへさいミの助そく女十九おこほ」とする。

(29ウ)

1行＝「少将」のところ、猪熊文書には「越前衆年四十八名少将」とある。

7行＝「おなあ」の父「美濃の国平右衛門」について、軍記は「みのゝくに、つほうち三ゑもん」とする。美濃松倉城主坪内利定の一族か。

10行＝「おきび」について、軍記には「おきゐ　あふみしゆ三十四」とあり、猪熊文書には「近江衆年廿四おきい」とある。

(30オ)

2行＝「お藤」の父「大原三河守」のところ、軍記は「大くさ三かわ」、猪熊文書は「京衆大草三川」とする。大草氏は三河国額田郡大草を本貫とする土豪。

5行＝「お徳」のところ、軍記では「おとら、かみかも、おかもとみのそくちよ」とする。『太閤記』も「お虎御方廿四オ上賀茂岡本美濃守息女」とする。

(30ウ)

2行＝「たゞ獣を割くる」のところ、軍記では「ゑのこをさくる」とする。「ゑのこ」は犬の子、子犬のこと。

4行＝翻刻「たんたく」は、「拱く」と変換した。拱く（たんだく）は、手をこまねくこと。

6行＝「ひん奪ふて」は、『日葡辞書』に「ひんばふ（ひん奪ふ）」とある。その意は「Vbaitoru.（奪い取る） 力づくで取る」。

9行＝翻刻「心の」は、軍記により省いた。

11行＝「恐ろしきかな」のところ、軍記では「かなしきかな」。

（31オ）

8行＝「をこのけなく」について、『日葡辞書』には「Voco-noqenai.ヲコノケナイ（おこのけない）物事を恐れもせず、意にも介しない（こと）」とある。

（31ウ）

6行＝翻刻「時を」のところ、軍記によって「鳴りを」に改めた。

※本来あるべき文章からいえば、**31ウ**の後、第六**26オ**・**26ウ**が入り、さらに**32オ**～**33ウ**は内容上、**34オ**・**34ウ**に続く箇所なので改訂文では本文の順序を大幅に入れ替えた。その結果、この箇所の改訂文の配列は、**31ウ**・第六**26オ**・第六**26ウ**・**34オ**・**34ウ**・**32オ**・**32ウ**・**33オ**・**33ウ**となる。それに伴って、第六**26オ**・第六**26ウ**の注解のうち、改訂文にかかわる箇所もここに移し、それに続く注解も**34オ**・**34ウ**・**32オ**～**33ウ**の順序とした。

第六（26オ）

1行＝以下、第九の末（**56オ**）まで、「太田牛一雑記」（以下、雑記という）を主たる対校史料とする。

2行＝「三好実休」は三好元長の次男。豊前守。永禄三年（一五六〇）に高屋城主として河内の支配を任されるが、永禄五年三月の久米田の戦いで畠山高政・根来寺らの勢力に敗れ、討死した。

〃＝「細川讃州」は、細川持隆のこと。永正九年（一五一二）、父之持の死去により家督を継いで、阿波守護となる。天文二十二年（一五五三）、三好実休に討たれた。

5行＝「和泉の国久米田」は、現在の大阪府岸和田市池尻町久米田寺周辺のこと。

9行＝実休の辞世は、『細川両家記』では「草からす 霜又今朝の 日に消て 報の程は 終にのかれす」とし、軍記では、「くさからす しも又けさの 日にきえて むくゐはつゐに のかれざりけり」とする。翻刻には一部誤りがあるので、改訂文で訂正した。

第六（26ウ）

2行＝「松永弾正」は、松永久秀のこと。弾正忠、弾正少弼、山城守。三好長慶・義継、後に織田信長に仕える。永禄八年（一五六五）、子の久通は三好義継・三好三人衆と共に二条御所を襲撃、将軍足利義輝を殺害した。

7行＝「二条公方」は、室町幕府十三代将軍足利義輝のこと。天文十五年（一五四六）に父義晴より将軍職を譲られる。永禄八年五月、三好義継や松永久通らの軍勢に襲撃され、殺された。法号は光源院融山道円。

10行＝「安宅摂津守」は安宅冬康のこと。三好長慶の弟で淡路水軍の安宅氏の養子となった。永禄七年四月、長慶の居城飯盛山城に呼び出され、自害させられた。「逆心悪行」の故だとする説（『言継卿記』）もあったが、当時から久秀による讒訴が原因との噂があったという（長江正一著『三好長慶』吉川弘文館、一九六八年）。

11行＝「ありありと」と「申し懸け」の間、雑記によって「讒訴を」を補った。

（34オ）

1行＝翻刻「しゆとのおんこうをくハんせす」のところ、雑記によって「主従の恩顧を感ぜず」と改めた。

〃　＝ここでの毒殺された「三好」とは三好義興のこと。永禄六年八月、三好長慶の嫡男義興は芥川山城にて病没した。これには松永久秀による毒殺との風聞があったといい、本記はこれに従うが、事実無根であるらしい（今谷明著『戦国三好一族』新人物往来社、一九八五年）。

3行＝翻刻「満足候、なかんすく」のところ、雑記によって「満足候ところに」と改めた。

4行＝翻刻「仰くたされる」のところ、雑記によって「仰せ付けられ候」と改めた。

5行＝「大和国」の前、軍記では「てんかぶさうのめいぶつ、つくもかみ、ふどうくにゆき、やげんとう四郎、しん上候ところに」が入る。

6行＝「而して」のところ、軍記では「これをふそくにそんじ」が入る。

8行＝「和州信貴城」は信貴山城（奈良県生駒郡平群町）のこと。大和・河内の国境に近く、中腹に朝護孫子寺がある。河内畠山氏の家臣木沢長政が天文五年、本格的に築城。天文末年に松永久秀が入城して大修築を行なった。

9行＝「同右衛門佐」は松永久通のこと。久秀の子。

11行＝翻刻「わさわいを以て」のところ、軍記によって「云為を以て」と改めた。云為（しわざ）は仕業と同義。

（34ウ）

1行＝「放火する」のところ、雑記では「既ニ為ル灰燼」とし、軍記では「十月十日のよ、すてに、くわひしんとなす」とする。

2行＝この大仏殿放火と松永自刃の日時について、『多聞院日記』天正五年十月十一日条は「昨夜松永父子腹切自焼了、今日安土へ首四ツ上了、則諸軍勢引云〻、先年大仏ヲ十月十日ニ焼、其時刻ニ終了、仏ヲ焼ハタス、我モ焼ハテ也、大仏ノ焼タル翌朝モ村雨降了、今日モ爾也、奇異ノ事也、」と記す。

4行＝「火を懸け」と「焼き死す」の間に、軍記では「ひらくものかま、うちくたき」が入る。

〃　＝「誠に悪しき報いは忽ち也」のところ、雑記には「寔ニ欲火焦胸ヲトハ、此ノ節也、天道恐敷之事」とある。

6行＝此の行から、斎藤道三の事跡にかかる。雑記も同じ。道三は山城国乙訓郡西岡の出身で、最初は長井規秀と言い、後斎藤利政と名乗り、剃髪して道三と号した。織田信長の義父。

7行＝「一身」のところ、雑記は「一僕」とする。

8行＝翻刻「長井彦左衛門」は、雑記によって「長井藤左衛門」と改めた。長井藤左衛門尉景弘は、長井長弘の子で長井氏宗家を継いだが、天文三年頃道三に殺害された（岐阜市歴史博物館『道三から信長へ』二〇〇六年）。

〃　＝「奉公するに」の前に、軍記では「にしむらをなのり」が入る。

10行＝「同名親類の者共敵となり」のところ、雑記は「同名親類ノ者共申シ談シ」とする。

11行＝翻刻「此時土きより」では、ここで中断しているが、雑記によって「此時土岐頼芸公大桑に」と改めた。**32オ**1行の「御在城候」に繋がる。土岐（とき）頼芸は美濃守護土岐政房の次男で、後継を巡って兄頼武・その子頼純らと度々抗争する。天文五年（一五三六）、斎藤道三に擁立されて美濃守に任官し、美濃守護となるが、後に追放される。

〃　＝「大桑に御在城候。」のところ、大桑（おおが）城は岐阜県山県市大桑にあった中世の山城。天文四年七月の洪水で守護所のあった福光などが甚大な被害を受けて、城主の土岐頼芸は一時的に大桑城に移ったが、その直後に起きた戦乱により、福光に戻れず、大桑城の守護所としての実質が整備されていったという。

(32オ)

1行＝翻刻「はるしろに候」のところ、**34ウ**11行に続く箇所で、雑記の「土岐頼芸公大桑ニ御在城候」（傍線引用者）の傍線箇所に相当するので「御在城候」と改めた。

3行＝「土岐殿」は、土岐頼芸のこと。左京大夫、美濃守。天文十一年（一五四二）、斎藤利政（道三）に逐われるが、織田信秀に援けられて帰国し、揖斐城に入る。「次郎」は、頼芸の二男土岐頼次のことか。

5行＝翻刻「かんじ申が」のところ、雑記によって「宥め申すが」と改めた。

7行＝「各々の居城を乗り取る故」のところ、雑記には「大桑ヲ乗取候キ」とある。

11行＝翻刻「山城或ハ、～すへをき」のところ、意味が取れない。雑記によって「山城は、少科の輩をも牛裂きにし、或は釜に据へ置き」と改めた。

(32ウ)

2行＝翻刻「すすしき」のところ、雑記によって「凄まじき」と改めた。

3行＝「新九郎」、「孫四郎」、「喜平次」については『信長公記』首巻に「山城息子、一男新九郎、二男孫四郎、三男喜平次、兄弟三人これあり。父子四人共に稲葉山に居城なり」とある。「新九郎」は斎藤義竜のこと。

8行＝翻刻「いつしき右兵衛介」のところ、雑記によって「一色右兵衛大夫」と改めた（以下同じ）。

(33オ) 〈改訂文一行増〉

1行＝翻刻「へい外」のところ、雑記により「平臥」と改めた。

2行＝翻刻「なかされ」のところ、「ながら」と改めた。

3行＝翻刻「山城道三山下へ」のところ、雑記によって「の構」を補い、「山城道三、山下の構へ」と改めた。なお、軍記は「したく」（私宅）とする。

4行＝「爰にて、」とはこの状況にての意。場所的には稲葉山の岐阜城中にてということとなる。

〃＝「長井隼人佐」は、道三の弟あるいは長男ともされる長井道利のこと。義竜の協力者。美濃金山城主。

5行＝翻刻「じひやう」のところ、雑記により「重病」と改めた。なお、「時を待つ事なし」のところ、雑記は「時ヲマツ事ニ候」とする。

7行＝翻刻「はいとし」は意味不明。雑記により「候」と改め、その次に「長井」を補った。

8行＝「御見舞ひ尤もと」の後、雑記によって「申す処に、」を補った。

10行＝「兄弟、是を見て」の後に、軍記によって「同じ如く次の間に刀を置く。さて、奥の座敷へ入る也」を入れた。

12行＝「日根野備中」は日根野弘就のこと。斎藤氏滅亡後は、今川・織田・豊臣に仕える。

(33ウ)

1行＝翻刻「ものきれかたなのさく」のところ、雑記によって「物切れ刀、作は」と改めた。

〃＝翻刻「手ほうかねつね」は、「手棒兼常」と変換した。美濃の関鍛冶に数代の兼常がおり、寛正・文明・永正・大永・天文年間に活躍した。「手棒兼常」は銘か。

3行＝「敵を誅し」のところ、雑記／軍記では「開年来之愁眉／ねんらいのしうびをひらき」とする。本記独自の個所。

7行＝翻刻「大川」のところ、雑記によって「長良川」と改めた。

11行＝翻刻では、「これ仍、」をもって斎藤氏内紛にかかわる記事は中断され、**34オ**から**34ウ**にかけて松永弾正の事跡にかかわる記事（第六**26ウ**の続き）となる。一方、改訂文では「これに仍て、」の後、**35オ**以下に斎藤道三・義竜父子の合戦にかかる記事が続く。

(35オ)

1行＝翻刻「いなは山の三里外たかい山これあり」のところ、雑記によって「稲葉山の三里戌亥に鶴山とて高き山これあり」と改めた。鶴山は道三の陣所があった山。

5行＝翻刻「大郎」のところ、雑記によって「多羅の」と改めた。「多羅」は岐阜羽島市内の地名。なお「多羅」の前に軍記は「あかなべくちへ、さしかゝり」が入る。

7行＝「銭を繋がせ御覧候」のところ、軍記では「せにをしきたることとく也」とする。雑記は本記と同じ。

9行＝「山下へ下つて」のところ、雑記では「鶴山へ下クタツテ」とし、軍記では「なから川きわまて」とする。

10行＝「竹腰道鎮」は竹腰重直のこと。道陳、道塵とも。義竜の将で大垣城主。

(35ウ)

2行＝翻刻「さうかゝりに」のところ、雑記によって「相懸りに」と改めた。

3行＝「切り崩し」の前に、雑記では「竹腰道塵六百許マン丸ニ成テ、中ノ渡ヲ打越、旗本へ切カヽリ、道三不屑相カ、リニ懸合、暫戦、」が入る。
4行＝「母衣を揺すり、」のところ、軍記にはあるが、雑記は欠く。

(36オ)

3行＝「長井忠左衛門」は、長井（井上）道勝のこと。父もしくは兄弟とされる長井道利は斎藤道三の重臣だが、長良川の戦いでは共に義竜に味方した。斎藤氏滅亡後井上と改姓、秀吉に仕え黄母衣衆となった。

6行＝「小牧源太」は、小牧道家のこと。

11行＝翻刻「徳たう」は、雑記により「得道」と変換した。ここでは得心したことをいう。

〃＝「是より後」とあって、義竜が道三を討ち取った弘治二年（一五五六）四月二十日以降に范可（はんか）を名乗ったようにあるが、既に前年の弘治元年十二月日付で美江寺宛斎藤義竜禁制に「范可」と署名している（『岐阜県史』史料編古代・中世一所収「美江寺文書」3）。

(36ウ)

1行＝「范可」は中国古代の人物というが、その故事来歴は未詳。

4行＝「不孝と成る也」と「妻子は」の間に、軍記では道三の人となりに対する評言（9行「道三は」以下がその一部）が入る。

5行＝「一条殿女」の父一条殿はこの場合、関白一条房通（一五〇九～五六）であろうか。永禄三年（一五六〇）四月に義竜との間の子が夭折し、その悲しみで彼女も六月に逝去したらしい。「御曹司」がその子にあたろう。なお、雑記には「息御曹司」とある。

6行＝翻刻「手ぎわなるはたらきあり」のところ、意味を取りにくい。雑記によって「野犴付きて希異の働きあり」と改めた。軍記には「やかん、つき候て、きゐのわつらひあり」とある。「やかん」は「野犴／野干」で狐のこと。妻女に狐がついて奇妙な振る舞いがあったらしい。

10行＝「申し候へ共」と「諸天の罰に」の間に、雑記では「無慈悲心背五常盛無道故ニ諸天之冥加尽果テ、子ニ故郷ヲ追出サレ」が入る。なお「子に鼻を」の「子に」は雑記による補足。

【天正記第九】

(37オ)

1行＝この目録について、改訂文では、本文の記載順序により翻刻の一部前後を入れ替えた。

10行＝この高麗船漂着の記事、雑記にはあるが、軍記にはない。

(38オ)

4行＝「甍を並べ」のところ、「枕を並べ」とあるべきか。ただし、雑記も「甍を並べ」。

6行＝「太閤秀吉」は、雑記でも「大閤秀吉公」とするのに対し、軍記では「ちくせんかみ秀吉公」・「関白秀吉公」などとする。

11行＝翻刻「破軍」のところ、雑記によって「敗軍」と改めた。

(38ウ)

4行＝「御評定なされ」のところ、雑記・軍記いずれも「御ヒヤシなされ／御ひやしなされ」とする。

〃 ＝翻刻「明日のくれ」のところ、意味が取れない。雑記によって「いつもの」と改めた。

9行＝「清水長左衛門」は、清水宗治のこと。

(39オ)

4行＝清水宗治辞世の歌としては、「播州征伐記」(本書付編にて翻刻)所収の「いまはたゝ　うらみもあらす　もろ人の　命にかはる　わか身とおもへは」がよく知られている。

6行＝「兄と」のところ、雑記には「兄の月清入道と」とある。月清入道は清水宗治の兄、清水宗知のこと。

7行＝「難波伝兵衛」は毛利輝元家臣。次の末近とともに警固のため高松城に送り込まれていた。

8行＝「末近左衛門尉」は、末近信賀のこと。小早川隆景家臣で、この時難波とともに高松城に入っていた。『萩藩閥閲録』第二巻には、息子末近光久に対して父の功績をたたえる次のような小早川隆景感状が収められている。

今度至高松、羽柴取詰之処、父左衛門尉事、以無二之覚悟清水長左衛門同前ニ切腹、惣中相扶候、寔無比類段、都鄙不可有其隠候、名誉迄候、(中略)

天正十年六月十八日　隆景　御判

末近四郎次郎殿

10行＝「此の上、毛利家より御国五ヶ国、蜂須賀彦右衛門御使ひ申し」のところ、軍記には「此うへにて、はちすかひこへもん、あんこくじ、いてあひ、両人、さいかくをもつて、御くにに、五かこく、しん上候て」とある。「蜂須賀彦右衛門」は、蜂須賀正勝のこと。羽柴方は蜂須賀が使者に立ったが、毛利側からは「あんこくじ」、すなわち安国寺恵瓊が出てきて、この両人が和睦交渉に当たったのである。

11行＝「毛利家より御国五ヶ国（中略）、進上」については、既に対陣中から講和を探る動きがあり、毛利側は秀吉に対して備中・美作・伯耆・備後・出雲の五ヶ国進上の誓紙を出していた（〈天正十一年〉正月五日付蜂須賀彦右衛門尉他宛秀吉書状〈『豊臣秀吉文書集』948号文書〉）。

〃＝翻刻「御手けんやく」のところ、雑記によって「御手に属すべき堅約」と改めた。

(39ウ)

8行＝翻刻「しろへ入」は、雑記により「城へ逃げ入る」と改めた。

10行＝翻刻「しやういなり」のところ、雑記によって「上意候ところ」と改めた。

(40オ)

4行＝「脇大将」は、主将の一門またはその家人で、戦陣にあって常に主将と並んで軍務を執り行なう者のこと。「斎藤内蔵助」は、斎藤利三のこと。

5行＝翻刻「明知日向かくひおつかにつかせ」のところ、雑記によって「明智日向が頸を継がせ」と改めた。斎藤利三の体に光秀の首を継いだ、ということ。

6行＝「粟田口」は、東海道山科から京都への入口。京都七口の一。

7行＝「紫野に一院御建立」は、大徳寺山内に建立された総見院のこと。

10行＝翻刻「名をよめいにしやうけつあるへからす」のところ、雑記によって「御名誉、勝計すべからず」と改めた。

(40ウ)

3行＝翻刻「御ミたれ入いへ共」のところ、雑記によって「御乱れ入り候て」と改めた。

5行＝翻刻「此あけち御とむらい合戦にたひするか」のところ、雑記によって「此の時、明智に対し御弔い合戦致すか」と改めた。

10行＝「桑山修理亮」は桑山重晴のこと。丹羽長秀、次いで羽柴秀長に仕う。修理大夫。

(41オ)

11行＝「交歓の御調ひを」のところ、雑記では「孝養ノ御調ヲ」とし、軍記では「きやうようのみつきものを」とする。

(41ウ)

1行＝翻刻「事」のところ、雑記により「事に候を」と改めた。

〃 =翻刻「ふよして」は、「付庸して」と変換した。雑記・軍記は「与して／くみして」とする。付庸（ふよう）は、付き従うこと。

3行=「天罰なり」のところ、雑記・軍記は「天道恐敷之事／てんたうおそろしき事」とする。

6行=翻刻「りんめいおをうせつせす」のところ、雑記によって「綸命に応ぜず」と改めた。

〃 =翻刻「あつかい申に」のところ、雑記によって「公儀を蔑ろに扱ひ申す」と改めた。

9行=「富田左近将監」は、富田知信（一白）のこと。「津田隼人佐」は、津田盛月のこと。

10行=翻刻「分別不申さるの条」のところ、雑記・軍記には「遅々仕候／ち〳〵いたし候」とある。

11行=翻刻「御くハん座」のところ、雑記によって「御動座」と改めた（以下同じ）。

(42オ)

4行=翻刻「ゆい、かん辺」のところ、雑記により「由比・蒲原辺」と改めた。由比と蒲原は、いずれも東海道の宿駅で、現在は静岡市清水区に属する。

10行=「御動座なされ」の後、軍記では「御たひぢ候はんのよし、おほせいだされ、御にんじゅ、だいぐんにて候あひた、二月一日より、五日づゝ、あひだを、をかせられ、一かしらづゝ、御せんぢんいたされ候」が入り、さらに「鎮西」と「北国」の間に「中国、五きなひ」が入る。

(42ウ)

1行=「先陣は箱根に」のところ、雑記・軍記では「先陣ハ冨士ノ根カタニ／さきはふしのねかたに」とする。

〃 =翻刻「後しんハ伊勢やはん州むろ」のところ、雑記によって「後陣の勢衆は播州室」と改めた。「勢衆」を「伊勢」と誤ったか。

3行=「差し仕へる」と「三月廿九日に」の間、軍記では「天正十八年三月一日、関白秀吉公、みやこをたゝせられ」以下、秀吉出陣の際の行装、同行の女房衆・供奉衆の顔触れなどの説明が二十八行にわたって展開するが、すべて省略している。

5行=「中村源兵衛」は、不詳。『戦国人名辞典増訂版』に「初めは蜂屋頼隆の臣、秀吉に仕え二百石。天正十二年池田輝政の家臣になった（吉備温故）」とあるが、同一人かどうかは分からない。

7行=「後先を争へば、一柳伊豆守討死なり。此の外、乗り越へ乗り越へ、塀・櫓を引き崩し、一息に攻められ」のところ、雑記では「一柳伊豆守、先ヲ争、塀柵ヲ引崩シ、一旦攻入、討死候」、軍記では「さきをあらそひ、へい、さくを、ひきくづし、一たんに、せめさせられ、こゝにて、一柳伊豆守、うちしに候」となっており、三者三様の表現を採る。一柳伊豆守は、一柳直末のこと。

10行＝翻刻「松田右兵衛介」は、軍記によって「松田右兵衛大夫」と改めた。松田康長のこと。

11行＝翻刻「高ミや豊前頭」は、軍記によって「間宮豊前守」と改めた。間宮好高のこと。

(43オ)

3行＝「九鬼大隅」は九鬼嘉隆のこと。「加藤左馬助」は加藤嘉明のこと。

4行＝「能島・来島・因島」は、それぞれ村上水軍の拠点。

〃　＝翻刻「みな〳〵」のところ、雑記によって「熱田浦々」と改めた。

5行＝翻刻「とりのかようごとくにして」のところ、雑記によって「鳥の通はぬ如くにして」と改めた。

7行＝「石取山」は、秀吉が築城して小田原攻めの本陣とした石垣山（神奈川県小田原市）のこと。石垣山城、石垣一夜城とも。

10行＝「北条美濃守」は、北条氏規のこと。北条氏康五男で氏政の弟。

〃　＝翻刻「らさんに」のところ、雑記によって「韮山に楯籠る」と改めた。

11行＝「攻め寄す」の後に、軍記では「しよぐんぜい、こと〳〵く、御人数、ありのまゝ、むまのかいれうまて、三まひはしにて、なつか大くらのたゆふ、御ぶぎやうにて、御ふちかた、わたしくたされ、かたしけなきたいもく也。よ〳〵に、せめより、せう〳〵、がしにおよひ」とあってかなりの省略が見られる。

(43ウ)

1行＝翻刻「たいじやう仕の旨言上、ねいしん然るといへ共、」のところ、雑記によって「退城仕るの旨言上するといへ共、佞臣こらしめのため、」と改めた。軍記では、この後に「こゝにて、いゑやすけうをたのみ入」が入る。

3行＝「北条腹を仕るの間、諸卒御助け候様にと申し上ぐ。」のところ、当主北条氏直が豊臣方陣所に赴き、自らの切腹の代わりに将兵の助命を請うたことをいう。秀吉は、これを殊勝として氏直の命を助け、父氏政、叔父氏照らに切腹を命じた。

4行＝「七月十三日」のところ、雑記・軍記ともに「七月十二日」とする。いずれにしろ、この日付はすべて誤っている。

5行＝「北条陸奥守」は、北条氏照のこと。七月十一日、兄氏政とともに切腹。

〃＝「松田尾張守」は、松田憲秀のこと。秀吉方に降ろうとするが露見、城内に監禁され、七月五日、秀吉に切腹を命ぜられた。

〃＝翻刻「かさはら新郎」は、雑記により「笠原新六郎」と改めた。笠原正堯（松田憲秀の長男）のこと。父憲秀とともに秀吉方に降ろうとするが、密告されて露見し、六月十六日、小田原城内で殺された。

6行＝「大道寺駿河守」は、大道寺政繁のこと。四月に秀吉方に降るが、秀吉に切腹を命ぜられ七月十九日に江戸で自害した。

(44オ)〈改訂文一行増〉

1行＝「幷に」のところ、雑記には「忍」（忍城のこと）が入る。江戸、岩槻、忍（おし）、八王子は何れも北条方の支城で、ここでは、小田原開城後に落城したようにも取れるが、実際は、江戸・岩槻・八王子は開城以前の落城である（忍城は七月十六日）。

3行＝「会津黒川」は、現在の福島県会津若松市域をいう。この時、秀吉は黒川城（後に会津若松城）に入った。

6行＝翻刻「御けんし」のところ、雑記によって「御検地」と改めた。

7行＝翻刻「御知行わり　一　わふ州のうち」のところ、雑記で「御知行割」と「一、奥州之内」の間で改行にしているのに従い、二行に分かち、後に続く文を追い込んだ。

9行＝「白河の城」は、福島県陸奥白河市にあり、白河小峰城ともいう。「亀山の関」は伊勢亀山の関のことか、不詳。

10行＝「羽柴忠三郎」は、蒲生氏郷のこと。

〃＝翻刻「長ぬまのしろ、田丸」のところ、雑記によって「長沼の城、田丸中務」と改めた。ここは、福島県須賀川市にあった長沼城に蒲生郷安が入ったことと、同じ須賀川市の須賀川城の城主として蒲生氏郷の妹婿田丸直昌が入ったことの両者を混同しているのであろう。

11行＝「中納言殿」は、豊臣秀次のこと。

12行＝「田中兵部」は田中吉政のこと。

（44ウ）

1行＝「池田三左衛門」は、池田輝政のこと。

2行＝「堀尾帯刀」は、堀尾可晴のこと。

3行＝翻刻「懸川」は「掛川」と改めた。「山内対馬守」は、山内一豊のこと。

4行＝翻刻「渡瀬小四郎」は、雑記によって「渡瀬小次郎」と改めた。渡瀬繁詮のこと。

5行＝「中村式部」は、中村一氏のこと。この時、駿府城主となる。なお、「駿河一国　中村式部」の次行、雑記には「一、甲斐一国　加藤遠江守」が入る。加藤遠江守は、加藤光泰のこと。ただし、加藤が甲斐国を拝領するのは翌天正十九年三月頃のことで、小田原合戦直後の十八年七月には秀吉の甥豊臣秀勝（小吉）が甲斐に入り、甲府築城に携わっている（山梨県教育委員会編刊『県指定史跡甲府城跡』二〇〇九年）。

6行＝翻刻「さくいの郡」は、雑記により、「佐久郡」と改めた。「仙石権兵衛」は仙石秀久のこと。この時、小諸城主となる。

7行＝「石川出雲守」は、石川数正のこと。徳川家康股肱の臣だったが、天正十三年に秀吉の元に身を投じる。この時、松本城主となる。

8行＝「羽柴河内」は、毛利秀頼のこと。尾張守護斯波義統の子と伝わる。織田信長に仕えるが、本能寺の変後は所領を棄てて尾張に戻り、その後羽柴秀吉に仕える。この時、飯田城主となる。

10行＝「日根野織部」は、日根野高弘のこと。日根野弘就の子。天正十八年、信濃国諏訪郡を与えられ、高島城主。

11行＝翻刻「むさしゐとハ」のところ、雑記によって「武蔵国江戸の城には」と改めた。

（45オ）

1行＝翻刻「じきに御申なされる」のところ、雑記によって「置き申しなさる」と改めた。

3行＝「当座を遊ばしける」とは、即興の歌を詠んだことをいう。

4行＝「よわゐをは　おきがゐたにや」のところ、雑記には「名残ヲハ　荻カ枝ニヤ」とある。

9行＝「去る程に」から**45ウ**11行「有難き御代なり。」までは、第九目録「太閤秀吉ゐ宝来るの事」にあたる。この項目は、雑記でもこの位置に配するが、軍記では冒頭近くにあり、それは本記でいえば第八**16オ**9行〜10行の間に位置することとなる。版本・雑記と軍記の記事の配置が大きく異なる箇所である。

（45ウ）

11行＝翻刻「君の善あくをしらす」では意味が通じにくい。雑記によって、「君の善悪を知らる」と改めた。

（46オ）

1行＝ここからは、文禄五年八月二十八日（一五九六年十月十九日）、土佐沖に漂着したイスパニアの帆船サン・フェリペ号難破事件に関する記事が始まる。「九月八日の事なり」は誤りか。軍記にはこの項目は無く、秀吉が天正十九年十二月十六日、鷹狩で得た鷹三千羽とともに、大津から京都へ美々しく飾って行進した出来事が記されていく。なお、この項目は『太閤記』巻十六「〇土佐国寄船（ヨリフネ）之事」にあり、新日本古典文学大系本『太閤記』の脚注が詳しいので参考とした。

2行＝「長宗我部居城」は、長宗我部元親が天正十九年に改築して居城とした浦戸城のこと。「長家の森」は未詳。雑記には「長家之（ママ）」とある。『太閤記』には「ちようがの森」とある。同書脚注では「浦戸西北にある台森（だいがもり）を指すか。「ちようが」は長我か」とするも不詳。「種崎」と「桂浜」は浦戸湾を挟んで北と南に位置する岬。いずれも高知市南端、土佐湾に面する地名である。

3行＝翻刻「十八里ハまになる」のところ、雑記によって「十八里沖に」と改めた。

4行＝翻刻「しうせん」は、雑記によって「猟船」と改めた。猟船は漁船のこと。「猟船の者」とは漁師の意。

6行＝翻刻「のふすはん」は、「ノビスパン」（ノバ・イスパニア）と改めた。現在の中米メキシコ地方のこと。

10行＝「黒坊主」は、黒人の乗組員のことかとも思うが、ここではイスパニア人も含め、生き残った乗組員全員のことかも知れない。

（46ウ）

1行＝「八帆」とは、舳に張る小さな帆。

2行＝「風に構ふ」は、風に逆らうこと。そのため、本柱は折れてしまったのである。

5行＝「御喜びなり」の後に、雑記によって「船中にこれ在る道具は」を補った。

（47オ）

1行＝翻刻「むりやう」は、『太閤記』脚注によって「六糸緞」と変換した。六糸緞（むりよう）は、中国渡来の繻子（しゆす）に似た絹織物のことで、八糸緞を繻子というのに対して糸数が少ないことからいう。ここでは、上等の繻子と六糸緞を合わせて五万反あったということ。

(47ウ)

5行＝以下、巻末まで「醍醐の花見」に関わる記述となる。

6行＝翻刻「御たんしやうびんきやくのやうたい也」のところ、意味を取りがたい。「雑記」には「御催生硬敷様也」とあるがここは、軍記によって「おびただしき様体也」と改めた。

7行＝醍醐寺境内は、大きく「上の醍醐」（山上伽藍）と「下の醍醐」（山麓伽藍）の伽藍群に分かれる。

(48オ)

1行＝翻刻「道具もち」は、雑記によって「柵もがり」と改めた。

4行＝「増田右衛門尉」（増田長盛）の後、軍記には大津宰相（京極高次）・福島左衛門大夫（福島正則）・蜂須賀阿波守（蜂須賀家政）の名が入る。

5行＝「山中山城守」は、山中長俊のこと。柴田ついで丹羽に仕えたのち秀吉に直仕。祐筆や銀山・直領の代官を務め、文禄二年（一五九三）山城守、豊臣姓を受ける。

〃 ＝翻刻「中江式ぶ介」は、「雑記」によって「中江式部大輔」と改めた。中江直澄のこと。

7行＝翻刻「かねて御なりあれ」のところ、雑記によって「兼日に御成りあつて」と改めた。「兼日」は予定していた日のこと。

11行＝「木食上人」は、木食応其のこと。雑記では「木食興山上人」とする。

(48ウ)〈改訂文一行増〉

4行＝「と、かやう」の後、雑記により「に御詠吟候ひし」を追加した。

7行＝「政所様」は、秀吉正室のこと。「小出播磨」は、小出秀政のこと。妻が秀吉母の妹にあたる。雑記・軍記ではこの後に「田中兵部／たなかひやうぶ」が入る。

8行＝「西の丸さま」は、側室浅井茶々（淀殿）のこと。伏見城西之丸に屋敷があった。「田中兵部」は、田中吉政のこと。雑記・軍記では「木下周防／きのしたすおふ」（木下延重）・「石河掃部／いしかうかもん」（石川頼明）の二名とする。

9行＝「松の丸さま」は、側室京極竜子のこと。伏見城松の丸に屋敷があった。「木下周防」は、木下延重のこと。小牧の陣で鉄砲頭。慶長はじめに従五位下周防守叙任か。雑記・軍記では「朽木河内守／くつ木かわち」（朽木元綱）、「石田木工頭／いしたもく」（石田正澄）・「太田和泉守／大たいつみ」（太田牛一）の三名とする。

10行＝「三の丸さま」は、側室織田信長六女のこと。伏見城三之丸に屋敷があった。「石田木工頭」は石田正澄のこと。雑記・軍記では「平塚因幡守／ひらつかいなは」（平塚為広）・「片桐市正／かたきりいちのかみ」（片桐且元）の二名とする。

11行＝「御客人」のところ、雑記・軍記には「加賀様／かゝさま」とある。加賀様は前田利家三女摩阿（まあ）のこと。「片桐市正」は、片桐且元のこと。雑記・軍記では「河原長右衛門／かはらちようへもん」（諱未詳）・「吉田又左衛門／よした又さへもん」（諱未詳）の二名とする。

12行＝「大納言殿御内」は、加賀大納言前田利家正室のこと。「吉田又左衛門」は秀吉馬廻。雑記・軍記ともここに人名は無い。

(49オ)

1行＝「各々諸大名衆、御輿の警固也」は、雑記・軍記いずれにも見られない。本記独自の箇所。

2行＝「三宝院」は、永久三年（一一一五）、僧勝覚によって創建された醍醐寺の本坊。この頃、関白二条晴良の子義演が院主を勤めていた。

6行＝「御上々様」は、48ウに記された「政所様」以下の女房衆のこと。

7行＝「御輿舁、中間衆已下、中将様の伴衆」のところ、雑記には「下〱御コシカキ、中将様之御伴衆」とある。

8行＝「中将様」は、豊臣秀頼のこと。慶長元年五月従四位下、二年九月左近衛権少将、同月さらに権中将に進んだ。

9行＝翻刻「又大蔵介」は、雑記によって「長束大蔵大輔」と改めた（以下同じ）。長束正家のこと。

10行＝「御賄ひこれあり」のところ、雑記は同じだが、軍記では「御ふるまひを、おほせつけられ」とする。

(49ウ)

1行＝「先途と」のところ、雑記は「守ト」、軍記は「もつはらと」とする。

7行＝「拾ひ」は、貴人が歩くこと。徒歩。

9行＝五重塔について、「建立」は誤りで、正しくは修復。創建は天暦五年（九五一）である。なお、雑記・軍記ともに「こんりう」とする。

(50オ)

1行＝「益田少将」については、太田光俊「豊臣期本願寺の吏僚—益田少将発給文書から—」（『織豊期研究』第11号、二〇〇九年）によると、「益田照従」という人物で、本願寺坊官下間頼廉の内衆として文書発給を担ったという。後には秀次の家臣として中央権力との関係も確認される。

(50ウ)

4行＝翻刻「いきやうくんじゆの目度御あそひ」のところ、雑記によって「異香四方に薫じ、目出度き御遊び」と改めた。

8行＝「かやうに御用意の所に、人々笑止と気遣ひ致すに」のところ、軍記では「ひよりの事のみ、あんし給ひしに」とする。

(51オ)

7行＝翻刻「御しやうが」のところ、雑記によって「御冥加」と改めた。

(51ウ)

2行＝「天野」は天野酒のこと。河内国南河内郡天野にある金剛寺の僧坊でつくった酒。中世（室町時代）以後、品質第一等の名酒として名高かった。「奈良酒」は奈良地方で産する清酒のこと。古く南樽と呼ばれて京都方面に出荷され、特に興福寺大乗院末寺の菩提山寺醸造のものは菩提泉の名で有名であった。

3行＝「加賀の菊酒」は、加賀国石川郡剣（つるぎ）産の名酒。「関東の江川酒」は伊豆国加茂郡大川産の美酒。

6行＝「蓬萊の山を積むに異ならず」の後に、軍記では「まことに、ちようせひ、ふらうのたのしひを、あつむるもの也」が入る。

9行＝「珍物を」の前に雑記・軍記ともに「翌日ハ寄来／よくしつは、よりきたる」が入る。

11行＝「新庄雑斎」は、新庄直寿のこと。新庄直昌の三男、直頼・直忠の弟。秀吉馬廻。

(52オ)

4行＝「小川」は、小川土佐守祐忠のことか（『太閤記』巻十六には「三番に小川土佐守」と出ている）。子の祐滋も兼々庵と号する茶人だが、慶長三年（一五九八）正月に朝鮮蔚山へ渡海している。

5行＝翻刻「風口にハ」のところ、「雑記」によって「南破風口には」と改めた。破風口（はふぐち）とは、入母屋造の破風で三角になった部分。

〃＝翻刻「たかのしるし」「つなぎ馬のしるし」は雑記・軍記によって「鷹の絵」「繋ぎ馬の絵」と改めた。

7行＝「長谷川宗仁法眼移り居て、」のところ、宗仁は、元々堺の商人で経済に明るく、信長、秀吉に仕えた。天正十七年に豊臣家蔵入地代官となり、翌年法眼となる。武野紹鷗門下の茶人で書画にも長じた。軍記には「はせがわそうにんほうげんに、おほせつけられ、此やに、うつりゐて、」とある。

8行＝「御茶一服進上申さるゝ」のところ、軍記では「御ちやあがり、かたしけなきしだひ也」とする。

(52ウ)

10行＝「珍貴の数々」のところ、軍記では「ちんふつをとゝのへ、きん〳〵にて、みかきたて」とする。

(53オ)

1行＝「出立ち」は、雑記・軍記ともに「御衣／ぎよい」とする。

5行＝「御歌等」のところ、軍記では「御たんさくなと」とする。

7行＝翻刻「ぬひ〳〵」のところ、雑記によって「延々」と改めた。

9行＝翻刻「人ミんかまとをさらす」のところ、雑記に「人民竈戸サヽス」とあるのによって「人民竈を鎖さず」と改めた。

(53ウ)

1行＝翻刻「ミん山かんせんのつまにいた迄、ご代ありかた事と、あがめ奉申也」のところ、雑記には「賎ノ妻ニ至ル迄、拝ミ奉ルモノハ余念ヲ失ヒ、難有御代哉ト崇敬申也」とあり、軍記には「ありかたきみよかなと、あかめ、うやまひ申候也」とある。これらを参考に「深山の賎の妻に至る迄、御代有り難き事と、崇め申し奉る也」と改めた。

3行＝翻刻「ご天勘兵衛」は、雑記により「御牧勘兵衛」と改めた。御牧景則のこと。山城三牧田井村七百石。山城国の検地奉行を務める。

5行＝翻刻「新しやう」のところ、雑記によって「新庄東玉」と改めた。新庄直忠（東玉斎）のこと。直忠は、新庄直頼の弟、直寿の兄で近江国豊臣家直轄領代官。浅井・蒲原両郡で一万四千六百石を領有。

6行＝翻刻「くらまの福をろし」は、雑記によって「鞍馬の畚降」と変換した。畚（ふご）とは竹・藁等で編んだ運搬具。モッコ。京都鞍馬で燧石を産する様子が上杉家本「洛中洛外図屏風」に描かれている。

9行＝翻刻「をんていきん」は「御手巾」と変換した。

（54オ）

1行＝翻刻「しほや」は、雑記によって「塩屋」と変換した。雑記には「塩屋ニ茶屋ヲ構テ面ニハウリ物ヒヤウタン（以下略）」とある。「塩屋」には、「塩釜のある粗末な小屋」の意もある。ここでは、粗末な塩焼き小屋を御茶屋に見立てて、そこに瓢箪・黄金・扇などの売り物を吊るした、ということであろう。

2行＝翻刻「わふごん」のところ、軍記には「わらこんかう」（藁金剛。藁製金剛草履のこと）、「いこんかう」（藺金剛。藺草製金剛草履のこと）等とあるのによって「金剛」と改めた。

6行＝翻刻「くハうしやうあん」のところ、雑記によって「光相庵」と変換した。

8行＝「江州山上の寺院」は、滋賀県東近江市にある永源寺のこと。康安元年（正平十六年＝一三六一）、六角氏頼が檀那となって創建。臨済宗永源寺派の本山。永徳三年・弘和三年（一三八三）、足利将軍家祈願所となる。

9行＝翻刻「しゆぼう和尚」は、雑記により「寂室和尚」と改めた。永源寺の開山寂室元光（円応禅師＝応永二年（一三九五）勅諡号・正灯国師＝昭和三年（一九二八）追諡）のこと。

11行＝翻刻「是より御あかりなされ」のところ、雑記には「是ヨリ木座橋ヲ御アカリ有テ」とある。

（54ウ）

2行＝「雛箱」は、小さな箱のことか。雑記には「ヒナハリ」とある。とすれば、雛針で小さな針のことか。

4行＝「播磨杉原」は、古くから播磨国多可郡杉原で作られた杉原紙のこと。奉書紙に似るが、より薄く柔らかで、手紙に用いられた。「高檀紙」は、楮を原料とした上質の和紙の檀紙（だんし）の大きなもの。「大高檀紙」とも。

5行＝「引合せ」は、檀紙の一種、「引合せ紙」とも。

〃 ＝翻刻「入るへきものなり、数くおならへをき」のところ、雑記によって「入るべき物を数々並べ置き」と改めた。

（55オ）

1行＝翻刻「御ゐい覧」のところ、雑記によって「御詠覧」と変換した。

2行＝「打たせて」は、結びつけての意。

3行＝「引き延へ」は、紅の糸を引いてさし渡すこと（「延縄」ハエナワ）。なお、翻刻「なかご」は、「雑記」によって「鳴子」と改めた。

5行＝翻刻「くハ礼」のところ、雑記によって「護花鈴」と改めた。護花鈴（ごかれい）は、花を散らす鳥を追い払うために梢に付けた鈴のこと。花の鈴とも。

6行＝「兼載」は、室町時代の連歌師猪苗代兼載（いなわしろけんさい）（一四五二～一五一〇）のこと。陸奥国会津の猪苗代城主の家に生まれる。連歌師心敬の教えを受け、飯尾宗祇とも交流。応仁の乱後、京都に出て活躍した。なおこのところ、『太閤記』巻十六に、「げにも兼載が護花鈴の発句に、鳥はなしあらしに付よ花の鈴　となん云置し事をもおぼし合せ給ふて、弥御感有。」とあるのが、事情をよく説明している。

11行＝翻刻「自然とのかたはらこれあり程として」のところ、意味を取れない。雑記に「自然ト片腹有之ボクヲ筏ニシテ」とあるのによって「自然と傍らにこれある木を筏として」と改めた。

（55ウ）

8行＝翻刻「新しやう」は、雑記によって「新庄東玉」と改めた。

11行＝「また徳善院僧正、此の度御馳走なりとて、新知行として千六百石、三宝院へ参らせられる」のところ、徳善院玄以が三宝院に対する馳走として新知を与えたようにも読める（雑記には「又徳善院僧正馳走ヲ以テ、新知分千六百石三宝院へマイラセラレ」とある）。実際は、秀吉が徳善院を介して新知千六百石を与えたのであろう。『太閤記』巻十六には「殿下三宝院方の馳走をのづからなるを殊勝に覚しめし、新知千六百石寄附し給ふ」とあって、秀吉が三宝院側の馳走を賞して新知を与えたとする事情を語っている。なお、『豊臣秀吉文書集』七・八に該当すると思しき文書は収録されていない。

（56オ）

3行＝「日野三ヶ村」は、伏見区日野村を構成した三つの村。勧修寺村と小野村は京都市山科区、笠取村は宇治市。

5行＝翻刻「当秋、かうようを御覧じ候の間」のところ、軍記によって「当秋、紅葉を御覧じ候はんの由」と改めた。この秋、すなわち慶長三年の秋、再び醍醐寺で紅葉を見る催しを約束したことをいうが、このことは秀吉の死により果たされなかった。

8行＝「太田和泉守」は、太田牛一のこと。尾張出身。信長、秀吉、秀頼などに仕えた。慶長十八年、大坂玉造の私邸で死去。『信長記』・『たいかうさまくんきのうち』・『関ヶ原御合戦双紙』等軍記の作者として知られる。

9行＝「慶長十五年三月十三日」は、雑記・軍記のいずれにもなく、本記独自の表記である。

第二部　松永永種筆写『総見院殿追善記』

第一章　『総見院殿追善記』概説

中村博司

はじめに

『総見院殿追善記』（以下、原則として『追善記』という）は、その表題に従うかぎり、天正十年（一五八二）十月中旬に大徳寺で行なわれた亡主織田信長（総見院と追号された）の葬儀を主催した羽柴秀吉が、その後間もなく作らせた信長の追善記ということとなろう。ただし、既に桑田忠親が『追善記』は、大村由己作『天正記』の一つである「惟任退治記」（「惟任謀反記」とも）の焼き直しに過ぎないと述べているように[1]、その成立事情はいささか複雑である。

ところで、『追善記』はこれまで、江戸後期に塙保己一が編纂した『群書類従』雑部巻五百二十に収める木版本と、それを明治以降に翻刻・出版した活版本が何種類か知られるだけで[2]、その原本の所在は長い間不明であった。しかし、一九七九年（昭和五二）、活版本『群書類従』所収本の原本と見なしうる一本が大阪城天守閣の所蔵に帰した[3]（写真1。以下、天守閣本という）。これまで群書類従本をもととする版本でしか流布してこなかった『追善記』について、この新たに発見された原本を翻刻・提供することは、上記の事情に照らした側面からも、『天正記』の復原的研究を目指す本書の刊行趣旨に照らしても大変意義あるものと考えられた。そこで、この機会を捉えて天守閣本『追善記』の翻刻を行ないたい旨を大阪城天守閣に申し入れたところ、ご快諾をいただいたところである。

本稿では、その概説の意味も籠めて、天守閣本『追善記』を翻刻する過程で明らかになってきたいくつかの課題について、『群書類従』第二十九輯所収『総見院殿追善記』（続群書類従完成会刊。以下、群類本という）のほか、「惟任退

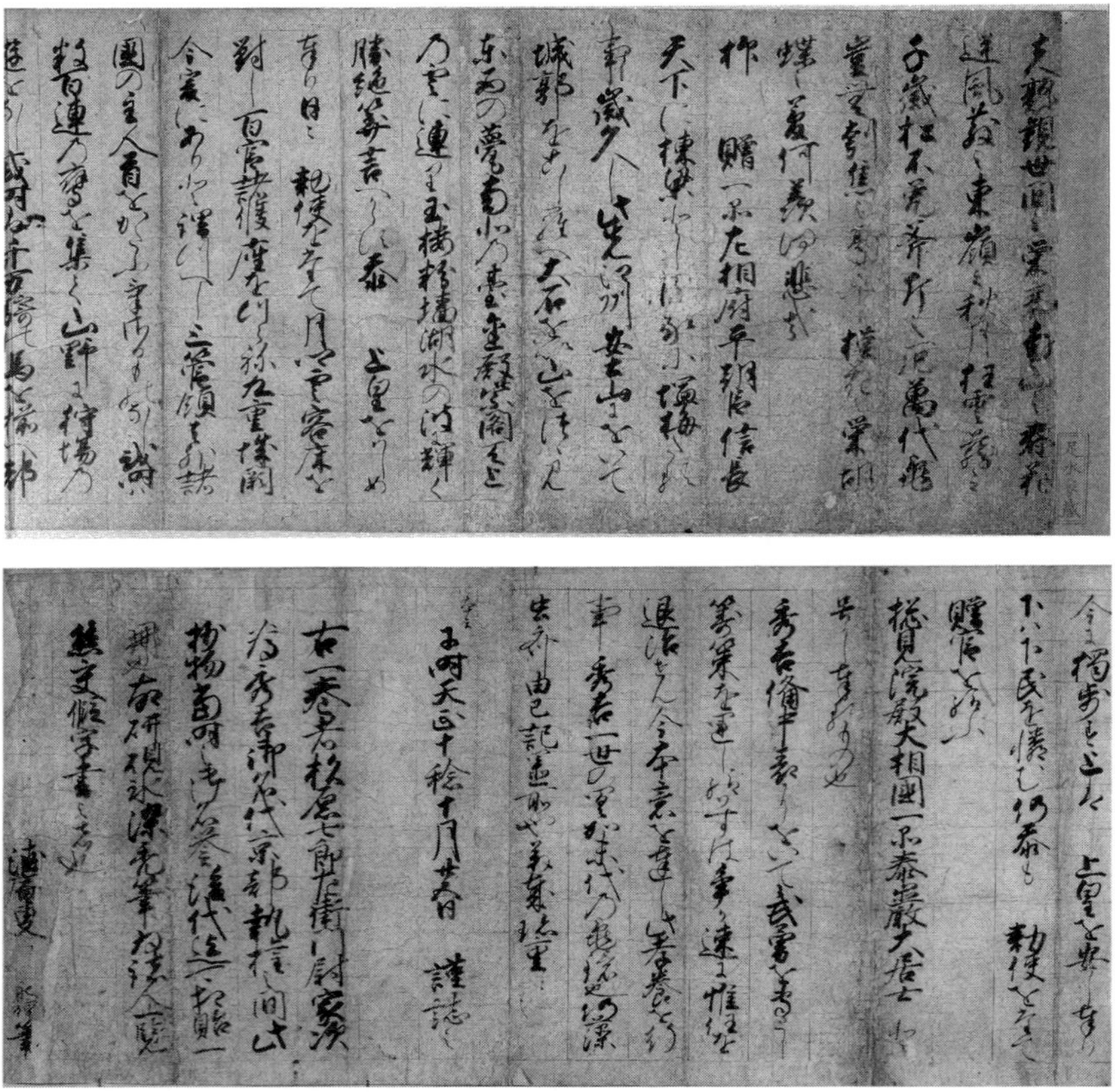

写真１　大阪城天守閣所蔵『総見院殿追善記』巻首（上段）と巻末（下段）

治記」の諸本である第一種古活字版『天正記』第一（国立公文書館所蔵。以下、古活字版という）、『豊臣記』（金沢市立近世史料館蔵。貞享二年成立の『天正記』写本）所収「惟任退治記」（以下、豊臣記という）、『続群書類従』第二十輯下所収「無題（惟任退治記）」（続群書類従完成会刊。以下、続群類本という）などと引き比べながら検討していくこととしたい。(4)

一、『総見院殿追善記』の概要とその成立事情

最初に『追善記』本文の記事を、その順序に沿って概観していくこととする。(5)

まず冒頭で世間無常のことを述べた上で、信長の築いた安土城の威容を語り、転じて武田勝頼父子討伐と信長の富士山一見、徳川家康館滞留の次第を記す。ここで突如話題を転じて、同じ頃に毛利氏が支援する備中高松の清水宗治と対峙していた羽柴秀吉による高松城水攻めの状況を詳述し、次いで信長に命ぜられて秀吉のいる備中に向かうはずの明智光秀が謀反を企み、丹波亀山城から京都に攻め寄せた経緯を述べる。当時、京都本能寺に居た信長は、六月朔日の夜半より深更に至るまで嫡男信忠、京都奉行の村井貞勝らと懇談するが、明智勢はその夜明け時分に本能寺に攻め込み、信長に腹を切らせた。そして、本能寺から宿所の妙覚寺に戻っていた信忠も二条御所に移って壮絶な討死を遂げる。こうして洛中を鎮めた光秀は、坂本城ついで安土城に入って信長の集めた重宝を手中にし、近江一円を押さえた。一方、この事変を三日の夜半に知った秀吉は急いで毛利方と和睦し、清水宗治らを切腹させたうえで軍勢を引き上げて畿内に馳せ向かい、十三日、摂津山崎の合戦で明智方を破る。敗れた光秀は坂本城を目指して落ち延びるが、安土にいて味方の敗軍を知った明智秀満は、安土城を焼いて坂本城に籠るものの、翌日光秀の首が見出されたことを知って城を焼き自害する。その後、清須城で行なわれた会議で、信忠嫡男（三法師）を後継の主君とし、柴田・羽柴・惟住・池田の四名が政を見ることとなった次第、また斎藤利三の捕縛・処刑のことを語る。ここで秀吉は、自分が信長五男である於次丸を養子としていることから、織田家と同胞合体の侍であるとし、いまだ信長の葬儀がおこなわれていないことを無念に思っているが、信長の御連枝がおられるので遠慮していたところ、信長没後四ヶ月を経た十月になっても何の法事も行なわれないことを無念に思って、十月中旬に大徳寺で七日間の法事を営むこととし、最十五日に葬礼を行なうこととした次第を語る。そして、当日の仏事や警固の様子、壮麗な葬儀の様子を述べた後、最後に「其時秀吉」として、信長の死を悼み、備中にいた秀吉が速やかに明智を退治したことで、信長への孝養を果た

したことを一代の冥加と記して「万歳珍重」して終わる。奥付は「于時天正十稔十月廿五日　謹誌之」とある。

以上のような内容を持つ『追善記』は、桑田らの指摘を待つまでもなく、『天正記』の一編である大村由己作「惟任退治記」（真名本）の諸本と照らし合わせてみると、後述するように何ヶ所か明瞭な違いを見せる箇所があるものの、基本的には同文と言ってよく、本記が「惟任退治記」を仮名交じり文に改めることによって成立したとの見方は充分了解しうるところである。とはいえ、随所に秀吉の功名を織り交ぜ、末尾に秀吉称揚の言辞を配して締めくくっているのは追善記として異例のものであろう。(6)

それはともかく、ここまでが、いわば『追善記』の本文であるが、その奥書の後に「右一巻者」で始まる後記が続いている。この箇所を天守閣本によって掲示する（」は行替えを示す）と次のごとくである（一部、字体を改めた）。

【史料1】天守閣本『総見院殿追善記』の本文最終二行・奥書と後記

秀吉一世の冥加末代の亀鏡也仍藻」虫斎由己記置所也万歳珍重〻〻

本云
于時天正十稔十月廿五日　　謹誌之

右一巻者杉原七郎左衛門尉家次」為秀吉御名代京都執権之間此」抄物当時之御名誉後代迄可相貽一」冊也故研氷染禿筆為諸人一覧」態交仮字書之者也」

徳庵叟　　永種筆

前半二行目「于時」の右肩にある小文字「本云」は「原本に云う」の意で、仮名交じり文『追善記』の原本である真名本の奥書（いわゆる本奥書）に「于時天正十稔十月廿五日　謹誌之」とあることを示し、上述のとおり、この行までが大村由己（藻虫斎と号す）によって書かれた『追善記』の本文である。

後半三行は、「右一巻」（『追善記』本文）の成立事情について書かれた後記である。大意は当時、秀吉の名代として京都奉行の任にあった杉原家次が、[7]「惟任退治記」を秀吉の名誉を後代にまで残すべき作品だと認識し、真名で書かれていた「惟任退治記」を、「諸人一覧」のために漢字仮名交じり文に改めて筆写するように委嘱したものであることを語るもので、末尾の署名者である「徳庵叟　永種」は、筆写を杉原に委嘱された連歌師で能書家でもあった松永永種のこと（徳庵と号す）[8]である。

つまり、現在伝わる『追善記』は、大村由己による本文（「謹誌之」まで）とこれを手写した松永永種による後記（「右一巻者」以下「永種筆」まで）とから成っていることとなるが、本来的な意味での『追善記』は、当然ながら「謹誌之」までを指すべきであった。ところが、従来の版本『追善記』ではこの後記をも含めて『総見院殿追善記』として流布しており、現在そのことに異議を唱える者もいない。

それはさておき、新発見の天守閣本『追善記』は、上述のとおり、本文の首尾を完備する善本であるが、そこに表題は認められない。そのことも含め「総見院殿追善記」なる表題は、今のところ、木版本『群書類従』が作られた十九世紀初頭頃までしか遡れない。

そこで今、経済雑誌社刊『群書類従』第十八輯所収本で表題を確認すると、『總見院殿追善記（舊本行書躰）』とあるのが注意される。[9]これは、翻刻した元の本が行書体で書かれているとの意であるが、まさに大阪城本『追善記』の書体と一致する。とすれば、版本『追善記』は、天守閣本『追善記』を直接翻刻したものであった可能性もあることとなるから、『総見院殿追善記』という表題は、元々『追善記』になかったもので、後世、何者かによって（今のところ『群書類従』編者の可能性も考えられる）名付けられたということも考えられる。[10]

そこで、改めて【史料1】の永種による後記を読むと、そこに信長の追善記であることを窺わせる文言はまったく見当たらない。すなわち、後記によれば、真名の本文（「惟任退治記」）が秀吉の名誉を後代にまで残すべき一冊なので、諸人一覧のため漢字仮名交じり文に改めて書いたとしか書いていないのである。そもそも、秀吉称賛の語句がちりばめられたその功業記である「惟任退治記」を、「諸人一覧」のために亡主信長の「追善記」に転用するなどというのは不敬極まることであり、そうしたことをまだ織田信雄・信孝兄弟は元より柴田勝家もが健在な天正十年十月の時点で行ないえたのか、という根本的な疑問点もあるように思われる。

こうした点を踏まえた時、『追善記』の成立事情については以下のように見なすことができるのではないだろうか。すなわちまず、安土築城から秀吉の中国攻め、光秀の本能寺・二条御所攻め、秀吉による光秀討伐の有様を書き継いできた由己が、亡主信長に対する報恩事業の総仕上げとして秀吉が主宰した信長葬儀の模様とこれまでの秀吉の武勇・孝養を麗々しく謳いあげた一文を書き入れた後、葬儀の終了後間もない十月二十五日に「惟任退治記」として完成させた記録があり[11]、それを当時の京都奉行であった杉原家次が、後代にまで残すべき秀吉称揚の記録とみて、その普及を図るために漢字仮名交じり文に改めた「惟任退治記」を松永永種に認めさせたものである、と。つまり、本記はそもそもが『総見院殿追善記』として成立したのではなく、「惟任退治記」の普及版として成立した作品であったと考えたいのである[12]。そして、その執筆時期は、天正十年十月二十五日の「惟任退治記」上梓以降、杉原の京都奉行在任期である翌年八月五日頃までの約十ヶ月間であろうと思われる。

以上の見解が認められるならば、当然ながら「総見院殿追善記」という表題も後世になって—それが『群書類従』刊行時のものであるのかはなお不明であるが—付されたものではないかと疑わざるを得ない。

そこで、このことに関して今ひとつ、『追善記』と成立の事情と時期を同じくする記録があるので、次節でそれを瞥見しておきたい。

二、『豊臣公報君讎記』とその成立事情について

国立国会図書館には、『追善記』と同じく松永永種が「惟任退治記」を漢字仮名交じり文に改めた記録を、寛永十三年(一六三六)に松庵玄茂という人物が手写した『豊臣公報君讎記』(以下、『報君讎記』という)と題する写本が所蔵

されている。近年、橋村勝明によってその解説と翻刻がなされているので[13]、それに依りながらその成立事情を検討してみたい。まず、その本文最終二行・本文奥書と後記を掲げる（」は行替えを示す）。

【史料2】『豊臣公報君讎記』の本文最終二行・奥書と後記

秀吉一世の冥慮末代の亀鑑也仍記之」万歳々々珍重至祝而已

天正十一年猛冬日　永種

右一巻者播州之住藻蟲齋由己蒙」秀吉之仰作記之云々」今天下之司職玄以尊老厳」命難辞之間乍憚避研蓋展」白楮陰昏鴉者也為恐之

これを『追善記』（【史料1】）と比較すると、『報君讎記』の本文奥書にある「天正十一年猛（孟カ―引用者）冬日永種」という表現からは、『報君讎記』そのものが天正十一年の孟冬（十月）、あたかも松永永種によって書かれた記録のように読めてしまう。しかも、『追善記』本文末尾にある「藻虫斎由己」の名をなぜか記していないことも気になるところで、何か作為的なものを感じさせるのである。もちろんこれは、続く「右一巻者」以下の記述で、大村由己が秀吉の仰せを被って作った記録を永種が書き下した作品であることが分かるようにはなっているのであるが、それにしても、そもそもここは由己による奥書が来るべき箇所だから違和感が残ることは避けられない。

ところで、続く後記によって本記の作成を厳命したのが京都奉行の前田玄以であったことが分かるが、玄以の京都奉行就任は天正十一年五月二十一日であったから、『報君讎記』が同年十月に成立したというのは、充分首肯しうる。とすれば、『追善記』の委嘱者の杉原家次は、先に述べたように、玄以の前任者ないし同僚であるから[14]、京都の支配権を確立した秀吉によって京都奉行に抜擢された杉原と前田の二人が、その報恩のために相次いで明智退治と信長葬儀の顚末を記した「惟任退治記」を漢字仮名交じり文に改めて、その普及化を図ったという事情が窺われる。すなわち、『追善記』と『報君讎記』は、相前後して、杉原と前田の委嘱を受けた松永永種が真名本「惟任退治記」を漢字仮名交じり文に改めて成立せしめた作品ということとなるのである。

ただ、上述の如くその奥書は如何にも奇妙なものであるが、そのことに加え、そもそも『豊臣公報君讎記』という表題についても、天正十一年に成立した本記に「豊臣」という語を含む表題が付けられたはずがないことも気になる。真の表題が不明なので本稿ではこの表題を使わざるを得ないが、たとえ本文の成立は天正十一年であったとしても、奥書や表題は後人による変更ないし創作であるとしか考えられないのであるが、そこに『追善記』表題の成立事情との暗合を感じざるを得ない。いずれにしろ、本記の成立事情には不可解な点が残されているように思われるのである。このことは橋村解説にも桑田論文にも言及されていないので注意を促しておきたい。

三、『総見院殿追善記』と「惟任退治記」の異同箇所

さて、第一節で述べたように、『追善記』は、『天正記』の一つである「惟任退治記」を仮名交じり文に読み下すことによって成立したものと認められる。しかしながら実は、仔細に見ていくと、両者の間には字句の異同・後記の有無などは別にして顕著な違いの認められる箇所がいくつかある。ここでは、特に重要な差異と思われる二ヶ所について検討してみたい。

一つは、天守閣本『追善記』132〜144行（群類本では753頁）にある記事で、駿河・遠江拝領の御礼言上のため、五月十四日に近江に入り、次いで安土に向かった徳川家康が、信長の計らいで五月二十一日に上洛して信忠の饗応を受け、さらに和泉の堺にまで下向した次第を記したくだりである。(15) これは天守閣本では十二行にも及ぶが、「惟任退治記」の諸本（古活字版、豊臣記、続群類本）はすべてこの箇所を欠いている。

今、この箇所を前後の文とともに掲出する（《　》括弧内が家康一行への饗応記事＝132〜144行）。

【史料3】天守閣本『総見院殿追善記』127〜146行

近来天下静謐の条、御用心もなく、国〻の諸侍、或ハ西国出張、或ハ東国警固、扨又織田三七信孝ハ四国へ渡海あるへき調儀として、惟住五郎左衛門尉長秀・蜂屋伯耆守を相添、和泉の堺に在陣す、《又徳川家康并今度帰参

せし穴山以下、人数二千計にて上洛し、御所の近辺四条町に宿を取、誠に境節の御警固たるへきを、数年の辛労、殊更今度東国にての馳走、斜ならす思食間、此刻一廉慰らるへしとて、先五月廿五日にハ、信忠御心遣を以、洛中の若衆達、其外堪能の乱舞者をめし集、清水寺本願にて終日御能、夜をかけて美〻敷御遊宴也、又堺津にて御茶湯以下馳走いたすへきよし、宮内法印へ仰出され、同廿七日に徳川・穴山、打列下向あり、》其外の諸侍、西国　御動座御供用意の為に在国せしめ、無人の御在京なり、

これを読めばすぐに分かるように、132～144行は前後の脈絡とは切り離すように挟まれた独立した挿話であって、この箇所を外して前後の文を繋いでみても、まったく違和感はない。むしろ、この挿話を外したほうが前後の繋がりがよく、スムーズに読めるというべきかも知れない。このことは、この挿話が元々の「惟任退治記」にはなかったもので、『追善記』を著した松永永種が手元にあった何らかの史料によって新たに挿入したものであったことを推測させる。

今一つは、天守閣本『追善記』148～149行で、本能寺を守衛する者が少ないことを述べた記事に続く、光秀の企みを述べるくだりである。やはり、「惟任退治記」の諸本はすべてこの箇所を欠いている。今、この箇所を前後の文とともに掲出する（《　》括弧内が光秀の企み記事＝148～149行）。

【史料4】天守閣本『総見院殿追善記』147～150行

御番所にハ漸小性衆百人に過す、《惟任此由を人を付置、能〻見居、如此企也、》返〻　御運の極所とそ、

こちらも、148～149行は独立した内容を持つ箇所で、やはりこのくだりが無くとも本文に影響はなく、永種による挿入が疑われる箇所である。

なお、ここで、前節で紹介した『報君讎記』を見ておくと、こちらは「惟任退治記」諸本と同様、この二ヶ所を欠いている。そして、この箇所も含め、筆者が本文を比較検討した限りでは、『報君讎記』の記事は『追善記』よりも「惟任退治記」と親近性を持っているように感じられる。(16) とすれば、同じような時期に同じ事情で、同じ人物によって書き写されたはずの『追善記』と『報君讎記』には大きな懸隔があると断じざるを得ないのである。

それはともかく、こうしてとりあえず『報君讎記』を脇に置くとすれば、松永永種が真名本の「惟任退治記」を仮名交じり文に改めた『追善記』を執筆するにあたって、独自に入手した情報に基づいて、元の「惟任退治記」にはない記事を書き加えた可能性が高い。そのニュースソースなどについては、今のところ不明とせざるを得ないが、永種によって書き加えられた情報には今まで知られてこなかった貴重なものが含まれているように思われる。

まず、【史料3】からは、五月二十五日に信忠の配慮のもと、「清水寺本願」、すなわち清水寺の本願成就院[17]において、洛中の若衆や乱舞者を集めて終日、能を催して家康一行をもてなした様子が窺われる。この時、清水寺で能が興行されたことは西洞院時慶の『日々記』[18]に見えているが[19]、それが本願成就院での演能であったことについては従来、知られていないようであり[20]、新しい知見と言えよう。また、徳川・穴山らの一行が堺に下向した日付について従来は、『宗及他会記』によって五月二十九日とされてきたが[21]、本記では五月二十七日となっているのも新しい知見である。

次に、【史料4】からは、信長の身辺が手薄になっていることを、光秀が間諜(スパイ)を放って確認させている様子が窺える。これは当然、光秀が家康一行饗応の役を解かれ、坂本城に帰った五月十七日[22]以降に行なわれた工作であろうが、いつ信長が上洛するかとか、上洛時の信長の身辺警固の状況如何といった情報をあらかじめ入手することは本能寺襲撃の可否を判断するにあたって不可欠の手段であることを思えば、充分有り得べきこととの評価ができよう。こちらも、管見の限り、本能寺の変を取り扱った諸書にはまったく記述されてこなかったもののようであるが[23]、天守閣本『追善記』が本能寺の変の僅か一年後に成立した記録であることに加え、その内容から見ても信頼性の高い、貴重な情報と見なし得るだろう[24]。

四、天守閣本『総見院殿追善記』出現の意義

ところで、こうした『追善記』と「惟任退治記」の異同箇所について、上記とは別に、桑田忠親が「この徳庵の写本(ここでは版本『追善記』のこと—引用者)を見ると、秀吉事記や続群書類従本(いずれも「惟任退治記」のこと—引用

者）に見えぬ由己の末文並びに奥書が見られる」と注意を喚起している箇所がある。[25] 最後に、このことについて述べておきたい。

桑田が「秀吉事記や続群書類従本に見えぬ」として引用しているのは、天守閣本『追善記』451～466行にあたる次の一文である（群類本『追善記』による。引用にあたって、漢字は通用の字体に改めた）。

【史料5】

其時、秀吉、御次麿相共に焼香し、十月十五日巳剋、無常の煙となし奉る。誠是一生別離の悲なり、誰有てかこれを歎さらむ。就中、涙留さるは、秀吉双眼なり、偏に将軍の威気天下に衣被し、古今に独歩す、上は上皇を安し奉り、下ハ下民を憐む、仍忝も勅使をたて贈官を給ふ、総見院殿大相国一品泰巌大居士と号し奉るもの也、秀吉備中表において、武勇を専とし籌策を運し給はすは、争か速に惟任を退治せむ、今本意を達し此孝養を行事、秀吉一世の冥加、末代の亀鑑也、仍藻虫斎由己記置所也、万歳珍重々々、

于時天正十稔十月廿五日　　謹誌之

桑田が「秀吉事記や続群書類従本」に見えないとしたこの箇所は、しかしながら、天守閣本『追善記』のみならず、『報君讎記』、『豊臣記』[26] にも、そして古版本「惟任退治記」にも見えている。[27] 従って、この箇所はもともと原本「惟任退治記」やそれを仮名交じり文に写した天守閣本『追善記』など総じて成立時期の早い記録にはあるものと認められるから、桑田が目にした「秀吉事記や続群書類従本」は、江戸時代に入って一定期間の過ぎたある時期[28] に何らかの事情で当該箇所を欠失したテキストであったと見なさざるを得ないこととなる。

その理由について桑田は何も触れておらず、ここでも後考を俟つこととせざるを得ないが、当該箇所は大徳寺葬儀における信長との別離や光秀追討など、秀吉の「孝養」をことさら称揚した箇所であるから、十七世紀末頃から顕著となる幕府の豊臣氏忌避の情勢のなかで、秀吉称揚の意図が著しい『秀吉事記』や続群類本の末尾部分を意図的に削除した一本ができあがった可能性もあるのではないだろうか。[29]

いずれにしろ、こうした実態は今回、原本と見なしうる天守閣本『追善記』が出現したことによって明らかになったことだといえよう。

注

（1）　桑田忠親著『豊太閤伝記物語の研究』（中文館書店、一九四〇年）第三章第二節に「なほこの記（惟任退治記のこと―引用者）に就いては、群書類従巻五百二十に総見院殿追善記という記録がある。これは題こそ異れ、この惟任謀反記を当時の人が和文体に書き直したものに過ぎない」とある。また、藤井貞文も『群書解題』第八輯（続群書類従完成会編刊、一九六一年）所収「總見院殿追善記」において、「追善の記録として信長の謚号を冠して「総見院殿追善記」と名付けられているが、本来は「天正記」の一部である漢文の「惟任退治記」を仮名交り文に改めたもの」としている。

（2）　木版本『群書類従』は、塙保己一によって安永八年（一七七九）着手され、文政二年（一八一九）に全冊の版木ができあがった。しかし、その版行は、保己一の死やその嗣子忠宝の暗殺、さらには幕末の動乱などによって難渋を極めたらしい（『国史大辞典』ほか）。近代になると、『追善記』はまず、木版本を翻刻した経済雑誌社の『群書類従』第十八輯（一九〇六年＝明治三十九）に収録され、次いで続群書類従完成会編『群書類従』第二十九輯（一九三二年＝昭和七）にも収録された。このほか、黒川真道編『日本歴史文庫』（集文館、一九一一年＝明治四十四）にも収められているが、現在では続群書類従完成会本が使われることが多いようである。

（3）　渡辺武「昭和五十二年度大阪城天守閣新修資料紹介―a古文書687総見院殿追善記」（『大阪城天守閣紀要』第七号、一九七九年）に詳しい解説がある（同文が「㊴総見院殿追善記」（大阪城天守閣編『華―大阪城天守閣名品集』別冊「古文書解説文」一九九〇年）にも収められている）。それによれば、本記は信長次男の織田信雄系の丹波柏原藩主織田家に襲蔵されてきたもので、「江戸時代の写本では得られない、桃山時代の原本にふさわしい特質をよく示している」とし、「松永永種筆『総見院殿追善記』の原本そのものと判定されるのである」と結んでいる。従うべき見解であろう。なおここで、少し書誌的な事項を補足しておけば、本記はいきなり本文から始まっており、表題の有無は明らかではない。とはいえ、本文の首尾を完備する善本で、罫線を引いた上質の鳥の子紙に一行12～15字程度の文字を流麗な行書で認めたものである。現状は長さ十五メートル余にも達する巻子本であるが、紙面の汚れなどから察するに、元々は六行を一単位とする紙片に書き継いで折本としたものを、台紙に張り継いで巻物としたように思われる。冒頭の欄外下部には巻子に仕立てた後の所蔵者印である「足水家蔵」との朱印が認められる。

（4）以下の叙述に出てくる『追善記』の行数は、今回の翻刻に伴って便宜的に付したものである。

（5）天守閣本『追善記』と群類本『追善記』との本文比較を行なったところ、前者の「徳川家康」を後者では「徳川ー」・「徳川ーー」などとしてあることを除けば、濁点や欠字の有無といった違いはあるものの両者はほとんど同文と言ってよいことが判明した。

（6）注（1）前掲藤井解題にも「信長追善記というよりは、秀吉の武功を賞した軍記であり、それ故に信長の死をめぐる秀吉と光秀の争覇戦、さらには葬儀の場における秀吉の勢威などを伝える政治史の好史料である」とある。

（7）杉原家次は、秀吉室（北政所）の伯父であることもあって、早くから秀吉に重用された。天正十年八月七日からは浅野長吉とともに京都奉行（後の京都所司代）に任じられ、同年十月からは杉原の一人制に移行したものの、翌年五月二十一日から八月四日頃までは再び前田玄以との二人制のもとでその任にあった（伊藤真昭著『京都の寺社と豊臣政権』法蔵館、二〇〇三年）。そして、「京都執権之間」とあるから、この後記が天正十年八月から翌年八月までの京都奉行在任中に認められたものであることが分かる。

（8）『日本古典文学大辞典』第一巻（岩波書店、一九八三年）「永種えいしゅ」項には、「連歌作者。松永氏。号は徳庵。摂津高槻城主入江政重の子。父の死により、母方の姓松永を名乗る」〈奥田勲執筆〉とある。また、「慶長三年六十一歳で没か」としているので、とすれば天文七年（一五三八）生まれということになる。なお、永種は俳人・歌学者として著名な松永貞徳（一五七一～一六五三）の父であるが、その伝記は、小高敏郎著『松永貞徳の研究』（至文堂、一九五三年。後に『新訂　松永貞徳の研究』臨川書店、一九八八年。本稿では後者を用いる）の第一章第二節父永種に詳しい。それによれば、永種は七歳の頃、東福寺に入るが、その修行中に相国寺の仁如集堯にも学び、そこで終生の親友というべき大村由己に出会ったという。山本西武編『鷹筑波集』の永徳跋文には「此由己は相国寺仁如和尚の下にて丸が父と同学せられし故後まで如兄弟有し丸を子に養たきと申され、太閤御所の御前の執筆なと仕しも皆此人の引級也」とあって、その親交振りが窺えるが、それによって由己が貞徳を養子に所望し、また由己の推薦によって貞徳が一時秀吉の右筆となったことも判明する。なお、永種が能書家であったことは、小高前掲書に「多芸多才の彼は入木道にも秀で、名筆の聞えが高く、揮毫の依頼も多かった」とあることからも窺えるが、その例証として『追善記』の執筆を杉原が求めたとするのは如何であろうか。勿論、そういう側面もあったことは間違いないであろうが、それとともに、由己と永種との友好関係が深く関係したことも疑いえないように思われる。

（9）なお、続群書類従完成会本には『総見院殿追善記』とあるだけで、〈舊本行書体〉の文言は見られない。

（10）総見院殿追善記なる表題が当初からのものではない可能性の指摘は、既に渡辺武によってなされている（注（3）前掲論文）。

(11) 本能寺の変から山崎合戦を経て信長の後継者としての地位確立に至る時期の秀吉の功業を称える「惟任退治記」という記録が、信長の五男で秀吉の猶子となった羽柴御次丸を擁して信長の葬儀を取り仕切った盛儀を以て締めくくるというのはある意味で当然と言えるだろう。

(12) 注(8)小高前掲書(第二章第一節)に、天正十年十月に秀吉によって営まれた信長の葬儀について、同二十五日には大村由己がその盛儀を詳しく記した「総見院殿追善記」を撰したとし、間もなく、名筆の評判の高かった松永永種が浄書を頼まれたらしい、とあるのはいずれも誤りである。この時、由己が記したのは「惟任退治記」であるし、永種が頼まれたのはその浄書ではなく、真名文を漢字仮名交じり文に改めた普及本であったからである。

(13) 橋村勝明「国立国会図書館『豊臣公報君讎記』解説幷に翻刻本文」(『広島文教女子大学紀要』37巻、二〇〇二年)。

(14) 注(7)参照のこと。

(15) 奥野高広・岩沢愿彦校注『信長公記』巻十五(天正十年)。なお、『寛政重修諸家譜』巻四九一には、家康一行が京都から堺に向かう途次の二十一日、大坂城において当時大坂在番中の織田信澄から懇ろに饗された、との記事がある。

(16) ここでは三者の詳細な比較を試みる余裕はないものの、その二、三を挙げれば次のような箇所である。
天守閣本『追善記』68~69行の「落居すへき城にあらす」のところ、『報君讎記』では「力攻に及へからす」とし、同じく254~256行の「信澄惟任に所縁たり、又　将軍へ対し宿意ある事なれハ、即時に大坂へ打寄」のところは、「信澄は惟任所縁たる故、又将軍へも意趣なきに非ず、旁大坂へ押寄」とする。いずれも『報君讎記』は「惟任退治記」に近い表現である。また、『追善記』393~394行の「秀吉所生元来貴に非す、然を　相公第五男」の「然を」の前には『報君讎記』と「惟任退治記」では「年来御推挙ゆへ御義恩を蒙事其比類なし剰/然将軍推挙。蒙御恩恵事。曽以無其比類剰」が入る。もっとも、『追善記』と『報君讎記』の文言が「惟任退治記」より似ている箇所もあるので一概には言えないのではあるが、大方の傾向としては誤っていないと思う。

(17) 成就院は、応仁の乱で清水寺が全焼した後、その復興事業を行なうなかで創建されたものである。すなわち、当時の著名な勧進僧である願阿上人が、兵火によって失われた伽藍再興の勧進活動を進めるにあたって、その本願職となって力を尽くしたが、その住坊が遅くとも延徳二年(一四九〇)以降に成就院と名乗るようになったもので、本願成就院と呼ばれた。当時、成就院は寺内の枢要の地、すなわち現在の経堂・田村堂のあたりにあったらしいが、寛永六年(一六二九)九月、成就院からの失火により、清水寺の伽藍がほぼ全焼したのを受けて、現在地に移されることとなったらしい(清水寺史編纂委員会編『清水寺史』第一(上)・二巻(下)通史(法蔵館、一九九五・九七年))。これを受けて同十六年、東福門院和子の寄進によって再建されたものが現在の成就院であるという(『京都市の地名』日本歴史地名大系27、平凡社、一九七九年)。

（18）「乱舞」について、『日本国語大辞典』には二、三の意味が掲げられているが、③に「能のこと。またその一節を謡い奏して舞うこと。」とあるのが、後文との関係から妥当しよう。とすれば、「乱舞者」とは能の役者を指す語と思われる。

（19）『日々記』天正十年五月二十六日条には「清水にて能在之、城介、徳河あな山ニ城をくわへ、ふるまい也」（読点―引用者）とあって、追善記とは一日のずれがあるがこの日、清水寺で織田信忠・徳川家康・穴山梅雪らが能を鑑賞したことが知られる。この記事に付いては、京都市歴史資料館の吉住恭子氏から有益なご教示を賜わった。この場を借りて厚く御礼申し上げる。

（20）清水寺史編纂委員会編『清水寺史』第一巻通史（上）（音羽山清水寺刊、一九九五年）第五章第三節、同会編『清水寺史』第三巻史料（同寺刊、二〇〇〇年）など。なお、『群書類従』二十九輯所収本には「本領成就院」とある。管見の限り、このことに言及しているのは、和田裕弘著『織田信忠』（中央公論新社、二〇一九年）のみである。和田は、同書のなかで『追善記』を引き、「洛中の若衆達、そのほか堪能の乱舞者を集め、清水寺本領にて終日、御能、夜をかけて美々しき御遊宴。」と記しているが、「清水寺本領」とあるので、群類本に拠っていることが分かる。

（21）河内将芳著『宿所の変遷からみる　信長と京都』淡交社、二〇一八年。

（22）注（15）前掲書同日条。

（23）ここでは、谷口克廣著『検証　本能寺の変』（吉川弘文館、二〇〇七年）、藤田達生著『証言本能寺の変　史料で読む戦国史』（八木書店、二〇一〇年）、渡邊大門著『本能寺の変に謎はあるのか？　資料から読み解く光秀・謀反の真相』（昌文社、二〇一九年）を挙げておこう。いずれも表題が示すように多くの同時代史料を駆使して本能寺の変の経過を検証しているが、掲載・引用史料に「惟任退治記」は含まれるものの『追善記』は含まれていないので、当然ながらこの情報は見当たらない。

（24）この情報は、本能寺の変以前において光秀が企んだ唯一の具体的な工作を示すものとして貴重である。従来、なぜ光秀が六月二日に決行したのかという点については、信長と光秀を取り巻く状況証拠から様々に言及されてきたが、なぜこの日に決行し得たのかという観点に立ってみた場合、信長の身辺が手薄だという状況を光秀が間諜を放って確認していたことこそ不可欠の事前工作であったことに改めて気づかされるのである。なお、渡邊大門は注（23）著書の終章において「光秀は少なくとも何らかの方法によって、信長が僅かな手勢で入るという情報を得ていたと推測される。」と述べている。それは、当然の推測であるが、その「何らかの方法」こそ、「惟任此由を人を付置、能〻見居」であったのである。従って、渡邊が続いて「そこで、一か八かという賭けに出て、信長を討とうとした」と述べたのは誤りで、光秀には然るべき情報に基づいた充分な勝算があったと見なければならないだろう。

（25）注（1）桑田前掲書第三章第二節。

(26) ただし、本記は「秀吉備中表にをいて」(天守閣本461行)以下、末尾に至るまでのうち、日付(天正十年十月廿五日)以外を欠いている。

(27) 第一種および第二種古活字版、承応三年(一六五四)整版にて確認した。

(28) 『秀吉事記』の成立は元禄八年(一六九五)である(『日本古典文学大辞典』第四巻「天正記」笹川祥生執筆(岩波書店、一九八四年))から、およそ元禄初年頃だったのではないか。なお、桑田校注「惟任謀反記」(『太閤史料集』人物往来社、一九六五年)も続群書類従本に拠っているから、この箇所は欠いている。

(29) 宮武外骨著『改訂増補　筆禍史』(成光館、一九二六年)によると、元禄十一年(一六九八)の春、江戸の書肆鱗形屋から出版された『太閤記』が同年八月、幕府の忌避に遭い、版元は御咎めのうえで絶版とされたが、これが『太閤記』絶版の濫觴、とある。この太閤記は、いわゆる甫庵太閤記ではなく、古浄瑠璃の太閤記であったようで、森節男によれば、これは「元禄十一年正月に刊行されたと推定される全七巻各六段の浄瑠璃作品(但し上演されたものではなく、読物として刊行されたもの)で、(中略)本作は刊行後ただちに絶版になったらしく、初版未改修本は今日伝わっていない」ようである(森「古浄瑠璃『太閤記』の典拠と編集方法」大阪市立大学国語国文学研究室編刊『文学史研究』第五十九巻、二〇一九年)。
なお、宮武の『改訂増補　筆禍史』に知的刺激をうけ、どうすればこの作品を超えうるかを考え、資料を集め、江戸時代の前半期の禁書についてまとめたとする今田洋三著『江戸の禁書』(吉川弘文館、一九八一年)にはこの事件についてまったく触れるところが無い。

第二章　『総見院殿追善記』の翻刻

凡　例

一、翻刻の底本は、大阪城天守閣所蔵『総見院殿追善記』である。本記は、当時京都奉行であった杉原家次が秀吉の名誉を後代にまで残すためとして、真名で書かれた大村由己作「惟任退治記」を能筆家の松永永種をして漢字仮名交じり文に改めさせたもので従来、『群書類従』所収本でしか知られなかった『総見院殿追善記』の原本と目される一書である。

二、字体は原則として現在通用の文字を用いることとし、変体仮名も現行の平仮名に改めた。

三、仮名遣い・送り仮名は、原則として原文のままとしたが適宜、読解の便のため、平仮名に改めたところもある。

四、読解の便のため適宜、読点・並列点を挿入した。

五、いくつか訓点を付すべき箇所があるが、すべて省略した。

六、欠字は、原文に従って一字空け、二字空けで示すこととした。

七、検索の便を図るため、五行ごとの行頭に行数を表示した。

八、留意すべき文字・事項があれば、当該箇所の右脇に（ママ）を付すか、又は注番号を付して、後注にて解説した。

九、翻刻にあたっては、中村博司が原案を作成し、渡邉慶一郎がそれに目を通した上で、さらに二人で検討して最終原稿とした。

十、翻刻にあたって、経済雑誌社編刊『群書類従』第十八輯所収「総見院殿追善記」、続群書類従完成会編刊『群書類従』第二十九輯所収「総見院殿追善記」（群類本と略記）の他、金沢市立玉川図書館近世史料館蔵『豊臣記』所収「無題（惟任退治記）」（豊臣記と略記）、国立公文書館蔵第一種古活字版『天正記』所収「惟任退治記」（退治記と略記）などを参照した。

十一、大阪城天守閣所蔵史料の閲覧にあたっては、同館学芸員跡部信（主幹）・瀬島宏計両氏のお世話になった。また、全文翻刻について大阪城天守閣のご高配にも感謝したい。

夫、熟観世間の栄衰、南山の春花、逆風散之、東嶺の秋月、狂雲蔵之、千歳松、不免斧斤の厄、万代亀、豈無刳焦の憂乎、槿花の栄、胡蝶の夢、何羨何悲哉、

抑　贈一品左相府平朝臣信長、天下に棟梁とし、国家に塩梅たる事歳久し、此先、江州安土山にをいて城郭をこしらへ、大石を以山をつゝみ、東西の甍、南北の台、金殿紫閣、天上の雲に連り、玉楼粉墻、湖水の波に輝く、勝絶算言へからす、忝　上皇をハしめ奉り、日〻　勅使をたて、月卿雲客床を対し、百官諸候(ママ)座をつらね、九重城闕今爰にありと謂つへし、三管領其外諸国の主人、首をかたふけさるものなし、或時ハ数百連の鷹を集て、山野に狩場の遊をなし、或時は千万騎の馬を揃へ、都鄙にて馬場の興を催す、朝にハ挙直錯諸枉の政道を行ひ、夕には翠帳紅閨に入、三千の寵愛を専とす、日〻の徳行、夜〻の遊宴まことに余あり、かの驪山宮の栄花、上陽殿の楽遊も寧これに過へけむや、に(1)粤武田四郎勝頼と云ものあり、甲信両国の領主として年来の朝敵たり、然間、秋田城介平朝臣信忠、信州に至て出馬あり、高遠の城を取巻、勝頼舎弟仁科五郎并小山田備中守相践の地なり、河尻与兵衛尉、調略を以即時に攻崩、悉これを討果す、其競をもて、甲州韮崎の府中に入、勝頼ハ一戦に及ハす、則敗北して天目山に隠、信忠先勢河尻与兵衛・滝川左近丞以下、彼山中に追詰、数ヶ度合戦に及ひ、武田勝頼・同嫡子太郎信勝・同左馬助勝定・逍遥軒、其外彼一族悉首を討来、甲州・信州・駿州、三箇国本意に属するの旨　上聞に達す、仍御動座あり、三ヶ国御一見の刻、相残る関東の諸大名、御味方に馳参もの也、将軍年来、富士山御一見の望あり、此

山ハ天竺・支那・扶桑、三国無双の名山也、然を、今吾山と成て、大望を達する事とて、快喜斜ならす、さて遠州・参州に赴給ふ、徳川参河守家康[2]の館に至て御滞留あり、其後親子相共に御馬を納給ふ、扨も羽柴筑前守秀吉ハ、天正六年[3]播州に馳下、別所を対治（ママ）してより以降、西国征伐の軍主を奉り、備前・美作の守護宇喜多を手に属し、播磨・但馬・因幡、五ヶ国の人数を引率して、天正十年三月十五日、備中国冠城に押寄、敵のそなへ尤剛強也、しかるを、此城にをいてハ、縦人数を損すといふとも無二に攻破、西国の響となすへき旨兼て相定、杉原七郎左衛門・荒木平大夫・千石（ママ）権兵衛を先として、彼地の肝要とふまへたる水の手に攻入、これをとる、秀吉感悦斜ならすして、両三人に馬・太刀を遣ハす、城よりハ種〻懇望を尽すといへ共、更に承引なく、万牛五丁の攻をなして、即時に乗込、悉く首を刎了ぬ、時日を移さす、河屋か城をとり巻、彼城主敵軍の威をみて、毛利家の援兵を待す、播楯をおろし、甲を脱て降参を致すの条、命を扶て追北す、其後、高松の城に人数寄て是をみれは、三方に沢沼有て、曽人馬の通路なし、一方ハ重〻大堀を構て、数年毛利家より相拵し、要害堅固の地なり、縦日本国を寄て攻といふとも、輙落居すへき城にあらす、然間、秀吉工夫して、所詮水責にすへき行をなす、城のめくり二三里か間に、山とひとしく塘をつかせ、堤の内にハ材木を寄て楗を搔、大河・小河の水上を尋ね、山をほり、巌石を切抜、田辺溝川の瀦水までも、悉これを流し懸て、忽に彼地を一の湖となす、新に築出す堤上には付城数ヶ所相拵、大船を造、筏を組、敵城乙丸に攻込、合壁・屋宅を引払、甲丸とひとつになす、敵の軍士ハ、水の漲に随て、大木の梢に簀をかき、板をからむ、波に漂ふ舎宅ハ、只舟のノ乀[4]たるかことし、寔籠中の鳥、網代の魚の悲喩を以ても述かたし、又別に人数一万余騎を分て、五町十町の間を引隔、後詰の備としてこれを置、然処に、毛利右馬頭輝元・小早川左衛門佐隆景・吉川駿河守元春、彼高松の城救を成すはあるへからす、備中表にして骸を曝へきの旨儀定して、分国十ヶ国の人数八万余騎を引率して、備中国高山の続、釈迦峰・不動嶽に陣をとる、敵間十町に過す、其程に川あり、故に双方輙く相懸ことを得す、数日を送もの也、然を秀吉、かの後詰の人数に切かゝり、追崩へき事屑ならす、然は西国一篇に御本意たるへき旨　上意を得らるゝ処に、御下知を成下、卒爾の合戦然へからすとの　御諚を、堀久太郎に池田勝三(5)郎・中川瀬兵衛・高山右近丞等を差加て、仰遣ハす、　将軍ハ信忠を相供して京都に御動座あり、惟任日向守光秀を軍使として、早々備中へ着陣せしめ、秀吉と相談し、合戦の行により　御動座あるへきの旨、厳重なり、惟任　公儀を奉り、其勢二万余騎を揃、備中へハ下すして、密に謀叛を工、併当座の存念にあらす、年来の逆意、識察する所なり、五月廿八日、愛宕山にのほりて、一座の連歌を催す、秀光(ママ)発句をなして曰、

　時はいま天か下しるさ月かな

今これを思惟するに、誠に謀反の先兆也、何人か是を悟乎、さて、天正十年六月朔日夜半より、彼二万余騎を延、丹波国亀山を打立、四条西洞院本能寺、相府の御所へ押寄、　将軍此事夢にも知召給はす、宵には信忠を近つけ、常よりもしたしく、我壮年の昔を語り、且ハ思残す事なき果報を悦ひ、兼ハ万代長久の栄耀を工給ふ、村井入道春長、近習の小性(ママ)以下に至までも、憐愍の御詞を加給ふ、夜も深更になるまゝ、信忠御暇乞ありて、妙覚寺の屋形へ還入たまふ、　将軍も深閨に入、佳妃好嬪を召集給ひ、鴛鴦の衾、

連理の枕、夜半の私語、寔に世間の夢の限にあらすや、惟任途中にひかへ、魁として、明智弥平次・同勝兵衛・同次右衛門・同孫十郎・斎藤内蔵助、其外の諸卒、四方へ人数を分、御所の廻を取巻、はや夜も明闇の時分、合壁引壊、門木戸を剪破、一度に颯と乱入、　将軍御運の尽処ハ、近来天下静謐の条、御用心もなく、国〻の諸侍、或ハ西国出張、或ハ東国警固、扨又織田三七信孝ハ、四国へ渡海あるへき調儀として、惟住五郎左衛門尉長秀・蜂屋伯耆守を相添、和泉の堺に在陣す、又徳川家康并今度帰参せし穴山以下、人数二千計にて上洛し、　御所の近辺四条町に宿を取、誠に境節の御警固たるへきを、数年の辛労、殊更今度東国にての馳走、斜ならす思食間、此刻一廉慰らるへしとて、先五月廿五日にハ、信忠御心遣を以、洛中の若衆達、其外堪能の乱舞者をめし集、清(6)水寺本願にて終日

御能、夜をかけて美〻敷御遊宴也、又堺津にて御茶湯以下馳走いたすへきよし、宮内法印へ仰出され、同廿七日に徳川・穴山、打列下向あり、其外の諸侍、西国　御動座御供用意の為に在国せしめ、無人の御在京なり、偶御供の衆、外様の面〻も洛中所〻に打散、思〻の遊興にて、御番所にハ漸小性(ママ)衆、百人に過す、惟任此由を人を付置、能〻見居、如此企也、返〻　御運の極所とそ、　将軍夜討の由を聞召、森乱を近付て問給ふ、惟任謀反のよし中上、それ怨を以恩を報する事、様なきにあらす、生ある者の滅(7)する事定道なり、今更驚へきに非すやとて、弓乙とり、広縁さして出給ひ、むかふ兵五六人射伏、後ハ十文字鎌にて敵数輩懸倒、門外まて追散し、数ヶ所御疵を被、御座をさして引入給ふ、森乱を始として、高橋虎松・大塚又一・落合小八郎・菅屋角蔵・中尾源太郎・薄田与五郎・狩野又九郎・湯浅

甚介・針阿弥以下に至まて、思〻の働にて一端敵を防戦といへとも、多勢なれハ叶ハす、荒手に攻立られ、悉うち果す、　将軍頃日ハ、春花とも秋月とも翫給ふ紅紫粉黛を悉指殺、御殿に手つから火を懸、御腹を召了ぬ、村井入道春長ハ御門外に私宅あり、御所の震動するを聞付て、初ハ喧嘩と心得、物具取あへす走出、これを見に、惟任人数二万余騎取巻相戦、一所に懸入らんと思ひ、術計を尽といへとも叶ハす、依之信忠御陣所妙覚寺へ馳参、此旨を言上す、然は信忠ハ、是非本能寺へ懸入、諸共に腹を切へしと僉議ありといへとも、敵軍重〻堅固の囲なれは、天を翔翼ならてハ通路しかたし、寔咫尺千里歎に余あり、然に妙覚寺浅まの所也、何方にか腹を切へき館あらんと御尋あり、春長承、忝も　親王の御座二条の御所、可然由言上す、則使者を立、案内ありて、　春宮をは輦にて内裏へ移奉り、信忠纔に五六百ハかりにて、二条の御所へ入給ふ、　将軍御馬廻、惟任に隔らるゝ残党、二条の御所へ馳加もの一千余騎、御前にある人〻は、御舎弟御坊・織田又十郎・村井春長軒・団平八・菅屋九右衛門親子三人・福富平左衛門・猪子兵介・下石彦右衛門・野〻村三十郎・赤沢七郎右衛門・斎藤新五・塙伝三郎・桑原吉蔵・水野九蔵・小山田弥太郎・桜木伝七・小沢・春日源八、此外歴〻の諸侍、思切て惟任寄来を待懸たり、惟任ハ　将軍御腹をめされ、御殿に焔の上を見て、安堵して、信忠御陣所を尋るに、二条の御所へ楯籠給由を聞、人馬に息をも続せす押寄、御所には元より覚悟の前なれは、追手の門をハ開置、弓鉄砲前に立、内に扣たる軍兵、思〻の得道具を持、前後を鎮居たり、魁の兵とも面をふらす懸けり、立並たる弓鉄砲にて差取引取、散〻に射退、排所を衝出、追払込こまれ、数刻戦たり、敵ハ六具〆固たる猛勢にて、荒手を入替〻攻来、味方ハ素膚に帷ハかりにて、心は剛に勇といへとも、長鑓・大打物、刃を揃て攻入ほとに、爰にてハ五十人、彼にてハ百余人、残少討なされて、既に御殿間近く詰寄、信忠御兄弟御腹巻をめされ、傍にある面〻百余人も具足を着したり、先信忠一番に切て出給ひ、面に進兵を十七八人切伏、のこりの人〻も我劣らしと火花を散し相戦ひ、四方へ颯と追散す、其時、明智孫十郎・杉生三右衛門・加成清次、其外究竟の兵数人名乗て、取還し切懸る、信忠御覧し、真中に切て入、頃日稽古の兵法古流当流秘伝の術、英傑一太刀までも奥儀を尽して切廻、孫十郎を薙伏、清次・三右衛門首、丁〻と打落す、御近習の面〻も力の限切合攻入、敵の人数悉討果す、最後の合戦残所なし、　将軍御供申へきと御殿の四方へ火を懸て真中に取籠、腹十文字に切給ふ、其外の兵とも、思〻に敷皮を双て腹を切、一度に焰と成畢ぬ、　将軍御歳四十九、信忠御歳廿六、惜へし悲へし、上下万民みな愁涙に沈すといふものなし、爰に濃州の住人松野平介一忠、其夜辺土に在しか、夜討の由を聞て馳来所に、両所の軍事終間力及ハす、妙顕寺へ走入、追腹切へしと覚悟を定、一忠元より不肖の身といへとも、医道を心得、文武を兼たる士也、常に和歌の道に心を懸、参学に眼をさらす、されハ辞世として一首の歌、両句の頌あり、

　そのきハに消のこる身のうき雲も
　　つゐにはおなしみちの山風

　手握活人三尺剣即令截断一乾坤

かくのことく書置、腹掻切、臓腑を劚出し死畢ぬ、寔無双の働なり、聞人感涙を滴すと云事なし、惟任ハ洛中を鎮、勝竜寺にハ明智勝兵衛を残置、其日の午刻に坂本の城にいたる、安土にハ此由を伝聞、宿直の番衆をハしめ、前夫人・後夫人、北之方、西対、東南の局〻、妾古後達、奴婢・雑人に至まて、徒裸足にて散〻に北走、　将軍御在世の時ハ、只仮初の往還にも鸞輿飾車、千乗万騎の驂にて美〻敷粧なりしか、今更引替、愁苦辛勤の消息、譬ハ唐玄宗の楊貴妃、

禄山か兵塵に蜀道の難悲を凌、楚項羽の虞美人、高祖の攻をうけて、烏江の波に漂憂、何これに異ならんや、さて惟任、安土に移り、御殿楼閣にのほり、累年聚置ける御道具、天下の重宝、金銀珠玉、綾羅錦銹（ママ）に至まて、悉取掛（ママ）、長浜・棹山へ乱入、江州一篇に相従、六月十日坂本の城に帰陣す、然に惟任合体の侍、丹後に長岡兵部大輔藤孝、大和に筒井の順慶へ、京都の趣注進せしめ、早ゝ上洛あるへき由、再三使札を遣といへとも、逆意の所行たる間、更相与せさるもの也、又和泉堺に在陣せる織田三七信孝・惟住五郎左衛門尉長秀、此由を聞、織田七兵衛信澄、惟任に所縁たり、又　将軍へ対し、宿意ある事なれハ、即時に大坂へ打寄、これを討果す、さて備中表秀吉陣へハ、六月三日夜半計に密に注進あり、秀吉ハこれを聞より、心中の愁傷限なしといへとも、さらぬ体にもてなし、弥陣を張寄、日畑の要害籌策を以現形せしめ、其外一統のものこれを引着、秀吉狂歌を読て諸陣に触也、

　両川のひとつになりて落ぬれは
　　もりたかまつも藻くつにそなる

高松城大将五六人腹を切せ、残党相扶らるへき旨降参いたす、又毛利家より懇望条ゝあり、分国の内、備中・備後・伯耆・出雲・石見、以上五ヶ国渡進、誓紙を添、人質を出し、御旗を続へきの由、再三申来、然に高松の事ハ、有情の類、鶏犬牛馬に至までも悉攻殺し、毛利家にをいては其根をたち、其葉を枯すへき存念たりといへとも、弓矢を速に果し、京都の本意相達すへき思惟を以、高松の城主志水（ママ）兄弟、芸州加勢の主人三人、腹をきらせ、雑兵をはたすけ、杉原七郎左衛門尉を検使として城内を請取、丈夫に人数を入置、毛利家よりの懇望をも条ゝの旨に任せ、五ヶ国并人質誓紙等を請取、先毛利家の陣を払ハせ、秀吉ハ心閑にもてなし、六月六日未剋、備中表を引、備前国沼城にいたる、七日大雨疾風、

数ヶ所の大河洪水を凌、姫地(ママ)に至、二十里ハかり其日着陣、諸卒相揃ハすといへとも、九日姫地(ママ)をたち、昼夜の堺もなく、人馬に息も休せす、打上程に尼崎にいたる、秀吉着陣の由を聞、池田紀伊守・惟住五郎左衛門尉・堀九太郎(ママ)、各相談、富田に陣を居、先人数ハ天神馬場・山崎に至り、取続て惟任か行を見合す、惟任ハ秀吉着陣を少もしらす、勝竜寺より山崎東口まて陣を取、各相談曰、秀吉をハ西国にて拘留の条、急度摂州に至て働を成、播州までも乱入すへし、然は秀吉敗軍すへきの条、国堺にて悉討果すへきよし評儀(ママ)半に、秀吉人数昨今の間に、富田・山崎まて着陣の由注進す、惟任案に相違して俄に行を替、人数を立直、一戦に及へき覚悟を定、秀吉人数備中・備前に相後ものおほし、一万余騎に過す、究竟の精兵なり、此外、織田三七・惟住五郎左衛門・堀九太郎(ママ)并接州(ママ)の人数相加もの也、秀吉日頃吊合戦の念の太刀、其威寔天魔波旬をも欺ほと也、川手・山手・中手に右の人数を分、三筋に鑓を作り衝懸、惟任人数段〻に立置、数剋防戦処に、中筋・山河の両手一度に箕手を廻し、矢楯も踏らす切懸り、即時に追崩す、惟任近習衆三千計、一手に塊、勝竜寺に楯籠る、方〻へ北走輩、或久我縄手、或ハ西岡・桂川・淀・鳥羽まて追詰〻打殺す、丹波の路筋へも入切、落武者一人も遁さす討殺、さて勝竜寺へ人数を寄、四方八面に陣をとり、悉挫へき行をなす、惟任是を見て、先非を悔といへとも返らす、今夜退城せすは擒と成へき事眼前也、先一端坂本の城に楯籠、時剋を待へきと思ひて、夜半計に密に五六人に告知せ、元より此地は案内者也、大道をハ通らす、藪原の中、田の畔伝、忍〻に落ゆく、寄手は昼の合戦に疲、鎧を敷、干戈を枕としてこれを守、勝竜寺の囲をハ、虎の尾を踏ていつる、城内にハ惟任か落を聞て、我先に〻にと崩出、或は外聴に寄合、或ハ待伏に行当て、過半のかれさる也、さて堀九太郎(ママ)ハ軍相果、江州を指て打出、又安土山には明智弥平次、惟任か敗軍のよしを聞届、金銀を鏤し宮殿楼閣を一度に焼払、秦皇所造の阿房殿・咸陽宮、楚人の一炬に焦土と成しも今以同し、弥平次一千余騎を引、惟任に馳加らんと思ひ打てのほる、大津にて堀九太郎（ママ）に行合、即追立られて、三百計うたせ、弥平次ハ小船にとり乗、坂本の城にたてこもる、其夜惟任を追懸ものおほし、霖雨頻にして敵味方を分かたし、山科・醍醐・逢坂、又ハ吉田・白川・山中、方〻にて首を討来もの数をしらす、秀吉其翌日三井寺に至て着陣す、一日滞留をなして坂本に至へき行也、其間に諸口より討来首を転検（ママ）する所に、其中に惟任首あり、秀吉日来の本望、抃悦に堪さる者也、誠に天哉命哉、明智弥平次此旨を伝聞、惟任か一類其眷属悉差殺、殿主に火を懸、自害を成訖ぬ、敵味方感せぬ人ハなかりけり、秀吉は大津より向地に渡り、安土に至りてみるに、悉灰燼となる、暁風残月荒凉寂寞の有様なり、往日歌舞遊宴の時、何人か是をおもハむ、何輩かこれを期せん乎、然に江州北郡長浜にハ阿閉孫五郎、惟任一味として在城す、秀吉意趣なきに非す、故に降参叶ハすして長浜を退て、我もとの館に楯籠る、秀吉元来悪所也、争かこれを許さんや、則人数を差遣、阿閉か一類、悉磔にかくる者也、又棹山に楯籠逆徒、惟住五郎左衛門尉に対し、懇望せしめ城をわたす、それより各、尾州・濃州に至りて働をなす、此時織田三介信雄・柴田修理進勝家追〻出張あり、清須にして参会す、此以前未落居の面〻悉改之、平朝臣信忠嫡男を天下の主君と相定、織田三介信雄を尾州の屋形と定、同三七信孝を濃州の屋形と定、柴田・羽柴・惟住・池田、此四人として天下の政道を行ひ、今度忠節の輩に知行を配分し、分国を定、互に入魂すへき固を成、誓紙を取かハし、各帰国し畢ぬ、さて斎藤内蔵助利三ハ、惟任かうたれし事をハ知すして、堅田辺に知音の者を憑、蟄居せしを、方便搦捕引来、寔天運の尽所也、惜哉、利三平性嗜ところ、啻武芸の業のミに非す、外にハ五常を専とし、朋友と会し、内にハ花月を翫ひ、詩歌を学、いま此難に逢事、先業の感する所、愁歎尤ふかし、或人述曰、異国の公治長、縲紲の中にあれとも其罪に非す、本朝曽我五郎時宗ハ縄をかゝり、会稽の恥を雪く、斯人これに同し、其後車にのせ九衢を渡し、惟任首をも体に継て、粟田口にをいて、両人共に機にあくる、京童落書に云、

　しゆうのくひきるよりはやき討死は
　　これたうはつをあたるなりけり
合戦にまけすくろくのさいとうは
　七目くゝられ恥をこそかけ

惟任ハ数年、　将軍御厚恩を以其身を立、屢栄花に誇、恣に楽遊を極条、弥御長久を希へき処に、故なく　相公を討奉る事、豈天罰なからんや、六月二日に害奉れハ、同十三日に汝か首を刎らる、因果歴（ママ）前也、恐へし〱、長岡兵部大輔ハ年来、　将軍御恩恵浅からぬ事を忘すして、惟任をそむき、秀吉に心を合、備中表へ飛脚を遣し、其後、江州・尾州・濃州まて馳廻、各と相談、帰国の刻、京都にをいて　将軍御追善のために連歌をなして云、

　墨染のゆふへやなこり袖の露　藤孝
　玉まつる野の月のあき風　聖護院
　分かへる陰の松むし声に鳴て　紹巴

此[8]等の趣向、寔天下諒闇の謂、愁涙袖にあまるへき事尤也、扨秀吉、御次丸を供し重而上洛、本能寺　相公御腹をめされし所に分入、涙を押へ、暫愁歎限なし、秀吉所生元来貴に非す、然を　相公第五男御次麿を猶子として下さるゝ、此上ハ秀吉も同（ママ）袍合体の侍なり、御葬礼なくハ有へからす、されとも歴〻の年寄衆、殊　御連枝多し、依之一端その憚を存し、既に六月より冬十月に至まて、聊の法事をも行ハす打過ぬ、猶〱是をおもふに、昨友ハ今日の怨讐、昨花ハ今日の塵埃なれは、誰か来日を期せん、誠に

下賤下劣の貧士貧女も、其跡を吊習ひあり、況人君にをいてをや、今此事を相懃(ママ)すハ千変万化の世間の行末測かたし、仍十月初より竜宝山大徳寺にをいて、一七日の法会を催す、 御仏事嚫金雑用の為に鵞目一万貫、不動行国(ママ)の御剣を相添渡之、又御位牌所として、一宇の精舎を建立し、(9)総見院と号し、并に卵塔一ヶ立へき作事料として、銀子一千三十枚渡之、又寺領五十石、後代まて相違なき様に遠慮を加へ、八木五百石渡し、寺家の計として買得せしめ、寄附する所也、さても法事の次第、十一日転経、十二日頓写并施餓鬼、十三日懺法、十四日入室、十五日闍維、十六日宿忌、十七日陞座拈香、就中、十五日御葬礼の作法、諸人目を驚ところ也、先棺槨をは金紗・金襴を以裹之、軒の瓔珞・欄干の擬宝珠、皆金銀を鏤、八角の柱丹青を尽し、八面の間紋桐を彩色なり、沈香を以仏像を刻彫し、棺槨の中へ納たてまつる也、彼蓮台野、縦横広大に作らせ、四門の幕白綾白緞子、方百二十間の中火屋あり、如法経堂造也、惣廻に埒を結、羽柴小一郎長秀、警固大将として、大徳寺より千五百丈の間、警固の武士三万計、路の左右を守護し、弓鎗・鑓鉄砲を立続、葬礼場には秀吉分国の人数ハ云に及ハす、合体の侍悉馳集、其外見物の貴賤雲霞のことし、御輿の前轅は池田小新、後轅ハ羽柴御次丸舁之、御位牌ハ相公第八男御長麿、御太刀秀吉持之、彼不動国行也、両紼に相連者三千余人、皆烏帽子・藤衣を着す、五岳を始として、洛中洛外の禅律、八宗九宗の僧侶、幾千万といふことをしらす、威儀を調へ、三衣を刷ひ、叉手問訊、集会行道す、五色の天蓋は日にかゝやき、一様の旗ハ風に翻り、沈水の煙ハ雲の如く、灯明の光ハ星に似たり、供具盛物・亀足造花に至まて七宝荘厳せり、寔九品浄刹もかくやとハかり、三千の仏弟子・五百羅漢も目前にあるかことし、 仏事役者の次第、

鎖龕　怡雲大和尚　掛真　玉仲大和尚　起龕　古渓大和尚　念誦　春屋大和尚　奠湯　明叔大和尚　奠茶　仙岳大和尚　取骨　竹澗大和尚　秉炬　(10)咲嶺和尚大禅師

其偈曰

四十九年夢一場威名
説什麼存亡請看火裡烏
曇鉢吹作梅花遍界　香喝一喝

其時、秀吉御次麿相共に焼香し、十月十五日巳剋、無常の煙となし奉る、誠是一生別離の悲なり、誰有てかこれを歎さらん、就中、涙の留さるは秀吉双眼也、偏に　将軍の威気天下に衣被し、古今に独歩す、上は　上皇を安し奉り、下ハ下民を憐む、仍忝も　勅使をたて贈官を給ふ、

総見院殿大相国一品泰巌大居士　と号し奉るもの也、

秀吉備中表にをいて武勇を専とし、籌策を運し給ハすは、争か速に惟任を退治せん、今本意を達し、此孝養を行事、秀吉一世の冥加、末代の亀鏡也、仍藻虫斎由己記置所也、万歳珍重〻〻、

本云　于時天正十稔十月廿五日　謹誌之

右一巻は、杉原七郎左衛門尉家次為秀吉御名代京都執権の間、此抄物当時の御名誉、後代迄可相貽一冊也、故研硯氷染禿筆、為諸人一覧、態交仮字書之者也、

徳庵叟　永種筆

注

(1)「に粤」のところ、原文は「于粤」（粤に）。
(2)「家康」のところ、群類本は「ｌｌ」。133行も同じ。
(3)「六年」は、「五年」が正しい。
(4)「ノ乀」（へつほつ）は、船が左右に揺れ動くさま。
(5)「池田勝三郎」（恒興のこと）のところ、「柴田退治記」は「池田勝九郎」（元助のこと）とする。

(6)「清水寺本願」は、清水寺塔頭の成就院のこと。
(7)「滅」のところ、群類本は「懺」。
(8)「此等の趣向」のところ、退治記・豊臣記は「発句ハ／者」。
(9)「総」の原字は「捴」。459行も同じ。
(10)咲嶺大禅師は、笑嶺宗訴のこと。大徳寺百七世住持。

第三部　阿野実政筆写『聚楽行幸記』

第一章　『聚楽行幸記』概説

中村博司

はじめに

筆者が、富山県高岡市在住の個人所有にかかる阿野実政筆写『聚楽行幸記』の存在を知ったのは、仁ヶ竹亮介「高岡御車山のルーツ⁉『聚楽行幸記』」という論考[1]によってであった。それによれば、高岡市には、同市を代表する祭礼「高岡御車山祭」[2]のルーツが天正十六年（一五八八）四月の聚楽第行幸に際して後陽成天皇が乗った鳳輦にあるとの伝承があるらしい。この鳳輦がその後、秀吉から前田利家・利長へと伝わり、慶長十四年（一六〇九）の高岡開町の時、利長から町民に下賜され、御車山のルーツとなったというのである。そして、この聚楽第行幸の次第を記した聚楽行幸記の写本を近年、高岡市在住の個人が入手されたので、高岡御車祭の起源とも深い関連を有するこの写本を御車山祭が行なわれる二〇一〇年五月一日をはさむ時期に高岡市立博物館で特別公開するという趣旨であった。

また、同論考によれば、この写本は天正十六年五月の聚楽行幸記原本の成立後間もない翌閏五月に、行幸にも供奉した阿野実政によって写されたもので、現存する写本のうち最古の年代を持つ新史料とのことであり、そのことにも強く心惹かれた。そこでさっそく、仁ヶ竹氏（高岡市立博物館学芸員。現・同館副主幹学芸員）に連絡を取り、ご厚意によってその写真版を拝見することができたが、それによって本記が、上記した伝来に加え、本文の首尾を完備した善本であることを確認することもできたのであった。

さて、天正十六年四月に行なわれた後陽成天皇の聚楽第行幸の全行程を記した『聚楽行幸記』（聚楽第行幸記ともについて、その全容が活字化されているのは続群書類従完成会本『群書類従』第三輯（原本『群書類従』巻第四十二）に収録されたテキスト、あるいはそれをさらに読み安くした桑田忠親校注のテキストがあるばかりである。[3]従って、行幸記成立後間もない時期に写された良質な記録を原文に近い形で提供することには大きな学問的意義があると思われた。幸い所蔵者のご許可も得られたので、ここに聚楽第行幸の僅か二ヶ月後に書写された行幸記（以下、阿野本、阿野本行幸記などという）を翻刻して、学界の渇に答えたい。[4]

本稿では、上記した点を踏まえ、阿野本『聚楽行幸記』の概要と行幸記編纂過程について概括しておきたい。

一、聚楽第行幸について

聚楽第は、天正十三年（一五八五）七月に二条内基の後を襲って関白に就任した秀吉が、翌十四年二月、それまで京都所司代前田玄以との共用であった京都二条屋敷[5]（妙顕寺城）を改め、新たに元の大内裏の跡地（「内野」と称されるところで、現在の京都市上京区中立売通智恵光院通付近）に造営の工を起こした、関白公邸としての城郭、あるいは城郭風殿館である。

築城工事は、諸大名に課した軍役のもとで天正十四年二月から始まり、翌年九月には室・母ともども大坂から移徙した。[6]この、関白公邸としての聚楽第を舞台に繰り広げられたのが、天正十六年四月に行なわれた後陽成天皇の行幸であり、これを聚楽第行幸あるいは聚楽行幸と呼ぶ。

この聚楽第行幸は、これを主催した豊臣秀吉にとって、その生涯のなかでも一、二を争う盛儀であったといってよいが、聚楽第へ後陽成天皇の臨幸を仰ぐと言う計画が何時頃起こったものかという点について、北堀光信の研究[7]によって簡単に見ていくと、聚楽第行幸の準備は、行幸実施の一年以上前に遡る天正十五年正月二十七日（『時慶記』同日条）に始まっていたようである。これはまず、行幸の旧記を探すことから始められたようであるが、その後準備が進み、行幸の実施日は一旦、天正十六年三月二十日と定められた。しかし、余寒の厳しさに準備の遅れも加わって、結局最終的に翌々月の四月十四日（この年は閏三月がある）と定められたのである。そして、当初は十四日から十六日までの三日間の予定であったが、その二日目（十五日）になって三日間ではあまりに名残惜しいとの意向が秀吉側から出され、後陽成の聚楽第滞在は二日の延長を見て十八日までとなったものである。

この行幸時に行なわれたもっとも大きな催しは、和歌御会である。これは当初、第二日目（行幸の中日）に予定されていたが、行幸の日程が五日となったため、第三日（やはり行幸の中日）に延期して催されたもので、「寄松祝和歌」の御題のもと、後陽成天皇・関白秀吉以下行幸に供奉した公武の面々悉くが詠んだ和歌の懐紙を取り集め、奉行のもと読師・講師・発声などの役者が詠み上げる「和歌披講」であった。これにかかわる記事は、阿野本行幸記では394―761行までの368行に及び、行幸記全体のおよそ五分の二を占めている。

二、『言経卿記』から見た『聚楽行幸記』の編纂過程

秀吉は、この五日間にわたる聚楽行幸の次第を、さっそく御伽衆で摂津中島の天満天神社の社僧であった大村由己（梅庵と号す）に命じて作らせた。それが、聚楽行幸記として知られる後陽成天皇行幸の記録に他ならない。[8]

この行幸記成立の経過については、天正十三年以来、由己と同じ摂津天満の中島に屋敷を構えていて、親交のあった山科言経の日記『言経卿記』によってある程度、知ることができる（**表1**）。今、行幸のあった四月十四日～十八日前後の記事によって当時の由己と言経の動向を窺うと、言経は四月十一日、行幸時における衣文役として上洛して欲しい旨の、豊臣秀次からの要請を受けて京都に着いた。さっそくその日のうちに、既に京都に来ていた由己の許を訪れているが、興味深いのは、行幸前日の十三日にも、由己が言経を私邸に迎えていることで、その用件は衣文のことであった（「衣文事共被申了」）という。由己は行幸に供奉していないから、これは行幸記執筆にかかわるものだったと推測される。即ち、由己は、衣文道に詳しい言経に行幸以前から相談していた様子が見て取れるのである。

そして、後陽成還幸の二日後の四月二十日には、早くも由己の方から再三使者を言経の許に遣わして私邸に招き、

行幸の「記六」（記録）についての相談を開始している。(9)

この後二人は、二十一、二十三、二十四、二十五と、毎日のように行幸記について「談合」を行なった後、二十七日に言経は天満の私邸に帰宅している。その後、五月に入ると談合記事は見えなくなる一方、由己はそのまま京都に残っている（五月三日条）から、先の談合を踏まえていよいよ四月末頃から行幸記の執筆・清書に取り掛かったのだろうという推測に導かれる。そして、談合を始めてからおよそ二ヶ月を経た閏五月十四日の日記には次のように見える。

梅庵へ善五郎同道罷向了、他行云〻、今度、行幸記一覧スヘキト有之間、令被閲了、

すなわち、由己邸へ赴いたところ本人は留守であったが、出来上がった行幸記をお見せしましょう、とのことであったので、（主人不在ではあったが）拝見した、というのである。この記事から、行幸記が何らかの形でこの日までにできあがっていたことは確実であるが、後述するようにこの行幸に供奉した阿野実政が、出来上がった行幸記を借覧して手写したのが「天正十六年潤五月吉辰」なので、かれこれ考え合わせると、行幸記の本文は四月以来の談合を経て遅くとも閏五月上旬までには確定しており、それを由己が清書したテキストがこの頃出来上がっていたのであろう。

さらにこのことについて、閏五月十七日条には「梅庵へ朝飡被呼罷向了、又今度　行幸記被誂之間取帰了、」とある。これは『言経卿記』当該箇所の頭注にあるように、由己作の行幸記を書き写すように頼まれた（「被誂」）ので持ち帰った、ということであろう。とすれば、この頃、既に行幸記を書写する動きがあったことともなるのである。その後、同月二十六日には言経が自邸で来客に行幸記を読み聞かせたり、六月七日には「少将」に貸し出していることから、言経もこの頃までに行幸記書写本を所持していたということは疑いないだろう。

いずれにしろ、行幸記は四月二十日から閏五月上旬頃までのおよそ二ヶ月弱の間に成稿され、その後引き続いて献上本の清書や製本なども完成させていったということとなろうが、その献上本の清書を担当したのは、後に見るよう

に秀吉の祐筆であった楠正虎（長諳と号す）であった[10]。

こうして完成した聚楽行幸記は、秀吉が検閲し、その朱印を据えたうえで後陽成天皇に献上されたと考えられる。

表1：『言経卿記』三における聚楽行幸・行幸記関係記事（三月以前および六月以降の記事は省略、引用は通用字体とした）

天正16年 4月	2日	一、羽柴中納言殿ヨリ、……来十四日可有　行幸、然者令上洛衣文可攬之由有之間、則同心了、返報遣了、
	10日	一、予上洛之間、阿茶丸同道、……舟之事興門ヨリ被申付了、
	11日	一、淀トウエイ所ヨリ、朝食後発足、……安全寺殿へ相付了、御乳人へ朝夕之儀談合了、
	〃	一、梅庵へ一札遣了、晩景使有之間、則罷向了、
	13日	一、梅庵ヨリ使者有之間罷向、衣文事共被申了、
	14日	一、聚楽亭へ行幸有之、先殿下御迎ニ被参了、（中略）貴賤蟻集、言語美麗驚目者也、追而委可記之、
	15日	一、聚楽へ諸門跡御出也、
	18日	一、行幸御還御、先日如御供奉衆有之、
	20日	一、梅庵ヨリ再三使有之間、則罷向了、今度　行幸之儀ニ付而記六被書之、談合共有之、
	21日	一、早朝ニ梅庵可来之由有之、罷向了、昨日如ニ記六談合了、
	23日	一、梅庵へ朝飡可来之由有之間、罷向、記六談合了、
	24日	一、梅庵へ朝飡罷向、記六談合了、後刻又罷向了、
	25日	一、梅庵へ可来之由有之、記六ニ付而也、少立寄了、
	28日	一、興門ヨリ可来之由使有之間、則罷向了、（中略）種々雑談幷　行幸雑談共有之、不審共有之間反（返）答了、
5月	3日	一、……梅庵京都有之間、馳走頼入之書状遣了、
閏5月	14日	一、梅庵へ善五郎同道罷向了、他行云々、今度　行幸記一覧スヘキト有之間、令被閲了、
	17日	一、梅庵へ朝飡被呼罷向了、又今度　行幸記被誂之間取帰了、
	26日	一、夢梅・城俊等入来了、今度　行幸記由己作、読之、聞之
	27日	一、冷泉へ北向朝飡被呼了、女中衆福照院逗留了、相伴了云々、後刻　行幸之記聞度之由有之間、罷向令読聞了、

三、『聚楽行幸記』の諸本

『聚楽行幸記』の諸本については、桑田忠親が『豊太閤伝記物語の研究』[11]の諸論文、特に「第三章　天正記の内容と伝本の種類」のなかで、その内容と諸本について詳細な検討を加えている。本書は、現在に至るまでもほとんど唯一、行幸記にかかわる網羅的な研究であって、小稿も教えられることの多いものである。しかしながら、何ヶ所か明瞭な誤りもあり、その後出現した新史料も存在する。そこで以下、まず桑田の所論を紹介して、次いでそこに漏れた諸本の紹介に及びたい。

①前田家所蔵本

前田侯爵家所蔵の『聚楽行幸記』を挙げる。その奥書は「天正十六年五月吉辰依仰記之」とあるもので、その下に「梅庵由己（花押）」とあり、それと併記する形で「清書　法印長諳（花押）」とある由である。桑田は、これらの花押を真正のものと認め、この前田家本を「要するに聚楽行幸記の原本と思はれる」とした[12]。

ここで桑田のいう「原本」なる語はいささか分かりにくいのであるが、要は由己が作文し、長諳が清書してそれぞれが花押を据えた、いわば完成形態の行幸記を原本と呼んでいるのであろう。その場合、後述するように、朝廷に献上された行幸記（以下、正本という）の副本とされる東山御文庫本行幸記の末尾に「御朱印在之」とあるのに注意すれば、東山御文庫本と同じく秀吉朱印の捺されていない前田家本ももちろん正本そのものではないこととなろう[13]。

いずれにしろ、前田侯爵家とは、秀吉の盟友であった前田利家を藩祖と仰ぐ旧金沢藩主前田家のことであるから、由己と長諳の署名に花押が据えられて前田家に現存する本書は、秀吉が前田利家に贈った贈呈本である可能性が大きいであろうし、そういう意味では朝廷に献上された正本の副本にも相当する一巻とも見なしうるものであろう。この一本は現在、公益財団法人前田育徳会の尊経閣文庫に所蔵されている。

②東山御文庫本

京都御所内にある皇室の文庫「東山文庫」に架蔵されている一本である。奥書は「天正十六年五月吉辰記之御朱印在之」とあるもので、桑田は、長諳が秀吉の命によって朝廷に献上するために謹書した、その副本であろうと言っている。ただし、肝心の献上本については触れるところがない。

③立入家本

これは、聚楽行幸の時に御物奉行を勤めたとされる禁裏御蔵職の立入宗継（隆佐と号す）が、原本もしくは副本から筆写した古写本とされる。ところが、桑田自身はこの古写本を見てはおらず、これをさらに立入家の子孫が書写し、校注を加えた「校注行幸記」というものを見た、と言っている。そこから窺える原・立入家本は、内題に「行幸記」とあり、本文は片仮名、用紙は「天正五年富森水田帳」の背紙であるという。

立入家本の奥付は、次のように本文奥付（聚楽行幸記の成立年月日）とその後記とからなっている（漢字は通用字体に変換した）。

天正十六年五月十四日

此行幸之記、従関白殿当今様へ御進上被申出候間、写申候、作者由己ト申候而、関白殿に伺候之仁候也、

桑田は、この日付により、本記は「行幸記成立の天正十六年五月」をそんなに隔たることのない時期の成立であろうと評価している。そして、この古写本を写したのが宗継末孫の経徳という人物で、それによって校注行幸記ができあがったとする。その奥書には、

此記、法眼梅庵由己之所選而、七世祖左京亮宗継朝臣之所筆也、間有朽損故、以太閤記・天正記補正之

経徳

とある由である。すなわち、この本は立入宗継の七世の孫経徳が先祖宗継の筆と認め、それの傷みが激しいため、『太閤記』や『天正記』で補正したものということとなる。

④群書類従本

本記は、その内題に「聚楽行幸記　前河内守正虎朝臣」とあり、楠正虎、すなわち秀吉の祐筆楠長諳の作にかかるとするもので、元和二年五月十五日付釣閑斎楠卜諳の奥書も楠長諳（正虎）の作だとしている。しかし、桑田は、これを「卜諳の心なき工作であ」るとし、長諳は清書したに過ぎなく、真の作者は大村由己であると主張した。(14)

桑田の記した聚楽行幸記諸本の概略は以上のとおりであるが、仁ヶ竹によれば、国文学研究資料館の『日本古典籍総合目録』にはおよそ二十点にのぼる『聚楽行幸記』が掲出されている。なかには久我敦通筆の巻子本があるかと思えば大正時代の写本も含まれており、玉石混交の様相を呈している。(15)それらを今、逐一検討していくことは容易ではなく、本稿の主旨でもないので割愛せざるを得ないが、ここではそこに掲載されていないものの、すぐれた行幸記の伝本である大阪城天守閣蔵本について簡単に紹介し、その後に節を改めて今回翻刻することとした阿野実政筆写の行幸記の概要を見ていくこととしたい。

⑤大阪城天守閣本

本書は、一九七一年（昭和四六）に大阪城天守閣が購入したもので、黒漆塗の豪華な二重箱入りの巻子本（以下、大阪城本という）である（写真1）。全長二〇・一六メートルにも及ぶ長巻で、上質の雲英摺り料紙（紙質は斐紙）に墨をたっぷりと含ませた雄渾な筆致のものであるが、巻末に秀吉の朱印が据えてあるのは、これまで知られているもののなかで唯一の行幸記である。当時の渡辺武館長によって、秀吉の祐筆であった楠長諳の筆写にかかる献上本に近い一本、もしくは、後陽成天皇に献本したそのものである可能性をも示唆された優品である。(16)

しかし残念なことに、今回、第一種古活字本『天正記』第五・六に収める行幸記や次章で紹介する阿野実政筆写本行幸記との比較検討を行なったところ、大阪城本には深刻な錯簡・脱漏のあることが判明した。(17)こうしたことから本書は、後陽成天皇への献上本とすべく朱印まで押されたものの、その後に錯簡や脱漏が見つかったため献上されるに

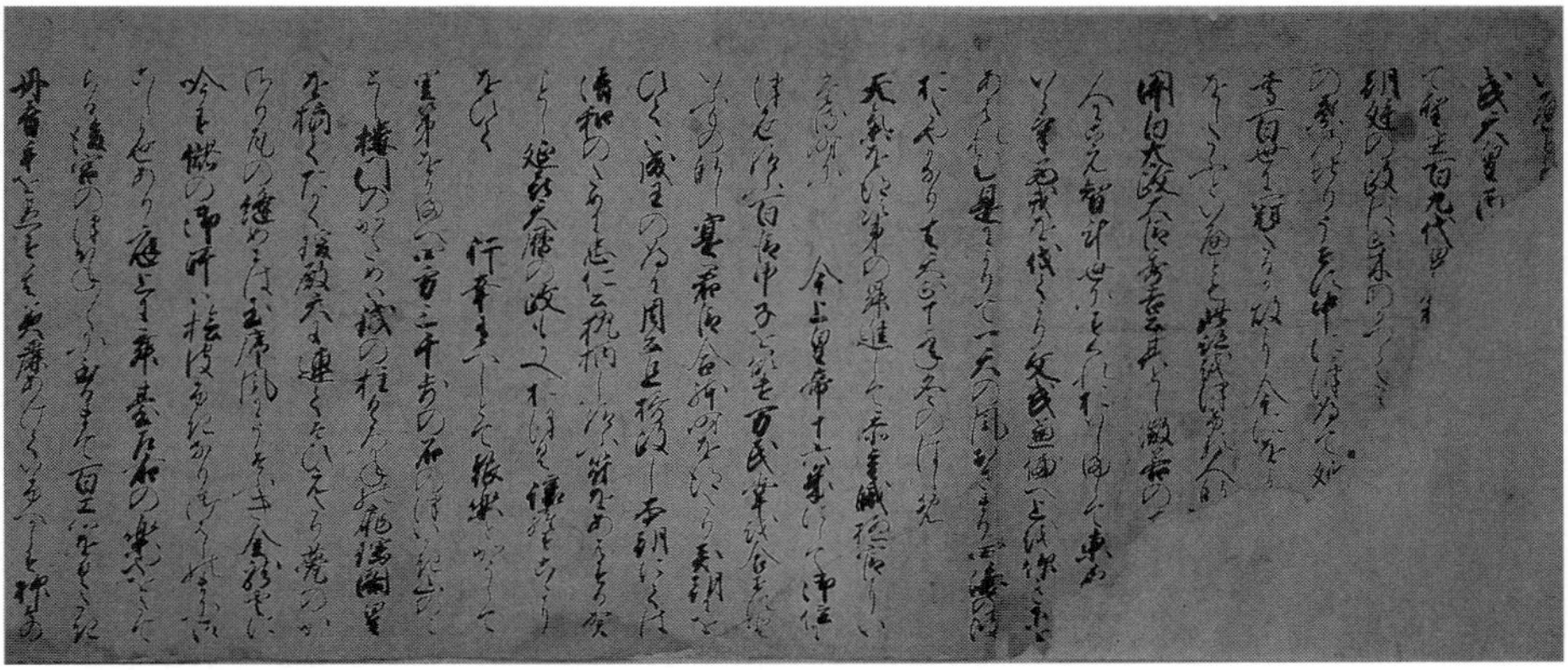

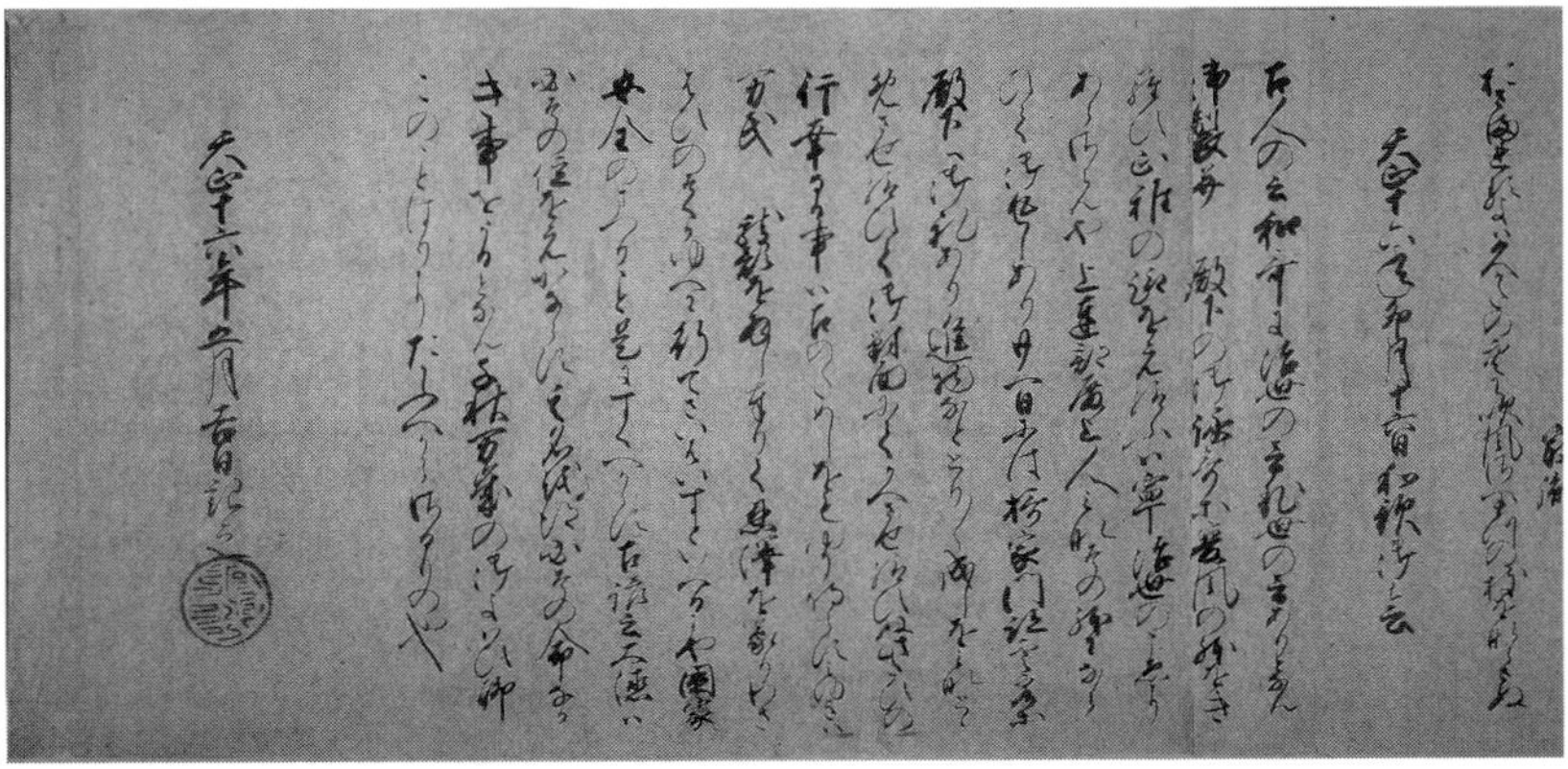

写真１　大阪城天守閣所蔵『聚楽行幸記』巻首（上段）と巻末（下段）

至らず、秀吉の手元に残された一本であるという想定も考えるべきようにも思われる。(18) そのせいかどうかは明らかではないが、現状では冒頭の十一行分が、何者かによって斜めに引き裂かれており（**写真１**、上段）、そのためか、表題の有無も明らかではない。(19) そして、その引き裂かれた状態を保ったまま、全面に薄い裏打ち紙を宛がって補修して巻子本としている。なお、その際に調製されたと思しき現在の巻軸は、秀吉の朱印まで押された行幸記には似つかわしくない粗末な素木製である。

四、阿野実政筆写本と『聚楽行幸記』編纂の経緯

そうしたなか、冒頭でも述べたように、富山県高岡市の個人所蔵にかかる阿野実政筆『聚楽行幸記』が、二〇一〇年（平成二二）四～五月に高岡市立博物館で展示公開された。これは、後掲する奥書によれば「天正十六年潤五月吉辰」に書写されたものの由であり、とすれば同年五月頃にできあがった『聚楽行幸記』の非常に早い段階での写本ということとなる。

阿野実政は、阿野家十六代当主で正二位権大納言にまで昇った阿野実顕（一五八一～一六四五）の初名である。実政は天正九年三月十三日の誕生で天正十三年五月十四日に元服し、同日従五位下侍従に叙爵、同二十年一月に名を実顕と改め、正親町・後陽成・後水尾・明正・後光明六代の天皇に仕えた[20]。有職故実、和歌・連歌に長じ、能書家でもあったという。

さて、本書の本文は元来、反古紙の裏におよそ十四～十八字×十八行程度の文字を表裏一丁分（縦二五・三チセン×横四〇・三チセン）として記したもので、各丁の表から裏に移る箇所（柱にあたる）の行間が少し広いから、当初から冊子とすることを目指したものと認められるが、現状の1オと50ウのみ紙面の汚れが著しいから当初、表紙は付けられなかったものと思われる。そして、各頁（各丁の裏）の末尾（左端中央）に「壱、二、三、……四九、五十」の丁付（ページ番号）を打っている。

ところが、実政から実顕に改名した天正二十年一月以降のある時、新たに表紙・裏表紙を付けて冊子の体裁が整えられたと思われる。すなわち、その際のものと認められる柿色表紙（縦二九・七チセン×横二一・五チセン）が残されており、その中央には大きく「聚楽行幸記　阿野侍従実顕朝臣真蹟（花押）」と記された題簽が張られているのである（なお、先の丁付がこの際に付された可能性もある）。

そして更に後年、その冊子を一旦ばらし、天地左右を少し裁断したうえで一丁ごとに少し大きめの台紙（縦二九・

五チセン×横四三・〇チセン）に貼り付けて全五十頁とし、その状態で全体を帙入りとしている。そして現状では、さらにそれらを塗箱に入れて保存しているという状態にある。

ところで、本書巻末には本文奥書の後に次のような筆写者阿野実政による後記がある（本文奥書から掲出）。

天正十六年五月吉辰記之御朱印

此　行幸之記、従　関白殿　当今様江御進上候申（ママ）出候而、写申候、作者由己（ユウコ）与申候而、関白殿仁伺候之仁候也、

于時天正十六年潤（ママ）五月吉辰　阿野侍従藤原実政

生年□□

ここから、『聚楽行幸記』は、関白秀吉が後陽成天皇へ献上するべく大村由己に作らせたものであることが改めて確認されるとともに、その献上本の控えを当時八歳の阿野実政が誰かから借り受けて書写し、同年閏五月吉日に写し終えたものであることが分かる。このことは、第二節で見た行幸記書写の動きとも合致するものであって、本記が『聚楽行幸記』原本の成立後間もない時期に、当時八歳であった阿野実政によって手写され成立したテキストと見て間違いないものとみなして大過ないことともなろう。(21)

ここで阿野本の性格について見ておくと、まず、本記は上述したように、反古紙の裏を利用して筆写されており、このことから阿野実政が手控えとして手元に残しておこうとして写したものであることが分かる。次に内容から見ると、464行に「三□（行カ）三字自余同前」なる文言がある。これは大阪城本や群書類従本には見られない本書独自のものである。(22)また、339行には「同時別紙誓詞有之、文言日付同前、人衆」なる文言があるが、こちらは大阪城本になく、群書類従本にはほぼ同文がある。そして、群書類従本の後記には「其以草案而令書写訖」（其の草案を以て書写せしめ訖）とあって行幸記の草案を書写したことがわかる。こうしたことから、実政が写した行幸記は一種の稿本であって、それにさらに実政が独自に備忘のメモ書きを加えたものであると想定することができるであろう。そのことは、秀吉朱印

の据えられたことから、正本、もしくは正本に近いと見なしうる大阪城本にこうしたメモ様の文言のないことからも推察しうる。[23]

以上のような阿野本の成立状況とこれまでの議論を踏まえて、改めて聚楽行幸記編纂の経緯をたどってみると、概ね次のようになるのではないだろうか。

行幸に先立つ四月十一日、大村由己は既に京都にあって、折から上洛してきた山科言経の教示を得て、行幸記編纂の準備を開始した。そして、還幸の翌々日にあたる二十日からは言経と「談合」を重ねてその編纂作業が京都の由己邸で始まり（**表1**）、四月末頃からは由己による行幸記の執筆そのものが始まったと考えられる。

さて、それでは、この行幸記はいつ完成したのであろうか。第二節では「行幸記の本文は四月以来の談合を経て遅くとも閏五月上旬までには確定しており、それを由己が清書したテキストがこの頃出来上がっていたのであろう」といささか幅を持たせておいたが、ここで注意したいのが、先に見た立入家本行幸記奥書の日付「天正十六年五月十四日」である。

この日付については桑田忠親も注目しているが、桑田は、行幸記の完成は『言経卿記』の記事から五月末頃と分かるから、立入家本によって五月十四日に完成していたというのは矛盾も甚しく、後人の誤写と解釈すべき、とした。[24]しかしこの見解は、桑田が行幸記編纂の開始日を実際より一ヶ月遅い五月二十日と誤った故のものであるから、[25]上述のとおり、還幸直後から編纂が始まり、四月末頃に執筆が開始されたとするなら、五月十四日までにその正本が完成していたとみなしてもそんなに不都合では無いこととなる。そして、この日付が聚楽行幸の開始日の丁度一ヶ月後であることに注意すれば、筆者としては行幸記が完成し、朝廷に献上されたのが天正十六年五月十四日であった可能性を指摘しておきたい。そしてそれを前提に、その後一ヶ月を経た閏五月中旬になると、阿野本・立入家本・『言経卿記』記事などの存在から窺われるように、由己の手許にあった稿本の書写が活発に行なわれるような状況をも想定したいのである。[26]

以上、本節では阿野本の成立・特徴から始め、聚楽行幸記の完成に至る経緯について記してきたが、最後に阿野本の近年の伝来について簡単に述べておきたい。

本記は、二〇一〇年に高岡市立博物館で展示公開されるまで長らく世に知られないものであったが、実は一九三一年（昭和六）十一月七日に始まった大阪城天守閣での第一回特別展『豊公特別展覧会』（会期は十一月七日〜十二月六日）に出品されていたもののようで、当時の展観目録[27]には次のような解説が付されている。

一五六　聚楽第行幸記　一巻　京都市谷村一太郎氏蔵[28]

聚楽第行幸記は楠正虎の筆に成るもので、天正十六年四月後陽成天皇豊公の邸聚楽第へ行幸遊ばされた時の詳細な記事であるが、本書は菅家文章(ママ)第二巻の筆者阿野侍従藤原実顕（実政）の書写にかゝるものである。

その後、姿を消したこの阿野本『聚楽行幸記』は、おおよそ九十年ぶりに私たちの前に姿を現したこととなるが、このたび、現蔵者のご許可を得て影印本と翻字を掲載することができたのは望外の喜びである。

末尾になったが、掲載をお許し下さったご所蔵者またそのご斡旋をいただいた高岡市博物館の仁ヶ竹亮介氏に深く御礼申し上げげたい。

注

（1）高岡市立博物館ホームページ掲載の学芸ノート【第9回】「高岡御車山のルーツ?!『聚楽行幸記』」（仁ヶ竹亮介、二〇一〇年）。

（2）高岡御車祭は同市に鎮座する高岡関野神社の春季例大祭である。この祭は、国指定重要有形・無形民俗文化財に選定されているほか、二〇一六年にはユネスコの無形文化遺産にも登録された。

（3）桑田忠親校注『太閤史料集』（戦国史料叢書、人物往来社、一九六五年）所収「聚楽行幸記」。これが依拠したテキストについて桑田は、同書冒頭の「『太閤史料集』の翻刻について」で「本書は「天正記」を「続群書類従本」「東京大学史料編纂所本・秀吉事記」「史籍集覧」（中略）によった」と述べている。ここで、桑田のいう「続群書類従本」が続群書類従完成会本という意味であるなら、桑田が依拠したのは同完成会刊『群書類従』第三輯所収の「聚楽第行幸記」であったということとなる。なお、同完成会刊『続群書類従』の諸巻に「聚楽行幸記」は収録されていない。

（4）以下の叙述のなかに出てくる阿野本の行数は、今回の翻刻に際して便宜的に付したものである。

（5）この屋敷については、顕如の側近宇野主水の『貝塚御座所日記』天正十三年七月六日頃条に「京都ニハ玄以宿所、元妙顕寺ト云寺也。ソレニ要害ヲカマヘ、堀ヲホリ、天主ヲアゲテアリ。秀吉在京之時ハ、ソレニ御座候也。常ハ玄以ノ宿所也、」（『真宗史料集成』三、同朋社、一九七九年）とあって、その事情を伝えている。

（6）『兼見卿記』天正十五年九月十三日条。

（7）北堀光信「聚楽亭行幸の形成過程について」（『日本歴史』670号、二〇〇四年）。本稿は後に同著『豊臣政権下の行幸と朝廷の動向』（清文堂、二〇一四年）に収録された。

（8）現在の大阪天満宮（大阪市北区天神橋二）のことである。

（9）桑田忠親は、『豊太閤伝記物語の研究』（中文館書店、一九四〇年）第二章、三章九節などにおいて、なぜかこの日を一ヶ月後の五月二十日と誤っており、以下の日付も同様に誤っている。そのことから、行幸記の編纂過程について相当無理な想定をせざるを得なくなっていることが分かるのだが、この誤りは戦後に再刊された同著『太閤記の研究』（徳間書店、一九六五年）においても引き継がれているほか、『群書解題』第五輯所収「聚楽第行幸記」解題（土井弘執筆）でも訂正されていない。

（10）楠長諳・山科言経・大村由己の関係についても『言経卿記』から窺うことができる。行幸後に限っても、天正十六年九月二十四日、言経は楠長諳を同行して由己邸に赴いているし、翌天正十七年年七月二十八日にも由己邸での夕食に楠長諳が相伴したことが見えていて、聚楽行幸記成立にあたって協力関係にあった三者が昵懇の間柄であったことを知ることができる。

（11）注（9）桑田前掲書。

（12）この間の事情は、注（9）前掲『群書解題』に詳しい。なお、同解題は、これを「これは由己筆の草稿本を長諳が浄書したもの、すなわち本書の原本である」と断じている。

（13）聚楽行幸記の諸本については、渡辺武「秀吉朱印「聚楽行幸記」見つかる」（（社）大阪観光協会『大阪城への招待』Ⅱ一九八三年。初出は（社）大阪観光協会『観光の大阪』一九七二年一月号）に詳しい考察がある。そのなかで渡辺は、「柴田実博士は、前田家本をもって禁中献上本そのものと推定され」ているが、「朱印のない前田家本を原本＝正本とするのはむずかしい」と述べている。

(14) 注(9)桑田前掲書第三章九節。

(15) 注(1)仁ヶ竹前掲論文。

(16) 注(13)渡辺論文のほか、大阪城天守閣編『華―大阪城天守閣名品集』所収「55聚楽行幸記」解説。

(17) 大阪城本では、行幸第三日(四月十六日)に行なわれた和歌披講の全文(阿野筆写本の448~761行に当たる)がまるまる、還幸後の二十日に秀吉が天皇と上皇に和歌を進上するに際して附した添状の記事途中に配されるという錯簡があり、加えて、この添状の日付(「四月廿日　御判」)から天皇・上皇の返歌まで(阿野筆写本の848~862行に当たる)が脱漏している。誠に大きな瑕疵と言わざるを得ない。

(18) ただ、秀吉が朱印を押した後になって錯簡・脱漏が見つかるというのもおかしな話で正直、ありえないようにも思われる。あるいは献上後にこうした瑕疵が見つかったので朝廷から秀吉の元に返送されてきたものであったのかもしれない。いずれにしろ、謎は残されたままで後考を俟たざるを得ない状況である。

(19) この行幸記は現在、二重箱に収められているが、その外箱(黒塗り合せ蓋。幅一一・八、長さ三九・〇、高さ一一・〇センチ)の蓋の上面、本来表題などが書かれていたと思しき場所が三ヶ所、刃物様の道具で乱暴に削り取られており、その跡を黒漆でこれも荒っぽく補修している。

(20) 橋本政宣編『公家事典』吉川弘文館、二〇一〇年。

(21) ただし、仁ヶ竹亮介は注(1)前掲論文のなかで、実政が筆写当時僅か数え年八歳であったこと、また末尾書名の脇に付けられた「生年」の後に破れがあることなどから本当に実政自らが写したのかどうかが気になる、としている。確かに、満年齢でいえば七歳余(天正九年三月生)の少年がこの全編を書き写したとするのは少し気になるところである。その場合当時、実政の父実時が健在であった(『公家事典』)ことを考慮すべきかも知れないが、現時点では、本文651行「あの侍従藤原実政」の下に「改名―顕」との後年(天正二十年一月以降)の追記があることから、実政八歳の時の筆写と見ておきたい。

(22) これは、六宮古佐丸の和歌に付された注記である。これについて、竹中重門の『豊鑑』(続群書類従完成会編『群書類従第二十輯』巻三「内野行幸」の和歌披講を記すくだりには、御製の割註に「大高檀植(紙の誤り―引用者)をそのまゝ三行三字御宸筆をそめらるゝ」、関白豊臣秀吉の割註に「三行三字大高檀紙一寸つゝめ書之」、古佐丸の割註に「はしつくり御製に同じ」などと見えている。これは天皇・関白・六宮の和歌懐紙の書き様を記した、いわば注記にあたる。これらの割註を参照すると、阿野本の「三行三字自余同前」の意味が判然とするように思われる。いずれにしろ、竹中が『豊鑑』を執筆するに際して参照した『聚楽行幸記』はこうした注記のある稿本だったようである。

(23) なお、桑田忠親が注(9)前掲書第三章において「原本」と認めた前田家本には、秀吉和歌の頭注に「御懐帋は大たかたんしを一寸つゝめ侍る、三行三字、式部卿法印長諳書之」とある由で、桑田はこれを「原本である前田家本には行幸当時の秀吉の和歌に関する頭注や傍注があ」ったというのであるが、朝廷に献上すべき一本に頭注・傍注などがあるのは極めておかしいと言うべきで、むしろ、前田家本が稿本の一種であったことを証していよう。

(24) 注(9)桑田前掲書第三章九節。その前段では、「既に禁裏に献上すべき体裁を有するものが、天正十六年五月十四日に出来上つてをり、それにも拘らず、一方に於いて其後に作者由己が行幸記の体裁などの事で言経と頻りに相談してゐるといふのは、矛盾も甚しいと云はねばならぬ。禁裏に進上したものは内容体裁共に最も整備したものであらねばならぬし、さうした一本に「天正十六年五月十四日」などといふ、草稿にでも見らるべき早い日附が附けられる筈もないのである」とも述べている。

(25) 本章注(9)桑田前掲書第三章、また**表1**を参照されたい。

(26) ここで注意すべきは、阿野本と立入家本との関係性である。注(9)桑田前掲書によれば、後者は「内題に「行幸記」とあり、本文は片仮名(漢字片仮名交じり文の意と思われる—引用者)、用紙は天正五年の富森水田帳の背紙である」。一方、前者に内題は無く、漢字平仮名交じり文であり、紙背文書については、現状では台紙に張り付けられていて判読は難しい状況にあるが、仁ヶ竹も既に紙背には「和歌、覚書、書状など」があると指摘している(注(1)前掲論文)ように、透かして見た限りでは、かな書きの消息なども含まれており、水田帳の紙背だけから成るというような単純なものではないことは確かである。こうした相違点はあるものの、筆記者(阿野実政と立入宗継)による後記の本文は、ほぼ同文であり、両者に何らかの関係があることは疑い得ない。今のところ筆者は、それを、共通する稿本からそれぞれの写本が個別に成立したものと見ているが、阿野本の行幸記奥付に「天正十六年五月吉辰記之御朱印」とある点を重視して、これが元の稿本により近く、立入家本は何らかの情報を得て奥付を独自に行幸記の完成日である「天正十六年五月十四日」と改めたものだったのではないかと考えたい。

(27) 大阪市編『豊公特別展観目録』大阪市刊、一九三一年一一月七日。

(28) 谷村一太郎(一八七一~一九三六)は、富山県西砺波郡福光町(現在の富山県南砺市)出身の実業家で、古書収集家としても研究者としても令名が高かった。現在その収集にかかる多くの古典籍や文書などが、御子息の意向によって京都大学に寄贈され、「谷村文庫」として架蔵されている。本書もまた、一九三一年当時谷村の蔵書であったようだが、その後何らかの事情で氏の手を離れ、長らく私たちの目からも姿を消していたものであった。ところが近年、同県高岡市在住の個人の入手するところとなり、二〇一〇年四月~五月に高岡市立博物館で特別公開されたのである。なお、いずれもが富山県出身・在住であるというのは偶然、とのことである(注(1)仁ヶ竹前掲論文)。

第二章 『聚楽行幸記』の翻刻と影印

第一節 翻 刻

凡 例

一、翻刻の底本は、富山県高岡市在住の個人所蔵にかかる阿野実政筆写『聚楽行幸記』である。本記は、大村由己が秀吉の委嘱を受けて天正十六年五月に完成させた後陽成天皇の聚楽第行幸記録を、その一ヶ月後の同年閏五月に阿野実政（後に実顕と改名。極官は正二位権大納言）が手写したもので、現在残されている「聚楽行幸記」のなかでも最も成立時期の早いものの一つであり、又来歴の明らかな記録としても貴重である（その詳細については第三部第一章に譲る）。

二、字体は原則として現在通用の字体を用いることとし、変体仮名も現行の平仮名に改めた。その異同については影印と比較されたい。

三、仮名遣い・送り仮名は原則として原文のままとしたが適宜、平仮名に改めた箇所もある。その異同については影印と比較されたい。

四、読解の便のため適宜、読点を挿入した。

五、欠字は、原文に従って、原則として一字空けで示すこととした。

六、原本の丁替わりと表裏を明示するため、当該頁の末尾にその丁数と表裏を（**1オ**）、（**2ウ**）のように注記した。

七、検索の便を図るため、五行ごとの行頭に行数を明示することとした（右肩小文字は数えない）。ただし、各丁ウラ末尾に付せられた丁番号は、行数に含まない。

八、留意すべき文字・事項があれば、当該箇所の右脇に（ママ）等を付すか、又は注番号を付して後注にて解説した。

九、翻刻にあたっては、一～五丁を中村博司、六～二十丁を仁ヶ竹亮介、二十一～三十五丁を芦原義行、三十六～五十丁を渡邉慶一郎が原稿作成を担当し、そのうえでそれぞれが全体に目を通して遺漏無きを期した。

十、翻刻にあたって、大阪城天守閣蔵『聚楽行幸記』（大阪城本と略記）、続群書類従完成会編『群書類従』第三輯所収「聚楽第行幸記」（群類本と略記）、国立公文書館蔵第一種古活字版『天正記』所収「聚楽行幸記」（古活字版と略記）などを参照した。

十一、本記の閲覧および影印の提供にあたっては、高岡市立博物館主幹の仁ヶ竹亮介氏のお世話になった。

聚楽行幸記 阿野侍従実顕朝臣真蹟（花押）

夫、ひさかたの天ひらけ、あらかねの地はしまりてより以来、神代の歳月、凡諳[1]といへ共、其暦数たしかならす、人皇の濫觴神武天皇丙辰より、天正十六年戊子の今にいたりて　聖主百九代、星霜二千二百三十七年、朝廷の政は正木のかつら絶す、良臣のつとめハ、松の葉の散うせす、中に就て延喜天暦の至尊、百世に冠たるか故に、今にをよひて、民其道をしたふといへと□（も）」（1オ）この跡をつける人なし、然に　関白太政大臣秀吉公、そのとし微若の古より、勇猛人にこえ、智計世にすくれおハしまして、東夷をたいらけ、西戎を伐てより、文武兼備へ、上をあふき、下をあハれふ、是によって一天の風治り、四海の波おたやかなり、去天正十年冬のはしめ　天気を得、次第の昇進して忝も重職極官に至たる、時に
今上皇、御歳十六にして御位に即せ給、百官巾子をかたふけ、万民掌をあハせす

壱」（1ウ）

といふものなし、誠に君臣合体時を得たり、異朝にをいてハ、成王の為に周公旦摂政し、本朝にては、清和の為に忠仁公執柄し給ふ、符をあハするかことし、延喜天暦の政も又おほく譲らす、爰において　行幸有へしとて、聚楽と号て里第を構て、四方三千歩の石の築垣、山のことし、楼門のかためハ鉄の柱、鉄の扉、揺閣星を摘てたかく、瓊」（2オ）殿天に連てそひへたり、甍のかさり瓦の縫めにハ、玉虎風にうそふき、金龍雲に吟す、儲の御所ハ檜皮葺也、御階のまに御輿よせあり、庭上に舞台、左右の楽屋をたてらる、後宮の局ゝに至まて、百工心をくたき、丹青手を尽す、その美麗あけていふへからす、抑、そのかミの　行幸幾度といふ事をしらす、此度は北山殿応永十五年、室町殿永享九年の　行幸の例

二」（2ウ）

とそきこえける、鳳輦牛車其外の諸役以下、事も久すたれたる事なれハ、覚束なしといへとも、民部卿法印玄以奉行として、諸家のふるき記録故実なと、尋捜相勤らる、かゝる大功に財を惜へきにあらす、昔の　行幸に増倍して馳走すへしとて、諸役者におほせて、即時に調進せしむ、大器ハ晩成といへる事ハゆへなきに似り、さて、良辰を選ひ、三月中旬と聞しか」（3オ）当年ハ五月閏あるによてや、三春厳冬のことくにして、余寒ことに甚し、されは四月十四日まて差のへらる、其日に成ぬれは、殿下とく参り給て、奉行職事を召て、剋限午時以前のよしいそかせ給ふ、兼てより、まうけの御所の御気色をうかゝふによて、衛府の輩弓箭を帯し、上奉(ママ)部以下参りつとふ、御殿御留主の事なと誰ゝと仰さためらる、奉行事具したる

三」（3ウ）

由奏すれハ、南殿に　出御あり、御束帯御衣ハ山鳩色也、御殿よりなかはし御後まて筵道布毯をしく、　殿下御裾をとり給ふ、陰陽頭反閉をつとむ、闈司奏鈴奏も例のことし、　殿下笏をならして勅答の由を告させ給ふ、御剣持中山頭中将慶親朝臣、御草鞋万里少(ママ)路頭弁充房朝臣、次鳳輦を御階のまによせて、左右の大将御綱以下、例のことくつとめらる、さて四足」（4オ）の門を北へ、正親町を西へ、聚楽第迄十四五町、其間辻堅六千余人、先烏帽子着の侍を渡して、国母の准后と女御の御輿をはしめ、大典侍御局、勾当の御局、其外女中衆の御こし三十丁余、皆下簾あり、御輿そへ百余人、御供の人ゝわらハすかたなと、さすかにおほて(ママ)花やかなり、其跡に少引さか(ママ)て、ぬり輿十四五町(ママ)あり、　六宮御方　伏見殿　九条殿

四」（4ウ）

一条殿　二条殿　其外菊亭右大臣晴季公　徳大寺前内大臣公維公　飛鳥井前

大納言雅春卿　四辻前大納言公遠卿　大炊
御門前大納言経頼卿　勧修寺大納言晴豊卿
中山大納言親綱卿　伯三位雅朝王
此御衆にて侍とそ、
　前駆
左
蔵人中務大丞小槻孝亮　布衣侍一人雑色三人馬副二人侍五人かさ持以下同前」（5オ）
富(ママ)少路右衛門権佐秀直　松木侍従宗澄
冷泉侍従為親　正親町少将季康
柳原宮内権大輔資淳　甘露寺権弁経遠
勧修寺左少弁光豊　土御門左馬助久脩
民部卿侍従秀以朝臣　施薬院侍従秀隆朝臣
橋本中将実勝朝臣　西洞院左兵衛佐時慶朝臣
右
唐橋秀才菅原在通　蔵人式部丞清原秀賢
阿野侍従実政　吉田侍従兼治
五」（5ウ）
冷泉侍従為将　大沢侍従
広橋侍従総光　庭田侍従重定
烏丸侍従光広　日野左少弁資勝

葉室蔵人左中弁頼宣　三条少将実条朝臣
五辻左馬頭元仲朝臣　五条大内記為良朝臣等
　次近衛次将
左
園少将基継朝臣　六条中将有親朝臣
四辻中将季満朝臣」（6オ）
右
四条少将隆憲　水無瀬少将氏成朝臣
飛鳥井中将雅継朝臣
　次貫首
万里(ママ)少路頭弁充房朝臣　中山頭中将慶親朝臣
　次大将
左
鷹司大納言信房卿　布衣侍雑色　ゑほしき馬そへ　随身傘持
右
六」（6ウ）
西園寺大納言実益卿　同前
　次伶人　四十五人　奏安城楽
鳳輦　前後駕輿丁
　次六位史以下役人

此次

近衛殿
左大臣信輔公　諸大夫　随身　布衣侍　雑色　ゑほしき　かさもち

内大臣信雄公　同前

烏丸大納言光宣卿(2)　日野大納言輝資卿

久我大納言敦通卿随身　駿河大納言家康卿随身」(7オ)

大和大納言秀長卿　持明院中納言基孝卿

庭田源中納言重通卿　正親町中納言季秀卿

広橋中納言兼勝卿　坊城中納言盛長卿

近江中納言秀次卿　菊亭三位中将季持卿

花山院宰相家雅卿　三条宰相公仲卿

吉田左衛門督兼見卿　藤右衛門督永孝卿

備前宰相秀家卿

関白殿　前駆　各乗馬

左

七」(7ウ)

増田右衛門尉雑色馬副以下同前　福原右馬助

長谷河右兵衛尉　古田兵部少輔

加藤左馬助　糟屋内膳正

早川主馬首　池田備中守

堀田図書助　中川武蔵守

伊藤丹後守　高田豊後守

小野木縫殿助　真野蔵人(3)

一柳越後守　平野大炊頭

矢野下野守　溝口伯耆守」(8オ)

服部采女正　赤松左兵衛尉

石川出雲守　中川右衛門大夫

宮部肥前守　木下備中守

市橋下総守　九鬼大隅守

生駒主殿　勢田掃部頭

矢部豊後守　尼子宮内少輔

多賀谷大膳大夫　芝山監物(4)

前野但馬守

右

八」(8ウ)

石田治部少輔　同左　大谷刑部少輔

山崎右京進　片桐主膳正

脇坂中務少輔　佐藤隠岐守

片桐東市正　生駒修理亮

服部土佐守　高畠石見守

谷出羽守　石川伊賀守(5)

小出播磨守　石田隠岐守
松浦讃岐守　薄田若狭守
寺沢越中守　村上周防守」（9オ）
青山伊賀守　明石左近
別所主水正　山崎志摩守
垣屋隠岐守　南条伯耆守
河尻肥前守　岡本下野守
牧村兵部大輔　古田織部正
新庄駿河守　奥山佐度（ママ）守
蜂屋大膳大夫　柘植左京亮
松岡右京進　津田隼人正
木村常陸介
九」（9ウ）
雑色左右三十人
随身
左
森民部大輔　野村肥後守
木下左京亮
右
蒔田主水正　中島左兵衛尉

速水甲斐守
胡簶緌具之」（10オ）
布衣
一柳右近大夫　小出信濃守
石田木工頭
三行立烏帽子仮衣也
牽替牛二、榻もちしき持両人、牛童両人、髪をさけまゆをつくり、赤壮（ママ）束水干也、牛車紅絹に縫して着之、頭に面をかけ、両角金箔をもて濃之、沓ハあさきの糸をもて織之、紅の緒をもて着之、（牽かへの）
十」（10ウ）
（牛同前、昔の例にあらす）御舎人御車副左右にあり、御くつもち幷ゑほしき数百人、三行に列す、御かさもち
此次
賀（加）賀少将利家朝臣（雑色　馬副　布衣　ゑほしき　かさもち　以下同前）
津侍従信兼朝臣　丹波侍従秀勝朝臣
三河少将秀康朝臣　三良侍従秀信
金吾侍従　御虎侍従

左衛門侍従義康朝臣　東郷侍従秀一朝臣」(11オ)
北庄侍従秀政朝臣　松賀島侍従氏郷朝臣
丹後侍従忠興朝臣　三吉侍従信秀朝臣
河内侍従秀頼朝臣　敦賀侍従頼隆朝臣
越中侍従秀勝(6)朝臣　源五侍従長益朝臣
松任侍従長重朝臣　岐阜侍従照政朝臣
曽祢侍従貞通朝臣　豊後侍従義統朝臣
伊賀侍従定次朝臣　金山侍従忠政朝臣
井侍従直政朝臣　京極侍従高次朝臣
竜野侍従勝俊朝臣　土佐侍従元親朝臣

十二」(11ウ)

つき／＼の侍ハ数をしらす、馬上の装束ハ一日晴とて、五色の地に四季の花鳥をから織うき織、りうもん縫箔にして、呉地蜀紅の綾羅錦繍、目もあやなり、吉野山の春のけしき、竜田川(7)の秋のよそほひも、いか〻とおほし侍り、五畿七道よりのほりつとひたる貴賤老少、かまひすしき事もなく、こゑをしつめて鳳輦を拝たてまつるに、道すからの管鼓の響、なにとなく」(12オ)殊勝にして、感歎肝にめいしたり、昔の行幸の儲の御所ハ、惣門の外まて出むかへ給ふとそ、今のまうけの御所ハ　関白殿供奉の役なれは、鳳輦聚楽の中門にいらせ給ふとき、牛車ハいまた禁中を出給ハす、然ハ翠輦御輿よせにかきつけ、右府晴季公御簾をあけ、下御ならせ給ふ時、頭弁充房御裾をとり、やかてうちへなし申なから、いまた　御座へハつかせ給

十二」(12ウ)

ハす、上達部殿上人、便宜の所にやすらひ給ふに、　殿下御車四足の門へいらせ給ひ、御車よせにており給ひ、まうのほり給ふてより　御座につかせ給ふ時、　殿下裾をうしろにた〻み、御前に畏て　御気色を取、しハらくさふらハせ給て、罷しりそき給へハ、御殿の御装束をもあらためらる、や〻あて、　殿下又まいり給て、をの／＼着座の規式あり、」(13オ)

御配膳衆

主上御前　三条宰相中将公仲卿
六宮御前　勧修寺右少弁光豊
関白殿　竹園　摂家清花等御前
西洞院時慶朝臣　五条為良朝臣
四辻季満朝臣　飛鳥井雅継朝臣
六条有親朝臣　橋本実勝朝臣
五辻元仲朝臣
月卿前

十三」（13ウ）

水無瀬氏成朝臣　土御門久脩
四条隆憲　富小路秀直也

初献の御土器より御気色あり、三献にハ天盃天酌、五献にハ盆香合御進上、七献には御剣御進上、とり〳〵の御肴、くた物、あつもの、金銀の作花、折台の物にハ蓬莱の島に鶴亀の齢、松竹のみさほなと、行末の千とせを祝、そなへたるものなり、御酒宴はてゝ、西面の御几丁か（ママ）」（14オ）けさせ給へハ、庭のうゐきなとしけりあふわか葉の中に、をそさくら、躑躅、款冬なとの咲のこりたるに、蝶鳥のこゑ、夕日の影にたハふれて、いと興ありとそ、水殿雲楼別に春ををく、誠に長生不老のたのしひをあつむるものか、暮はつるまゝに、おほとなふら挑そへて御遊とそ、御人数十四五人、一番五常楽、二番郢曲、三番太平楽

十四」（14ウ）

一さうのこと　御所作其外
　一条殿　四辻前大納言　庭田中納言
　四辻中将　飛鳥井中将　五人
一琵琶　伏見殿　菊亭右府
　同三位中将　三人
一笙(8)　大炊御門前大納言
一笛　伯三位　五辻左馬頭
一郢曲　四辻前大納言、持明院中納言(9)発声也
　徳是北辰椿葉陰二改」（15オ）
　尊尚南面松花色十回
此句を朗詠し給ふ也、色〳〵の調の中について　主上の御爪音、殊更にこそきこへ

けれ、花にさへつる春の鶯、こすゑに吟する秋の蟬、夕の松風、暁の水のなかれ、寂ゝ颯ゝと心もすミわたりて、天津乙女子もくたりつへき折からとそ、曲をハりて、なを感情ふかく、竜顔わかやかなり、御心にも、かやうのめつらしきすさひは

十五」（15ウ）

そのかミもあらしと、よろこひの眉をひらき給ふ、さよふくるまゝに　殿下も罷まうしして、寝殿にいりたまふ、

母屋のよるのおましのまうけ、いとねん比なり、次日ハ公卿とくまいり給て、早朝し給ふと也、儲の御所にハ、兼てハ三日の行幸と定られしかとも、余に御残多し、せめて五日とゝめ奉るへし、然ハかゝるめてたき御代にあひたてまつる事、天の」（16オ）ゆるせる道にや、このたひの　行幸、後のためしにもと思召、　朝廷いよ〳〵さかゆくへき御ねかひなり、其に付て禁裡正税の為に、洛中の地子悉末代進献し給ふ、其御状詞

就今度聚楽　行幸、京中銀地子五千五百三十両余事、為禁裏御料所、奉進上之、幷米地子八百石、内三百石院御所江進献之、五百石者為関白領

十六」（16ウ）

六宮江進之、路（ママ）中地子、不残奉進献之了、次諸公家諸門跡、於近江国高島郡八千石、以別紙之朱印令配分、自然於無奉公輩者、為叡□（慮）(10)（行カ）叡慮被相計之、可被仰付忠勤之族之状、如件

天正十六年四月十五日　　秀吉

菊亭殿

勧修寺殿

中山殿」（17オ）

殿下つら〳〵行末（ママ）の事なと工夫ましますに、只今堂上になしをかるゝ人ゝハミな、殿下の恩恵あさからす、かけまくもかたしけなき殿上のましハりをゆるされ、この

行幸に相たてまつる物かなと、感悦する輩
也、子〻孫ゝに至てハ、若この薫徳を忘れ、
無道の事もやあらんと、おほしめして、あらたに
昇殿有し人〻、尾州の内府、駿河の大納言
をはしめミな[11]金輪(ママ)へ対し奉り、誓紙を

十七」(17ウ)

してあけらるゝにをいてハ、悦おほしめす
へき由也、往昔、皆人の遺言をなす事、
其末期にのそみて、領知財宝をゆ
つるのミなり、わか世さかんなる折りに、りやう
ちさいほうを備へまいらするこそ、誠の志
にてハあらめと宣ふを聞て、満座感涙
をもよほし侍りぬ、各もともとて、せいし
をかゝせ給ふ、其詞に云、

敬白　起請」(18オ)

一就今度聚楽第　行幸被仰出之趣、
誠以難有、催感涙事
一禁裏御料所地子以下幷公家衆
所〻知行等、若有無道之族者、為各堅
加異見、当分之儀不及申、子ゝ孫ゝ無
異儀之様、可申置事
一関白殿被仰出之趣、於何篇不可申
違背事
右条〻、若雖為一事、令違犯者、

十八」(18ウ)

梵天帝尺(ママ)、四大天王、惣日本六十余州大
小神、殊王城鎮守神、八幡大菩薩、春日
大明神、天満大自在天神、別氏神、部類
眷属、神罰、冥罰、各可罷蒙者也、仍起請
如件

天正十六年四月十五日
右近衛権少将豊臣利家
参議左近衛中将豊臣秀家
権中納言豊臣秀次」(19オ)
権大納言豊臣秀長
大納言　源　家康
内大臣平　信雄

金吾殿

[12]同時別紙誓詞有之、文言日付同前、人衆
土佐侍従秦　元親

竜野侍従豊臣　勝俊
京極侍従豊臣　高次
井侍従藤原　直政
十九」（19ウ）
金山侍従豊臣　忠政
伊賀侍従豊臣　定次
豊後侍従豊臣　義統
曽祢侍従豊臣　貞通
岐阜侍従豊臣　照政
源五侍従平(13)　長益
松任侍従豊臣　長重
越中侍従豊臣　秀勝（ママ）
敦賀侍従豊臣　頼隆」（20オ）
河内侍従豊臣　秀頼
三吉侍従平(14)　信秀
丹後侍従豊臣　忠興
松賀島侍従豊臣氏郷
北庄侍従豊臣　秀政
東郷侍従豊臣　秀一
左衛門侍従豊臣義康

三河侍従豊臣　秀康
丹波少将豊臣　秀勝
廿」（20ウ）
津侍従平　信兼
あて(15)所同上
さて、今日ハ和歌の御会と定られつれ共、御逗留の間、翌日まて差のへ給ふ、御殿もゆる〳〵として、何となきうら〳〵の御すさひなと也、殿下も何かの事取ませ沙汰し給ふとて、申剋はかりにまうのほり給ひぬ、献〻の内に進上物、
一御手本　即之筆　千字文　金の打枝につくる」（21オ）
一御絵　三ふく一つい
一沈香　百斤　方五尺あまりの台に、くれなゐの糸をもてあミをかけ六人してかきて参る
此外摂家をはしめ申、諸門跡清花悉へ
御引物あり、
伏見殿　九条殿　一条殿　二条殿
近衛殿　菊亭右府　徳大寺前内大臣
尾州内府
此御衆へ、

一御絵二ふく　虎革一枚　盆一堆紅

廿二」（21ウ）

御小袖三重　太刀一腰

これに領知の御折紙をそへてまいらせらるゝ也、

其外衆へ、

一御小袖二重　御太刀一腰

知行の御折紙右に同し、各歓喜し給ひあかす、猶ふけ過るまて御酒宴、　殿下たち給ひて後、いよ〳〵御かハらけかさなりて、皆酔を尽し給ふなり、」（22オ）

三日目十六日、朝けより日の色かきくもり、雨にやならんといふより、はやひとつふたつこほれおち、しめやかにふり出て、檜皮の軒をつたふ玉水の音、昨日の琴筑の響をのこすかとおほめかれて、物しつかなり、けふの和歌の御会、折に相て尤殊勝となん、懐紙ハ下臈よりをかれ侍る、

一番大和大納言　　二ゝ駿河大納言

二三」（22ウ）

三ゝ鷹司殿　　四ゝ久我大納言

五ゝ日野大納言　　六ゝ烏丸大納言

七ゝ中山大納言　　八ゝ大炊御門大納言

九ゝ勧修寺大納言　　十ゝ西園寺左大将

十一ゝ四辻前大納言　　十二ゝ飛鳥井前大納言

十三ゝ尾州内大臣　　十四ゝ徳大寺前内大臣

十五ゝ菊亭右大臣　　十六ゝ近衛左大臣殿

十七ゝ梶井宮　　十八ゝ妙法院殿

十九ゝ二条前関白殿　　廿ゝ青蓮院殿」（23オ）

廿一ゝ一条准后　　廿二ゝ九条准后

廿三ゝ聖護院准后　　廿四ゝ仁和寺宮

廿五ゝ伏見殿　　廿六ゝ室町入道准后

廿七ゝ六宮御方　　廿八番関白殿

主上御懐紙ハ各別有て、中納言参議以下の懐紙とりあつめて、別にかさねてをかれ侍る、多人数のまゝ、披講成かたき故也、御座配以下懐紙のかさねやうなと不同事ハ、去

二三」（23ウ）

天正十三年七月、親王准后かく座のよし

被仰定訖、法中衆も昨今両日の御参会
也、御相伴の時ハ近江中納言、菊亭三位
中将、花山院宰相、備前宰相、席末に陪し
給ふ、蓋尾州内大臣、三河（ママ）大納言、大和大納言、
近江中納言、備前宰相、此（16）五人事清花たる
へき旨、　勅許によって即御相伴也、尤為
規模ものか、飛鳥井前大納言、四辻前大納言、
勧修寺大納言、中山大納言、烏丸大納言、日野
大納言等ハ座に着給ハす、今日ハ九献の用」（24オ）
意たりしかとも、あまりに長座なれハ
七献にてそ侍し、献〻の間御進物事、
一黄金百両　金襴二十巻　麝香臍二十ケ
御衣百　黄金建盞台同黄金 銀の盆ニすふ
御馬十疋
　右如斯、
やかて披講はしまる
奉行　中山大納言
題者　飛鳥井前大納言
廿四」（24ウ）
読師　菊亭右大臣

講師　中山頭中将
発声　飛鳥井前大納言
御製
読師　関白殿
講師　勧修寺大納言
発声　飛鳥井前大納言
講誦人衆
四辻前大納言　西園寺大納言」（25オ）
大炊御門大納言　烏丸大納言
日野新大納言　久我大納言
持明院中納言　広橋中納言
伯三位　飛鳥井中将
園少将　五辻左馬頭
詠寄松祝
　和歌
御製（17）
わきてけふ待かひ
あれや松か枝の世〻
廿五」（25ウ）
の契りをかけて見

せつゝ
夏日侍　行幸聚楽第（亭）同詠
寄松祝和歌
関白豊臣秀吉
よろつ代の君かみ
ゆきになれなれんみ
とり木たかき軒のた
ままつ」（26オ）
(18)廿四　詠寄松祝和歌
六宮　古佐丸
(19)（行カ）三□三字自余同前
契りあれや君まちえたる時つかせ
千世をならせるにはの松かへ
夏日侍　行幸聚楽第詠寄松祝和歌
ふしミ殿　中務卿邦房親王
おさまれる時とハしるし松かせの
こすゑによハふよろつ世のこゑ
九てう殿　准三宮兼孝
廿六」（26ウ）
なみ風もふきしつまりて松たかき
やまとしまねの四方のうら〳〵
一てう殿　准三宮内基
相生のまつのみとりもけふさらに
いくちよふへき色をミすらん
二てう殿　従一位藤原昭実
日にそひて木たかき庭の松か枝の
いかに千年の後ハさかへん
このゑ殿　左大臣藤原信輔」（27オ）
君も臣もこゝろあハせておさむてふ
代のこゑしるし庭の松かせ
きくてい　右大臣藤原晴季
あきつすの外までなつく国の風
松にうつしてこゑよはふらし
とくたいし　従一位藤原公維
ふかみとり千世にやちよの色そへて
けふ待えたる庭のまつかへ
尾州　内大臣平信雄
廿七」（27ウ）
亀の上の山なりけりなにはひろき
池のしまねの松の木ふかき

正二位（あすか井）藤原雅春
きみもひともけふを待えていはふなり
かねて千年を松のことの葉
正二位（四つし）藤原公遠
八隅しる君かよハひもさゝれいしの
いはひの松の千代の行末
右近衛（さいおんし）大将藤原実益」（**28オ**）
かきりなき君か八千代や~~まゐ~~（こもる）らん
立そふ庭のまつのみとりに
権大納言（くわんしゆし）藤原晴豊
代々をへんきみかめくミのふかき色を
松のみとりにかけてミすらん
正二位（おほいのミかと）藤原経頼
ことさらのしらへにけふは松風も
こたへにけりなよろつ世のこゑ
権大納言（中山）藤原親綱
廿八」（**28ウ**）
今日よりやうてなの竹の世々かけて
君たちなれん宿の松かえ
権大納言（からすまる）藤原光宣
うこきなき世々のためしを引そふる
岩ねの松のいろハかハらし
権大納言（日の）藤原輝資
あめつちの（も）うこきなき代にあひ生の
まつにこ松のしけりそふかけ
権大納言（こか）源敦通」（**29オ**）
天地のめくみもそひて君か代の
ときハの色や松にミゆらん
左近衛（たかつかさ殿）大将藤原信房
今日よりやみきりの松のかけにして
かそへん君か千代の行末
権大納言（するか）源家康
みとりたつ松の葉ことにこの君の
千とせのかすを契りてそミる
権大納言（やまと）豊臣秀長
廿九」（**29ウ**）
かけてけふ行幸をまつの藤なミの
ゆかりうれしき花の色かな
中納言（ちミやうゐん）藤原基孝
ふかみとり立そふかけは雲井まて

千年さかへん庭の松か枝
権中納言源（にわた）重通
うへしより君かちとせを契りてや
松ハかハらぬ色をみすらん
権中納言藤原（おほきまち）季秀」（30オ）
すゑとをく君そミるへき時ハ今
千とせふかむる庭の松かえ
権中納言藤原（ひろハし）兼勝
庭に先二葉の松をうつしをきて
きみか千とせの行末かそへん
式部大夫菅原（はうしやう）盛長
君かへん千代の根さしとかねてより
うへしみとりの松そ木たかき
権中納言豊臣（あふミ）秀次
三十」（30ウ）
おさまれる御代そとよはふ松風に
民のくさ葉もなをなひく也
三位中将藤原（きくてい）季持
けふよりの君か千とせにひかれてや
松もみさほのかけをならへん
参議藤原（くハさんのいん）家雅
限なき君かよハひにひかれなは
みきりの松も常盤ならまし
参議右近衛権中将藤原（おほきまち三てう）公仲」（31オ）
時にあひてさかふる松の千とせをハ
きみかためにと契りをかまし
左衛門督卜部（よした）兼見
よるひるを神のまもりに庭の松
ときはかきハのこすゑなりけり
神祇伯（しら川）雅朝王
君と臣とかけをならへて相生に
いくちよ経なんやとの松かえ
右衛門督藤原（たかくら）永孝
三二」（31ウ）
君も猶あかすみるらんうこきなき
いはねの松を庭にうつして
参議左近衛中将藤原（ひせん）秀家
松か枝のしけりあひたる庭の面に
つらなる袖もよろつよやへん
蔵人頭右大弁藤原（までのこうぢ）充房

いく千代も常葉なるへき松か枝の
　色をミきりに契りをくかな
　　（中山）左近衛中将藤原慶親」（32オ）
千年へん君かよハひをまつかけや
　ちかきまもりのかさしならまし
　　（にしのとうゐん）右兵衛佐平時慶
君かためうへしみきりの姫こ松
　木たかきかけや猶もみてまし
　　（四つし）左近衛権中将藤原季満
きみかへんよハひハしるし鶴のすむ
　松の根さしのよろつ世のかけ
　　（五てう）大内記藤原為良
三二」（32ウ）
あめのしためくミあまねき木〻に猶
　まつハ千とせのかけをミせけり
　　（あすか井）左近衛権中将藤原雅継
君か代ハつきぬこと葉のちりゐ（ママ）ちの
　山とやならんやとのまつかえ
　　（六てう）左近衛権中将藤原有親
陰たかきみきりの松にたちそひて
　君か千とせの春秋やへん
　　（はしもと）左近衛権中将藤原実勝」（33オ）
すゑとをき契りを松にかけまくも
　かしこき御代のさかへなりけり
　　（五つし）左馬頭源元仲
千年経ん松にそちきり（ママ）しきしまの
　ミちある御代のゆくゑしるしも
　　（ミなせ）左近衛権少将藤原氏成
君か代のかきりハしらし今よゆ（より）の
　ちとせを松のときハかきはに
　　（やくいん）侍従藤原秀隆
三三」（33ウ）
万世のたねをこゝろにまかせてや
　松にこまつのしけりそふらん
　　（三てうにし）左近衛権少将藤原実条
あひ生の松にちきりていく千代も
　きみかよハひハつきしとそ思ふ
　　（その）左近衛権少将藤原基継
たのしひをあつむる中にことの葉の
　さかふる色や松にみゆらん

蔵人（はむろ）左中弁藤原頼宣」（34オ）

植をきし松もかしこし我君の
千とせかハらぬ色をおもへは
左馬助（つちみかと）安部久脩

けふよりや猶色そへて松の葉の
つきぬためしを君に契らん
左少弁（ひの）藤原藤原（衍字）資勝

うつし植て木たかくなれる松か枝の
いくよろつよをかけて契らん
右少弁（くハんしゆし）藤原光豊

三四」（34ウ）

わか君の千とせを経てや松かえの
四方にさかふる陰も猶ミん
侍従（からすまる）藤原光広

かけふかきみきりの松の風たにも
えたをならさぬ御代にもあるかな
権右少弁（かんろし）藤原経遠

常葉なる松にならひて君かへん
千世のゆくゑのしるきけふかな
右近衛権少将（にわた）源重定」（35オ）

あひにあふみきりの松の色そふや
君かちとせのかさしならまし
宮内権大輔（やなきハら）藤原資淳

あふくてふ君か千とせをことのねに
しらへそへたる庭のまつかせ
侍従（ひろハし）藤原総光

君か代ハ限あらしと陰たかき
松にこまつやうへもそふらん
右近衛権少将（おほきまち）藤原季康

三五」（35ウ）

色かえぬ松をためしに我君の
千代にやちよを契る行末
左近衛権少将（下のれいせん）藤原為将

君かため植をく庭の松かえハ
いくちよまての根さしなるらん
左近衛権少将（れいせん）藤原為親

色かへぬ松にそ契るいく千代も
つたへたゝしきことの葉の道
侍従（よした）卜部兼治」（36オ）

動きなきいはほの（に）なるゝ松のはや

こけむす庭の色をそふらん
（まつのき）左近衛権少将藤原宗澄
千代経へき松に契りて今日よりや
葉かへぬ色をいくとせかミん
（四てう）左近衛権少将藤原隆憲
庭の面にうへをく松の若みとり
きミかめくミに千代も経ぬへし
（あの）侍従藤原実政(20)改名｜顕
三六」(36ウ)
久堅の雲ゐの庭の松風も
えたをならさぬけふにあふ哉
（とミのこうち）右衛門権佐藤原秀直
今日よりもちとせ経ぬへき行末を
君に契らむにわの松か枝
（けき）蔵人式部大丞清原秀賢
万代ハけふをはしめと契りをきて
うふるこまつのすゑそはるけき
（くハんむ）蔵人中務大輔小槻孝亮」(37オ)
かミしものこゝろひとしく幾年も
君をみきりの松に契らん
（からはし）正六位上菅原在通
君か齢いかてかそへん百枝ある
松の葉ことに千世のこもれは
天正十六年四月十六日　和歌御会
三七」(37ウ)
夏日侍　行幸聚楽第同詠
寄松祝和歌
（ちくせん）左近衛権少将豊臣利家
植をけるみきりの松に君かへん
千代のゆくゑそかねてしらるゝ
（たんは）右近衛権少将豊臣秀勝
百敷や四方にさかふる松かえの
かハらぬかけをたのむ諸人
（津）侍従平　信兼」(38オ)
道しある時も今ハたあひ生の
松のちとせをいくよかさねん
（ミかハ）左近衛権少将豊臣秀康
玉をみかくみきりの松ハいく千とせ
君かさかへんためしなるらん
（さへもん）侍従豊臣義康

君かためうへをく庭の松の葉の
つもるを千代の数にさためん
侍従豊臣秀一（とうかう）
三八」（38ウ）
代々を経ハうふる木すゑに白雲も
常にかゝらん庭のやま松
侍従豊臣秀政（きたのしやう）
霜の後猶あらハれん松かえの
ちよのみとりや今しけるらん
侍従豊臣氏郷（まつかしま）
あふく世の人の心のたねとてや
千とせをちきる松のことのは
侍従豊臣忠興（たんこ）」（39オ）
君か代のなかきためしハ松にすむ
つるのちとせをそへてかそへん
侍従平信秀（三吉）
君かよに植ていくたひ契らまし
ミきりの松のけふの千年を
侍従豊臣秀頼（かハち）
千代をふる松ハときハの陰なから
わきてけふこそ色もそふらめ
侍従豊臣頼隆（つるか）
三九」（39ウ）
君をいはふためしに植し住吉の
まつもひさしき代々の行末
侍従豊臣利勝（ゑつちう）
かそへミん千年をちきる宿にしも
松にこまつの陰をならへて
侍従豊臣長重（まつたう）
あさからぬみとりもしるし年をへん
花の都にあひ生のまつ
侍従豊臣長益（けん五）」（40オ）
年経てもかわらぬ庭の松の葉に
ちきりかけをく行末たかふな
侍従豊臣照政（きふ）
君か代のふかきめくミをまつのはの
かハらぬ色にたくへてそミる
侍従豊臣貞通（そ祢）
陰たかき松にひかれて君か代の
ひさしかるへき行ゑしるしも

侍従豊臣義統（ふんこ）
陰たかき松にたちよる袖までも　四十」(40ウ)
ちとせへぬへき九重のうち
侍従豊臣定次（いか）
九重の松のねさしのふかけれハ
とをき国までときハかきハに
侍従豊臣忠政（かね山）
緑さへとしにまさりて松かけの
ふかきや千代のねさしなるらん
侍従藤原直政（井）」(41オ)
立そふる千代のみとりの色深き
松のよハひを君も経ぬへし
侍従豊臣高次（京極）
二葉より庭に小松をうつし植て
すゑのちとせそしるくみえける
侍従豊臣勝俊（たちの）
よろつよも玉のミきりの松の色の
ときハかきはに君やさかへん
侍従秦元親（とさ）

ゆたかなるミやこのうちの松風に　四一」(41ウ)
とをつしまねも波しつか也
天正十六年四月十六日　和歌御会
詠寄松祝和歌
沙門道休（しやう山准后）
年になをまさきのかつらなかき世を
かけてそ契るやとの松かえ」(42オ)
尊朝（青蓮院殿）
千とせ経ん君かよハひをけふハなを
色にミせたる庭のまつかえ
准三宮道澄（しやうこゐん殿）
うつしうふる庭ハ高砂住の江も
おなし千とせのあひ生のまつ
沙門守理（御むろ）
おさまれる世になひきあふ松風の
こゝにそしるき君かちとせハ
常胤（めうほうゐん殿）　四二」(42ウ)
治れる君か代なれは桐にすむ

とりも砌の松にうつらん
かち井殿
最胤
治まれる世ハ久かたの空にふく
風さへまつの枝をならさぬ
天正十六年四月十六日　和歌御会」（43オ）
披講(21)まんして
主上入御なされ侍り、をの〳〵御膳□（まカ）
いる、とり〳〵御酒宴、夜半鐘にいた
り御退出とそ、
四日目十七日　舞御覧
一番万歳楽　二〻延喜楽　三〻泰平楽
四〻狛鉾　五〻陵王　六〻納蘇利
七〻採桑老　八〻古鳥蘇　九〻還城楽
十〻抜頭　　四三」（43ウ）
楽奉行ハ四辻前大納言、左右の楽屋に五
間の幕瓜紋あり、楽屋のまへに大太鼓あ
り、かつこ、しやうこ、笛、篳篥、調子をとり、
先らんしやうをふき、振桙を始てより、
万歳楽にうつる、装束ハ赤地の紋沙の
袍、唐錦の袴、あかちの金襴の打懸、鶏
冠、石帯、糸鞋以下美麗なり、採桑
老ハ天王寺の伶人舞之、
天子よりくたさるゝしろき御衣也、めん」（44オ）
幷鳩杖、あまのたきさしといふ笛、是
皆　勅物なり舞以後返上いたす、　長慶子まて吹
おさめ退散、さて御座をあらためられ、
御かハらけまいる、七献へて大政所殿、北政
所殿より、金吾侍従御使として進上物あり、
一御小袖二十重　一黄金五十両砂金袋入之、　一香爐一
一盆香合堆紅　一麝香臍二十　一高檀紙十帖
右北政所殿より進上候也、
一御小袖十重　一黄金五十両砂金袋入之、　一香爐一
四四」（44ウ）
一盆香合堆紅　一麝香臍十　一高檀紙十帖
右大政所殿より進上候也、
さて、おほとなふらまいらせて、御心静なる
御すさひなかハ、　院御所より御短冊を
をくりまいらせらる、
よろつ世に又八百よろつかさねても

猶かきりなき時ハこのとき
殿下悦に耐たまハす、やかて返し、
　ことの葉のはまの真砂ハつくる共」(45オ)
　　かきりあらしな君かよハひは
主上を始たてまつり、各御当座あり、
五日目十八日、還幸也、殿下参り給て、
献〻御祝こと〻もあり、やかて又　行幸
御申沙汰あるへき御有増なと、こまやかに
契らせ給ひ、午剋ハかりに鳳輦をよせ
させ給ひて、行幸のことく前駆より次第
〳〵に沓をひき、馬上にハ轡つらを
勒し、御心□(閑カ)なる　還幸なり、　行
四五」(45ウ)
幸の時ハみ□(さ)りし長櫃三十えた、
唐櫃二十荷、黒漆のうへに蒔絵し
て、いたすりの金物に至るまて、菊の
御紋あり、おほひハから織也、前駈のさ
きに奉行を付てつかハさる、是や
この程の進上物ならん、楽人又還城
楽を奏す、禁中へ入せ給て、いや
ましの御ことふき、斜ならさる
御気色とそ、晴の御膳の儀式」(46オ)
あり、それより　殿下も還御ありて
踏舞に堪給ハす、寔天なかく地久し
く代を持給へき幸ひなりと、皆人
あふき奉るも理也、
十九日にハ、巳剋より俄に風かわり、
雨あら〳〵敷ふりて、廿日まてやま
す、　行幸の以前も降つ〻きて、日より
の事のミ案し給しに、　行幸と
還幸の時(と)□□(ハ天)津日のかけもさやかな
四六」(46ウ)
りしを、昨日今日(ケウ)の雨にて、猶天道
にかなわせ給し事、覚侍るなと各
申あへり、　殿下かた〳〵御悦に
三首の御詠あり、
　時をえし玉のひかりのあらハれて
　みゆきそけふの諸人の袖
天まても君かミゆきをかけて思ひ
雨ふりすさふ庭のおもかけ(ママ)

行幸なをおもひし事の余あれは」(47オ)
かへるさおしき雲のうへ人

初の一首ハ、行幸つゝかなく成就、目出度事、誠に卞和か璧の世にあらハるゝか如しとなん、中の一首ハ、風雨も時をしる唐尭のむかしを思出給ふにや、後の一首ハ、宋大祖、趙普第にミゆきせし勧盃をしたふ心もや侍らん、則短尺に書付られ、当今ならひに　院御所へをくり

四七」(47ウ)

進上し給ふ也、御添状あり、

今度　行幸忝次第、即令参　内、雖可申上候、先為祝詞、此三首進上之候、宜預御披露候、　仙洞へも被懸御目可然候者、取成専一候也、謹言、

四月廿日　　御判

菊亭殿

勧修寺殿

中山殿」(48オ)

すなハち　叡聞に備らる、　御感あさからす御返しあり、

玉を猶みかくにつけて世にひろく
あふくひかりをうつすことの葉
かきくらし降ぬる雨も心あれや
はれてつらなるくもの上人
あかさりし心をとむるやとりゆへ
猶かへるさのおしまるゝかな」

四八」(48ウ)

院御製

うつもれし道もたゝ敷折に相て
玉のひかりの世にくもりなき

故人の云、和歌に治世の声、乱世の声ありとなん、　御製幷　殿下の御詠歌等ハ、変風の躰をきらひ、正雅の趣を得給ふハ、寧治世のこゑにあらさらんや、上奉部(ママ)、殿上人ミなその躰にならひて御返しあり、廿一日ハ摂家、門跡、清華等、　執政へ御礼あり、」(49オ)進物なととり〳〵成しを、皆停止

とて、御対面にてかへさせ給ぬ、このたひの　行幸のことくなる事ハ、古のためしを聞侍らす、　ミゆきハ万民　竜顔を拝し奉りて、恩沢をかうふり、禍をのそくゆへに、行て幸すといへるにや、国土安全のまつりこと、是にすくへからす、古諺云、大徳ハかならすその位を得、

四九」（49ウ）

かならすその名を得、必そのいのちなかき事をうるとなん、千秋万歳の御齢、いさゝか此理りにたかふへからさる物、(22)

天正十六年五月吉辰記之(御朱印)」（50オ）

此　行幸之記、従　関白殿
当今様へ御進上候申出(ママ)候而、写申候、作者由己(ユウコ)と申候而、　関白殿に伺候之仁候也、
于時天正十六年閏(ママ)五月吉辰　(阿野)侍従藤原実政
生年□□(八歳カ)(23)

五十」（50ウ）

注

（1）群類本には「籍」とあるが、古活字版には「そらんす」とあるから、「諳」が正しいのではないか。なお大阪城本ではこの箇所は破り取られている。
（2）大阪城本では「烏丸大納言」を「日野大納言」とし、下の「日野大納言」を「日野新大納言」とする。
（3）大阪城本では次行に「蒔田相模守　安威摂津守」が入る。
（4）大阪城本では次行に「稲葉兵庫頭　富田左近将監」が入る。
（5）この辺り、大阪城本では「田中石見守　石河備後守」が入る。
（6）「秀」は「利」の誤り。前田利勝（後の利長）のこと。
（7）大阪城本は「竜田の嶺」。
（8）この一行、大阪城本は脱落。群類本にはある。
（9）大阪城本では、次行に「五辻左馬頭三人」が入る。
（10）叡□のところ、叡慮と書きかけ、次行に移したか。
（11）大阪城本では「ミな」の後、「集来せしめ、此由かたり給ひて、同者、」が入る。

(12) この行、大阪城本になし。
(13)「平」のところ、大阪城本は「豊臣」。
(14)「平」のところ、大阪城本は「豊臣」。
(15) この行、大阪城本では「金吾殿」。
(16)「此五人事」は、大阪城本になし。
(17) この行、大阪城本になし。
(18)「廿四」は、大阪城本になし。
(19) この行、大阪城本になし。
(20) この四字は、実政から実顕に改名した天正二十年一月以降の追記であろう。
(21) 大阪城本は「披講をハりて」。
(22) 大阪城本は「もの也」。
(23) 阿野実政の誕生年より算出。

第二節　影　印

凡　例

一、影印の底本は、翻刻と同じ富山県在住の個人所蔵本である。
一、本頁の下部に表紙・裏表紙を掲げ、次頁から本文五十丁分の影印を掲出した。
一、表紙・裏表紙は約二七％に、本文は約三〇％に縮小した。
一、各丁欄外の右下、左下に、それぞれ（1オ）、（1ウ）のように丁数を示した。
一、所蔵者による写真掲載許可は平成二九年四月二八日付。

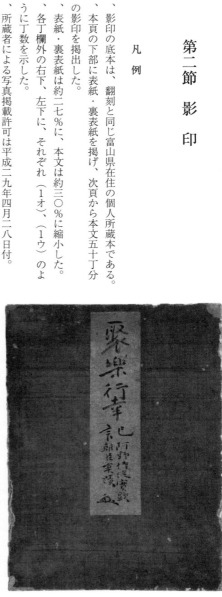

（表紙）

（裏表紙）

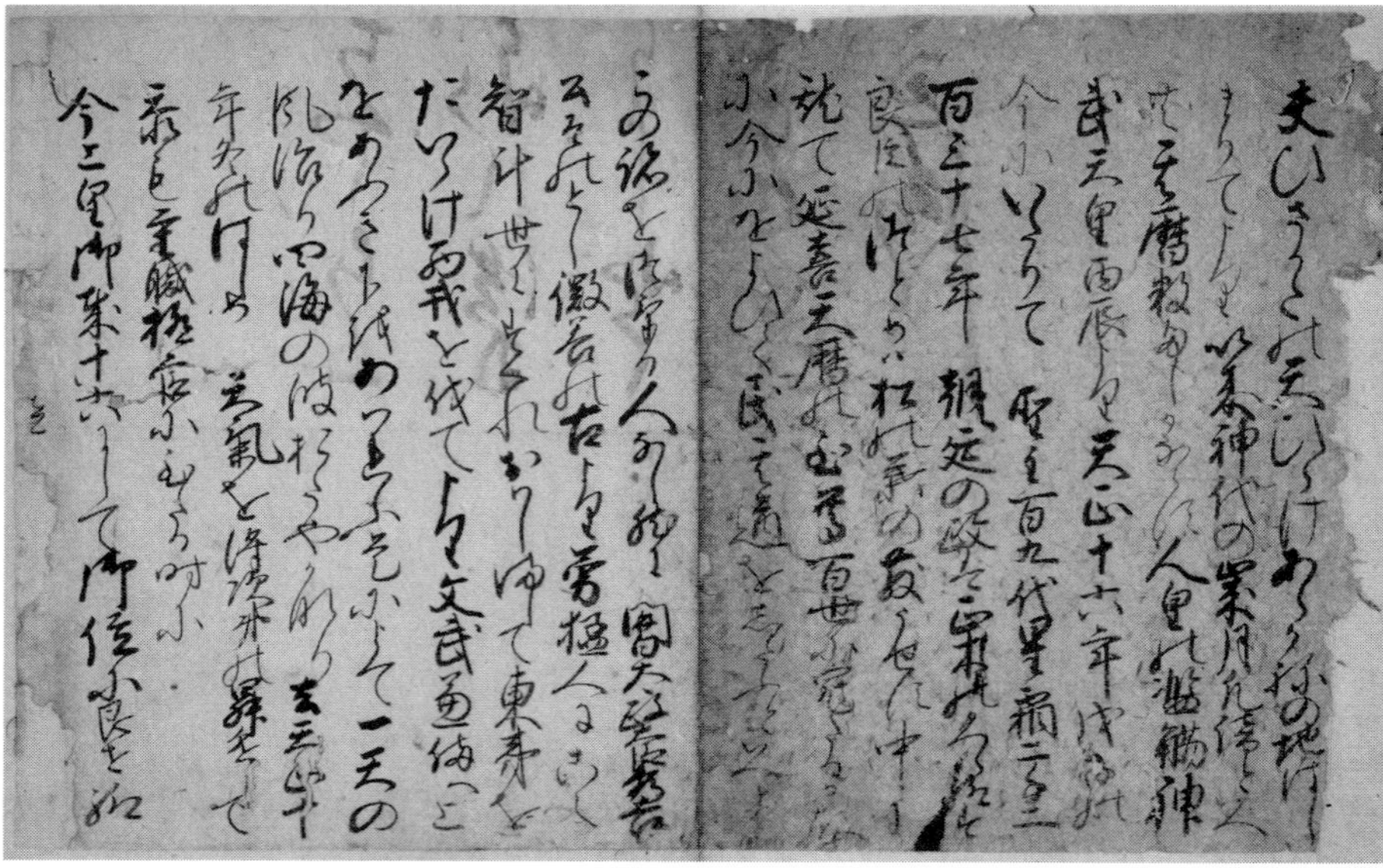

（1ウ）（1オ）

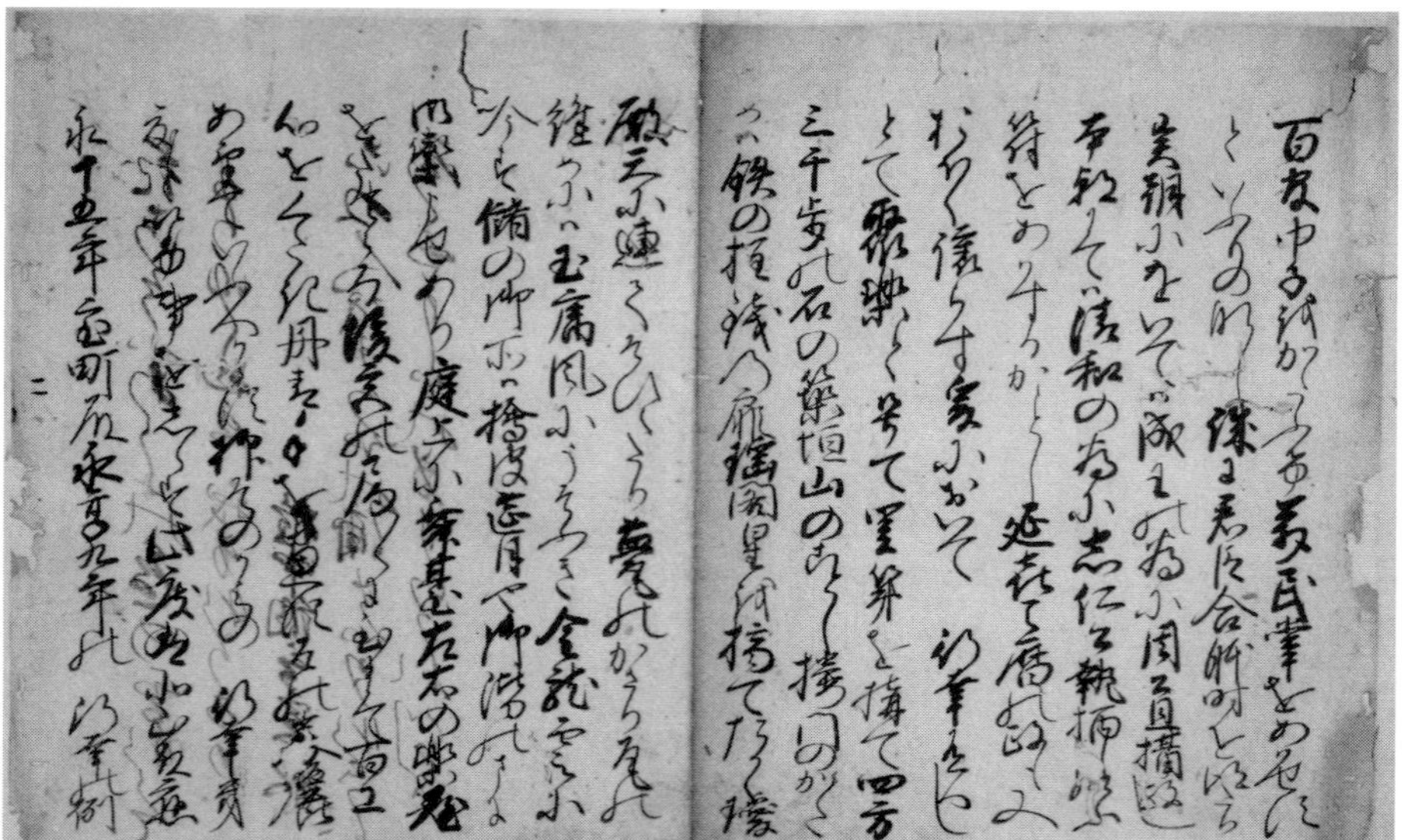

（2ウ）（2オ）

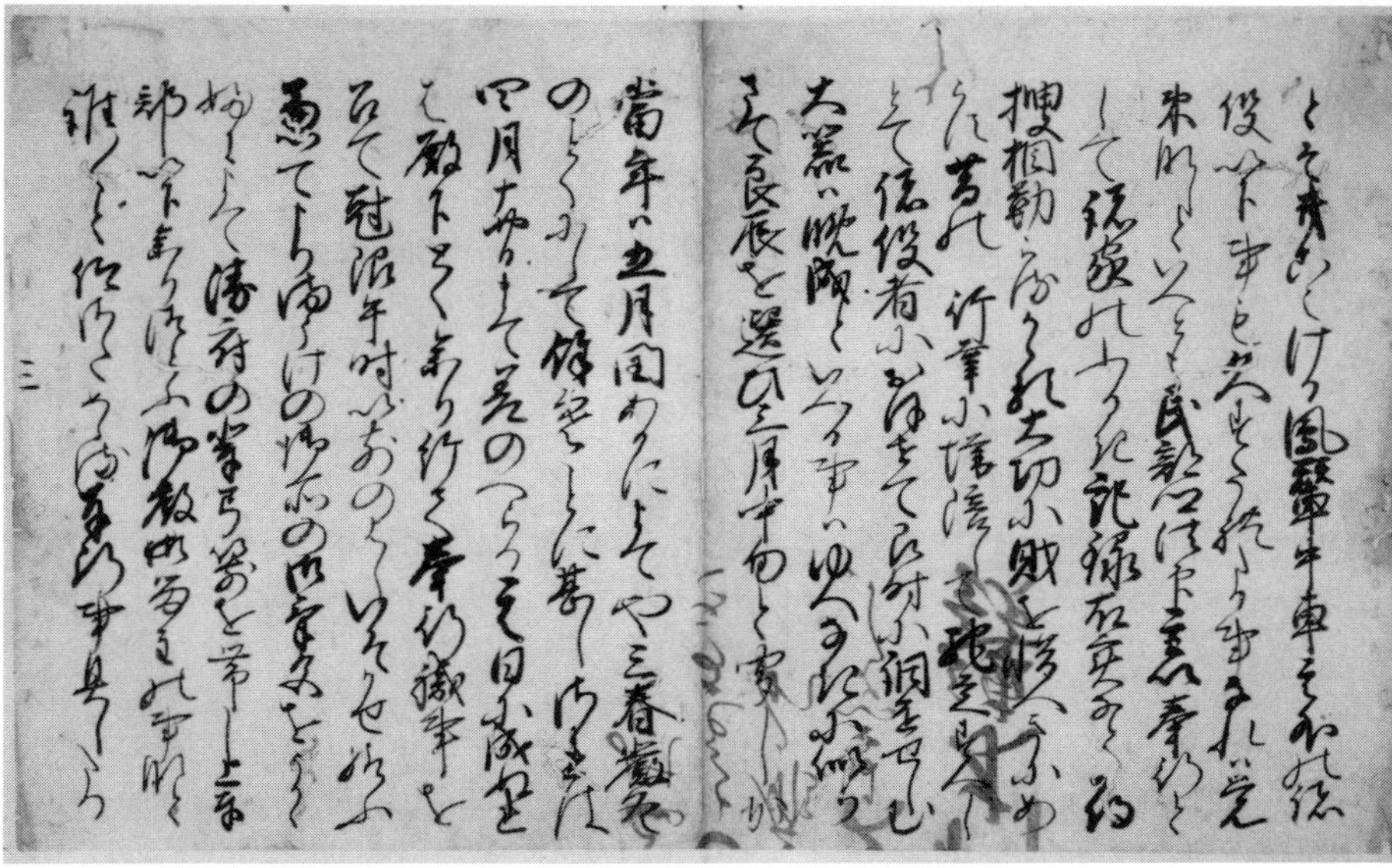

（3ウ）　（3オ）

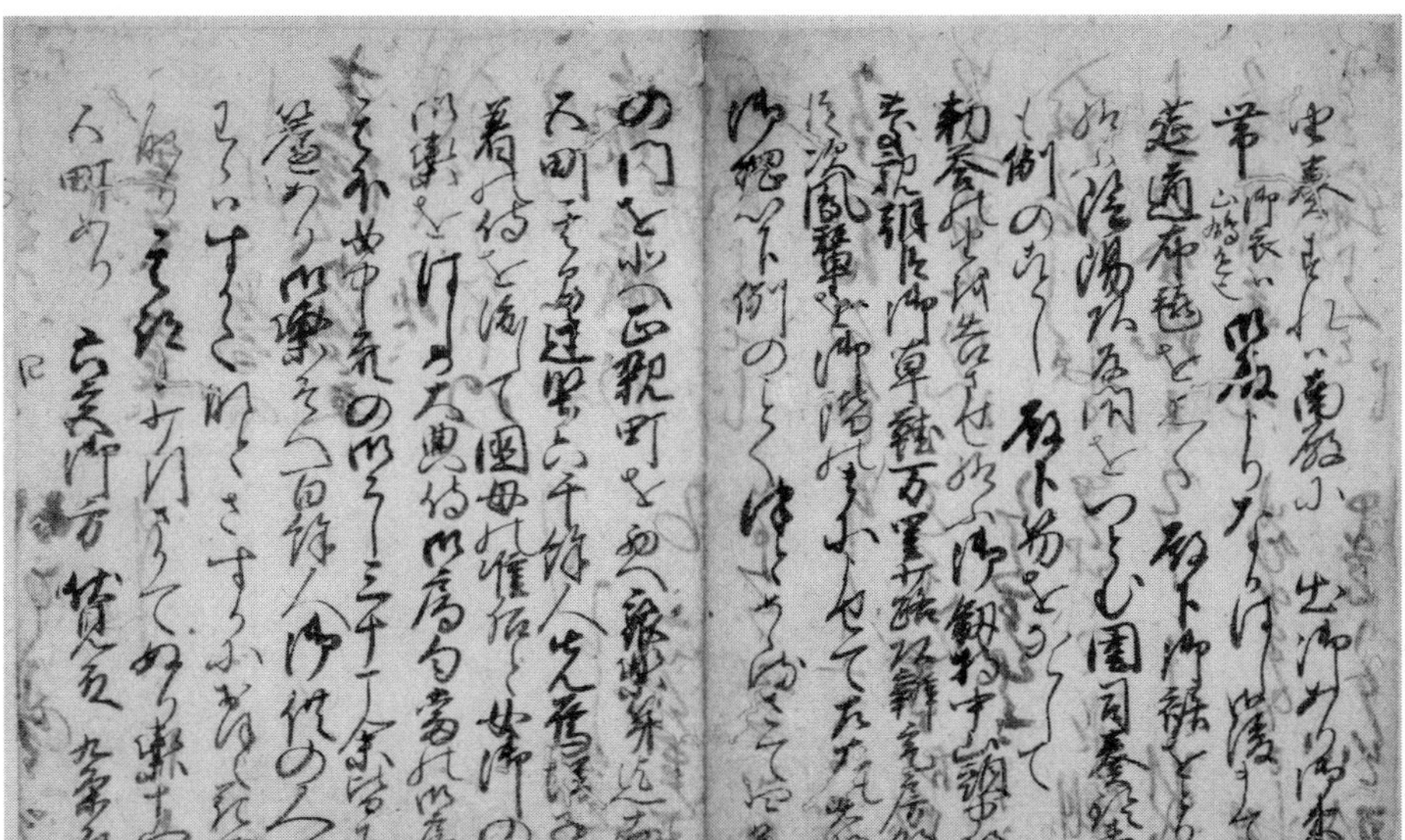

（4ウ）　（4オ）

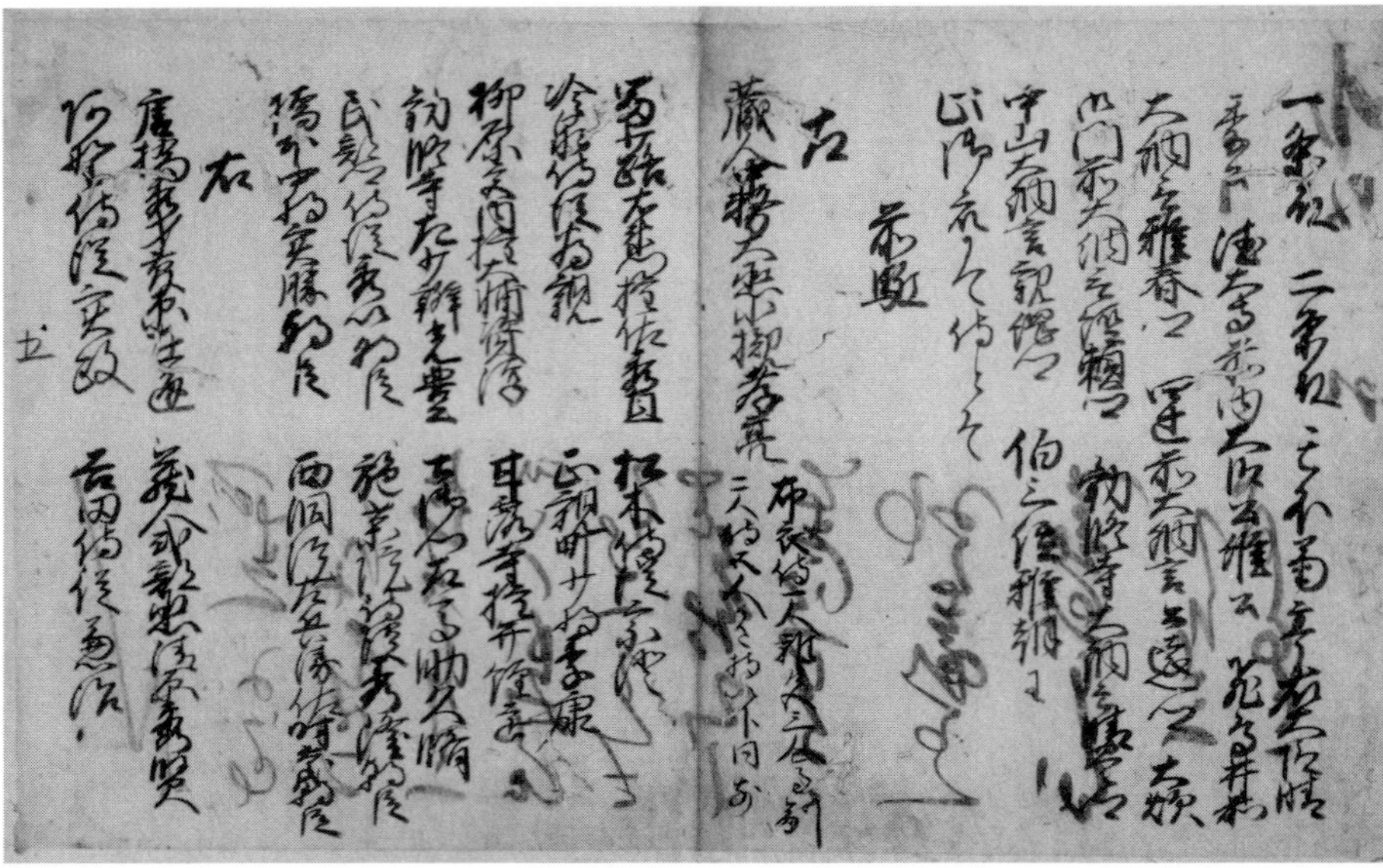

（5ウ）（5オ）

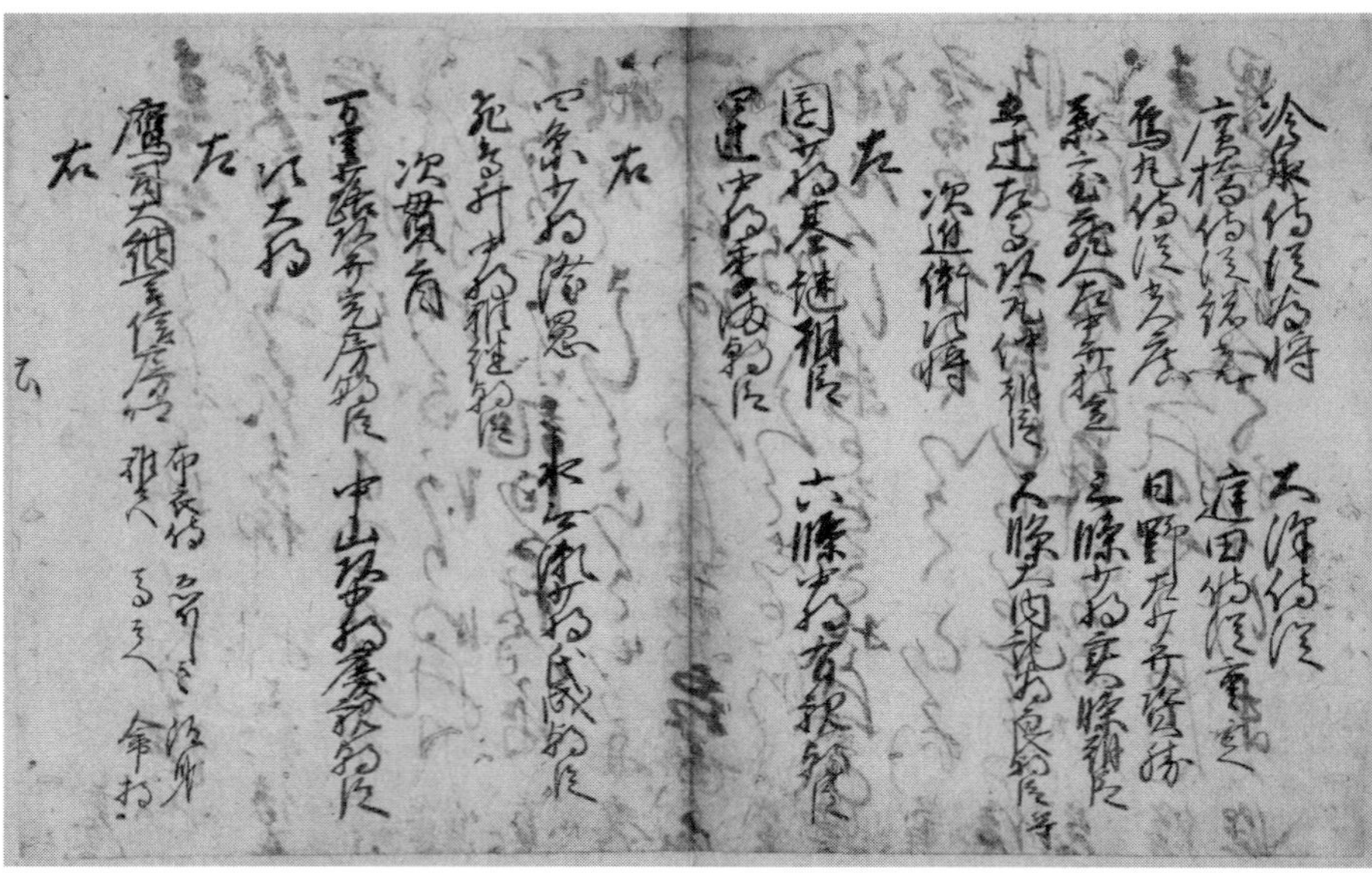

（6ウ）（6オ）

（7オ）

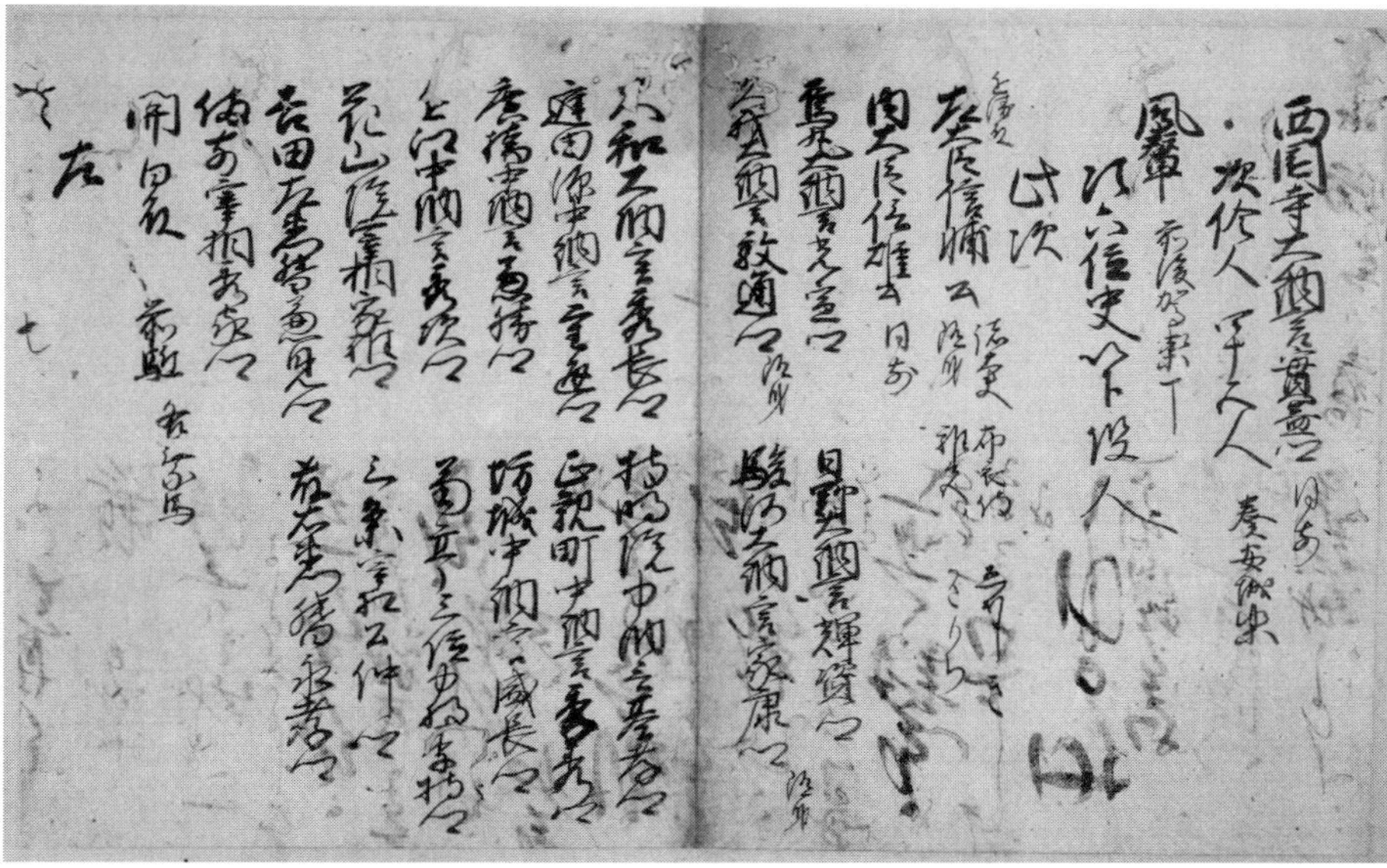

（7ウ）

（8オ）

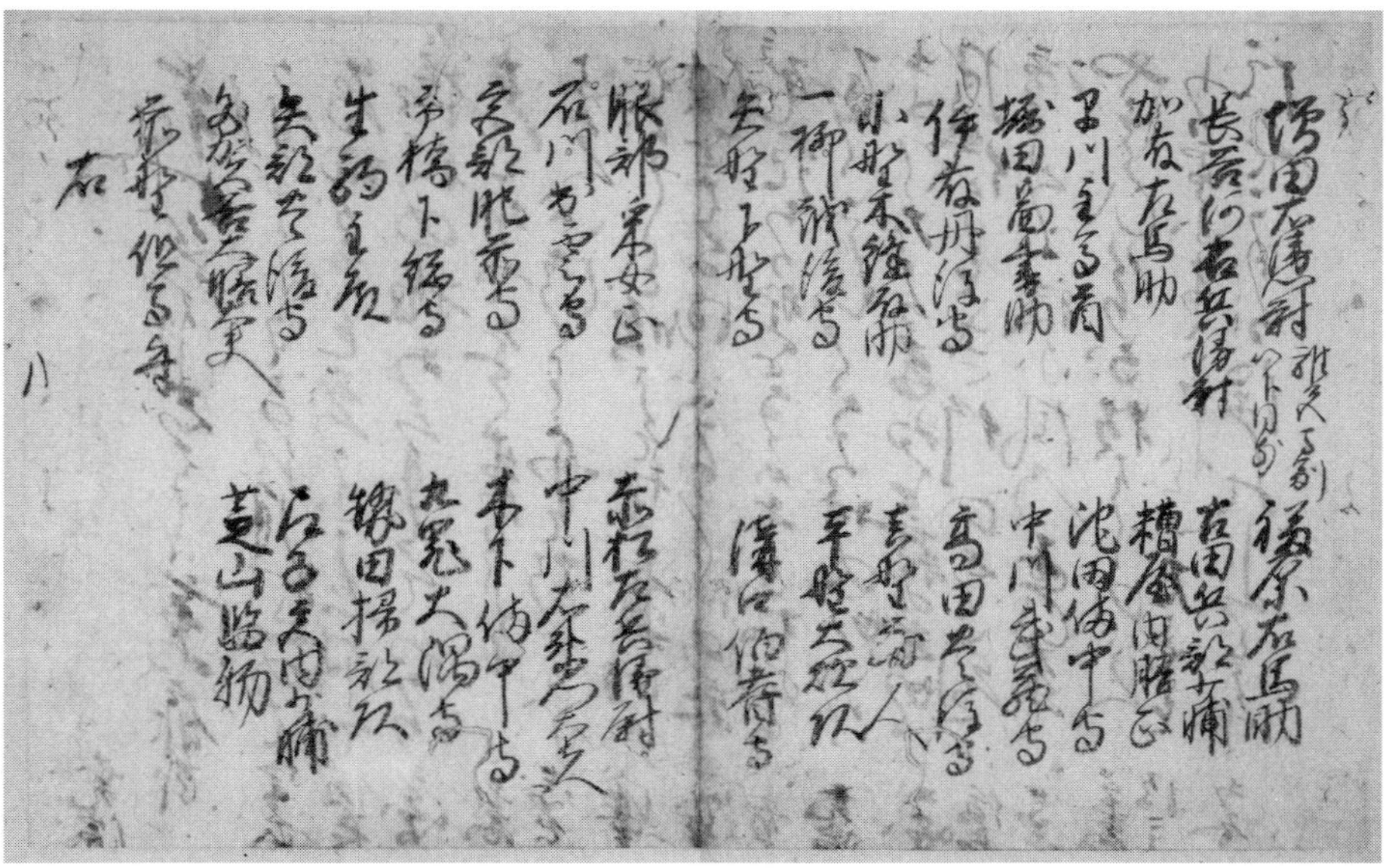

（8ウ）

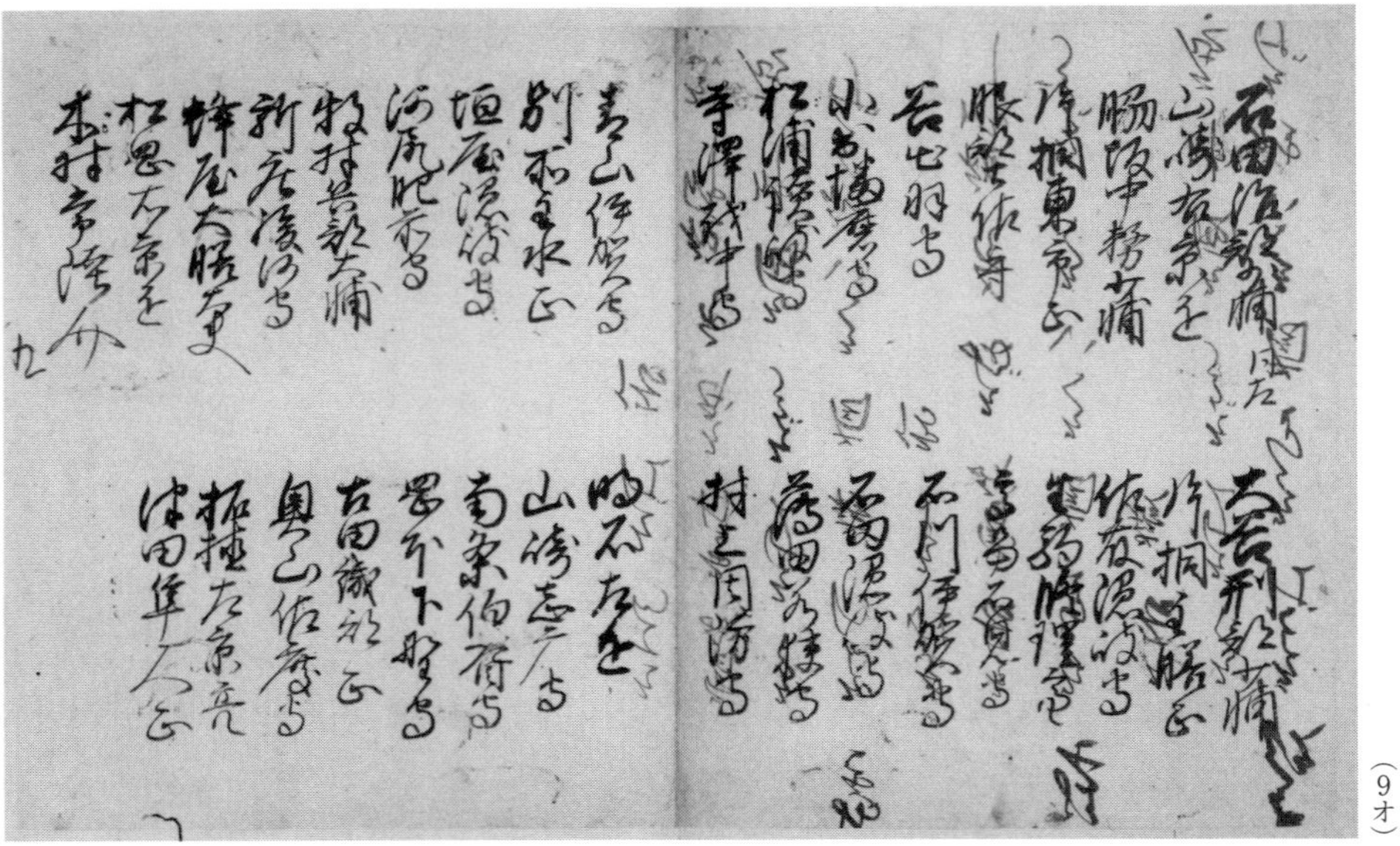

（9ウ）（9オ）

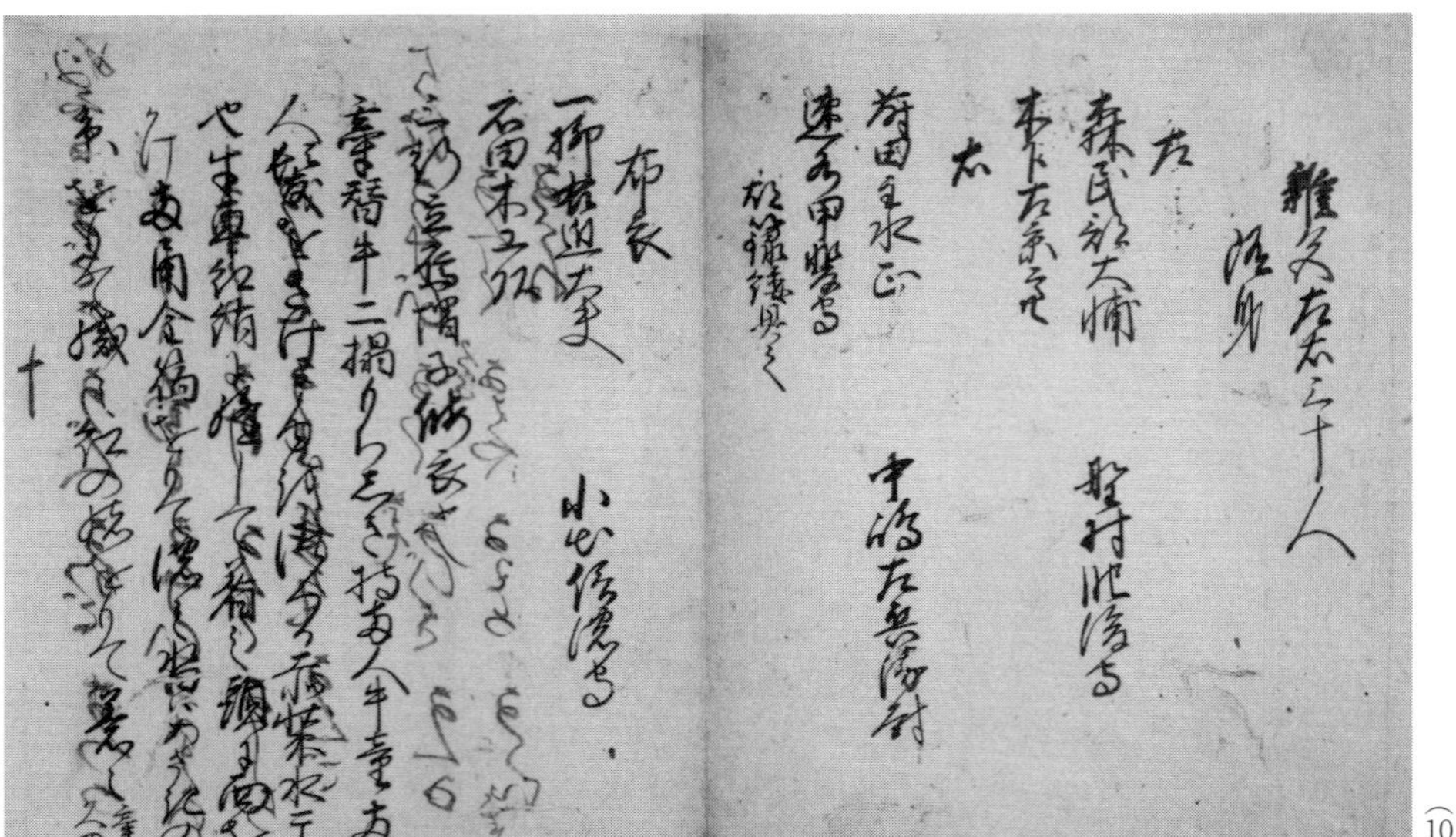

（10ウ）（10オ）

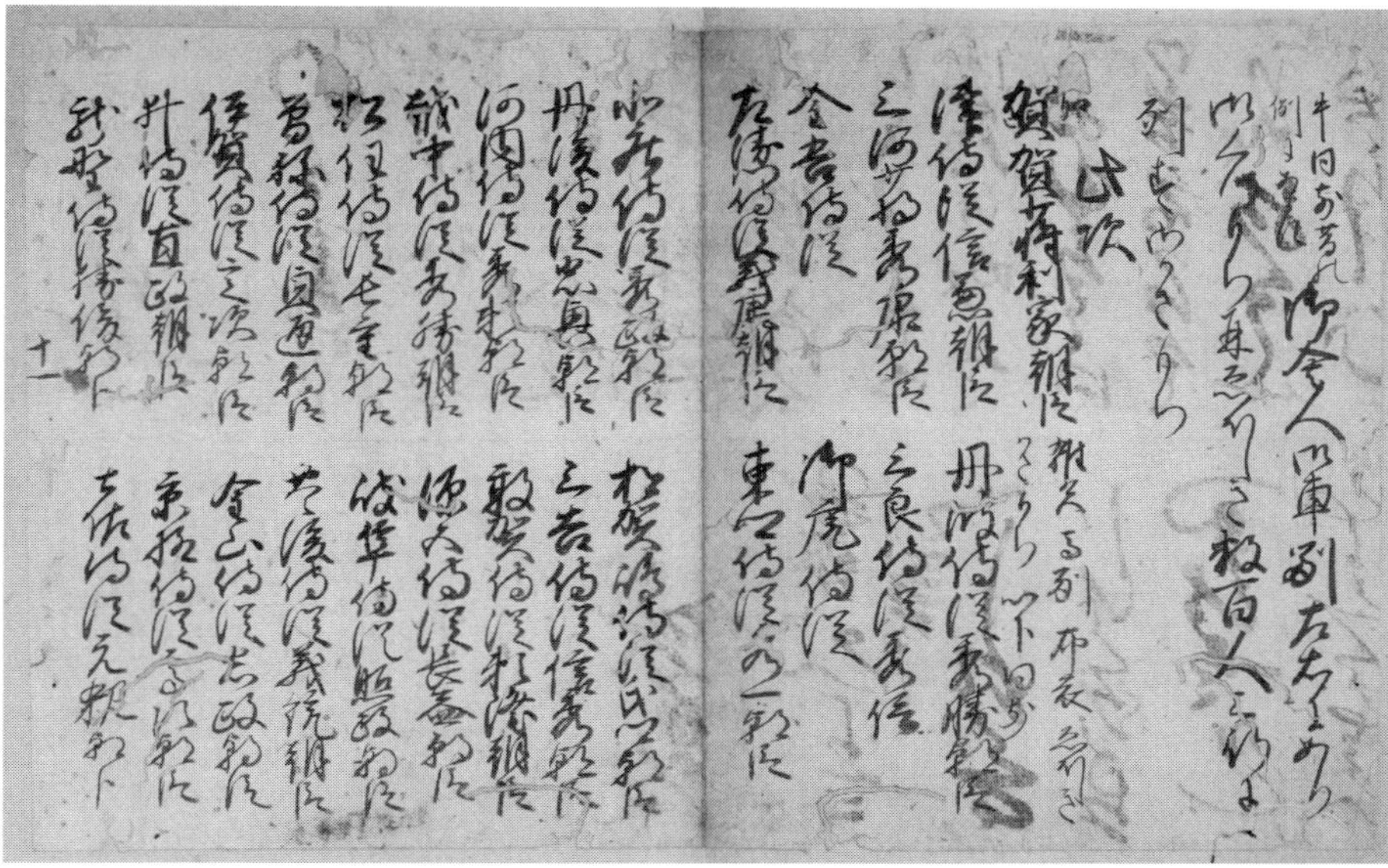

（11オ）（11ウ）

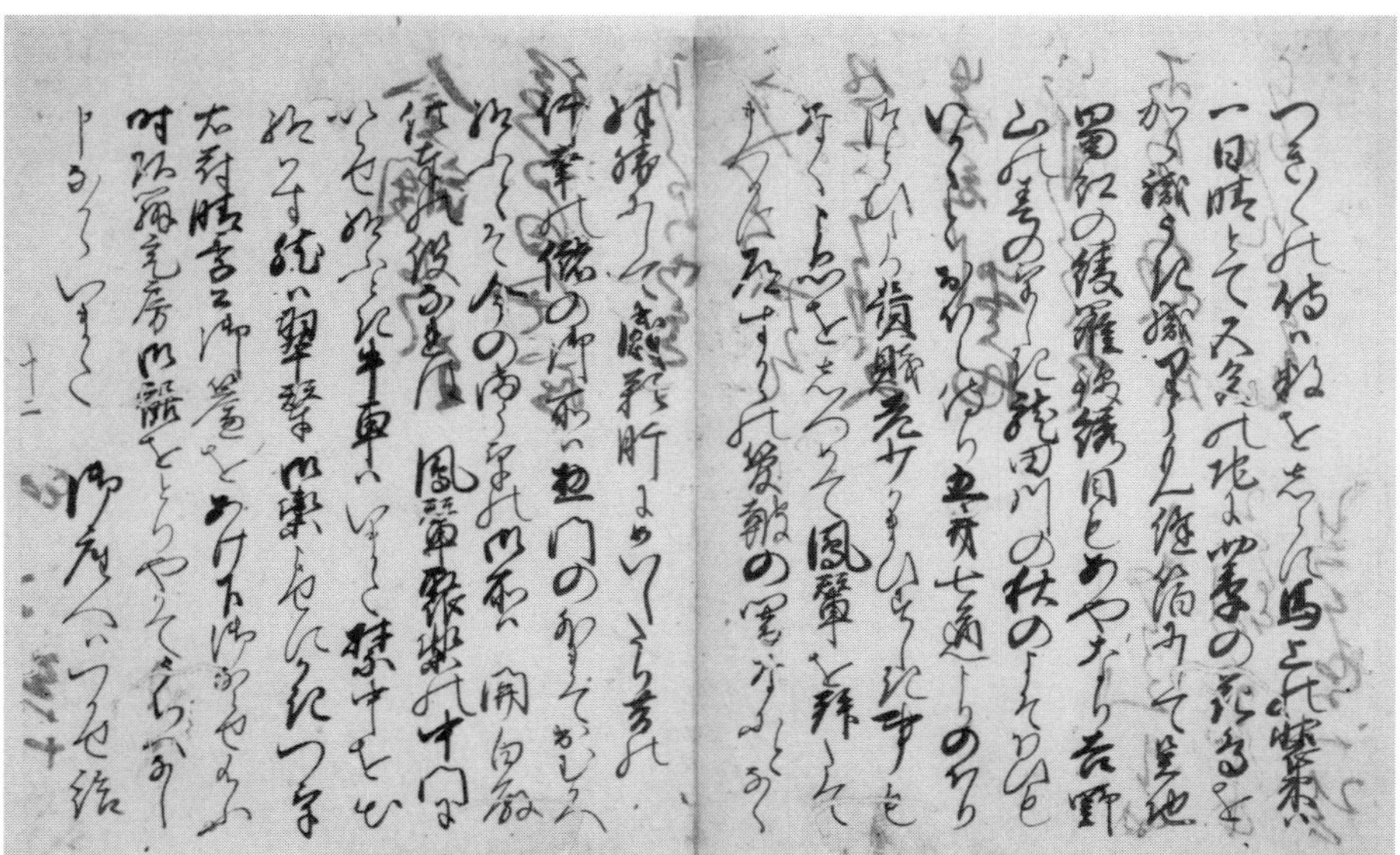

（12オ）（12ウ）

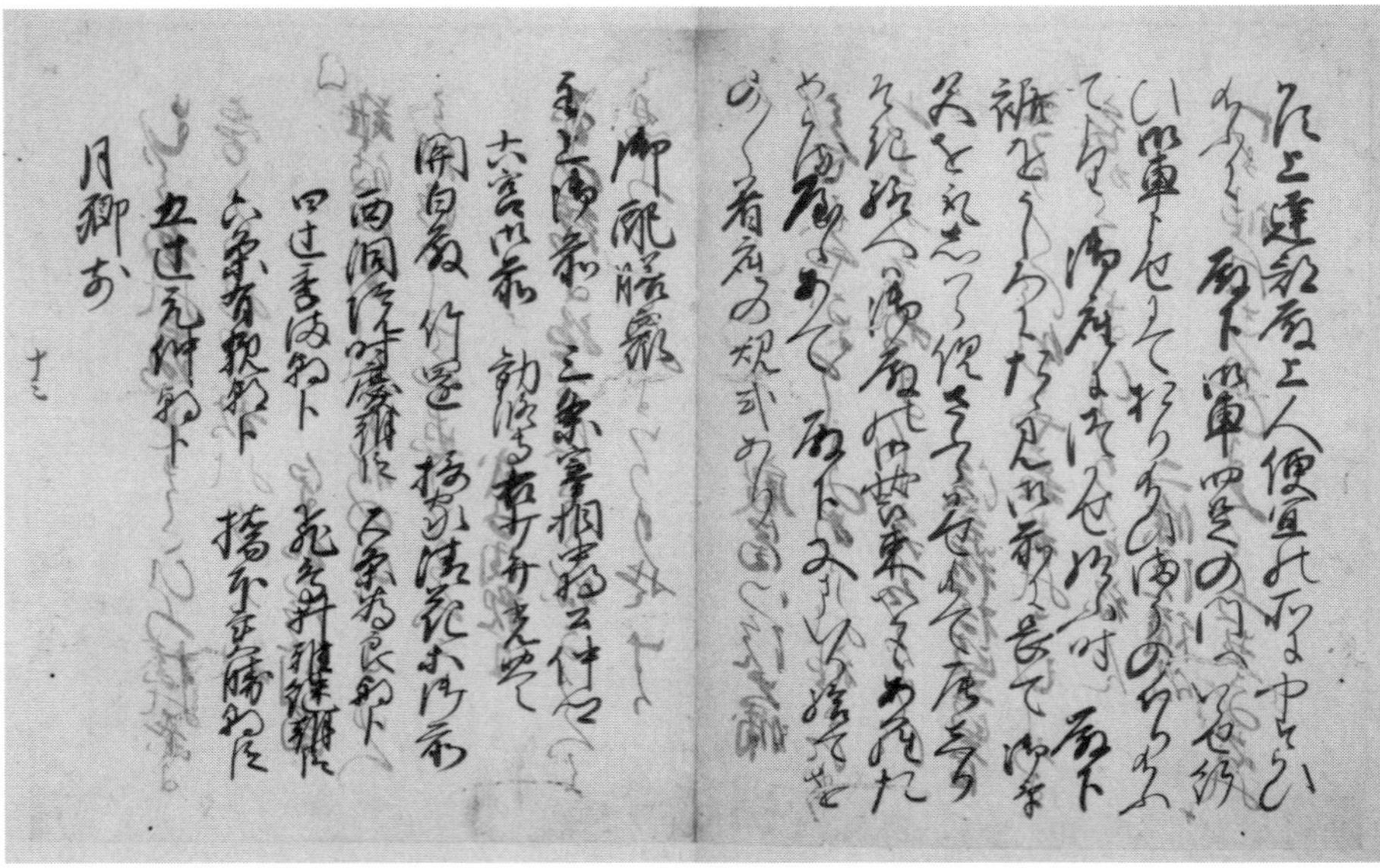

(13ウ)　(13オ)

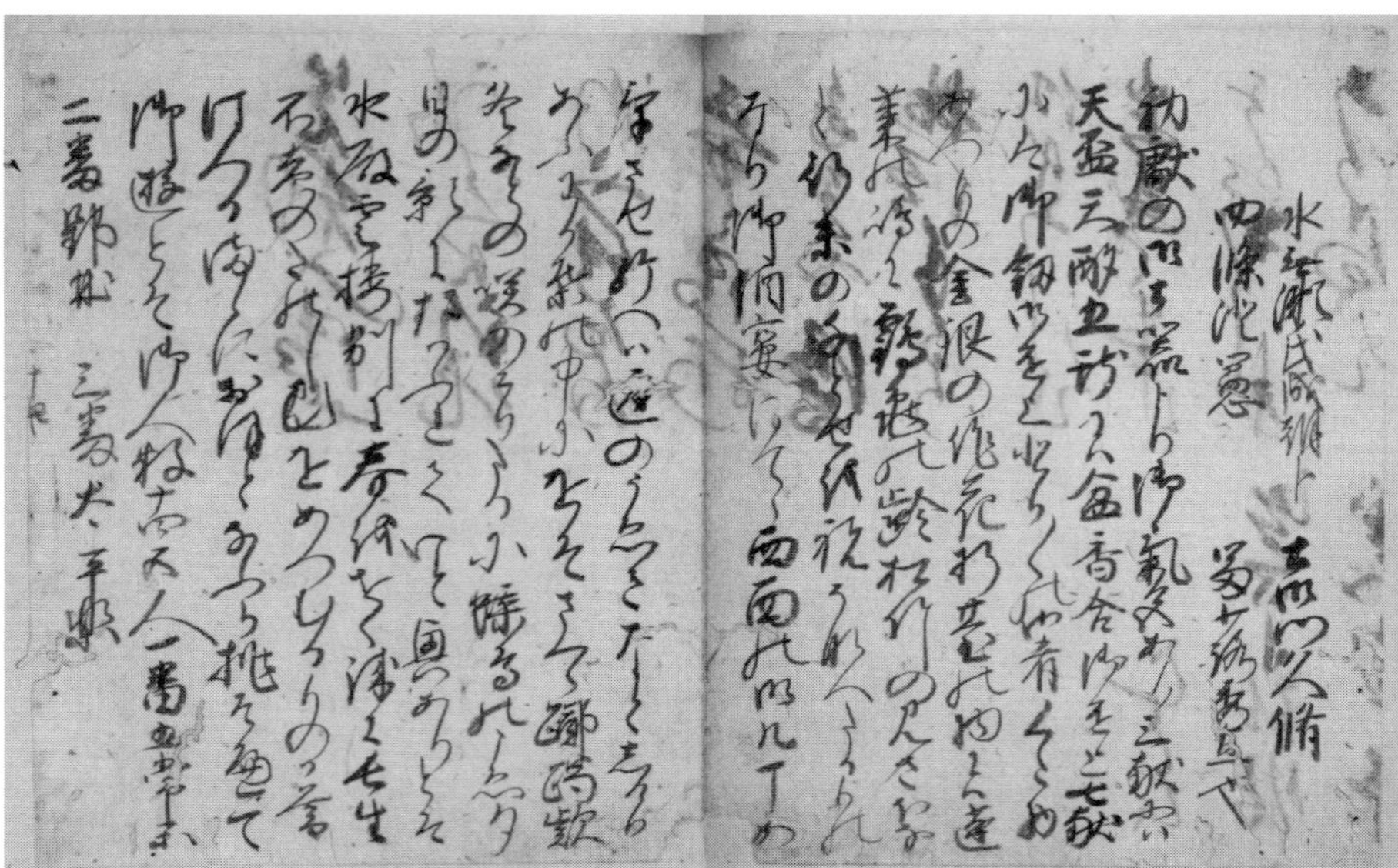

(14ウ)　(14オ)

（15ウ）

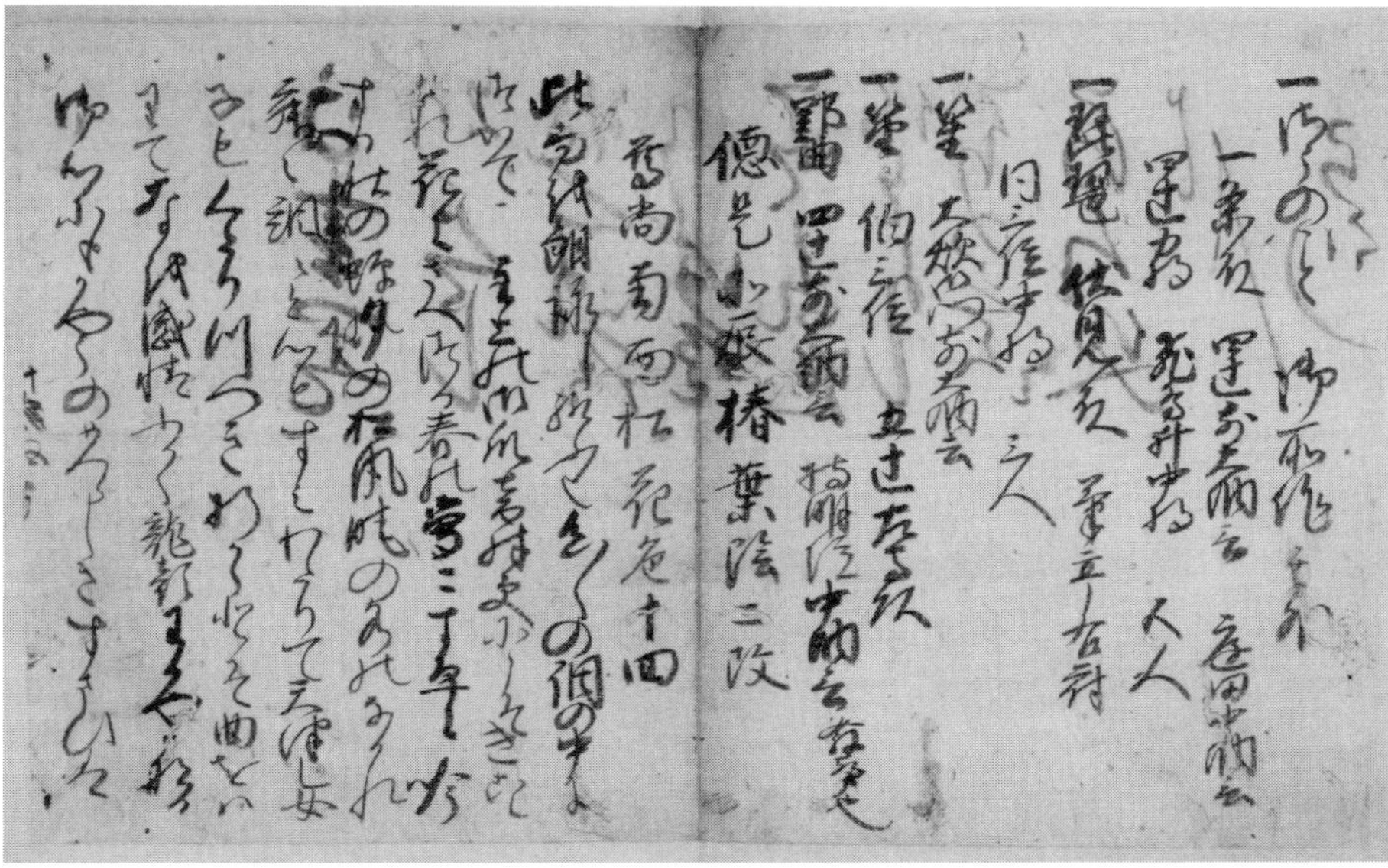

（15オ）

（16ウ）

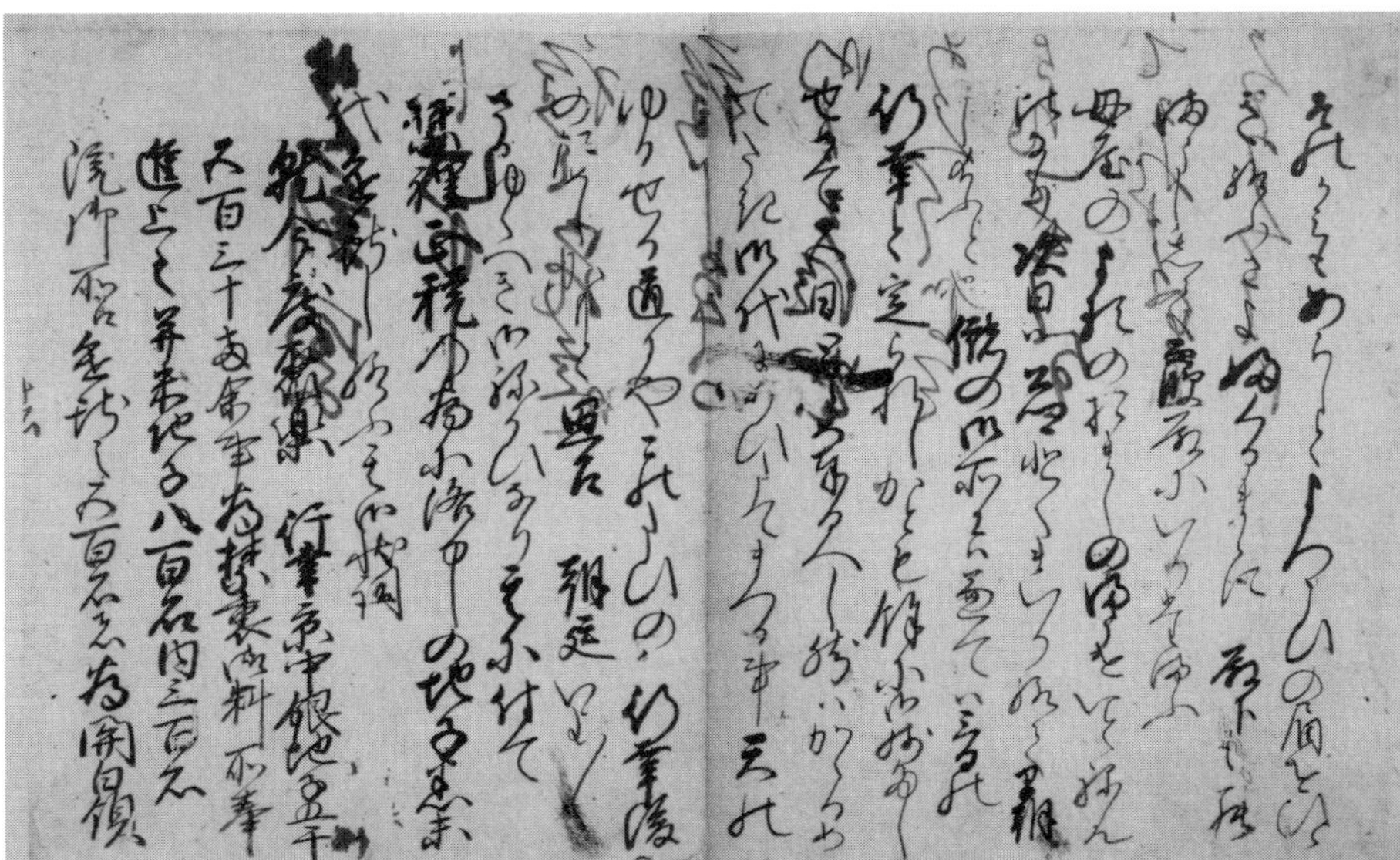

（16オ）

（17ウ）（17オ）

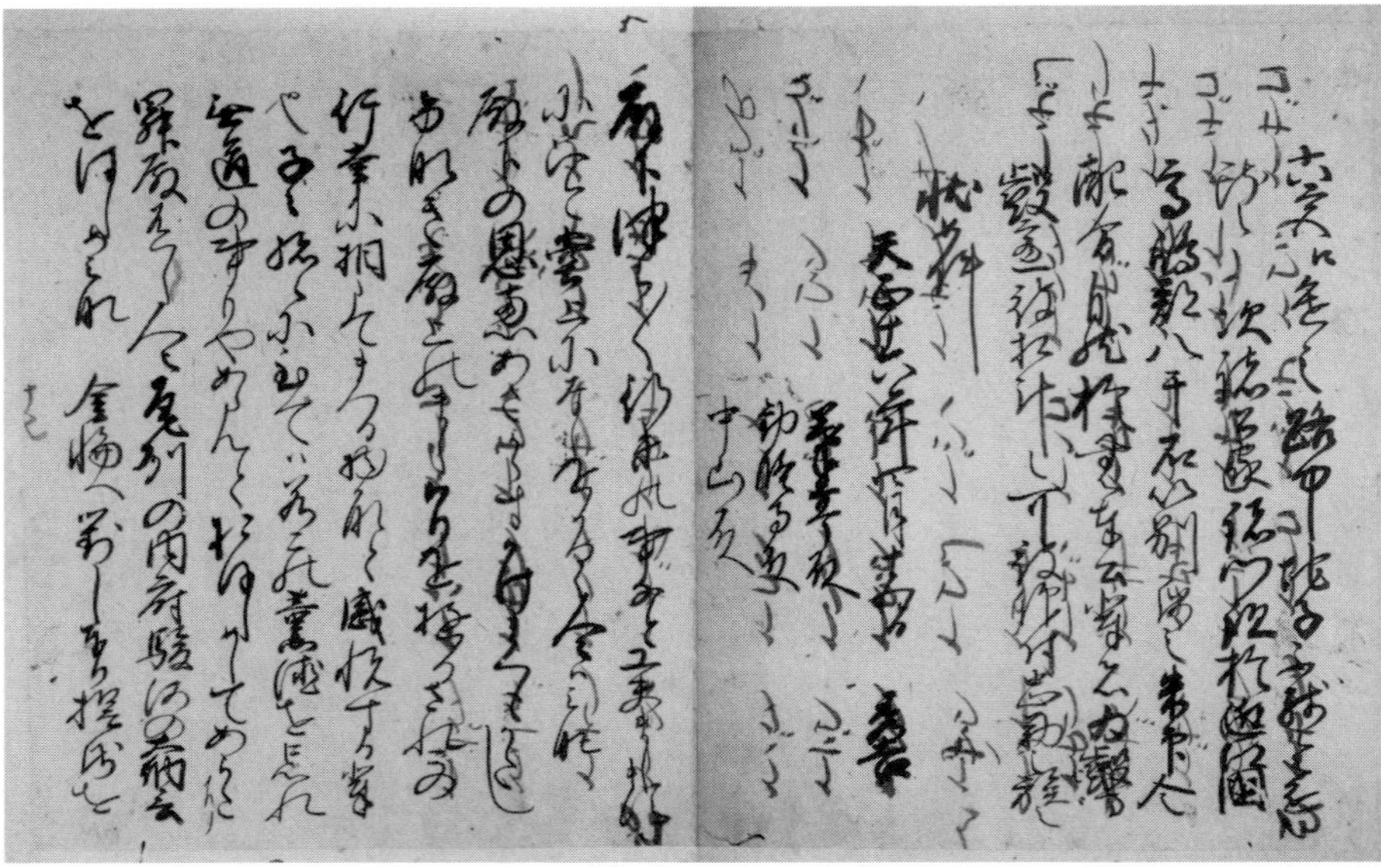

（18ウ）（18オ）

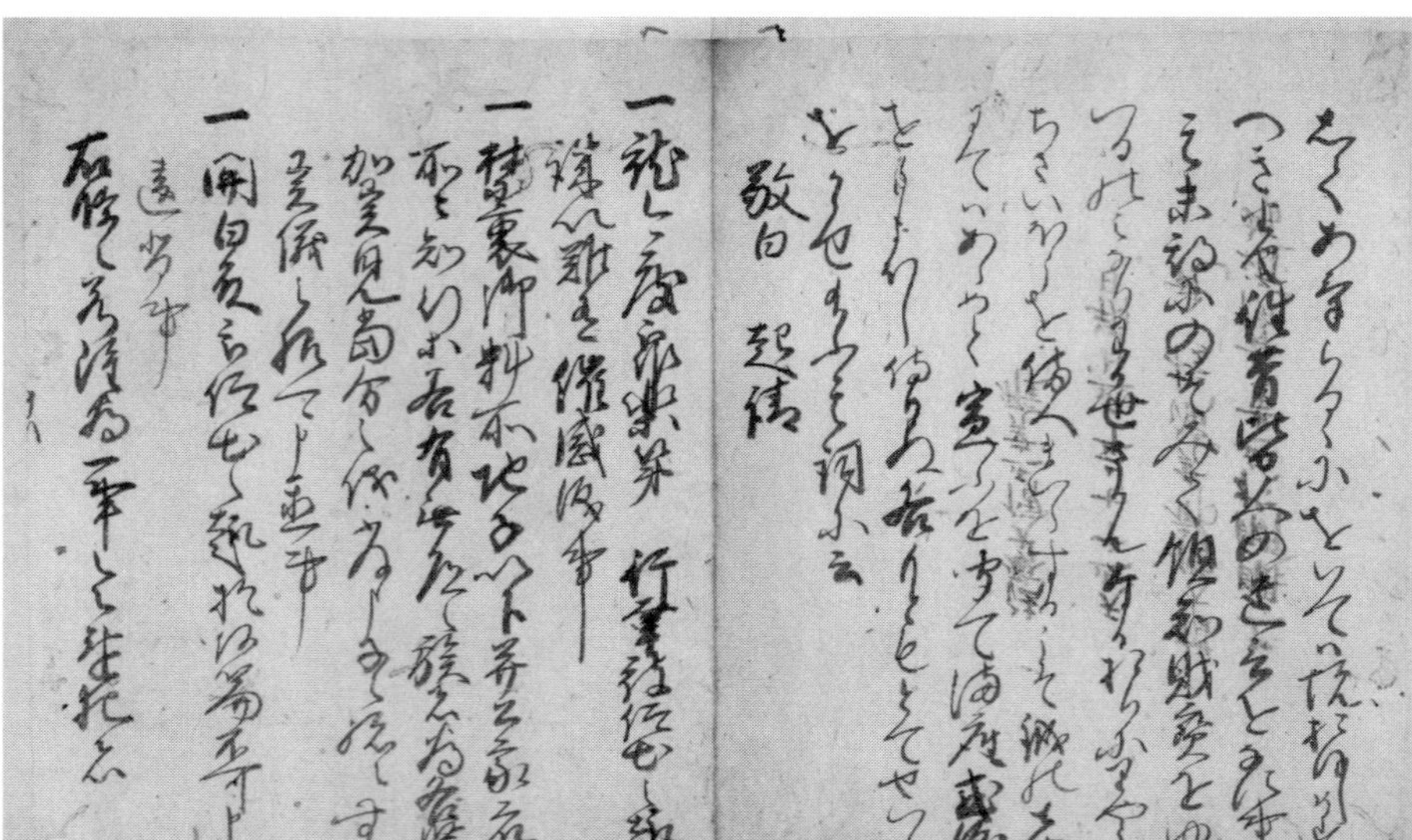

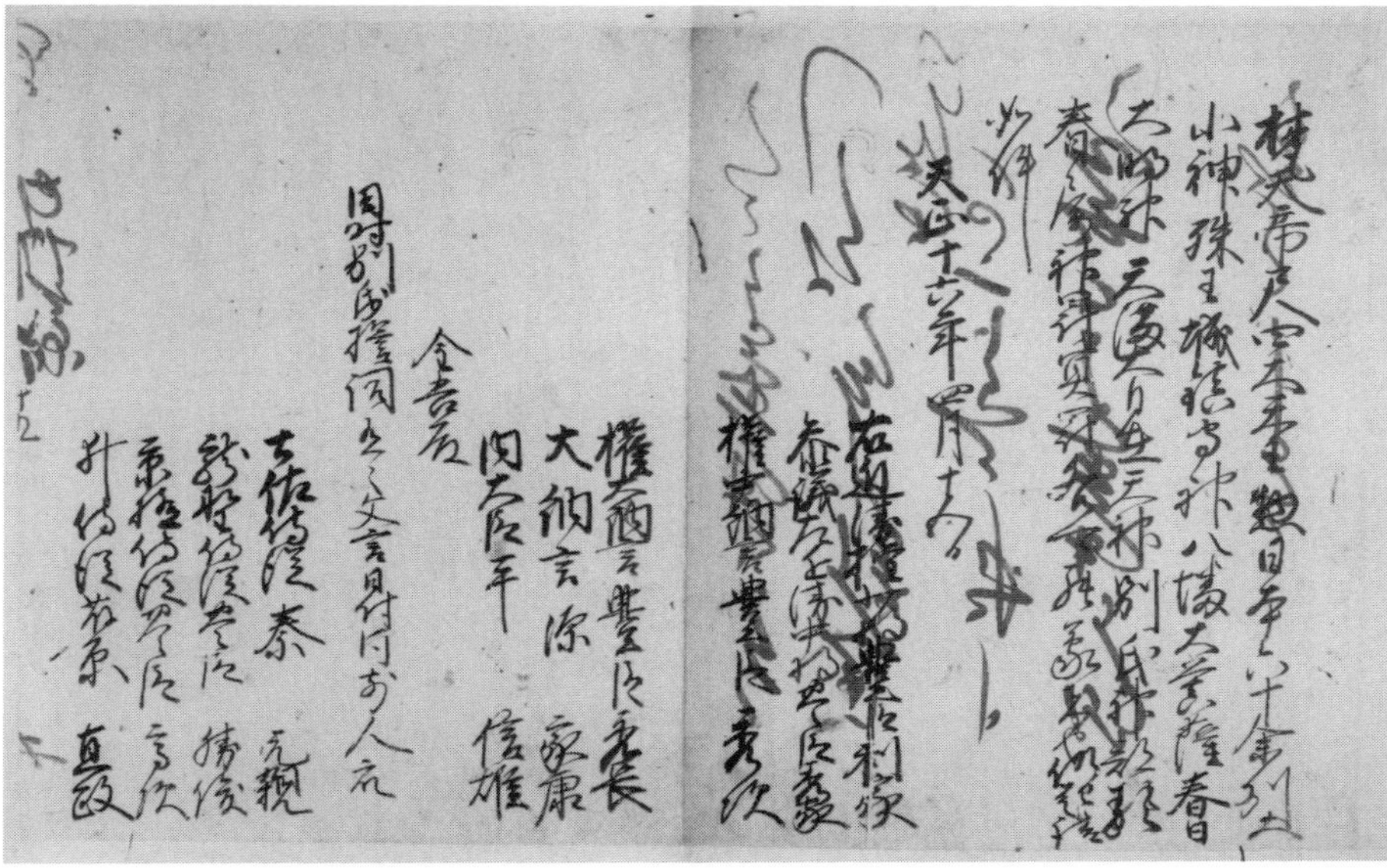

梵天帝釈四大天王惣日本国中六十余州大小神祇殊王城鎮守稲荷祇園賀茂八幡大菩薩春日大明神三嶋大明神天満大自在天神別氏神部類眷属神罰冥罰各可罷蒙者也
仍起請如件
天正十六年四月十五日
右近衛権少将豊臣利家
参議左近衛中将豊臣秀家
権中納言豊臣秀次
権大納言豊臣秀長
大納言源家康
内大臣平信雄
金吾殿
同時別紙ニ誓詞同文言日付同前人名
土佐侍従秦元親
龍野侍従豊臣勝俊
京極侍従豊臣高次
井侍従藤原直政

（19ウ）（19オ）

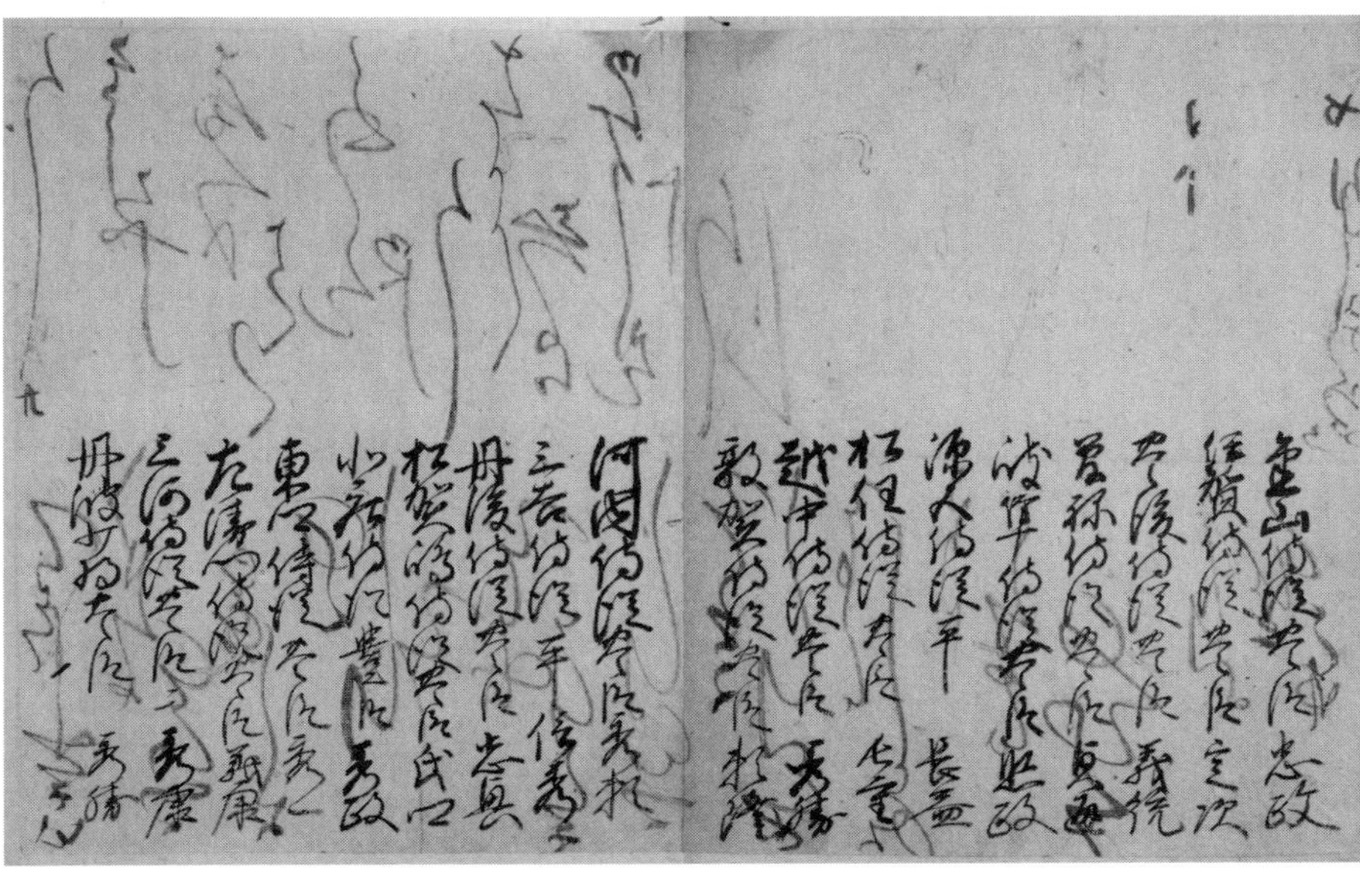

金山侍従豊臣忠政
伊賀侍従豊臣定次
豊後侍従豊臣義統
曽祢侍従豊臣貞通
岐阜侍従豊臣照政
源五侍従平長益
松任侍従豊臣長重
越中侍従豊臣利勝
敦賀侍従豊臣頼隆
河内侍従豊臣秀頼
三吉侍従平信秀
丹後侍従豊臣忠興
松坂侍従豊臣氏郷
北庄侍従豊臣秀政
東郷侍従豊臣秀一
左衛門侍従豊臣[illegible]
三河侍従豊臣秀康
丹波少将豊臣秀勝

（20ウ）（20オ）

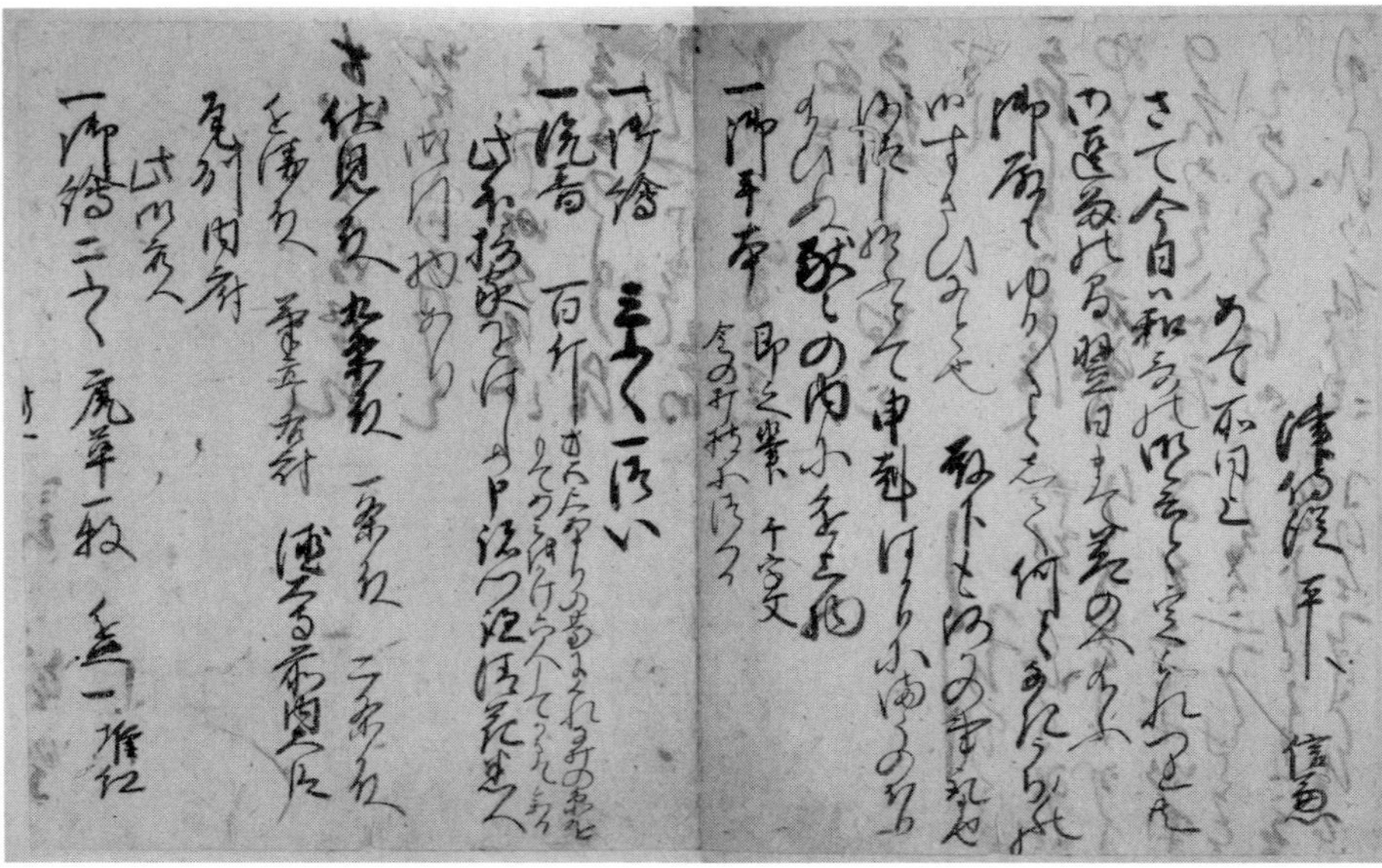

（21ウ）（21オ）

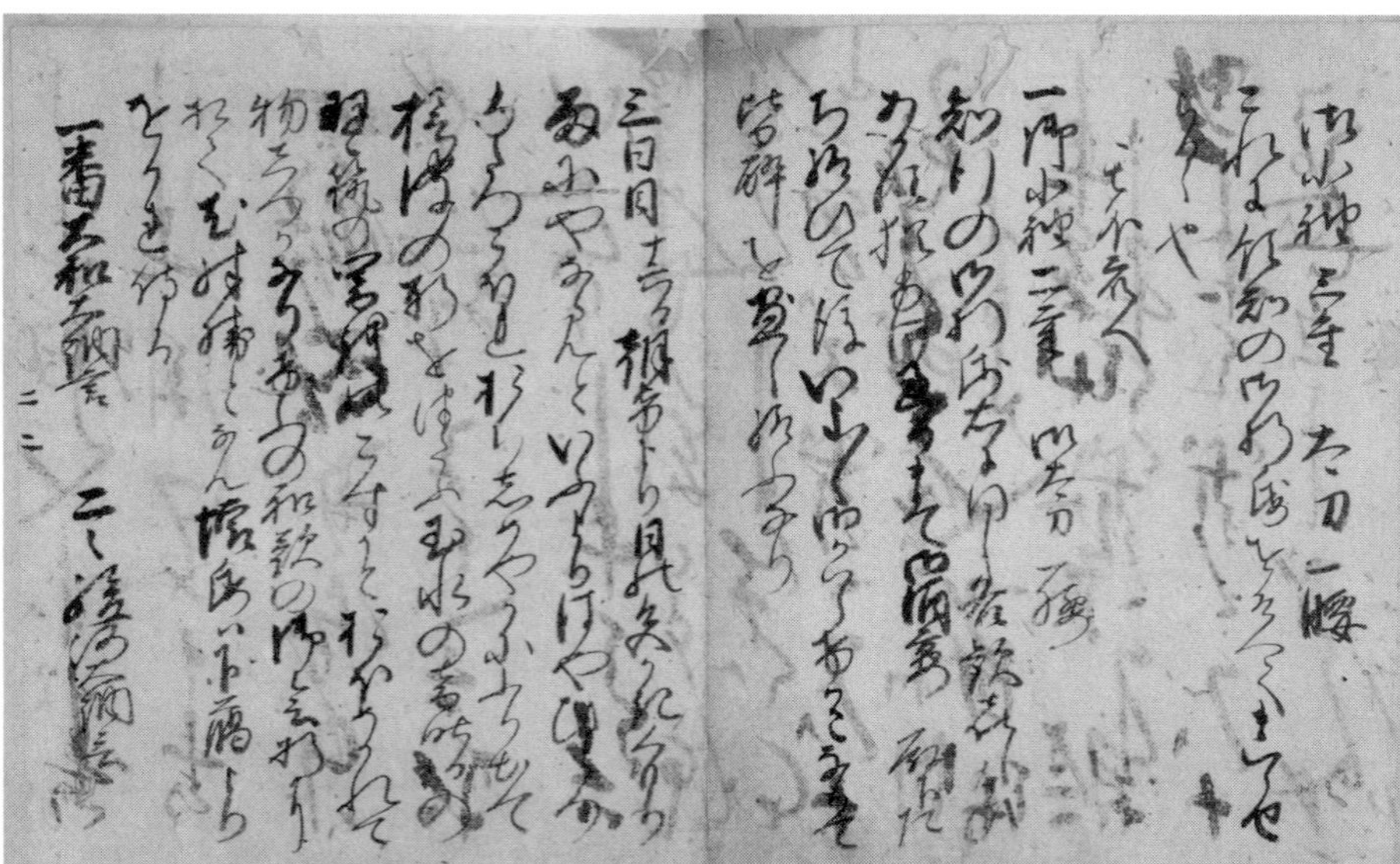

（22ウ）（22オ）

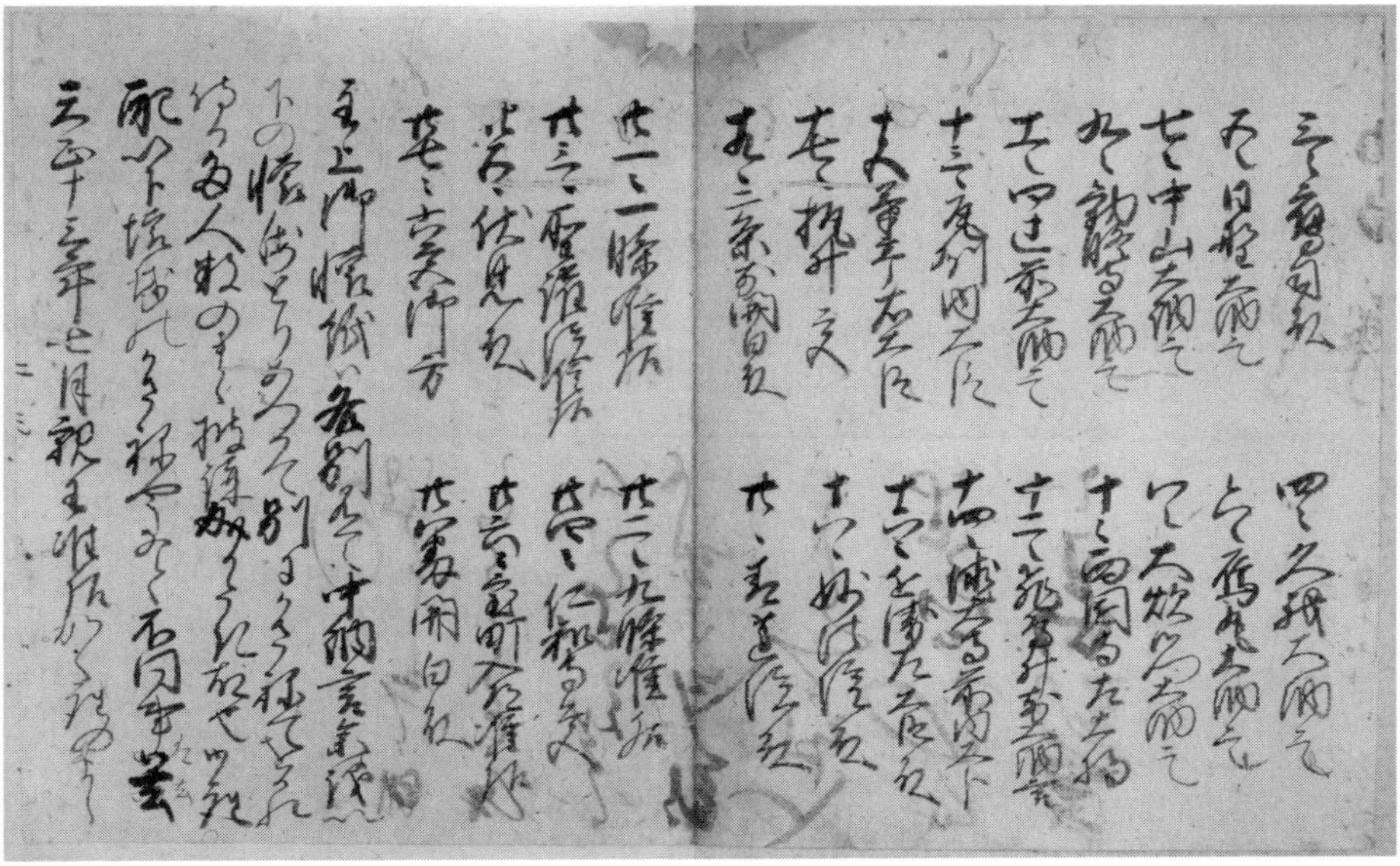

(23オ) (23ウ)

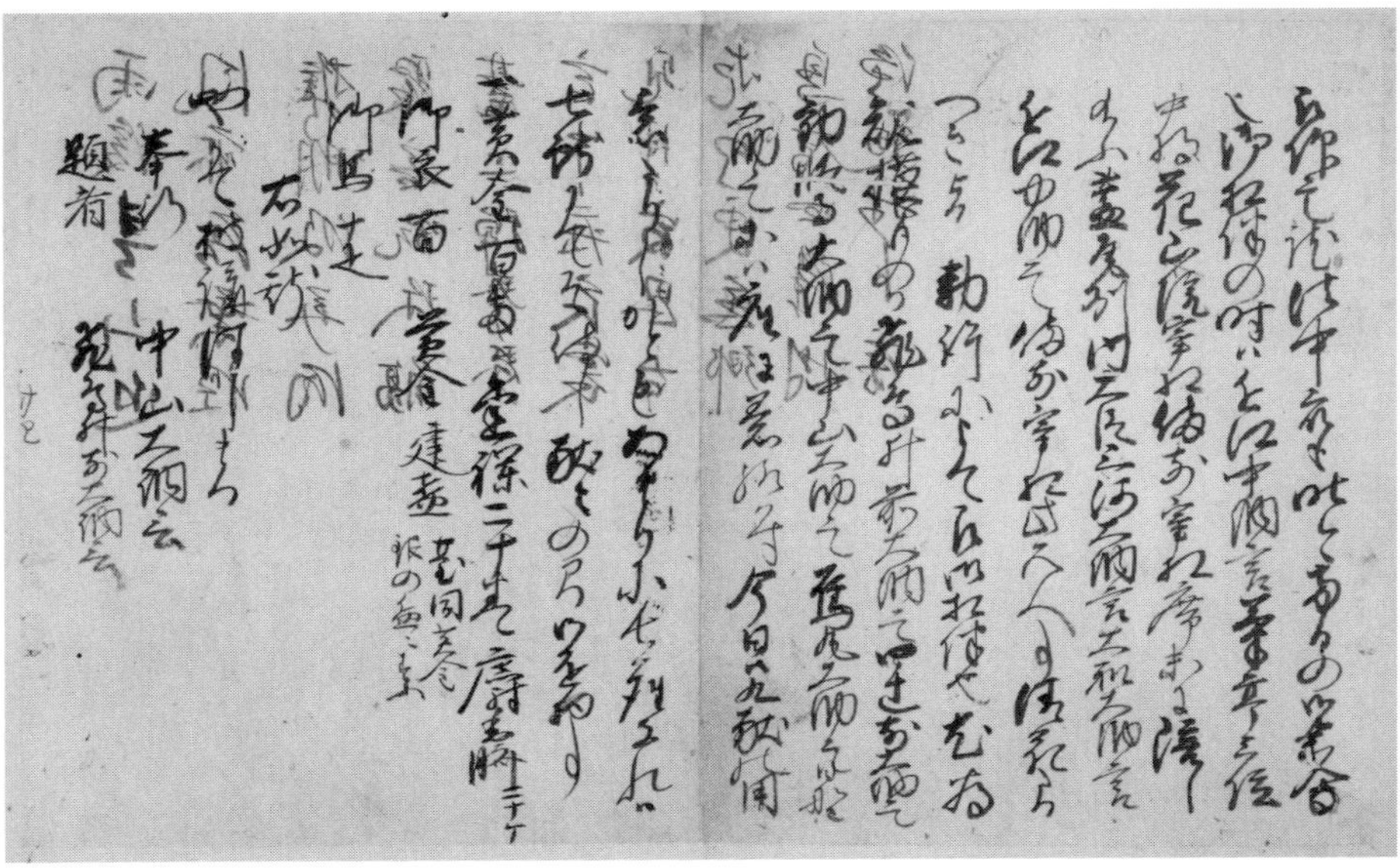

(24オ) (24ウ)

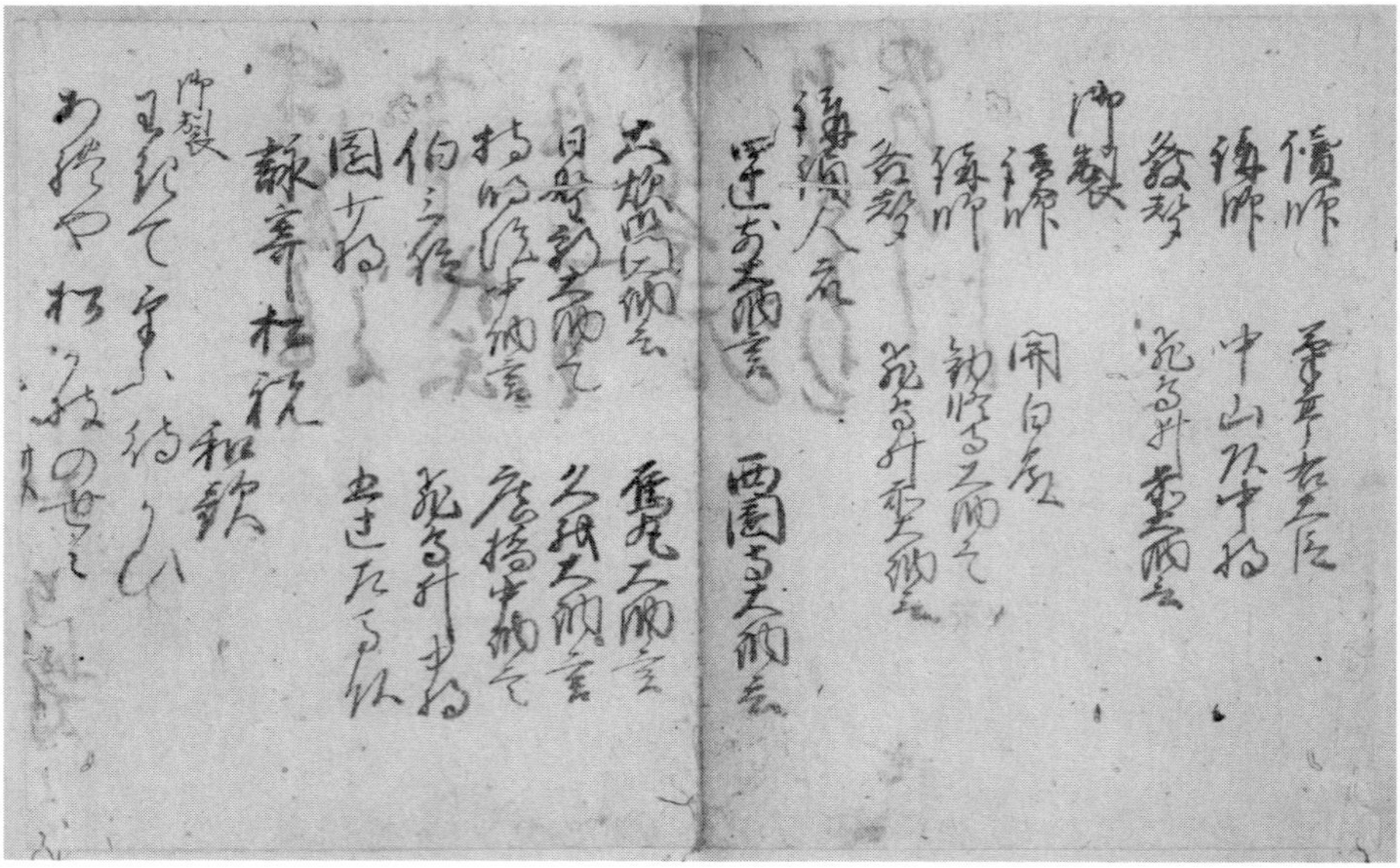

（25ウ）（25オ）

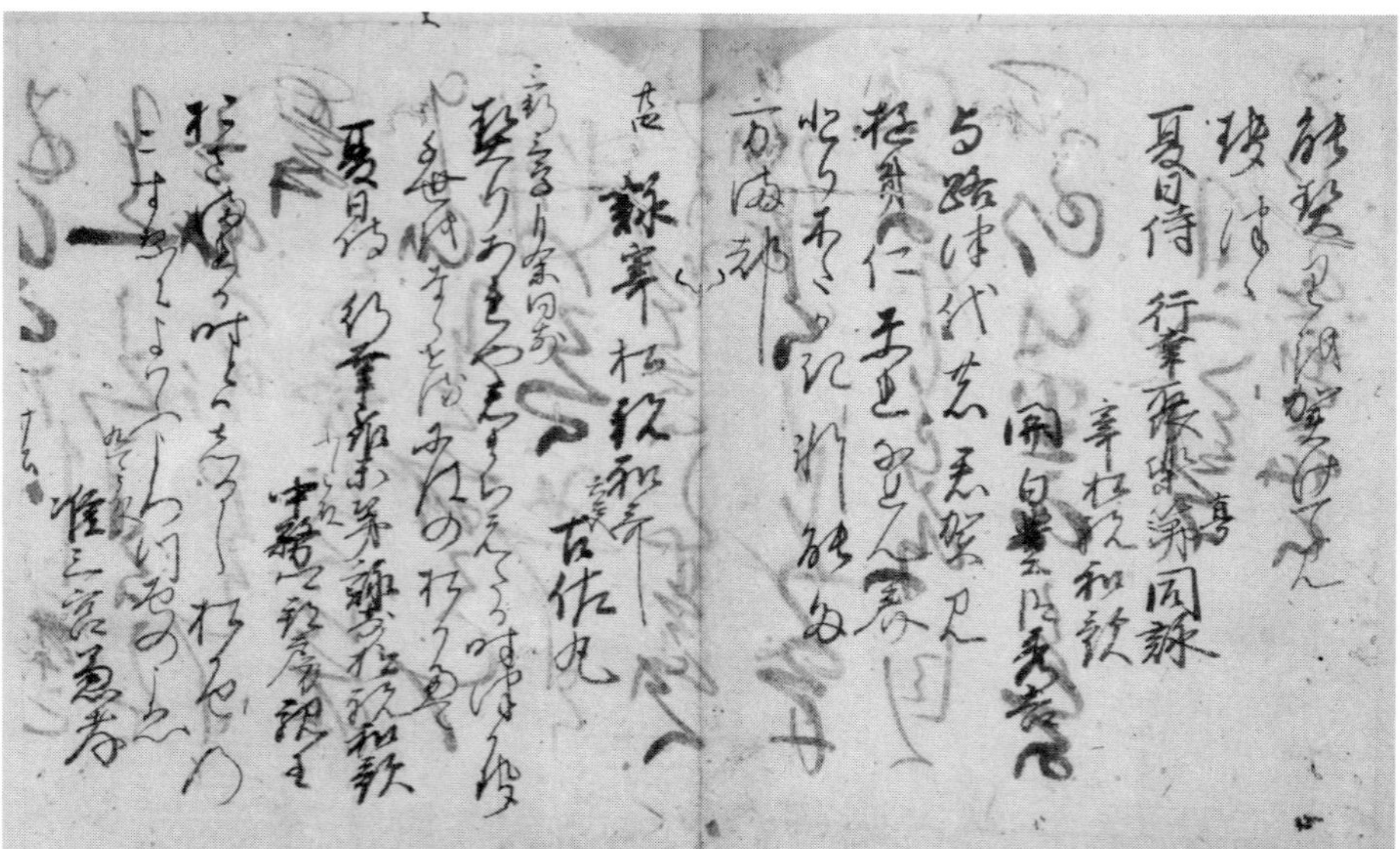

（26ウ）（26オ）

(27オ)

(27ウ)

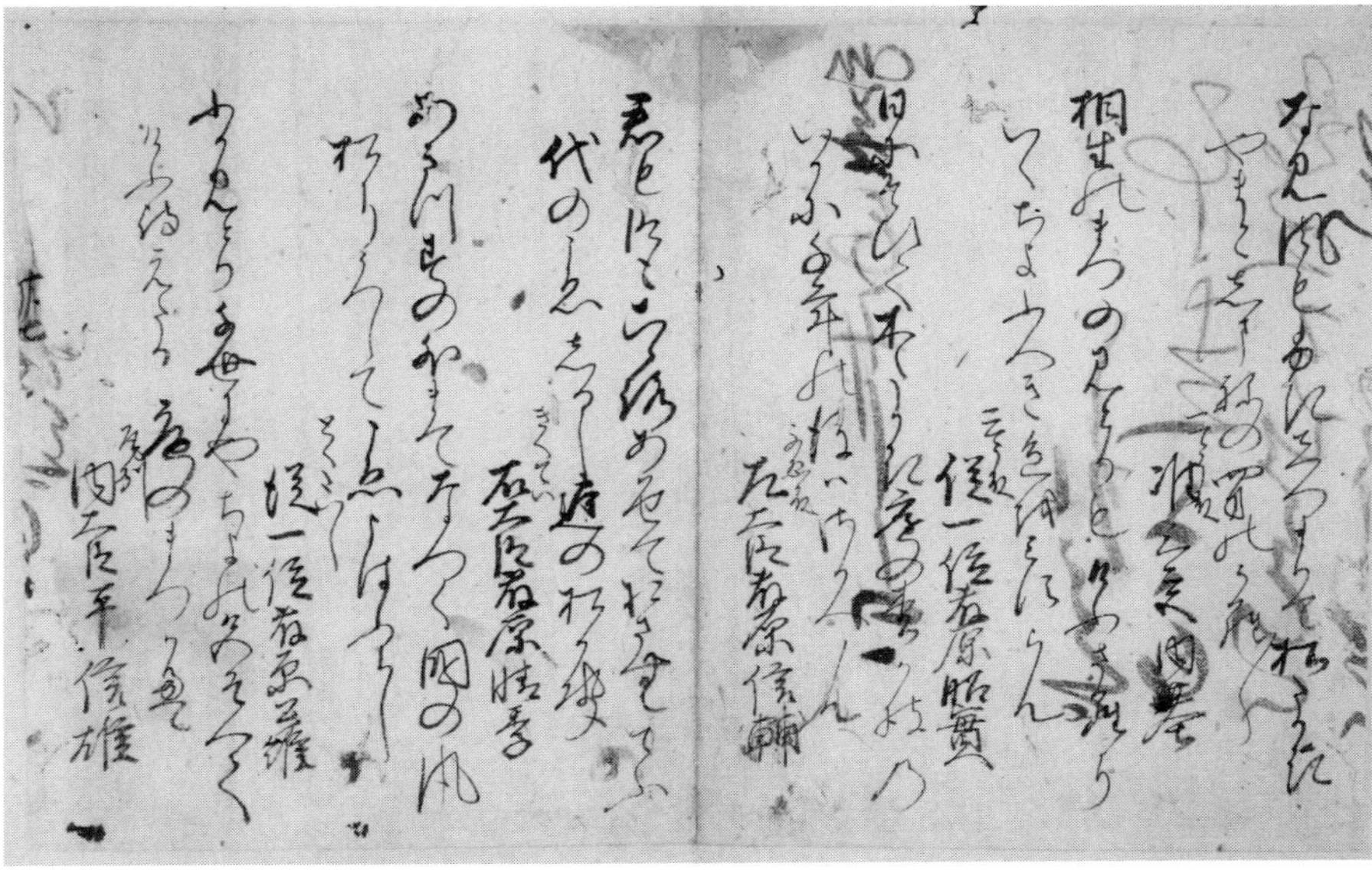

(28オ)

(28ウ)

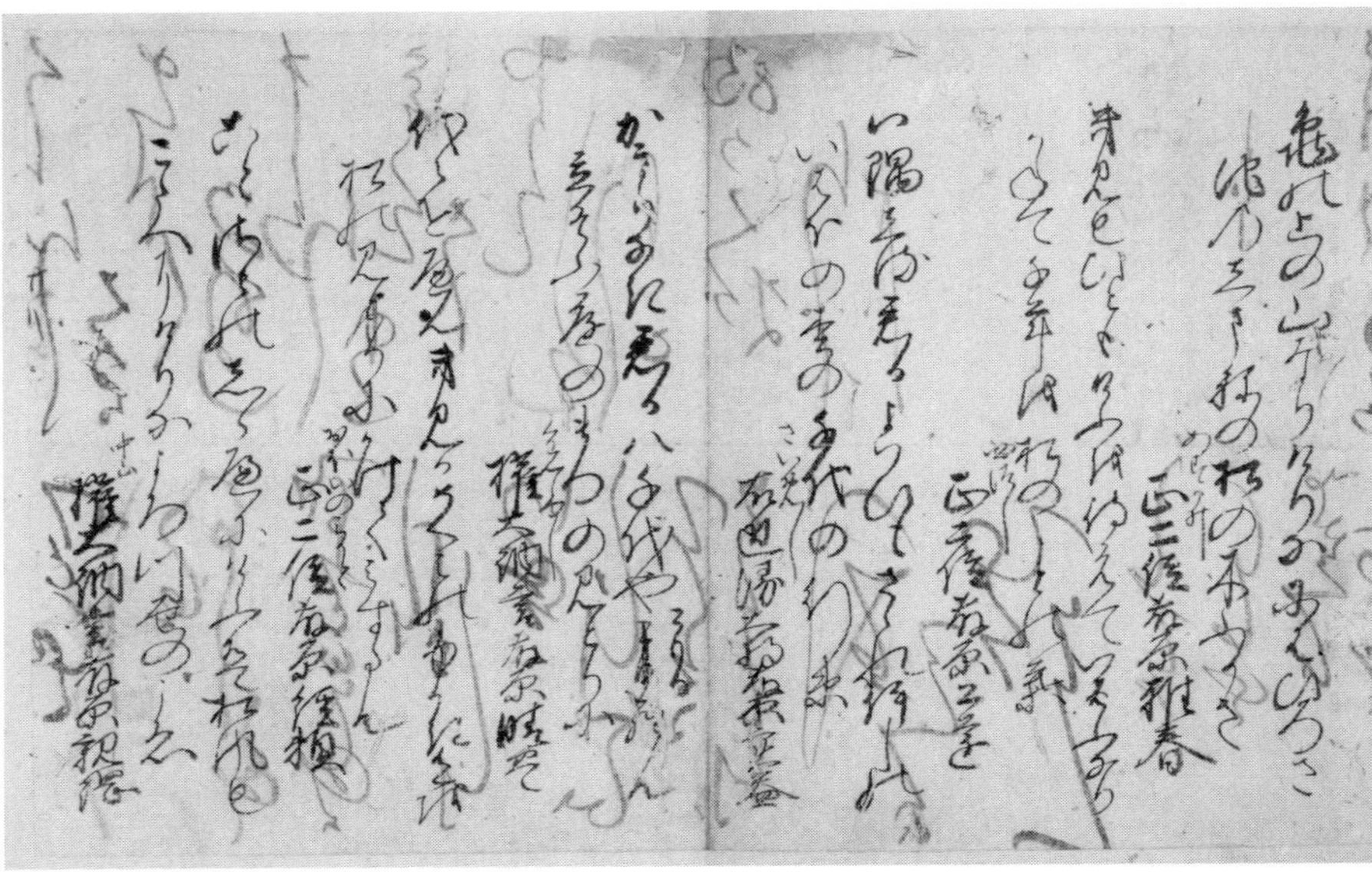

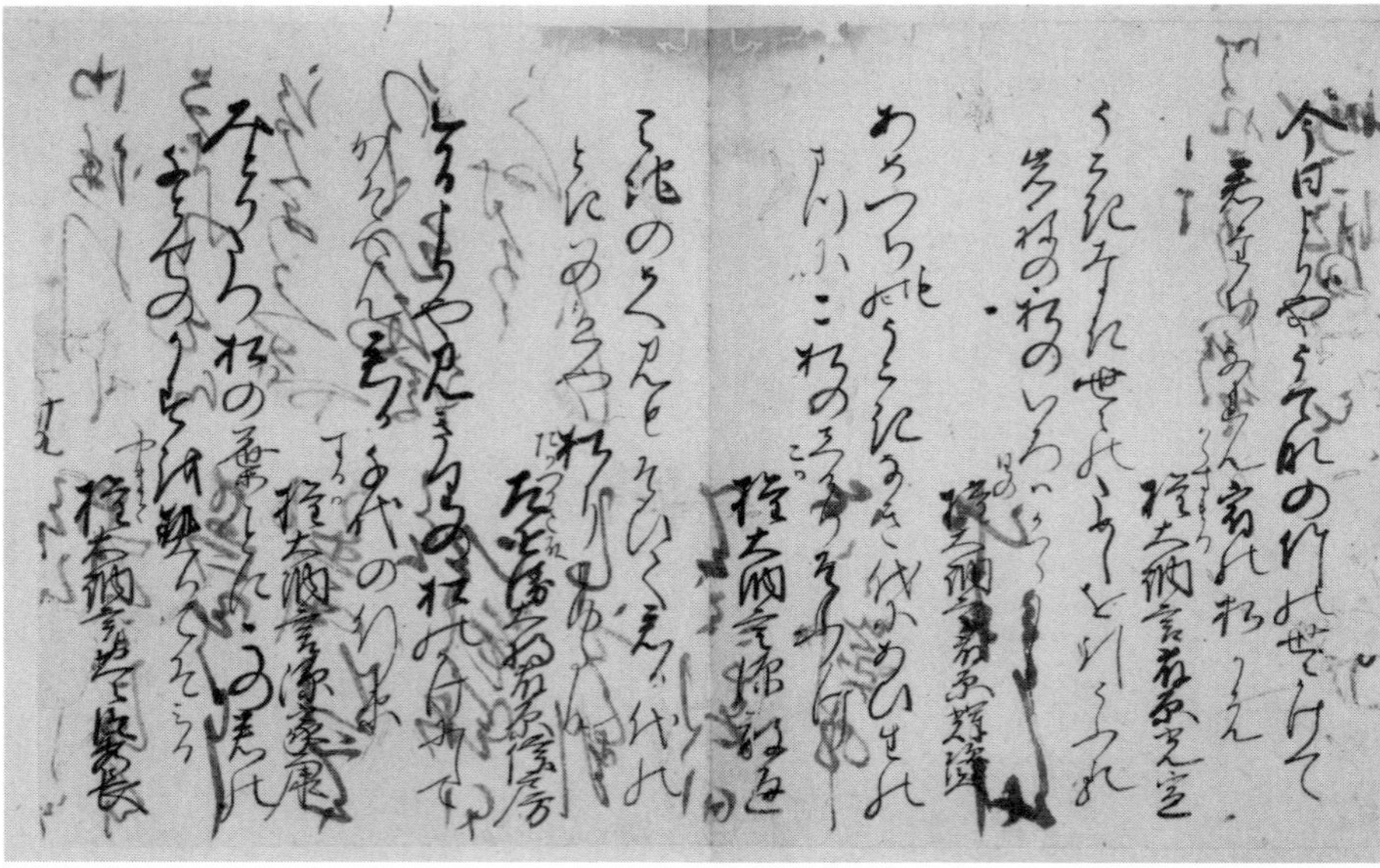

（29ウ）（29オ）

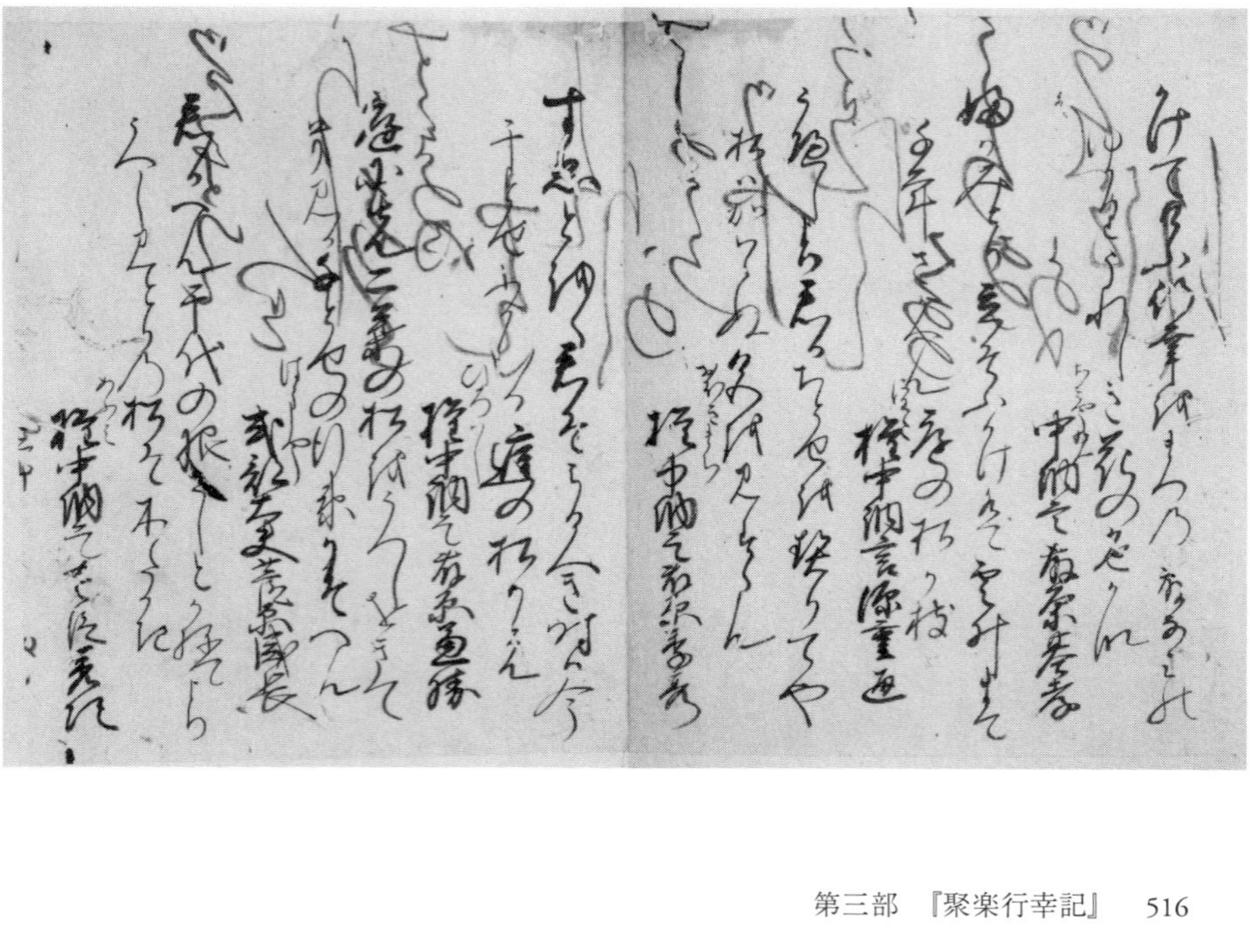

（30ウ）（30オ）

(31オ)

(31ウ)

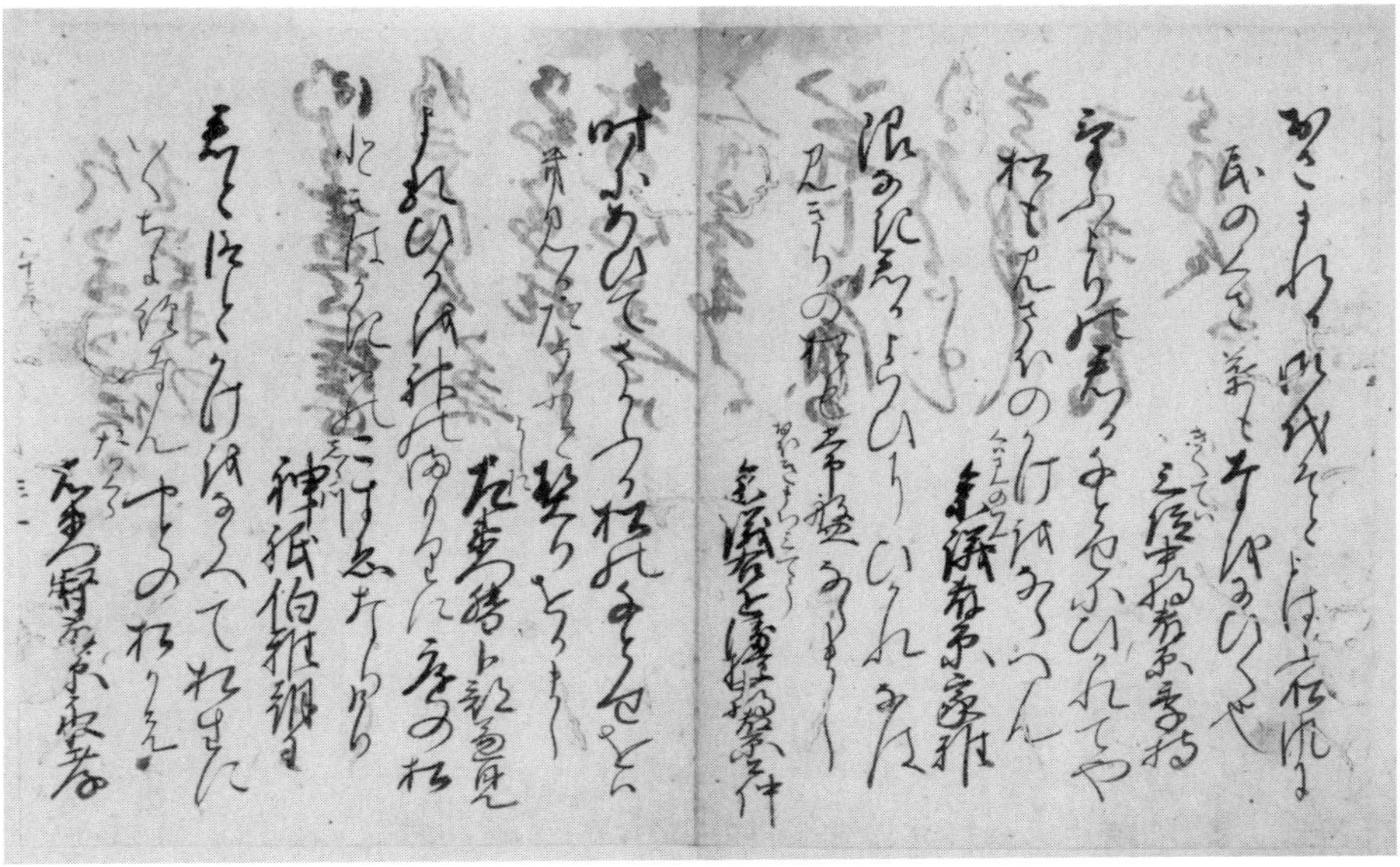

(32オ)

(32ウ)

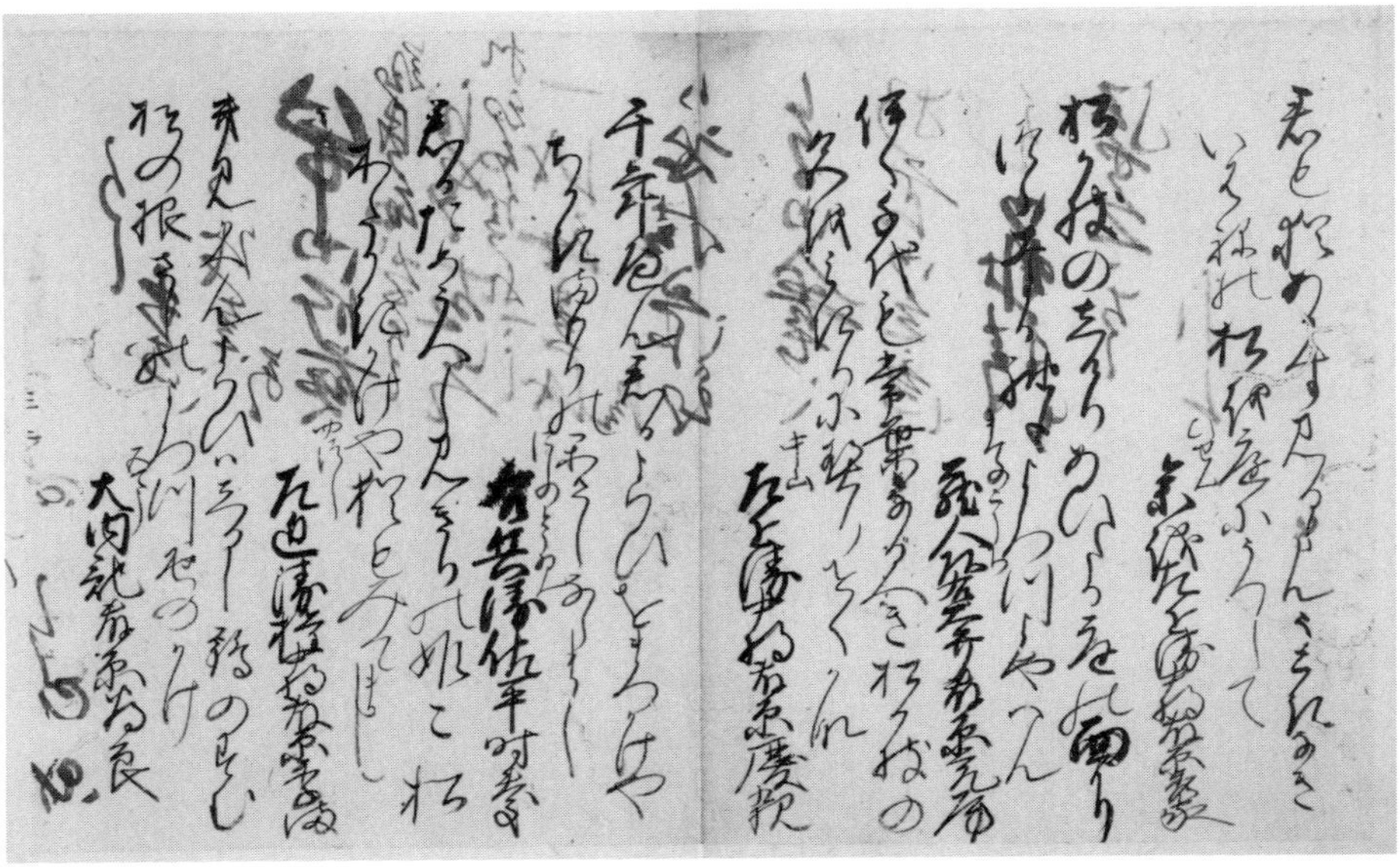

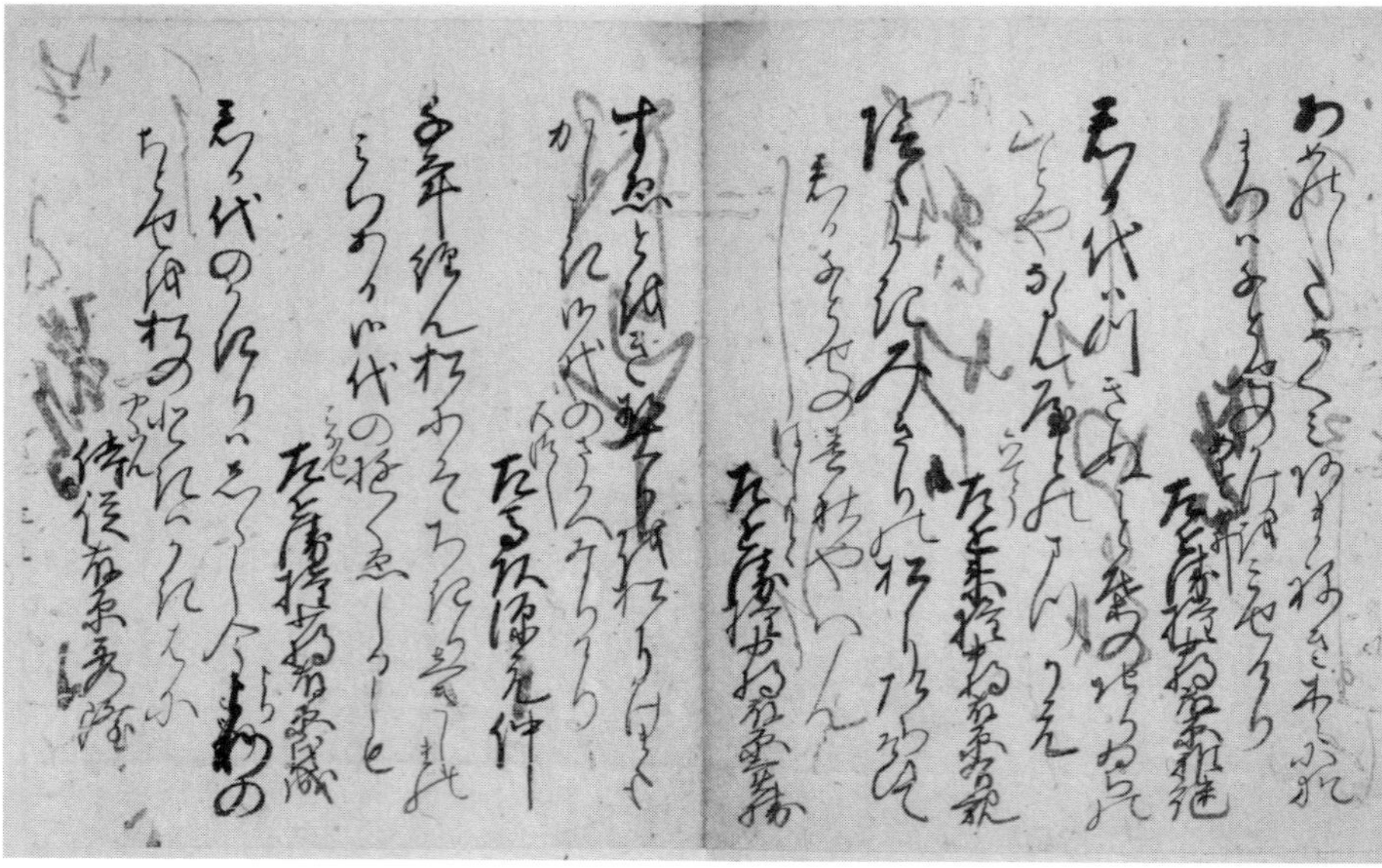

（33ウ）　（33オ）

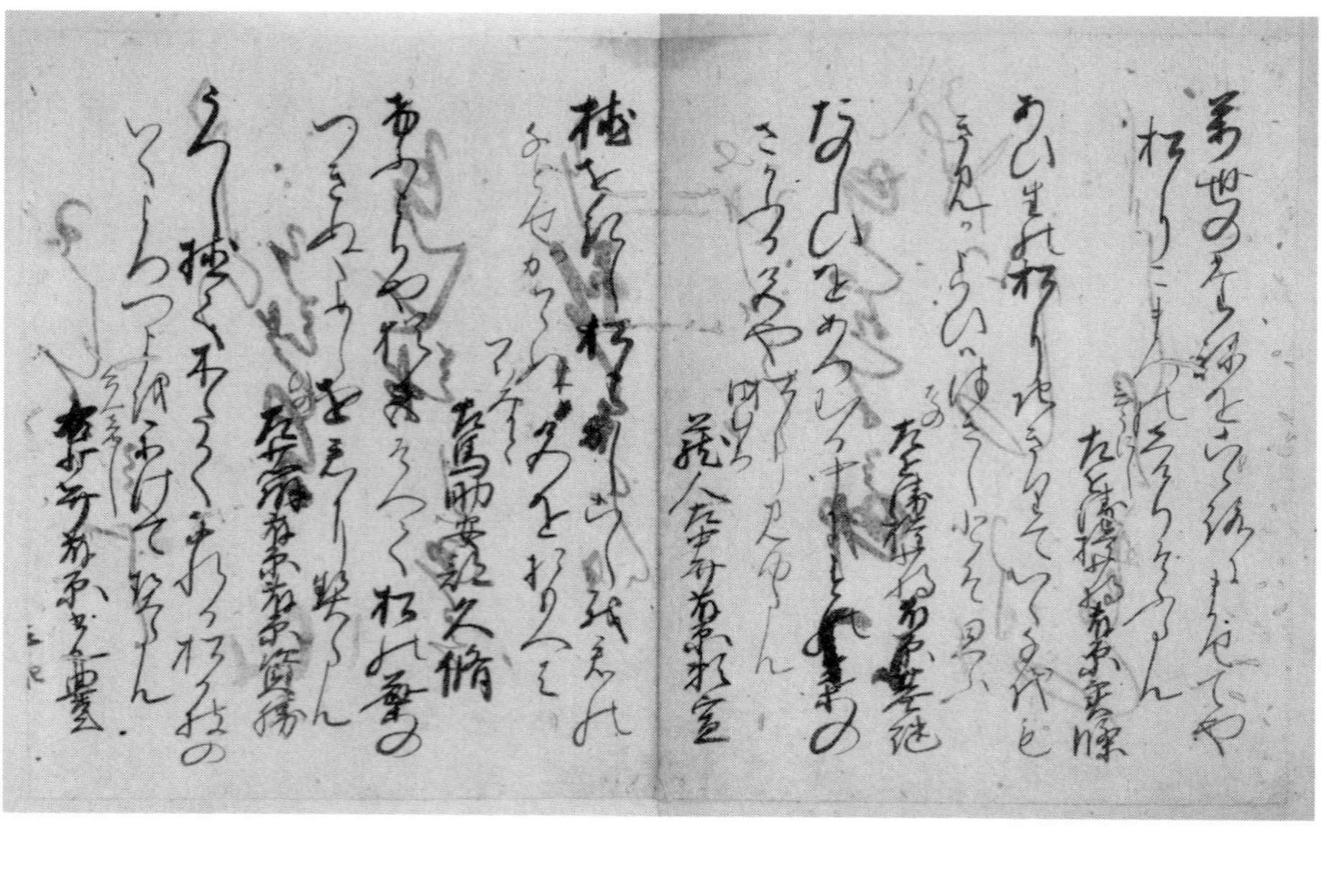

（34ウ）　（34オ）

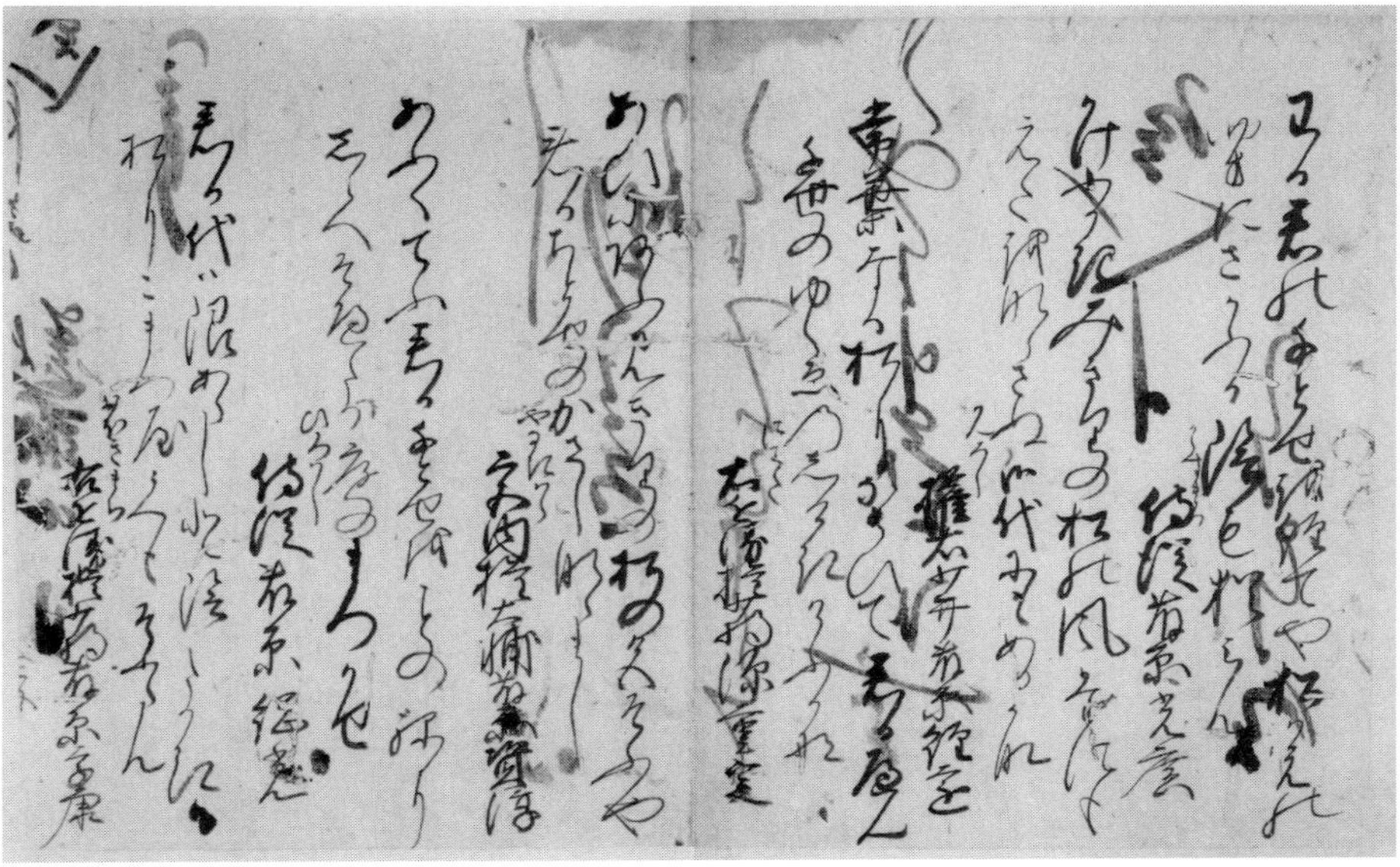

（35ウ）　（35オ）

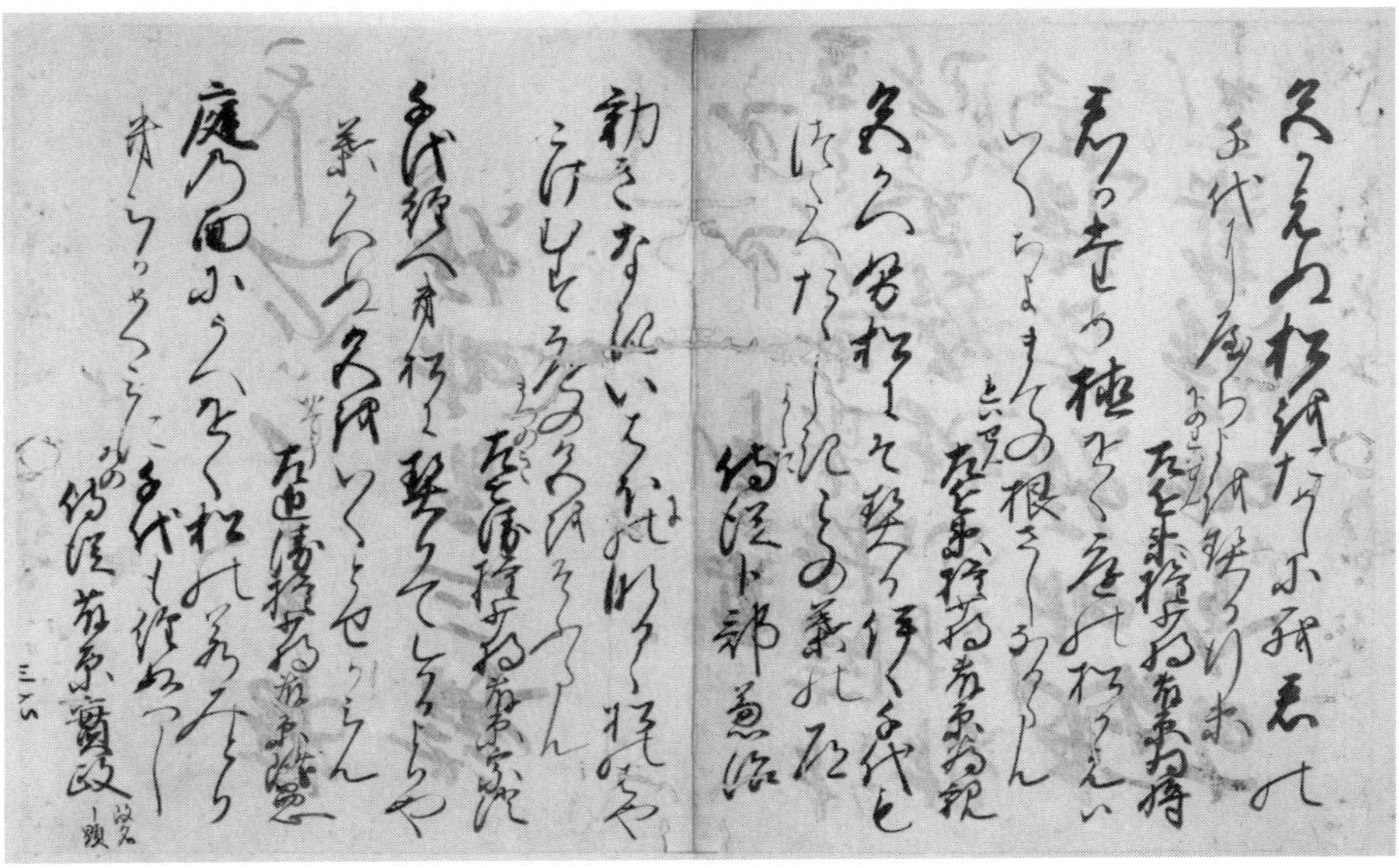

（36ウ）　（36オ）

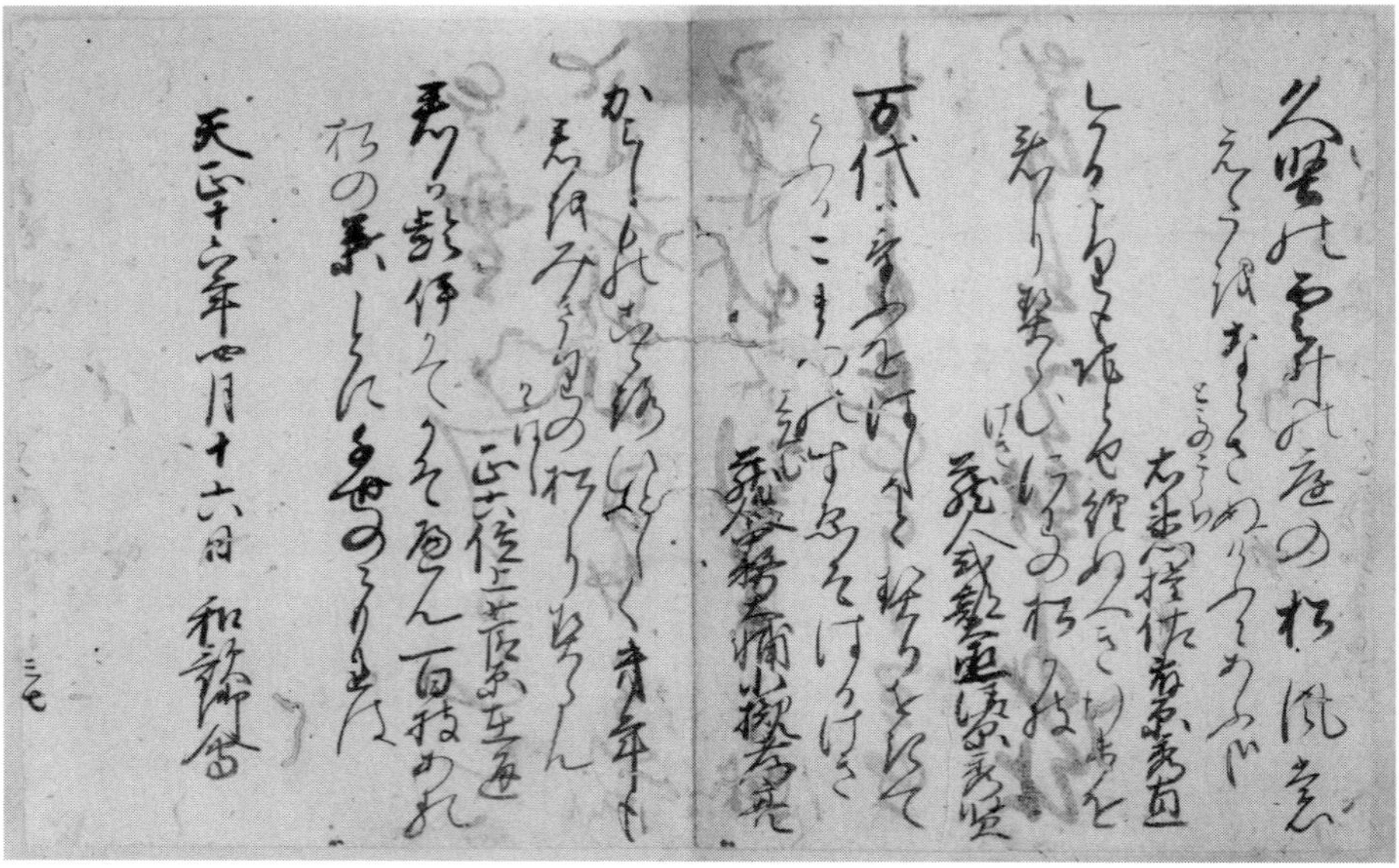

(37ウ)　(37オ)

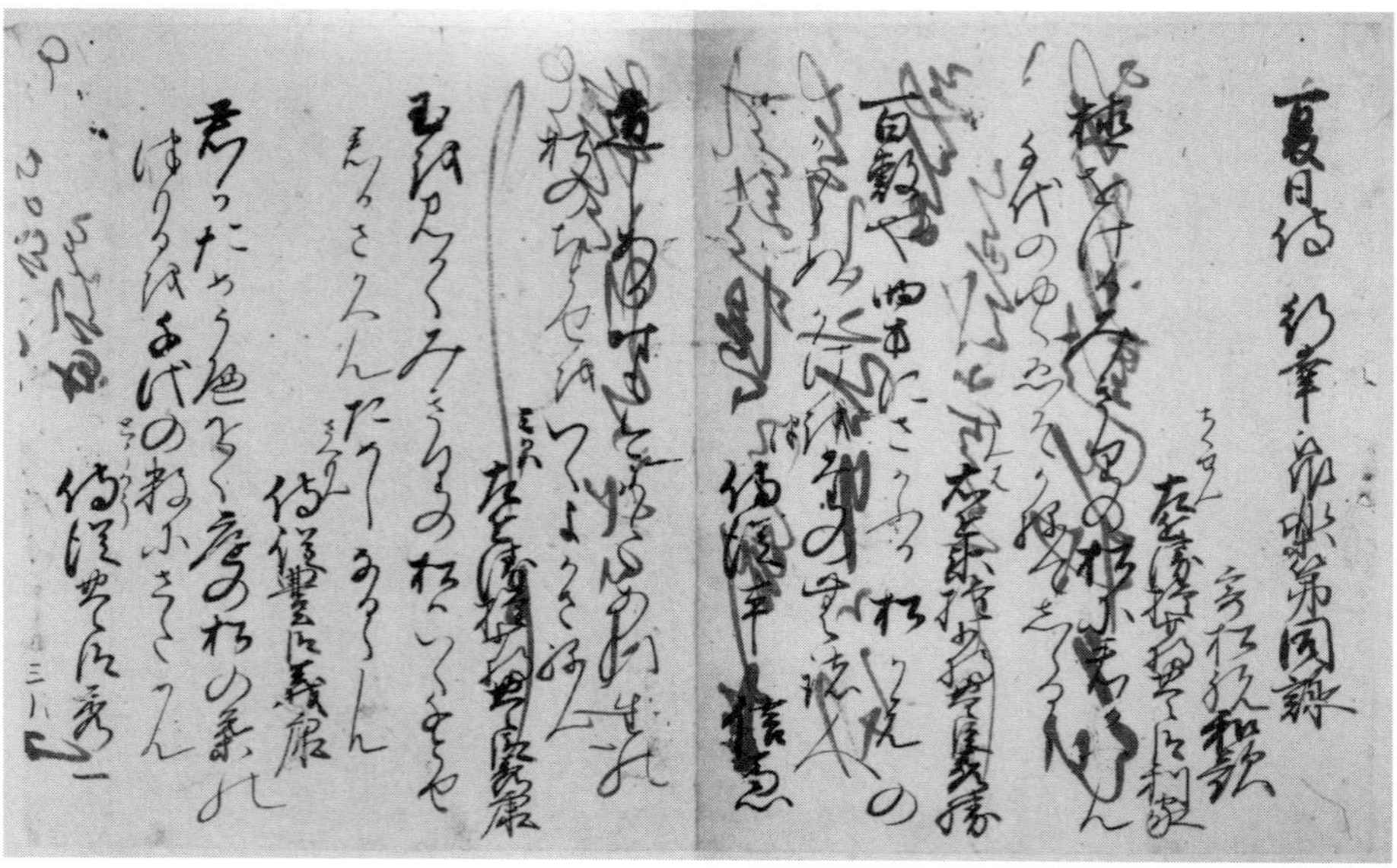

(38ウ)　(38オ)

(39ウ)
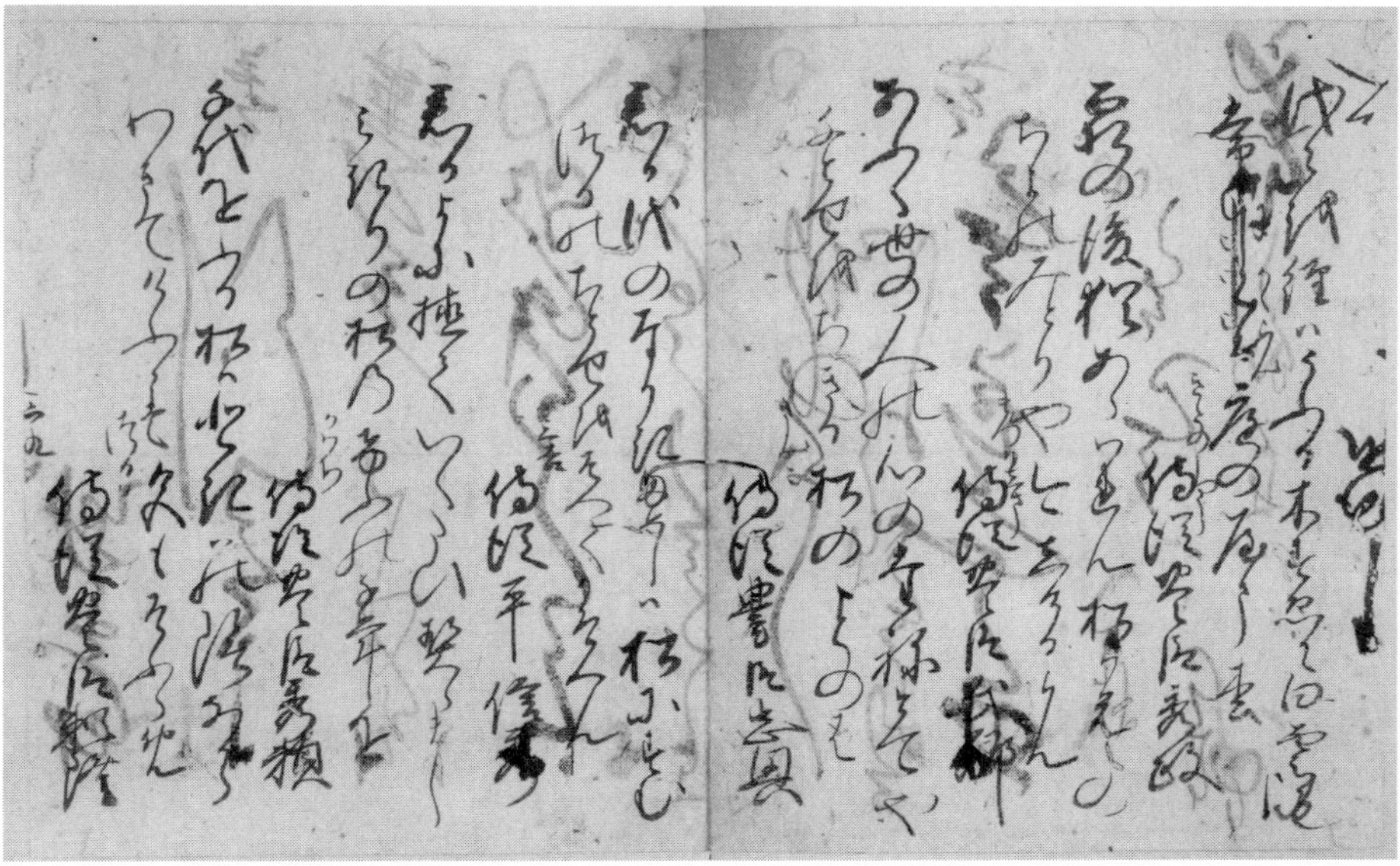
(39オ)

(40ウ)
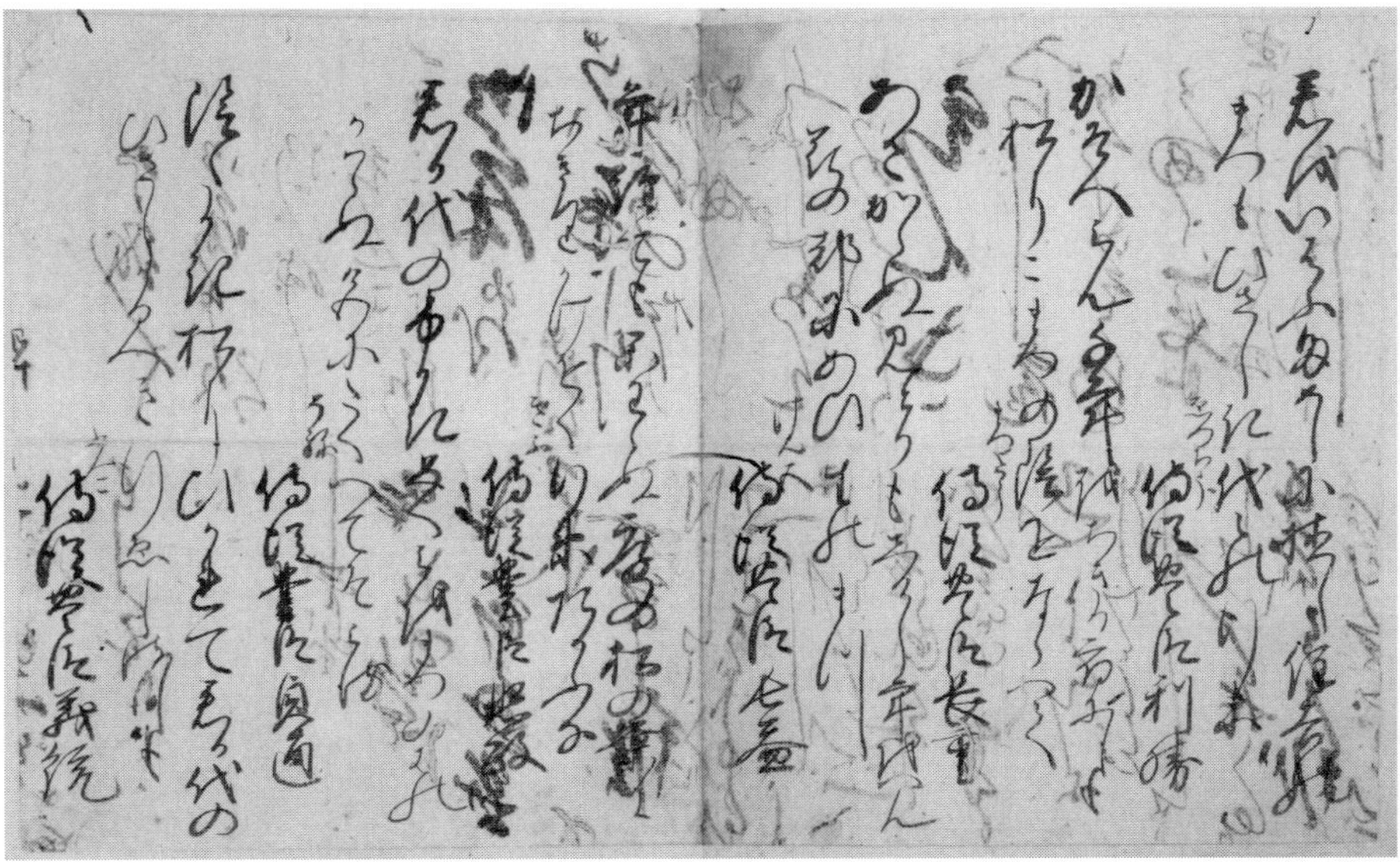
(40オ)

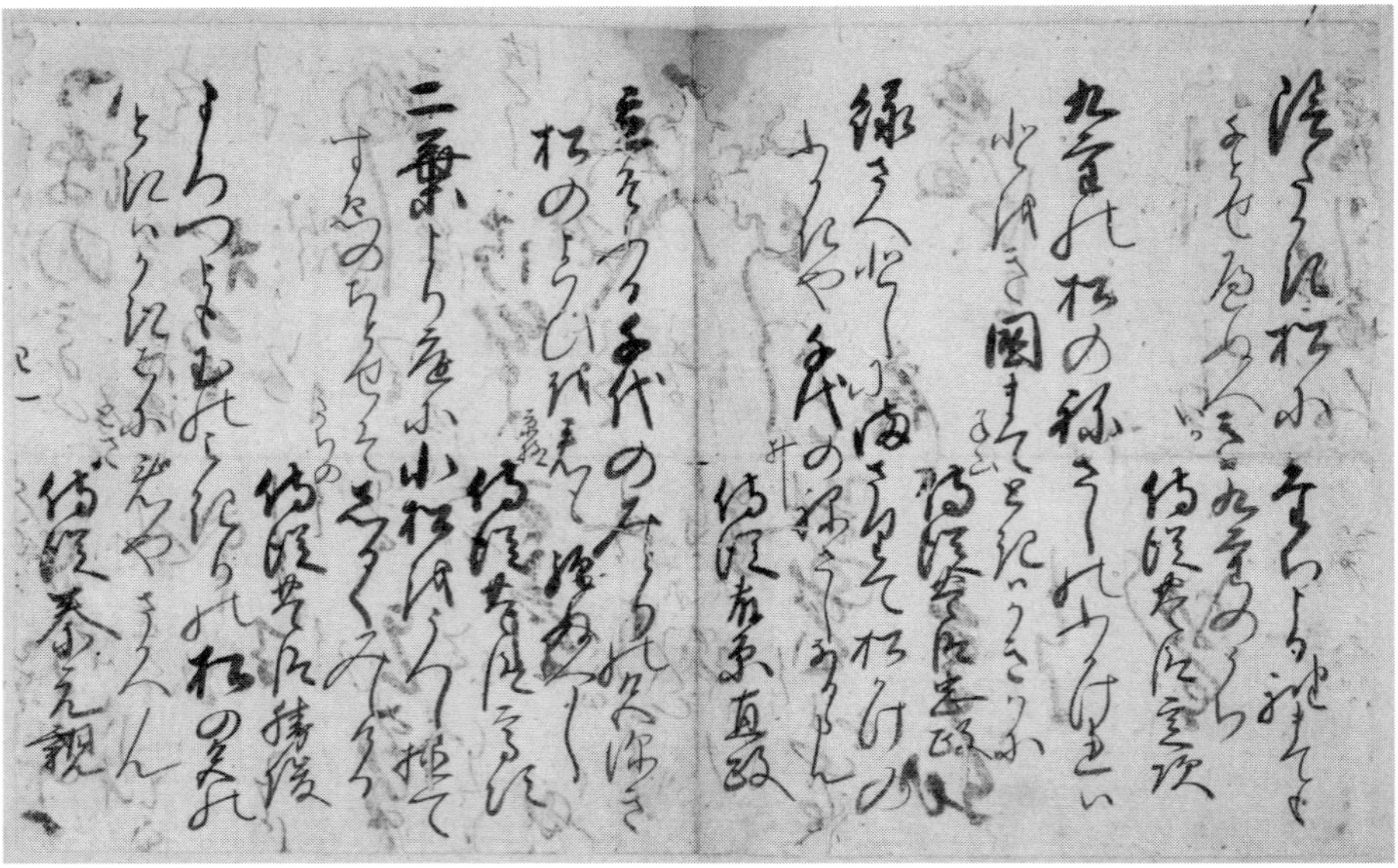
(41ウ) (41オ)

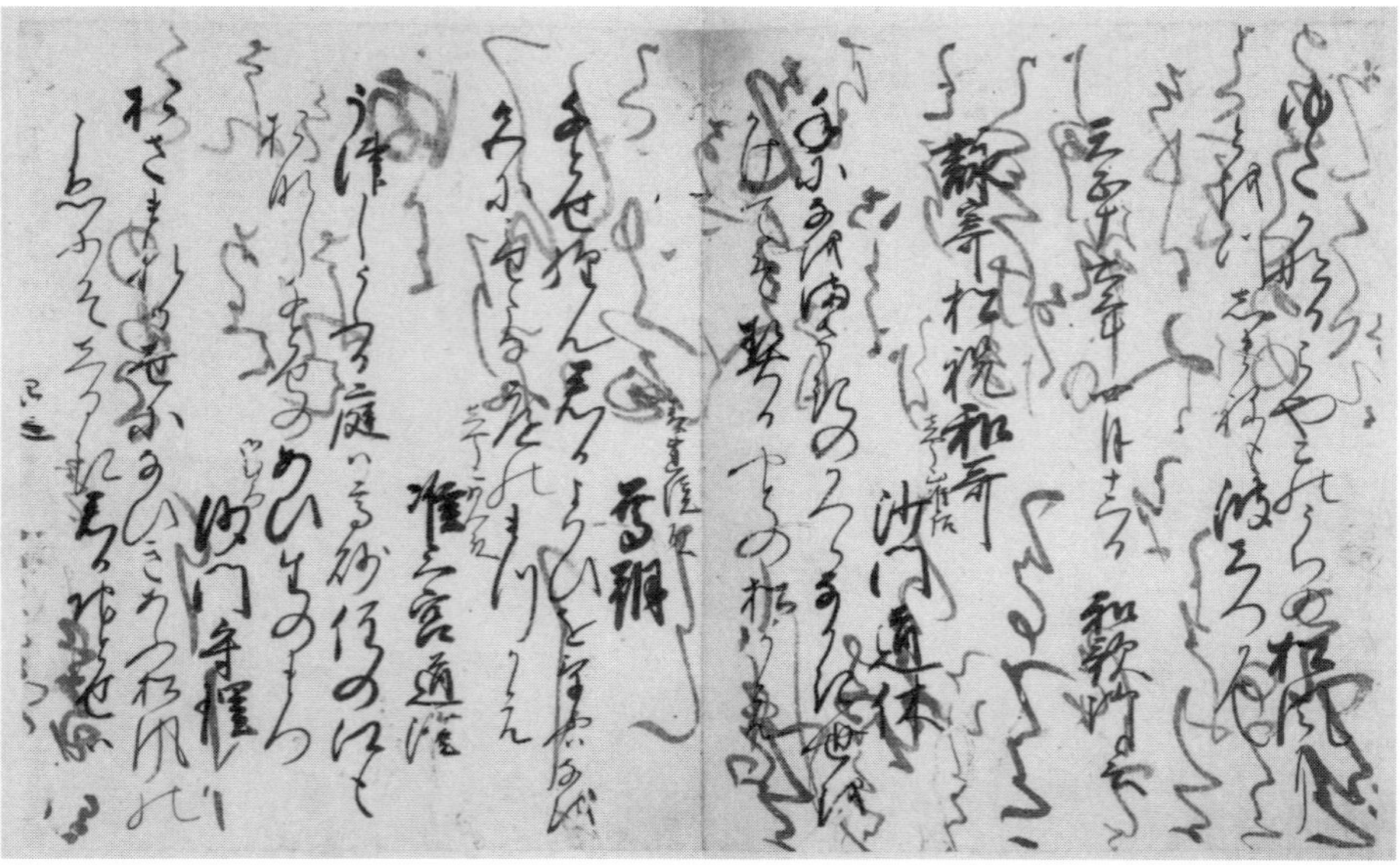
(42ウ) (42オ)

(43ウ)

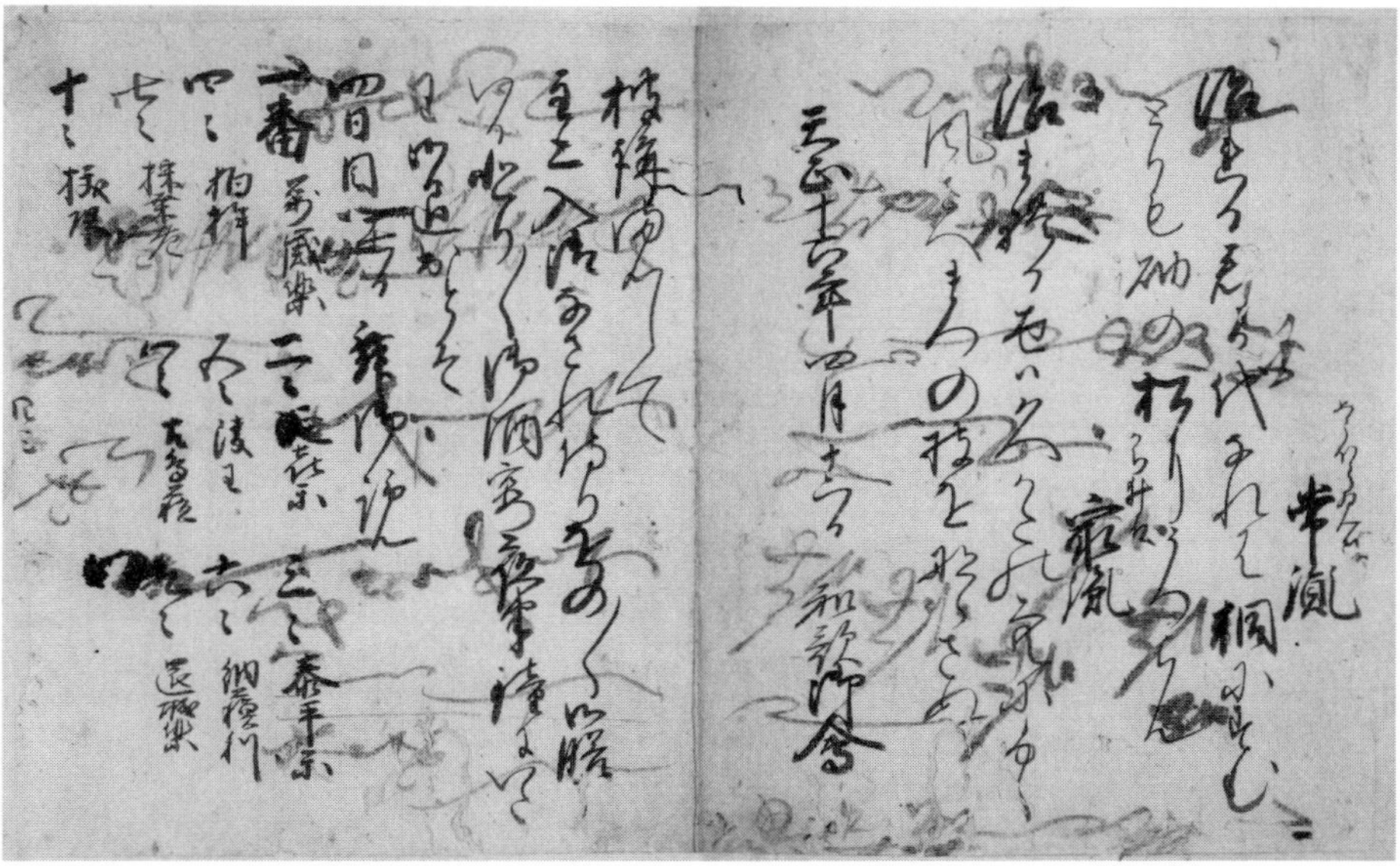

(43オ)

(44ウ)

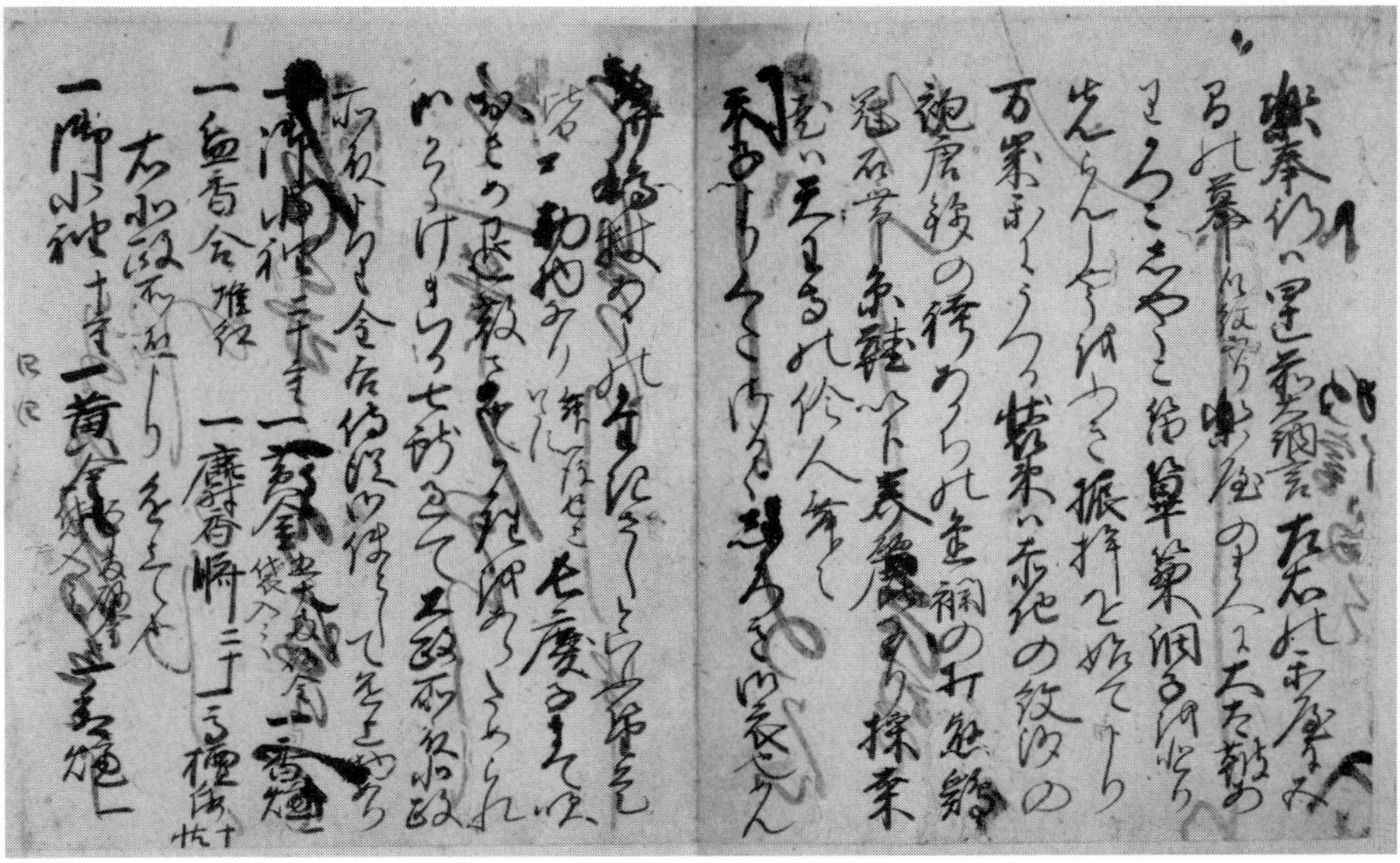

(44オ)

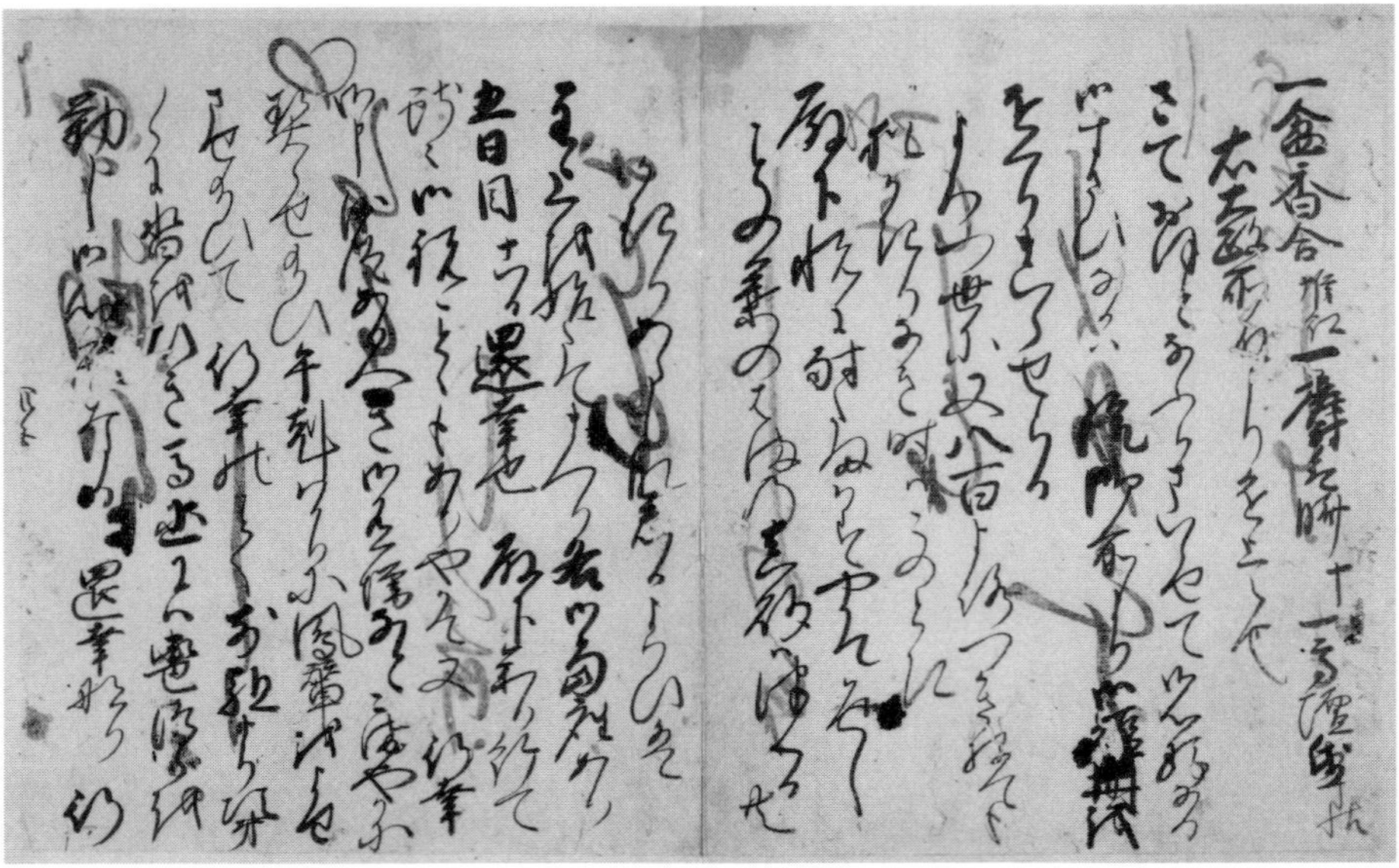

（45オ）（45ウ）

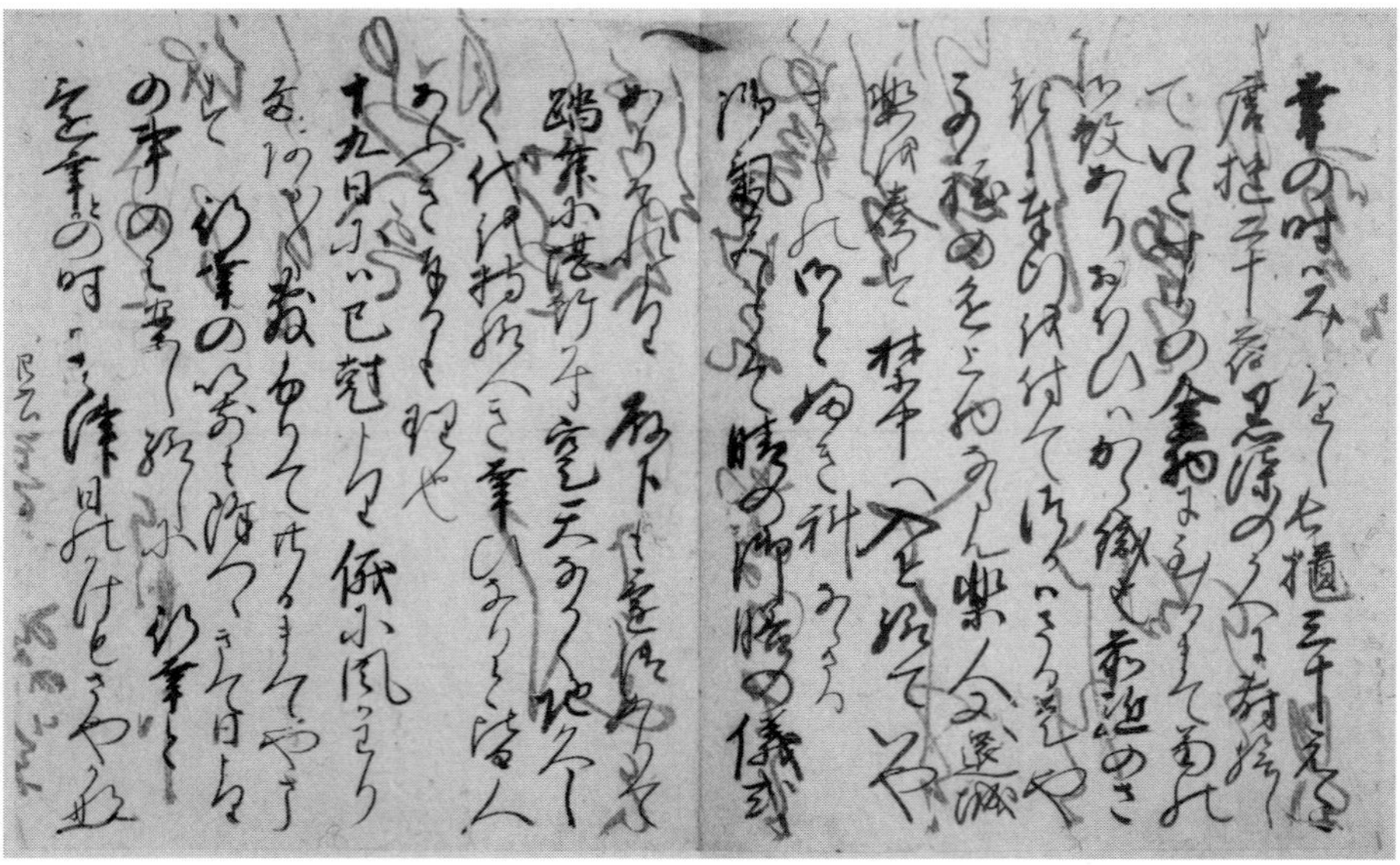

（46オ）（46ウ）

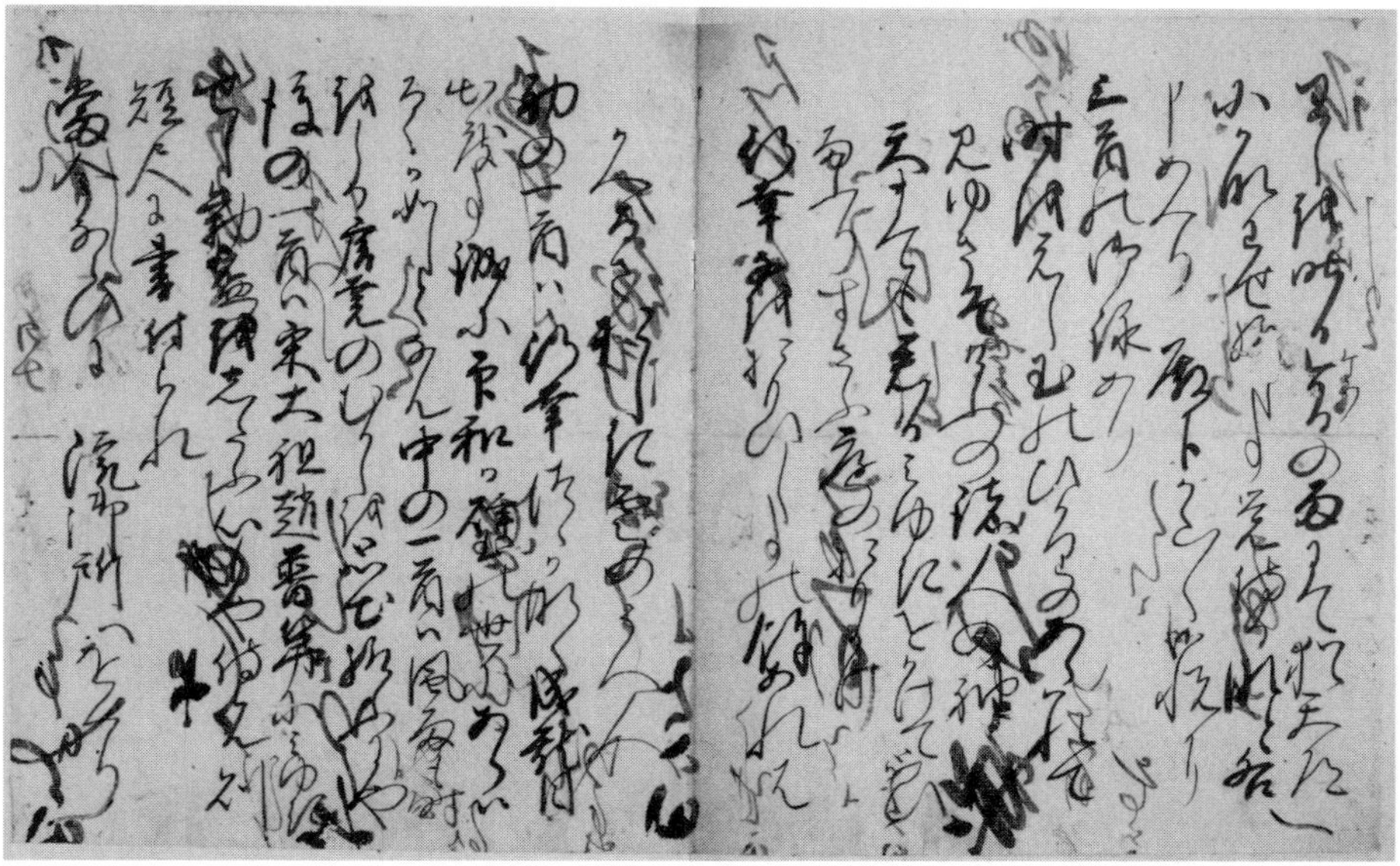

(47ウ) (47オ)

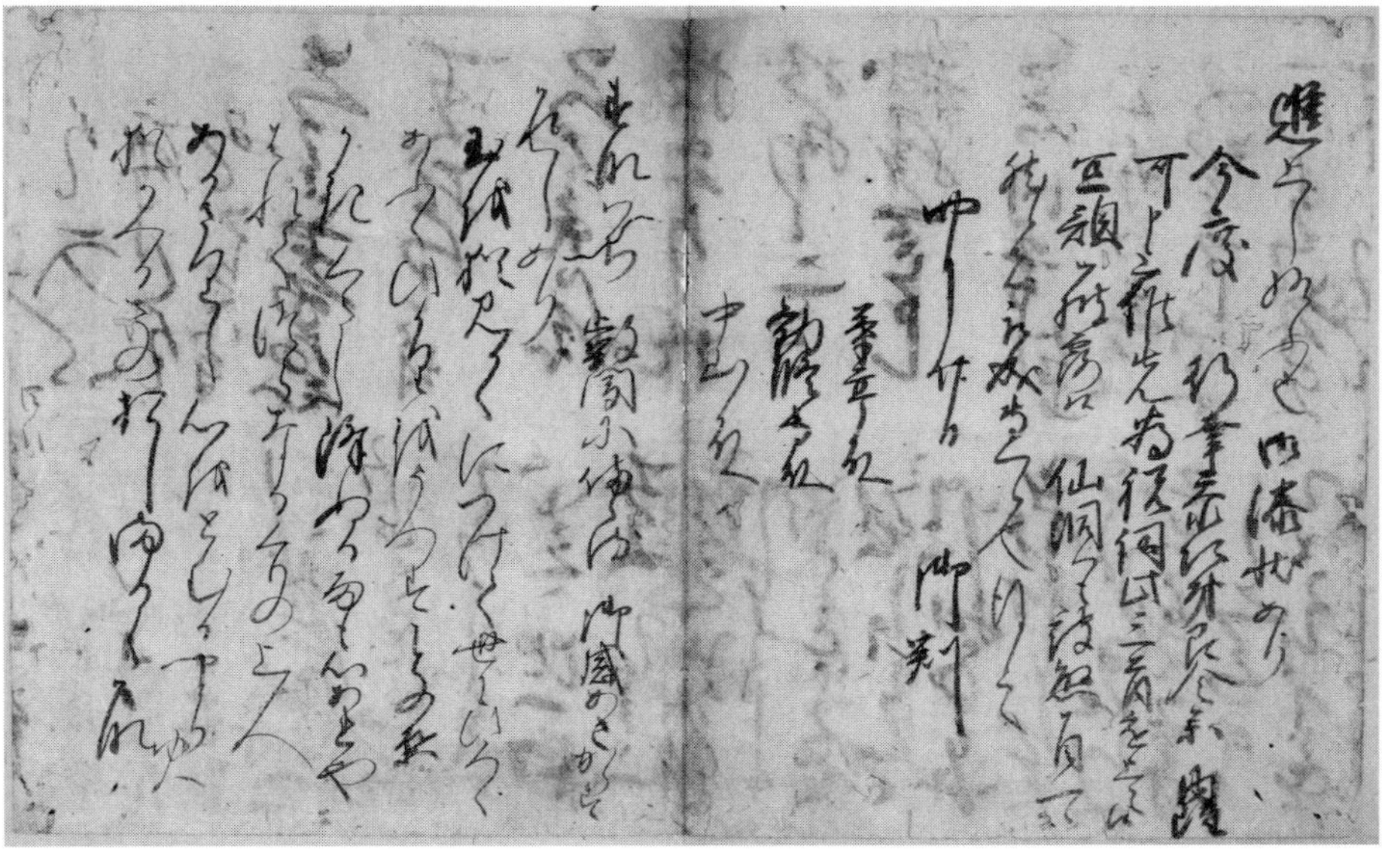

(48ウ) (48オ)

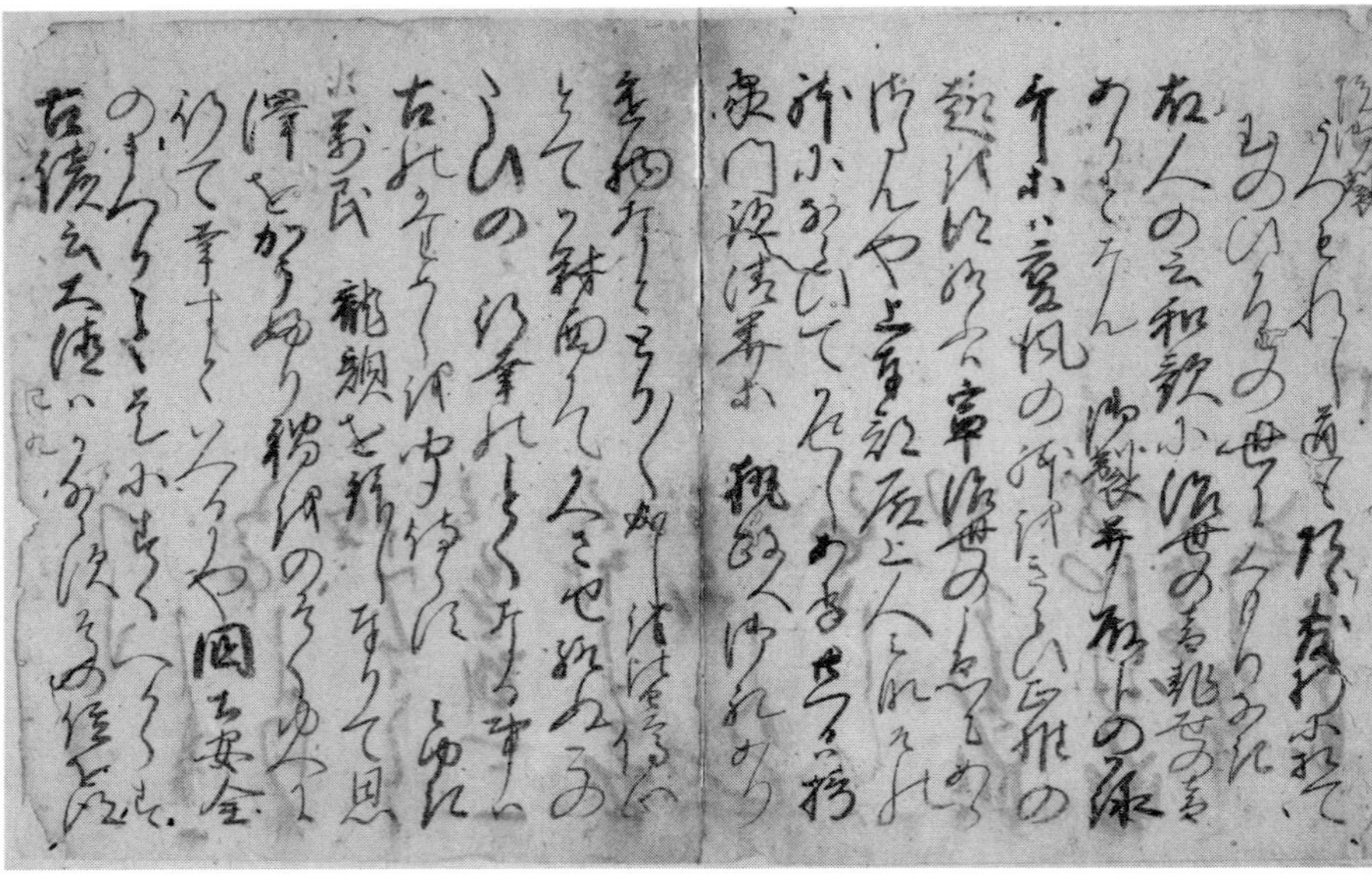

(49ウ) (49オ)

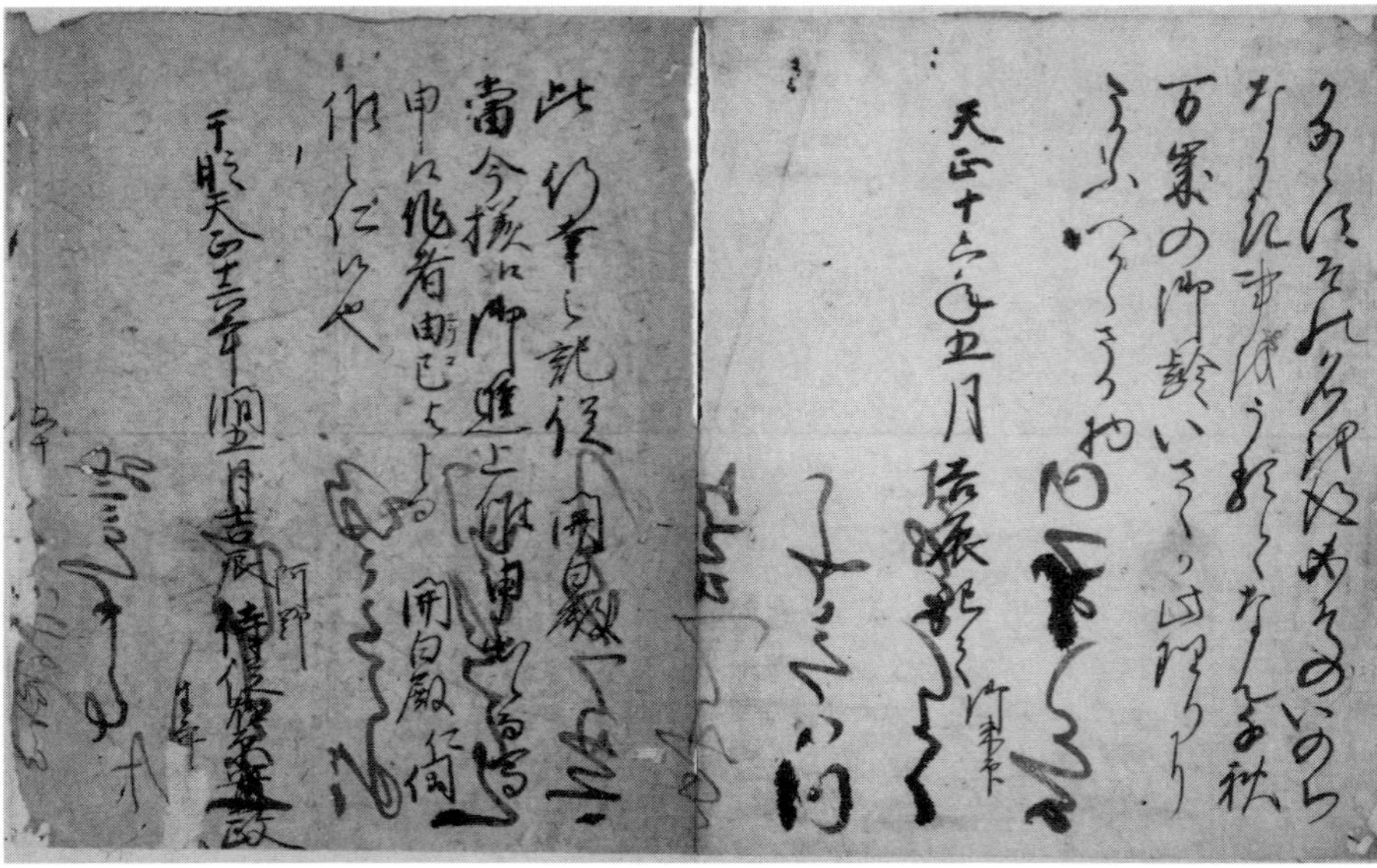

(50ウ) (50オ)

付編「播州征伐記（播磨別所記）」

はじめに

秀吉の戦功等に取材した一群の『天正記』の劈頭を飾るのは、天正八年正月晦日の奥付を持つ「播州征伐記」（『群書類従』第二十一輯の表題に「播州御征伐之事今称播州征伐記」とある注記を採った。「播磨別所記」ともいう）である。この記録は、秀吉の与力として織田信長の中国地方平定事業に協力する立場にあった播磨三木城主の別所長治が、天正六年二月に突如反旗を翻し（『信長公記』巻十一）、およそ二年の長きにわたって秀吉を苦しめた事件のてん末を記したものである。その真名原本は既に失われ、古版本の『天正記』にも収録されていないため、私たちは現在専ら、塙保己一の編纂にかかる『群書類従』所収の木版本を活字化した続群書類従完成会編『群書類従』第二十一輯所収本や、それを桑田忠親が読み下した本文（桑田校注『太閤史料集』所収「播磨別所記」）を利用している状況にある。

今回、『天正記』の復原的研究という観点から、『群書類従』よりおよそ二百年も早い貞享二年（一六五二）に成立した『豊臣記 由己日記』（金沢市立玉川図書館近世史料館蔵）に「播州御征伐之事」と題して収録されている一本を底本とした新たな読み下し文を作成することとした（同館の了承は令和5年11月1日付）。

原本の本文は真名で、随所に訓点と片仮名による振り仮名・送り仮名を付けてある。読み下し文作成にあたっては、漢字は通用字体とし、振り仮名・送り仮名は一部を平仮名に改めて用いた。また通読の便を図るため、桑田が底本とした『群書類従』所収本（群類本と略記）、および桑田校注本（桑田本と略記）を参考にして、新たに振り仮名（括弧に入れた）・送り仮名を付したほか、疑義のある字には（ママ）を付すかその下に注を入れた。なお、群類本・桑田本との異同箇所等のなかで留意すべき箇所は番号を付し、後注で解説した（中村博司・渡邉慶一郎）。

〔読み下し文〕

△播州御征伐の事

抑、播磨東八郡の守護別所小三郎長治、羽柴筑前守秀吉に対する矛盾の濫觴を尋ぬるに、天正六年三月の初め、秀吉、将軍の御下知を承つて、西国征伐の備へとして彼地に下向の事、長治一味同心の故也。同月の七日、秀吉、播州の国衙に至つて陣を布く。爰に長治伯父別所山城守賀相[1]と云ふ佞人有り。長治に相ひ語りて曰く、秀吉此の地に入りて自由の働き有り、殃ひ、終に身に及ぶべしとて、戈を逆まにして中途より帰り、三木の城郭に楯籠る。同名孫[2]左衛門尉重棟は、秀吉と久要たり。これによつて左右の半ばにその理り、数十ヶ度に及ぶと雖も、彼の讒人賀相、事を破りて用ひず。然る間、秀吉、国の士卒を集め、三木城の際に寄せ来たり、隣里を放火し、其れより、野口の長[3]井が構へに押し寄せたり。城にも待ち儲けて、櫓の上、塀の狭間より射ち出だす鏃・鉄砲は雨の如く、霰の如し。然りと雖も、少しも引き退かず、或は石俵、或は竹手把の土手を築き、井楼を上げ、畔の麦数万荷、薙ぎて堀の埋め草と成す。三日三夜、入替々々攻め戦ふ。八方に撞鐘を鳴らし、螺を吹き、太鼓を打ちて、鬨の音、城拍子、唯雷電に異ならず。籠城の輩は色を失ひ、慄き振ふ。長井、堪えず降参して命を乞ふ。秀吉、弓矢の墓を行んが為、赦して之を北ず。[4]然るに、別所と毛利家、相約する事歳久し。斯の時、小早川左衛門佐隆景・吉川駿河守元春、播・備・作の境に陣を張り、計策を運らす。此の旨　上聞に達し、京都より御出勢有つて、別所が与力神吉の城、大軍を以て取り巻き、数日を送ると雖も、竟に毛利家より相救ふことを得ず。果して神吉民部が首を刎ねらる。其の競ひを以て三木城郭に取り寄せ、一里二里の間、付城二三ケ所拵へ、御馬を納れ給ふ。扨秀吉は、平山と云ふ峯を拵へ居城たり。其の後、三木城内、各評議して曰く、敵の人数三千四千に過ぎず、城内に楯籠る士卒七八千なり。寔に大軍を以て小敵の禽と成る事無念極まり無し、是非引き出だして一戦に及び、勝負を決すべきの由議定して、長屋表に取出で、平畠に人数を立つる処に、平山より之を見て、先勢五六百打出し、秀吉、跡より拵へて人数を揃へ、平山の腰、平見に陣を居へ、敵の働きを見合はせらる。先勢谷の交に下るを見て、別所山城・同小八郎大将の川を渡つて馳せ懸ける威、寔に天魔波旬を欺くべし。谷を陣取る先勢、力及ばず、錣を傾け待ち懸けしに、其陣取には懸からずして、本陣の山を目に懸け、打ち上る。秀吉之を見て、今日の軍(いくさ)に勝つべき事決せりと。走り懸かる敵間十町余、人馬の息相限り有り、近々と引き着け、残らず討ち果すべしと下知せらる。羽柴小一郎長秀は、秀吉に越されまじと、其の儘、鑓を入るゝを見て、秀吉続いて込み懸け、向かふ者をば之を切り伏せ、北(にぐ)る者をば之を追討す。山城は名馬に乗つて北げ延びたり。小八郎は引返し、馬より下るゝ処を、樋口之を討取る。此の外、左右(をもと)の者の首数十級打取り、凱歌(かちとき)を挙げて引く。爾後、摂津国守護荒木摂津守村重、　将軍に対し奉り、謀反して、天下を覆さんと欲して、先づ京都より播州の通路を止むる。秀吉之を聞て、時日を移さず摂州に至り、京都の御繕(つくろい)再三に及ぶと雖も、村重、疑ひを成して之を聞かず。然れば、則ち、京都に馳せ上り、　上意を請ひ、御人数を引き下し、高槻・茨木、調略を以て御味方と成し、有岡一城に攻め詰むる。扨、播州通(つたい)の城、節所々々付け双べ、心易く通路と成す。爾来、三木方には摂州色立てに力を得て、荒木が端城(はじろ)花熊と通路を成し、摂津国丹生山に一城を拵へ、淡河(あうがう)の要害の樋(つたい)として毛利家の糧を運び入る。彼の丹生山は節所にて、山の高さは二千丈(5)、四方の岩石峨々として、上下の路九折(つつらをり)、案内を知る人も夜中に通ふ事難し。然るに秀吉、究竟の兵を揃へ、夜半忍びを付け、切り込み、乗つ取る(6)と見るよりも、淡河、則ち敗北す。其の後、毛利輝元・小早川隆景、三木の城見続ぐべき行(てだ)てを成し、数百艘艤(ふなよそい)して、夜中に明石の浦、魚住に濫(を)し上る。軍使には乃美(のうみ)兵部丞・児玉内蔵太輔(ママ)、此の外雑賀の士卒加勢を成し、塁を堅め居陣す。之に依り、三木・魚住の通路を塞がんが為、君が峯を始め、廻りの付城五六十、其の透(す)き々に番屋を立て、塀・柵・乱杭・逆茂木、表には荊棘を引き、裡(うら)には堀を俊(ふか)うす。寔に走獣・飛鳥も逃れ難し、況や人間に於いてをや。此の時、三木城内の糧(かて)の尽くるを聞きて、小早川隆景、押し入るべき計策を成す。天正七年九月十日、西国の住人生石(をいし)中務少輔・手島一介(7)、幷に紀州の住人土橋平(へいの)丞・渡辺藤左衛門尉、魁(さきがけ)として数万騎、案内者を乞い、裡(うら)の手に廻り、大村坂を越へ、未明に塀柵を切崩し、険難を凌ぐ処を、三木の士卒懸け合はせ、先づ兵糧をば入れずして、谷の大膳亮が付城に攻め上る。数剋の防戦火花を散らし、既に外構へに乗り入れ、終に大膳を討ち果す。秀吉、早々懸け着けらるべき処に、敵一手に働くべきにあらず、北方の襲にて南方の行てか有らんと、少し見合はせらるゝ間に、此の如き住進(ママ)有り。風に随ふ旗先を敵陣へ差し向け、一刻に懸け渡し、声を同じうして懸かりたり。敵も名有る侍にて、左右無く太刀場を取られまじと、二三度鑓を合はすと雖も、精兵に突き立てられ、溜らずして敗北す。然れども、外構へを乗つ取る輩二三百、出張(でばり)を打ちて支へたり。秀吉、軍兵を二手に分け、一方は乗つ取る(8)城の返り攻め、片時の間に討ち果す。又一方の軍兵は、麓に至り追つて行く。某（其カ）にて取つて引返し、鑓の前にて死者五六百、其の中に別所甚太夫・同三太夫・同左近将監・光枝小太郎・同道夕・櫛橋弥五三・高橋平左衛門・三宅(9)与平次・小野権左衛門・砥堀孫太夫、以上大将分、此の外芸州・紀州の諸侍七八百の首墳、積み上げ置かれけり。其の余の撫で斬り、打ち捨ては数を知らざる也。同十月七日、又付城を寄せらるゝに、南は八幡山、西は平田、北は長屋、東は大塚、城への近さは五六町、築地の高さ一丈余、上には二重塀に石を入れ、摸雁・昇楯を高く結い、重々に柵を築く。川面には蛇籠を伏せ、梁杭を打ち、柵を掻き、橋の上に番を居へ、巴巻(うず)く水の底までも人の通いを用心す。裡には大名小名、陣屋(10)をば宿作りに立てさせ、小路を通し、辻々に門を切り、昼夜に依らず、人を選びて通しけり。暗夜に成れば、町々の篝火・灯明、唯白昼の如し。秀吉、近習の人々を六時に分けて三十人、番屋々々に名字を書き付け、付城の主人には判形据へさせ、廻されたり。若し油断の輩は、上下に依らず成敗し、重き者は磔に懸け、軽き者は誅殺す。人々舌を掉(ふる)ひて恐れけり。城内の旧穀悉く尽き、已に餓死する者数千人、初めは糠藁を食い、中比は牛馬・鶏犬を食ふ。後は人の肉を刺いて食ふ事限り無し。異国の楽羊(がくよう)は吾子を食ふ様有り、本朝に於いては前代未聞の事也。天正八年正月六日、宮の上要害、調略を以て秀吉自身乗り込み、其の日又諸陣を寄せらる。堀の際三町に過ぎず。宮の上の構へは、彦進が鷹の尾、山城が新城よりも高き事二十丈計り、秀吉、宮の上より下墨て、同十一日白昼、南構へに人数を着け、山下を放火し、秀吉・長秀は鷹の尾幷山城が構へに懸け入り、敵数輩討ち果し、即ち陣を居へ、爰を論度と戦ふ敵の士卒(11)を詰ノ丸に取り籠む。今は頼む所無く、唯落去の時刻を相待つ由短息(ママ)す。長治之を見て同十五日、使者をして懇望の状を出だす。其の辞に曰く、唯今申入るゝ意趣は、去々年以来、敵対に附せ置かるゝの条、連々其の理り申し分くべき心底の処に、不慮に内輪の面々、覚悟を替へるの間、是非に及ばず。其（某カ）等両三人の事、来たる十七日申刻、切腹すべきと相定め了ぬ。然れば、今に至りて相届まる諸卒を悉く討ち果すべき事、不便の不便（衍字カ）の題目也。御憐愍を以て、扶け置かるゝに於いては、畏れ入るべき者也。仍て、此等の趣、相違無き様に御披露を仰ぐ。恐々謹言。

正月十五日

別所彦進　友之

別所山城守賀相

別所小三郎長治

浅野弥兵衛尉殿

別所孫左衛門尉殿

斯の旨披露するの処、秀吉感歎して、諸士をば相扶くの由返答あり。樽酒二、三荷贈り入れらるゝ。長治快然として、妻子兄弟を相伴なひ、両日両夜の遊宴、寔に以て歎きの中の喜びを知るべきのみ。十七日の明方の月、心細く物悲しく、来し方の事など思い出だし、双袖竜鐘として相対す。暫く閨中に引き入りても枕を取り敢へず。早朝起き出でて行水し、香を焼き、日闌（たけ）て、山城に使いを立て、内々申し定めし如く、今日申の刻生害有るべしと云ふ。山城返答には、我等両三人腹を切り、諸士を扶けても其の詮無し。城内を焼き破り、諸共に焔と成りて、骸骨を蔵すべしと云々。山城、先約を変ずるの間、諸卒一統して押し入り、これを討たんと欲するを見て、倉中(12)に取り籠もり、火を懸ける処を、引き出だして首を打つ。長治之を聞き、元より覚悟の前なり。我等一類の末後、此の時也とて、先づ三歳の縁子（ママ）を膝の上に置き、後（おくれ）の髪を撫で、胸下（こゝろもと）を一刀に指す。女房を引き寄せ、同じ枕に差し殺し、絹引き被け置く（かつ）。友之女房、同じ如くに生害す。長治・友之兄弟、手に手を取り、広縁に畳一帖敷かせ、左右に直り、各呼び出だし、気色を違へず閙（にっこ）と笑ひ、斯の度の籠城相届（きは）まるの志、海より深く山より高し。何れの日か之に報ひせんと思いし其の甲斐無く、相果つる事無念極まり無し。去り乍ら、吾等両三人生害し、諸士相扶くるの条、最後の喜び之に過ぎずとて、長治腹を切られけり。三宅肥前入道、首を丁と打ち落とし、入道叫んで曰く、此の前御恩に預かる輩之れ多しと雖も、此の時御伴申す人之れ無し。某、愍(なまじひ)に家の歳寄(としより)と生まれ乍ら、更に出頭に及ばず。述懐身に余ると雖も、御介錯の人之れを見ず。然れば御伴申すとて、腹十文字に切り割き、臓を繆(く)[13]つて死す。扨友之は、頃(このころ)召し使いし輩に刀・脇差・衣裳の類まで形見にこれを遣はし、友之が腹の切り様を見て名を後代に留むべしと、丈夫に腹を切られけり。長治歳廿三、友之歳廿一、惜しむべし々々。又山城女房、自害せんと覚悟を居へ、男子二人女子一人、三刀に差し殺し、同所に推し伏せ、剣を含みて死にたり。皆人之を見、之を聞き、愁涙袂を濡らす。翌日、先約を違わず、城内の士卒悉く出だし、扶けらる。其の中、小性(ママ)一人短冊を持ち来たる。之を見るに辞世の歌也。

長治

いまはたゝうらみもあらすもろ人の命にかはるわか身とおもへは

長治女房

もろともにきえはつるこそうれしけれをくれさきたつならひある世を

友之

いのちをもおしまさりけりあつさゆミすゑの世までの名をおもふとて

友之女房

たのめこしのちの世までにつはさをもならふるとりのちきるなりけり

山城女房

のちの世の道もまよはしおもひ子をわか身にそへてゆくすゑのそら

三宅肥前入道

君なくはうき身のいのちなにかせむのこりてかひのある世なりとも

扨秀吉、三人の首を京都へ上せ、　御実検に備へ、并に御着・志方・魚住の城、敗北し、但馬一国一篇に属す。此の外、西国・四国の使札、日々到来の旨　上聞に達す。武勇と云い、調略と云い、比類無きの由、御感浅からず、寔に弓矢の面目之に過ぎず。仍て秀吉、三木の城郭に移り、地を清め、堀を疏（さら）へ、家を改め、此の先退散する人民を引き直し、町人を呼び出だし、門前市を成す。当国の大名は云ふに及ばず、但州・備州の諸侍、着到の旨に任せ、在城有るべきの旨厳重の間、人々屋敷を構へ、門を双べ、日を経ずして数千間の家を立つ。皆人耳目を驚かす所也。或人の曰く、秀吉に十徳有り。

君に忠心有り　臣に賞罰有り
軍に武勇有り　民に慈悲有り
行に政道有り　意に正直有り
内に智福有り　外に威光有り
聴に金言有り　見に奇特有り

是誠に人間抜群の主、仰ぎて仰ぐべし。　将軍家長久繁栄の基也。祝々珍重。

時に天正八年正月晦日　由己(14)誌之

注

(1)「賀相（よしちか）」のところ、桑田本は「賀相（よしすけ）」。
(2)「孫左衛門尉」のところ、群類本・桑田本ともに「孫右衛門尉」。
(3)「長井」のところ、桑田本は「長井四郎左衛門」。
(4)「北（ころさ）ず」（原文は「北（コロサス）」）のところ、群類本・桑田本は「北（ニカス）／北（に）がす」。
(5)「二千丈」のところ、群類本・桑田本ともに「二十丈」。
(6)「乗つ取ると見るよりも」のところ、群類本・桑田本は「乗取。見之／乗つ取る。これを見て」。
(7)「手島」のところ、群類・桑田本ともに「平島」。
(8)「乗つ取る城の返り攻め」のところ、「返リ・攻メ」は「引き返して攻めること」（『日本国語大辞典』）であるが、意味を取りにくい。群類本・桑田本には「返リヲ攻メ／城を乗つ取るの返りを攻め」とあることから、城を乗っ取った敵兵の帰り

（返り）を攻める意か。

（9）「与平次」のところ、桑田本は「与兵次」。

（10）「陣屋をば宿作りに」のところ、群類本は「宿作りの陣屋を」、桑田本は「宿作りの軍屋を」。

（11）「敵の士卒を詰ノ丸に取り籠む」のところ、桑田本は「敵の士卒、詰ノ丸に取り籠もる」。

（12）「倉中に取り籠もり」のところ、桑田本は「倉中に取り籠めて」。

（13）「縿」は「はたあし」・「きぎぬ」等の意。「繆（く）」（繆は、くくる・くびるの意）が正しい。群類本は「縿」、桑田本も「縿（えぐ）りて」とするが、縿にえぐるという読み・意味はない（『大漢和辞典』）。

（14）「由己誌之」のところ、群類本は「大村由巳（ママ）誌之」、桑田本は署名無し。

終章

中村博司

ここではまず、『天正記』の復原的研究という立場から『天正記』の表題の変遷を検討することで、本書で採用した表題（序章の**表1**）の根拠を明示し、続いて本書で作成・掲示した史料のそれぞれについて簡単な解説を付した上で、新たになった知見のいくつかを紹介して、今回の翻刻の意義について確認することをもって終章としたい。

一、『天正記』表題の変遷について

表1は、『天正記』各編の表題の変遷を見通すために、原本成立時から近現代にいたるまでを時系列に沿って六段階に分け、各時期の『天正記』表題、及びそれに類する表現の一覧を示したものである（便宜上、小田原御陣も含めた。この事後述）。

①は、大村由己による原本『天正記』成立頃の状況で、そこで述べる主題をそのまま摘記したものがあるかと思えば、「之記」・「之事」・「之巻」などと表題を暗示させるものも含まれており、各記録の表題が未だそれとして確立していない段階にあることを窺わせる。そういう意味でいえば、「播磨別所」とあるのも、「播磨別所（ないしは播磨別所記）」という表題を表したものというよりも、播磨国の別所攻めがテーマであることを示したものとも考えられ、実際、江戸時代には③・④段階に「播州御征伐之事」・「播州御征伐記」との表題で表されており、「播磨別所記」という表題が再登場し定着するのは⑤の昭和前半期になってからである。ただ、聚楽行幸記のみは、東山御文庫本に「聚楽行幸記」との「外題」があるというから、朝廷に献上されるに際して、特に「聚楽行幸記」との表題が付けられた

表1：『天正記』表題の異同一覧（太字は、本書で表題として採用したもの）

段階／略称	①『言経卿記』第3・第4、※その他	②第一種古活字版（巻数）	③『豊臣記』・※『秀吉事記』	④群類本・※続群類本・※※その他	⑤『豊太閤伝記物語の研究』・※『太閤史料集』・※※その他	⑥『日本古典文学大辞典』（別称）・※『国史大辞典』（別称）
播磨	別所小三郎兄弟腹切諸卒ヲタスクル事、播磨別所、		播州御征伐之事・※同	播州御征伐之事（今称**播州征伐記**）	播磨別所記・※同	播磨別所記（播州征伐記／三木征伐記）・※同（播州征伐記）
惟任	惟任日向守謀反信長公御父子御最後其日（為）体事、信長公生害并惟任日向守成敗事、	ナシ（第一巻）	ナシ・※惟任退治	※**惟任退治記**	惟任謀反記・※同	惟任退治記（惟任謀反記／信長公生害并惟任日向守成敗事）・※惟任謀反記（惟任退治記）
柴田	柴田修理亮ト江北ニテ合戦秀吉御本意事、	ナシ（第二巻）	ナシ・※柴田退治	**柴田退治記**・※柴田合戦記（一名柴田退治記）	柴田合戦記・※同	柴田合戦記（柴田退治記）・※同（柴田退治記）
紀州	紀州雑賀へ御出陣之様、	き州御発向之事（第三巻）	紀州御発向之事・※同	※**紀州御発向之事**	紀州御発向記・※同	紀州御発向記（紀州御発向之事／根来記）・※同（ナシ）
四国・北国		ナシ（第四巻）〈第二種古活字版〉	**四国御発向并北国御動座事**・※同	※四国御発向並北国御動座事	四国御発向并北国御動座記・※同	四国御発向并北国御動座記・※同
関白	関白官位参内次第、	御官慶（第五巻）	ナシ・※ナシ（**関白任官之事**）	※任官之事、※※「板本の続群書類従目録には「同（太閤）任官記」とある」（『群書解題』「任官之事」桑田忠親執筆）。	関白任官記・※同	関白任官記（任官之事）・※同（太閤任官之記）

行幸	行幸之記、行幸記、行幸巻、※**聚楽行幸記**（東山御文庫本「外題」）	ナシ（第五巻・第六巻）		聚楽第行幸記（群類巻41：第三輯）	聚楽行幸記・※同	聚楽行幸記（聚楽亭御幸記ほか）・※同（ナシ）
大政所	**大政所御煩平癒之記**、大政所殿御煩平癒事、大政所殿御煩平癒之巻、大政所殿御所労				大政所御煩平癒記	大政所御煩平癒之記（大政所御平癒之巻ほか）・※大政所御煩御平癒記（ナシ）
金賦	金銀之記、**金クハリ之記**、金賦之事、金賦				金賦之記	金賦之記・※同
若公	**若公御誕生之記**、若公御誕生事、御産之巻、				若公御誕生之記	若公御誕生之記（御産之巻）・※若公御誕生記（ナシ）
西国	西国征伐、**西国征伐之記**、西国征伐之巻、西国征伐事、西国之事、西国記、				西国征伐記	西国征伐記（西国征伐之巻ほか）・※同（ナシ）
小田原	※小田原軍記				小田原御陣・※同・※『尊経閣文庫国書分類目録』では「小田原軍記」	小田原御陣・※同

◆略称「関白」の項、③の※『秀吉事記』のうち、筆者が見た一本は表題ナシだが、桑田忠親の見た一本には「関白任官之事」なる表題があった（『豊太閤伝記物語の研究』一九四〇年刊）。◆略称「小田原」の項、①の※「小田原軍記」の出典は『尊経閣文庫国書分類目録』一九三九年刊。

◆⑤桑田忠親著『豊太閤伝記物語の研究』、桑田忠親校注『太閤史料集』一九六五年刊。『尊経閣文庫国書分類目録』。

◆⑥『日本古典文学大辞典』「天正記」一九八四年刊・『国史大辞典』「天正記」一九八八年刊。

ものと考えられる。(1)

②は、十七世紀初頭段階であるが、この時期になって、第三の「き州御発向之事」、第五の「御官慶」の二編が第一種版本の表題として明瞭に立てられており、復原的という観点からは重視すべきものである。なお、『天正記』の一編としての「聚楽行幸記」は「御官慶」末尾の次の行からその本文が唐突に始まっており、①段階で「行幸記」・「行幸之記」などとあるものの、「聚楽行幸記」という一編を成すという意識は希薄なようである。

③は、概ね十七世紀末・十八世紀初頭段階の状況を示す。「播州御征伐之事」・「紀州御発向之事」・「四国御発向并北国御動座事」という「之事／事」表現、あるいは単に「惟任退治」・「柴田退治」とあるのは表題としては少し落ち着かなく、④の段階になって「今称播州征伐記」とあるように「〜記」という表題が示されるようになった（「惟任退治記」・「柴田退治記」も同じ）ことで、表題らしくなったといえよう。ただし、天正十三年三月に始まる秀吉の紀州攻め、六月・八月に始まる四国攻め・北国攻めについては、③・④「紀州御発向之事」、③「四国御発向并北国御動座事」・④「四国御発向並北国御動座事」、と「之事」・「事」のままであり、⑤の段階（昭和前半期）になって初めて、「紀州御発向記」・「四国御発向并北国御動座記」という表題が現れる。この事情は、本文の失われた四点の『天正記』（大政所御煩平癒之事・金賦之事・若公御誕生之記・西国征伐之記）の表題も同様で、総じていえばおそらくこの時期、桑田忠親が①の『言経卿記』に見える表現等を参考にして『天正記』各編に対して「〜記」という表題を確定していったようにも考えられるところである。(2)

ところで、秀吉の関白任官の記録についてであるが、①で「関白官位参内次第」との表題風の表記も見られるが、これはそこで述べる主題を摘記したものと見なすと、②で「御官慶」なる表題が立てられた後は、③で「関白任官之事」(3)、④で「任官之事」となり、⑤に至って「関白任官記」なる表題に定着したことが分かる。ただし、桑田忠親が「板本の続群書類従目録には「同（太閤）任官記」とある」（『群書解題』「任官之事」）と指摘しているのを参照すれば、④段階で、既に「関白任官記」なる表題（（太閤）とあるのは誤りとみなす―引用者）があったこととなるが、この板本がいつ刷られたものかは未確認である。いずれにしろ、こうした流れのなかで、「御官慶」という表題は孤立している。復原的研究という立場から言えば、この表題を採るべきだろうが、本書では関白任官の記録という趣旨の明らかな③の「関白任官之事」を採用することとした。

なお、天正十八年の小田原攻めの記録とされる「小田原御陣」は、⑤段階より以前には『天正記』の一編としてはその存在自体、確認できないものである。桑田忠親は、前田育徳会尊経閣文庫所蔵の大村由己撰にかかる「小田原軍記」という軍記[4]について、この表題を後人の付したものと見なし、同書奥書に「此の小田原御陣之一巻」とあることをもって、「元来は奥書にある如く小田原御陣之巻といふ題で、同じく天正記の一部をなすものに違ひない」としたが、それについては、本書序章でも述べたように、筆者は懐疑的である。それはともかく、この書を「小田原御陣」という表題を有する『天正記』の一編と見なすのは、この時以来のことである[5]。

以上、いささか恣意的な解釈になったかも知れないが、序章**表1**で掲げた『天正記』の表題は以上の記述を参考にし、復原的観点から見て①～④段階、すなわち江戸時代に掲げられたものを採用することとし、紀州攻め・四国北国攻めおよび関白任官の三編については、「紀州御発向之事[6]」・「四国御発向并北国御動座事」・「関白任官之事」とすることとした。なお、早くに本文の失われた四編については、①段階の表記のなかから、「大政所御煩平癒之記」・「金賦之記（「金クハリ之記」による）」・「若公御誕生之記」・「西国征伐之記」を採用することとした。

二、第一種古活字版『天正記』翻刻の意義をめぐって

①第一種古活字版『天正記』の翻刻・改訂文・注解
②『総見院殿追善記』（「惟任退治記」の読み下し文）の翻刻
③阿野実政筆写『聚楽行幸記』の翻刻と影印
④「播州征伐記」の読み下し文

①は、大村由己の手に成る原本『天正記』(「播州征伐記」(天正八年＝一五八〇)から「若公御誕生之記」(天正十七年)に至る十一編。なお、「小田原御陣」(天正十八年)を含まないことについては、序章を参照されたい)の成立後、およそ二、三十年を経た慶長・元和期に成立した現存最古の古活字版本で、原本が真名であったものを漢字仮名交じり文に改めたもの(ただし、「聚楽行幸記」はもともと漢字仮名交じり文)である。今日、内容を知りうる『天正記』七編のうち、「播州征伐記」を除く六編を収録している。本記は、成立時期の早さにもかかわらず、これまで一度も翻刻されたことが無かったもので、それだけでも翻刻の意義は充分あるものと考えるが、翻刻の過程で、本記が誤字脱字・意味不明の段落、深刻な錯簡など大きな瑕疵を抱えていることを確認できたので、これをただ翻刻しただけでは、歴史史料としての使用に耐えないと思われた。そこで、通読に耐える改訂文を作成することとしたのだが、その際、改訂文が恣意的なものにならないよう、できるだけ良質の対校史料に拠る充分な検討を加えたことは言うまでもない。主たる対校史料としては、第一種版本より成立の古い、いずれも大阪城天守閣所蔵にかかる『総見院殿追善記』・『聚楽行幸記』をはじめ、貞享二年(一六八五)の奥書を持つ『豊臣記　由己日記』を使用した。『豊臣記』は、第一種古活字版のおよそ七十年後に成立した写本ではあるが、書写年代の明らかな『天正記』写本の最古のものである。なお、翻刻と改訂文との関係性・異同については詳細な注解を加えて万全を期した。

②は、「惟任退治記」(『天正記』の一編)の奥書にある天正十年十月から一年を出ない翌年八月までに、当時、京都奉行の地位にあった杉原家次が、能筆として知られた松永永種に命じて「諸人一覧」(同書後記)のために漢字仮名交じり文に改め筆写せしめたものである。これまで『群書類従』第二十九輯所収本でしか知られていなかったものを、近年発見された大阪城天守閣所蔵の原本によって翻刻した、これも初めての試みである。

③は、秀吉一世の盛儀である天正十六年四月に行なわれた後陽成天皇聚楽第行幸の次第を記述した公式記録の写本で、行幸にも供奉した阿野実政が、由己の手に成る行幸記の稿本を借用して翌閏五月に書写したものであり、首尾が完備した善本である。二十種以上が知られる『聚楽行幸記』であるが、意外なことに、これまでその成立後間もない

頃の写本による翻刻は一度もなかった。従って、これも史上初の試みということになるが、さらに現蔵者の許可を得て、全文の影印も併載することができた。

④は、『天正記』の劈頭を飾る記録であるが、何故か版本『天正記』に収録されなかった。そのため、これまでは『群書類従』第二十一輯所収本かそれを読み下した桑田忠親校注本「播磨別所記」(7)でしかその内容を知ることはできなかったのであるが、本記は上述した『豊臣記』に含まれているので、それによって新たに読み下し文を作成することとした。その結果、十七世紀第四四半期に遡る新たなテキストでの閲読が可能になった。

以上のように、本書において四点の『天正記』関連史料を翻刻したのだが、そのいずれもが史上初めての試みである。そして、そのうち、大村由己の『天正記』成立直後のものが二点（「聚楽行幸記」・「総見院殿追善記」）、慶長元和期のものが一点（版本『天正記』諸編）、貞享二年のものが一点（「播州征伐記」）であり、いずれも江戸時代前期までの成立として収まるものである。このことは、桑田忠親の先駆的研究（『豊太閤伝記物語の研究』一九四〇年）以来、これまで行なわれた『天正記』に関する諸研究や翻刻が、すべて十九世紀に成立した塙保己一編纂にかかる『群書類従』・『続群書類従』所収本に依拠している現状を思うとき、その画期性を指摘しても単なる自画自賛にはならないと思う。

ところで、本書で目指した第一の目標は、①の第一種古活字版『天正記』の翻刻であった。本記がこれまで翻刻されなかった理由は色々あろうが、その一斑は、度々述べてきたように、真名文であった原『天正記』の諸編を漢字仮名交じりの読み下し版本とするにあたって、その編集があまりに粗雑であることが早くに指摘され（上記の桑田著書）、上述したように、私たちの翻刻作業中にもたびたび実感させられたことであった。とはいえ、本記は真名本の原『天正記』の成立からせいぜい二、三十年以内の成立にかかるものであり、それらのほとんどが失われてしまった現在、最も原典に近い時期に制作された版本として、その史料的価値は計り知れない。そこで以下、翻刻・改訂文作成の過程で目についた、このことを証する二、三の事例を紹介しておきたい。

※

『天正記』第一（「惟任退治記」）の冒頭近く、2オ8―9行に次の一文がある（傍線引用者。以下同じ）。

江州安土山にをいてしやうくハくおかまへ、大石を以て山をつゝミ、

ここは、安土城の造営にあたって、山頂の信長居館域を囲繞する高石垣の導入を称えるくだりで、由己の原著成立後間もなく成立した『総見院殿追善記』や江戸前期の写本『豊臣記』でもほぼ同文であり、この一文が原著にまで遡るものであることは間違いない。そこで、改訂版では翻刻に沿って、次のように改めた。

江州安土山に於いて城郭を構へ、大石を以て山を裹み、

ところが、『続群書類従』第二十輯下所収の「惟任退治記」では、この箇所は次のようになっている。

於江州安土山構城郭。以大石為柱礎。

そして、これを読み下した前掲の桑田校注本「惟任謀反記」（「惟任退治記」の別称）でも以下のようになっている。

江州安土山において城郭を構へ、大石を以て柱礎となし、

すなわち、『続群書類従』所収本・桑田校注本では、石垣に使われた「大石」が柱礎、すなわち柱の礎石に変えられてしまっているのである。これはおそらく、安土城高石垣の持つ画期性が不明になってしまった江戸時代後期に、続群書類従本の編者が「大石」に象徴される安土城の石垣石を柱の礎石に矮小化して理解したためであって、誠に残念ながらこれは捏造というしか無いだろう。[8]

次に、筆者は、かねてより『群書類従』第二十一輯に収められた「柴田退治記」の末尾近くにある大坂築城のくだりに注目していたが、そこに見える次の一節が気になっていた（傍線引用者）。

秀吉者於摂津国大坂定城郭。彼地五畿内中央而東大和。西摂津。南和泉。北山城。四方広大而中蹄然山岳也。

これによると、五畿内のうちの「河内」がなく、「摂津国大坂」のさらに西に「摂津」が位置しているからである。その後、金沢市立玉川図書館近世史料館所蔵の『豊臣記』所収「無題（柴田退治記）」の存在を知り、念のため当該箇所を確認すると、次のようになっていた（傍線引用者）。

秀吉者於河内国大坂定城郭、彼地五畿内中央而、東大和、西接津（ママ）、南和泉、北山城、四方黄（ママ）大而中歸然山岳也、

すなわち、ここでは大坂城は河内国に在ったとするのである。言うまでもなく、大坂城は摂津国にあるので当初は、『豊臣記』の初歩的なミスかと思ったのである。しかし、それから暫くしてまた、国立公文書館所蔵（内閣文庫）の第一種古活字版『天正記』所収の「柴田退治記」を見る機会があったので、当該箇所（古活字版第二52オ）を開いてみると、次のようになっていた（傍線引用者）。

秀吉ハかはちの国におひて城くハくをさため、かの地五き内中ひろうして、東ハやまと、西ハ摂津、南ハいすミ、北ハ山しろ、四方くハう大にして中に山かく有り、

以上のことから、成立時期の早いテキストではいずれも大坂城は河内国にあるとしているように思われた。こうなると、大坂城が河内国にありとする『豊臣記』の記事は単なる誤記ではないのではないかと考えるに至った。そうだとすれば、群書類従本に拠った場合、摂津国大坂の西にもう一つ摂津国が設定されていることになるが、『豊臣記』や古活字版によって河内国大坂とすると、その西に摂津国があるのは当然ということとなる。

すなわち、ここは、大村由己が元々このように記述したところであると認められるのであって、河内国大坂を中心に、その東西南北に大和、摂津、和泉、山城の五畿内の城主を配して大坂城の外構えとする（『豊臣記』には「五畿内を以て（大坂の―引用者）外構と為し、彼地の城主警固たる者也」（筆者による読み下し）とある）一種の観念的な「大坂城―五畿内総構え制」を述べている箇所ということになる。ここで、「外構」とは城郭・都市を囲う「総構」と同義である。そして、このことを理解できなかった群書類従本の編者は、「河内国大坂」を単なる誤記として「摂津国大坂」に訂正したのであり、その結果摂津国の西にもう一つ摂津国が位置するような事態を招いたのであると推察される。

以上のように、ここは初期豊臣政権によって設定された大坂を中心とする五畿内守衛の壮大な構想を示す重要箇所であった(9)が、それはこれまでのように『群書類従』第二十一輯所収本を見ているだけでは、絶対に明らかにはできなかった事象であり、第一種版本を見直すことで初めて明らかになったことであったことを強調しておきたい。

さらに今一つ、古活字版『天正記』の翻刻作業に伴って明らかになった顕著な事例を紹介しておきたい。第二種版本『天正記』第四「四国御発向并北国御動座事」（以下、「御動座事」という）の［15オ］「此さき、数か国けん地をとくるに」（改訂文は「此の先、数か国検地を遂ぐるに」）のところは、『豊臣記』・続群書類従本では「此先、数十ケ国遂検地／此先数十箇国。遂検地」となっている。ここは、天正十二年以前における秀吉政権の検地の状況を天正十三年との比較のもとで語っている箇所である。最近刊行された中野等著『太閤検地』（中公新書、二〇一九年）によって当該時期の検地の状況を見てみると、清須会議後の天正十年には山城国・丹波国（後者は秀吉の養子羽柴秀勝による）、翌十一年には近江国、摂津国、河内国（十二年にも山城・近江）であるから、まさに「数か国」だったといえよう。中野は同書のなかで、「御動座事」を引用（『続群書類従』第二十輯所収本を読み下したと思われるが、該記と比較したところ、「昔之所務超過一倍」が「昔の所務一倍を超す」となっている）してこの箇所を「数十箇国」としたうえで、「この段階で秀吉の支配下にあったのは、畿内近国と紀州・四国から北陸諸国などであり、「数十箇国」はやや大仰である」と記しているが、「数か国検地」であれば、天正十二年以前の様相を正しく示していることとなる。ここも版本独自の箇所であるが、こちらの方が原態を残していることは間違いないであろう。

以上に見てきた事例からも窺えるように、慶長元和期に遡るとされる第一種・第二種古活字版本『天正記』には、その成立時期の早さによって原本である真名本の原態を未だ色濃く残している箇所があり、そのなかには後の写本・版本では失われているところもある。こうした箇所は、決して多いとは言えないが、それはそれとして、こうした箇所をもきちんと確認・指摘し、大村由己の、そしてひいては豊臣秀吉の意図するところを正しく汲み上げた上で、問題の所在を明らかにしていく姿勢こそ望まれるものであろう。

次に、②・③についてである。「総見院殿追善記」そのものは、早くから群書類従本で知られていたが、それが単なる「惟任退治記」の焼き直し[10]と見られていたこともあって、これまで全く注目されてこなかった。しかし今回、その原本と目される一本を翻刻するなかで、そこには「惟任退治記」には含まれない興味深い事実の書かれていたことが判明した。一つは、天正十年五月二十五日、織田信忠の計らいで、家康一行が京都清水寺の本願成就院（『群書類従』二十九輯所収本には「本領成就院」とある）で洛中の若衆や乱舞者を集めて終日能を催して遊宴を楽しんだこと、今一つは本能寺の変に先立って、光秀が間諜を放って信長の身辺を探っていたことである。いずれも従来、ほとんど知られていなかった情報であるが、本能寺の変をめぐる新知見として貴重な史料を提供することができたものと考えている。

次に、『聚楽行幸記』についても今回初めて、その成立間もない頃に写された一本の全容を翻刻して提示したことは、これまで群書類従本でしか知ることができなかった現状を思うとき、大きな意味を有するといってよいのではないだろうか。なお、概説で述べた正本『聚楽行幸記』の後陽成天皇への献上月日を、行幸開始日のちょうど一ヶ月後である五月十四日ではないかとの推定に導かれたことについては、その蓋然性は高いと思われるものの、なお後考を期したい。

最後に、蛇足を加えるようだが、先年、笹川祥生が、谷森淳子が昭和二年に著した論文のなかで、「板本『天正記』と『大かうさまくんきのうち』との関係」について詳しく述べていることについて、桑田忠親の見解（「由己の文を書き直した人が、天正記の原文を、一向、訓み得ていない」、あるいは版本『天正記』の編者が「無学であったために、著しく訓み誤り、その結果、意味の通じない個所が、かなり見受けられるのである。」等）を引いて、

桑田氏の説明に従えば、谷森氏は、本来論評に値しない作品について、徒労ともいえる作業をしたということになるのであろうか。

と評したことについて、一言触れておきたい。(11) と言うのも、この笹川の見解に従えば、我々も「論評に値しない作品について、徒労ともいえる作業をしたということになるのであろうか」という問題が生じるからである。

しかし、ここで留意していただきたいのは、何度も繰り返すようだが、桑田が第一種古活字版『天正記』と校合した真名本は、おそらく『群書類従』もしくは『続群書類従』所収本であっただろうという点である。つまり、桑田は、十八世紀末以降に成立した版本と十六世紀末に成立した原本の無自覚な親近性の上に立って、十七世紀初頭成立の古版本を評していたのではないのかと疑われるのである。そして、そうだとすればそこに、史料批判の面から見て、深刻な問題が内包されている可能性は拭えないのではないかと考えざるを得ないのである。こうした言い方は、『天正記』研究の大先学に対して非礼の極みということになるのかも知れないが、その学恩を充分謝したうえでなお、筆者としては、本書刊行の意義はまさにそこにあるのであって、先に紹介した二、三の事例は端無くもそうした問題を如実に露呈させている箇所であると言わねばならないと思っている。本書は、これまで十八世紀末以降に成立した版本による作品を定点として行なわれてきた『天正記』の史料的評価を、十七世紀初頭（惟任退治記と聚楽行幸記は原本成立時に極めて近い十六世紀末）の作品にまで遡及させようとする試みであることを、改めて主張しておきたい。

いずれにしろ、今回の成果を土台として今後、織豊時代史研究の基本史料の一つとしての『天正記』を土台としたさまざまな研究が積み上げられていくことを切望するというのが編者・共著者一同の願いに他ならない。

注

（1）なお、慶應義塾大学附属研究所斯道文庫の所蔵にかかる聚楽行幸記の外箱蓋表に「後陽成天皇聚楽行幸記（天正十六年五月吉辰梅庵由己記／建部賢文筆）」（堀川貴司「新修資料一覧」『斯道文庫論集』第五十二号、二〇一八年）との表題があるが、これについて竹内洪介は「（外箱蓋表の―引用者）その筆跡を見る限り、大阪城天守閣蔵本および尊経閣文庫蔵本を清書した楠正虎によるものと思われる。」としており（竹内「料紙から見る原本調査の世界」八木書店ウエブサイトコラム二〇一九・八・二六）、この見解から見ても、「聚楽行幸記」との表題は、間違いなく行幸記成立当初からのものであることが証せられる。

（2）ただし、必ずしもこれらの表題がこの時以降オーソライズされたということではなく、例えば小沢栄一は、「播磨別所記」

を「播州征伐記」、「四国御発向幷北国御動座記」を「四国御発向並北国御動座事」、「関白任官記」を「任官之事」などとしている（同著『近世史学思想史研究』第一章（吉川弘文館、一九七四年）。

（3）桑田忠親著『豊太閤伝記物語の研究』（中文館書店、一九四〇年）第五章。これによれば、桑田の見た『秀吉事記』には「関白任官之事」なる表題があったが、筆者が見た『秀吉事記』（東京大学史料編纂所所蔵資料目録DB（請求記号）謄写本2044・268）に表題は無かった。

（4）尊経閣文庫編『尊経閣文庫国書分類目録』侯爵前田家尊経閣刊、一九三九年。

（5）注（3）桑田前掲書第三章。なお、この「小田原御陣之一巻」という表現も秀吉の小田原攻めを扱った書物という意味かも知れず、ここから直ちに「小田原御陣」という表題であったと断定することはできないようにも思われる。だからこそ後人が改めて「小田原軍記」という表題を付したとする可能性もあるのではないだろうか。

（6）これは、②「き州御発向の事」を③によって、漢字表現としたもの。なお、「き州」は第一種版本の原文では「記州」となっている。

（7）桑田忠親校注『太閤史料集』人物往来社、一九六五年所収。「播磨別所記」は「播州征伐記」の別称。

（8）例えば、小竹森直子は「安土城の石垣―石垣に対する考古学的アプローチのための基礎作業―」（織豊城郭研究会編刊『織豊城郭』第3号、一九九六年）のなかで、「安土城は総石垣造り城郭の初現であり、その後の織豊系城郭の石垣を規定するもの」との見解を表明している。

（9）拙稿「羽柴秀吉の五畿内支配構想」（拙著『豊臣政権の形成過程と大坂城』和泉書院、二〇一九年）。

（10）注（3）桑田前掲書。

（11）笹川祥生「『信長記』『太閤記』研究史の考察と課題」（長谷川瑞他編『承久記・後期軍記の世界』汲古書院、一九九九年）。

おわりに

中村博司

本書は、二〇〇八年当時龍谷大学大学院文学研究科に所属していた筆者が、国史学専攻の院生諸氏に働きかけて同年五月に立ちあげた「天正記を読む会」の成果を土台にしている。当時、筆者が作成・配布した「「天正記」を読む会へのお誘い」（同年四月　日付）には、次のようにある（原文横書き）。

大坂・天満宮の社僧であり、豊臣秀吉の御伽衆でもあった大村由己が、秀吉の命を受けて天正年間に著わした「天正記」と総称される一群の記録があります。これはほんらい、秀吉が自己の戦績や家族の慶事に取材して、それが成就した直後に由己に作らせ、本願寺門跡など貴顕の面前で朗誦させたもので現在、天正8年の別所長治攻め（「播磨別所記」）から天正18年の小田原合戦（「小田原御陣」）にいたる12編の存在が知られ、そのうち8編の内容が群書類従あるいは続群書類従に収められて今日まで伝わっています。

このたび、私たちは、流布本である正続群書類従本より良質の慶長・元和期成立のいわゆる古活字本「天正記」（国立公文書館内閣文庫蔵）をテキストとして輪読会を行なうことといたしました。いまだ活字化されたことの無い本書を丹念に読み解くことによって、これまでの流布本では知られなかった豊臣時代の姿が浮かび上がってくる可能性もあるように思います。

つきましては、下記の要領で輪読会を行ないますので、中世史・近世史専攻の皆さんを中心に奮って参加していただくようにお願い申し上げます。

今から思うと、認識不足の箇所も多々あるが、趣旨は概ね現在でもそのまま有効であると思っている。

それはともかく、こうして、「天正記を読む会」は、二〇〇八年五月二〇日に第一回の輪読会を開くことになったのだが、この会は、まったくの自由な集まりで、概ね国史学科（後に日本史学科）の院生・学部生ならば入会自由、退会自由でやってきた。しかし、結果的には二〇〇八年五月の輪読開始から二〇一七年三月の古活字版『天正記』第九の刊行をもって解散するまでの十年間、毎回五〜八名程度の参加者を得て、ほぼ月二回の研究会を続けることができた。そのメンバーも、翻刻・改訂版・註解を担当して『国史学研究』（32号〜35号）・『龍谷日本史研究』（36号〜40号）に執筆した人だけでも十三人にのぼる。今では連絡の取れない方もおられるが、以下にご芳名（当時）を記しておきたい。

足立賀奈子（日本語日本文学科）、池田明弘（国史学科。以下同じ）※、北浦延佳、北原祥光※、中村博司※、林大輔※、角石沙織、杉山義弥、芦原義行※、三亀由季※、渡邉慶一郎※、下石敬太郎※、野口泰宏※（順不同、※は本書の執筆分担者）

取り分け、最初から最後の輪読会まで出席し発表された北原祥光氏（文学研究科博士課程満期退学）、また翻刻・改訂文等のすべてに目を通していただいた渡邉慶一郎氏（日本史学科修士課程修了、現総本山四天王寺勧学部）には深甚の敬意と謝意を表したいと思います。

なお、本書は当初、「『天正記』を読む会編」とするつもりであったが、既に読む会としての実態は消滅しており、しかも連絡の取れない方も多々おられる状況のなかで、最終的な編集上の責任をだれが負うのかという問題を考え続けたあげく、中村編とせざるを得なかった。関係各位には事情ご賢察のうえ、ご了承いただきたい。

最後になりましたが、本書の上梓にあたり、何かとご高配をいただいた和泉書院社長兼編集長の廣橋研三氏に深甚の謝意を表します。

【れ】

【ろ】

【わ】

【や】

【ゆ】

【よ】

【ら】

【り】

【み】

【む】

【め】

【も】

【ま】

【へ】

【ほ】

【ひ】

【ふ】

【に】

【ね】

【の】

【は】

【な】

【つ】

【て】

【と】

【ち】

【す】

【せ】

【そ】

【た】

【し】

【さ】

【く】

【け】

【こ】

【き】

【か】

【え】

【お】

【う】

【い】

人名索引

【索引凡例】

・人名は徳川期以前の歴史的人物（外国人も含む）に限定し、近現代の研究者等は含まない。また、書名に現れる人名（例えば、『信長公記』の織田信長・「柴田退治記」の柴田勝家など）や、織田氏・島津氏などで個人を特定できない場合も含まない。ただし、人物像に類する表現も適宜、掲げることとした（御曹司、黒坊主など）。なお、注解や表のみにあらわれる人名については適宜、省略した。

・見出しは濁音を無視した五十音順で示し、原則として「姓・諱もしくは姓・通称など」で表した。

・続いて括弧の中に、本書中に現れる主な用例（※は翻刻での表現）と注記すべき事項を掲げた。

・用例は、見出しと同じ語句は—で表した（例：明石則実（—与四郎—）は、本文に「明石与四郎則実」とあるものを示す）。なお、表記のなかには、通説と異なるもの、あるいは疑義あるものも含まれるが、そのままとした。

【あ】

■ 編者紹介

中村博司（なかむら ひろし）

1948年滋賀県大津市生。1972年滋賀大学教育学部卒業。1974年より大阪城天守閣学芸員。2000年より大阪城天守閣館長（2007年退職）。2009年龍谷大学大学院文学研究科修士課程、2017年大阪大学大学院文学研究科博士課程修了。文学博士（大阪大学）。

この間、大阪産業大学・大阪樟蔭女子大学・帝塚山学院大学・龍谷大学で非常勤講師を勤める。また、（公財）日本城郭協会評議員・甲府城石垣整備活用等調査委員会委員（山梨県）・大坂城石垣整備委員会委員（大阪市）などを歴任。

主な著書に、『戦国合戦絵屏風集成』全六巻（共著、中央公論社）・『日本城郭体系』第十二巻大阪・兵庫編（共著、新人物往来社）・『日本名城集成　大坂城』（共著、小学館）・『よみがえる中世２』（共著、平凡社）・『よみがえる茨木城』（編著、清文堂）・『天下統一の城　大坂城』（単著、新泉社）・『大坂城全史』（単著、ちくま新書）・『豊臣政権の形成過程と大坂城』（単著、和泉書院）など。

■ 共著者の略歴

仁ヶ竹亮介（にがたけ りょうすけ） 1975年生まれ

富山大学大学院人文科学研究科修了（文学修士）

高岡市立博物館主幹

業績・共編著『林　忠正等書簡（翻刻）』（桂書房、2022年）

・共編著『富山県高岡城跡詳細調査報告書』（高岡市教育委員会、2013年）

・共編著『高山右近 キリシタン大名への新視点』（宮帯出版社、2014年）

芦原義行（あしはら よしゆき） 1988年生まれ

龍谷大学大学院文学研究科修了（文学修士）

元高槻市立しろあと歴史館学芸員

渡邉慶一郎（わたなべ けいいちろう） 1990年生まれ

龍谷大学大学院文学研究科修了（文学修士）

和宗総本山 四天王寺 勧学部勧学課文化財係・学芸員

業績・「近世四天王寺における聖徳太子御聖忌と伽藍修理」（大阪市立美術館、サントリー美術館他編『千四百年御聖忌記念特別展　聖徳太子―日出づる処の天子』、2021年）

・「近世四天王寺の衆徒」（和宗総本山四天王寺編『聖徳太子と四天王寺』法藏館、2021年）

日本史研究叢刊46

『天正記』の復原的研究
第一種古活字版『天正記』
翻刻・改訂文・注解を中心に

二〇二四年一〇月一五日初版第一刷発行
（検印省略）

編　者　中村博司
発行者　廣橋研三
印刷所　亜細亜印刷
製本所　渋谷文泉閣
発行所　有限会社 和泉書院
大阪市天王寺区上之宮町七－六
〒五四三－〇〇三七
電話　〇六－六七七一－一四六七
振替　〇〇九七〇－八－一五〇四三

本書の無断複製・転載・複写を禁じます

©Hiroshi Nakamura 2024 Printed in Japan
ISBN978-4-7576-1101-6　C3321

日本史研究叢刊

日本の近世社会と大塩事件	酒井 一著	31	一二〇〇〇円
中世・近世堺地域史料の研究	矢内 一磨著	32	九三五〇円
古墳と池溝の歴史地理学的研究	川内 眷三著	33	九九〇〇円
豊臣政権の形成過程と大坂城	中村 博司著	34	九三五〇円
日本古代の思想と天皇	水谷 千秋著	35	九三五〇円
難波宮と大化改新	大阪市立大学 難波宮研究会編集	36	七九二〇円
奈良平安時代史の諸問題	木本 好信著	37	五八三〇円
徳島地方史研究会創立50周年記念論集 阿波・歴史と民衆V 地域社会と権力・生活文化	徳島地方史研究会編	38	八八〇〇円
記紀氏族伝承の基礎的研究	生田 敦司著	39	六六〇〇円
『台記』注釈 久安六年	原水 民樹著	40	八八〇〇円

(価格は 10%税込)